La protection contre les atteintes aux droits sur les signes distinctifs dans l'espace OAPI

Collection « Études africaines »

dirigée par Denis Pryen et son équipe

Forte de plus de mille titres publiés à ce jour, la collection « Études africaines » fait peau neuve. Elle présentera toujours les essais généraux qui ont fait son succès, mais se déclinera désormais également par séries thématiques : droit, économie, politique, sociologie, etc.

Dernières parutions

Ibrahima TRAORÉ, *L'État de droit dans les Républiques du Mali et du Sénégal*, 2017.

Nathalie VUMILIA NAKABANDA, *La protection de la veuve en République Démocratique du Congo, Quelle effectivité ?*, 2017.

Zoumana DIARRA, *Les mutations de la haute fonction publique au Mali, Une contribution à l'étude de la réforme de l'Etat, 2017.*

Issa Makan KEITA, *La responsabilité pénale des personnes morales en droit malien à la lumière du droit comparé*, 2017.

Mahamat Nasser HASSANE, *Dispositions et normes environnementales des lois pétrolières en Afrique centrale. Projets d'exportation du brut tchadien et du pipeline Tchad-Cameroun*, 2017.

Romaric Franck QUENTIN DE MONGARYAS, *L'école secondaire au Gabon, Analyse sociologique des jugements professoraux*, 2017.

Minette TOMEDI EYANGO TABI, *Bassin versant du Nkam-Wouri. Prototype de la biodiversité des zones humides du Cameroun*, 2017.

Herman Blaise NGAMENI, *La diffusion du droit international pénal dans les ordres juridiques africains*, 2017.

San Simon COULIBALY, *Interroger les défunts, orienter les vivants. Analyse ethnolinguistique des causes de la mort en pays toussian*, 2017.

Auguy MAKEY, *Misère de la philosophie négro-africaine*, 2017.

Edwige KOUADIO, *Du fosterage à l'adoption plénière. L'adoption des enfants de la pouponnière d'Adjamé (Abidjan, Côte d'Ivoire)*, 2017.

Patrice MOUNDZA, *Le quotidien des artères urbaines du Congo*, 2017.

Jean-Emery ETOUGHÉ-EFÉ, *Les bars populaires de Libreville. Des construits de sociabilités*, 2017.

Guy MVELLE et Laurent ZANG (Dir.), *L'Union africaine quinze ans après, Tome 2*, 2017.

Guy MVELLE et Laurent ZANG (Dir.), *L'Union africaine quinze ans après, Tome 1*, 2017.

Joachim Emmanuel GOMA-THETHET, Marcel IPARI, Raymond Timothée MACKITHA, *Introduction à l'histoire et aux civilisations des peuples de la Lékoumou (Congo)*, 2017.

Alhousseini MOULOUL, *L'intégration économique et juridique en Afrique*, 2017.

Martial JEUGUE DOUNGUE, *La garantie des droits fondamentaux au Cameroun*, 2017.

Charles Badou

La protection sontre les atteintes aux droits sur les signes distinctifs dans l'espace OAPI

L'Harmattan

5-7, rue de l'Ecole-Polytechnique, 75005 Paris

http://www.editions-harmattan.fr

ISBN : 978-2-343-11816-1
EAN : 9782343118161

AVERTISSEMENT

L'Université, la Faculté de droit et de sciences politiques et la chaire UNESCO des droits de la personne humaine et de la démocratie, n'entendent donner aucune approbation ni improbation aux opinions émises dans cette thèse.

Elles doivent être considérées comme propres à leurs auteurs.

DEDICACE

A l'Immaculée Conception

A Chantale, Florian, Hans et Karl.

IN MEMORIAM

Ma première pensée ira à ma mère, qui me manque tant.
Ma pensée embrassera ensuite mon oncle Romain BADOU à qui je dois tant.
Elle s'attardera enfin sur Jérôme BADOU qui m'a tant inspiré.
Puisse le très haut les accueillir dans sa félicité.

REMERCIEMENTS

Si la présente étude a quelques mérites, ils devront avant tout être attribués aux professeurs Dorothé Cossi SOSSA et Joseph DJOGBENOU nos directeurs de thèse. Qu'ils trouvent ici, l'expression de notre profonde gratitude et notre éternelle reconnaissance.

Notre gratitude va également à Romain SOGLO, Rodrigue et Sandrine COFFI dont la disponibilité et la sollicitude ne m'ont jamais été comptées.

Notre gratitude va enfin à tous ceux qui ont contribué de quelques manières à cette étude notamment : Elias GUIDI, Gypsie HINVI et Richard ADJOVI.

SIGLES ET ABREVIATIONS

ABR	:	Accord de Bangui Révisé
Accord ADPIC	:	Accord sur les Aspects des Droits de Propriété Intellectuelle qui touchent au Commerce
A.J.	:	Actualités jurisprudentielles (Dalloz)
A.J.D.A.	:	Actualité juridique du droit administratif
Al.	:	Alinéa (s)
Alii	:	et autres
Ann. Propr. Ind.	:	Annales de Propriété Industrielle et Artistique
ANAPI	:	Agence Nationale de Propriété Industrielle (Bénin)
Art.	:	Article
ASPIIT	:	Agence Sénégalaise pour la Propriété Industrielle et de l'Innovation Technologique
Ass. Plén.	:	Assemblée Plénière
AU DCG	:	Acte Uniforme portant Droit Commercial Général
AU DSC et GIE	:	Acte Uniforme portant Droit des Sociétés Commerciales et du Groupement d'Intérêt Economique
AU PSRVE	:	Acte Uniforme portant Procédures Simplifiées de Recouvrement et des Voies d'Exécution
AU S	:	Acte Uniforme portant Droit des Sûretés
BICC	:	Bulletin d'Information de la Cour de Cassation
BO	:	Bulletin officiel

BOPI	: Bulletin officiel de la propriété industrielle
Bull. civ.	: Bulletin des arrêts des Chambres civiles de la Cour de Cassation
Bull. crim.	: Bulletin des arrêts des Chambres criminelles de la Cour de Cassation
C. civ.	: Code civil
C. com.	: Code de Commerce
C.E	: Conseil d'Etat
Cah.	: Cahier
Cass.	: Cassation
Cass. Ass. Plén.	: Assemblée Plénière de la Cour de Cassation
Cass. Ch. Mixte	: Cour de Cassation, Chambre mixte
Cass. civ. 1re	: Première chambre civile de la Cour de Cassation
Cass. civ. 2e	: Deuxième chambre civile de la Cour de Cassation
Cass. civ. 3e	: Troisième chambre civile de la Cour de Cassation
Cass. com	: Cour de Cassation, Chambre commerciale
Cass. crim.	: Cour de Cassation, Chambre criminelle
Cass. req.	: Cour de Cassation, Chambre des requêtes
Cass. soc.	: Cour de Cassation, Chambres sociales
CBPF	: Code béninois des personnes et de la famille
CCJA	: Cour Commune de Justice et d'Arbitrage
CEDH.	: Cour Européenne des Droits de l'Homme
CEPIG	: Centre de Propriété Industrielle du Gabon
Chron.	: Chronique
C.J.C.E	: Cour de Justice des Communautés Européennes
CJUE	: Cour de Justice de l'Union Européenne
Cont. Conc., Cons.	: Contrat, Concurrence, consommation
CP	: Code pénal
CPCCA	: Code de Procédure Civile Commerciale et Administrative de la Mauritanie

CPCCS	:	Code de Procédure Civile, Commerciale et Sociale
CPCCSAC	:	Code de Procédure Civile, Commerciale, Sociale, Administrative et des Comptes du Bénin
CPCEA	:	Code de Procédure Civile, Economique et Administrative de la République de Guinée
CPI	:	Code de propriété intellectuelle
CPP	:	Code de procédure pénale
CSR	:	Commission Supérieure de Recours de l'OAPI
CUP	:	Convention d'Union de Paris
D.	:	Recueil Dalloz
D. Aff.	:	Dalloz Affaires
DH.	:	Recueil Dalloz hebdomadaire
Dir.	:	Sous la direction de
Doctr.	:	Doctrine
DP.	:	Dalloz périodique
DPI	:	Droit de propriété intellectuelle
Dr. Pénal	:	Droit pénal
Ed.	:	Edition
Fasc.	:	Fascicule
Gaz. Pal.	:	Gazette du palais
Infra	:	Ci-dessous
INPI	:	Institut National de la Propriété Industrielle
INPIT	:	Institut National de la Propriété Industrielle du Togo
I.R.	:	Informations rapides
IRPI	:	Institut de Recherche en Propriété Intellectuelle Henri-Desbois
JCP	:	Juris-classeur périodique
JCP éd. E	:	Juris-classeur, édition Entreprise
JCP G	:	Juris-classeur, édition Générale
JDI	:	Journal de droit international

LGDJ	:	Librairie Générale de Droit et de Jurisprudence
N°	:	Numéro (s)
OAMPI	:	Office Africain et Malgache de la Propriété Industrielle
OAPI	:	Organisation Africaine de Propriété Intellectuelle
Obs.	:	Observation
OHADA	:	Organisation pour l'Harmonisation en Afrique du Droit des Affaires
OMPI	:	Organisation Mondiale de Propriété Intellectuelle
Op. cit.	:	Ouvrage ou article précité
P.	:	Page (s)
P.A.	:	Les petites affiches
PIB	:	Produit Intérieur Brut
PIBD	:	Propriété Industrielle-Bulletin de Documentation
Propr. Ind.	:	Propriétés Industrielles
Propr. Int.	:	Propriétés Intellectuelles
PUA	:	Presse Universitaire Africaine
PUF	:	Presse Universitaire de France
R-CSR	:	Règlement de la Commission Supérieure de Recours
RDPI	:	Revue de Droit de la Propriété Industrielle / Intellectuelle
Rec.	:	Recueil
Rep. Civ	:	Répertoire Civile Dalloz
Rép. D.	:	Répertoire Dalloz (civil, commercial, communautaire, international ou pénal, selon l'indication)
Req.	:	Requête
Rev. crit.	:	Revue critique de législation et de jurisprudence
Rev. crit DIP	:	Revue critique de droit international privé
Rev. Lamy dr. Aff.	:	Revue Lamy droit des affaires

Rev. Pénit.	:	Revue pénitentiaire
Rev. soc.	:	Revue des sociétés
RIDC.	:	Revue International de Droit Comparé
RIPIA	:	Revue Internationale de la Propriété Industrielle et Artistique
RJDA	:	Revue de Jurisprudence de Droit des Affaires
RSC	:	Revue de Sciences Criminelles
RTD. Civ.	:	Revue Trimestrielle de Droit Civil
RTD. Com.	:	Revue Trimestrielle de Droit Commercial
RTD. Euro.	:	Revue Trimestrielle de Droit Européen
S.	:	Sirey
Somm.	:	Sommaire
Supra	:	Ci-dessus
T.	:	Tome
TC	:	Tribunal des conflits
TGI	:	Tribunal de Grande Instance
TPI	:	Tribunal de Première Instance
TPICE	:	Tribunal de Première Instance des Communautés européennes
Trib.	:	Tribunal
Trib. civ.	:	Tribunal civil
Trib. com.	:	Tribunal commercial
Vol.	:	Volume.

RESUME ET MOTS-CLES

Les signes distinctifs, surtout lorsqu'ils sont prévus et organisés par l'ABR, confèrent à leur propriétaire, un droit exclusif d'exploitation, qui est saisi comme un véritable droit de propriété. Celui-ci bénéficie de règles dérogatoires au droit commun, qui ont pour vocation première d'assurer aux signes distinctifs une protection contre les atteintes, dont ils peuvent être l'objet. Ce rôle est surtout dévolu au juge judiciaire, qui est traditionnellement le juge de la protection du droit de propriété.

Mais, le juge peine à accomplir sa mission, de sorte que l'efficacité de la protection est toute relative, donc insatisfaisante. En effet, l'ABR ne fournit pas au juge l'assiette légale appropriée, qui lui permettrait de saisir les atteintes aux signes distinctifs avec précision. De même, les droits sur les signes distinctifs peuvent faire l'objet de diverses contestations, nonobstant la délivrance du titre de propriété industrielle par l'OAPI, au terme de la procédure d'enregistrement. De plus, les sanctions à la disposition du juge, pour réprimer et dissuader les atteintes aux signes distinctifs, sont inadéquates. Les sanctions civiles sont inadaptées, en ce qu'elles font appel exclusivement aux règles de la responsabilité civile. Or, ces règles ne sont pas adaptées à la spécificité des signes distinctifs, dont la protection nécessite, notamment, que le contrefacteur soit condamné à des dommages et intérêts punitifs. Les sanctions pénales sont également inappropriées, parce qu'elles sont peu dissuasives.

La protection contre les atteintes aux signes distinctifs exige donc de nouvelles solutions qui, prenant en compte la particularité du droit de la propriété industrielle, protègeront efficacement les signes distinctifs contre les violations des droits exclusifs de leur propriétaire.

MOTS-CLES

Marque, nom commercial, indication géographique, enseigne, dénomination sociale, nom de domaine, atteintes, enregistrement, usage, juge, responsabilité civile, peine, procédure, saisie-contrefaçon, contrefaçon, concurrence déloyale, signes distinctifs, protection judiciaire, action, OAPI, ABR.

SUMMARY AND KEY WORDS

Distinctives signs, especially when they are planned and organized by the ABR, give the owner an exclusive right of exploitation, which is seized as a real property right. This one enjoys of derogating rules to the ordinary law, whose have for primary vocation, to ensure to distinctive sings protection against harm, which they may be subject. This role is mostly vested to the judicial judge, which is traditionally the judge of the protection of property law.

But, it is hard for him to accomplish his mission, so that the efficiency of the judicial protection is entirely relative, so unsatisfactory. Indeed, the ABR does not give the judge the appropriate legal base, which allows it to seize accurately violations of distinctive signs. Similarly, rights in distinctive signs may be subject to various objections, notwithstanding the issue of the industrial property by OAPI at the end of the procedure of registration. In addition, the sanctions at the disposal of judge, to repress and deter violations of distinctive signs, are not appropriate. Civil sanctions are unsuited, in that they exclusively involve the rules of liability. However, these rules are not adapted to the specificity of the distinctive signs the sanction requires in particular that the infringer is ordered to pay punitive damages and interest. Criminal sanctions are inappropriate because they are not very dissuasive.

The protection against violations to the distinctive signs requires new solutions, taking account the particularity of law of industrial property, which efficiently protect distinctive signs against violations of the exclusive rights of the owner.

KEYWORDS

Trademark, trade name, geographical indication, signboard, corporate name, domain name, violations, recording, use, judge, civil liability, sanction, proceedings, seizure, infringement, unfair competition, distinctive signs, judicial protection, action, OAPI, ABR.

SOMMAIRE

INTRODUCTION GENERALE

« *La propriété intellectuelle, c'est le vol* »[1]. Paraphrasant PROUDHON, en faisant litière de l'évolution sociale et politique qui ont suivi les écrits de cet auteur[2], COHEN semble remettre en cause la légitimité de la propriété intellectuelle, sa fonction sociale, sa place dans l'organisation de la société contemporaine et, subséquemment, la nécessité de la protection des droits qui en découlent, en tête desquels se retrouvent les droits sur les signes distinctifs.

Mais, cette opinion est fort marginale, sinon extrêmement isolée. En effet, la doctrine s'accorde pour reconnaître à la propriété intellectuelle et, partant, aux signes distinctifs, leur rôle prééminent au « *cœur de cette économie de l'immatériel qu'est devenue aujourd'hui notre économie. Nul ne peut en effet ignorer que cette propriété intellectuelle représente désormais l'un des postes dominants du produit intérieur brut des grandes nations développées, comme des nouveaux entrants toujours plus présents sur la scène internationale et qu'elle est un élément majeur de la géostratégie* »[3].

---

1 COHEN (D.), « La propriété intellectuelle, c'est le vol », « Le monde », 7 avril 2001, cité par BINCTIN (N.), *Droit de la propriété intellectuelle, droit d'auteur, brevet, marque, dessins et modèles*, Paris, LGDJ, 2e éd., 2012, p. 21.

2 BINCTIN (N.), *Droit de la propriété intellectuelle: Droit d'auteur, brevet, droits voisins, marque, desseins et modèles*, op.cit, p. 21.

3 VIVANT (M.), Propos introductif, in *Droit et économie de la propriété intellectuelle*, Paris, LGDJ, 2014, p. 11. L'auteur précise qu'à l'échelle microéconomique, les actifs immatériels sont de l'ordre de 75 à 90 % de la capitalisation boursière des grandes entreprises.
Il va presque de soi que la propriété intellectuelle englobe des domaines d'activités d'une importance économique et juridique considérable. En effet, tous les domaines où l'innovation technologique ou commerciale joue un rôle, ont besoin d'une protection de cet ordre et ce sont ces domaines où l'on crée des valeurs immatérielles (technologies, marques, dessins ou modèles) qui comptent parmi les secteurs qui apparaissent aujourd'hui comme les plus créateurs de plus-values et les plus exportateurs. (POLLAUD-DULIAN (F.), *Propriété intellectuelle, la propriété industrielle*, Paris, Economica, Coll. CORPUS DROIT PRIVE, 2010, p. 34.) ; V. aussi FOYER (J.), VIVANT (M.*), Le droit des brevets*, Paris, Dalloz, Connaissance du droit, 2e éd., 2005, p. 13-18 ; BARNU (F.), *La vraie nature de l'innovation. Pourquoi elle remet en cause les fondements de l'entreprise,* Lavoisier, Tec et Doc, 2010. Déjà en 1844, la légitimité de la propriété intellectuelle est attestée par RENOUARD dans

De même, l'importance économique de la propriété intellectuelle, par voie de conséquence, sa légitimation sociale, peut se mesurer de plusieurs façons[4] que sont, notamment, sa place dans le PIB, l'estimation du montant des licences sur les titres de propriété industrielle[5] et, plus empiriquement, le succès des procédures d'enregistrement quand elles sont organisées par l'OAPI. Même si les informations relatives à l'estimation du montant des licences ou la place de la propriété intellectuelle dans le PIB dans l'espace OAPI ne sont pas disponibles[6], les données recueillies par contre auprès de l'OAPI permettent de constater que les titres enregistrés par cette institution ont connu un développement considérable ces dernières années[7].

Mais la propriété intellectuelle et, plus spécifiquement, les signes distinctifs, sont victimes de leur succès. En effet, depuis plusieurs décennies, ils sont exposés à la contrefaçon ainsi qu'aux diverses autres atteintes qui obèrent considérablement les droits de leurs titulaires[8]. En d'autres termes et

---

son traité des brevets d'invention : « il n'y a pas possibilité d'injustice, puisque ce paiement est facultatif. Ceux qui n'y voudront pas contribuer s'en dispenseront en ne faisant pas usage des produits de l'invention, puisqu'ils ne consentiront pas à payer. Les branches d'industrie préexistantes n'en resteront pas moins, comme auparavant, ouvertes à leur profit ; il est probable même qu'elles seront exploitées à meilleur marché, afin de lutter, par une concurrence plus efficace, avec les produits de la nouvelle invention » RENOUARD (A.-C.), *Traité des brevets d'invention*, Paris, Guillaumin, 1844, p. 37, repris par MARECHAL (C.), *Concurrence et propriété intellectuelle*, Paris, Litec, Coll. IRPI, n°32, 2009, p. 1.

[4] LEVEQUE (F.), MENIERE (Y.), *Economie de la propriété intellectuelle*, Paris, La découverte, 2003, p. 55 ; OCDE, *Actifs intellectuels et création de valeur*, rapport de synthèse 2008.

[5] En 2000, l'O.E.B. estimait les revenus de licences sur les brevets à 100 milliards, soit dix fois plus qu'en 1990. In POLLAUD-DULIAN (F.), *Propriété intellectuelle, la propriété industrielle,* op.cit, p. 35.

[6] Source : Agence Nationale pour la Protection de la Propriété Intellectuelle du Bénin, (ANAPI), février 2015.

[7] CHOUAKO (J.O), *Les marques de produits ou services dans l'espace de l'Organisation Africaine de la Propriété Intellectuelle*, Berlin, EUE, 2011, p. 44. « Au 31 décembre 2007, il y a eu 777 demandes d'enregistrement de marques provenant des Etats membres de l'OAPI contre 612 en 2006, soit un accroissement de 26,9% » ; plus largement, l'Organisation Mondiale de la Propriété Intellectuelle révèle que le nombre de marques enregistré dans le monde est passé de « 400.000 en 1967 à 1.200.000 en 1992 ; et il devrait atteindre 3.600.000 en 2017 ». BERTRAND (A.R.), *Droit des marques, signes distinctifs - noms de domaine,* Paris, Dalloz, Coll. Dalloz action, 2e éd.2005, p. 19.

[8] Il n'est pas aisé de chiffrer l'importance du phénomène de la contrefaçon, s'agissant d'une activité illégale et souterraine, il ne peut en effet exister de données exactes de la quantité de marchandises contrefaisantes commercialisées dans les pays de l'OAPI ou plus largement dans le monde. Pour estimer l'activité contrefaisante, on se fonde donc sur les chiffres relatifs au nombre de marchandises contrefaisantes interceptées par les autorités douanières lors de leur contrôle. Ainsi, au niveau de l'UE, le nombre de marchandises contrefaisantes interceptées en 2009 est de près de 118 millions (117 959298) : (www.http://ec.europa.eu/taxation-customs/customs/customs-Controls/counterfeit-piracy/statistics/index fer.htm).

pour rejoindre COHEN, les titulaires des titres de propriété intellectuelle se font « voler leurs droits » par des contrefaçons qui ont, depuis longtemps, dépassé le stade artisanal[9].

Cette situation, encouragée sinon tolérée par certains Etats[10], est cependant combattue par d'autres[11]. Elle mérite donc que l'on s'y penche pour appréhender la réponse judiciaire et juridique que les pays africains, membres de l'espace OAPI donnent aux atteintes dont sont l'objet les signes distinctifs. C'est pourquoi, il est utile de réfléchir sur la protection contre les atteintes aux droits sur les signes distinctifs dans l'espace OAPI. A cette fin, nous examinerons à l'abord l'objet et le champ de l'étude, sans occulter sa problématique. Ensuite, il conviendra de préciser son intérêt, tout en en indiquant la méthodologie retenue. Enfin, le plan de l'étude sera annoncé.

L'étude focalise son analyse sur les signes distinctifs qui en sont l'essence, l'objet. La notion des signes distinctifs reste discutée, même si les oppositions n'atteignent pas celles portant sur leur nature.

Les signes distinctifs font partie de la grande famille de la propriété intellectuelle. Celle-ci « *est une propriété incorporelle, qui permet à son*

En France, les statistiques fournies par la douane au titre de l'année 2009 montrent une augmentation de 7,7% des saisies par rapport à 2008 qui avait été une année record avec une augmentation de 41,3% par rapport à 2007. En 2009, la douane française a saisi sept millions d'articles de contrefaçon contre 6,5 millions en 2008. La valeur des produits saisis a été évaluée à 467 millions d'euros (http : www.douane.gouv.fr/page.asp? Id=141.). L'impact économique de la contrefaçon est estimé à environ 5 à 10% du commerce mondial. (KERN (T.), *Les marchandises contrefaisantes, identifier, réagir, lutter*, Paris, Lamy, Coll. Axe droit, 2010, p. 15.). Elle constitue un marché évalué à 600 milliards de dollars par an (Rapport Laffineur (M.), L'Europe et la contrefaçon : halte au pillage, rapport d'information n°2363, Ass. Nat. Juin 2005, p. 13.), dont 61 milliards pour les Etats-Unis, (BOUCHOUX (D.), *La propriété intellectuelle, le droit des marques, le droit d'auteur, le droit des brevets d'invention et des secrets commerciaux,* Paris, nouveaux horizons, 2007, p. 12.). La contrefaçon n'épargne aucun secteur de la vie économique. Mais elle devient tragique, en raison des dangers qu'elle fait courir au consommateur, lorsqu'elle porte sur des pièces de rechanges automobiles ou aéronautiques, des produits alimentaires, des boissons frelatées (*RIPIA*, 1996, n°183, p. 71.). De même, selon l'OMS, 6 à 10% des médicaments vendus dans le monde seraient des contrefaçons avec un taux moyen de 25% dans les pays pauvres et des pointes à 80% dans les pays asiatiques ou de l'Afrique subsaharienne (POLLAUD-DULIAN (F.), *Propriété intellectuelle, la propriété industrielle*, op.cit, p. 38.). Ainsi, une étude menée entre 2000 et 2003 a montré que 70% des antipaludéens vendus au Cameroun étaient dépourvus de principes actifs (alerte aux faux médicaments », *Le Point* du 16 juin 2005, p. 70.

[9] POLLAUD-DULIAN (F.), *Propriété intellectuelle, la propriété industrielle* op.cit, p. 37.

[10] POLLAUD-DULIAN (F.), *Propriété intellectuelle, la propriété industrielle,* op.cit, p. 37. Ainsi, la Chine a, à elle seule, fourni 50 à 60% des contrefaçons interceptées en Europe ; V. aussi, KERN (T.), op.cit, p. 15.). « Par ailleurs, les Emirats Arabes Unis sont les principales sources pour les médicaments contrefaisants, et l'Egypte celle des jouets et des jeux contrefaisants ».

[11] Au nombre de ces pays, il peut être retenu, les Etats-Unis, la France, l'Allemagne ou l'Espagne.

titulaire d'exploiter en exclusivité certains biens immatériels créés par l'esprit, mais aussi d'interdire leur usage ou leur exploitation par autrui et de se défendre contre les usages ou exploitations non autorisés »[12]. L'acte créatif est donc au cœur de la propriété intellectuelle[13], pour faire des droits qui en découlent, des biens intellectuels[14]. En effet, un bien intellectuel « *est une chose issue de l'imagination humaine dans l'exercice d'une activité créative susceptible d'appropriation indépendamment de tout support* » [15]. Cette définition saisit le bien immatériel dans son état premier[16], comme un objet de droit[17], avant la mise en œuvre d'un régime d'appropriation.

Les droits de propriété intellectuelle[18], parce que découlant de la seule activité spéculative de la personne humaine, ont en commun non seulement de porter sur des objets immatériels qui sont au vrai des meubles incorporels, mais également d'instituer un droit exclusif sur ces objets. Ce droit exclusif consiste dans le droit d'exploiter l'objet et d'en autoriser ou d'en interdire l'exploitation par d'autres concurrents, acteurs du marché. Dès lors, les droits de la propriété intellectuelle instaurent des limitations au principe de la liberté de commerce et de l'industrie : la liberté d'action des autres agents économiques s'arrête où commence le droit exclusif[19]. Le but assigné à ces droits, qui est de promouvoir le développement culturel, technologique et économique, ne serait pas atteint, si le jeu de la concurrence avait libre cours. Les acteurs du marché pourraient alors reproduire librement les biens non

---

[12] MARINO (L.), *Droit de la propriété intellectuelle*, Paris, PUF, Thémis droit, 2013, p. 1.

[13] GALLOUX (J.-C.), « Qu'est-ce que la propriété intellectuelle » ? in *Droit de la propriété intellectuelle, Liber amicorum BONET* (G.), Paris, Litec, Coll. IRPI, t. 36, 2010, p. 199.

[14] BINCTIN (N.), op.cit, p. 33.

[15] Idem.

[16] CATALA (P.), « Ebauche d'une théorie juridique de l'information », D.1984, *Chron.*, p. 975 ; CATALA (P.) « La propriété de l'information », in *Mélanges RAYMOND*, Paris, Dalloz, Sirey, 1985, spéc. n°4, repris par BINCTIN (N.), op.cit, p. 33.

[17] DABIN (J.-C.), « Les droits intellectuels comme catégorie juridique », *Rev. Crit.* 1939, p. 413 et s.

[18] Certains auteurs soutiennent que *stricto sensu*, ne peuvent être considérés comme des droits de propriété intellectuelle que ceux qui portent exclusivement sur des créations comme le brevet et le droit d'auteur à l'exclusion des signes distinctifs. (DESBOIS, *Cours de propriété littéraire, artistique et industrielle*, 1964-1965, p. 15 ; FRANÇON (A.), *Cours de propriété littéraire, artistique et industrielle*, 1999, p. 7.). Ces auteurs ont adopté une approche trop restrictive plutôt qu'une approche globale et plus pragmatique de l'acte créatif engendrant la création d'un bien intellectuel : originalité, activité inventive, distinctivité, caractère propre. Ainsi, le seuil de l'acte créatif qui autorise à l'appréhender comme un bien intellectuel est dégagé par Bry qui retient que « la composition, l'expression de la pensée, la façon de comprendre l'idée, de lui donner une forme, une couleur, voilà ce qui constitue le propre de l'auteur » (BRY (G.), *Traité de propriété industrielle, littéraire et artistique,* Paris, Sirey, 3e éd., 1914, p. 556.). Aussi, le choix d'un signe à titre de marque relève-t-il de l'activité créatrice, sans quoi le signe ne serait pas distinctif. (BINCTIN (N.), op.cit, p. 36.).

[19] PASSA (J.), *Traité de droit de propriété industrielle, marques et autres signes distinctifs, dessins et modèles*, Paris, LGDJ, t.1, 2009, p. 1.

appropriés par autrui. Or, à la différence notable des biens matériels, les biens intellectuels ne sont pas, par nature, susceptibles d'appropriation. Ils ne peuvent donc être matériellement protégés contre l'appropriation par autrui, car ils peuvent être reproduits par quiconque[20]. Inépuisables et dotés d'un véritable don d'ubiquité, pouvant être exploités simultanément par un nombre indéterminé de personnes. La valeur économique de telles créations vient de ce qu'elles se distinguent des solutions habituelles aux besoins humains en procurant des résultats plus efficaces. Leur valeur, liée à leur réalité, serait donc perdue ou diminuée dès qu'elles auront été intellectuellement accessibles à tous[21]. « *Leur rareté ne peut être maintenue qu'en empêchant l'accès intellectuel des tiers ou en organisant un système d'appropriation* »[22]. « *C'est pour cela que l'on doit considérer que la propriété intellectuelle a un caractère exceptionnel, tandis que le domaine public est la règle, et que l'intervention du législateur est très utile, voire indispensable pour fixer les conditions et les frontières de ces droits et corrélativement, de préciser les contours du domaine public, ce fond commun indispensable où chacun peut y puiser* »[23].

La « *summa divisio* » de la propriété intellectuelle amène à distinguer la propriété littéraire et artistique, de la propriété industrielle[24]. En effet, la prééminence du droit moral dans le droit d'auteur et sa quasi-inexistence en droit de la propriété industrielle, l'absence de formalités, l'absence d'obligation d'exploiter et l'exigence d'un critère d'originalité en droit d'auteur, dessinent des démarcations avec le droit de la propriété industrielle[25].

La propriété littéraire et artistique regroupe le droit d'auteur ainsi que ses droits voisins. Le droit d'auteur porte sur les œuvres et, les droits voisins, sur l'interprétation des œuvres[26].

Depuis la classification proposée par ROUBIER, on distingue traditionnellement à l'intérieur des droits de propriété industrielle, les droits sur les créations nouvelles et les droits sur les signes distinctifs[27]. Les droits sur les créations nouvelles ou industrielles[28] ont pour objet le fruit d'une

---

20 AZEMA (J.), GALLOUX (J.-C.), *Droit de la propriété industrielle*, Paris, Dalloz, Précis, 7e éd., 2012, p. 2.

21 PASSA (J.), *Traité,* t.1., op.cit, p. 2.

22 SCHMIDT-SZALEWSKI (J.-C.), PIERRE (J.-L.), *Droit de la propriété industrielle,* Paris, Litec, 4e éd., 2007, pp. 1-2.

23 POLLAUD-DULIAN (F.), *Propriété intellectuelle, la propriété industrielle,* op.cit, pp. 25-26.

24 MARINO (L.), op.cit, p. 1.

25 POLLAUD-DULIAN (F.), *Propriété intellectuelle, la propriété industrielle,* op.cit, p. 23.

26 MARINO (L.), op.cit, p. 1, préc.

27 ROUBIER (P.), « Unité et synthèse des droits de propriété industrielle », in *Mélanges Marcel PLAISANT*, Paris, Sirey, 1960, p. 161 ; PASSA (J.), *Traité,* t.1., op.cit, p. 2 ; AZEMA (J.), GALLOUX (J.-C.), op.cit, p. 2.

28 GAUMONT-PRAT (H.), *Droit de la propriété industrielle*, Paris, LexisNexis, Coll. Objectif droit cours, 3e éd., 2013, op.cit, p. 22 ; POLLAUD-DULIAN (F.), *Propriété intellectuelle,*

création intellectuelle, qu'elle soit de forme ou à caractère technique[29]. Ces droits regroupent, en ce qui concerne les créations techniques : le brevet[30], le certificat d'utilité [31], le certificat d'obtention végétale [32], le certificat complémentaire de protection pour les médicaments ou les produits phytopharmaceutiques[33], la topographie de semi-conducteur[34]. Les droits sur

---

la propriété industrielle, op.cit, p. 2. Cet auteur distingue les innovations industrielles et les signes distinctifs, tandis que les professeurs PIERRE et SCHMIDT-SZALEWSKI distinguent les créations industrielles des signes distinctifs : (SCHMIDT-SZALEWSKI (J.), PIERRE (J.-L.), op.cit, p. 17.). En dehors de ces différences de terminologie, le contenu des droits sur les créations nouvelles est le même pour tous les auteurs. Ceux-ci protègent les créations industrielles dans le but de favoriser le progrès économique ou industriel.

29 PASSA (J.), Traité, t.1., op.cit, p. 2.

30 Le brevet s'entend, du titre délivré pour protéger une invention (Art. 1er de l'Annexe I de l'ABR.). Plus largement, le brevet désigne également le titre de propriété industrielle délivré à la suite d'une formalité de dépôt d'une demande de brevet, par une autorité administrative, nationale ou supranationale, et conférant au titulaire, sur le territoire pour lequel ce titre a été délivré, un monopole temporaire d'exploitation d'une invention répondant aux conditions décrites dans la demande. (PASSA (J.), *Traité de droit de la propriété industrielle, brevets d'invention, protections voisines,* Paris, LGDJ, t.2., 2013, p. 2.). La durée de protection du titre est de vingt ans. (Art.9 de l'Annexe I de l'ABR.).

31 Le certificat d'utilité est inconnu de l'ABR. Encore appelé ''petit brevet'', le certificat d'utilité est soumis aux mêmes règles et produit les mêmes effets que le brevet. Toutefois, sa durée de protection est plus brève que le brevet. Elle est réservée aux innovations, aux inventions susceptibles d'être rapidement déposées pour le progrès technique. (GAUMONT-PRAT (H.), op.cit, p. 74.). En revanche, l'ABR délivre le modèle d'utilité dont la portée est plus limitée que celle du certificat d'utilité. En effet, constituent « des modèles d'utilité protégés par des Certificats d'Enregistrement délivrés par l'Organisation, les instruments de travail ou les objets destinés à être utilisés ou les parties de ces instruments ou objets , pour autant qu'ils soient utiles au travail ou à l'usage auquel ils sont destinés, grâce à une configuration nouvelle, à un arrangement ou à un dispositif nouveau et qu'ils soient susceptibles d'une application industrielle. (Art. 1er de l'Annexe II de l'ABR.). La durée de la protection est initialement de dix ans. (Art.6 de l'Annexe II de l'ABR.).

32 Le certificat d'obtention végétale est le titre délivré pour protéger une nouvelle variété végétale (art.1er de l'Annexe X de l'ABR.). La durée de protection est de dix ans (art.7 al.2 de l'Annexe IX de l'ABR.).

33 Le certificat complémentaire de protection est celui délivré à tout propriétaire d'un brevet ayant pour objet un médicament, un procédé nécessaire à l'obtention de ce médicament, ou un procédé de fabrication du médicament. (Art. L.611-3 du CPI). Il n'est pas organisé par l'ABR. Il est institué, parce que l'exploitation d'un médicament est, nonobstant l'invention, suspendue à l'obtention d'une autorisation administrative de mise sur le marché. Or, en attendant cette autorisation qui peut prendre des années, la durée de protection du brevet court. Le certificat complémentaire de protection est donc prévu, pour offrir au titulaire du brevet une protection complémentaire, qui ne peut excéder sept ans, à compter de l'expiration du brevet. (POLLAUD-DULIAN (F.), *Propriété intellectuelle, la propriété industrielle* op.cit, p. 321.).

34 L'ABR le protège par le biais de l'Annexe IX, qui identifie la topographie de semi-conducteur comme ''les schémas de configuration des circuits intégrés''. Il s'agit de la configuration de l'ensemble des circuits qui sont incorporés dans une puce ou conçus aux fins d'y être intégrés. (GAUMONT-PRAT (H.), op.cit, p. 147.).

les créations de forme se limitent aux dessins ou modèles[35], en ne perdant pas de vue que le principe de l'unité de l'art autorise également leur protection au titre du droit d'auteur[36]. Les signes distinctifs, qui sont l'armature de l'objet de notre étude, visent à permettre aux agents économiques d'identifier leurs produits, services ou entreprises de ceux de leurs concurrents[37]. Ainsi, les droits sur les signes distinctifs ne portent pas à proprement parler sur une création de l'esprit, mais sur un signe ayant pour objet ou même parfois seulement pour finalité, d'identifier les produits ou services ou les activités d'un commerçant afin de les distinguer de ceux de la concurrence[38]. En sus de leur unité fonctionnelle, le contenu des signes distinctifs reste discuté.

Deux conceptions des signes distinctifs s'affrontent : une stricte et une large. La conception stricte des signes distinctifs est soutenue, notamment, par le Professeur PASSA. Pour lui, ne peut être véritablement considérée comme signe distinctif et protégé au titre de droit de propriété industrielle que la marque[39].

Selon cet auteur, si le nom commercial, la dénomination sociale, l'enseigne, le nom de domaine ou l'indication géographique peuvent être considérés comme des signes distinctifs, parce que participant à la distinction de l'établissement ou des activités d'un acteur du marché de celui de ses concurrents, ils ne peuvent toutefois l'être au titre de la propriété industrielle. Aussi, ces signes, à défaut de tout statut légal organisant, à l'instar de la marque, les conditions et modalités de l'appropriation, et fixant l'étendue de la protection qui leur est attachée, ne peuvent être considérés comme un droit de propriété intellectuelle[40]. Par suite « protégés » et ce, de manière seulement indirecte, par les règles du droit commun de la responsabilité civile du fait personnel, ces signes ne peuvent être analysés que comme des valeurs dont

---

35 Est considéré comme dessin, tout assemblage de lignes ou de couleurs, et comme modèle, toute forme plastique associée ou non, à des lignes ou à des couleurs, pourvu que cet assemblage ou cette forme donne une apparence spéciale à un produit industriel ou artisanal et puisse servir pour la fabrication d'un produit industriel ou artisanal. (Art.1er de l'Annexe IV de l'ABR.). Ainsi, la notion de dessin ou modèle identifie une création matérialisée, destinée à être utilisée de façon concrète, comme par exemple un flacon de parfum, la carrosserie d'une voiture, le dessin d'un tissu. (COHEN (D.), *Le droit des dessins et modèles*, Paris, Economica, Coll. Pratique du droit, 2009, p. 3.). Toutefois, une idée, au sens de concept ou de ''pensée'', ne peut être protégée, mais seulement peut l'être la forme tangible dans laquelle celle-ci s'est exprimée. « Ainsi, une personne qui se contenterait de formuler une idée, aussi générale soit-elle, sans la traduire par une création matérielle, ne pourrait prétendre à aucune protection ». (COHEN (D.*), Le droit des dessins et modèles*, op.cit, p. 3. préc.).

36 PASSA (J.), *Traité*, t.1., op.cit, p. 2.

37 GAUMONT-PRAT (H.), op.cit,, p. 173.

38 SCHMIDT-SZALEWSKI (J.), PIERRE (J.-L.), op.cit, p. 1.

39 PASSA (J.), *Traité*, t.1, op.cit, p. 3.

40 Idem.

l'exploitation, non autorisée par un tiers, peut, dans certaines conditions, seulement être tenue pour fautive et justifier alors une réparation sous la forme de mesures d'interdiction d'exploitation et d'indemnisation[41]. Cette position est aussi celle des professeurs SCHMIDT-SZALEWSKI et PIERRE, qui font également observer que les signes distinctifs autres que la marque, ne font pas l'objet d'une procédure d'enregistrement qui en permettrait l'appropriation et, par voie de conséquence, la protection de l'action en contrefaçon. Ils relèvent donc exclusivement de l'action en responsabilité civile qui ne suffit pas à les ranger parmi les titres de droits de propriété industrielle[42].

Cette thèse est rejetée par les tenants de la conception large des signes distinctifs. Ceux-ci, à l'abord, font remarquer que les signes distinctifs que sont le nom commercial, l'indication géographique, le nom de domaine et l'enseigne, ne sont pas dépourvus d'un fondement légal qui en organise la protection ou la portée. La Convention de l'Union de Paris édicte en son article 1er, au paragraphe 2, que la protection de la propriété industrielle a pour objet, outre les brevets, les dessins et modèles et les marques, « le nom commercial et les indications de provenance ou appellation d'origine ». L'assise légale est encore plus marquée en droit OAPI, où l'ABR a expressément consacré, au travers respectivement des annexes V et VI, le nom commercial et l'indication géographique. Ces signes distinctifs sont donc octroyés par une autorité administrative et confèrent à leur titulaire un monopole d'exploitation. Ainsi saisis, ils s'ajustent à la définition de droits de propriété industrielle donnée par les tenants de la conception stricte de propriété industrielle[43]. Les tenants[44] de la conception large des signes distinctifs retiennent également, à côté de la marque, le nom commercial, l'enseigne, la dénomination sociale et le nom de domaine. Même si les droits sur l'enseigne, le nom de domaine et la dénomination sociale, ne sont pas conférés par une autorité administrative, et protégés par une action en contrefaçon, ils ne font pas moins l'objet d'appropriation, notamment, grâce à l'usage qui en est fait. Ensuite, l'absence de la protection de l'action en contrefaçon n'est pas rédhibitoire. En effet, tout

---

[41] Ibid.

[42] SCHMIDT-SZALEWSKI (J.), PIERRE (J.-L.), op.cit, p. 7.

[43] PASSA (J.), *Traité*, t.1., op.cit, p. 2 : « On peut définir un droit de propriété industrielle, comme un droit exclusif octroyé par l'autorité administrative à l'auteur d'une demande de protection et conférant à celui-ci, un monopole d'exploitation de l'élément immatériel, création ou signe distinctif, constituant l'objet du droit ».

[44] Par exemple : SANTOS (A.P.), *La gestion de la propriété intellectuelle, Cours ERSUMA*, 2010, p. 2. « Les signes distinctifs sont constitués par les marques, les dénominations sociales, les noms commerciaux, les enseignes, les appellations d'origine et les indications de provenance ou indications géographiques ; V. aussi, CHAVANNE (A.), BURST (J.J.), *Droit de la propriété industrielle*, Paris, Dalloz, Précis, 5e éd., 1998, n°1352 ; MATHELY (P.), *Le droit français des signes distinctifs*, LJNA, 2011, p. 826. ; ROUBIER (P.), *traité*, t.1, p. 314 et t.2, pp. 673-674 ; REBOUL (Y.), « Le nom commercial et la marque », in *Mélanges Albert CHAVANNE*, Paris, Litec, 1990, p. 283.

comme l'action en contrefaçon, les modes d'évaluation de la réparation due aux titulaires de ces signes distinctifs, déploient les mêmes règles que celles de la responsabilité civile. La démarcation n'est donc pas décisive entre la marque et les autres signes distinctifs. Aussi, dans le cadre de notre étude, la conception large de signes distinctifs a-t-elle prévalu pour entendre par signes distinctifs, l'ensemble des droits de propriété industrielle que sont la marque, le nom commercial, l'indication géographique, l'enseigne, la dénomination sociale et le nom de domaine.

Si tous les signes distinctifs ont pour objet, lorsqu'ils sont réellement exploités, d'identifier les produits ou services d'un opérateur économique, ils n'ont toutefois pas tous la même finalité, ni n'exercent exactement les mêmes fonctions[45].

La marque est le plus important des signes distinctifs, en ce qu'elle constitue, notamment, le support essentiel de la publicité[46] et favorise, mieux que les autres signes, l'identification des produits ou services en concurrence. Pour autant, sa définition n'a pas fait l'objet, de la part du législateur OAPI, d'une attention particulière. En effet, celui-ci n'en a donné aucune définition dans le corpus de l'ABR, ni dans l'Annexe III qui, pourtant, organisent la marque. Mais, traditionnellement, la marque est appréhendée comme un signe distinctif qui sert à distinguer les produits ou services de son titulaire, de ceux que proposent ses concurrents[47]. Cette définition est consacrée par le législateur français, qui définit la marque comme « *un signe susceptible de représentation graphique servant à distinguer les produits ou services d'une personne physique ou morale* »[48].

Nonobstant ses mérites, cette définition a le désavantage d'être incomplète. Elle ne permet pas de distinguer le droit et l'objet sur lequel il porte ou est susceptible de porter[49]. En effet, au sens juridique du terme, tout signe répondant à la définition proposée n'est pas une marque. Il en est ainsi des marques dites d'usage, qui restent un signe exploité pour désigner les produits ou services ou même pour les distinguer de ceux de la concurrence, mais qui pourtant, ne font pas l'objet d'une autorisation administrative. Ainsi, seul le signe qui a fait l'objet d'une demande d'enregistrement consacrée par l'enregistrement effectif, peut être considéré comme marque. La définition rigoureuse de la marque doit donc nécessairement tenir compte du droit

---

45 PASSA (J.), *Traité*, t.1., op.cit, p. 45.

46 AZEMA (J.), GALLOUX (J.-C.), op.cit, p. 791.

47 POLLAUD-DULIAN (F.), *Propriété intellectuelle, la propriété industrielle,* op.cit, p. 709 ; AZEMA (J.), GALLOUX (J.-C.), op.cit, p. 791 ; GAUMONT-PRAT (H.), op.cit, p. 175 ; SCHMIDT-SZALEWSKI (J.), PIERRE (J.-L.), op.cit, p. 193.

48 Art. L.711-1 al. 1er du CPI.

49 PASSA (J.), *Traité*, t.1., op.cit, p. 46.

exclusif couvrant le signe[50]. Sous cet éclairage, la marque peut être saisie « *comme un signe distinctif dont l'usage est réservé par la loi à une personne, pour la désignation dans le commerce des produits ou services visés dans l'enregistrement* »[51].

En sus de la fonction substantielle d'identification ou d'individualisation des produits ou services d'une personne[52] sur laquelle repose la définition retenue, la marque a également deux fonctions principales. La première consiste à réserver l'usage du signe au titulaire. Il s'agit, pour la marque, de réserver à celui qui en est le titulaire, le monopole d'exploitation de ce signe afin de désigner, dans le commerce, certains produits ou services[53]. Aussi, le droit sur la marque assure-t-il à son titulaire, l'exclusivité de son usage pour désigner sa production ou ses services et, subséquemment, la possibilité d'empêcher ses concurrents de se l'accaparer[54]. La seconde fonction principale est celle de garantie d'identité d'origine. Certes, la marque ne donne pas en principe d'information précise sur l'identité de celui qui fabrique ou vend le produit marqué ou encore qui propose un service sous la marque, mais elle garantit à la clientèle l'identité d'origine du produit ou service[55]. Plus exactement, elle permet au client de relier le produit ou service marqué à la personne qui est à son origine et de lui en attribuer la responsabilité, que les produits ou services proviennent ou non du titulaire de la marque[56]. La marque peut alors être conçue « *comme un instrument de police économique permettant de connaître l'origine des produits* »[57].

---

[50] Idem.

[51] Ibidem.

[52] POLLAUD-DULIAN (F.), *Propriété intellectuelle, la propriété industrielle,* op.cit, pp. 710-711.

[53] PASSA (J.), *Traité*, t.1., op.cit, p. 58 ; CJCE, 31 oct. 1974, centrafarm/Winthrop, Rec. p. 1183 (Pt 8); CJCE, 23 mai 1978, Hoffmann-Laroche, Rec. p. 1139 (Pt 7) ; CJCE, 11 nov. 1997, Ballantine, Rec. p. I.6227 (Pt 22) ; CJCE, 22 oct. 2003, Rioglass, Rec. p. I.12705 ; *PIBD* 2004, n°783, III,192 (Pt 25).

[54] POLLAUD-DULIAN (F.), *Propriété intellectuelle, la propriété industrielle,* op.cit, p. 711.

[55] PASSA (J.), *Traité*, t.1., op.cit, p. 58.

[56] Paris, 16 janv. 1868, Annales 1868, p. 336.

[57] SANTOS (A.P.), op.cit, p. 39. Cette fonction de la marque est consacrée, de manière constante, par les juridictions européennes qui ont décidé que « la fonction essentielle de la marque est de garantir au consommateur ou à l'utilisateur final, l'identité d'origine du produit ou du service, désignée par la marque, en lui permettant de distinguer, sans confusion possible, ce produit ou ce service de ceux qui ont une autre provenance », CJCE, 18 juin 2002, Philips, Rec. p. I. 5475 ; *PIBD* 2003, n°756, III, 37 ou encore dans les mêmes termes, CJCE, 17 oct. 1990, Hag II, Rec. p. 3711 ; *RTDeur.* 1991, p. 639, obs. BONET (G.). De même, « pour jouer son rôle d'élément essentiel du système de concurrence non faussée (la marque), doit constituer la garantie que tous les produits qui en sont revêtus ont été fabriqués sous le contrôle d'une entreprise unie à la marque et à qui peut être attribuée la responsabilité de leur qualité ». CJCE, 12 févr. 2004, Heukel, Rec. p. I. 1725, *PIBD* 2004, n°787.III. 327 ; D. 2005, Pau.501, obs. DURRANDE (S.) (Pt.30). Toutefois, si la fonction d'exclusivité de

Il est parfois reproché à la fonction de garantie d'identité d'origine d'être illusoire, en raison de ce que les marques sont concédées par leur titulaire à des filiales, ou à d'autres sociétés du même groupe ou non, de sorte qu'il ne soit plus possible de déterminer ou d'identifier l'origine du produit[58]. Cette critique, à l'analyse, méconnaît la plasticité de la règle. En effet, la provenance dont la marque a pour fonction de garantir l'identité n'est pas obligatoirement une provenance unique, constituée par une seule entreprise. Aussi, peut-elle être un essaim d'entreprises, liées toutefois entre elles par des rapports juridiques qui en tissent une certaine unité[59].

Mais, la fonction de garantie d'identité d'origine admet-elle une autre, dérivée ou indirecte, qui serait la fonction de garantie de qualité ? La réponse négative gagnerait toutefois à être nuancée. En effet, pour certains auteurs, la marque ne comporte aucune garantie de qualité du produit ou du service[60]. Pour d'autres, la fonction d'indication d'origine induit une fonction « dérivée » qui est celle de garantie de qualité[61]. Il est constant que le consommateur porte son choix sur un produit ou un service, en raison de la qualité qu'il en attend. S'il en est satisfait, il aurait tendance, par la suite, à porter sa préférence sur le même produit ou service revêtu de la même marque, dont il sait qu'il a la même origine, s'attendant, de toute bonne logique, à retrouver la même qualité[62]. Aussi, pour ne pas décevoir sa clientèle, et donc la fidéliser, le titulaire de la marque est-il tenu de maintenir la qualité des produits ou services marqués, sinon de les améliorer. « *Cette fonction indirecte de garantie de qualité est fragile cependant, parce qu'elle n'est qu'économique ou de fait. On n'en tire en effet aucune conséquence sur le plan juridique, à la différence de la fonction de garantie d'identité d'origine* »[63]. Juridiquement, la marque garantit donc uniquement que le produit émane du titulaire ou d'un tiers qui est en relation avec lui, sans étendre sa mission à celle d'une garantie constante de qualité.

Cependant, bien que les marques ne fournissent aucune garantie légale de qualité, elles apportent néanmoins sur le plan économique, une garantie

---

l'usage du signe est bien une fonction du droit de marque, celle de garantie d'identité d'origine est assumée par le signe objet du droit qui est désigné souvent par « marque », comme le droit lui-même. En effet, cette fonction, qui est considérée comme la fonction essentielle de la marque, peut être exercée par tout autre signe, comme la marque d'usage, sans que soit mis en œuvre le droit exclusif d'exploitation qui, seul, découle du droit de marque. (PASSA (J.), op.cit, p. 61).

58 AZEMA (J.), *Droit français de la concurrence*, Paris, PUF, Thémis droit, 1989, n°291.

59 TPICE, 19 sept. 2001, Rec. p. II.2731 (Pt.53) ; V. aussi PASSA (J.), op.cit, p. 61.

60 POLLAUD-DULIAN (F.), *Propriété intellectuelle, la propriété industrielle,* op.cit, p. 711.

61 MATHELY (P.), *Le droit français des signes distinctifs*, LJNA, 1984, p. 12.

62 PASSA (J.), *Traité,* t.1, op.cit, p. 63.

63 Idem.

équivalente qui oriente au quotidien, le choix des consommateurs[64]. La marque joue alors le rôle de garantie psychologique de qualité des produits ou services[65].

La marque, comme du reste l'ensemble des signes distinctifs, a un caractère relatif[66]. Ainsi, contrairement au droit d'auteur ou au droit de brevet qui protège le signe pour lui-même, et qui par suite confère à leur titulaire un droit absolu, la protection attachée à la marque n'a qu'une portée relative. Le signe n'est protégé qu'en tant qu'il désigne certains produits ou services. « *Ainsi, le cercle des produits ou services pour lesquels une marque est enregistrée, constitue le périmètre du droit de marque. Au-delà de ce cercle, étendu aux produits ou services similaires, le droit de marque n'existe tout simplement pas* »[67].

Le caractère relatif de la marque est conforté par son caractère facultatif. La marque a en effet un caractère facultatif[68]. Cette règle signifie que le commerçant n'est pas tenu de mettre sur le marché ses produits ou services sous la marque[69]. De même, s'il possède une marque, il n'est pas obligé de l'appliquer sur ses produits. Toutefois, dans des cas bien précis, tenant notamment à la santé publique ou à la protection des consommateurs, une marque obligatoire peut être imposée[70].

L'indication géographique, la dénomination sociale, l'enseigne, le nom commercial et le nom de domaine, ne peuvent être confondus à la marque, mais entretiennent avec elle des relations étroites. Ils s'en éloignent, parce qu'ils n'ont pas pour objet, comme la marque, de distinguer, au premier chef ou directement, des produits ou services[71]. En effet, la dénomination sociale

---

[64] CJCE, 17 oct. 1990, Hag II, préc. Il est également reconnu à la marque de nouvelles fonctions qui sont celles de communication, d'investissement ou de publicité ; CJCE, 18 juin 2002, Philips.

[65] AZEMA (J.), GALLOUX (J.-C.), op.cit, p. 802 ; Des sondages ont établi que plus de 56% des consommateurs préfèrent acheter un produit revêtu d'une marque. La moitié d'entre eux voit dans la marque une garantie de sécurité et 19% une garantie de qualité. (GAUMONT-PRAT (H.), op.cit, p. 181.).

[66] PASSA (J.), *Traité,* t.1, op.cit, p. 47.

[67] Idem.

[68] SANTOS (A.P.), op.cit, p. 39, V. aussi, l'article 1er de l'Annexe III de l'ABR.

[69] Sous l'Ancien Régime, les marques corporatives étaient obligatoires. Le but poursuivi était d'assurer la mainmise des organisations professionnelles sur la vie économique et de garantir une qualité des produits ou services qui étaient alors tenus d'être conformes au règlement de la corporation. L'abolition des corporations sous la Révolution, l'adoption des principes de liberté, telle la liberté de commerce mirent fin au système de marque obligatoire. En effet, depuis la première loi française sur les marques, les marques individuelles n'ont pas été déclarées obligatoires. (POLLAUD-DULIAN (F.), *Propriété intellectuelle, la propriété industrielle,* op.cit, p. 791.).

[70] Art. 1er, 38 et 44 de l'Annexe III de l'ABR.

[71] AZEMA (J.), GALLOUX (J.-C.), op.cit, p. 940.

identifie une personne morale[72], le nom commercial, un fonds de commerce[73], l'enseigne, le lieu d'une exploitation commerciale[74], le nom de domaine, un site internet[75] et, l'indication géographique, la provenance de produits[76]. Cependant, ils se rapprochent suffisamment de la marque, en ce qu'ils sont, comme elle, des signes distinctifs de produits ou services. Ainsi, « *s'ils désignent en premier lieu respectivement, une personne morale, un fonds de commerce, un lieu d'exploitation et un site internet, ils désignent également le plus souvent des signes distinctifs de produits ou services* »[77]. De même, il est fréquent qu'un même signe désigne, tout à la fois, la marque, le nom commercial, l'enseigne, la dénomination sociale et le nom de domaine.

La protection légale dont jouissent les signes dans l'espace OAPI est discriminatoire. En effet, la marque, l'indication géographique et le nom commercial bénéficient d'une protection légale spécifique, organisée par l'OAPI[78], qui permet de les protéger non seulement au titre de la contrefaçon, mais également par l'action en concurrence déloyale. Mais la dénomination

---

[72] La dénomination sociale est la dénomination qui permet d'identifier une personne morale, afin de la distinguer, dans le commerce juridique, des autres personnes, qu'elles soient physiques ou morales. (POLLAUD-DULIAN (F.), *Propriété intellectuelle, la propriété industrielle,* op.cit, p. 694.). Elle n'est acquise qu'à la personne morale régulièrement constituée. (TGI Paris, 23 nov. 1988, *PIBD* 1989, n°452.III.184.).

[73] Art. 1er de l'Annexe V de l'ABR : « Au sens de la présente Annexe, constitue un nom commercial, la dénomination sous laquelle est connu et exploité un établissement commercial, industriel, artisanal ou agricole ». Ainsi défini, le nom commercial distingue un fonds de commerce des fonds similaires. Paris, 21 janv. 1974, *Ann. Propr. Ind.*, 1974.213.

[74] L'enseigne est un signe distinctif qui identifie un établissement commercial dans sa localisation. (AZEMA (J.), GALLOUX (J.-L.), op.cit, p. 954.). Le même signe peut servir à la fois de dénomination sociale et d'enseigne. (Cass. Com., 7 juill. 2009 « Poilaine », *PIBD* 2009, n°905. III.1428, *Rev. Soc.* 2009, p. 874, obs. MARCHAL (C.). L'enseigne est un signe extérieur et visuel, qui peut être constitué d'une dénomination ou d'un signe emblématique quelconque.

[75] Le nom de domaine est la traduction alpha numérique du numéro d'un ordinateur connecté au réseau. (SANTOS (A.P.), op.cit, p. 48. Le nom de domaine qui est un néologisme, en ce qu'il est la traduction de l'expression anglaise « domain name » désigne également un ensemble d'adresses faisant l'objet d'une gestion commune. (MANARA (C.), *Le droit des noms de domaine*, Paris, LexisNexis, Coll. IRPI, droits des affaires, propriété intellectuelle, n°39, 2012, pp. 4-5.

[76] L'article 1er de l'Annexe VI de l'ABR entend par indication géographique « des indications qui servent à identifier un produit comme étant originaire du territoire, ou d'une région ou d'une localité de ce territoire, dans les cas où une qualité, une réputation ou une autre caractéristique déterminée du produit peut être attribuée essentiellement à cette origine géographique ».Par exemple, sont susceptibles de constituer des indications géographiques au Bénin, le gari de Savalou, le Sodabi du Mono, le miel de Tanguiéta ou le Tchapalo de Gomé.

[77] PASSA (J.), *Traité*, t.1, op.cit, p. 683.

[78] V. Annexe III, V et VI de l'ABR.

sociale[79], le nom de domaine et l'enseigne ne sont protégés que par l'action en concurrence déloyale. Ces derniers signes sont donc plus exposés aux atteintes que les signes qui ont reçu l'onction du législateur OAPI.

De même, certains signes ont emprunté à la marque son caractère facultatif, tandis que d'autres, non. Ainsi, l'enseigne, l'indication géographique et le nom de domaine sont facultatifs dans le ralliement de la clientèle. Leurs titulaires ne sont pas tenus de s'approprier l'un de ces signes avant d'offrir au public leurs produits ou services ou, plus exactement, avant de mener leurs activités commerciales. Il en va autrement pour le nom commercial et la dénomination sociale. Le nom commercial est obligatoire, en ce sens qu'un fonds de commerce doit, par nature, être distingué de celui des autres, ne serait-ce que par le nom patronymique du commerçant. En plus d'être une obligation inhérente au fonctionnement du marché, l'obligation de se doter d'un nom commercial relève de la loi. Le commerçant, personne physique ou morale, ne peut en effet être immatriculé au registre du commerce, s'il n'indique au greffe, son nom commercial[80]. La règle est la même pour la dénomination sociale. La société ne peut être créée sans qu'une dénomination n'identifie la personne morale[81], tout comme le nom est imposé aux personnes physiques dont toutefois la nature n'est pas aussi discutée que celle des signes distinctifs.

La nature juridique des signes distinctifs et, au-delà, des droits de propriété intellectuelle, est assez controversée. Les éléments de la controverse se focalisent sur la qualification de droit de propriété. L'émergence des droits de propriété intellectuelle a poussé la doctrine à mettre à l'épreuve de la dématérialisation la conception classique du droit de propriété : constitue-t-il le mode d'appropriation de ces valeurs incorporelles ou faut-il construire pour elles un mode d'appropriation spécifique et un régime distinct ?

La controverse est d'autant vivace que le droit de propriété est, depuis des siècles, innervé par des tensions politiques, sociales et philosophiques qui visent la maîtrise de l'outil de production[82]. En effet, le droit de la propriété régit le pouvoir de l'individu sur les biens. En cela, il permet de saisir la

---

[79] Toutefois, la dénomination sociale est organisée par les articles 14 à 18 de l'Acte Uniforme portant Droit des Sociétés Commerciales et du Groupement d'Intérêts Economiques. Mais, ces dispositions légales ne consacrent pas sa nature de signe distinctif.

[80] Art. 48 de l'Acte Uniforme OHADA relatif au Droit Commercial Général.

[81] Art.46 AU DSC et GIE.

[82] BUYDENS (M.), *La propriété intellectuelle. Évolution historique et philosophique*, Bruxelles, Bruylant, 2012, p. 7.

mesure de l'exclusion des autres[83]. Ces deux éléments du droit[84] ont nourri des tensions, chacune reposant sur des postulats philosophiques, économiques et politiques opposés. Ainsi, pour HOBBES, l'un des tenants du droit naturel, chacun a reçu de la nature un droit égal sur toutes choses « *jus omnium in omnia* », et ce n'est qu'à la suite d'un contrat social que ce droit a été transféré au prince qui, même s'il en est devenu propriétaire, a néanmoins l'obligation de concéder la propriété aux particuliers[85]. Dans la même logique, mais avec une inflexion plus libérale, LOCKE ne considère pas le contrat social comme une renonciation totale et inconditionnelle du droit de propriété mais, plutôt, comme le but du contrat social. Aussi, pour lui, la propriété est-elle antérieure à la société et demeure la finalité du contrat social[86]. Par contre, pour d'autres auteurs, comme GROTIUS et CICERON, le droit de propriété n'est pas un droit naturel car, à l'origine, tout était commun, l'appropriation n'est donc intervenue que de divers mécanismes sociaux[87]. Autour de la notion de propriété, se sont également affrontés individualistes et collectivistes. La pensée individualiste affirme la réalité propre des individus au détriment, au besoin, des genres et des espèces. Le collectivisme, en revanche, s'appuie sur la doctrine et sur le régime social fondé sur la propriété collective[88]. S'il s'agit, à première vue, d'antagonisme politique, cette tension a une conséquence

---

[83] SOSSA (D.C.), DJOGBENOU (J.), *Introduction à l'étude du droit, perspectives africaines*, Cotonou, Les éditions du CREDIJ, 2012, p. 337 ; V. aussi ALLAND (D.), RIALS (S.), (dir.), *Dictionnaire de la culture juridique*, Paris, Lamy, PUF, 2012, p. 1253.

[84] Il y a lieu de faire une distinction entre « propriété » et « droit de propriété ». En droit romain, la propriété existe seule, indépendamment et sans le détour par un droit de propriété. Elle est la domination, le *dominium*, de l'homme sur les choses, en tant que pouvoir direct. (PATAULT (A.-M.), « Regards historiques sur l'évolution du droit des biens, histoire de l'immeuble corporel », in *L'évolution contemporaine du droit des biens, 3e journées SAVATIER 1990*, PUF, 1991, p. 4.). La propriété se confond alors avec le pouvoir sur la chose, sans qu'il soit nécessaire de recourir à une consécration par le droit. Il n'y a donc pas de droit de propriété, mais une propriété en puissance. Autrement dit, un rapport direct à l'objet de la propriété. (ZENATI (F.), *Essai sur la nature juridique de la propriété*, thèse, Lyon, 1981, n°134 et s., p. 191 et s). Ainsi, « la propriété romaine n'est pas un droit, mais c'est une souveraineté qui absorbe la puissance même de la chose et qui isole le propriétaire sur son bien (ALLAND (D.), RIALS (S.), op.cit, p. 1255.). Aux XIIe et XIIIe siècles, cette approche a été modifiée par la redécouverte du droit romain portée par la glose, et le droit coutumier médiéval. Dès lors, il faudra réunir trois éléments pour être propriétaire, l'individu, la chose et le droit qui les lie. (ROCHFELD (S.), *Les grandes notons de droit privé*, Paris, PUF, Thémis droit, 2013, p. 273.). C'est avec la révolution française, qui a porté les idées des siècles de lumière et de liberté, que s'est imposée la notion d'un droit de propriété exclusif, subjectif et individuel (Idem.).

[85] OPPETIT (B.), *Philosophie du droit*, Paris, Dalloz, Précis, 1ère éd., 2006, p. 128.

[86] OPPETIT (B.), op.cit, p. 128.

[87] Idem.

[88] BERGEL (J.-L.), *Théorie générale du droit*, Paris, Dalloz, Coll. Méthode du droit, 5e éd., 2012, p. 37.

juridique, car la politique cherche à se justifier par le droit[89]. Ainsi, pour les tenants de la pensée individualiste, le bien peut faire l'objet d'une appropriation privée, individuelle. En effet, la personne humaine constitue la finalité du droit, de sorte que les règles juridiques ne doivent être établies qu'en fonction de l'homme lui-même[90]. La règle de droit ne doit donc pas conduire à lui interdire son droit de propriété. « *C'est la société qui est faite pour l'homme et non pas l'homme pour la société* »[91]. Par suite, la règle de droit devra imposer à tous le respect des droits individuels de chacun, et induire des limitations réciproques de ces droits[92]. « *Ainsi, pour KANT, le droit est l'ensemble des conditions qui permettent la coexistence des libertés individuelles et celle de la faculté d'agir de chacun avec celle des autres* »[93]. A l'opposée, la pensée collectiviste ne reconnaît pas à l'individu la primauté de ses droits, dont le droit de propriété. Pour HEGEL, le droit a pour but exclusif de se mettre au service de la communauté. Par suite, le droit de l'Etat l'emporte sur tous les droits subjectifs des particuliers[94]. Dès lors, « *l'individu est immolé à la chose publique* »[95]. Aussi, l'Etat n'est-il plus un moyen à disposition des citoyens pour la satisfaction de droits individuels, mais une réalité autonome « *en soit et pour soi* »[96]. HEGEL aboutit à cette conclusion, au terme d'un raisonnement dialectique qui prend pour point de repère l'histoire[97].

Pour MARX, l'un des autres tenants de la pensée collectiviste contemporaine, le droit, qu'il saisit comme l'ensemble des moyens par lesquels la bourgeoisie exploite le prolétariat, doit devenir un outil approprié par le prolétariat dans sa marche vers le communisme. Dans cette perspective, les richesses, au premier

---

[89] BURDEAU (G.), *Traité de science politique*, Paris, LGDJ, 1re éd., 1949.

[90] BERGEL (J.-L.), *Théorie générale du droit,* op.cit, p. 37.

[91] ROUBIER (P.), *Théorie générale du droit*, Paris, Sirey, 2e éd., 1951, n°25.

[92] BERGEL (J.-L.), o *Théorie générale du droit,* p. cit, p. 37, préc.

[93] KANT (E.), *Principes métaphysiques premiers de la doctrine du droit* (1796), repris par BERGEL, op.cit., p. 37

[94] BERGEL (J.-L.), *Théorie générale du droit,* op.cit, p. 37.

[95] HEGEL (G.W. F.), *Principes (fondements) de la philosophie du droit*, 1821, cité par BERGEL (J.-L.), idem.

[96] KILLEY (M.), *Leçons d'histoire de la philosophie du droit*, Paris, Dalloz, réédition, 2002, p. 10.

[97] En effet, pour « HEGEL, l'histoire s'intègre dans l'idéalisme et, grâce à la dialectique, dans un rationalisme qui conduit à ne plus chercher les sources du droit dans une métaphysique immuable, mais dans le réel car le réel est historique et rationnel et se transforme par le processus dialectique, de conflits en conflits, au rythme ternaire dans le mouvement perpétuel des thèses, antithèses, synthèses ». C'est la loi du changement, de l'état initial des choses à la régroupe qu'il provoque toujours entre des forces contraires, jusqu'à une nouvelle situation faite de la synthèse d'éléments nouveaux et d'éléments anciens qui subsistent, sachant que cette nouvelle situation implique elle-même de nouveaux conflits qui se résoudront à leur tour par un nouveau processus dialectique». (in BERGEL (J.-L.), *Théorie générale du droit*, op.cit, p. 37, préc.).

rang desquelles se situe le droit de propriété, doivent faire l'objet d'une appropriation collective, en plus de l'assujettissement de l'individu à la collectivité[98].

En somme, la doctrine individualiste, qui a pris le pas, soutient la suprématie des droits innés de la personne humaine tels que le droit de propriété, et confie au droit, la mission de les protéger. Les doctrines sociales prônent, par contre, la supériorité de la société sur l'homme, en assignant au droit l'organisation de la discipline à laquelle les individus doivent se plier au nom de l'intérêt général.

Une autre controverse ayant pour référence le droit de propriété a opposé la doctrine sur la question de savoir si les droits subjectifs sont définis par la reconnaissance du pouvoir de la volonté ou par la protection des intérêts des individus, et celle de savoir si les droits subjectifs existent par eux-mêmes ou s'ils ne sont que des conséquences du droit objectif[99]. Selon l'allemand WENSCHEID, les droits subjectifs comme le droit de propriété sont « *une puissance de volonté, ou un pouvoir de volonté accordé par l'ordre juridique* » [100]. Le professeur CARBONNIER précise qu'il s'agit d'un « *pouvoir de vouloir* »[101]. Par contre, pour IHERING, « *les droits objectifs sont des intérêts juridiquement protégés* »[102]. De même, selon DABIN, « *le droit subjectif est essentiellement appartenance-maîtrise* »[103]. Ainsi, le droit de propriété se présente comme une relation d'appartenance entre le propriétaire et la chose, qui engendre un domaine réservé au propriétaire, grâce à l'opposabilité de son droit aux tiers et à sa protection juridique[104]. Si ROUBIER ne remet pas en cause les prérogatives individuelles qui naissent du droit de propriété, il recommande néanmoins que celles-ci soient ramenées à leur juste proportion. En effet, pour cet auteur, les droits subjectifs ne rendent compte que des « *hypothèses où existe une prérogative qui est en principe transmissible et qui normalement comporte la possibilité pour son bénéficiaire d'y renoncer. Ces prérogatives sont munies de protection judiciaire par le canal d'une action en justice* »[105]. Enfin, pour le professeur RIPERT, aucun droit subjectif, le droit de propriété en tête, n'est absolu, en ce qu'il est soit,

---

98 MARX (K.), in BERGEL (J.-L.), *Théorie générale du droit*, op.cit, p. 38.

99 BERGEL (J.-L.), *Théorie générale du droit*, op.cit, p. 39.

100 WEINSCHEID, *Pandektenrecht*, 8e éd., 1900, cité par BERGEL (J.-L.), *Théorie générale du droit*, op.cit, p. 39, préc.

101 CARBONNIER (J.), *Droit civil, introduction-les personnes*, Paris, PUF, 11e éd., cité par BERGEL, p. 23.

102 IHERING (R.V.), *L'esprit du droit romain*, 3e éd., t.III, 1888, in BERGEL (J.-L.), op.cit, p. 39, préc.

103 DABIN (J.), *Théorie générale du droit*, Paris, Dalloz, 1969, n°08.

104 Idem.

105 ROUBIER (P.), *Droits subjectifs et situations juridiques*, repris par BERGEL (J.-L.), op.cit, p. 39, préc.

déterminé par les contrats, soit octroyé par la loi[106]. Ainsi, pour lui, le droit de propriété et, au-delà, le droit subjectif, est, par sa nature même, égoïste, car réservé à la satisfaction des fins personnelles de l'homme[107]. Pour autant, le professeur CARBONNIER a su établir que « *la subjectivation est, pour le droit, un moyen de s'accomplir plus parfaitement en disposant, autour de la norme, d'innombrables avertisseurs, très sensibles, prêts à se déclencher à la moindre transgression* »[108].

En somme, si, sous l'influence des doctrines sociales, on admet que les droits subjectifs ne sont pas reconnus à l'individu uniquement pour la satisfaction de sa liberté et de ses besoins égoïstes en comportant des « *correctifs et des devoirs correspondants* »[109], le droit de propriété et, à sa suite, les autres droits subjectifs, apparaissent comme « *le produit d'un mouvement d'idéologie démocratique et libérale tendant à protéger l'individu contre les excès de l'absolutisme étatique* »[110].

Le code civil a baigné dans cette exaltation idéologique du droit de propriété[111], en définissant la propriété comme un droit subjectif, individuel, absolu[112]. La propriété ainsi saisie est-elle compatible avec les signes distinctifs voire plus largement, les droits de propriété intellectuelle, par définition immatérielle[113] ?

---

106 RIPERT (G.), *Le déclin du droit*, Paris, LGDJ, 1949, n°61 et s.

107 Partageant cette vue, certains jus-naturalistes estiment que les droits subjectifs consacrent l'égoïsme individuel qui « tend à capter à son profit, en déformant ce qui avait été édifié seulement en vue de la justice et du bien commun » (VILLEY (M.), « Abrégé du droit naturel classique », in *Archives de philosophie du droit*, 1961, p. 25. De même, les doctrines sociales ainsi qu'il a été invoqué supra ont soutenu que le droit ne devrait avoir pour objet, comme semble être le cas du droit de propriété, la satisfaction exclusive des intérêts individuels mais celle des intérêts de la communauté, de sorte qu'il faudrait insister plus sur les devoirs que sur les prérogatives de chacun parce que les prétendus droits ne seraient que des fonctions sociales (BERGEL (J.-L.), op.cit, p. 40.).

108 CARBONNIER (J.), *Flexible droit, pour une sociologie de droit sans rigueur,* Paris, LGDJ, 5e éd., 1983, p. 150.

109 WEIL (A.), TERRE (F.), *Introduction générale au droit civil*, Paris, Dalloz, Précis, 4e éd., 1979, n°70.

110 GHESTIN (J.), GOUBEAUX (G.), *Traité de droit civil, Introduction générale*, Paris, LGDJ, 2e éd., 1983, n°70.

111 Pour PORTALIS, « le corps entier du code civil est consacré à définir la propriété ; droit fondamental sur lequel toutes les institutions reposent. PORTALIS (J.E.M.), Discours préliminaire ou discours de présentation du code civil.).

112 OPPETIT (B.), op.cit, p. 129.

113 La propriété intellectuelle et la propriété, disons de droit commun, semblent entretenir une infinie dialectique ponctuée d'envie et de dédain mutuels. Les droits intellectuels envient à la propriété son assise historique, sociale et matérielle, mais méprisent sa corporalité et sa prosaïque patrimonialité. La propriété, en effet, est considérée comme un droit patrimonial dont l'objet est saisi comme une simple chose valorisée, vouée à errer dans les remous du commerce. Les droits intellectuels intimement liés à leur créateur par un lien viscéral, s'en

La première réponse à cette question est fournie par ROUBIER, qui identifie les droits de propriété intellectuelle comme des « *droits de clientèle* »[114]. Cette théorie procède de l'observation selon laquelle, les droits intellectuels diffèrent à la fois des droits personnels et des droits réels. Ils diffèrent des droits personnels parce qu'ils sont opposables *erga omnes* ; ils s'éloignent également des droits réels, en raison de l'étendue de la protection qui leur est attachée et du caractère temporaire des droits de propriété intellectuelle.

Ainsi, pour ROUBIER, les droits de la propriété intellectuelle ne peuvent être considérés comme des droits réels, parce que le monopole qu'ils confèrent élimine la concurrence alors que la propriété corporelle la laisse subsister. Pour eux, la propriété et la créance sont des droits acquis et statiques[115] alors que les droits intellectuels sont dynamiques et précaires, car entièrement confondus à l'exploitation qui en est faite. Leur valeur, parce que liée à la clientèle, dépend en dernier de la clientèle. C'est donc la clientèle qui constitue la valeur ou le bien et qui peut être objet de droit[116]. La théorie du professeur ROUBIER a été prolongée en Italie par FRANCESCHELLI, qui considère les droits de propriété intellectuelle, comme des instruments dans la lutte commerciale caractérisée par le droit d'exploiter et d'empêcher la reproduction[117].

En opposition à la thèse du droit de clientèle, des auteurs comme PICARD[118] et DABIN[119], orientés vers la création d'une qualification « *sui generis* », ont recherché une troisième catégorie de droits dits « droits intellectuels », qui ont vocation à compléter les droits réels et les droits personnels. Ces auteurs ne refusent pas de reconnaître aux droits de propriété industrielle le caractère de droit réel, dans la mesure où ils établissent un parallèle entre le droit de propriété corporelle et les droits sur les créations intellectuelles, tout en faisant

---

accommodent mal. (BOUCHET-LE MAPPIAN (E.), *Propriété intellectuelle et droit de propriété, en droit anglais, allemand*, thèse, Université de Nantes, 2009, p. 30.
« A l'inverse, la propriété envie aux droits intellectuels leur vitalité et leur souplesse mais méprise leur évanescente immatérialité, leur manque d'unité et leur dépendance vis-à-vis du droit positif », idem.

114 ROUBIER (P.), *Traité*, t.1, n°23 ; ROUBIER (P.), « Droits intellectuels ou droit de clientèle », *RTDciv.* 1935.251 ; « Unité et Synthèse des droits de propriété industrielle », in *Mélange Marcel PLAISANT*, op.cit, p. 161.

115 Pour le professeur FRANÇON, l'un des partisans de la thèse du droit de clientèle, les droits intellectuels ne sont pas des propriétés « oisives » comme les droits réels : FRANÇON (A.), *Cours de propriété littéraire, artistique et industrielle, les cours de droit*, 1999, p. 4.

116 ROUBIER, *Traité*, t.1, repris par POLLAUD-DULIAN (F.), *Propriété intellectuelle, la propriété industrielle,* op.cit, pp.9-10.

117 FRANCESCHELLI (R.), « Nature juridique des droits de l'auteur et de l'inventeur », *in Mélanges Paul ROUBIER*, t.2., 1961, p. 453.

118 PICARD (J.), *Le droit pur*, cité par POLLAUD-DULIAN (F.), *Propriété intellectuelle, la propriété industrielle,* op.cit, p. 9.

119 DABIN (J.), « Les droits intellectuels comme catégorie juridique *», Rev. Cru. de législ. et de jurisp*, 1983, p. 413.

observer que chacun d'eux confère une maîtrise exclusive et absolue de la chose. Pour autant, en privilégiant le caractère personnaliste de certains de ces droits, ils estiment fondé d'établir une catégorie juridique distincte et autonome, celle des droits intellectuels dont l'exemple type est le droit moral de l'auteur. Pour eux, cette dimension extrapatrimoniale justifie la création d'une catégorie distincte des droits alors même que, comme le fait observer le professeur POLLAUD-DULIAN, elle est absente de certains droits intellectuels[120].

Malgré leur apparente homogénéité interne, ces deux thèses ont été tour à tour rejetées par les tenants des droits de propriété intellectuelle saisis comme de véritables droits de propriété. En effet, il n'existe pas d'arguments insurmontables qui s'opposent à ce que l'on fasse appel à la notion de propriété, appréhendée de façon dynamique, qui tient compte de sa plasticité[121] ou de sa flexibilité. La notion de bien équivaut à l'exclusivité sur une valeur économique[122]. Or, les droits de propriété intellectuelle possèdent bien les trois « symptômes » que JOSSERAND identifie comme caractéristiques du droit de propriété[123] : une maîtrise la plus complète possible sur le bien, une exclusivité et, l'opposabilité absolue du droit[124]. Dès lors, la qualification de « droit de clientèle » est plus économique que juridique, parce que la nature du droit se détermine à raison, non de sa fonction qui est de conquérir et de conserver une clientèle, mais de son contenu[125]. Or, de ce point de vue, les signes distinctifs revêtent tous les caractères d'un droit réel. Il s'agit bien de droit sur une chose, même immatérielle, établissant un lien immédiat entre le titulaire du droit et l'objet de son droit, et conférant à ce titulaire des prérogatives opposables à tous dans la limite du principe de spécialité attaché aux signes distinctifs[126].

Ainsi, la critique faite à la qualification de droit de propriété des signes distinctifs, qui tiendrait du caractère temporaire de la maîtrise privative sur le bien intellectuel et qui, de ce fait, s'opposerait à la perpétuité de la propriété, ne peut s'entendre qu'à la faveur de l'ambigüité entretenue autour de l'idée même de perpétuité de la propriété. En effet, même si la perpétuité est l'une des composantes du droit de propriété, il n'y a pas d'obstacles juridiques, qu'elle soit affectée d'un terme, car la propriété « *ad temporus* » des choses

---

120 POLLAUD-DULIAN (F.), *Propriété intellectuelle, la propriété industrielle,* op.cit, p. 12.

121 JOSSERAND (L.), *Cours élémentaires de droit civil*, t.1, 1929, n°1517.

122 MOUSSERON (J. M.), « Valeurs, biens, droits », in *mélanges en hommage à André Breton et Fernand Derrida*, Paris, Dalloz, 1991, p. 277 et s.

123 CHIARINY-DAUDET (A.C.), *Le règlement judiciaire et arbitral des contentieux internationaux sur brevets d'invention*, Paris, Litec, 2006, p. 9.

124 JOSSERAND (L.), op.cit, n°1517.

125 PASSA (J.), *Traité*, t.1., op.cit, p. 13.

126 MOUSSERON (J.M.), *Droit du brevet d'invention, contribution à une analyse objective*, Paris, LGDJ, 1961, n°245.

est une réalité. Ainsi, admet-on les sûretés réelles parmi les droits réels, en dépit de leur caractère, par essence, temporaire. Aussi, la perpétuité de la propriété signifie-t-elle seulement qu'elle est à l'abri du mécanisme de la prescription extinctive[127]. Or, cette imprescriptibilité, essence de la perpétuité de la propriété, s'observe, de façon identique, que son objet soit incorporel ou corporel[128]. Il est d'autant ainsi pour la marque et le nom commercial, que ces signes peuvent être indéfiniment renouvelés[129].

De même, la réfutation de la qualification de propriété sur le terrain des prérogatives reconnues aux titulaires des signes distinctifs ne peut également prospérer[130]. En effet, l'objection n'est pas décisive, parce que le propriétaire du bien intellectuel, à l'instar de celui d'une chose corporelle, peut s'opposer à ce que quiconque fasse usage de son bien, sauf son autorisation. Elle ne prend pas en compte non plus, le fait que, à la différence de la chose corporelle, le bien intellectuel n'est pas localisé en un point précis mais est doté d'ubiquité, étant partout et nulle part à la fois. Par suite, l'exclusivité de son usage a nécessairement une portée différente[131]. Dès lors, le fait que la règle de la possession ne joue pas s'explique, car la maîtrise de la chose intellectuelle ne peut qu'être intellectuelle, c'est-à-dire juridique, en raison de la nature même de l'objet sur lequel porte le droit, ce qui n'atténue en rien la maîtrise exclusive que le titulaire a sur son droit[132]. Aussi, la propriété de signes distinctifs et, plus largement, la propriété de biens intellectuels, est une

127 DROSS (W.), *Droit civil, les choses*, Paris, LGDJ, 2012, p. 849. Il a été soutenu que la limitation du monopole dans le temps, des droits de propriété intellectuelle doit être recherchée dans la prise en compte d'un élément extérieur auxdits droits qui est l'intérêt collectif dans plusieurs de ses projections : besoins de culture, de l'enseignement, du progrès technique, la liberté de commerce et de l'industrie. C'est donc la prise en compte de ces intérêts, qui incite le législateur à réduire, selon les époques, la durée de protection du droit. (POLLAUD-DULIAN (F.), *Propriété intellectuelle, la propriété industrielle*, op.cit, p. 13.). Cependant, cette analyse n'est pas transposable aux signes distinctifs dont la durée du monopole peut être renouvelée autant de fois que le souhaite son titulaire.

128 DROSS (W.), op.cit, p. 13.

129 Art. 21 de l'Annexe III de l'ABR et art. 11 de l'Annexe V de l'ABR.

130 La propriété de droit commun réserve l'usage de la chose au bénéfice exclusif du propriétaire, l'usage des biens intellectuels serait au contraire offert à tous. Ainsi, par exemple, chaque acquéreur d'un roman peut le lire au même titre que les millions d'autres acquéreurs.

131 Idem.

132 POLLAUD-DULIAN (F.), *Propriété intellectuelle, la propriété industrielle,* op.cit, p. 14. Ainsi, le droit de propriété s'élargit sans difficulté à des biens dénués de corpus, parce que le rapport d'emprise physique n'est pas l'essence de la propriété ; seule l'est la possibilité de se réserver l'exclusivité sur les utilités et la valeur d'un bien et d'exercer un pouvoir d'interdit exclusif et absolu à l'égard des tiers. Dès lors, toutes les implications de la propriété de droit commun restent inchangées, sans qu'il soit nécessaire de rechercher la création de régimes distincts ou autonomes de la propriété. (ROCHFELD (J.), op.cit, p. 304.

propriété de droit commun à la seule nuance qu'elle prend pour assise la valeur et non le corpus[133].

En plus d'une consécration législative[134], idéologique[135], la doctrine contemporaine est quasi unanime pour reconnaître la qualification de propriété aux droits de propriété intellectuelle[136].

Pour autant, il s'agit d'une propriété particulière qui est soumise à un grand nombre de règles spéciales, développées à l'écart du code civil. Ces règles sont regroupées essentiellement, en ce qui nous concerne, dans l'ABR et ses Annexes. L'exigence de ces régimes spéciaux confère aux signes distinctifs, leur caractère dérogatoire au droit commun de la propriété. Cependant, « *ce caractère spécial de la propriété intellectuelle n'exclut pas de considérer, dans la logique des rapports entre droit commun et droit spécial, qu'elle est*

---

133 MOUSSERON (J.M.), RAYNARD (J.), REVET (Th.), « De la propriété comme modèle », *in Mélanges COLOMER*, Paris, Litec, 1993, n°14 et s. Aussi, l'usus permet à son propriétaire d'exploiter la chose en exclusivité ou, au contraire, de la mettre à la disposition d'autrui, le fructus, de tirer profit de l'exploitation du bien, et l'abusus, de disposer de la chose. (PASSA (J.), *Traité*, t.1., op.cit, p. 13.

134 La qualification de propriété est aujourd'hui très largement reconnue et consacrée par les textes. Ainsi, l'OAPI est l'Organisation Africaine de la Propriété Intellectuelle. L'Annexe III de l'ABR dispose, notamment, en son article 5 al 1 : « La propriété de la marque appartient à celui qui, le premier, en a effectué le dépôt ». De même, l'article 3 de l'Annexe V de l'ABR attribue la propriété du nom commercial à celui qui, le premier, en a fait usage ou qui a procédé à son enregistrement.

135 Historiquement, la qualification légale s'enracine dans la Révolution, mue par un souci moins juridique qu'idéologique. Le but visé était de placer les droits de l'auteur sur son œuvre à l'abri de toute contestation. La propriété étant inviolable, il en devenait sacré. (DROSS (W.), op.cit, p. 848.). C'est sous cet éclairage qu'il faut comprendre Le Chapelier rapporteur du décret des 13 et 19 janvier 1791 sur le droit de représentation théâtrale : « La plus sacrée, la plus légitime, la plus inattaquable et, si je puis ainsi parler, la plus personnelle de toutes les propriétés, est l'ouvrage, le fruit de la pensée d'un écrivain », cité par RENOUARD (A.C.), *Traité des droits d'auteur dans la littérature, les sciences et les beaux-arts*, Paris, Jules Renouard, t.1, 1838, p. 309.). La logique est la même à l'endroit des inventions, objet de la loi du 7 janvier 1791 : « Le droit des inventions, est la plus inattaquable, la plus légitime, la plus personnelle des propriétés, cité par ROUBIER (P.), « Droits intellectuels ou droit de clientèle », op.cit, p. 2.

136 POLLAUD-DULIAN (F.), *Propriété intellectuelle, la propriété industrielle,* op.cit, p. 17 et s ; PASSA (J.), op.cit, p. 12 et s ; DROSS (W.), op.cit, p. 848 et s ; CHIARINY-DAUDET (A.-C.), op.cit, p. 9 et s ; SCHMIDT-SZALEWSKI (J.), PIERRE (J.-L.), op.cit, p. 4 ; JOSSERAND (L.), *Cours de droit civil positif français*, Paris, Sirey, 3e éd., t.1, 1938, n°11529 ; MOUSSERON (J.M.), *Contribution à l'analyse objective du droit brevet d'invention*, thèse, Montpellier, 1958, Paris, LGDJ, 1961 ; CHAVANNE (A.), BURST (J.-J.), *Droit de propriété industrielle*, op.cit, n°251, p. 173.

Toutefois, certains auteurs, du reste, assez minoritaires, continuent de classer les droits de propriété intellectuelle parmi les droits de clientèle : par exemple AUBERT (J.-L.), *Introduction au droit et thèmes fondamentaux du droit civil*, Arnaud Colin, 7e éd., 1998, n°205 ; MALINVAUD (Ph.), *Introduction à l'étude du droit*, Paris, Litec, 7e éd., n°182 ; LATIL (A.), *Création et droits fondamentaux,* Paris, LGDJ, 2014, p. 188.

soumise au statut du code civil chaque fois que celui-ci n'entre pas en contradiction avec les règles du code de la propriété intellectuelle et, finalement, qu'elle relève d'une propriété largement entendue, de la notion générale de propriété ou encore de la propriété comme cadre de référence »[137].

Au demeurant, la doctrine est partagée quant à reconnaître la qualification de propriété intellectuelle à tous les signes distinctifs. Pour certains auteurs, seule la marque peut jouir de cette qualification, parce qu'elle seule bénéficie d'un statut particulier organisé par le législateur, et d'une action judiciaire, l'action en contrefaçon, qui en constitue, en quelque sorte, le prolongement sur le terrain judiciaire, exactement comme l'action en revendication en droit commun de la propriété[138]. Les autres signes distinctifs que sont le nom commercial, le nom de domaine, l'enseigne et la dénomination sociale, parce que dépouillés de cet attribut judiciaire et de la bienveillance de l'administration ne peuvent, de ce fait, prétendre à un droit privatif. Ainsi, pour eux, la bonne rigueur juridique postule que ces signes, qui ne sont protégés que par le jeu de la responsabilité civile, ne soient pas éligibles à la qualification de propriété[139]. L'absence de dispositions légales organisant la protection du nom commercial, de l'enseigne, du nom de domaine et de la dénomination sociale, serait donc rédhibitoire.

A rebours de cette thèse, pour une partie significative de la doctrine, la dénomination sociale, le nom de domaine, le nom commercial et l'enseigne sont l'objet d'un droit qui ne peut être qu'un droit privatif ou de propriété intellectuelle[140]. Cette position se justifie, à l'abord, par le mode d'acquisition de ces droits, qui est la priorité d'usage dans le commerce. Ainsi, par le

---

137 PASSA (J.), *Traité*, t.1., op.cit, p. 14.

138 PASSA (J.), *Traité*, t.1., op.cit, p. 701 et s ; BOUVEL (A.), *Principe de spécialité et signes distinctifs*, Paris, Litec, Coll. IRPI, 2004, spéc. n°19 et 660 ; SCHMIDT-SZALEWSKI (J.), PIERRE (J.-L.), op.cit, p. 463 ; DESJEUX (X.), « Le nom commercial, de quelques problèmes juridiques », *Gaz Pal.*, 1979-2, Doctr. 614.

139 PASSA (J.), *Traité*, t.1., op.cit, p. 703. « Si l'exploitant de la dénomination sociale, du nom commercial, de l'enseigne ou du nom de domaine dispose d'un droit, c'est seulement d'un droit personnel à réparation des conséquences dommageables de comportements illicites de concurrents, et non d'un droit réel sur le signe ».

140 POLLAUD-DULIAN (F.), *Propriété intellectuelle, la propriété industrielle,* op.cit, p. 666 et s ; BURST (J.-J.), Rep. Soc., Dalloz, IV, « Dénomination sociale », n°19; MATHELY (P.), *Le droit français des signes distinctifs*, op.cit, p. 826. ; PORACCHIA (D.), MAETZ (C.-A.), note D.2005, p. 845, pour qui « la société libre de choisir sa dénomination sociale acquiert sur le signe choisi, un monopole d'exploitation au titre d'une propriété incorporelle » ; REBOUL (Y.), « Le nom commercial et la marque », in *mélanges Albert CHAVANNE*, op.cit, p. 283. L'auteur indique même que « le droit acquis sur le nom commercial apparaît de même nature que le droit de marque ; SAINT-GAL (Y.), « La protection du nom commercial et la notion des agissements parasitaires », in *Liber Amicorum Aimé de CALUWE*, Bruxelles, Bruylant, 1995, p. 335.

premier usage, les titulaires de ces signes se les approprient pour les faire entrer dans leur patrimoine, donc dans le fonds de commerce, de sorte qu'ils peuvent exercer sur eux toutes les prérogatives du propriétaire : l'usus, le fructus et l'abusus. Une habilitation légale ou une action spéciale n'est donc pas nécessaire à la qualification de propriété de ces biens qui, avant leur appropriation, n'étaient que des « *res nullius* ». De surcroît, même si l'action en responsabilité civile a pour objet de sanctionner une faute, l'accumulation des décisions fondées sur la responsabilité civile [141] conduit parfois à la reconnaissance de véritables droits subjectifs[142]. En droit OAPI, cette solution s'impose davantage. En effet, l'ABR, au travers de son Annexe V, a expressément organisé la protection du nom commercial. Ce signe peut donc faire l'objet d'un enregistrement, qui réserve, au profit du titulaire, un droit exclusif dont les atteintes peuvent même faire l'objet de sanctions pénales[143], sans qu'il soit nécessaire de convoquer les règles de responsabilité civile. Les autres signes distinctifs que sont l'enseigne, la dénomination sociale, sont également protégés par l'Annexe VIII de l'ABR. Enfin, pour évaluer le préjudice subi par le titulaire du signe distinctif, qu'il s'agisse de la marque ou du nom commercial, l'ABR s'en remet aux règles de la responsabilité civile[144]. Dès lors, l'application des règles de responsabilité civile ne peut être un critère de référence qui suffit à réfuter à l'enseigne, au nom de domaine et à la dénomination sociale, la qualification de propriété ou de propriété industrielle.

De même, des auteurs dénient aux indications géographiques leur qualification de propriété, car elles n'appartiendraient, en réalité, à personne, en raison de ce qu'elles ne sont qu'un signe dont l'autorité publique, qui n'en

---

141 Ainsi, la Cour de Cassation française a jugé que « le nom commercial s'acquiert par l'usage public », (Cass. com, 29 juin 1999, L'éléphant bleu, *PIBD* 1999, n°684. III.419); Ou encore, (Paris, 19 juin 1996, *RIPIA* 1996.473) ; (Paris, 9 mai 2001, *PIBD* 2001, n°732.III.631.). De même, la Cour de Cassation a décidé que « la personne morale acquiert un droit de propriété sur le nom qui la désigne, en adoptant ce nom à titre de dénomination sociale dans l'acte qui la constitue », (Paris, 9 mai 2001, préc. Aussi, Lyon, 16 janv. 1997, *PIBD* 1997, n°629. III. 184); ou la Cour d'Appel de Versailles qu' « il est constant que la société T. bénéficie d'un droit de propriété sur le vocable Boeing qu'elle utilise de longue date de manière régulière sur le territoire français, tant à titre de dénomination sociale que de nom commercial, (Versailles, 19 juin 2003, *PIBD* 2003, n°773. III.517 ; ou encore la Cour d'Appel de Toulouse que « la société H. a bien conservé (…) son droit privatif sur le terme distinctif « Capitouls » inclus et maintenu tant dans son nom commercial que sur son enseigne », (Toulouse, 21 oct. 2004, *PIBD* 2003, n°773.III.517.). La Cour d'appel de Paris a encore décidé que « le nom de domaine, compte tenu de sa valeur commerciale pour l'entreprise qui en est propriétaire, peut justifier une protection contre les atteintes dont il fait l'objet » (Paris, 18 oct. 2000, D. 2001, p. 1379, note LOISEAU (C.).

142 POLLAUD-DULIAN (F.), *Propriété intellectuelle, la propriété industrielle,* op.cit, p. 666 et s.

143 Art. 3, 4 et 16 de l'Annexe V de l'ABR.

144 V. par exemple l'art. 16 al.2 de l'Annexe V.

est pas le titulaire, reconnaît, par voie règlementaire, un droit exclusif d'exploitation au profit des productions locales, en nombre *a priori* indéterminé, dont les produits remplissent les conditions fixées par le cahier des charges adopté par décret[145]. Aussi, n'est-il pas envisageable de soutenir qu'il s'agit du droit collectif public, et non de la propriété collective parce qu'une telle collectivité, qui ne dispose pas de personnalité juridique, ne peut être titulaire de droit. Dès lors, l'indication géographique ne peut faire l'objet d'une contrefaçon, en ce qu'elle n'est « *l'objet ni d'un droit de propriété intellectuel, ni d'un droit de propriété, ni même d'un quelconque droit subjectif, fut-il collectif* »[146]. Par contre, pour d'autres auteurs, l'indication géographique est un droit de propriété industrielle[147]. Elle est, ensuite, non seulement un droit exclusif, mais en plus, un droit privatif qui appartient à la « *collectivité évolutive* » [148] des producteurs locaux qui remplissent les conditions d'exploitation stipulées dans le cahier des charges[149]. Cette solution se rapproche de celle retenue par l'article 1er de la Convention de l'Union de Paris, qui énonce bien, parmi les droits de propriété industrielle, l'appellation d'origine ou l'indication géographique. De même, en droit OAPI, l'indication géographique est expressément consacrée comme un droit de propriété intellectuelle, d'abord, dans le corps même de l'ABR [150], ensuite, dans l'Annexe VI dudit Accord, qui lui est entièrement consacré. En plus, et contrairement au droit français, l'indication géographique est enregistrée auprès de l'organisme en charge de l'enregistrement des droits de propriété intellectuelle : l'OAPI. Ainsi, « *l'organisation publie l'enregistrement effectué et délivre au titulaire de l'enregistrement un Certificat* »[151]. L'enregistrement de l'indication géographique par l'OAPI confère donc à son titulaire un véritable droit privatif. C'est donc appréhendé comme droit de propriété industrielle que l'indication géographique, ainsi que les autres signes distinctifs, permettent de cerner le champ de l'étude.

Si le point de référence de l'étude, enlace la protection des signes distinctifs, l'étude ne se propose pas pour autant d'en cerner tous les contours. L'analyse se focalisera essentiellement sur la protection judiciaire, qui est le point de mire de l'étude. Mais au-delà, ladite protection sert en réalité de prétexte, à l'analyse du corpus normatif de protection des droits sur les signes distinctifs dans l'espace OAPI.

---

145 PASSA (J.), *Traité*, t.1., op.cit, p. 765.

146 Idem.

147 POLLAUD-DULIAN (F.), *Propriété intellectuelle, la propriété industrielle,* op.cit, p. 1140.

148 ROUBIER (P.), *Traité*, t.2, p. 771.

149 POLLAUD-DULIAN (F.), *Propriété intellectuelle, la propriété industrielle,* op.cit, pp. 1140-1141.

150 Art.4 et s. de l'ABR.

151 Art. 11 de l'Annexe VI de l'ABR.

En effet, « *le contentieux n'est que le droit pathologique et non le droit normal* »[152]. Par suite, lorsque le droit du titulaire du signe distinctif devient pathologique, c'est-à-dire lorsqu'une atteinte est portée à son droit exclusif, il recourt au juge[153] afin que celui-ci rende justice[154], puisque le droit lui interdit de se rendre justice lui-même, en recourant notamment à la force. Sans méconnaître l'arbitrage privé qui n'entre pas dans le champ de notre étude[155], c'est le pouvoir judiciaire qui est investi de la fonction de juger. Autrement dit, assurer la répression des violations du droit[156] et de trancher, avec force de vérité légale, les contestations qui s'élèvent à propos de l'existence ou de l'application des règles juridiques[157]. Le titulaire du signe ne peut donc que se

---

152 BERGEL (J.-L.), op.cit, p. 345.

153 Le juge est le vocable qui désigne, en particulier dans le code civil, toute juridiction de quelque nature, degré, ordre, qu'elle soit. La fonction de juger s'incarne depuis toujours dans la personne qui remplit cet office, tiers impartial (en principe) qui tranche entre ceux qu'un conflit oppose. Ce juge, s'il est un juge étatique, occupe une fonction d'autorité : à la *jurisdictio*, le pouvoir de dire le droit, s'ajoute l'impérium, le pouvoir de commandement qui se traduit par le caractère exécutoire des décisions rendues. (ALLAND (D.), RIALS (S.), op.cit, p. 867.

154 Sous l'influence de la pensée grecque, la justice désigne à la fois dire le droit ou celui qui dit le droit. Cette intimité des origines apparaît déjà dans la lecture du Digeste où sous la plume d'Ulpien on y lit : « *Justitia est constans et perpetua voluntas jus sum cuique tribuere. Juris praecepta sunt haec : honeste vivere, alterum non laedere, sum cuique tribuere* ». La justice est volonté constante et perpétuelle de faire à chacun son droit. Les préceptes du droit sont : vivre honnêtement, ne léser personne, rendre à chacun ce qui lui est dû ». Il est ainsi assigné au droit, la fonction de réaliser la justice. (CADIET (L.), NORMAND (J.), AMRANI MEKKI (S.), *Théorie générale du procès*, Paris, PUF, Thémis droit, 2e éd., 2013, p. 82.) ; V. aussi LAGARDE (X.), « Qu'est ce qui est juste ? propos d'un juriste », in *Mélanges civiles GROUBEAUX,* Paris, Dalloz, LGDJ, 2009, p. 305 et s. Mais, la justice est également réceptive à deux autres définitions. Aussi, dans son sens courant, la justice désigne-t-elle l'institution judiciaire, c'est-à-dire l'ensemble des organismes auxquels s'adressent les justiciables, afin qu'il soit fait droit à leurs prétentions. (ATIAS (C.), *Philosophie du droit*, Paris, PUF, Thémis droit, 3e éd., 2012, p. 231.). Enfin, la justice est « avant tout un sentiment qui détermine une pratique et cette pratique est une vertu, la vertu de l'homme juste » (CARBONNIER (J.), *Droit civil-introduction*, Paris, PUF, vol 1, 2004, n° 51, p. 90 ; V. aussi, LAGARDE (X.), « Qu'est-ce qui est juste ? Propos d'un juriste », op.cit, p. 209.

155 Notre étude ne s'étend pas au juge privé, en raison, d'une part, de ce que cette institution est peu usitée dans l'espace OAPI et, d'autre part, parce que les prérogatives de l'arbitre sont assez limitées en la matière. V. infra, p. 260.

156 DEMOGUE (R.), *Les notions fondamentales du droit privé,* Editions La Mémoire du droit, 2001, p. 521. « Le rôle des tribunaux est double. Ils font certaines constations de droit ou de fait et ils donnent des ordres. Comme l'a dit IHERING, le droit n'est pas une pure théorie, mais une force vive. Aussi, la justice tient-elle d'une main la balance, au moyen de laquelle elle pèse le droit et de l'autre l'épée, au moyen de laquelle elle le défend.

157 GUILLIEN (R.), VINCENT (J.), *Lexique des termes juridiques*, Paris, Dalloz, 17e éd., 2009, p. 410 (V. « Judiciaire, pouvoir ». Le pouvoir judiciaire étant un pouvoir régalien, il relève dans les pays membres de l'ABR d'un monopole de l'Etat. En contrepartie, l'Etat a le devoir de juger. Cette obligation est traduite dans l'article 4 du code civil : « Le juge qui

tourner vers le juge judiciaire à l'endroit de qui il est en droit d'exiger l'impartialité[158], ce d'autant que le juge judiciaire est son juge traditionnel.

« *Inviolable et sacrée, la propriété privée est placée sous la protection de l'Etat, plus spécialement, de la justice étatique, plus précisément des tribunaux judiciaires* »[159]. Gardiens de la propriété privée, comme c'est le cas des signes distinctifs, les tribunaux judiciaires ont, en effet, reçu la mission traditionnelle d'assurer la protection légale du droit de propriété[160]. Il s'agit d'un principe général de droit qui leur réserve l'accomplissement des actes juridictionnels[161].

---

refusera de juger sous prétexte du silence, de l'obscurité ou de l'insuffisance de la loi, pourra être poursuivi comme coupable de déni de justice ». V. aussi, BERGEL (J.-L.), op.cit, p. 349. Toutefois, l'article 4 du code civil n'autorise pas le juge à créer le droit. En vertu du principe de la séparation des pouvoirs, promu par MONTESQUIEU, PERELMAN (Ch.), *Logique juridique-Nouvelle rhétorique*, Paris, Dalloz, 1979, n°87, l'élaboration des lois est dévolue au Parlement, et l'article 5 du code civil en prohibant la résurgence des arrêts de règlement, limite l'autorité des jugements aux affaires sur lesquelles ils statuent. Cependant, cette conception de la mission du juge est quelque peu dépassée. La jurisprudence joue, en effet, de plus en plus, un rôle créateur de droit (RIPERT (G.), *Les forces créatrices du droit*, Paris, LGDJ, 1955, n°165.).

158 Aussi, plus grande est l'implication personnelle du juge dans la recherche de la solution juste et, plus le juge doit confronter son comportement et ses décisions aux canons de l'éthique. (CADIET (L.), NORMAND (J.), AMRANI MEKKI (S.), op.cit, p. 72.). Ainsi, plus que tout autre, le juge doit se demander s'il a pu atteindre l'idéal de justice, c'est-à-dire s'il a pu donner à chacun le sien. En effet, « pour tout juge, le prochain, son prochain, c'est le justiciable, la femme ou l'homme qui est devant lui, qui dépend de lui, qu'il le veuille ou non, entre eux se tisse un lien, s'échange un regard, qui oblige le juge à être juste, à rendre justice. Ce comportement exige de lui une qualité essentielle : la justesse » (CANIVET (G.), Discours lors de l'audience solennelle du début d'année judiciaire, Cour de Cassation, 6 janvier 2006, in CADIET (L.), NORMAND (J.), AMRANI MEKKI (S.), *Théorie générale du procès*, op.cit, p. 72.).

159 CORNU (G.), *Droit civil, les biens*, Paris, Montchrestien, 13e éd., 2008, p. 97.

160 Cette mission générale signifie que les tribunaux de l'ordre judiciaire ont compétence pour assurer la défense de la propriété privée même contre l'Etat. Ainsi, se justifie notamment la compétence judiciaire de voie de fait et d'expropriation. Civ. 18 avr. 1931, DH. 1931, 349 ; CE, 7 juill. 1911, D.1913.127 ; TC., 18 déc. 1947, D.1948, note Frégaville.

161 Etymologiquement, l'acte juridictionnel est celui par lequel un juge dit le droit. BERGEL (J.-L.), op.cit, p. 352.). Il traduit la fonction judiciaire dans son essence. Couramment connu sous le nom de jugement, l'acte juridictionnel matérialise la fonction de juger. (CADIET (L.), JEULAND (E.), *Droit judiciaire privé*, Paris, LexisNexis, 8e éd., 2013, p. 74.). Mais au-delà de la simplicité apparente de sa définition, la notion d'acte juridictionnel est le siège de discussions doctrinales importantes qui opposent les auteurs sur les critères de détermination de l'acte juridictionnel.

Certains auteurs ont retenu comme critères de détermination de l'acte juridictionnel des critères formels, extérieurs à l'acte lui-même, puisqu'ils tiennent compte de la qualité de son auteur, il s'agit alors du critère organique ou des modalités de son élaboration, critère procédural. Ainsi, l'acte juridictionnel est saisi comme l'acte émanant de tribunaux spécialisés, selon une procédure particulière destinée à donner des garanties à ses destinataires : CARRE DE MALBERG, *Contribution à la théorie générale de l'Etat*, Paris,

En droit des signes distinctifs, la protection judiciaire est duale. Elle peut mettre en œuvre aussi bien l'office du juge pénal que le magistère du juge civil. Cette protection met le droit de propriété du titulaire du signe distinctif en défense, d'une part, contre les atteintes matérielles qui lui sont portées et, d'autre part, contre les atteintes dites juridiques[162].

---

t.1, 1920-1921, p. 268 et s. Ces critères surtout proposés par les spécialistes du droit public, sont insuffisants. En effet, et de première part, de nombreuses décisions administratives sont prises selon des règles de procédure définies, sans pour autant être juridictionnelles. De seconde part, la qualité de l'auteur de l'acte n'est pas toujours déterminante, dans la mesure où des organes juridictionnels prennent des actes qui sont dépourvus de tout caractère juridictionnel comme, par exemple, les actes d'administration judiciaire » pris par le juge judiciaire. (BERGEL (J.-L.), op.cit, p. 75.).
D'autres auteurs ont retenu des critères matériels comme caractérisant l'acte juridictionnel. Ainsi, serait juridictionnel, l'acte doté de l'autorité de la chose jugée. (JEZE (G.), « De la force de vérité légale attachée par la loi à l'acte juridictionnel », *RDP* 1913, p. 437.). Ce critère est également insatisfaisant. En effet, sans confondre la cause et les effets, on ne peut faire découler la nature d'un acte de l'autorité qui s'y attache. Dès lors, parce que l'autorité de la chose jugée est un attribut de l'acte juridictionnel, elle découle de la qualification préalable de l'acte du juge, comme acte juridictionnel et non l'inverse. (CADIET (L.), JEULAND (E.), op.cit, p. 75.). Il a été en outre soutenu que tout acte du juge qui a pour objet de résoudre un litige, serait un acte juridictionnel, en ce que la justice a pour fonction de résoudre les litiges. (YAPIOT (R.), n°147, in CADIET (L.), JEULAND (E.), op.cit, p. 75.). Mais, ce critère, quoiqu'attrayant, est à la fois trop large et trop étroit. Il est trop large, parce qu'il existe des actes du juge qui ont pour objet de trancher un litige sans être pour autant, à strictement parler, juridictionnels. Il en est ainsi de jugements d'équité où le juge statue, non en application de la loi, mais en amiable compositeur. Par contre, ce critère est étroit car se fondant sur la nécessité d'un litige, ce qui exclut du champ des actes juridictionnels certaines décisions gracieuses. (CADIET (L.), JEULAND (E.), op.cit, p. 75, préc.).
Au demeurant, les critères formels et matériels ne sont pas irréconciliables. Ainsi, on peut noter que, devant les juridictions administratives, les critères matériels prédominent et, qu'à l'inverse, devant les juridictions judiciaires, les critères formels l'emportent. (BERGEL (J.-L.), op.cit, p. 353.). Ainsi, on peut suggérer qu'un acte est juridictionnel, s'il émane d'un organe juridictionnel, selon les règles particulières de procédure, afin de vérifier la régularité d'une situation juridique. (VINCENT (J.), MONTAGNIER (G.), VARINARD (A.), *La justice et ses institutions*, Paris, Dalloz, Précis, n°854.). On peut plus simplement poser en principe que « l'acte juridictionnel est celui qui, d'une part, émane d'une juridiction et qui, d'autre part, tranche un litige entre deux adversaires », (PERROT (R.), *Institutions judiciaires*, Paris, Montchrestien, 10e éd., 2002, n°580-581, p. 465 et s.

162 Les atteintes matérielles sont celles qui visent non le droit de propriété même, mais la chose qui en est l'objet. Par contre, les atteintes juridiques sont dirigées contre le droit de propriété lui-même. (CORNU (G.), op.cit, pp.98-99.). Les signes distinctifs sont l'objet aussi bien des atteintes matérielles comme, par exemple, la reproduction de la marque, que de l'atteinte au droit lui-même comme, par exemple, l'action en nullité. L'une ou l'autre atteinte peut être constitutive de contrefaçon. La contrefaçon est l'atteinte illégitime au droit du titulaire du signe. (SANTOS (A.P.), op.cit, p. 61.). En d'autres termes, la contrefaçon est l'acte d'exploitation du signe tombant sous le coup du droit exclusif, commis sans autorisation du titulaire et sans que son auteur puisse revendiquer une exception légale. (PASSA (J.), *Traité*, t.1., op.cit, p. 572.). Ces définitions, assez larges, autorisent à ne plus

Aussi, l'étude se tiendra-t-elle à la protection juridique et judiciaire, appréhendée sous l'angle de la réponse que le droit OAPI donne aux atteintes contre les droits sur les signes distinctifs, dans l'espace OAPI. Le droit OAPI est celui posé par l'Accord de Bangui Révisé[163], ainsi que les lois nationales nécessaires à son application. Il consacre la mise en œuvre de l'article 19 de la CUP qui autorise les pays de l'Union à prendre, séparément ou entre eux, des arrangements particuliers pour la protection de la propriété industrielle[164].

---

distinguer entre la contrefaçon au sens strict qui exigeait une reproduction servile ou quasi servile, et d'autres atteintes comme l'imitation illicite, caractérisée par la simple similarité entre les signes en conflit. L'atteinte constitutive de contrefaçon, qui n'est, en droit OAPI, expressément reconnue qu'à la marque, suffit à fonder l'allocation des dommages et intérêts du seul fait de l'atteinte au droit privatif, indépendamment du préjudice commercial éventuellement subi. (POLLAUD-DULIAN (F.), *Propriété intellectuelle, la propriété industrielle,* op.cit, p. 47.).
En bonne logique juridique, cette protection devrait dans l'espace OAPI, être étendue au moins au nom commercial et à l'indication géographique. Ces signes ainsi que la marque devraient également bénéficier de la protection complémentaire de l'action en concurrence déloyale qui protège traditionnellement la dénomination sociale, l'enseigne et le nom de domaine. Cette action est une action en responsabilité civile fondée sur les articles 1382 et suivants du code civil. (BURST (J.-J.), *Concurrence déloyale et parasitisme*, Paris, Dalloz, 1993, n°3.) ; (MOUSSERON (J.-M.), « Responsabilité et droits intellectuels », in *mélanges Albert CHAVANNE*, op.cit, p. 247.). Il suppose donc classiquement la réunion de trois conditions : une faute, un préjudice et un lien de causalité (par exemple, Cass. com, 20 mars 2007, *PIBD* 2007, n°857.III.519). Au demeurant, la faute est l'élément essentiel, car elle implique généralement par elle-même un préjudice de base : le trouble commercial qui résulte du risque de confusion et le devoir d'agir pour faire cesser les actes en question. (POLLAUD-DULIAN (F.), *Propriété intellectuelle, la propriété industrielle,* op.cit, p. 45.).
La faute, donc l'atteinte qui est constitutive de l'acte de concurrence déloyale, est saisie par l'article 10 bis de la CUP comme « tout acte de concurrence contraire aux usages honnêtes en matière industrielle ou commerciale ». En effet, si la libre recherche de la clientèle est l'essence même du commerce, l'abus de cette liberté qui cause volontairement ou non un trouble commercial à autrui, constitue un acte de concurrence déloyale (Cass. Com., 22 oct. 1985, Bull. civ. IV, n°245, p. 206. ; *RDPI* décembre 1985, p. 134, obs. JONQUERES (J.) ; D.1986, Somm. Com. 339, obs. SERRA (Y.).

163 L'ABR signé le 2 mars 1977 à Bangui a succédé à l'Accord de Libreville signé le 13 septembre 1962 qui a institué l'Office Africain et Malgache de la Propriété Industrielle (OAMPI). Il a été révisé à Bangui le 24 février 1999, pour tenir compte de l'évolution du droit de la propriété intellectuelle (EDOU EDOU (P.), « Le système de l'OAPI : un exemple de régime des brevets unifiés », in *quel droit des brevets pour l'Union Européenne, Strasbourg*, LexisNexis, Coll. IRPI, n°59, 2013, p. 38.).

164 SANTOS (A.P.), op.cit, p. 4.

En plus de ce qu'il institue l'OAPI[165], il crée un Office commun[166], un régime de dépôt unique de demande notamment de marque, de nom commercial et d'indication géographique[167], en même temps qu'un régime uniforme de protection de la propriété industrielle.

Le corpus normatif de notre étude est donc celui délimité par l'Accord de Bangui Révisé, les Annexes[168] qui font corps avec lui, ainsi que les lois nationales nécessaires à sa mise en œuvre. Cet accord crée un régime de protection spécial et original. En effet, le droit OAPI développe la particularité de faire des droits sur les signes distinctifs qu'elle délivre, des droits nationaux indépendants soumis à la législation nationale de chacun des pays membres dans lequel ils ont effet[169]. Autrement dit, les titres octroyés par l'OAPI n'ont pas un caractère unitaire qui couvre l'ensemble de l'espace OAPI[170]. Ainsi, « *des procédures communes appliquées par l'office et des titres délivrés par lui, ne découle donc jamais qu'un faisceau de droits nationaux, certes identiques, mais non point unitaires, il y a autant de droits que d'Etats membres et non point des droits unitaires s'appliquant à un territoire unique*

---

165 L'OAPI est instituée par l'ABR. Elle est composée de dix-sept Etats que sont, le Bénin, le Burkina-Faso, le Cameroun, la Centrafrique, les Comores, le Congo, la Côte-d'Ivoire, le Gabon, la Guinée, la Guinée-Equatoriale, la Guinée Bissau, le Mali, la Mauritanie, le Niger, le Sénégal, le Tchad et le Togo. Mais, l'article 22 al.2 de l'ABR a prévu l'adhésion de nouveaux membres. A l'exception de la Guinée Bissau qui est le seul pays lusophone et la Guinée équatoriale le seul pays hispanophone, les autres pays sont des pays francophones, anciennes colonies françaises. Elle couvre une superficie de 7755967 km^2 et compte près de 100.000.000 d'habitants. OAPI, le droit uniforme de la propriété intellectuelle en Afrique noire francophone, Coll. Droit uniforme africain, 2010, p. 3.

166 Aux termes de l'article 1-3 de l'Accord de Bangui Révisé, « l'Organisation tient lieu, pour chacun des Etats membres, de service national de la propriété industrielle, au sens de l'article 12 de la CUP et d'organisme central de documentation et d'information en matière de brevet d'invention ». L'organisation tient donc lieu d'Office de Propriété Industrielle de chacun des Etats la composant. A ce titre, l'OAPI assume les tâches dévolues à tout service national de propriété industrielle.

167 Les annexes, qui sont au nombre de dix, ne portent pas uniquement sur les signes distinctifs. Ils ont la même portée juridique que l'Accord avec lequel ils font bloc. (Art. 4 de l'ABR.). Ils couvrent les brevets d'invention (annexe I), les modèles d'utilité (Annexe II), les marques de produits ou de services (Annexe III), les dessins et modèles industriels (annexe IV), les noms commerciaux (annexe V), les indications géographiques (Annexe VI), la propriété littéraire et artistique (Annexe VII), la protection contre la concurrence déloyale (Annexe VIII), les schémas de configuration (topographie) des circuits intégrés (Annexe IX), la protection des obtentions végétales (Annexe X). (Art. 4 de l'ABR.).

168 EDOU-EDOU (P.), *Les incidences de l'Accord ADPIC sur la protection de la propriété industrielle au sein de l'OAPI*, Thèse, Université Robert SCHUMAN, Strasbourg, 2005, p. 41.

169 Art. 3 al.1 de l'ABR : « Les droits afférents aux domaines de la propriété intellectuelle, tels que prévus par les annexes au présent Accord sont des droits nationaux indépendants, soumis à la législation de chacun des Etats membres dans lequel il a effet ».

170 EDOU-EDOU (P.), *Les incidences de l'Accord ADPIC sur la protection de la propriété industrielle au sein de l'OAPI*, thèse, op.cit, p. 42.

considéré comme un tout »[171]. Cette fragmentation de la portée des droits délivrés pourtant par un Office unique se justifie d'autant moins que l'ABR et ses Annexes sont considérés comme la loi nationale applicable à chacun des Etats membres de l'Accord, même s'ils doivent être considérés séparément et non comme faisant partie d'un ensemble unifié par un corpus de règles communautaires. « *Cependant, si le concept de droits nationaux indépendants, prévus par l'article 2 de l'Accord de Bangui, doit être compris comme un éclatement de la protection obtenue par un déposant en autant de droits que de pays membres, par l'effet de ce faisceau, le titre de protection s'étend indirectement sur l'ensemble de l'espace OAPI* »[172] ; laquelle protection est l'axe central de notre problématique.

Les signes distinctifs sont des droits de propriété qui naissent d'un acte d'appropriation d'un bien sans maître. Ils sont ainsi saisis comme des droits réels nécessairement incorporels ou immatériels sur lesquels les titulaires jouissent d'un véritable droit de propriété. A ce titre, le juge judiciaire a reçu mission de les protéger contre les atteintes dont ils sont constamment l'objet. Mais à se promener dans les rues des Etats membres de l'OAPI, et même dans les cours et tribunaux, les atteintes dont font l'objet ces signes peuvent être constatées à l'œil nu, sans qu'une expertise particulière soit nécessaire[173]. Aussi, est-on en droit de s'interroger sur l'efficacité de la protection contre les atteintes dont sont l'objet les signes distinctifs. Ainsi, et dans le prolongement de ce questionnement, le juge bénéficie-t-il en droit OAPI d'un cadre juridique pertinent ? La protection par lui des signes distinctifs n'est-elle pas que relative ? Quelles solutions pour une protection efficace ? Ce questionnement laisse entrevoir l'intérêt de l'étude.

Toute réflexion sur une réalité juridique repose sur des inspirations philosophiques et ontologiques. Elle revêt ainsi un intérêt certain, pour l'appréhension du droit, pour sa conception, pour son explication, pour sa présentation et pour sa mise en œuvre[174]. Elle présente donc, concurremment, un intérêt théorique et un intérêt pratique.

La systématisation des situations que l'on envisage généraliser, constitue la première étape fondamentale de l'élaboration d'une théorie générale. A cette fin, la théorisation de la pensée juridique a été adossée de l'avis de la

---

171 EKANI (D.), *L'union africaine et malgache de la propriété industrielle, la protection régionale des droits de propriété industrielle*, thèse, cité par EDOU-EDOU (P.), *Les incidences de l'Accord ADPIC sur la protection de la propriété industrielle au sein de l'OAPI*, op.cit, p. 9.

172 EDOU-EDOU (P.), *Les incidences de l'Accord ADPIC sur la protection de la propriété industrielle au sein de l'OAPI,* thèse, op.cit, p. 42, préc.

173 Le 15 décembre 2014, il a été constaté, dans une salle d'audience du Palais de justice de Cotonou, que les tissus portés par « vingt-trois justiciables dans la salle d'audience étaient des produits contrefaisants de la marque « Vlisco ».

174 BERGEL (J.-L.), op.cit, p. 7.

plupart des auteurs à deux grandes colonnes. Les tendances idéalistes et les tendances positivistes[175], même si celles-ci admettent de nombreuses nuances sur lesquelles nous n'insisterons pas.

En dépit de sa diversité, de ses controverses et d'une certaine ambigüité, l'idéalisme juridique correspond aux doctrines « du droit naturel et à l'affirmation qu'il existe un idéal de justice, supérieur au droit positif qui s'impose au pouvoir et au législateur lui-même[176]. En effet, les différentes tendances « jusnaturalistes » ont en partage le postulat que le droit naturel procède de la nature, l'existence de principes non écrits supérieurs au droit positif et qui s'imposent à lui, la primauté de la recherche de la justice sur le respect de la légalité, la permanence de certaines valeurs qui l'emportent sur toutes les autres.

---

[175] V. CARBONNIER (J.), *Droit civil, introduction-les personnes,* op.cit., n°9 ; GHESTIN (J.), GOUBEAUX (G.), *Traité de droit civil, introduction générale*, op.cit., n°7.

[176] BERGEL (J.-L.), op.cit, p. 24.
Pour les tenants de cette doctrine, les hommes devraient se soustraire aux règles qui ne se conforment pas au principe supérieur du droit idéal. En effet, pour Platon, le droit a pour finalité d'exhumer ce qui est juste entre les hommes et dans la conscience individuelle, de sorte qu'une harmonie s'impose entre la justice et le droit. (OPPETIT (B.), op.cit, p. 36.). Selon Aristote, le droit doit s'induire de l'ordre prévu par la nature, qui exprime le juste. Dès lors, ce qui est juste, est ce qui s'infère de cet ordre naturel et se déduit de l'observation des choses, des êtres et des sociétés humaines dont il faut tirer la finalité et l'essence pour déterminer ce que doit être le droit. (ATIAS (C.), op.cit, p. 71 et s.).
La doctrine chrétienne fut exprimée tour à tour par Saint Augustin et Saint Thomas d'AQUIN. Pour le premier, les lois profanes qui n'intègrent pas la notion de Dieu sont nécessairement injustes parce qu'il n'y a pas de justice sans adhésion à Dieu. Par suite, la source authentique du droit ne peut être retrouvée que dans la Bible (OPPETIT (B.), op.cit, p. 41.). En revanche, pour Saint Thomas, la loi divine révélée dans les Saintes écritures, est la source première du droit naturel. Mais celui-ci évolue, en ce qu'il n'offre que les directives que le droit positif doit recueillir tout en se conformant à la notion de justice. Ainsi, les hommes ne doivent respecter les lois qu'autant qu'elles sont justes et conformes au bien commun. (BERGEL (J.-L.), op.cit, p. 25.). A cette conception téléologique de la loi s'oppose celle de l'école du droit naturel inspirée par GROTIUS. Pour lui, le droit naturel ne procède pas de Dieu, mais « un droit supérieur d'où le droit positif tire sa validité, car l'instinct de sociabilité constitue le fondement de toute organisation juridique et sociale : aussi le droit positif, qu'il soit public ou privé, interne ou international, repose-t-il essentiellement sur l'obligation de respecter les conventions (*pacta sunt servanda*), norme fondamentale qui traduit la liberté et la volonté humaine exprimée dans le droit subjectif appartenant à la personne ». (OPPETIT (B.), op.cit, p. 46.). Cette doctrine se rapproche de celle du « contrat social », exposé par Locke et Rousseau, orientée sur l'homme à l'état de nature et non sur le monde et centrée sur des lois naturelles dérivant de l'être humain, de sa liberté et de sa volonté (GHESTIN (J.), GOUBEAUX (G.), op.cit, n°14.). L'idéalisme juridique a été l'objet de nombreuses critiques, dont celle de l'école historique allemande qui oppose aux doctrines du droit naturel le fait que le droit n'est que le produit de l'évolution des peuples, de sorte qu'il ne peut être universel, mais propre à chaque nation (BERGEL (J.-L.), op.cit, p. 25.).

Le courant positiviste se distingue du courant idéaliste, en ce qu'il rejette l'abstraction et l'irréalisme des théories idéalistes et, surtout, réfute l'universalité et la pertinence de l'idée de justice comme fondements du droit[177]. Ainsi, pour le positivisme juridique, l'une des deux grandes tendances du positivisme, « *il existe un droit positif formé par l'ensemble des règles de droit en vigueur dans un pays à un moment donné ; le droit tout entier s'identifie à ces règles, et il n'y a pas à aller au-delà pour pénétrer le phénomène juridique* »[178]. Avec une certaine inflexion, le positivisme factualiste, qui est la seconde grande tendance du positivisme, tient en considération les faits. En effet, il suggère de tirer la règle de droit du milieu social qui, seul, permet de mesurer son effectivité. Ainsi, « *le droit n'est rien d'autre qu'un produit social, un phénomène : toute autre considération idéaliste liée à sa finalité, telle la référence au droit naturel, à la justice ou à la raison, ne constitue qu'un épiphénomène, un reflet du phénomène social* »[179].

En prenant beaucoup plus appui sur la doctrine positiviste que sur la doctrine idéaliste, l'étude ambitionne de saisir, dans leur intimité, les signes distinctifs. Ainsi, la réflexion intellectuelle permettra une meilleure compréhension des phénomènes étudiés, en s'efforçant de mettre en évidence les limites avouées ou les failles révélées dans la protection des signes distinctifs, à l'aune du droit de la propriété industrielle, tel qu'il est

---

177 ROUBIER (P.), *Théorie générale du droit*, op.cit, p. 32.

178 OPPETIT (B.), op.cit, p. 58. Selon les tenants du positivisme juridique, les seules règles qui peuvent revendiquer la dignité de règles de droit sont celles qui sont sanctionnées par l'autorité publique, sans qu'il soit nécessaire de rechercher qu'elles soient justes ou non. (ROUBIER (P.), *Théorie générale du droit*, op.cit, p. 32.). Cette doctrine a été érigée en précepte par l'Ecole de l'exégèse, qui conçoit l'étude du droit comme le strict commentaire du code civil, réputé fournir les solutions à tout problème. (BONNECASE, *L'école de l'exégèse en droit civil* (1924), repris par OPPETIT (B.), op.cit, p. 59.). Cette tendance du positivisme a été approfondie par le positivisme normativiste promu par Hans KELSEN. La « Théorie pure du droit » de Kelsen est pure, en ce qu'elle est épurée de toute idéologie politique et de tous éléments ressortissant aux sciences de la nature ; elle est purifiée de toute composante morale et de toute considération de fait, la coupure radicale de l'être et du devoir-être est l'une des caractéristiques du normativisme Kelsénien. (ATIAS (C.), op.cit, p. 52.). Ainsi, Kelsen, en empruntant une démarche Kantienne, assigne pour objet à la science juridique une analyse normativiste du phénomène juridique, appréhendé comme un ensemble intelligible, sur la base d'une méthode propre. (OPPETIT (B.), op.cit, p. 61.).

179 Pour le Doyen DUGUIT, « le droit est beaucoup moins l'œuvre du législateur que le produit constant et spontané des faits », (DUGUIT (L.), *les transformations générales du droit privé depuis le code Napoléon*, Paris, Alcan, 1912, p. 3.). Ainsi, pour lui, l'unique moyen de poser une science du droit incontestable, au sens de science de la connaissance du droit, est d'accepter qu'il faille asseoir le droit non pas sur des concepts posés en tant que tels, sans réalité, mais bien sur une adéquation entre le réel et les notions. (ESPAGNO (D.), *Léon DUGUIT : de la sociologie et du droit*, Le Mans, Toulouse, L'épitoge-Lextenso, 2013, p. 34.).

universellement admis, surtout, en France. Ce faisant, l'étude, sans que son objectif premier soit de s'inscrire dans une approche comparée du droit sur les signes distinctifs, espère apporter une contribution, certainement modeste, aux théories de la propriété industrielle qui conduisent certains à s'interroger sur l'intérêt pratique de ces droits[180].

La propriété industrielle n'est pas seulement une affaire de spécialiste, en ce qu'elle irradie toutes les activités économiques et culturelles[181]. Pourtant, la matière souffre d'une crise identitaire[182], surtout, en droit OAPI où elle est peu étudiée aussi bien par les praticiens que par les théoriciens. Il s'impose, donc, une réflexion sur la protection des signes distinctifs à l'occasion de laquelle les normes applicables à la matière sont articulées, les résultats possibles pesés. Ainsi, sur le plan pratique, la réflexion entreprise permet de saisir la protection juridique et judiciaire des signes distinctifs pour en découvrir les divers aspects, rechercher les textes et la jurisprudence applicables et, par distinction ou assimilation, résorber les contradictions éventuelles entre les normes, comparer leur portée et surtout en dégager les limites, pour, dans la mesure du possible, inspirer une modification de l'ABR, qui ne peut se faire sans une méthodologie appropriée.

Toute « *élaboration juridique est dominée par des opérations intellectuelles et par une méthodologie, basées sur les principes de la logique commune, avec un certain assouplissement, commandé par la nature propre de l'objet à pénétrer* »[183]. Par suite, l'assimilation d'une démarche méthodologique est-

---

180 V. CLEMENT-FONTAINE (V.M.), *Les œuvres libres*, thèse, Montpellier I, 2006 ; GAUMONT-PRAT (H.), « Ethique et inventions biotechnologiques », in *la propriété intellectuelle en question(s). Regards croisés européens*, Colloque Nantes, Litec, Coll. IRPI Le droit des affaires-Propriété intellectuelle, n°27, 2006, pp. 191 et 201.

181 En effet, « l'exigence de compétitivité par la créativité constitue un impératif de tous les instants pour chaque entreprise et dépend en grande partie de leur capacité à développer leur recherche (…) et à protéger leurs actifs immatériels ». V. HIANCE (M.), « La propriété industrielle, un outil de développement économique », in *la propriété intellectuelle en questions (s). Regards croisés européens*, op.cit, p. 10.).

182 CHATRY (S.), *Le concours de droit de propriété intellectuelle*, Nantes, Fondation Varenne, Coll. Thèses, 2012, p. 10.

183 Gény (F.), repris par BERGEL (J.-L.), op.cit, p. 7.). La méthodologie juridique a pour objet « d'élaborer les normes applicables aux rapports sociaux, de dégager les règles qui permettent, en fonction des buts poursuivis dans une société donnée et de la cohérence de son système juridique, d'atteindre le résultat souhaité de la manière la plus efficace et la plus économique, avec le souci constant d'assurer la sécurité juridique. Il lui appartient de diriger l'élaboration des textes, de dégager les principes d'interprétation et d'application du droit positif, d'en garantir l'harmonie en évitant des contradictions ou des distorsions, d'en établir la formulation, d'en faciliter le fonctionnement, d'en faire la critique, d'en dominer l'évolution. (DE LA MARNIERRE (E.S.), *Eléments de méthodologie juridique*, Paris, Librairie du journal des notaires et des avocats, 1976, p. 77.).

elle indispensable à toute entreprise de recherche scientifique, car *« la méthode éclaire les hypothèses et détermine les conclusions »*[184].

Aussi, l'étude adoptera-t-elle une approche méthodologique à double battant : la méthode empirique et la méthode dogmatique. La méthode empirique a consisté à déterminer les faiblesses de la protection judiciaire des signes distinctifs organisée par le droit OAPI, pour mieux rechercher les solutions idoines telles qu'elles peuvent être fournies par un raisonnement inductif du droit OAPI, ou par confrontation avec d'autres systèmes juridiques qui lui sont proches.

La méthode dogmatique a consisté par contre à s'inspirer fondamentalement de la doctrine française sur la propriété intellectuelle et, plus précisément, sur les signes distinctifs, pour éclairer l'approche empirique en ayant toujours pour point de mire, le plan de l'étude.

En s'adressant au juge, le titulaire du signe distinctif entend provoquer une décision de justice, celle qui consacre son droit de propriété en cas d'atteintes. S'interroger sur la protection des signes distinctifs, aurait pu donc consister à s'interroger exclusivement sur l'acte juridictionnel, c'est-à-dire la décision du juge qui sanctionne ou non les atteintes aux signes. Cette démarche nous est apparue partielle, sinon partiale, parce que n'englobant pas dans l'essentiel de ses largeurs, l'activité protectrice telle qu'elle peut être mise en œuvre par le juge et surtout parce qu'elle n'invite pas au débat l'assise matérielle de l'office du juge. En effet, *« l'acte juridictionnel suppose un contrôle préalable de la situation de fait et de droit qui le justifie »*[185]. Ainsi, l'office[186] du juge ne constitue pas pour le magistrat de statuer en fonction de son humeur ou en scrutant le ciel, mais en appliquant un corps de règles préétablies. Mais, l'assise juridique mise à sa disposition par le droit OAPI n'est pas toujours pertinente, de sorte que la protection dont bénéficient les signes distinctifs est toute relative. Cette hypothèse sera examinée en deux parties. Nous essayerons donc de mettre en exergue, d'une part, l'incertitude matérielle de l'office du juge (Première partie) avant d'analyser, d'autre part, l'efficacité relative de l'office du juge (Seconde partie).

---

[184] KAMTO (M.), « Les rapports Etat-société civile en Afrique », *Revue Juridique et politique indépendance et Coopération* (RJPIC), janvier-avril 1994, p. 285, in ADJOVI (E.), *Le fonctionnement du régime politique béninois du renouveau démocratique*, thèse, Université d'Abomey-Calavi, 2014, p. 34.).

[185] BERGEL (J.-L.), op.cit, p. 345.

[186] Ensemble des pouvoirs et des devoirs attachés à la fonction de juger. (CORNU (G.), (dir.), *Vocabulaire juridique*, Paris, PUF, 9e éd., 2011, V° Office.). Ainsi, la notion vise d'abord la fonction de juger. Elle exprime ensuite, à la fois, un service rendu aux justiciables et à la société, et l'œuvre prétorienne que représentent les jugements rendus et la jurisprudence qui en résulte. (BERGEL (J.-L.), op.cit, p. 348.). Pour autant, l'office du juge, qui peut s'entendre également comme la fonction ou la charge du juge (CORNU (G.), (dir.), op.cit, pp.701-702.), désigne dans la présente étude le pouvoir de juger conformément aux dispositions légales mises à la disposition du juge.

PREMIERE PARTIE

L'INCERTITUDE MATERIELLE DE L'OFFICE DU JUGE

Le juge, qu'il soit étatique ou privé, est, en droit de la propriété industrielle plus qu'ailleurs, l'aune de l'effectivité des droits sur les signes distinctifs. Ces droits sont tangibles donc de jouissance effective, lorsque les atteintes sont sanctionnées, à temps et à proportion, par les juridictions compétentes[187]. En revanche, ils sont fuyants voire inexistants, si l'office du juge ne parvient pas à se déployer pour prémunir ou, à défaut, réprimer les atteintes, qu'elles soient répétées ou isolées, aux droits des titulaires sur les signes distinctifs.

La protection des droits de propriété industrielle n'est envisagée que si ces droits sont consacrés, soit par la procédure de l'enregistrement pour la marque, le nom commercial et l'indication géographique, soit par l'usage pour le nom commercial dont l'acquisition du droit sur le signe est duale[188], l'enseigne, la dénomination sociale et le nom de domaine. Concomitamment et de manière cumulative, l'atteinte au droit sur les signes distinctifs doit être effective.

La matière du litige[189] soumise au juge a donc nécessairement une double composante : un droit juridiquement consacré et une atteinte avérée dont la

---

[187] En effet, l'efficacité du droit du titulaire du signe repose en grande partie sur la capacité du propriétaire du signe à mener une action en justice pour le faire valoir, dans l'hypothèse où un tiers viendrait à empiéter illégitimement sur ce droit. (ABELLO (A.), *La licence, instrument dérégulation des droits de la propriété intellectuelle*, Paris, LGDJ, 2008, p. 18.

[188] Art. 3 al.1er de l'Annexe V de l'ABR.

[189] La matière du litige désigne tout ce que les parties apportent au juge, tant en fait qu'en droit. (VINCENT (J.), GUINCHARD (S.), *Procédure civile,* Paris, Dalloz, Précis, 27e éd, 2003, p. 515). Elle consiste dans les éléments dits « objectifs » du procès, que sont l'objet et la cause du litige. L'objet correspond à la fin vers laquelle tend la demande en justice, en d'autres termes, ce qui est demandé au juge. (COUCHEZ (G.), LANGLADE (J-P.), LEBEAU (D.), *Procédure civile*, Paris, Dalloz, 1998, p. 112.). A l'inverse de l'objet du

sanction est recherchée. Mais, le droit OAPI, autorise-t-il une protection efficace des signes distinctifs ? Le juge, dans l'exercice de son office, n'est-il pas confronté à une double incertitude : l'incertitude quant aux droits (Titre I), et l'incertitude quant aux atteintes (Titre II) ?

---

litige, la notion de cause fait l'objet de controverses doctrinales qui sont loin de ne présenter qu'un intérêt théorique, dans la mesure où, la cause intervient pour les besoins de l'application des règles d'immutabilité du litige et de l'autorité de la chose jugée. La doctrine dégage trois conceptions de la cause.
Pour les partisans de la première conception, la cause est une notion juridique, un principe juridique, abstrait permettant d'identifier la demande. Autrement dit, la cause est la règle de droit invoquée à l'appui de la demande. SAVATIER (R.), note D.1928. 1.153 ; MIMIN, note D. 1935.I.17, cité par VINCENT (J.), GUINCHARD (S.), *Procédure civile*, op.cit, p. 478. Dans une approche assez proche qui, toutefois, rejette la règle de droit dans son ensemble, comme cause de la demande, les professeurs CADIET et JEULAND ont estimé que « s'il fallait se fixer sur une notion générique du fondement de la prétention, il serait logique d'y voir, plutôt que la règle de droit dans son ensemble, le présupposé ou l'hypothèse de cette règle. La fonction juridictionnelle consistant à trancher un litige par application d'une règle de droit à un cas d'espèce, dès lors qu'il s'agit de faire entrer la situation de fait litigieuse dans le présupposé d'une règle différente, la prétention est différemment fondée et, partant le jugement » (CADIET (L.) et JEULAND (E.), *Droit judiciaire privé,* Manuel, Paris, LexisNexis, 8e éd, 2013, p. 393.
Les tenants de la deuxième conception de la cause soutiennent que la cause est constituée par les circonstances de fait invoquées en vue d'établir le droit subjectif par lequel se traduit juridiquement la prétention soumise au juge. Elle équivaudrait à un complexe de faits qui formeraient les éléments générateurs du droit discuté ou de l'intérêt juridique invoqué. (MOTULSKY (H.), « La cause de la demande dans la délimitation de l'office du juge » cité par VINCENT (J.), GUINCHARD (S.), *Procédure civile*, op.cit, p. 479.
La troisième conception de la cause, qui est une conception mixte, saisit la cause comme un ensemble de faits juridiquement qualifiés (VIZIOZ (H.), *Etudes de procédures*, p. 56 et s ; MAZEAUD (H.), MAZEAUD (L.), MAZEAUD (J.), TUNC, *Traité de responsabilité civile*, 5e éd, T.III, n°2098, cités par VINCENT (J.), GUINCHARD (S.), *Procédure civile*,, op.cit, p. 479.). C'est la première conception de la cause, considérée comme la règle de droit, qui fonde la demande. En effet, la cause ne peut être que factuelle, le juge, pour statuer, fonde sa décision sur des règles de droit que les parties lui soumettent, même s'il n'est pas tenu par les qualifications retenues par celles-ci.

TITRE I

L'INCERTITUDE QUANT AUX DROITS

Au sein des droits de la propriété industrielle, les signes distinctifs se démarquent des créations nouvelles en ce qu'ils ont vocation à identifier les produits, les services ou les activités d'un opérateur économique de ceux de la concurrence[190]. En raison, notamment, de cette particularité, les droits sur les signes distinctifs, le cas échéant, peuvent naître de l'usage. Ce mode d'acquisition du droit vient consacrer la reconnaissance par le public du signe exploité. Le droit peut également naître, à l'instar d'autres droits de la propriété industrielle, comme les modèles d'utilité[191], de l'accomplissement de la procédure fort complexe de l'enregistrement.

Les incertitudes dans l'acquisition et la jouissance du droit tiennent notamment, et à l'abord, de l'application même des règles édictées en la matière par le législateur OAPI. Ils tiennent ensuite des dispositions des Conventions Internationales qui, pour être universelles[192], trouvent néanmoins à s'appliquer dans l'espace OAPI. Aussi, en droit OAPI, l'acquisition originaire des droits sur les signes distinctifs est-elle malaisée (Chapitre I), alors même qu'ils sont de réalisation difficile (Chapitre II).

---

190 PASSA (J.), *Traité,* t.1, op.cit, p. 3.

191 Art. 7 de l'Annexe II de l'ABR.

192 Notamment la Convention de Paris pour la protection industrielle signée à Paris le 20 mars 1893 ; l'Accord sur les Aspects des Droits de Propriété Intellectuelle qui touchent au Commerce (ADPIC) ; l'Arrangement de Madrid concernant l'enregistrement international des marques, signé à Madrid le 14 décembre 1900 ; le Protocole relatif à l'Arrangement de Madrid concernant l'enregistrement international des marques, modifié le 3 octobre 2006 et le 12 novembre 2007.

CHAPITRE I

L'ACQUISITION ORIGINAIRE DES DROITS MALAISEE

Traditionnellement, le droit de propriété s'acquiert, se transmet et se perd suivant des modes déterminés par la loi[193]. Celle-ci a expressément prévu les règles de transmission de la propriété sans légiférer sur l'occupation comme mode d'acquisition originaire de la propriété[194]. Dans son sens technique, l'occupation identifie un mode immédiat d'acquisition des choses, non appropriées, fondé sur leur possession[195].

En droit OAPI, l'acquéreur originaire des signes distinctifs tient son droit de la possession[196]. Mais, cette acquisition dite encore *ab origine* s'opère de *lege,* en vertu de la loi[197], plus exactement de l'Accord de Bangui Révisé. Cependant, et contrairement au droit commun, l'acquisition originaire des droits ou de la propriété industrielle n'est pas linéaire. Elle ne résulte pas toujours d'une simple possession. Elle obéit à des formalités ou à des

[193] CORNU (G.), *Droit civil, les biens*, op.cit, p. 79.

[194] DROSS (W.), *Droit civil, les choses*, op.cit, p. 487.

[195] « Celui qui s'empare d'une chose qui n'est à personne (corpus) avec l'intention de s'en considérer comme propriétaire (animus) le deviendra dès cet instant par ce seul fait ». DROSS (W.), *Droit civil, les choses,* op.cit. p. 487 précité.

[196] Pour les signes distinctifs comme la marque, l'indication géographique et le nom commercial enregistré, c'est le dépôt et surtout l'enregistrement qui consacrent une prise de possession. Avant le dépôt, le signe est un bien sans maître qui toutefois peut faire l'objet d'une possession. (MOUSSERON (J.M.), *Contribution à l'analyse objective du droit de brevet, contribution de l'évolution récente,* thèse, op.cit, n°157.). Les autres signes distinctifs et le nom commercial non enregistré existent souvent au prime abord à titre de chose commune, sur lesquels personne n'a donc un droit privatif. Ce n'est donc que par leur exploitation commerciale que les signes accèdent à la fois à la qualité de chose appropriable et de chose appropriée par le jeu de l'occupation : (DROSS (W.), op.cit, p. 491 ; V. aussi, Cass. com, 16 févr. 1977, n°75-14878, Bull. civ. IV, n°51.).

[197] Cependant, la loi ne transfère pas la propriété mais elle prend en compte des faits auxquels elle donne un effet acquisitif. (CORNU (G.), op.cit, p. 79.).

exigences particulières. Celles-ci ne sont-elles pas des obstacles à l'acquisition effective des droits sur les signes distinctifs ? La question se pose d'autant que l'acquisition du droit de marque est malaisée (Section I), tandis que celle des autres signes distinctifs est hésitante (Section II).

SECTION I. L'ACQUISITION MALAISEE DU DROIT DE MARQUE

Le droit de marque ne s'acquiert qu'au terme de la procédure de l'enregistrement. L'acquisition originaire ne naît donc pas spontanément de la possession, mais d'un acte administratif délivré par l'OAPI. Cette acquisition déroge ainsi au droit commun pour receler des spécificités propres dont découlent des difficultés dans l'acquisition du titre.

Ainsi, la naissance du droit de propriété de la marque est malaisée, en ce que non seulement la demande d'enregistrement peut être rejetée (Paragraphe I) mais, pire, l'enregistrement peut faire l'objet de diverses contestations (Paragraphe II).

Paragraphe I. Le rejet de la demande d'enregistrement

L'acquisition d'un droit de marque suppose l'accomplissement de la formalité de dépôt[198] d'une demande d'enregistrement auprès de l'OAPI. Le dépôt peut être réalisé par une personne physique ou morale[199]. Le déposant a le choix entre le dépôt direct[200] et le dépôt indirect[201]. Quel que soit le choix

---

[198] GAUMONT-PRAT (H.), *Droit de la propriété industrielle*, op.cit, p. 211.

[199] Toutefois, le dépôt de la marque collective ne peut être fait par une personne physique, mais par l'Etat, les groupements de droit public, les syndicats ou groupements de syndicats, les associations et groupements de producteurs, d'industriels, d'artisans et de commerçants (Art.32 de l'Annexe III de l'ABR.). En effet, seuls ceux-ci, dans un but d'intérêt général, peuvent posséder une marque collective. Le législateur OAPI ne distingue pas la marque collective simple, de la marque collective de certification.

[200] Le dépôt direct consiste à déposer la demande d'enregistrement directement à l'OAPI (Art.6 al.1 de l'ABR.), soit en son siège sis à Yaoundé (C'est l'article 40 de l'ABR qui fixe le siège de l'organisation à Yaoundé (Cameroun), soit par « pli postal recommandé avec demande d'avis de réception » (Art. 8 al.1 de l'ABR.).

[201] Le dépôt indirect revient par contre à déposer la demande auprès du ministère chargé de la propriété industrielle, ou de l'administration nationale désignée à cette fin (Art. 6 al. 2 et 8 al.1 de l'ABR.). Celle-ci doit transmettre la demande à l'OAPI, dans un délai de cinq jours ouvrables à compter du jour du dépôt (Art. 6 al. 3 de l'ABR.).

opéré par le déposant, le dossier de la demande doit satisfaire à un contenu précis[202]. Outre les règles édictées par l'ABR, s'appliquent également au dépôt, des normes internationales qui cristallisent le caractère dérogatoire de l'acquisition du droit de marque. Il s'agit des principes de priorité[203], de

---

La nature juridique et les compétences de ces administrations nationales diffèrent selon les pays. Au Bénin, elle est une agence chargée uniquement de la propriété industrielle (Décret n° 2010-262 du 11 juin 2010 portant approbation des statuts de l'Agence Nationale de la Propriété Industrielle (ANAPI) du Bénin.). Au Sénégal, en plus de la propriété industrielle, l'agence est chargée de l'innovation technologique (Décret n° 2012-115 du 19 janvier 2012 portant création, organisation et fonctionnement de l'Agence Sénégalaise pour la Propriété Industrielle et l'Innovation Technologique (ASPIIT). Au Gabon et au Togo, il s'agit respectivement d'un Centre chargé de la propriété industrielle (Loi n° 14/2002 du 28 janvier 2003 portant création et organisation du Centre de Propriété Industrielle du Gabon (CEPIG) et d'un Institut en charge de la Propriété Industrielle et de la Technologie (Décret n° 2006-006/82 du 18 juillet 2006 portant organisation et fonctionnement de l'Institut Nationale de la Propriété Industrielle et de la Technologie (INPIT) du TOGO.). Quelle que puisse être la dénomination de ces administrations nationales, la demande d'enregistrement ne leur est pas adressée, en ce qu'elle est toujours destinée au Directeur Général de l'OAPI (Art. 8 al.1 de l'annexe III de l'ABR.). Le dépôt est constaté par un procès-verbal dressé par l'institution qui a reçu la demande d'enregistrement. Ledit procès-verbal énonce les jours et heures de la remise du dossier (Art.10 al.1 de l'annexe III de l'ABR.). Une expédition du procès-verbal est remise au déposant (Art.10 al.2 de l'annexe III de l'ABR.). La date du dépôt, est la date de réception de la demande d'enregistrement par l'administration nationale ou l'OAPI, pour autant qu'au moment de la réception, le dossier soit recevable (Art.13 de l'annexe III de l'ABR, préc.).

202 Le dossier de la demande d'enregistrement doit contenir, outre les indications relatives au déposant, la preuve du paiement de la taxe de dépôt, le formulaire de demande (formulaire M 301) (OAPI, *Guide du déposant*, septembre 2010 p. 5.) et « la reproduction de la marque comportant l'énumération des produits ou des services auxquels s'applique la marque et des classes correspondantes de la classification internationale des produits et services aux fins de l'enregistrement des marques » (Art. 8 de l'annexe III de l'ABR.).
L'énumération des produits et des services est une composante essentielle de la demande d'enregistrement (PASSA (J.), traité, t.1, op.cit. p. 194.). En effet, en application du principe de spécialité, le champ du droit exclusif, donc de la protection, est cantonné aux produits énumérés dans la demande d'enregistrement. Point n'est besoin, cependant, que la marque soit, au jour du dépôt, déjà exploitée pour ces produits ou services.

203 Le principe de priorité ou le droit de priorité est institué par l'article 4 de la Convention de l'Union de Paris. Il est repris par le législateur OAPI (Art. 5 et 11 de l'Annexe III de l'ABR.). En vertu de ce principe, le dépôt d'une marque dans un pays de l'Union fait courir un délai de propriété de six mois. Par suite, tout acte d'usage ou de dépôt par un tiers, au cours de ce délai sera inopposable au déposant initial qui dispose ainsi de ce délai de six mois pour déposer sa marque dans les autres pays de l'Union, sans risquer d'être antériorisé (AZEMA (J.), GALLOUX (J.C.), *Droit de la propriété industrielle*, op.cit, p. 922.). Ainsi, les dépôts éventuellement réalisés par d'autres personnes dans l'intervalle, ne pourront lui être opposés : le titulaire bénéficie de la « priorité » pour déposer cette marque dans ce délai (POLLAK (N.), *Droit des marques, protéger, exploiter, défendre sa marque*, StudyramaPro, 2013, p. 59.).
Le principe de priorité a pour but d'éviter au déposant d'avoir à effectuer ses dépôts simultanément dans tous les pays du monde où il souhaite être protégé.

l'assimilation de l'étranger unioniste au national[204], de l'enregistrement de la marque « telle quelle »[205] et celui de l'indépendance de la marque[206].

---

204 Le principe de l'assimilation de l'unioniste au national ou le principe du traitement national, est posé par l'article 2 de la Convention de l'Union de Paris qui dispose : « Les ressortissants de chacun des pays de l'Union jouiront dans tous les autres pays de l'Union, en ce qui concerne la protection de la propriété industrielle, des avantages que les lois respectives accordent actuellement ou accorderont par la suite aux nationaux ». Il résulte de cette disposition que tout unioniste bénéficie dans tous les pays de l'Union, des mêmes avantages et droits que ces pays (179 pays ont actuellement adhérés à la CUP), réservent à leurs nationaux. La Convention de l'Union de Paris consacre ainsi l'égalité de traitement entre les unionistes (CHAVANNE (A.) BURST (J-J.), *Droit de la propriété industrielle*, op.cit, p. 299.). Le principe s'applique, même si le signe déposé par l'étranger est différent de celui qu'il a déposé dans son propre pays.
Cette règle n'est toutefois pas étanche. En effet, l'étranger reste soumis aux règles de procédure qui le saisissent en sa qualité d'étranger (Art. 2 al.3 de la CUP : « Sont expressément réservées, les dispositions de la législation de chacun des pays contractants relatives à la procédure judiciaire et administrative, à la compétence ainsi qu'à l'élection de domicile ou à la constitution de mandataire, qui seraient requises par les lois sur la propriété industrielle »). Le Tribunal de Grande Instance de Wouri (Cameroun) fait donc une mauvaise application du principe de traitement national, lorsqu'il exonère une société de droit américain du paiement de la ''*caution judicatum solvi*'', en invoquant l'article 2 de la convention, alors même que le paiement de ladite caution est organisé par le code de procédure civile camerounais (TGI Wouri. Ch. Civ., com. Jugement n°164 du 06 déc. 2004, obs. NDEDI PENDA (H.), *Rev. La Gazelle*, n°0001, avr. 2008). Ainsi, le principe de l'assimilation de l'unioniste au national ne s'applique pas à l'organisation judiciaire sur laquelle chaque pays de l'Union conserve sa souveraineté. Il ne s'applique pas non plus aux règles de désignation de mandataire.

205 Le principe de l'enregistrement de la marque « telle quelle » est posé par la Convention de l'Union de Paris. Ainsi, « toute marque de fabrique ou de commerce régulièrement enregistrée dans le pays d'origine, sera admise au dépôt et protégée telle quelle dans les pays de l'Union » (Art.6 Quinquies-A al.1er de la CUP). En effet, même l'application de la règle de l'assimilation de l'unioniste au national ne met pas l'unioniste à l'abri du refus de l'enregistrement de son signe à titre de marque (Trib. Civ. Seine, 28 juill.1928, Annales 1930, p. 46. obs, BERT (E.), si le pays où l'enregistrement est sollicité interdit également ce signe à ses nationaux. Les différences assez courantes, qui séparent les systèmes de droit quant aux signes admissibles à titre de marque, justifient cette règle. Ainsi, « le principe de la protection « telle quelle » complète le traitement national, en écartant ces disparités au profit de l'unioniste qui invoque une marque déjà enregistrée régulièrement dans un autre Etat. (POLLAUD-DULIAN (F.), *Propriété intellectuelle, la propriété industrielle*, op.cit, p. 1220.).

206 La règle de l'indépendance de la marque est édictée aussi bien par l'ADPIC (Art. 15 al.4.) que par la Convention de l'Union de Paris. Celle-ci dispose clairement que « la nature du produit sur lequel la marque de fabrique ou de commerce doit être apposée ne peut, dans aucun cas, faire obstacle à l'enregistrement de la marque (Art.7 de la CUP). Par suite, si la marque sert à désigner des produits ou des services énumérés dans l'acte de dépôt, elle demeure indépendante de ceux-ci, en ce que l'enregistrement ou sa validité ne dépend ni de la licéité (Cass. civ.. 19 mars 1956, *PIBD* 1956, p. 87.) de ses produits ou services, ni de l'aptitude de leur titulaire à les proposer ou à les commercialiser sur le marché (POLLAUD-DULIAN (F.), *Propriété intellectuelle, la propriété industrielle*, op.cit, p. 716.).

Cependant, la possibilité offerte à l'OAPI de rejeter la demande d'enregistrement est un véritable obstacle à la naissance du droit à la marque.

Celui-ci se manifeste consécutivement à l'examen de la demande (A), mais également des suites du rejet (B).

A- Le rejet consécutif à l'examen de la demande

En droit commun, l'acquisition originaire de la propriété, au travers de l'occupation, ne donne pas lieu à un examen préalable soumis à une administration étatique ou non. En droit de marque, l'acquisition du droit de propriété du signe, soumet la demande d'enregistrement à un examen. Cet examen peut avoir pour conséquence, le rejet de la demande d'enregistrement, donc le refus de l'OAPI de voir naître, au profit du déposant, le droit de propriété sur la marque. L'obstacle à l'acquisition du titre, que constitue le rejet, peut être consécutif à l'examen de la forme (1) ou du fond de la demande (2).

1- Le rejet consécutif à l'examen de la forme de la demande

Encourt rejet, la demande d'enregistrement qui ne remplit pas les conditions de recevabilité et de régularité édictées par l'Annexe III de l'Accord de Bangui Révisé.

A contrario, la demande est recevable lorsqu'elle satisfait aux dispositions de l'article 13 de l'Annexe III[207]. Celles-ci conditionnent la recevabilité du dépôt à la mention dans la demande des indications relatives aux paiements de la taxe de dépôt, aux produits ou services auxquels s'applique la marque sollicitée, à la signature du formulaire de demande et, s'il s'agit d'une personne morale, à l'indication de l'identité et de la qualité du signataire, des indications relatives au nom, à l'adresse, à la nationalité et au domicile du déposant, puis enfin, s'il y a constitution de mandataire, à l'indication de ses nom et adresse. De même, aucun dépôt n'est recevable si la demande n'est pas accompagnée d'une pièce justificative du paiement de la taxe de dépôt[208].

Le premier obstacle à l'acquisition du titre, consécutif à l'inobservation des règles de forme, est le report de la date de dépôt de la demande, au jour où celle-ci remplit les conditions sus-indiquées. Mais, sans en prendre apparemment l'allure, le décalage dans la date de dépôt peut aboutir à des conséquences plus radicales que celles du rejet. En effet, si une marque identique ou similaire était enregistrée dans l'intervalle, avant que les

207 Art.13 de l'Annexe III de l'ABR.

208 Art.12 de l'Annexe III de l'ABR.

conditions de recevabilité ne soient remplies, elle serait antérieure à la demande et, par suite, empêcherait l'enregistrement[209].

Le deuxième obstacle est l'irrecevabilité de la demande d'enregistrement. Dans ce cas, l'OAPI ne poursuit même plus la procédure d'enregistrement. L'irrecevabilité prononcée aboutit donc automatiquement au rejet de la demande. Cette solution est d'autant critiquable que, contrairement à l'irrégularité de la demande, aucun délai n'est offert au déposant pour corriger la demande d'enregistrement[210].

Le troisième obstacle est l'irrégularité de la demande. La demande est irrégulière d'abord, lorsqu'elle n'est pas adressée au Directeur Général de l'OAPI, ou lorsqu'elle lui est adressée en nombre insuffisant d'exemplaires[211]. La demande est ensuite irrégulière lorsqu'elle n'énumère pas les produits ou services auxquels s'appliquent la marque et les classes correspondantes, ainsi que le règlement d'usage, s'il s'agit d'une marque collective[212]. Enfin, la demande est irrégulière lorsque celui qui veut se prévaloir de la priorité d'un dépôt antérieur ne fournit pas les pièces requises[213].

Aussi, à défaut pour le titulaire du signe de régulariser sa demande dans le délai qui lui est imparti, celle-ci peut-elle être rejetée[214]. La solution est manifestement excessive. Il ne se justifie pas, par exemple, que seulement parce que le nombre d'exemplaires du formulaire requis n'a pas été adressé à l'OAPI, même après l'écoulement du délai imparti, que la sanction soit le rejet de la demande. De plus, lorsque les classes de dépôt sont inexactes ou incomplètes, le rejet ne doit pas être immédiatement encouru, même en l'absence de régularisation. En effet, l'OAPI ne doit pas se contenter d'encaisser les frais et taxes de dépôt. Elle doit pouvoir jouer également un rôle de conseil et d'assistance nécessaire dans l'espace OAPI qui, en plus d'être l'une des régions les plus pauvres, sinon la plus pauvre de la planète, a également la particularité d'avoir l'un des taux d'analphabétisme les plus élevés au monde.

---

209 Art. 8 al.2 et 4 de l'Annexe III de l'ABR.

210 L'article 14 al.6 de l'Annexe III de l'ABR dispose : « Aucun dépôt ne peut être rejeté en vertu des alinéas 2, 4 et 5 du présent article sans donner d'abord au déposant ou à son mandataire la possibilité de corriger ladite demande dans la mesure et selon les procédures prescrites ». Mais cette disposition n'encadre que les cas d'irrégularité, sans prendre en compte celui de l'irrecevabilité.

211 L'Annexe III ne précise pas le nombre d'exemplaires à fournir au Directeur. Mais l'ANAPI indique, que le déposant doit fournir quatre (04) exemplaires.

212 Art. 8 al.2 à 4 de l'Annexe III de l'ABR, préc.

213 Art. 11 et 14 de l'Annexe III de l'ABR. Lorsque le dépôt est irrégulier, en plus d'en informer le déposant ou son mandataire, le Directeur Général de l'OAPI lui impartit un délai de trois mois pour régulariser sa demande. Ce délai peut être prorogé de trente jours, en cas de nécessité, à la demande du déposant ou de son mandataire. (Art.14 al.3 de l'Annexe III de l'ABR.).

214 Art. 14 al.4 de l'ABR.

En plus du rejet dû à l'examen de la forme de la demande, le rejet peut être la conséquence de l'examen du fond de la demande.

2- Le rejet consécutif à l'examen du fond de la demande

L'examen du fond de la demande peut aboutir à son rejet lorsque le signe est contraire à l'ordre public et aux bonnes mœurs[215], ou encore lorsque le signe reproduit ou imite les armoiries, drapeaux ou autres emblèmes, abréviation ou sigle ou un signe ou poinçon officiel d'un Etat ou d'une organisation intergouvernementale, sans l'accord de l'Etat ou de l'organisation intergouvernementale concernée.

L'examen du fond de la demande n'est pas en lui-même un frein à l'acquisition du titre. Mais, l'obstacle est érigé par le caractère fuyant du motif du rejet, qui tient de l'inobservation par le déposant de l'ordre public ou des bonnes mœurs. Ces deux notions, aux contours flous, ne sont pas définies par le législateur OAPI. Elles peuvent donc faire l'objet, de la part de l'OAPI, d'interprétations variables, qui dépendent de la seule appréciation du Directeur général de l'Organisation. De plus, les bonnes mœurs ou l'ordre public ne recouvrent pas les mêmes réalités dans l'espace OAPI. Ainsi, par exemple, consommer du porc ou boire de l'alcool, sera contraire à l'ordre public d'un pays islamique comme la Mauritanie, alors même que la solution inverse est admise au Bénin ou au Togo. Pour éviter des interprétations divergentes de l'ordre public et des bonnes mœurs, ces notions doivent être clairement définies par le législateur.

Relève également de l'obstacle à l'acquisition du titre, l'examen au fond superficiel sinon laxiste auquel se livre l'OAPI. En effet, l'examen du fond de la demande effectué par l'OAPI est assez incomplet. Même si « *cette recherche est délicate, aléatoire et de toute façon tributaire des prétentions des titulaires d'antériorité* »[216], l'examen effectué lors de la demande d'enregistrement ne doit pas être pour autant minimal[217], mais strict et complet afin d'éviter que des marques soient enregistrées de manière indue[218]. Dès lors, il convient, pour des raisons de sécurité juridique et de bonne administration, de s'assurer que les marques dont l'usage pourrait être contesté avec succès devant les juridictions, ne soient pas enregistrées[219]. Aussi, l'OAPI devrait-elle vérifier si toutes les conditions de fond, édictées par l'Accord de Bangui Révisé pour la validité de la marque, sont réunies.

---

215 Art. 3 et 14 de l'Annexe III de l'ABR.

216 PASSA (J.), *Traité*, t.1, op.cit, p. 199.

217 CJCE, 6 mai 2003, « Libertel », Rec.p.I., 3793 (PT 59).

218 Idem.

219 CJCE, 12 févr. 2004, « KPN », Rec. p. I- 1619 (PT 123).

Est interdit à l'enregistrement, le signe susceptible d'induire le public en erreur[220]. La marque est trompeuse, dès qu'elle comporte le risque de tromperie à l'égard du consommateur moyen[221]. En de pareil cas, le signe s'éloigne de sa fonction d'identification de l'objet désigné et d'information du public[222]. Ainsi, la marque « Bel'Marteau » pour désigner des saucisses fumées est trompeuse si les saucisses commercialisées sous cette marque sont fabriquées ailleurs que dans la Commune de Marteau réputée pour de telles saucisses[223]. Il a été également décidé que la marque « Premier sur le Matin » pour désigner une émission radiophonique diffusée le matin est trompeuse si ladite émission n'a pas effectivement la plus forte audience du matin[224].

Ainsi, est aussi prohibé le signe qui est susceptible d'induire en erreur le public ou les milieux commerciaux, notamment, sur l'origine géographique, la nature ou les caractéristiques des produits ou des services considérés[225]. La

---

220 Art.3 al.4 de l'Annexe III de l'ABR.

221 SCHMIDT-SZALEWSKI (J.-C), PIERRE (J.-L), op.cit, p. 207.

222 Idem.

223 Cass. Com., 30 nov. 2004, Bull. civ.IV., n°208, *PIBD* 2005, n°802, III, p. 116.

224 Cass. com, 2 mai 2007, pourvoi n°05-22029. Ont également été refusés à l'enregistrement, parce que trompeurs, les signes « Soviet champagne » et « Russian champagne », parce qu'ils laissent croire « qu'il existe à côté de l'appellation d'origine champagne, d'autres appellations bénéficiant à des vins issus d'un autre terroir mais bénéficiant néanmoins des qualités et caractéristiques spécifiques liées à un même savoir-faire » (Paris, 25 avr. 2007, *PIBD* 2007, n°855, III, p. 440.). Au-delà des signes prohibés, dont le nombre et la diversité contribuent davantage à rendre difficile l'acquisition du titre, sont admis à titre de marque tout signe visible utilisé ou que l'on se propose d'utiliser et qui sont propres à distinguer les produits ou services d'une entreprise quelconque (Art.2 al.1er de l'Annexe III de l'ABR.). Plus précisément, le signe admis à former une marque doit être « susceptible de représentation graphique » (Art. L.711-1 du CPI.). Dès lors, *a priori*, aucun signe n'est exclu, pour peu qu'il puisse être l'objet de représentation graphique. Ainsi, la marque doit être claire, précise, complète par elle-même, facilement accessible, intelligible, durable et objective (CJCE, plén., 12 déc. 2002, aff. C273/00 Sievlemann : Rec.CJCE, I, p. 11737 ; *PIBD* 2003, 759, III, p. 125 ;. CJCE, 6 mai 2003, aff. C-003/01, Libertel : Rec. CJCE, I, p. 3793.). Cela induit la possibilité de déposer des marques olfactives ou gustatives (SCHMIDT-SZALEWSKI, PIERRE (J.), op.cit, p. 199.). Aussi, les dénominations qui, du reste, constituent 80% des marques (Idem.) peuvent-elles être déposées à titre de marque (Art.2 al.1 de l'Annexe III de l'ABR.). Cela concerne les mots ou assemblage de mots. Il peut s'agir également de nom patronymique ou prénom (Paris, 1er juin 1970, *Ann. Propr. Ind.*1971, p. 84. Bettina pour désigner des articles textiles ; 7 févr. 1978, *Ann. Propr. Ind.* 1979, p. 352, Didier pour désigner des articles d'habillement) ou du pseudonyme (Cass. civ.., 23 févr. 1965, *Ann. Propr. Ind.*, 1967, p. 333 ; Paris, 12 juin 1973 *Ann. Propr. Ind.* 1974, p. 157, Lova Moor.) du déposant ou d'un tiers (SCHMIDT-SZALEWSKI (J.-C), PIERRE (J.-L.), op.cit, p. 202.). Le nom devient alors un signe distinctif qui se détache de la personne physique qui le porte (Cass. com, 12 mars 1985 et 25 févr. 1990, *Ann. Propr. Ind.*1985, p. 3. et 1990, p. 3. note MATHELY (P.), aff. Bordas.) ; laquelle personne est assujettie à l'obligation de garantie, à l'instar de tout cédant (Paris, 7 nov. 1949, *Ann. Propr.Ind.*1950, p. 183 ; TGI Paris, 21 oct. 1981, *PIBD* 1982, 296, III, p. 37.).

225 Art. 3 al.5 de l'Annexe III de l'ABR.

marque ne doit pas être, évidemment, un instrument de tromperie à l'égard du public, et ce caractère s'apprécie à l'égard du consommateur moyen[226]. Autrement, elle s'écarte de sa finalité et de sa fonction d'identification de l'objet désigné et d'information du public. Ainsi, constitue une marque déceptive donc interdite, la marque « Servi frais »[227] pour des produits surgelés, « lainé »[228] pour désigner des produits qui n'étaient pas en laine, ou « Evian fruité », pour des boissons sucrées ne contenant pas de l'eau d'Evian.[229]

De même, un signe ne peut être enregistré comme une marque que s'il revêt un caractère distinctif ou arbitraire à l'égard des produits ou des services qu'il identifie. Cette exigence se justifie essentiellement par le fait qu'« *il est impératif qu'aucune personne ne puisse se réserver l'usage des signes, en particulier, de termes ou d'images indispensables ou, tout au moins, utiles aux concurrents, dans l'exercice de leurs activités pour désigner ou décrire leurs produits ou services ou leurs caractéristiques. Ce type de signe doit rester à la disposition de tous, afin de préserver la liberté de la concurrence* »[230]. Le signe ne doit donc pas constituer la désignation usuelle des produits ou des services désignés, ou être simplement descriptif ou encore figuratif. Le signe est nécessaire ou générique lorsqu'il s'est borné à nommer ou à représenter le produit ou le service lui-même, de manière univoque et sans y associer le moindre élément arbitraire, prétendant ainsi s'attribuer l'exclusivité de toute référence susceptible d'y être faite.[231]

Ne peut être enregistré que le signe disponible. L'exigence de disponibilité est posée par le législateur OAPI qui prohibe l'enregistrement d'un signe « *identique à une marque appartenant à un autre titulaire et qui est déjà enregistrée, ou dont la date de dépôt ou de priorité est antérieure, pour les mêmes produits ou services ou pour des produits ou des services similaires ou*

[226] GAUMONT-PRAT (H.), op.cit p. 196.

[227] Paris, 12 fev. 1981, *PIBD*. 1981, III, p. 76.

[228] Lyon, 25 nov. 1951, D. 1951, p. 775.

[229] Paris, 14 oct. 1981, *Ann. propr. Ind.* 1982, p. 125.

[230] PASSA (J.), *Traité*, t.1, op.cit.p.99.

[231] BONNARD (H.), *La contrefaçon de marque*, op.cit, p. 95. Aussi, constituent une marque générique, les termes : « Banquette-lit » pour désigner une banquette-lit (Paris, 27 avr. 1956, *Ann. Propr. Ind.* 1957, p. 190.), les marques « Cuisine créative » (Paris, 9 juin 2006, *PIBD* 2006 , III, p. 239.) pour une revue gastronomique et « Destin, Ombre et Lumière » (Paris, 12 jan. 2000, *PIBD* 2000, III, p. 239), pour une revue consacrée à la divination. Ainsi, une marque présente un caractère distinctif, lorsqu'elle est propre à distinguer les produits ou les services d'une entreprise à une autre. (. CJCE, 7 juill. 2007, Nestlé, Rec. p. I. 6135 ; *PIBD* 2005, n°818, III, 659 ; *Propr. Ind.* 2005, Comm, 72.obs. FOLLIARD (M.); *Propr. Intell.* 2005, n°17, p. 467, obs. I. De MEDRANO (C.) (pt.23).). Il suffit cependant que le signe soit distinctif ou arbitraire à l'égard des produits ou des services en cause. Point n'est besoin qu'il soit en lui-même, nouveau ou original. (Paris, 7 fév. 1996, *PIBD*, 1996, n°613, III, p. 344.).

si elle ressemble à une telle marque au point de comporter un risque de tromperie ou de confusion »[232]. En effet, le signe identifié, pour être l'objet d'une marque, doit être libre de toute occupation ou revendication de tiers, car la marque s'acquiert par voie d'occupation sur un signe supposé être libre[233]. Il s'agit de préserver les droits des tiers, en évitant qu'un droit exclusif soit accordé sur un signe qu'un commerçant de même secteur exploite déjà sur le marché ou sur lequel un tiers détient des prérogatives, à un autre titre[234].

Enfin, certains droits de la personnalité, comme le nom patronymique, peuvent être une antériorité opposable à la marque[235]. Au demeurant, l'antériorité ne peut être utilement invoquée que si, au moment du dépôt, il existe dans l'esprit du public un risque de confusion entre la marque et le titulaire du nom[236]. Un tel risque de confusion naît lorsque le nom patronymique est perçu par le public concerné, comme à la fois célèbre[237] et peu répandu, au moment du dépôt[238]. De même, le nom patronymique doit être suffisamment proche, même s'il n'est pas identique[239].

En ne s'assurant pas, au cours de son examen, de la réunion de toutes les conditions de validité de la marque, l'OAPI ne protège ni le déposant, ni les titulaires des droits antérieurs. Les titres délivrés sont donc extrêmement fragiles. Ils peuvent être remis en cause par des contestations, qu'elles naissent du rejet de la demande ou non.

B- Les suites du rejet

Le rejet de la demande d'enregistrement a des incidences sur le droit de marque. Celles-ci peuvent être graves pour le déposant, en ce que le rejet a pour conséquence de provoquer la paralysie de la demande (1). Il peut, toutefois, être contesté (2).

1- La paralysie de la demande

La décision de rejet paralyse la demande d'enregistrement, c'est-à-dire que le droit de marque ne peut, en l'état, naître au profit du déposant, tant que l'obstacle constitué par le rejet n'est pas levé. Le déposant se trouve privé de

---

232 Art.3 al.2 de l'Annexe III de l'ABR.
233 GAUMONT-PRAT (H.), op.cit. p.199.
234 PASSA (J.), *Traité*, t.1, op.cit, p. 169.
235 SCHMIDT-SZALEWSKI, PIERRE (J.), op.cit, p. 226.
236 Paris, 15 déc. 2000, D.2001, p. 1306 (Viagra).
237 Cass. com, 24 juin 2008, préc.
238 TGI Paris, 29 juin 1988, *PIBD* 1988, n°441, III, p. 432 (Stallone).
239 Paris, 15 déc. 2000, D.2001, préc.

tout droit sur le signe. Il ne peut s'en réclamer propriétaire; même s'il l'exploitait, il ne peut en interdire l'exploitation à un concurrent.

Toutefois, le rejet peut n'être que partiel lorsque le motif qui le fonde n'atteint la demande qu'en partie[240]. En effet, lorsque l'enregistrement d'une marque est sollicité pour divers produits ou services, l'examen de la demande est fait à l'égard de chacun des produits ou services sollicités, et peut, en conséquence, aboutir à des conclusions différentes, selon les produits ou les services considérés[241]. Ainsi, « *si un motif d'enregistrement d'une marque n'existe que pour une partie des produits ou services pour lesquels cette marque est déposée, le refus d'enregistrement ne s'étend qu'aux produits ou aux services concernés* »[242].

Au demeurant, le rejet peut être querellé devant la Commission Supérieure de Recours.

2- La contestation du rejet

Le rejet de la demande d'enregistrement de la marque peut faire l'objet d'un recours devant la Commission Supérieure de Recours[243].

Le délai pour saisir ladite Commission[244] est de soixante jours, à compter de la notification de la décision de rejet[245]. Seul le déposant peut exercer ce recours. Il est formalisé par déclaration écrite, adressée à la Commission Supérieure de Recours. La procédure s'apparente alors à une procédure administrative. En effet, à l'instar d'un recours gracieux où l'auteur de l'acte administratif est appelé à réexaminer sa décision, le recours contre la décision de rejet est transmis au Directeur Général de l'OAPI afin que celui-ci, procédant à un second examen, confirme ou non sa décision de rejet[246]. Ainsi, la Commission Supérieure de Recours ne connaît véritablement dudit recours, que lorsque le Directeur Général confirme sa décision[247]. La Commission statue alors, après avoir entendu le déposant ou son représentant, et le

---

240 PASSA (J.), *Traité*, t.1, op.cit, p. 210.

241 CJCE, 12 févr. 2004, Rec. p. I.1619.

242 PASSA (J.), *Traité, t.1,* op.cit, p. 210, préc.

243 Art. 15 de l'Annexe III de l'ABR.

244 Cet organe est institué par l'article 33 de l'ABR. Aux termes de cette disposition, il est constitué de trois membres choisis par tirage au sort sur une liste de représentants désignés par les Etats membres à raison d'un représentant par Etat. Le règlement adopté le 04 décembre à NOUAKCHOTT et aménagé à N'djamena le 04 novembre 2001 a prévu la désignation de trois membres supplémentaires. Ceux-ci, tout comme les titulaires, doivent être des magistrats ayant au moins dix ans d'expérience et possédant une bonne connaissance des questions de propriété intellectuelle.

245 Art.15 de l'Annexe III de l'ABR.

246 *Le contentieux de la propriété intellectuelle dans l'espace OAPI, Guide du magistrat et des auxiliaires de justice*, 1re éd. Préface Michel VIVANT, 2009, p. 54.

247 Idem.

Directeur Général, qui est partie au litige, au même titre que le déposant, dans une procédure contradictoire[248].

Toutefois, la saisine de la Commission Supérieure de Recours par le déposant n'est pas une panacée. Ladite Commission, en effet, n'est nullement tenue de faire droit à la demande du déposant en annulant la décision de rejet du Directeur Général de l'OAPI. Il ne peut être ainsi, que si elle décide que le Directeur Général de l'OAPI a méconnu, dans sa décision, les règles organisant l'enregistrement de la marque[249]. En revanche, dans l'hypothèse inverse, elle confirmera la décision de rejet[250]. Dans ce dernier cas, l'acquisition du droit de propriété est irrémédiablement compromise. Aucune voie de recours n'est ouverte contre les décisions de la Commission qui statue en premier et dernier ressort[251]. Le déposant ne pourra alors même pas voir son titre contesté.

Paragraphe II. Les contestations de l'enregistrement

Même si la marque est enregistrée, le droit de propriété du titulaire du signe n'est pas à l'abri de contestations. L'enregistrement ne garantit pas l'acquisition du droit sur le signe. Celui-ci reste exposé à certaine fragilisation induite par l'opposition (A), les actions en nullité ou en revendication (B).

A- La fragilisation du droit par l'opposition

L'opposition est un écueil à l'acquisition du droit de marque, parce que l'effet de l'opposition, lorsqu'il y est fait droit, est l'extinction du droit de propriété acquis, grâce à l'enregistrement[252] (1). Ce résultat est obtenu

[248] Art.15 du R.CRS.

[249] La commission a ainsi par exemple annulé la décision du Directeur Général qui a radié la marque « The d'or Label », sans que la preuve suffisante du droit antérieur de l'opposant ne soit rapportée (Déc. n°083/CSR/OAPI du 27 oct. 2006, Rec. décisions de la CSR, Session 2006-2009, p. 60.).

[250] En revanche, elle a confirmé la décision du Directeur Général qui a radié la marque « Fresh », parce qu'elle est de nature à créer une confusion avec la marque « Freshy » aux yeux du consommateur OAPI d'attention moyenne. (Déc. n°106/CSR/OAPI du 27 oct. 2006, Rec. décisions de la CSR, Session 2006-2009, p. 60.).

[251] Déc. n°089/CSR/OAPI du 27 octobre 2006, Rec. des décisions de la CSR, Session 2006-2009, p. 73.

[252] L'effet premier de l'enregistrement est de faire naître, rétroactivement, le droit à la marque. En effet, la date légale de l'enregistrement est celle du dépôt (Art.14 al.8 Annexe III de l'ABR.). Les droits sur la marque ne naissent donc pas à la date de l'enregistrement, mais à la date du dépôt de la demande d'enregistrement (TGI Paris, 8 mars 1971, *PIBD* 1971. III. p. 349.). L'action en contrefaçon qui est l'un des droits essentiels du titulaire de la

lorsqu'il est établi que la marque ne remplit pas certaines conditions, au terme d'une procédure dont les écueils (2) fragilisent davantage le droit du titulaire du signe

1- L'effet extinctif de l'opposition

L'opposition peut aboutir à l'extinction, c'est-à-dire à l'anéantissement du droit du propriétaire de la marque. Il en est ainsi lorsque la marque a méconnu les droits sur une marque antérieure[253], appartenant à l'opposant[254].

Il en est également ainsi lorsque la marque ne remplit pas les conditions de validité[255]. Ainsi, par exemple, l'opposition se justifie, donc le droit sur la marque peut être retiré si la marque enregistrée est déceptive, générique ou usuelle, ou lorsqu'elle est contraire à la loi, aux bonnes mœurs ou à l'ordre public ou encore, lorsqu'elle reproduit ou imite des drapeaux, emblèmes des Etats ou des organisations intergouvernementales créées par Traité[256]. Toutefois, lorsque l'opposant se prévaut de droits antérieurs sur un autre signe et, notamment, une marque, l'opposition n'est fondée que si, au jour de l'introduction de la demande, l'opposant est toujours propriétaire de la marque antérieure[257]. Il doit donc, à la demande du titulaire de la marque attaquée, dans les premières observations[258], rapporter la preuve, notamment, de ce qu'il

---

marque, emprunte cette règle, car c'est le dépôt et non l'enregistrement qui confère le droit d'agir en contrefaçon (TGI Paris, 7 nov. 1969, *PIBD* 1970,III, p. 97.). Plus largement, l'enregistrement de la marque confère à son titulaire, le droit exclusif d'utiliser la marque, ou un signe lui ressemblant, pour les produits ou services pour lesquels elle a été enregistrée, ainsi que pour les produits ou services similaires. Par conséquent, il dispose également du droit d'interdire l'exploitation aux tiers. L'enregistrement de la marque procure donc à son titulaire, un véritable droit de propriété sur cette marque pour les produits ou services qu'elle a désignés. L'enregistrement délimite l'étendue du droit exclusif sur la marque. La loi, en effet, ne protège par l'action en contrefaçon que pour ce qui est compris dans l'acte de dépôt (SCHMIDT-SZALEWSKI (J.), PIERRE (J-L.), op.cit. p. 233.).
La durée de la protection est de dix ans, à compter de la date de dépôt de la demande d'enregistrement. Cette durée est indéfiniment renouvelable (Art.19 de l'Annexe III de l'ABR.), si les contestations relatives à l'enregistrement de la marque ne prospèrent pas.

253 Art.18 al.1er de l'Annexe III de l'ABR.

254 L'opposition à l'enregistrement d'une marque, prévue par l'article 18 (1) de l'Annexe III de l'Accord de Bangui, doit être fondée sur un droit enregistré antérieurement ; à ce titre, l'opposition reconventionnelle, non fondée sur un droit enregistré antérieur, est irrecevable (Déc. n°067/CSR/OAPI du 21 avril 2006, Rec. des décisions de la CSR, Session 2006-2009.).

255 Art.2 et 18 de l'Annexe III de l'ABR.

256 Art.3 et 18 de l'Annexe III de l'ABR ; V. aussi CHAVANNE (A.), « L'opposition dans la procédure du dépôt de marque », *in Mélanges en hommage à André BRETON et Ferdinand DERRIDA*, Paris, Dalloz, 1991, p. 43.

257 Cass. com, 9 oct. 2007, pourvoi n°06-13794.

258 Paris, 24 févr. 2006, *PIBD* 2006, n°829, III, p. 325.

n'est pas déchu de ses droits[259], même si l'OAPI n'est pas juge de la validité de la marque, de l'effectivité ou non de la déchéance[260]. Cette appréciation relève du seul juge judiciaire saisi à l'occasion d'une demande en déchéance[261]. Aussi, l'opposition peut-elle prospérer, lorsque la marque ou même les signes en conflit sont dans la même spécialité[262].

La similarité s'étend aux produits et services complémentaires, lorsqu'il existe entre ces produits et ceux de la marque antérieure, un lien à ce point étroit qu'il engendre inévitablement, dans l'esprit du public, un risque de confusion sur leur origine[263]. Le risque de confusion s'apprécie *« par rapport aux ressemblances et non aux différences »[264]*, en comparant les marques en cause et en étudiant, de manière objective, l'effet d'ensemble produit par chacun des signes comparés sur un consommateur d'attention moyenne qui n'a pas simultanément les deux marques sous les yeux[265].

---

[259] Paris, 4 juill. 2008, *PIBD* 2008, n°881, III, p. 534. ; Paris, 24 févr. 2006, *PIBD* 2006, n°829, III, p. 325 ; Paris, 19 déc. 2007, *PIBD* 2008, n°870, III, p. 197.

[260] Déc.067/CSR/OAPI du 21 avr. 2006 préc.

[261] Paris, 20 févr. 2002, deux arrêts, l'un *Propr. Ind.* sept. 2002, comm. 58, obs. BOESFLUG (N.); *PIBD* 2002, n°746, III, p. 325. ; L'autre, *PIBD* 2002, n°747, III, p. 354.

[262] Paris, 31 oct. 2001, D.2003, Som. Com.16, obs. DURRANDE (S.); Paris, 14 juin 1997, *PIBD* 1997, III, p. 533 ; Aussi a-t-il été décidé que l'opposition doit être rejetée lorsque les marques en concours ne désignent pas des produits similaires (Déc. Dir. Gén. INPI, 15 déc. 1994 : *PIBD* 1996, 616, III, p. 433, confirmée en appel par Paris, 4e ch. 7 juin 1996, *PIBD* 1996, 616, III, p. 435.).

[263] Déc. Dir. Gén. INPI, 29 févr. 1996 : *PIBD* 1997, 624, III, p. 35 confirmée en appel par COLMAR, 1re ch., 30 oct. 1996, *PIBD* 1997, 624, III, p. 36.

[264] Déc. n° 138/CSR/OAPI/ du 12 nov. 2009, Rec. Des décisions de la CSR, Session 2006-2009.

[265] Colmar, 1re ch.30 oct. 1996, préc. ; Déc. N°070/CSR/OAPI du 21 avril 2006, Rec. des décisions de la CSR, session de 2006 à 2009. A entendre la Commission Supérieure des Recours, le consommateur d'attention moyenne dans la zone OAPI serait si déficient qu'il parviendrait à confondre les marques « EVAX » et « MENCEVAX ». En effet, elle a décidé que « l'article 7 de l'Accord de Bangui susvisé requiert une interprétation et une application qui tiennent compte du niveau intellectuel et de discernement du consommateur ordinaire qualifié de « moyen dans la zone OAPI », « que les références à des jurisprudences des zones de développement et de scolarisation plus accentués ne sauraient être décisives en raison de leur relativité par rapport à l'impératif ressorti » ; « que les marques « MENCEVAX » et « EVAX », utilisées pour les produits pharmaceutiques présentent des similitudes au niveau du terme « EVAX » ; « que la soustraction du préfixe « MENC » ne saurait supprimer tout risque de confusion auprès du consommateur d'attention moyenne » (Déc. n°072/CSR/OAPI du 21 avr. 2006, Rec. des décisions de la CSR, Session de 2006 à 2009). Cette décision est assez critiquable, en ce qu'elle infantilise le consommateur d'attention moyenne dans l'espace OAPI. Pourtant, celui-ci n'est pas si différent du consommateur moyen des autres régions du monde. Fort malheureusement, cette décision n'est pas isolée. Elle est la reprise servile d'une décision antérieure rendue sur les mêmes fondements (Déc. n° 034/CSR/OAPI/ du 26 mars 2004, Rec. des décisions de la CSR, session 2003-2005). Pour autant, ladite Commission a eu à décider que les marques « Mobis » et « Mobil » ne sont pas similaires, en ce que le consommateur d'attention

Il s'en suit qu'alors même qu'aucune opposition ne peut être faite par un tiers dans le dessein de soustraire du patrimoine de son auteur un bien meuble, en droit des signes distinctifs, l'opposant peut réussir à éteindre le droit sur la marque, malgré l'enregistrement du signe par l'OAPI. Il peut d'autant le faire que la procédure d'opposition, sous certains aspects, n'est pas toujours favorable au titulaire du signe.

2- *Les écueils de la procédure d'opposition*

La procédure d'opposition, telle qu'elle est organisée par l'OAPI, peut se révéler être, pour le déposant, un véritable écueil à l'acquisition de son droit. L'opposition est formée par avis écrit, adressé au Directeur Général de l'OAPI, dans un délai de six mois, à compter de la publication du Certificat d'Enregistrement au Journal Officiel de l'OAPI[266]. L'opposition, exercée hors de ce délai, est donc irrecevable[267]. L'avis écrit doit contenir les motifs de l'opposition[268]. Il est envoyé au déposant pour recueillir ses observations motivées, dans un délai de trois mois, qui peut être renouvelé une fois[269]. Dans le respect du principe du contradictoire, la réponse du déposant ou de son mandataire est communiquée à l'opposant ou à son mandataire. Si les observations du déposant ne parviennent pas à l'OAPI dans le délai prescrit, il est réputé avoir retiré sa demande d'enregistrement[270]. L'enregistrement est alors radié du registre spécial des marques[271]. Ainsi, par exemple, le Directeur Général de l'OAPI a radié, par décision n°0093/OAPI/DG/SCAJ du 09 mai 2006, la marque « Nuit de Paris », en raison de ce que le déposant de ladite marque n'a pas présenté, dans les délais à lui impartis, les observations attendues de lui, sur les avis d'opposition[272].

Cette solution est critiquable à plus d'un titre. A l'abord, le fait pour le déposant de ne pas fournir à l'OAPI ses moyens de défense, ne doit pas aboutir automatiquement à la radiation de son enregistrement. Pour avoir procédé elle-même à l'enregistrement, l'OAPI a, dans le dossier qui lui a été fourni aux fins d'enregistrement, des éléments nécessaires à l'appréciation du bien-fondé de l'opposition. Ensuite, et même si ces éléments s'avéraient

---

moyenne ne peut les confondre, leurs fonctions et leurs lieux d'acquisition étant différents (Déc. n°070/CSR/OAPI du 21 avril 2006, Rec. des décisions de la CSR, Session 2006-2009.).

266 Art.18 al.1er de l'Annexe III de l'ABR.

267 Idem.

268 Ibidem.

269 Art.18 al.2 de l'Annexe III de l'ABR.

270 Idem.

271 Déc. du Dir. Gén. OAPI, n°06/0002/OAPI/DG/ DPG/SSD, du 30 jan. 2006 ; Déc. du Dir. Gén. de l'OAPI, n°0093/OAPI/DG/SCAJ du 09 mai 2006.

272 Déc. Dir. Gén. OAPI, n°0093/OAPI/DG/SCAJ du 09 mai 2006, préc.

insuffisants ou partiels, le Directeur Général de l'OAPI se doit d'examiner l'opposition, au besoin, en recourant par lui-même à des moyens visant à conforter ou non l'enregistrement, comme le ferait un juge étatique qui statue par défaut. Une radiation d'office ne se justifie donc[273].

De surcroît, même lorsque l'opposition est rejetée, le déposant ne peut s'en prévaloir devant un juge. « *Il ne faut pas surestimer l'importance de la procédure d'opposition, car son existence n'implique pas nécessairement que le droit accordé au déposant est plus solide et que ses risques sont plus limités de voir sa marque annulée* »[274]. Dans le cas où l'opposition a été formée, la décision rendue sur opposition n'a pas autorité de la chose jugée, relativement à la procédure en contrefaçon, l'objet des deux procédures n'étant pas le même[275]. Ensuite, l'enregistrement de la marque ou son rejet est un acte administratif qui ne lie pas le juge judiciaire saisi d'une action en validité de la marque[276]. Dès lors, le juge est habilité, au terme de sa propre analyse, à décider de l'annulation d'une marque pour risque de confusion, même si un tel risque a été écarté dans la procédure d'opposition[277].

En somme, le titulaire d'une marque n'est pas juridiquement mieux protégé, parce qu'aucune opposition à l'enregistrement de sa marque n'a pas été formée ou parce qu'une telle opposition a été rejetée[278]. Partant, ses droits peuvent toujours être contestés, notamment, par la voie de l'action en nullité, et de l'action en revendication.

---

273 La décision rendue par le Directeur Général est susceptible de recours devant la Commission Supérieure des Recours de l'OAPI (Art.18 al.4 de l'Annexe III de l'ABR.). Ce recours doit être exercé dans un délai de trois mois, à compter de la réception de la notification de la décision du Directeur Général. Ladite Commission peut annuler ou confirmer la décision du Directeur Général. Ainsi, elle a confirmé la décision du Directeur Général qui a radié la marque « FRESH », parce qu'elle est de nature à créer une confusion avec la marque « FRESHY » aux yeux du consommateur OAPI d'attention moyenne (Déc. N°0106/CSR/OAPI du 27 avr.2007, Rec. Des décisions de la CRS, Session 2006-2009, p. 109.). Par contre, elle a annulé la décision du Directeur Général qui a radié ''The d'or Label'' sans que la preuve suffisante du droit antérieur de l'opposant ne soit rapportée (Déc. n°083/CSR/OAPI du 27 oct. 2006, Rec. Des décisions de la CSR, Session 2006-2009, p. 60.).
La Commission peut rendre également des décisions de radiation partielle (Déc. n°0132/OAPI/CSR du 12 nov. 2009, Rec. Des décisions de la CSR, Session 2006-2009, p. 178.). Lorsque la décision de radiation totale ou partielle est définitive, elle est publiée au Bulletin Officiel de l'OAPI (Art.18 al.4 (2) de l'Annexe III de l'ABR.). Une telle décision devrait également être inscrite au registre spécial des marques, parce que l'enregistrement y était inscrit.

274 PASSA (J.), *Traité*, t.1, op.cit, p. 200.

275 Paris, 19 oct. 2005, *PIBD* 2005, n°820, III, p. 730.

276 Paris, 7 déc. 2005, préc.

277 PASSA (J.), *Traité*, t.1, op.cit, p. 201.

278 Idem.

B- La fragilisation induite par les actions en nullité et en revendication

Même si le déposant ou, plus exactement, le titulaire du signe, franchit l'écueil de l'opposition, son droit de propriété demeure fragile. Il reste exposé aux contestations des tiers, qui peuvent le fragiliser, en initiant soit une action en nullité (1), soit une action en revendication (2).

1- La fragilisation découlant de l'action en nullité

La fragilité de l'acquisition des droits est permanente. La marque reste exposée à une action en nullité portée devant le juge civil, à la requête de toute personne physique ou morale intéressée[279].

En effet, le titulaire du droit antérieur conserve la faculté d'agir en nullité, à titre principal ou à titre reconventionnel, si le déposant l'attaque en contrefaçon[280]. La marque seconde ou postérieure encourt alors une nullité relative qui est la sanction de son indisponibilité[281]. Ainsi, en raison même de la relativité de la nullité, la nullité fondée sur l'existence d'un droit antérieur ne peut être soulevée que par le titulaire de ce droit, qu'il s'agisse d'une marque enregistrée[282] ou d'une marque antérieure non enregistrée[283], mais notoirement connue[284], d'une dénomination sociale[285], d'un nom commercial[286], sous réserve, bien entendu, que les droits antérieurs ne procèdent pas eux-mêmes d'une fraude[287]. Dès lors, le défendeur ne peut combattre l'action en contrefaçon, en invoquant la nullité d'une marque fondée sur l'existence d'un droit antérieur appartenant à un tiers[288].

L'annulation peut être totale ou partielle, par suppression d'un élément d'une marque complexe ou sa radiation, pour certains produits ou services[289]. La décision d'annulation est publiée au registre spécial des marques. L'enregistrement est alors « *nul et non avenu à compter de la date de cet*

---

279 Art. 24 al.1er de l'Annexe III de l'ABR.
280 POLLAUD-DULIAN (F.), *Propriété intellectuelle, la propriété industrielle*, op.cit, p. 839.
281 BONNARD (H.), op.cit, p. 107.
282 Idem.
283 CJCE, 22 nov. 2007, Mieto, aff C-328/06, *PIBD* 2008, III, p. 36 ; *Propr. Ind.*, 2008, Comm.2, obs. FOLLIARD (A.).
284 Art. 6 de l'Annexe III de l'ABR.
285 Cass. com, 20 févr. 2007, *PIBD* 2007, III, p. 306. ; 22 févr. 2005, *PIBD* 2005, III, p. 310. ; *Propr. Ind.* 2005, Comm.69, obs. SCHMIDT-SZALEWSKI; D.2005, act. 885, obs. MAMARA (C.).
286 Cass. com, 3 juill. 2001, III, p. 627.
287 BONNARD (H.), op.cit, p. 109.
288 Cass. com, 16 nov. 1981, Bull. civ. IV, n° 395; Annales 1982, p. 155.
289 Paris, 17 sept. 1999, *PIBD* 2000, 689, III, p. 17.

enregistrement »[290]. L'action en annulation fait donc disparaître rétroactivement le droit du titulaire du signe.

Toutefois, l'annulation n'a pas pour effet d'interdire l'utilisation de la marque, mais de la mettre à la disposition du public, le droit exclusif étant anéanti rétroactivement avec effet absolu. Les tiers ayant exploité la marque ne peuvent donc plus être considérés comme contrefacteurs[291], tout comme le commerçant qui est reconnu propriétaire de la marque, à l'issue d'une action en revendication.

2- *La fragilité née de l'action en revendication*

La fragilité de l'acquisition de la propriété sur la marque tient, à ce niveau, de la possibilité pour le titulaire du signe d'être dépossédé de son droit, au profit d'un autre.

A l'origine réservée aux brevets[292], l'action en revendication a été expressément étendue aux marques, par l'article 5 de l'Annexe III de l'Accord de Bangui Révisé[293]. Cette action doit être portée, non devant le juge judiciaire, mais devant le Directeur Général de l'Organisation[294].

L'action en revendication a, pour le déposant, le désavantage de subroger le revendiquant, dans le dépôt depuis l'origine[295]. Elle lui permet de profiter de sa date et des renouvellements éventuels opérés par le déposant, plutôt que d'avoir à opérer, après l'annulation, un premier dépôt qui risque d'être antériorisé par un tiers[296]. Toutefois, contrairement aux termes mêmes de l'action qui peuvent laisser croire qu'il s'agit d'une action en revendication fondée sur le droit de propriété, l'action recherche plutôt la sanction de la fraude, plutôt que celle de la propriété puisque, par hypothèse, le revendiquant n'est pas encore propriétaire d'un droit, en ce qu'il n'a encore effectué ni dépôt, encore moins l'enregistrement[297]. Une telle action a donc un caractère hybride qui tient tant du droit des obligations que du droit des biens[298]. C'est

---

290 Art. 24 al.4 de l'Annexe III de l'ABR.

291 SCHMIDT-SZALEWSKI (J.), PIERRE (J.C), op.cit, p. 271.

292 PASSA (J.), *Traité*, t.1, op.cit, p. 216.

293 Ainsi, « si une marque a été déposée par une personne qui, au moment du dépôt, avait connaissance ou aurait dû avoir connaissance du fait qu'une personne avait la priorité de l'usage de cette marque, cette dernière personne peut revendiquer, auprès de l'organisation, la propriété de la marque » (Art.5 al.3 de l'Annexe III de l'ABR.). En droit français, la propriété de la marque peut également être revendiquée « si un enregistrement a été demandé (...) en violation d'une obligation légale ou conventionnelle ». (Art. L.712-6 du CPI.).

294 Art.5 al.3 de l'Annexe III de l'ABR.

295 TGI Grenoble, 28 sept. 2000, *PIBD* 2001, n°714, III, p. 85.

296 POLLAUD-DULIAN (F.), *Propriété intellectuelle, la propriété industrielle,* op.cit, p. 814.

297 Idem.

298 Ibidem.

dans cette logique que la Cour de Cassation française a décidé, dans une procédure en annulation, mais dont la solution reçoit application en l'espèce, que « *l'annulation d'un dépôt de marque pour fraude ne suppose pas la justification de droits antérieurs de la partie plaignante sur le signe litigieux, mais la preuve de l'existence d'intérêts sciemment méconnus par le déposant* »[299].

L'action en revendication ne peut toutefois prospérer que si le revendiquant établit à la fois l'existence de droits antérieurs sur le signe et la mauvaise foi ou l'intention frauduleuse[300]. La fraude implique la conscience de porter une atteinte illégitime aux intérêts ou aux droits d'autrui, en le privant de l'usage du signe ou en l'empêchant de le déposer[301]. Elle suppose la connaissance de l'existence des droits ou des intérêts fraudés et la volonté d'y porter atteinte. A vrai dire, la preuve de l'une implique la preuve de l'autre et vice versa[302]. Si le déposant était animé d'une intention malicieuse à l'égard d'un tiers, c'est bien parce qu'il entendait frauder des droits préexistants de celui-ci. Dès lors, prouver la connaissance des droits suffit, en général[303].

Ainsi, la fraude consiste au dépôt d'une marque d'usage, pour en priver celui qui l'utilise antérieurement, ou qui s'apprête à en opérer le dépôt, afin de l'empêcher de commercialiser ses produits[304], ou de s'implanter sur un territoire[305]. Elle consiste aussi à déposer, en son propre nom, la dénomination d'une société en formation, en cachette des autres associés[306]. Il peut aussi être question de déposer une marque, uniquement pour faire obstacle aux conséquences d'une décision prononçant la déchéance d'une marque[307], de forger un prétexte à un détournement de clientèle, par des procédés déloyaux[308], de parasiter la notoriété de la marque non déposée[309] pour des produits ou des services non désignés au dépôt[310], de profiter de la réputation

---

299 Cass. com, 19 déc. 2006, « Rocanato », Bull. civ. IV n°265, p. 287, *PIBD* 2007, n°846, III, p. 112.

300 PASSA (J.), *Traité*, t.1., op.cit, p. 216.

301 POLLAUD-DULIAN (F.), *Propriété intellectuelle, la propriété industrielle,* op.cit, p. 823.

302 COUSIN (P.), *Fraude et revendication*, Juriel. Marques, Fasc, 7220 (1994) n°72 et 81-82.

303 Cass. com, 7 mars 1984, « Intervilles », Annales 1984, *PIBD* 1984 n°351, III, p. 184 ; Bull. civ. IV, n. 97.

304 Cass. com, 19 oct. 1999, « Université de Paris », *PIBD* 2000, n°692, III, 86.

305 Paris, 13 juin 2003, « Dacia », Annales 2003, p. 275.

306 Cass. com, 15 janv. 2002,"Nevada Bob", *PIBD* 2002, n°378, III, 133.

307 Paris, 12 nov. 1991, *PIBD* 1992, n°520, III, p. 230. ; Grenoble, 15 déc. 1977, "Karting", *JCP G.* 1978, II, 18939, obs. CHAVANNE (A.).

308 Cass. com, 4 oct. 1977, Bull. Civ.IV, n°216, p. 183, D.1978, inf. Rap. 90; Cass. com, 21 févr. 1978, D.1978, inf. rap. 425.

309 Cass. com, 31 oct. 2006, "Olymprix", *PIBD* 2007 n°843, III, p. 23.

310 Cass. com, 4 juill. 1995, Orient express'', Bull.civ.IV, n°2005, p. 190; Paris, 6 juin 2001, « Jaguar », *RIPIA* 2001 n° 206, p. 3.

d'un titre d'émission de radio ou de télévision[311], d'un slogan[312], du pseudonyme d'un concurrent[313], du nom d'une manifestation[314] ou d'un nom commercial[315]. Le dépôt peut également poursuivre à forcer la main à un concurrent, afin de racheter sa marque[316]. Un tel dépôt suppose donc la connaissance antérieure du signe[317].

Cette connaissance se déduit souvent de l'existence de relations ou de négociations avortées entre les parties, ou encore, de leur situation de concurrence[318]. La qualité de professionnel du même secteur, surtout s'il est étroit[319], la position socioprofessionnelle[320], sont également des indices qui permettent de conclure à la connaissance des droits antérieurs du revendiquant. Ainsi, par exemple, il peut être invoqué le dépôt de la marque « Stade de France », le lendemain du jour où le ministre français des sports a annoncé que le futur stade serait dénommé « Stade de France »[321]. Aussi, la connaissance des droits antérieurs qui peut résulter de « *présomptions graves, précises et concordantes* »[322] réside-t-elle dans la volonté du déposant d'empêcher le revendiquant d'obtenir un droit ou d'exploiter son entreprise ou ses produits[323], ou de parasiter son succès[324]. Il en est ainsi, lorsque le dépôt est effectué par un employé[325], un associé d'une société en formation[326], un mandataire[327], un concessionnaire[328], un agent[329], une agence de publicité

311 Orleans, 14 janv. 1982, « Intervilles », *JCP G.*1983, II, p. 19921. obs. SAINT-GAL (Y.).

312 TGI Paris, 10 oct. 1985, « Routez-vs la vie », *PIBD* 1986, n°391, III, p. 198.

313 Cass. com, 15 oct. 1996, « Quasar », *PIBD* 1997, n°627, III, p. 118.

314 Cass. com, 2 juin 1992, « Vichy Douceur », *PIBD* 1992, n°528, III, p. 462 ; Paris, 18 janv. 2006, *PIBD* 2006 n°826, III, p. 223.

315 Cass. com, 12 juill. 1976, Bull. civ.IV., n°236, p. 203.

316 Paris, 18 déc. 1991, « j'ai tout lu », *PIBD* 1992, n°521, III, p. 251 ; *RTDcom.* 1992, p. 606. obs. CHAVANNE (A.) et AZEMA (J.).

317 PASSA (J.), *Traité*, t.1, op.cit, p. 217.

318 POLLAUD-DULIAN (F.), *Propriété intellectuelle, la propriété industrielle*, op.cit, p. 824.

319 Paris, 30 sept. 2002, « Salakara », *PIBD* 2002, n°754, III, p. 573. ; TGI Paris, 5 oct. 2007, « No limit », *PIBD* 2007, n°864, III, 743.

320 Paris, 16 janv. 2008, « Saradi c. Kahina », *PIBD* 2008, n° 870, III, p. 192.

321 TGI Paris, 13 oct. 1998, « Stade de France », Annales 1999, p. 87., obs. MARTHELY (P.).

322 Paris, 10 mars 1999, "Fruitance", *PIBD* 1999, n°678, III, p. 252; Paris, 12 sept. 1997, « Yoo-hoo », *PIBD* 1998, n°646, II, p. 54.

323 Cass. com, 12 juill. 1976, Bull. civ. IV, n°236, p. 203; Cass. Com, 9 déc. 1980, Bull. civ. IV, n° 418, p. 335 ; Cass. Com, 27 juin 2000, « cherer », *RJDA*. 2000,12 n°1185, p. 952.

324 Cass. Resp. , 31 oct. 1927, « La Belle Jardinière », S. 1928, I, p. 46. ; Orléans, 14 janv. 1982, « Interville » préc.

325 Paris, 10 juillet 1985, Annales 1986, p. 234.

326 Cass. com., 24 sept. 2002, *PIBD* 2003, n°758, III, p. 104.

327 Paris, 23 mai 1972, Annales 1973, p. 16.

328 Paris, 17 mai 1990, *PIBD* 1990, III, p. 564.

329 Paris, 20 oct. 1985, *PIBD* 1986, n°391, III, p. 198.

travaillant pour le revendiquant[330], un fournisseur[331], un sous-traitant[332], en cours de négociations[333] ou après leur rupture[334].

En droit OAPI, que la preuve du droit antérieur soit faite, de façon directe ou par présomption, ledit droit où l'usage ne peut être prouvé que par des écrits, des imprimés ou par des documents contemporains des faits d'usage qu'ils tendent à établir[335]. Ainsi, lorsque ces preuves n'ont pas été produites pour la première fois devant le Directeur Général ou sont insuffisantes ou inexistantes[336], la demande en revendication est rejetée. De même, en plus de ladite preuve, le demandeur doit établir l'antériorité de l'usage dans les mêmes classes que celle des produits désignés par la marque revendiquée. L'action en revendication ne peut donc prospérer, que si les signes sont de la même classe, donc identiques ou similaires[337]. Il est tout de même assez paradoxal, que dans un espace où l'oralité est prépondérante, que le seul mode de preuve admis soit la preuve écrite, à l'exclusion par exemple de la preuve testimoniale.

Au-delà de la preuve, le succès de l'action en revendication impose au revendiquant le dépôt de la marque, dans les six mois qui suivent la publication de l'enregistrement du premier dépôt[338]. Le revendiquant ne doit pas également laisser tomber son droit dans le domaine public, en ne le renouvelant pas[339] ou en laissant radier la marque revendiquée[340].

---

330 TGI Paris, 22 mai 1996, *RIPIA* 1996, p. 439.

331 Paris, 30 avril 1980, Annales 1981, p. 68.

332 Cass. com., 23 juin 2009, « Bil Tolci », *PIBD* 2009, n°903, III, p. 1354 ; *Propr. Ind.* Oct. 2009, n°58, obs LARRIEU (D.).

333 Cass. com., 14 déc. 1999, D.2001, Somm. 448; obs. DURRANDE (S.).

334 Cass. com., 15 janv. 2002, *PIBD* 2002, n°738, III, p. 133.

335 Art .5 al.3 de l'Annexe III de l'ABR.

336 Déc.1020/OAPI/CSR du 15 mai 2009, Rec. des décisions de la CSR, Session 2006-2009, p. 143 ; Déc. 0121/OAPI/CSR du 15 mai 2009, Rec. des déc. de la CSR, Session 2006-2009, p. 146.

337 Déc.0121/OAPI/CSR du 15 mai 2009 précité. La Commission Supérieure de Recours a décidé : « Il ressort des pièces versées aux débats que la Caisse Nationale de Crédit Agricole du Sénégal est effectivement titulaire de l'enregistrement de la marque « Crédit Agricole + Logo CA Stylisé » n°50578 déposée le 14 sept. 2004 et régulièrement publiée », « cependant elle n'apporte pas la preuve de l'antériorité de l'usage de la marque revendiquée dans les classes 9 et 16 conformément à l'article susvisé ». « Par ailleurs, il n'existe aucune similarité entre la classe 36 et les classes 9 et 16, les produits de ces diverses classes étant différents et ne pouvant, sans dépôt conséquents, être couverts les uns par les autres », « la Caisse Nationale de Crédit Agricole du Sénégal SA., au vu les pièces du dossier, ne peut se prévaloir du bénéfice de l'article 5 alinéa 3 de l'annexe III de l'ABR.

338 Art.5 al.3 de l'Annexe III de l'ABR.

339 Déc. n° 080/CSR/OAPI du 27 octobre 2006 « Jeune Afrique Economie » Réc. déc. de la CSR, Session 2006 -2009, p. 55. Déc. n° 081/CSR/OAPI du 27 octobre 2006 « Jeune Afrique Economie », Rec. déc. de la CSR, Session 2006-2009, p. 57.

340 Déc n° 0127/OAPI/CSR du 15 mai 2009, Réc. déc. de la CSR, Session 2006-2009, p. 164.

Lorsqu'il obtient gain de cause, le demandeur est considéré comme le titulaire de la marque rétroactivement, c'est-à-dire depuis le dépôt frauduleux[341]. Le revendiquant peut exiger la restitution des fruits perçus par le défendeur, au titre de redevance d'une licence accordée à un tiers[342], ou au titre de l'exploitation personnelle de la marque[343]. Ainsi, non seulement le déposant ou le titulaire du signe est privé de son droit mais, en plus, il pourra être tenu de restituer les fruits perçus, sans même que les dépenses effectuées pour la promotion de la marque ne lui soient remboursées. Cette décision est, à tout le moins, excessive, surtout à l'égard du déposant de bonne foi, qui était dans l'ignorance de droits antérieurs sur la marque.

Même si le législateur OAPI ne l'a pas expressément édicté, la décision du Directeur Général est susceptible d'un recours devant la Commission Supérieure de Recours de l'OAPI[344]. Si la décision de radiation est confirmée par ladite Commission, elle est publiée au Bulletin Officiel de l'OAPI[345]. Elle doit être également inscrite au registre spécial des marques, à l'effet de faire constater et de rendre opposable aux tiers la dépossession du déposant de sa marque au profit du revendiquant. Une telle dépossession, qui n'est toutefois pas prévue au détriment des déposants des autres signes distinctifs, prive définitivement le déposant de son droit sur la marque.

SECTION II : L'ACQUISITION HESITANTE DES DROITS SUR LES AUTRES SIGNES DISTINCTIFS

Parallèlement à la réparation du dommage causé par les actes de contrefaçon, ou même en l'absence de contrefaçon, le propriétaire de la marque peut obtenir réparation des atteintes résultant d'actes de concurrence déloyale. Cependant, il faut que les conditions d'une pareille action soient

---

341 PASSA (J.), *Traité*, t.1, op.cit, p. 218.

342 Paris, 17 févr. 1999, *Ann. Propr. Ind.* 1999, p. 201.

343 Orleans, 10 juill. 2003, *PIBD* 2003, n°773, III, p. 515.

344 Le dossier de recours, comme les autres recours adressés à la Commission, doit comprendre : une demande en annulation de la décision du Directeur Général, un mémoire ampliatif comprenant un exposé complet des motifs présentés à l'appui de la demande, la justification du paiement de la taxe de recours (Art.9 R.CSR.). Par suite, le recours n'est recevable que si le dossier présenté est au complet. En effet, « les pièces susvisées sont indépendantes les unes des autres et le défaut de production de l'une d'elles, entraîne *de facto*, l'irrecevabilité du recours » (Déc. n°071/CSR/OAPI du 21 avr.2006, Rec. déc. de la CSR, Session de 2006-2009, p. 21.).

345 Règle de publicité retenue pour l'opposition à l'article 18 al.4 de l'Annexe III de l'ABR.

réunies[346]. S'agissant de la faute, le demandeur doit faire état de faits distincts de ceux de contrefaçon ; un même fait ne peut être utilisé, à la fois, comme acte de contrefaçon et comme acte de concurrence déloyale[347]. Ainsi, la marque, sous certains aspects, est également protégée par l'action en concurrence déloyale. Cette protection, subsidiaire ou complémentaire[348] de celle de l'action en contrefaçon, se rapproche particulièrement de celle du nom commercial, en ce que ce signe, tout comme l'indication géographique, sont les seuls signes distinctifs expressément protégés dans l'espace OAPI, par le biais de l'enregistrement. Leur acquisition est donc tout autant ardue que celle de la marque (Paragraphe I).

Mais, contrairement à la marque, à l'indication géographique et au nom commercial enregistré, le droit sur le nom commercial non enregistré, ainsi que celui sur les signes qui sont exclusivement protégés par l'action en concurrence déloyale, que sont l'enseigne, la dénomination sociale et le nom de domaine, naît de l'usage non sans difficultés (Paragraphe II).

Paragraphe I. L'acquisition ardue du nom commercial et des indications géographiques

Le mode d'acquisition du droit sur le nom commercial est, en lui-même, l'une des difficultés dans la naissance du droit sur ce signe. L'acquisition du droit sur le nom commercial est duale. Elle s'opère par l'usage et par l'enregistrement. Ce second mode d'acquisition est une particularité du droit OAPI, qui ne s'observe ni en droit français interne, ni en droit communautaire européen, même si, avant la réforme de 1964, le droit sur la marque naissait exclusivement de l'usage[349].

La dualité dans l'acquisition du nom commercial rend celle-ci malaisée, en ce que, même si le simple usage permet d'acquérir le droit, l'enregistrement peut avoir l'effet inverse de l'en priver, en cas, notamment, du rejet de la demande d'enregistrement. De même, cette dualité déséquilibre les droits en instaurant une discrimination dans la protection entre le titulaire du nom commercial qui a acquis la protection par l'usage, et celui qui l'a acquise par l'enregistrement. Les incertitudes quant à la naissance du droit sur le nom commercial s'étendent également aux indications géographiques, en ce sens que la demande d'enregistrement des indications géographiques, à l'instar de

346 SCHMIDT-SZALEWSKI (J.), PIERRE (J.-L.), op.cit, p. 277.
347 Cass. com., 11 févr. 2003, *PIBD* 2003, 762, III, p. 213.
348 PASSA (J.), *Traité*, t.1, op.cit.
349 ROUBIER (P.), *Le droit de la propriété, Traité*, t.2, op.cit, pp. 502-507 et 597 et s.

celle du nom commercial, peut être rejetée (A), tout comme l'enregistrement lui-même peut être contesté (B).

A- Le rejet de la demande d'enregistrement du nom commercial et de l'indication géographique

A l'instar de la marque, le titulaire du nom commercial et de l'indication géographique, pour acquérir les droits consacrés par l'OAPI, doit procéder au dépôt de son signe[350]. Mais, le dépôt à lui seul ne suffit pas à la naissance de

---

[350] A l'opposé de la marque, la demande d'enregistrement ne peut être déposée par « quiconque » (Art. 8 al.1er de l'Annexe III de l'ABR.), mais par le « propriétaire d'une entreprise commerciale, industrielle, artisanale ou agricole située sur le territoire national de l'un des Etats membres… » (Art. 6 de l'Annexe III de l'ABR.), de l'OAPI. De manière encore plus restrictive, ne peuvent déposer la demande d'enregistrement d'une indication géographique que « les personnes physiques ou morales qui, pour les produits indiqués dans la demande, exercent une activité de producteur dans la région géographique indiquée dans la demande, ainsi que les groupes de telles personnes, les groupes de consommateurs et autres autorités compétentes » (Art. 6 de l'Annexe VI de l'ABR.). Ainsi, seules les personnes physiques ou morales, expressément retenues par le législateur OAPI, peuvent prétendre à un droit sur le nom commercial ou l'indication géographique et rechercher la protection de ce droit.
Le dépôt peut être effectué personnellement par le déposant ou par un mandataire. Cependant, à l'instar de la marque, le titulaire du signe doit impérativement recourir à un mandataire lorsqu'il est domicilié hors des territoires des Etats-Parties à l'OAPI (Art. 6 al.3 de l'ABR.).
Le dépôt de la demande du nom commercial ou de l'indication géographique peut se faire par la voie directe ou la voie indirecte. Le dépôt est fait par la voie directe, lorsque la demande d'enregistrement du nom commercial (Art. 6 de l'Annexe V de l'ABR.) ou de l'indication géographique (Art.7 al.1er de l'Annexe VI de l'ABR.) est adressée directement à l'OAPI par pli postal avec demande d'avis de réception, ou déposée directement au Directeur Général de l'Organisation, en son siège à Yaoundé (Art. 6 al.1er de l'annexe V de l'ABR. , et l'art.7 al.1er de l'Annexe VI de l'ABR.). En revanche, elle est faite par voie indirecte, lorsqu'elle est déposée auprès du ministère chargé de la propriété industrielle ou plus exactement des agences ou instituts, chargés de la propriété industrielle (Idem.) qui doivent, en principe, la transmettre à l'OAPI dans un délai de cinq jours à compter de la date de dépôt (Art.6 al.2 de l'ABR.). Le dépôt est également indirect lorsque la demande est acheminée aux administrations susdites par pli postal avec demande d'accusé de réception (Art.6 al.1er de l'Annexe V préc ; art.7 de l'Annexe VI de l'ABR, préc.), à charge pour ces administrations de les transmettre toujours dans le délai de cinq jours, à compter de la date de réception (Art.6 al.2 de l'ABR, préc.). Le titulaire du nom commercial peut également déposer la demande d'enregistrement au greffe du tribunal civil de son domicile (Art.6 de l'Annexe V de l'ABR.).
La demande d'enregistrement du nom commercial doit contenir les nom, prénom, adresse et nationalité du déposant, le nom commercial dont l'enregistrement est demandé, accompagnée de la reproduction de ce nom commercial, le lieu où est situé l'établissement pour lequel le nom est sollicité ainsi que le genre d'activité de l'établissement (Art.6 al.1 et 2 de l'Annexe V de l'ABR.). Cette activité peut être commerciale, industrielle, artisanale

son droit. En effet, le droit de propriété sur les signes ne naît qu'à leur enregistrement, après un examen préalable qui peut se révéler être un obstacle à l'acquisition du titre, surtout si ledit examen aboutit au rejet de la demande.

Le rejet peut résulter de l'examen des conditions de forme (1) ou de l'examen des conditions de fond (2) de la demande.

1- Le rejet résultant de l'examen des conditions de forme

L'examen de la forme de la demande d'enregistrement du nom commercial consiste à vérifier la régularité du dépôt[351]. Celle-ci est irrégulière, lorsque la demande d'enregistrement ne comporte pas toutes les pièces ou les

---

ou agricole (Art.2 de l'Annexe V de l'ABR.). La demande d'enregistrement doit contenir en outre, la pièce justificative du versement à l'OAPI de la taxe de dépôt et de la taxe de publication de l'enregistrement du nom commercial (Art.6 al.3 de l'Annexe V de l'ABR.). Le paiement de cette seconde taxe n'est pas exigé pour l'enregistrement de la marque (Art.8 et 12 de l'Annexe III de l'ABR.). Enfin, la demande doit contenir un pouvoir sous seing privé sans timbre, si le requérant est représenté par un mandataire (Art.6 al 3 de l'Annexe V de l'ABR, préc.). La précision du texte semble exclure toute autre forme de mandat ou pouvoir, comme par exemple un acte notarié. Une interprétation aussi restrictive ne serait cependant pas exacte. Le législateur OAPI a entendu réduire le coût et le formalisme du pouvoir donné au mandataire. Prendre des précautions supplémentaires pour garantir l'authenticité du mandat, à l'ère de l'informatique et de la cybercriminalité, ne doit donc pas préjudicier ou défavoriser le mandataire ou le mandant.
La demande d'enregistrement de l'indication géographique contient quant à elle, outre la demande elle-même adressée au Directeur Général de l'OAPI, la pièce justificative du versement de la taxe de dépôt (Art.7 al.1 et 2 de l'Annexe VI de l'ABR.). Ainsi et contrairement au nom commercial, seule la taxe de dépôt est exigée, à l'exclusion d'une taxe de publication. Cette omission autorise à soutenir que la publication devrait être gratuite. De même, la demande est toujours adressée au Directeur Général, même si elle est déposée auprès des administrations nationales en charge de la propriété industrielle. Celles-ci ne sont donc que de simples courroies de transmission entre l'OAPI et le déposant (Art.6 al.3 de l'ABR, préc.). La demande doit également indiquer, la région géographique et les produits auxquels s'applique le signe (Art.7 al.3 et 4 de l'Annexe VI de l'ABR.), ainsi que la qualité, la réputation et les autres caractéristiques des produits pour lesquels l'indication est utilisée (Art.7 al.5 de l'Annexe V de l'ABR.).
L'obligation d'indication de l'activité de l'établissement pour le nom commercial, de la région géographique, de la qualité, des caractéristiques des produits pour l'indication géographique est déterminante. En effet, ce sont les produits ou les indications contenus dans la demande qui fixent l'étendue de la protection (AZEMA (J.), GALLOUX (J.-C.), op.cit, p. 859.). Ne reçoivent donc protection, que l'activité ou les produits énumérés dans la demande d'enregistrement (Cass. com., 3 oct. 1995, Bull. civ.IV, n°220, p. 204.) auxquels s'applique l'indication géographique.
Le dépôt est constaté par un procès verbal qui énonce la date et l'heure de la remise des pièces de la demande d'enregistrement du nom commercial (Art.7 al. 1er de l'Annexe V de l'ABR.) et de l'indication géographique (Art.8 al.1er de l'Annexe VI de l'ABR.) dont une expédition est remise au déposant (Art.7 al.1er de l'annexe V de l'ABR, préc. et art. 8 al.1er de l'Annexe VI de l'ABR, préc.).

[351] Art.8 al.5 de l'Annexe V de l'ABR.

énonciations requises. Ainsi, la demande irrégulière est celle qui ne contient pas, par exemple, les nom, prénom, adresse et nationalité du déposant, le lieu où est situé l'établissement ou le genre d'activité que se propose de mener ledit établissement[352], ou encore si la reproduction du nom commercial n'est pas adjointe à la demande[353]. Toutefois, au titre de la forme, l'OAPI ne vérifie pas si le déposant s'est acquitté de la taxe de dépôt[354].

Par ailleurs, ne peuvent valablement déposer une demande d'enregistrement d'indication géographique que les personnes limitativement énumérées par l'Annexe V de l'Accord de Bangui Révisé[355] comme, par exemple, les fabricants des produits énumérées dans la demande, exerçant leurs activités dans la région également indiquée dans celle-ci[356]. Examinant la forme, l'OAPI s'assure également de la régularité de la demande. Cette dernière est irrégulière, lorsqu'elle n'indique pas, notamment, la région géographique ou les produits auxquels l'indication s'applique[357].

L'irrégularité est notifiée au déposant ou à son mandataire qui dispose d'un délai de trois mois, qui court à compter de la date de notification, pour régulariser la demande d'enregistrement du nom commercial[358] ou de l'indication géographique[359].

Ce délai peut être prorogé, une fois, de trente jours, en cas de nécessité justifiée, sur requête du déposant ou de son mandataire[360]. Toutefois, aucun dépôt n'est recevable, si la demande n'est accompagnée de la pièce constatant le versement de la taxe de dépôt[361]. De manière générale, la régularisation de la demande d'enregistrement du nom commercial[362] ou de l'indication géographique[363] doit être sollicitée par le déposant. A défaut de régularisation dans le délai imparti, la demande d'enregistrement est rejetée pour irrégularité de forme.

---

352 Art.6 de l'Annexe V de l'ABR.

353 Idem.

354 Art.8 al.5 de l'Annexe V de l'ABR. La rédaction de l'article 8 tend à ranger la vérification du paiement effectif des taxes de dépôt ou de publicité au rang des conditions de fond à observer. En effet, ledit article dispose en son alinéa 5 : « Toute demande dans laquelle n'ont pas été observées les conditions de formes visées à l'article 6, à l'exclusion de la lettre (b), est irrégulière ». Or, la lettre (b) est relative à la justification du versement des taxes de dépôt et de justification (Art.6 (b) de l'Annexe V de l'ABR.).

355 Art.6 de l'Annexe VI de l'ABR.

356 Idem.

357 Art.7 de l'Annexe VI de l'ABR.

358 Art. 8 al.5 de l'Annexe V de l'ABR, préc.

359 Art.9 al.3 de l'Annexe V de l'ABR.

360 Idem.

361 Art.10 de l'Annexe VI de l'ABR.

362 Art.8 al.7 de l'Annexe V de l'ABR.

363 Art.9 al.5 de l'Annexe VI de l'ABR.

A ce niveau également, la solution est excessive. En clair, le législateur OAPI devrait être assez souple pour prévoir, par exemple, comme en droit de marque en France[364], la possibilité de relevé de déchéance offerte au déposant qui n'a pu respecter les délais de la procédure d'enregistrement[365]. Celui-ci doit pouvoir bénéficier du relevé de déchéance auprès du Directeur Général de l'OAPI, lorsqu'il justifie d'un empêchement qui n'est imputable à sa volonté, ni à sa faute ni à sa négligence[366].

Après l'examen de la forme de la demande d'enregistrement du nom commercial et de l'indication géographique, l'OAPI ne manque pas d'opérer l'examen du fond de la demande.

2- Le rejet découlant de l'examen des conditions de fond

L'examen du fond de la demande d'enregistrement du nom commercial ou de l'indication géographique, tout comme celui de la marque est assez superficiel. L'OAPI se contente de vérifier si les taxes de dépôt ou de publicité ont été payées[367] ou si le nom commercial est conforme aux bonnes mœurs ou à l'ordre public, ou encore s'il n'induit pas le public en erreur[368]. Si l'une de ces conditions n'est pas remplie, le Directeur Général de l'OAPI prononce le rejet de la demande d'enregistrement. Cette solution est discutable. La procédure d'enregistrement doit être conçue de manière assez secourable pour le déposant, de sorte à lui permettre d'obtenir de l'OAPI les conseils ou l'assistance nécessaire à l'enregistrement de son titre[369]. Ainsi, cette institution, plutôt que de se comporter en gendarme, doit avoir le souci d'accompagner les déposants tout au long de la procédure d'enregistrement, en leur fournissant, au besoin, une assistance efficiente.

Dans cette logique, le Directeur Général de l'OAPI devrait, par exemple, étendre l'examen de la demande à la disponibilité du signe ou à sa déceptivité, aux fins d'offrir aux titulaires des titres qu'il délivre, une sécurité maximale. En effet, le nom commercial est fragilisé, donc encourt annulation, lorsqu'il n'est pas licite, distinctif et approprié par un tiers. Il en est de même quand il ne possède pas un pouvoir identificateur et crée un risque de confusion avec d'autres entreprises[370], ou est contraire à l'ordre public[371].

---

364 Art. L.712-20 du CPI.

365 Paris, 30 sept. 1993, *PIBD* 1994. III.712.

366 POLLAUD-DULIAN (F.), *Propriété intellectuelle, la propriété industrielle,* op.cit, p. 833.

367 Art.8 al.1er de l'Annexe V de l'ABR.

368 Art.6 (b) de l'Annexe V de l'ABR.

369 POLLAUD-DULIAN (F.), *Propriété intellectuelle, la propriété industrielle,* op.cit, pp. 830-831.

370 POLLAUD-DULIAN (F.), *Propriété intellectuelle, la propriété industrielle,* op.cit, p. 56.

371 Le nom commercial est contraire à l'ordre public si, à l'instar de la marque, elle reproduit, imite ou contient parmi ses éléments, des armoiries, drapeaux ou autres emblèmes,

Toutefois, « *il conviendrait de tenir compte du caractère variable et évolutif du concept de bonnes mœurs* »[372], surtout dans un espace constitué par dix-sept pays, avec d'autant de cultures et même de civilisations. Dès lors, un terme argotique ne peut, pour cette seule raison, être considéré comme contraire à l'ordre public[373].

---

abréviations ou sigles ou un signe ou poinçon officiel de contrôle et de garantie d'un Etat ou d'une organisation intergouvernementale, sauf autorisation de l'autorité compétente de cet Etat ou de l'organisation. Il en va également ainsi lorsque le nom commercial reproduit les emblèmes et les devises olympiques (Art. 1er et 2 du Traité de Nairobi, concernant la protection du symbole olympique, adopté à Nairobi le 26 septembre 1981.), l'emblème de la Croix-Rouge et les dénominations Croix-Rouge et Croix de Genève (Art.23 de la Convention internationale de Genève du 6 juillet 1906.). De même, un nom commercial ne saurait être constitué par « un terme grossier ou une image obscène » (AZEMA (J.), GALLOUX (J.-C.), op.cit, p. 832.).

372 Idem.

373 TGI Paris, 19 janv. 1990, *PIBD* 1990, III, p. 378. Ainsi, pour être licite, le nom commercial doit être constitué d'une dénomination qui peut être un terme de fantaisie, d'un nom patronymique, d'une enseigne, d'une marque (POLLAUD-DULIAN (F.), *Propriété intellectuelle, la propriété industrielle,* op.cit, p. 656.) ou d'un sigle (Trib. Seine, 17 mars 1923 « FIA », Annales 1926, p. 338; Paris, 1er juillet 1967, p. 334. ; Paris, 7 juillet 1974, p. 266. ; Paris, 2 juillet 1974, Annales 1975, p. 212. ; Paris, 28 oct. 1977, Annales 1979, p. 49.). Le nom commercial ne doit pas être non plus déceptif (AZEMA (J.), GALLOUX (J.-C), op.cit, p. 946.), c'est-à-dire, qu'il ne doit pas chercher à induire le public en erreur (Art.2 de l'Annexe V de l'ABR.). Ce sera, par exemple, l'emploi du mot « artisan » dans le nom commercial dont le titulaire n'est pourtant pas artisan (AZEMA (J.), GALLOUX (J.-C), op.cit, p. 246.), l'emploi du terme « compagnie » pour désigner un établissement tenu par un seul commerçant (Aix, 26 oct. 1950, *JCP* 1950, II, 5921, *RTDcom.* 1951. 293, n°15.), le fait de chercher une confusion avec une dénomination sociale (Cass. com., 20 oct. 1954, *JCP* 1954, II, 8337, Annales, 1955, p. 169.), ou encore l'emploi d'un nom commercial qui ferait croire à une origine géographique autre que la véritable (Bordeaux, 3 déc. 1951, *RTDcom* 1952, 346, n°20 ; Trib.com, Seine, 22 janv. 1951, *RTDcom.*1951, 755.). De même, le nom commercial ne doit pas être usuel, générique ou descriptif pour désigner l'établissement auquel il s'applique (Paris, 21 déc. 1978, « le modèle réduit », Annales 1980, p. 133.). Il doit avoir un caractère arbitraire ou de fantaisiste pour être distinctif (POLLAUD-DULIAN (F.), *Propriété intellectuelle, la propriété industrielle,* op.cit, p. 656.). Toutefois, l'association de termes banals peut être distinctive, si l'ensemble formé est arbitraire (Cass. com., 2 juin 1958, Annales 1962, p. 229 ; Paris, 19 févr. 1971, Annales 1971, p. 198.). De plus, la référence à un lieu géographique est admissible, si cette référence a un caractère arbitraire (Cass. com., 21 juill.1958, Annales 1962, p. 227.), ou s'il s'agit du lieu de l'établissement (Paris, 15 juin 1968, Annales 1968, p. 174.). Même si elle faisait défaut à l'origine, la distinctivité peut s'acquérir plus tard, grâce aux efforts de l'entreprise pour distinguer son signe de celui de la concurrence (Paris, 6 janv. 1972, *PIBD* 1972, III, p. 323.). Par ailleurs, la banalité du signe n'interdit pas son usage, mais le titulaire du nom commercial n'a aucun droit exclusif sur ledit signe (Paris, 21 déc. 1978, Annales 1980, p. 227.). Tout comme la marque, la distinctivité du signe doit s'apprécier au jour de son appropriation et non au jour où le tribunal statue (Paris, 13 mai 1992, « TELECOM », *RIPIA*, 1992, p. 135.). Enfin, le nom commercial doit être disponible (Art.5 al.1er de l'Annexe V de l'ABR.).

Il s'en suit que, dans tous les cas, le nom commercial est fragilisé et reste exposé à la radiation du titre ou même, ultérieurement, à l'annulation de l'enregistrement.

Relativement à l'indication géographique, cet écueil existe également puisque l'OAPI ne procède à aucun examen de fond. Elle ne vérifie pas si l'indication géographique est ou non susceptible de protection. Ainsi, sont exclues de la protection, « *les indications géographiques qui ne sont pas conformes à la définition de l'article 1(a)* »[374]. Ladite disposition appréhende l'indication géographique comme « *des indications qui servent à identifier un produit comme étant originaire du territoire, ou d'une région, ou localité de ce territoire, dans le cas où une qualité, réputation ou autre caractéristique déterminée du produit peut être attribuée essentiellement à cette origine géographique* »[375]. Au vrai, une indication géographique qui ne répond pas à la définition donnée par le législateur OAPI ne peut être considérée comme étant une indication géographique. La pertinence des dispositions de l'article 5 (a) n'est donc pas évidente.

Ne peuvent non plus être appropriées à titre d'indications géographiques, les indications qui sont contraires à l'ordre public et aux bonnes mœurs, ou qui sont susceptibles d'induire le public en erreur « *sur la nature, la provenance, le mode de fabrication, les qualités, caractéristiques ou l'aptitude à l'emploi des produits considérés* »[376]. De même, sont exclues de la protection, les indications géographiques qui ne sont pas protégées dans leur pays d'origine ou qui ont cessé de l'être, ou qui sont tombées en désuétude

---

Si un concurrent s'est déjà approprié le signe au même titre, il l'a rendu indisponible sous certaines conditions (Paris, 22 nov. 1995, *PIBD* 1996, n°609, III, p. 219.). En effet, « *pour que le signe soit indisponible, il faut que les fonds de commerce soient concurrents, c'est-à-dire que les deux entreprises relèvent du même secteur d'activité et que le rayonnement du nom commercial soit suffisant pour qu'un risque de confusion puisse surgir* » (POLLAUD-DULIAN (F.), *Propriété intellectuelle, la propriété industrielle,* op.cit, p. 658.). En droit OAPI, le nom commercial a un rayonnement national (Art.3 et 5 de l'Annexe V de l'ABR.). Il y a donc risque de confusion, dès que les deux entreprises exploitent le signe dans le même secteur d'activité. Ainsi, l'enseigne, la dénomination sociale (Paris, 21 juin 1990, « 5 sur 5 », D. 1994, Som. Com 58, obs. BURST.), la marque antérieure (CJCE, 16 novembre 2004, « Anheuser Bush. C. Budejovichy Bodvar », aff. c.245/02, Rec. I, p. 10989 (Point 85), l'œuvre de l'esprit (Cass. com., 17 oct. 1995, « Devallouit », Bull. civ. IV, n°243, p. 224, *PIBD* 1996, n°602, III, p. 36.) peuvent antérioriser le nom commercial, si les entreprises sont concurrentes et si un risque de confusion est créé dans l'esprit de la clientèle. Aussi, comme tous les signes distinctifs, le nom commercial est-il soumis au principe de spécialité, « *il n'est protégé que dans le domaine d'activité spécifique pour lequel l'entreprise l'utilise et les domaines voisins ou similaires aux yeux du public* » (POLLAUD-DULIAN (F.), *Propriété intellectuelle, la propriété industrielle,* op.cit, p. 658.).

374 Art.5 (a) de l'Annexe VI de l'ABR.

375 Art. 1er (a) de l'Annexe VI de l'ABR.

376 Art.5 (b) de l'Annexe VI de l'ABR.

dans ce pays[377]. Par suite, n'est apte à être protégée que l'indication géographique qui a reçu une protection minimale dans le pays de l'espace OAPI dont elle est originaire. L'OAPI se contente seulement de renforcer cette protection par l'enregistrement. La forme de cette protection initiale n'est pas précisée. Il peut donc être question d'une protection résultant d'un acte règlementaire, ou même d'une protection consacrée par l'usage ou par la pratique des producteurs de la région du territoire concerné.

Au terme de l'examen superficiel des demandes d'enregistrement du nom commercial ou de l'indication géographique, l'OAPI peut prononcer le rejet des demandes. Contrairement à la marque et au nom commercial[378] où un recours est ouvert contre le rejet de la demande d'enregistrement, aucun recours n'est prévu contre le rejet de la demande d'enregistrement d'une indication géographique[379]. Ainsi, une décision de rejet de la demande d'enregistrement des indications géographiques ne peut utilement être déférée devant la Commission Supérieure de Recours.

En effet, même si ladite Commission a une compétence assez large pour « *statuer sur les recours formés contre les décisions de rejet de demandes des titres de propriétés industrielles*»[380], elle ne doit être saisie que dans la limite des compétences qui lui sont dévolues par l'Accord de Bangui Révisé ou par ses annexes. Aussi est-elle incompétente, par exemple, pour connaître des litiges relatifs au renouvellement des marques ou pour apprécier le caractère frauduleux d'un dépôt, tâche dévolue aux juridictions de l'ordre judiciaire[381]. De même, la Commission ne statue que sur les demandes ayant fait l'objet d'un recours devant elle[382].

Aussi, le rejet de la demande d'enregistrement des indications géographiques paralyse-t-elle définitivement l'acquisition du titre de propriété industrielle. Il en va autrement du nom commercial.

Relativement au nom commercial, le déposant dont la demande d'enregistrement a été rejetée peut introduire un recours devant la Commission Supérieure de Recours[383]. Ledit recours doit être introduit dans un délai de trente jours, qui est computé à partir de la date de notification du rejet par le Directeur Général de l'OAPI[384]. Lorsque le Secrétariat de la Commission reçoit le recours, il le

---

377 Art. 5 (c.) de l'Annexe VI de l'ABR.

378 Art.8 al.9. Annexe V de l'ABR.

379 Art.9 de l'Annexe VI de l'ABR.

380 *Le contentieux de la propriété intellectuelle dans l'espace OAPI, Guide du magistrat et des auxiliaires*, op.cit., p. 53 ; Dc. n° 18/CSR/ OAPI du 02 oct. 2001. Rec. Déc. CSR, Session 2000-2003, p. 49.

381 Idem.

382 Déc. n° 001/CSR/OAPI du 10 mars 2000, Rec. décisions CSR, Session 2000-2003., p. 5.

383 *Le contentieux de la propriété intellectuelle dans l'espace OAPI, Guide du magistrat et des auxiliaires*, op.cit. p. 54.

384 Art.8 al.7-2 de l'Annexe V de l'ABR.

communique au Directeur Général qui dispose d'un délai d'un mois pour entériner ou non sa décision de rejet[385]. En cas de confirmation de la décision de rejet, la Commission statue en premier et dernier ressort, sur le recours dont elle est saisie[386]. Lorsqu'elle fait droit au recours du déposant, le Directeur Général est tenu de délivrer à celui-ci le titre de propriété industrielle qui, toutefois, peut faire l'objet de contestations.

Le rejet est prononcé par le Directeur Général de l'OAPI qui notifie sa décision au déposant [387]. L'organe compétent pour rejeter la demande d'enregistrement des indications géographiques n'est pas précisé dans l'Annexe VI de l'Accord de Bangui Révisé. Au demeurant, il ne peut être que le Directeur Général de l'OAPI[388]. Cette décision paralyse l'acquisition du droit sur les deux signes, qui ne pourra pas alors faire l'objet de contestations.

B- Les contestations de l'enregistrement du nom commercial et de l'indication géographique

L'enregistrement[389] du nom commercial ou de l'indication géographique ne confère pas à son titulaire des droits définitifs et inattaquables. Ceux-ci,

---

385 SANTOS (A.P.), op.cit, p. 51.

386 Art.8 al.7-2 de l'Annexe V de l'ABR, préc.

387 Art.8 al.7 de l'Annexe V de l'ABR.

388 Aux termes de l'article 7 al.2 de l'Annexe VI de l'ABR, les demandes d'enregistrement des indications géographiques sont adressées au Directeur Général de l'OAPI. Il lui appartient donc de les rejeter.

389 Lorsque les conditions requises sont réunies, le Directeur Général procède à l'enregistrement (Art. 9 de l'Annexe VI de l'ABR.), c'est-à-dire à l'inscription de l'indication géographique (Art. 8 al.1er de l'Annexe VI de l'ABR) ou du nom commercial (Art.10 al.2 et 3 de l'Annexe V de l'ABR.) dans le registre spécial des indicateurs géographiques ou du nom commercial. Il est alors délivré au titulaire du nom commercial, un certificat d'enregistrement contenant notamment le numéro d'ordre du nom commercial, la date de dépôt de la demande d'enregistrement ainsi que celle de l'enregistrement (Art.11 al.2 et 3 de l'Annexe VI de l'ABR.). Le certificat d'enregistrement délivré au titulaire de l'indication géographique doit, quant à lui, indiquer impérativement les produits auxquels s'applique l'indication (Art.11 al.1-d de l'Annexe VI de l'ABR.). Ce certificat constitue le titre de propriété (AZEMA (J.), GALLOUX (J.-C), op.cit, p. 865.) individuelle respectivement du nom commercial ou de l'indication géographique.
L'inscription est publiée au Bulletin Officiel de l'OAPI. A compter de la date de publication, toute personne peut se faire délivrer des extraits ou copies des titres (Art.11 al.1er de l'Annexe V de l'ABR; Art.13 de l'Annexe VI de l'ABR.)
La durée de protection du nom commercial est de dix ans, indéfiniment renouvelable (Art.11 al.1er de l'Annexe V de l'ABR.). Celle des indications géographiques est illimitée (L'Annexe VI de l'ABR n'a édicté aucune limitation de durée de l'enregistrement de l'indication géographique.). Cette durée commence à courir à compter de la date de dépôt de la demande d'enregistrement (SANTOS (A.P.), op.cit, p. 150.).

encore fragiles, peuvent être contestés par la voie de l'opposition portée devant les organes de l'OAPI (1) et par les actions en annulation ou en radiation, soumises aux juridictions nationales (2).

1- Les contestations devant les organes de l'OAPI

L'opposition peut avoir pour conséquence la radiation de l'enregistrement. Ce risque est décuplé, en ce que l'opposition à l'enregistrement du nom commercial est ouverte à toute personne, pour peu qu'elle soit intéressée[390]. L'intérêt est donc la seule condition pour l'exercice de l'action en opposition. Ainsi, même le Ministère Public ou toute autre personne qui n'a aucun lien avec le marché ou la concurrence, peut faire opposition à l'enregistrement du nom commercial. Une palette aussi large d'opposants est en contradiction avec l'Annexe V de l'Accord de Bangui Révisé. En effet, seuls les propriétaires d'une entreprise commerciale, industrielle, artisanale ou agricole, située sur le territoire national de l'un des pays de l'espace OAPI, peuvent solliciter l'obtention de l'enregistrement du nom commercial[391]. Eux seuls ont donc, en principe, suffisamment d'intérêts pour contester l'enregistrement du nom commercial par la voie de l'opposition. C'est, du reste, la solution retenue pour l'opposition de la marque en France, où seuls les titulaires des droits antérieurs sur la marque peuvent faire opposition[392].

L'opposition à l'enregistrement de l'indication géographique est également ouverte à « tout intéressé »[393], alors même qu'à défaut d'avoir la qualité

Le titulaire du nom commercial exerce sur celui-ci un droit exclusif lui permettant de prévenir la violation de son droit, d'en interdire l'utilisation de poursuivre pénalement l'utilisateur (GAUMONT-PRAT (H.), op.cit., p. 261 ; Cass. Com., 1er déc. 1987.D.1987, inf. rap.p. 259 (Romanée Conti.). Toutefois, le juge pénal ne peut être saisi que par le titulaire du nom commercial qui a acquis son droit, par la voie de l'enregistrement (Art. 4 de l'Annexe V de l'ABR.).

L'enregistrement de l'indicateur géographique produit les mêmes effets que celui du nom commercial. Aussi, l'utilisation de l'indication géographique n'est-elle réservée qu'aux producteurs exerçant leur activité dans l'aire géographique indiquée et exclusivement pour les produits originaires de cette aire ayant les qualités substantielles indiquées dans la demande d'enregistrement (Art.9 al.1er de l'Annexe V de l'ABR; Art.12 al.1er de l'Annexe VI de l'ABR.). Cette protection s'étend aux autres signes qui tenteraient d'utiliser l'indication géographique pour profiter de sa notoriété (Art.9 al.1er de l'Annexe V de l'ABR, préc.). Les effets de l'enregistrement du nom commercial remontent à la date de dépôt (Art.8 al 2 de l'Annexe V de l'ABR.). Cette solution est identique à celle retenue pour la marque. En revanche, le législateur OAPI ne précise pas l'effet rétroactif de l'enregistrement de l'indication géographique à la date de dépôt de la demande d'enregistrement de l'indication géographique.

390 Art. 9 al.1er de l'Annexe V de l'ABR.

391 Art. 6 al.1er de l'Annexe V de l'ABR.

392 Art. L.712-4 du CPI.

393 Art.12 al.1er de l'Annexe VI de l'ABR.

requise, la demande d'enregistrement est rejetée[394]. A l'instar du nom commercial, l'opposition ne devrait être réservée qu'aux personnes physiques ou morales qui exploitent les produits énumérés dans la demande d'enregistrement dans la région, et avec les caractéristiques ou les qualités précisées dans ladite demande.

Le délai pour former opposition à l'enregistrement du nom commercial[395] ou de l'indication géographique[396] est de six mois, qui court à compter de la publication de l'enregistrement du nom commercial[397] ou de l'indication géographique[398] au Bulletin Officiel de l'OAPI. Ce délai est étanche, et ne peut donc être prorogé, contrairement au délai accordé au déposant pour régulariser sa demande.

L'opposition est formée par avis[399]. Or, l'avis est un « *terme juridique s'appliquant dans toutes les branches du droit au résultat des consultations facultatives ou obligatoires selon le cas, demandé aux organes les plus divers (personnes ou commissions, conseils, fonctionnaires qualifiés, Conseil d'Etat, etc.)* »[400]. Il suit donc de là, que le terme « avis » est impropre.

En effet, ce n'est pas un avis consultatif ou conforme qui est sollicité du Directeur Général de l'OAPI, mais une véritable décision qui peut aboutir à la radiation d'un nom commercial ou d'une indication géographique enregistrée. Plutôt qu'un avis, c'est par une demande que devrait être formée l'opposition. Au demeurant, c'est la solution prévue par le Règlement de la Commission Supérieure de Recours, qui prescrit que le dossier de recours doit contenir, notamment, une demande en annulation de la décision du Directeur Général de l'OAPI[401]. L'opposition à l'enregistrement du nom commercial ne peut prospérer[402], que si le nom commercial répond à la définition, à lui donnée par le législateur OAPI, pour être « *la dénomination sous laquelle est connu et exploité un établissement commercial, industriel, artisanal ou agricole* »[403]. L'opposition est également fondée lorsque le nom commercial est contraire à l'ordre public, aux bonnes mœurs, ou s'il est de nature à induire en erreur les milieux commerciaux, ou le public sur sa nature[404], ou encore, si le nom commercial est susceptible de créer un risque de confusion avec d'autres

---

394 Art.9 al.4 de l'Annexe VI de l'ABR.

395 Art.9 al.1er de l'Annexe V de l'ABR, préc.

396 Art.12 al.1er de l'Annexe VI de l'ABR.

397 Art.8 al.1er de l'Annexe V de l'ABR.

398 Art.11 de l'Annexe VI de l'ABR, préc.

399 Art.9 al.1er de l'Annexe V préc. ; art.12 al.1er de l'Annexe VI de l'ABR, préc.

400 GUINCHARD (S.), (dir.), *Droit et pratique de la procédure civile, Droit interne, Droit Communautaire*, Paris, Coll Dalloz, 6e éd., 2009-2010, p. 100.

401 Art.9 et 19 R. CSR.

402 Art.9 al.1er de l'Annexe V de l'ABR.

403 Art.1er de l'Annexe V de l'ABR.

404 Art. 2 et 9 al.1er de l'Annexe V de l'ABR.

entreprises, en ce qu'il est similaire ou identique au nom commercial de l'opposant[405] ou aux droits antérieurs de celui-ci[406].

Par contre, l'opposition à l'enregistrement de l'indication géographique est justifiée, si l'indication géographique ne trouve pas à s'insérer dans la définition donnée par le législateur communautaire[407], si le déposant n'a pas la qualité requise pour demander l'enregistrement du nom commercial[408], si l'indication géographique est contraire à l'ordre public et aux bonnes mœurs, ou si elle est de nature à induire le public en erreur[409]. L'opposition est également fondée si l'indication géographique n'est pas protégée dans son pays d'origine, ou si cette protection est tombée en désuétude[410].

L'avis d'opposition est transmis au déposant qui dispose d'un délai de trois mois pour y répondre[411]. Sa réponse doit être motivée et visera à combattre les moyens de l'opposant. Le déposant pourra ainsi démontrer, relativement au nom commercial, que son signe n'est pas contraire à l'ordre public et aux bonnes mœurs ou que son signe n'est pas susceptible de provoquer un risque de confusion. Le cas échéant, il peut également établir que le nom commercial ne porte atteinte à aucun droit antérieur.

De même, le titulaire de l'indication géographique peut chercher à démontrer qu'il a qualité pour déposer l'indication géographique, que son signe n'est pas contraire à l'ordre public ou aux bonnes mœurs, ou qu'il ne peut provoquer un risque de confusion. Pour ce faire, le déposant peut solliciter un délai supplémentaire de trois mois[412]. Il peut, en outre, se faire assister d'un avocat[413] en ayant la bonne idée de s'assurer que celui-ci, à défaut d'être spécialiste, a des repères certains en droit de la propriété industrielle. A défaut pour le titulaire du nom commercial[414] ou de l'indication géographique[415] de répondre dans le délai fixé, il est réputé avoir retiré sa demande d'enregistrement qui est alors radiée[416]. Le défaut de réponse à l'opposition dans le délai requis opère donc comme une renonciation au nom commercial ou à l'indication géographique. Ainsi qu'il a été invoqué supra, cette règle est

---

405 Art.5 al.1er et art.9 al.1er de l'Annexe V de l'ABR.
406 Art. 9 al.1er de l'Annexe V de l'ABR, préc.
407 Art.1er de l'Annexe VI de l'ABR.
408 Art.6 et art. 9 al.1er de l'Annexe VI de l'ABR.
409 Art.5 (b) et art. 9 al.1er de l'Annexe VI de l'ABR.
410 Art.5-c et art. 9 al.1er de l'Annexe VI de l'ABR.
411 Art.9 al.2 de l'Annexe V et art.12 al.2 de l'Annexe VI de l'ABR.
412 Idem.
413 Déc.069/CSR/OAPI du 21 avril 2006, Rec. décisions CSR, Session 2006-2009, p. 17.
414 Art.9 al.2 de l'Annexe V de l'ABR, préc.
415 Art.12 al.2 de l'Annexe VI de l'ABR.
416 Art.9 al.2 de l'Annexe V, préc ; art.12 de l'Annexe VI de l'ABR.

excessive et érige l'OAPI en gendarme plutôt qu'en une institution de conseil et d'assistance aux déposants[417].

Avant de statuer sur l'opposition, le Directeur Général de l'OAPI organise la contradiction en entendant les parties ou leur mandataire[418].

La décision du Directeur Général est susceptible de recours devant la Commission Supérieure de Recours[419]. Le recours peut être formé aussi bien par le déposant que par l'opposant qui a succombé. Bien entendu, le Directeur Général ne peut former recours contre sa propre décision. Le recours est formé dans un délai de trois mois qui court à compter de la date de réception de la notification de la décision du Directeur Général aux parties dans la procédure d'opposition à l'enregistrement du nom commercial[420] ou de l'indication géographique[421].

Même si cela paraît évident, le législateur communautaire a tenu à préciser que « *l'enregistrement n'est radié que dans la mesure où l'opposition susvisée est fondée* »[422]. Il s'en suit que la Commission Supérieure de Recours doit veiller à l'application stricte des textes, en ne prononçant de radiation que dans le seul cas où l'opposition est justifiée. Le législateur OAPI a, en outre, expressément disposé que la décision définitive de radiation de l'enregistrement de l'indication géographique est publiée au Bulletin Officiel de l'OAPI[423]. Cette exigence n'est pas reprise relativement au nom commercial. Toutefois, nonobstant le silence de la loi, il doit être entendu que la décision de radiation du nom commercial doit, tout comme celle de l'indication géographique, être inscrite au registre spécial approprié, en plus de sa publication au Bulletin Officiel.

Seules ces formalités permettent de constater la perte du droit sur le signe, et de rendre opposable aux tiers ladite perte[424], même si la décision est prononcée par les juridictions nationales.

2- Les contestations portées devant les juridictions nationales

Le tribunal civil peut, à la requête de toute personne intéressée et même du Ministère Public, prononcer l'annulation des effets sur le territoire de l'un des Etats membres de l'OAPI, de l'enregistrement d'un nom commercial[425]. La demande en annulation ne peut prospérer que si le nom commercial est

---

417 V. Supra, p.
418 Art.12 al.3 de l'Annexe VI et art.9 al.3 de l'Annexe V de l'ABR.
419 Art.9 al.4 de l'Annexe V et art.12 al. 4 de l'Annexe VI de l'ABR.
420 Art.9 al.4 de l'Annexe V de l'ABR, préc.
421 Art.12 al.4 de l'Annexe VI de l'ABR, préc.
422 Art.9 al.5 de l'Annexe V et art.12 al.5 de l'Annexe VI de l'ABR.
423 Art.12 al.6 de l'Annexe VI de l'ABR.
424 Art.27 de l'Annexe III de l'ABR.
425 Art.14 al.1er, 3 et 4 de l'Annexe V de l'ABR.

contraire à l'ordre public ou aux bonnes mœurs, ou s'il est susceptible de créer une confusion avec des droits antérieurs de propriété industrielle du demandeur à l'annulation [426]. La décision qui constate la nullité de l'enregistrement est mentionnée sur le registre spécial des noms commerciaux en même temps qu'elle est publiée au Bulletin officiel[427].

L'action en nullité ne peut être exercée concomitamment avec l'opposition. Elle ne se justifie qu'après l'expiration des délais de l'opposition.

La radiation d'une indication géographique peut être sollicitée du juge, « *lorsque celle-ci est contraire à l'ordre public ou aux bonnes mœurs, et source de confusion*[428]*, ou ne sert pas à identifier un produit comme étant originaire du territoire, ou d'une région, ou localité de ce territoire, dans les cas où une qualité, réputation ou autre caractéristique déterminée du produit peut être attribuée essentiellement à cette origine géographique* »[429]. Dès sa saisine, le tribunal est tenu d'informer le propriétaire de l'indication géographique, de l'action en radiation qui menace son droit. Toute personne intéressée peut également intervenir dans l'instance[430].

A la différence de l'indication géographique, le nom commercial peut être acquis par l'usage.

Paragraphe II. Les difficultés de l'acquisition du droit sur les signes distinctifs par l'usage

L'usage peut être appréhendé comme le droit de se servir d'une chose selon sa destination[431]. Ainsi défini, l'usage désigne le droit de se servir d'une chose pour son agrément ou pour l'exploitation économique de la chose. L'usage est donc un attribut du droit de propriété[432]. De ce fait, l'usage succède à la possession, donc à l'acquisition de la propriété pour être l'un des modes de son exploitation.

Mais, l'usage est le mode d'acquisition de la propriété du nom commercial non enregistré, du nom de domaine, de la dénomination sociale et de l'enseigne. Au demeurant, l'acquisition par l'usage garantit-elle au propriétaire un droit qui bénéficie d'une protection judiciaire renforcée le préservant de contestations ?

---

426 Art.14 al.2 de l'Annexe V de l'ABR.
427 Art.14 al.3 de l'Annexe V de l'ABR, préc.
428 Art.14 al.1 de l'Annexe V de l'ABR, préc.
429 Art.14 al.1-b de l'Annexe VI de l'ABR.
430 Art.14 al.3 de l'Annexe VI de l'ABR, préc.
431 CORNU (G.), *Droit civil, les biens*, op.cit, p. 1045.
432 DROSS (W.), *Droit civil, les choses*, op.cit, p. 230.

La réponse négative à cette question procède des insuffisances propres à l'usage (A) ainsi que de l'inexistence d'un cadre légal spécifique (B).

A- Les insuffisances propres à l'usage

Les droits nés de l'usage ne peuvent bénéficier d'une protection judiciaire efficace que si, préalablement, leur naissance les met à l'abri de contestations nées de l'acquisition originaire. Or, l'usage acquisitif du droit sur les signes distinctifs est saisi avec incertitude. Ces droits sont alors fragilisés, en raison de l'imprécision des conditions spécifiques (1) et des limites dans l'administration de la preuve de l'usage (2).

1- L'imprécision des conditions spécifiques de l'usage

L'ABR ne permet pas d'appréhender avec précision les règles d'acquisition du droit sur les signes distinctifs par l'usage. Le législateur OAPI a simplement prévu que le nom commercial peut également naître de l'usage[433], sans indiquer les modes ou conditions d'acquisition de la propriété du nom commercial par l'usage.

Le silence du législateur ne peut que fragiliser les droits nés de l'usage, particulièrement, le nom commercial. En effet, à défaut de règles définies, les droits restent soumis à toute contestation, sans que leur validité ou même leur existence ne puisse être définitivement ou sérieusement garantie.

Toutefois, ces imprécisions sont quelque peu palliées par la jurisprudence française qui pourrait éclairer le juge de l'espace OAPI. Ainsi, le nom commercial non enregistré[434], le nom de domaine, l'enseigne, la dénomination sociale, sont des signes qui appartiennent au premier occupant[435]. Pour autant, l'usage doit être effectué au titre du signe concerné. Par exemple, l'usage d'un nom commercial doit être effectué à titre de nom commercial et non à titre de

---

433 Art.3 de l'Annexe V de l'ABR.

434 En France, le nom commercial s'acquiert exclusivement par l'usage. En effet, il n'existe pas en droit français des formalités particulières pour l'appropriation du nom commercial (CHAVANNE (A.), BURST (J.J.), op.cit., p. 819.). La propriété naît de la priorité d'usage (Idem. ; Aix, 17 mars 1925, Annales. 1928. p. 161. ; Angers, 29 avr.1927, Annales. 1928. p. 179. ; Paris, 7 mai 1928, Annale.1928.p.281. ; Paris, 4 mai 1956, Annales.1956, p. 50 ; Paris, 26 oct. 1957, Annale.1958, p. 43. ; Cass, 16 fév.1977, p. 52. ; Lyon, 7 nov. 1988, Annale 1989, p. 24.). Il s'agit d'un droit d'occupation qui s'acquiert par l'exploitation publique du signe à titre de nom commercial (POLLAUD-DULIAN (F.), *Propriété intellectuelle, la propriété industrielle*, op.cit., p. 667; Cass. Com., 24 nov. 1992, *PIBD*, 1993. n° 541, III.235, *RIPIA*, 1993, p. 115; Cass. com., 19 juin 1996, *RJDA* 1996/12 n°1477, p. 1035; Cass. com., 19 juin 1999, *PIBD* 1999, n°1400, p. 1131; Cass. com., 16 fév.1979, Annales 1979, p. 52.).

435 POLLAUD-DULIAN (F.), *Propriété intellectuelle, la propriété industrielle,* op.cit, p. 669.

marque[436] ou de dénomination sociale[437]. L'usage doit être ensuite personnel, effectif et sérieux[438]. Une entreprise qui se contente d'enregistrer un nom commercial au Registre du Commerce, ou qui acquiert un nom sans l'exploiter, ne peut prétendre à des droits sur ce nom, faute d'usage[439]. Enfin, l'usage doit être public. L'intention ne fait pas naître le droit, mais la manifestation publique de l'usage, par exemple, par l'usage de papier à en-tête, la diffusion de documents publicitaires[440].

L'Accord de Bangui Révisé ou la Convention de l'Union de Paris exige seulement l'usage pour l'acquisition du droit sur le nom commercial[441]. Ainsi, l'inscription du nom commercial au Registre du Commerce n'a pas d'incidence sur l'acquisition du droit exclusif d'exploitation[442]. Cette règle vaut également pour l'enseigne, dont l'inscription n'est pas constitutive de droit, mais le premier usage[443], de sorte que l'inscription au Registre du Commerce ne constitue pas, en soi, un acte d'usage public suffisant pour acquérir le droit[444].

La question est plus discutée, en ce qui concerne la dénomination sociale. Pour certains auteurs[445], suivis par une certaine jurisprudence[446], le droit sur la dénomination sociale naît le jour de l'immatriculation de la personne morale au Registre du Commerce. Pour d'autres, la protection du signe est subordonnée à son usage dans les rapports avec la clientèle, en ce que l'inscription de la dénomination sociale au Registre du Commerce « *ne peut constituer une condition de sa protection*»[447]. Cette position se justifie. En effet, la protection est conditionnée par son usage sur le marché et suppose le constat d'un risque de confusion dans l'esprit du public. Or, de ce point de vue, l'inscription ne joue aucun rôle[448]. Dès lors, l'inscription de la dénomination sociale au Registre de Commerce apparaît indifférente[449]. Cette

---

436 Paris, 30 mai 1969, Annales 1970, p. 118.

437 Cass. Com., 5 janv. 1988, «Balmain», Bull.civ IV., n°6, p. 4.

438 POLLAUD- DULIAN (F.), *Propriété intellectuelle, la propriété industrielle,* op.cit., p. 668 ; BURST (J.J.), « la reconstitution des « monopoles » de propriété industrielle par l'action en concurrence déloyale ou en responsabilité civile : mythe ou réalité ? », *in Mélanges dédiés à Paul MATHELY,* Paris, Litec, 1990, p. 94.

439 Cass. com., 30 nov. 1983, Annales 1984, p. 56.

440 AZEMA (J.), GALLOUX (J.C), op.cit, p. 949.

441 Art.8 de la CUP; Art.3 de l'Annexe V de l'ABR.

442 POLLAUD-DULIAN (F.), *Propriété intellectuelle, la propriété industrielle,* op.cit., p. 669.

443 Idem.

444 Paris, 15 mars 1972, annales 1972, p. 187.

445 AZEMA (J.), GALLOUX (J.J), op.cit. p. 957.

446 TGI, 16 déc. 1994, *RIPIA* 1995, p. 54. ; Paris, 18 avr. 1989, *Ann. Propr. Ind.*, 1990, p. 156.

447 PASSA (J.), *Traité*, t.1, op.cit, p. 713. ; V. aussi, POLLAUD-DULIAN (F.), *Propriété intellectuelle, la propriété industrielle,* op.cit, p. 668.

448 Idem.

449 PASSA (J.), *Traité, t.1,* op.cit., p. 712.

interprétation est admise par la Cour de Cassation française qui a affirmé la primauté de l'usage sur l'inscription au Registre de Commerce[450].

Il reste que l'inexistence ou la quasi-inexistence d'une telle jurisprudence dans l'espace OAPI ôte à ce mode d'acquisition du droit de la propriété industrielle, les certitudes minimales nécessaires à une acquisition efficiente, surtout que la preuve de l'usage n'est pas d'administration aisée.

2- Les limites de l'administration de la preuve

Aux termes de l'article 3 de l'Annexe V de l'ABR, l'usage d'un nom commercial ne peut être prouvé que par des écrits, imprimés ou documents contemporains des faits d'usage qu'ils tendent à établir[451]. Cette solution est excessive, donc critiquable. Tous ces signes sont exploités à l'occasion d'activités commerciales. La preuve de l'usage du signe devrait donc être rapportée par tous moyens, comme en matière commerciale, et non exclusivement par écrits, même si le législateur OAPI semble établir une distinction entre écrits, imprimés et documents. De même, il est exigé que les écrits soient contemporains, aux actes d'usage dont ils poursuivent l'établissement de la preuve. Or, les usagers, pour être des commerçants, ne sont pas tenus de conserver les documents de l'exploitation de leur établissement dont les documents comptables, que pour une durée de cinq ans[452]. Exiger d'eux qu'ils conservent les documents et autres écrits au-delà de cette période ne se justifie donc pas, car « *la preuve de l'acquisition originaire ne se heurte pas à des obstacles particuliers. Son objet est la cause de l'acquisition, laquelle est toujours un fait qui peut s'établir par tous moyens* »[453], voire par la présomption[454]. Dès lors, la possession doit pouvoir laisser supposer que le possesseur est le propriétaire légitime du bien, qu'il s'agisse d'un bien corporel ou incorporel[455]. La solution retenue par le législateur communautaire est donc assez malencontreuse. L'administration de la preuve de l'usage doit être libre et se faire par tous moyens, sans que l'écrit ou un document ne soit exigé, surtout qu'il n'existe pas un cadre légal spécifique qui encadre la naissance du droit par l'usage.

---

450 Cass. com, 18 juin 1996, *RJDA* 1996/12, n° 1477 ; Cass. com. 12 mai 2004, créatis, *Rev. Soc.* 2004, p. 904, note PASSA (J.).

451 Art. 3 al.2 de l'Annexe V de l'ABR.

452 Art. 5 AU DCG.

453 ZENATI-CASTAING (F.), REVET (Th.), *Les biens*, Paris, PUF-droit, Coll. Droit fondamental, 3e éd, 2008,op.cit, p. 365.

454 DROSS (W.), *Droit civil, les choses*, op.cit, p. 96.

455 Cass. com., 10 juin 1997, n°95-16235, Bull.civ. IV, n°186. D.1999, p. 89, note Causse ; Cass. com., 5 mai 2009, n°08-18165, D.2010, p. 123, note d'Avout, Bull. Joly Soc. 2009, p. 1065, note Libchaber ; Cass. 1ère civ., 24 mars 1993, n°91-165543, Bull. civ. I, n°16, *JCP* G 1993, II, 22085, note Greffe, *RTDcom.* 1994, p. 418, obs. François.

B- L'inexistence d'un cadre légal spécifique

La naissance du droit par l'usage ne bénéficie pas d'une onction légale comme la marque, l'indication géographique ou le nom commercial enregistré. Le droit, qui naît de l'usage, ne bénéficie donc pas de dispositions spécifiques de l'ABR qui, pourtant, pourrait lui assurer une protection à hauteur au moins des droits acquis par la procédure de l'enregistrement. Par suite, le silence de l'ABR **(1)** fragilise ce droit, de sorte qu'une protection optimale exige une consécration légale spécifique **(2)**.

1- Le silence de l'ABR

L'ABR n'a pas organisé l'acquisition de la propriété du nom commercial par l'usage. Elle n'a même pas envisagé celle de l'enseigne, du nom de domaine et de la dénomination sociale. Pourtant, il ne peut être contesté que le long des rues ou des routes des villes des Etats parties à l'Accord de Bangui Révisé, ces signes sont exploités par des commerçants, pour distinguer leur établissement, leur fonds de commerce, leur personne morale, les uns des autres.

N'étant pas consacrée par la procédure de l'enregistrement, l'acquisition des droits nés de l'usage échappe au contrôle ou à l'encadrement de tout organe administratif national ou supranational. Son acquisition est donc exclusivement l'affaire des parties. Peut ainsi se prévaloir du titre, non pas la partie qui l'exploite effectivement en premier, mais la partie la plus diligente, qui peut faire la preuve du premier usage. Cette difficulté est inconnue des droits qui naissent de l'enregistrement, puisque l'antériorité est établie par la formalité de dépôt, sanctionnée par le titre de propriété industrielle, délivré par l'OAPI.

Toutefois, même s'ils ne sont pas expressément prévus par l'ABR, l'enseigne, la dénomination sociale, le nom de domaine et le nom commercial non enregistré ne peuvent naître de l'usage que s'ils justifient de certaines conditions qui dérogent au droit commun pour être identiques à celles des signes distinctifs organisés par le droit OAPI. Aussi, pour ouvrir droit à l'acquisition de droit privatif, les signes, qui naissent de l'usage, doivent-ils être distinctifs[456]. Ils ne doivent être ni banal, ni nécessaire, ni générique[457] ni encore descriptif[458]. Le signe doit avoir un caractère arbitraire[459], même si, comme la marque ou le nom commercial enregistré, il n'est point besoin qu'il soit original. Le signe doit être également disponible, c'est-à-dire qu'il ne doit

---

456 POLLAUD-DULIAN (F.), *Propriété intellectuelle, la propriété industrielle*, op.cit, p. 682.

457 Paris, 20 déc. 1989, D.1990, inf. rap.16 ; *PIBD* 1990, n°481, III, p. 423.

458 Rouen, 18 oct. 1963, « Tout à un franc », D. 1964, p. 48.

459 Lyon, 16 janv. 1997, *PIBD* 1997, n°629, III, p. 184.

pas être déjà approprié à ce titre, dans le même secteur géographique et dans la même spécialité[460], ni même porter atteinte à un autre droit de propriété intellectuelle[461]. De même, le signe choisi ne doit pas porter atteinte à l'ordre public ou aux bonnes mœurs[462]. Il ne doit pas non plus servir d'instrument de fraude ou de tromperie du public[463]. Cette proximité avec les signes distinctifs enregistrés postule que les signes distinctifs, exclusivement nés de l'usage, puissent également bénéficier d'un cadre légal spécifique.

2- L'exigence d'une consécration légale spécifique

Appréhendés comme des signes distinctifs à part entière, le nom de domaine, l'enseigne, la dénomination sociale et le nom commercial non enregistré devraient également recevoir la protection légale dont jouissent la marque, l'indication géographique et le nom commercial enregistré. Nonobstant les critiques faites à l'enregistrement de ces signes, le titre délivré par l'OAPI a l'avantage de réserver, au profit de son titulaire, un droit exclusif d'exploitation, même si celui-ci peut être contesté, encore que la contestation ne peut naître que dans certaines conditions.

Ainsi, les signes qui naissent de l'usage doivent faire l'objet d'enregistrement, sanctionné par la délivrance par l'OAPI d'un titre de la propriété industrielle. Dès lors, ces signes, qui ne sont protégés que par l'action en concurrence déloyale, pourront, à leur tour, être protégés par l'action en contrefaçon. Ils bénéficieront alors d'une protection judiciaire renforcée. D'abord, le juge civil pourra sanctionner les atteintes dont ils sont l'objet, en se contentant seulement de la violation du droit, sans qu'il soit nécessaire de rechercher la faute du contrefacteur. Ensuite, et surtout, l'atteinte pourra être réprimée par le juge pénal dont les condamnations ont la vertu de discipliner plus efficacement le contrefacteur, qui se doute de ce que le propriétaire du signe est confronté à des difficultés dans la réalisation de ses droits.

---

460 POLLAUD-DULIAN (F.), *Propriété intellectuelle, la propriété industrielle*, op.cit, p. 683.
461 Cass. com., 1er avr. 1981, « Cloche Merle », Bull. civ. IV, n°171, p. 137.
462 Lyon, 29 juin 1922, Annales 1923, p. 473.
463 TGI Paris, 8 avr. 2009, *PIBD* n°900, III, p. 1246.

CHAPITRE II

LA DIFFICILE REALISATION DES DROITS

L'article 544 du code civil reconnaît au propriétaire une plénitude de prérogatives[464]. En effet, le droit de propriété est un droit absolu[465]. Pris en son sens politique, l'absolutisme du droit signifie que le propriétaire a un droit illimité sur son bien[466].

Cette règle, appliquée aux signes distinctifs, postule que l'acquisition des droits sur les signes distinctifs fait naître, au profit du titulaire du signe, « *un monopole d'exploitation de l'objet du droit* »[467]. Ainsi, le titulaire de la marque, du nom commercial, de l'enseigne, de la dénomination sociale ou du nom du domaine a, sur son signe, un droit exclusif[468] d'exploitation. Ce monopole consiste dans le droit d'exploiter son signe, directement ou indirectement, ou encore d'en interdire l'exploitation par d'autres agents économiques.

Ces droits ne reçoivent protection judiciaire que dans la limite de leur objet, de leur réalisation. Celle-ci permet d'en apprécier le contenu et offre, à l'office du juge, l'assiette de sa compétence matérielle. C'est à son aune que le juge, à la recherche d'une protection effective, sanctionne les atteintes aux droits ou préserve les droits des tiers qui, parfois, coexistent concurremment avec ceux des titulaires des droits de propriété industrielle.

Ainsi, en droit des signes distinctifs, le monopole d'exploitation n'est pas absolu. Il admet des tempéraments qui liquéfient l'absoluité du droit rendant difficile la réalisation tant des droits protégés par l'action en contrefaçon que

[464] Art.544 du Code civil : « La propriété est le droit de jouir et disposer des choses de la manière la plus absolue, pourvu qu'on n'en fasse pas un usage prohibé par les lois ou par les règlements ».

[465] TERRE (F.), SIMLER (Ph.), op.cit, p. 143.

[466] ZENATI-CASTING (F.), REVET (Th.), op.cit, p. 342.

[467] PASSA (J.), *Traité*, t.1, op. cit., p. 1.

[468] POLLAUD-DULIAN (F.) *Propriété intellectuelle, la propriété industrielle*, op. cit, p. 25.

de ceux protégés par l'action en concurrence déloyale. L'atteinte au droit de marque est la seule identifiée par le législateur OAPI pour être protégée par l'action en contrefaçon. Aussi, convient-il de distinguer la difficile réalisation du droit de marque (Section I) de celles des autres signes (Section II).

SECTION I. LA DIFFICILE REALISATION DU DROIT DE MARQUE

L'enregistrement confère au titulaire de la marque, un droit de propriété incorporelle, qui consiste en un droit exclusif d'exploitation, opposable à tous[469]. Ainsi, le propriétaire de la marque a, en principe, seul le droit d'exploiter celle-ci[470]. Or, exploiter la marque, c'est l'utiliser dans sa fonction de marque sous tous ses aspects pour désigner les produits ou les services qu'elle recouvre[471]. En effet, le droit exclusif qui naît de l'enregistrement de la marque ne porte que sur « *les produits ou services pour lesquels elle a été enregistrée, ainsi que pour les produits ou services similaires* »[472]. Aussi, en vertu du principe de spécialité, le monopole conféré au titulaire de la marque est-il restreint aux produits énumérés dans la demande d'enregistrement, ainsi qu'à ceux auxquels on assimile les produits ou les services similaires.

Le droit exclusif d'exploitation lui permet également d'empêcher tout tiers, agissant sans son consentement, de faire usage, au cours d'opérations commerciales, de signes identiques ou similaires pour des produits ou des services qui sont similaires à ceux pour lesquels la marque de produits ou de services est enregistrée, dans le cas où un tel usage entraînerait un risque de confusion[473].

Pour autant, la jouissance de ce droit n'est pas optimale. Sa réalisation, c'est-à-dire le fait pour son titulaire de s'en prévaloir, et donc de l'exploiter, d'autoriser ou d'interdire l'exploitation aux tiers n'est pas absolu. Il se heurte à de multiples obstacles qui relèvent, les uns, des obstacles au droit exclusif (Paragraphe I) et, les autres, de la perte du droit (Paragraphe II).

---

469 POLLAUD-DULIAN (F.), *Propriété intellectuelle, la propriété industrielle*, op.cit, p. 899.
470 Idem.
471 AZEMA (J.), GALLOUX (J.-C.), op.cit, p. 899.
472 V. supra, p. 38 et s.
473 Art. 7 al 2. Annexe III. ABR.

Paragraphe I. Les obstacles au droit exclusif

L'absoluité du droit du titulaire du signe sur la marque est particulièrement rognée en droit de marque. Le titulaire du signe, dans la réalisation de son droit, est confronté à des obstacles qui dérogent au droit commun de la propriété, en ce qu'ils ne lui permettent pas de jouir de la plénitude de son droit exclusif. Ces obstacles limitent aussi bien l'effectivité du droit de marque (A), que sa portée (B).

A- Les limites de l'effectivité du droit de marque

L'ABR a édicté des exceptions au caractère exclusif du droit de marque. Ces exceptions limitent donc le monopole du titulaire du signe, pour constituer des freins ou encore des obstacles à la plénitude de jouissance du droit du titulaire du signe. Relèvent de ces obstacles, l'homonymie, la publicité comparative (1) ainsi qu'un usage de la marque (2). Dans tous ces cas, le titulaire de la marque est privé de l'exclusivité d'exploitation, de sorte qu'il est assez fragilisé dans la réalisation de son droit.

1- Les obstacles constitués par l'homonymie et la publicité comparative

L'homonymie (a) et la publicité comparative (b) sont opposables aux propriétaires de la marque. Ceux-ci ne peuvent donc prétendre, jouir sur leur propriété, d'une plénitude de droit.

a- L'homonymie

Nonobstant son droit exclusif, le titulaire de la marque ne peut « *interdire au tiers l'usage de bonne foi de leur nom, de leur adresse* »[474].

En effet, les tiers sont autorisés à attenter au droit exclusif, en faisant état de leur identité, du lieu de leur établissement ou de la provenance de leur production, sans craindre l'action en contrefaçon du titulaire de la marque[475]. Cette exception légale atténue fortement le monopole d'exploitation en permettant à une personne physique d'exploiter son nom, à titre de signe distinctif, même si un signe identique ou similaire est déjà protégé, à titre de marque, au bénéfice d'un tiers, pour désigner des produits ou services identiques et similaires[476]. Elle « *procède du souci de garantir à chacun la*

[474] Art.7 al.3 de l'Annexe III de l'ABR.
[475] POLLAUD-DULIAN (F.), *Propriété intellectuelle, la propriété industrielle*, op.cit., p. 906.
[476] PASSA (J.), *Traité*, t.1, op.cit, p. 432.

possibilité d'utiliser dans le commerce son nom patronymique, qui constitue l'un des attributs de sa personnalité »[477].

Toutefois, le droit exclusif n'est limité que par l'usage du nom patronymique. L'exception ne peut être invoquée pour l'usage du prénom[478], ou d'une partie seulement du nom patronymique composé[479]. En outre, l'homonyme doit exercer personnellement l'activité identifiée sous le nom[480]. Ainsi, les personnes morales ne peuvent bénéficier de l'exception d'homonymie, que si le titulaire du nom exerce, en leur sein, de réelles fonctions de contrôle et de direction, ce qui suppose qu'il soit à la fois associé majoritaire et détenteur des pouvoirs de direction[481].

Au demeurant, à l'instar du code de propriété intellectuelle français, l'Accord de Bangui Révisé exige la bonne foi du tiers[482]. Pour établir sa bonne foi, l'homonyme, informé de l'existence d'une marque, ne doit pas chercher à provoquer la confusion avec elle ou profiter de la notoriété qui peut y être attachée[483], ni violer un accord antérieur passé avec le titulaire de la marque[484]. L'adjonction de son prénom ou l'utilisation d'un graphique différent de celui de la marque peut être la preuve de sa bonne foi[485]. Cette exigence de bonne foi correspond logiquement à celle d'un usage conforme aux usages honnêtes, en matière industrielle et commerciale[486]. L'obligation de loyauté s'impose également, en cas de publicité comparative.

b- La publicité comparative

La publicité comparative n'est pas saisie en droit OAPI, comme une exception au droit de marque. L'ABR est resté muet sur la question. En revanche, le droit communautaire européen[487] érige la publicité comparative au rang d'exception au droit exclusif du titulaire de la marque. L'arsenal

---

477 Idem. Contrairement au droit français (Paris, 22 oct. 1999, *PIBD* 2000, n° 690, III., p. 44), en droit OAPI le titulaire d'un pseudonyme peut se prévaloir de l'exception légale (Art.7 al.2 de l'Annexe III de l'ABR).

478 Cass. com., 20 nov. 1990, *JCP* 1991, IV, p. 26.

479 Idem.

480 PASSA (J.), *Traité*, t.1, op.cit., p. 433.

481 Paris, 4 juill.2001, D.2002, Somm.1131, obs. DURANDE (S.); *RTDcom.*2001., p. 885, obs. AZEMA (J.), (GRUSS).

482 Art.7 al.4 de l'Annexe III de l'ABR. Dès lors, l'usage du nom ou du pseudonyme ou de l'adresse doit être limité à « des fins de simples identifications ou d'informations qui ne puissent induire le public en erreur sur la provenance des produits ou service» (Art.7 al.3 de l'Annexe III de l'ABR.).

483 BOUVEL (A.), *Principe de spécialité et signes distinctifs*, op.cit, n° 334.

484 Paris, 19 oct. 2005, *PIBD*, n°820, III, p. 730.

485 TGI Paris, 26 sept. 2006, *PIBD* 2006, n° 841, III, p. 781.

486 PASSA (J.), *Traité*, t.1, op.cit., p. 434.

487 Directive 2006/14 du 12 décembre 2006.

juridique sur cette question est renforcé par le code français de la consommation[488]. Constitue une publicité comparative, « *toute publicité qui, explicitement ou implicitement, identifie un concurrent ou des biens ou services offerts par un concurrent* »[489]. Ainsi, pour qu'il y ait publicité comparative, il suffit « *qu'il existe une communication sous une forme quelconque faisant même implicitement référence à un concurrent ou aux biens ou services qu'il offre* »[490]. « *Ainsi, aussi curieux que cela puisse paraître, une publicité peut être qualifiée de comparative alors même qu'elle n'opère aucune comparaison* »[491].

Cependant, la publicité comparative n'est pas licite lorsqu'elle est utilisée de manière anticoncurrentielle ou déloyale, ou de manière à porter atteinte aux intérêts des consommateurs[492]. Aussi, la publicité comparative est-elle illicite, lorsqu'elle consiste, non pas à faire apparaitre une différence entre les produits ou services en cause, pour faire ressortir les avantages de ceux de l'annonceur, mais à mettre en lumière que ces derniers sont équivalents à ceux de l'annonceur, ou à ceux du concurrent visé[493]. Par ailleurs, la publicité comparative ne doit pas être source de confusion parmi les professionnels, entre l'annonceur et un concurrent ou entre les marques, les noms commerciaux, les autres signes distinctifs, les biens ou services de l'annonceur et ceux du concurrent[494]. Ce risque est analysé par la seule comparaison de la marque telle qu'enregistrée et du signe utilisé par les tiers, d'une part, et des produits ou les services pour lesquels la marque est enregistrée et de ceux pour lesquels le signe litigieux est utilisé, d'autre part[495]. La licéité de la publicité comparative est aussi soumise à la condition que celle-ci « *ne tire pas indûment profit de la notoriété attachée à une marque, à un nom commercial ou à d'autres signes distinctifs d'un concurrent* »[496].

Ce risque reste élevé, surtout en la présence des autres limites du droit exclusif.

---

488 Art. L.121-8 du code de la consommation français.

489 CJCE, 25 oct. 2001, "TOSHIBA", Rec.P.I., p. 7945.

490 Idem.

491 PASSA (J.), *Traité*, t.1, op.cit, p. 493.

492 CJCE, 12 juin 2009, « L'Oréal/Bellure », préc.

493 PASSA (J.), *Traité*, t.1, op.cit, p. 497.

494 CJCE, 22 juin 1999, « Canon », Rec.P. I, p. 3829.

495 PASSA (J.), *Traité*, t.1, op.cit, p. 500.

496 Art.4 de la Directive 2006 préc. Il en découle que cette exigence est violée lorsque la mention du signe distinctif du tiers peut avoir pour effet, de créer dans l'esprit du public visé par la publicité, une association entre le fabricant d'appareil dont les produits sont identifiés et le fournisseur concurrent, en ce que le public transfèrerait la réputation des produits de ce fabricant aux produits du fournisseur concurrent, (CJCE, 19 sept. 2006, Lidl, Rec.P. I, p. 8501. ; *Propr. Intell.* 2006, n°19, p. 222, obs. PASSA (J.).

2- Les obstacles constitués par un certain usage de la marque

La réalisation du droit exclusif d'exploitation, dévolu au titulaire, connaît des barrières supplémentaires qui, comme les premières, dérogent au droit commun de la propriété. Le droit exclusif est donc limité, lorsque l'usage de la marque est nécessaire (a) ou subséquent à l'épuisement des droits (b).

a- Les limites constituées par l'usage nécessaire de la marque

L'usage de la marque est nécessaire lorsque le signe est indispensable pour l'indication de la destination d'un produit ou d'un service (i) ou lorsque l'usage est fait à des fins génériques ou descriptives (ii).

i- L'usage nécessaire à l'indication de la destination des produits ou services

L'article 7 de l'annexe III de l'Accord de Bangui Révisé prévoit que le droit exclusif qui naît de l'enregistrement de la marque, ne permet pas à son titulaire d'interdire l'usage d'un signe identique ou similaire, pour indiquer la destination d'un produit ou d'un service[497]. L'exception a pour objet d'assurer le respect de la liberté de commerce et de l'industrie[498]. Bien souvent, l'usage de la marque d'autrui est nécessaire pour qu'une entreprise indique à sa clientèle, la destination de ses propres produits ou services[499]. Il en va ainsi du dépanneur ou du réparateur qui désignent les produits ou des marques qu'il répare ou entretient[500]. Il s'agit, pour l'essentiel, du producteur de pièces détachées[501], d'accessoires de recharges[502] ou de consommables, susceptibles de s'adapter ou de fonctionner sur des produits de marque. L'exception est classique.

En effet, sauf à prohiber pratiquement de telles activités, ce qui serait anticoncurrentiel, on ne saurait empêcher le fabricant d'accessoires ou le réparateur de faire connaître au consommateur la destination de ses produits ou de ses services, et d'utiliser, pour ce faire, la marque d'autrui, dans la mesure où cela est nécessaire et sans esprit de fraude[503]. Au demeurant, le bénéfice de l'exception obéit à certaines conditions.

---

497 Art.7 al.3 de l'Annexe III de l'ABR.
498 PASSA (J.), *Traité*, t.1, op.cit., p. 439.
499 Lyon, 7 mars 1978, *PIBD* 1978, n°217, III, p. 242.
500 CJCE, 23 fév. 1999, « BMW C.R.K. Deenile », aff. C. 63/97, recueil I, p. 905.
501 Cass.crim, 22 mai 2007, « Thirion C. Renault » *PIBD* 2007, n°859, III, p. 565.
502 Paris, 9 mai 2003 « Alphamous », *PIBD* 2003, n° 773,III, p.526.
503 POLLAUD-DULIAN (F.), *Propriété intellectuelle, la propriété industrielle*, op.cit, p. 907.

A l'abord, l'usage de la marque par le tiers non autorisé doit avoir pour seul but d'indiquer la destination de ses produits ou services[504]. Le bénéfice de l'exception légale ne peut ainsi être écarté simplement, parce que les produits du tiers qui utilise la marque ne présentent pas, par rapport aux produits marqués auxquels ils s'adaptent, un caractère accessoire, mais en constituent une partie essentielle[505].

Ensuite, l'usage de la marque pour indiquer la destination d'un produit ou d'un service n'entre dans le champ de l'exception que s'il est nécessaire pour indiquer cette destination[506]. Tel n'est le cas que lorsque l'information sur la destination ne peut, en pratique, être communiquée au public par un tiers, sans qu'il soit fait usage de la marque dont ce dernier n'est pas le titulaire. Cet usage doit être le seul moyen de fournir une telle information. Afin de s'assurer de l'existence ou non d'autres moyens pour fournir l'information, il est nécessaire de prendre en considération, par exemple, l'existence éventuelle des standards techniques ou des normes généralement utilisées pour le type de produit commercialisé par le tiers, et connu du public auquel est destiné ce type de produit[507]. Par suite, si l'usage de la marque n'est pas nécessaire pour indiquer la destination du produit du tiers, le bénéfice de l'exception doit lui être refusé[508].

Enfin, même s'il est établi que l'usage de la marque est nécessaire pour indiquer la destination des produits ou des services, le tiers ne bénéficie de l'exception légale qu'à la condition additionnelle que « *cet usage soit fait conformément aux usages honnêtes en matière industrielle et commerciale* »[509]. Le législateur OAPI, plus concis, exige « *la bonne foi* » de l'usage[510]. L'usage n'est pas de bonne foi, donc conforme à l'usage honnête, lorsqu'il est fait

---

504 PASSA (J.), op.cit, p. 440.

505 Paris, 23 juin 1981, D. 1982, p. 434. note REBOUL (Y.) ; Paris, 16 mai 1991, *PIBD* 1991, n° 512, III, p. 713.

506 PASSA (J.), *Traité*, t.1, op.cit, p. 441. Par contre, il a été retenu que la reproduction des marques de jeux Loto et Keno sur la couverture d'un magazine de pronostics de jeux comme simple « accroche commerciale » ne tendait pas à indiquer la destination du magazine (Cass. Com., 28 avr. 2004, 2004, n° 792, III, p. 479.).

507 Ces normes ou autres caractéristiques doivent être susceptibles de fournir audit public, une information compréhensible et complète sur la destination du produit commercialisé par ce tiers. (CJCE, 17 mars 2005, « Gillette », Rec.p.I-2337 ; *PIBD* 2005, n° 814, III, p. 501; *Propr. Ind.* Mai 2005, Comm. 37, obs. FOLLIARD-MONGUIRAL (H.) ; *RTDcom.* 2005, p. 716, obs. AZEMA (J.); *Chron.* BONET (G.), *Propr. Ind. Intell.* 2005, n° 16, p. 277.

508 La Cour de Paris a en effet estimé que, dès lors que les publicités litigieuses étaient destinées à des professionnels de santé, il aurait suffi d'indiquer la dénomination du principe actif du produit. (Paris, 3 mais 2006, *PIBD* 2006, n°833, p. 473). En revanche, si un commerçant indépendant effectue l'entretien et la réparation de voitures BMW ou s'il est réellement spécialisé en cette matière, cette information ne peut en pratique pas être communiquée à ses clients, sans faire usage de la marque BMW. (CJCE, 23 févr. 1999, BMW, Préc.).

509 Art. 6 §1er de la directive n° 2008/95 de l'UE.

510 Art.7 al. 2 de l'Annexe III de l'ABR.

d'une manière qui peut faire croire à l'existence d'un lien commercial entre le titulaire de la marque et celui qui l'utilise[511], lorsque le fabricant de pièces détachées se contente de reproduire la marque, sans indiquer sa propre identité et sans faire savoir que les produits ne proviennent pas du titulaire de la marque[512], ou lorsqu'il exerce une concurrence déloyale en imitant le conditionnement et la présentation de pièces du propriétaire, pour parasiter le succès de son concurrent[513] ou, encore, lorsque le réparateur se fait passer pour un concessionnaire de la marque[514]. Le droit sur la marque est également limité par l'usage qu'en fait le tiers à des fins génériques ou descriptives.

ii- L'usage à des fins génériques ou descriptives

L'enregistrement de la marque ne confère pas à son titulaire le droit d'interdire aux tiers l'usage « *d'un nom géographique, ou d'indications exactes relatives à l'espèce, la qualité, la quantité, la destination, la valeur, le lieu d'origine, ou l'époque de la production de leurs produits ou de la présentation de leurs services* »[515]. Ainsi, une marque valide, qui contient une ou plusieurs composantes génériques ou descriptives, ne peut être utilement opposée au tiers qui utilise cet élément pour décrire ou indiquer certaines caractéristiques de ses produits ou de ses services, similaires ou identiques[516].

Cette solution est traditionnelle, car « *l'élément considéré, dénué de tout caractère distinctif, n'exerce pas la fonction d'une marque qui est d'indiquer une origine commerciale particulière des produits ou services* »[517]. L'exception légale ne vise qu'à empêcher le titulaire d'une marque d'interdire à des concurrents de faire usage d'un ou de plusieurs termes descriptifs, faisant partie de sa marque, afin d'indiquer certaines caractéristiques de leurs produits[518]. Le tiers est autorisé à faire usage d'une marque si cet usage consiste à donner une indication relative à l'espèce, à la qualité ou à d'autres caractéristiques des produits commercialisés par ce tiers[519].

---

[511] Paris, 4e, Ch.B., 28 sept. 2007, RG n° O5/1912.

[512] Cass. com., 6 mai 1991, Bull.civ.IV, n°156, D.1993, Som. Com., obs. BURT (J.-J), *PIBD* 1991, III, p. 506 ; Paris, 30 sept. 1998, « ODA c. Moulinex », *RJDA* 1999/1 n° 107, p. 88, D.1998, inf. rap.196, *RTDcom.*, 1998, p. 846, obs. AZEMA (J.).

[513] Cass. com., 3 juill. 2001, « Gillette c. Monoprix », Bull.civ.IV, n° 132, p. 124, D. 2001 A.J. 2892, obs. CHEVRIER (E.), *Propr. Intell.* 2002, p. 109, obs. PASSA (J.).

[514] CJCE, 23 févr. 1999, « BMW c. R.K Deenile » aff.c.63/97 Rec. I, p. 905.. *RTDE* 2000, p. 122, obs. G. BONET (D.), aff. 1999, p. 901 ; Cass. com., 13 janv. 1998, « Spécialiste Porsche », *PIBD* 1998, n° 653, III, 249.

[515] Art. 7 al. 3 de l'Annexe III de l'ABR.

[516] PASSA (J.), *Traité*, t.1, op.cit., 445.

[517] Idem.

[518] CJCE, 4 mai 1999, « Windsurfinf chiensee », Rec. p. I-2779.

[519] CJCE., 25 janv. 2007, « Opel », Rec.I, 1017 ; *PIBD* 2007, n° 849, III, p. 241 ; Un signe ne peut être jugé contrefaisant lorsqu'il est utilisé dans son acception courante, (Paris, 31 oct.

Cependant, même dans les cas où il se prévaut de l'exception légale, le tiers ne peut faire usage du signe marqué que pour des fins de simple identification ou d'information[520]. Le bénéfice de l'exception à l'exploitation exclusive de la marque est également subordonné à un usage qui ne soit de nature à induire le public en erreur sur la provenance des produits ou des services. Cette dernière exigence s'étend à l'épuisement des droits.

b- La limite constituée par l'épuisement des droits

Le titulaire de la marque ne peut « *interdire à un tiers l'usage de la marque en relation avec les produits qui ont été licitement vendus sous la marque sur le territoire national de l'Etat membre dans lequel le droit d'interdiction est exercé* »[521]. Dès lors, à partir du moment où le titulaire de la marque a autorisé la mise en circulation dans un pays de l'espace OAPI des produits portant sa marque, il ne peut plus restreindre ou interdire la circulation de ces produits marqués dans les autres Etats dudit espace. La première mise en circulation a épuisé le droit du titulaire de la marque non sur sa marque, mais sur le lot de produits marqués en question[522]. Cette règle est édictée afin de s'assurer que le titulaire du signe exerce ses prérogatives conformément à la finalité de ses droits, et non pour limiter le jeu du marché pour son plus grand profit[523]. Aussi, ne peut-il interdire l'importation de produits mis en circulation dans un Etat-partie à l'ABR, en invoquant le droit de marque qu'il possède, dans un autre Etat membre de l'OAPI. Il ne peut non plus interdire au revendeur, qui commercialise habituellement des produits de même nature, d'utiliser la marque, conformément aux usages, pour annoncer la vente des produits de la marque[524].

2008, *PIBD* 2009, n°888, III, p. 762 ; Paris, 31 janv. 1997, D.aff. 1997, p. 383 ; Paris, 19 sept. 2007, *PIBD* 2007, n° 361, III, 665.), ou à des fins descriptives, en particulier de l'origine géographique des produits en cause (Paris, 28 sept. 2007, *PIBD*, n° 862, III, p. 665.). De même, il a été jugé qu'une « commune, titulaire d'une marque couvrant son nom, ne peut interdire son utilisation par des tiers et doit tolérer dès lors que celui qui utilise (…) tout ou partie du nom de la commune justifie d'un intérêt légitime à se prévaloir de ce nom, notamment pour y mentionner le lieu où il exerce effectivement son activité » (Versailles, 12e ch. A, 13 sept. 2007, legalis.net.).

520 Art.7 al.3 de l'Annexe III de l'ABR.

521 Art.7 al.4 de l'Annexe III de l'ABR.

522 Cass. com., 8 mars 2005, « Auchan c. Mike », *PIBD* n° 810, III, p. 367.

523 CARRE (S.), « Le rôle de la Cour de Justice dans la construction du droit d'auteur de l'union » *in GEIGER (Ch.) La contribution de la jurisprudence à la construction de la propriété en Europe,* Strasbourg, LexisNexis, coll. du CEIPI, n° 60, 2013, p. 9.

524 CJCE, 4 nov. 1997, « Parfum Dior », aff c.337, 97, Rec. I, p. 6013, *PIBD*, n° 648.III, p. 106; *RTDE* 1998, p. 595, obs.BENET.

Toutefois, le droit d'épuisement n'est opposable au titulaire de la marque que si les produits licitement vendus ou mis en circulation n'ont subi aucun changement[525].

Cependant, les changements ou, plus exactement, le reconditionnement, peut être nécessaire à la commercialisation des produits dans l'Etat d'importation[526]. La Cour de Justice des Communautés Européennes a, par une jurisprudence abondante, fixé les règles de la nécessité de recondition-nement[527]. Ainsi, le reconditionnement doit être considéré comme indispensable, lorsqu'il permet de surmonter une entrave réelle à la commercialisation des produits, dans l'Etat d'importation, liée à l'attitude de méfiance d'une partie non négligeable des consommateurs de cet Etat.

Néanmoins, le titulaire de la marque peut s'opposer au reconditionnement, lorsqu'il n'est pas effectué dans le but de surmonter des obstacles objectifs mais, plutôt, est sous-tendu par la volonté de l'importateur d'augmenter ses prix, d'accroître ses ventes, de rendre le produit plus attractif aux yeux des consommateurs[528]. De même, en vertu du principe de proportionnalité, la réticence des consommateurs doit toujours être surmontée par la mesure la moins attentatoire au droit du titulaire de la marque[529]. De plus, le nouvel emballage extérieur doit indiquer clairement l'identité de l'opérateur qui a procédé au reconditionnement, afin d'éviter que le consommateur puisse considérer qu'il a été réalisé par le titulaire ou sous son contrôle[530]. Ledit opérateur doit également informer le titulaire de la marque du reconditionnement, dans un délai raisonnable[531]. Enfin, le reconditionnement ne doit pas être fait

---

525 Art 7 al.4 de l'Annexe III de l'ABR, préc. L'épuisement du droit ne joue-t-il pas pour la distribution de « Blue-jeans » authentiques mais ayant subi un délavage à l'initiative de l'importateur (Cass. com., 28 janv. 1992, « Levis », Bull. civ.IV, n° 49, *RTDcom* 1992, p. 370; Paris, 17 oct. 1997, *PIBD*, n°646, III, p. 49.), de montres dont le revendeur a effacé les numéros de série par meulage (Versailles, 4 juill. 1996, *RTDcom.*1997, p. 449, obs. AZEMA (J.), ou de bouteilles de cognac dont les codes identifiant les lots ont été grattés et recouverts d'encre (Cass. com., 24 nov. 2009, *PIBD* 2010, n°910, III, p. 52.).

526 PASSA (J.), *Traité*, t.1, op.cit, p. 480.

527 Par exemple, un reconditionnement de médicaments, par remplacement des emballages, est objectivement nécessaire au sens de la jurisprudence de la Cour si, sans celui-ci, l'accès effectif au marché ou à une partie importante dudit marché doit être considéré comme entravé à cause d'une forte résistance d'une proportion significative de consommateurs à l'égard des médicaments reétiquetés. (CJCE, 23 avr. 2002, Boehringer I et Merck, Paranova, Réc. p. , I, p. 3759 et p. I. 3703 ; *RJDA* 2002/7, 828 ; *PIBD* 2002, n°749, III, p. 404. ; *Propr. Intell.* 2002, n°5, p. 91, obs. BENET (B.).

528 CJCE, 23 avr. 2002, « Boehringer I et Merck/ Paranova » préc.

529 Lorsqu'un simple réétiquetage aurait suffi à vaincre la résistance du marché, le titulaire de la marque peut légitimement s'opposer à son reconditionnement. (PASSA (J.), op. cit, p. 481.).

530 CJCE, 11 juill. 1996, « Bristol Myers Squibb », Rec. I. p. 3457, p. 3603 et p. 3671; *RTDcom.*1997, p. 251, obs. AZEMA.

531 CJCE, 23 avr. 2002, Boehringer I, préc.

de manière à nuire à la réputation de la marque ou de son titulaire car, « *l'emballage ne doit pas être défectueux, de mauvaise qualité ou de caractère brouillon* »[532] ou, plus largement, constituer une présentation inadéquate du produit susceptible de nuire à la réputation de la marque[533].

En plus des exceptions au droit exclusif sur la marque, la réalisation efficiente des droits, nés de l'enregistrement, est confrontée à d'autres obstacles.

B- Les limites de la portée du droit de marque

En dehors des règles spécifiques qui lui sont applicables et qui permettent de saisir les limites à son effectivité, s'appliquent également à la marque, des règles communes aux droits de propriété industrielle. Celles-ci érigent autant de limites à la portée du droit de marque, qu'elles relèvent des principes de territorialité et d'indépendance des droits (1) ou du principe spécialité (2).

1- Les limites érigées par les principes de territorialité et d'indépendance des droits

La limitation spatiale des droits est gouvernée tant par le principe de territorialité (a) que par celui d'indépendance des droits (b).

a- Le principe de territorialité

La marque a une vocation universelle, parce que, notamment, les droits sur la marque ont un caractère incorporel. Or, « *le bien incorporel est doté d'ubiquité, car il peut se trouver en de multiples points à la fois, n'a pas de la localisation réelle et, franchissant aisément les frontières, il a vocation à se diffuser dans le monde* »[534]. Mais, la réalisation de ce droit est limitée à un territoire. Ainsi, le droit exclusif, résultat de l'enregistrement ne couvre que le territoire de l'Etat qui reconnaît ce droit[535]. La marque déposée sur un territoire n'est protégée que sur le territoire, et reste donc disponible là où elle n'est pas déposée[536]. Par suite, nonobstant son essence universelle, le droit à la marque

---

532 CJCE, 26 avr. 2007 préc.

533 CJCE, 11 juill. 1996 préc.

534 POLLAUD-DULIAN (F.), *Propriété intellectuelle, la propriété industrielle*, op.cit., p. 70.

535 SCHMIDT-SZALEWSKI (J.), *Le droit des marques*, Paris, Dalloz, Coll. Connaissance du droit, 1997, p. 23.

536 POLLAK (N.), *Droit des marques, protéger, exploiter, défendre sa marque*, op.cit, p. 36. « Il s'agit, néanmoins, d'une notion très floue. Elle est d'abord victime de son ambigüité naturelle. En effet, l'expression même de ''principe de territorialité'', n'a intrinsèquement que très peu de signification. Par '' principe'', on entend certainement souligner qu'il s'agit

se trouve localisé dans le pays dont la législation lui a donné naissance et assure sa protection[537].

Toutefois, en droit OAPI, le territoire national doit s'entendre de l'espace constitué par l'ensemble des Etats-parties à l'Accord de Bangui Révisé[538]. Une marque enregistrée par l'OAPI est valable dans les dix-sept pays membres et dans la limite de cet espace commun[539]. Bien entendu, le territoire comprend ses extensions aériennes et maritimes. Par contre, le titulaire du droit sur la marque ne peut poursuivre la réalisation de son droit, hors des limites de l'espace OAPI, où lesdits droits ne sont pas consacrés. La réalisation du droit est donc cantonnée à l'espace commun qui, quoiqu'assez large, l'empêche de se prévaloir de son droit, hors des frontières de l'espace OAPI.

Pour autant, le principe de territorialité a du mal à appréhender les actes accomplis sur le réseau internet qui a une vocation universelle. Pour sortir de cette difficulté, la jurisprudence française a décidé que ces actes n'échappent pas au principe de territorialité lorsqu'*«ils visent le public français* »[540], ce qui permet de les considérer comme des actes d'exploitation, accomplis sur le territoire français[541], ou lorsque le site est accessible en France[542]. La mise en œuvre de ces critères, qui consistent en la focalisation de l'activité exercée sur le réseau, s'opère également en fonction de la langue, de la monnaie, de l'extension géographique du nom de domaine et, surtout, des lieux vers lesquels l'exploitant du site accepte d'expédier les produits ou dans lesquels il propose de fournir la prestation de services[543]. Ces critères s'appliquent d'autant que les droits sont indépendants.

b- Le principe d'indépendance des droits

Le principe d'indépendance des droits est le corollaire de celui de la territorialité des droits. Ce principe signifie que l'exploitation d'une marque déposée dans un pays, est indépendante du sort des marques correspondantes

---

là d'une règle, d'une certaine généralité. Par ''territorialité'' cependant, ne s'exprime qu'un rapport quelconque à un territoire, rien de plus. ». BOUCHE (N.), *Le principe de territorialité de la propriété intellectuelle,* Paris, l'Harmattan, 2002, p. 18.

537 Cass. com., 15 mars 1966, *JDI* 1966, p. 622 note le TARMEC ; *Rev. Crit. DIP* 1967, 147 ; COMBEAU (P.), « La localisation territoriale des marques », in *Mélanges Plaisant*, Paris, Sirey, 1960, p. 55.

538 Art.9 al.2. ABR.

539 *Le contentieux de la propriété intellectuelle dans l'espace OAPI, Guide du magistrat et des auxiliaires de justice,* op.cit., p. 40.

540 Cass. Com, 11 janv. 2005, Bull.civ.IV, n° 8 ; D.428, obs. MANARA (C.); Paris, 27 sept. 2006, *JCP* 2007. II.10089, note CHABERT (C.) ; Paris, 17 févr. 2006, legalis.net.

541 Cass. com., 10 Juill. 2007, Bull.civ IV., n°189; *JCP* éd.E 2007, note PASSA (J.).

542 Cass.1ère civ., 9 déc. 2003, *JCP, G* 2004, III, 10055, note CHABERT (C.) ; *Rev. Crit. DIP* 2004, p. 632, note CACHARD (O.).

543 PASSA (J), *Traité*, t.1, op.cit., p. 51.

enregistrées à l'étranger, par la même personne[544]. Par exemple, si une personne fait enregistrer la même marque pour les produits identiques dans plusieurs Etats, ces marques nationales sont indépendantes les unes des autres. En conséquence, l'annulation, le rejet, la déchéance ou la cession du droit, dans l'un de ces pays, est sans influence sur les marques existant dans les autres pays[545]. Ainsi, le titulaire d'un droit qui a réussi à obtenir l'annulation d'une marque contrefaisante dans un pays, ne peut se prévaloir de la décision dans un autre où sa marque subit les mêmes atteintes.

Cette limitation dans la réalisation du droit à la marque, est quelque peu aggravée dans l'espace OAPI. Même si l'OAPI s'est dotée d'une loi uniforme et d'un office commun aux Etats membres, il crée aussi des droits indépendants dans chacun de ces Etats[546]. Ainsi, l'annulation d'une marque n'a, de prime abord, effet que sur le territoire de l'Etat dont la juridiction a prononcé la décision d'annulation[547]. Elle ne s'étend aux autres pays membres que lorsqu'elle est communiquée à l'OAPI et publiée au Bulletin Officiel[548]. Le principe de l'indépendance des droits joue donc en deux temps : d'abord, au niveau de l'Etat qui a rendu une décision de protection du droit, ensuite, au niveau du territoire constitué par l'ensemble des Etats membres de l'OAPI. Le principe de spécialité échappe à ce double degré d'application.

2- La limite érigée par le principe de spécialité

La réalisation des droits est surtout limitée par le principe de spécialité. Ce principe est posé par l'article 7 de l'Annexe III de l'Accord de Bangui Révisé qui dispose : « *L'enregistrement de la marque confère à son titulaire le droit exclusif d'utiliser la marque ou un signe lui ressemblant, pour les produits ou services pour lesquels elle a été enregistrée, ainsi que pour les produits ou services similaires* ».

En application de ce principe, le signe n'est protégé que pour des produits ou services déterminés[549]. Ainsi, un signe approprié à titre de marque n'est indisponible que pour identifier les produits ou les services mentionnés dans l'acte de dépôt[550]. Il peut donc être déposé par un tiers à titre de marque pour désigner des produits ou services différents[551].

---

544 SCHMIDT-SZALEWSKI (J.), PIERRE (J.-L.), op.cit, p. 443.
545 SCHMIDT-SZALEWSKI (J.), *Le droit des marques*, op.cit, p. 103.
546 Art.9 de l'ABR.
547 Art.2 de l'Annexe III de l'ABR.
548 Art.18 de l'Annexe III de l'ABR.
549 AZEMA (J.), GALLOUX (J.-C.), op.cit., p. 846.
550 SCHMIDT-SZALEWSKI (J.), PIERRE (J.-L.), op.cit, p. 219.
551 Paris, 5 juin 2002, *PIBD* 2002, 753, III, p. 543, « Show up » pour les articles de voyage et « Show up » pour des services d'organisation de salons.

Le principe de spécialité fait saillir le caractère relatif de la propriété de la marque. En effet, le propriétaire d'une marque ne jouit du monopole d'exploitation sur le signe, que dans la relation de celle-ci avec les produits ou services visés dans l'enregistrement de la marque[552]. Comparé au droit de brevet ou au droit d'auteur, le droit de la marque est un droit relatif et non absolu, en ce qu'il protège le signe qu'en tant qu'il désigne certains produits ou services. « *Ainsi, le cercle des produits ou services, pour lesquels une marque est enregistrée, constitue le périmètre du droit de la marque. Au-delà de ce cercle, étendu aux produits ou services similaires, le droit de marque n'existe tout simplement pas* »[553]. La similitude des produits ou des services relève de l'appréciation souveraine des juges de fond[554]. Les produits ou les services sont similaires lorsqu'en eux-mêmes, ils se ressemblent ou, plus exactement, comportent des ressemblances intrinsèques[555].

En dépit de ce que les services ou les produits ne présentent pas, par nature, des ressemblances quelconques, les juges concluent à leur similitude si les consommateurs peuvent, en raison des circonstances, être portés à les attribuer à une même origine[556].

Le principe de spécialité se justifie par la finalité du droit de marque[557]. En effet, ce droit n'est pas accordé en contrepartie d'une création, ou d'un enrichissement de la collectivité, mais seulement pour permettre à un commerçant de désigner ses produits ou ses services en les distinguant sans confusion possible, de ceux de ses concurrents[558]. Il est donc de bonne intelligence que le signe enregistré ne soit protégé que dans la limite de sa finalité, mais aussi longtemps qu'il puisse l'être sans limitation de durée, c'est-à-dire aussi longtemps que l'occupant l'estime nécessaire pour

---

552 PASSA (J.), *Traité*, t.1, op.cit., p. 47.

553 Idem.

554 Cass. com., 23 mars 1999, *Ann. Propr. Ind.*1999, p. 212.

555 CJCE, 20 mars 2002, aff. C-291/100, LTJ Diffusion ; D.2003, Somm. p. 686, obs. DURANDE; *Comm. Com, électr.* 2003, n° 7, p. 201, obs. BONET, *RTDcom.* 2003, 500, obs. AZEMA. Il en va ainsi, lorsque les produits répondent aux mêmes besoins (Paris, 25 nov. 1998, *PIBD* 1999, n°672, III, p. 112), ont la même destination ou finalité (Paris, 13 oct. 1999, *PIBD* 2000, n°687, III, p. 520), relèvent des mêmes circuits de distribution (Paris, 19 sept. 2001, *PIBD* 2002, n°735, III, p. 55.), ou encore sont utilisés en complément l'un de l'autre (Paris, 22 déc. 2000, *PIDB* 2001, n°722,III, p. 310.).

556 PASSA (J.), *Traité*, t.1, op.cit., p. 383. Ainsi, il a été dit et jugé que si les produits de parfumerie ont été originairement développés par les maisons de haute couture, il n'est pas contesté que les sociétés de prêt-à-porter ont également diversifié leurs activités dans ce secteur, en sorte que le public attribue aujourd'hui, sans difficulté, aux mêmes entreprises, les vêtement et les produits de parfumerie et cosmétologie, largement entendus. (Paris, 6 sept. 2000, *PIBD* 2000, n° 70007, III ; Paris, 5 déc. 2001, *PIBD* 2002, n° 738, III, p. 134.).

557 PASSA (J.), *Traité*, t.1, op.cit, p. 48.

558 Idem.

distinguer les produits ou les services auxquels s'applique la marque[559]. Aussi, le principe de spécialité tient-il une place prépondérante dans le droit des marques. C'est en considération de la spécialité, c'est-à-dire des produits ou des services désignés que l'on appréciera la disponibilité ou la nouveauté du signe, sa distinctivité et sa déceptivité. Il n'y a contrefaçon que si le signe est repris pour désigner des produits ou des services identiques ou similaires[560]. Le but poursuivi est la préservation de la liberté de commerce, en évitant que les signes qui peuvent être objet de marque ne soient monopolisés au-delà des besoins des déposants.

Toutefois, l'application de la règle de spécialité ne doit pas conduire à des abus, au détriment des droits du titulaire de la marque[561]. Le principe de spécialité n'autorise donc pas l'acceptation des agissements qui tendent à profiter de la notoriété de la marque. Ainsi, il est tenu compte du caractère abusif que peut revêtir la reprise de la marque, en dehors de la spécialité, lorsqu'elle est destinée à opérer une fraude, à se placer dans le sillage de la marque ou à créer une confusion[562]. Dès lors, le titulaire de la marque renommée ou notoire, est autorisé à défendre son droit de marque, nonobstant le principe de spécialité[563].

Au-delà du principe de spécialité, la perte des droits à la marque ajoute un obstacle supplémentaire à la réalisation desdits droits.

Paragraphe II. La perte du droit

Comme tout propriétaire de bien, le titulaire du droit de marque peut perdre le droit qu'il a difficilement acquis. Cette perte rend difficile, sinon impossible la réalisation de son droit exclusif. Elle peut être du fait du propriétaire de la

559 Paris, 19 mai 1993, *Grands arrêts de la propr. Intell.*, Dalloz, 2004, p. 341, obs. ALMA-DELETTRE (S.) ; Paris, 7 févr. 1996, *PIBD* 1996, n°613, III, p. 344 ; D. aff.1996, p. 462.

560 POLLAUD-DULIAN (F.), *Propriété intellectuelle, la propriété industrielle*, op.cit, p. 714.

561 Idem.

562 PASSA (J.), *Traité*, t.1, op.cit, p. 48. En effet, lorsqu'une marque a acquis une renommée certaine comme « Coca-Cola », « Mercedes », ou « Nike », qui amène le public à identifier systématiquement le signe, le choix du même signe pour des produits différents peut être parasitaire, donc nuire à la marque, soit qu'il introduit une confusion dans l'esprit du public porté à croire que le titulaire de la marque notoire s'est diversifié, soit que même sans confusion, le choix du signe pour des produits différents détruise l'unicité de la marque, soit enfin que l'application du signe à des produits de nature différente avilisse ou banalise la marque.

563 Cass. com., 27 mai 1986, « Charles of the Ritz », p. 526, obs. DURRANDE (S.). ; Annales, 1987, p. 3, obs. MATHELY.) ; *RDPI*, 1986, p. 180 ; Cass. com., 23 janv. 1990, « Chanel », Bull. civ.IV, n°21, p. 13; *RDPI*, 1990, p. 96.

marque (A), en application des dispositions spécifiques au droit de marque ou provoquée par des tiers (B), en vertu des règles de droit commun.

A- La perte du droit du fait du propriétaire de la marque

L'absoluité du droit de propriété induit sa perpétuité. Ainsi, « *parce que la propriété est absolue, elle est aussi imprescriptible. Le non-usage de la chose, pour quelque durée que ce soit, ne peut jamais conduire à la disparition du droit de propriété* »[564]. Le propriétaire ne peut effectivement se prévaloir d'un droit absolu s'il devait être sanctionné, en raison de sa passivité, par la perte de son droit[565]. A rebours du droit commun, le droit de marque a retenu la solution inverse. Le propriétaire de la marque, pour maintenir le signe dans son patrimoine, doit s'imposer une obligation de veille et de surveillance. A défaut, il peut perdre son droit en tolérant l'usage ou en ne renouvelant pas le titre (1), ou encore en le laissant courir une déchéance (2).

1- La perte due à la tolérance et à l'abandon du titre

A l'opposé de la perte due à la forclusion par tolérance (a), de l'exploitation du titre par les tiers où la réalisation pleine et entière du monopole d'exploitation est seulement compromise, la perte causée par le non-renouvellement du titre peut rendre tout simplement impossible, sinon difficile, la réalisation desdits droits (b).

a- La perte due à la forclusion par tolérance

En droit commun[566], la tolérance n'est pas acquisitive de droit, elle s'interprète non dans le sens d'une renonciation, mais dans celui d'une complaisance, d'une politesse[567]. Cependant, en droit OAPI, le titulaire de la marque peut être privé de son droit lorsqu'il tolère l'usage d'une marque postérieure enregistrée, passé un certain délai[568], même si la marque

---

564 DROSS (W.), *Droit civil, les choses*, op.cit, p. 149.

565 Cass. req., 12 juill. 1905 : S.1907.1, p. 273, note Wahl ; D.P.1907.1, p. 141, Rapp. Potier ; Cass. 3e civ., 16 mai 1974: n°73-10751, Bull.civ. III, n°208.

566 Art. 2262 du C. Civ.

567 TERRE (F.), SIMLER (Ph.), op.cit, p. 336. Ainsi, lorsqu'un propriétaire permet à son voisin et à titre de bons rapports, de passer sur un fonds ou d'aller puiser de l'eau à une fontaine, le voisin ne peut prétendre posséder en vue de la prescription une servitude de passage ou de puisage. Bien loin de cesser d'exercer son droit, le propriétaire l'a, au contraire, manifesté en accordant sa permission. Quant au voisin, il s'agit d'une manière conforme à la volonté du propriétaire (Riom, 3 déc. 1844, D.P.43, 2.88.).

568 SCHMIDT-SZALEWSKI (J.), PIERRE (J.-L.), op.cit, p. 270.

postérieure est similaire ou identique à la sienne. Ce délai est de cinq ans en droit français[569], et de trois ans en droit OAPI[570]. Ainsi, le titulaire du droit exclusif dispose en France, de deux ans supplémentaires pour protéger son droit. La durée de la tolérance doit donc être portée également à cinq ans, en droit OAPI, pour une meilleure protection de la marque.

Le but recherché par la forclusion par tolérance est de sanctionner la passivité des titulaires d'antériorité et de les obliger à la vigilance, afin d'éviter de laisser le titulaire de marque trop longtemps sous la menace d'une annulation pour atteinte à un droit antérieur et, surtout, de renforcer la sécurité juridique attachée aux enregistrements[571]. Toutefois, la forclusion par tolérance obéit à certaines conditions.

A l'abord, la marque postérieure doit avoir été déposée de bonne foi, c'est-à-dire dans l'ignorance de l'atteinte portée à un droit antérieur[572]. Il revient au propriétaire de la marque antérieure, de rapporter la preuve de la mauvaise foi du déposant de la marque postérieure[573]. Mais, celle-ci ne peut consister dans le défaut de vérification de la disponibilité du signe lors du dépôt[574], ni dans une simple négligence[575], ni encore dans la seule connaissance de la marque première[576].

Ensuite, le titulaire de la marque première doit avoir toléré l'usage de la marque postérieure. Il est donc nécessaire que celle-ci soit exploitée[577], et que le titulaire de la marque ait eu connaissance de cette exploitation, ou n'a pas pu l'ignorer. Ainsi, la tolérance ne suppose pas que le titulaire de la marque ait admis son usage, même tacitement, mais seulement qu'il se soit abstenu, en circonstance de cause, de s'y opposer[578]. Cette opposition, pour être interruptive de prescription, doit, de manière expresse, indiquer la volonté du titulaire de la marque de faire cesser l'usage de sa propriété. Pour être efficace, elle ne saurait donc prendre la forme d'une simple mise en demeure, mais d'actes interruptifs de prescription, en application du code civil, comme une assignation ou des saisies[579]. Le point de départ du délai de tolérance est la

---

569 Art. L.716-5 du CPI.

570 Art. 46 de l'Annexe III de l'ABR.

571 PASSA (J.), *Traité*, t.1, op.cit., p. 232.

572 Cass. com., 8 mars 2005, *PIBD* 2005, n° 809, III, 341 ; Paris, 12 oct. 2001, *PIBD* 2002, n°736, III, 81 ; D.2003, Somm. 129, obs. DURANDE (S.). ; Paris, 6 juin 2003, *PIBD* 2004, n° 809, III, p. 345.

573 Cass. com., 12 juill. 2005, *PIBD* 2005, n°816, III, p. 584 ; Paris, 6 juin 2003, *PIBD* 2004, n°778, III, p. 41.

574 Idem.

575 Cass. com, 6 mars, 2007, pourvoi n°05-13160.

576 Paris, 4 juin 2008, *PIBD* 2008, n°881, III, p. 545.

577 Paris, 5 déc. 2001, *PIBD* 2002, n° 738,III, p. 134.

578 Cass. com., 31 mai 2005, *PIBD* 2005, 815, III, p. 549 ; Cass. com., 28 mars 2006, Bull.civ.IV, n° 82 ; *PIBD* 2006, n° 833, III, p. 472.

579 Cass. com., 25 févr. 2003, Bull.civ.IV, n° 29.

date où le propriétaire de la marque première a eu connaissance de l'usage contrefaisant de sa marque[580].

La perte du droit est limitée aux produits ou aux services pour lesquels l'usage a été toléré[581]. Bien entendu, le titulaire de la marque antérieure conserve tous ses droits, sauf à l'égard du bénéficiaire de la tolérance[582]. Tel n'est pas le cas, lorsque le titulaire du titre abandonne son droit.

b- La perte causée par le non-renouvellement du titre

Parce que le droit de marque n'est pas perpétuel, son propriétaire ne peut en jouir ou en disposer que s'il le renouvelle au terme de la période décennale de protection. Le non renouvellement est constaté par le défaut de paiement de la taxe de renouvellement, après les délais impartis[583].

Qu'il soit exprès ou tacite, l'abandon du droit de marque est l'un des obstacles majeurs à la réalisation des droits, en ce qu'il fait disparaître, pour le futur, ledit droit. En effet, la renonciation n'a pas d'effet rétroactif[584]. Le signe n'est disponible que pour le futur, en sorte que l'action en contrefaçon reste ouverte, contre les atteintes antérieures à sa date d'effet[585].

Pour autant, lorsque le titulaire de la marque ou ses ayants droit n'a pas pu renouveler la marque, dans les délais impartis, il peut solliciter du Directeur Général de l'OAPI, la restauration de leur droit[586]. La demande de restauration doit être accompagnée des pièces justifiant le paiement de la taxe de renouvellement et d'une surtaxe qui correspond à la sanction financière du non-renouvellement[587]. De même, la restauration doit être demandée dans un délai de six mois, à partir de la date où les circonstances susmentionnées ont cessé d'exister et, au plus tard, dans le délai de deux ans, à partir de la date où le renouvellement était dû[588]. Il s'en suit que quelle que soit la date ou les circonstances qui ont empêché le renouvellement, la demande de restauration ne peut prospérer si elle est portée devant le Directeur de l'OAPI, dans un

---

580 Cass. com., 31 mai 2005, *PIBD* 2002, 815, III, p. 549.

581 Art. 46. al.3 de l'Annexe III de l'ABR.

582 SCHMIDT-SZALEWSKI (J.), PIERRE (J.-L.), op.cit, p. 270.

583 Art. 21 de l'Annexe.III de l'ABR.

584 PASSA (J.), *Traité*, t.1, op.cit, p. 223.

585 Cass. com., 2 juin 1992, Bull. civ.IV, n° 223. Toutefois, le signe est disponible pour les produits ou services similaires ou identiques que trois ans après la date de prise d'effet de la renonciation. (Art.21 al.6 de l'Annexe III.ABR.).

586 Art. 25 al.1er et 2 de l'Annexe III de l'ABR.

587 La demande doit indiquer les motifs qui justifient le non-renouvellement et, subséquemment, fondent la demande de restauration (Art.25 al.2 de l'Annexe III de l'ABR.). En effet, la demande en restauration ne peut prospérer que si le renouvellement de la marque n'a pu être effectué « en raison de circonstances indépendantes de la volonté du titulaire de ladite marque ». (Art. 25 al.1er de l'Annexe III de l'ABR, préc.).

588 Idem.

délai supérieur à deux ans, qui court à compter de la date à laquelle le renouvellement était dû. Cependant, pour la détermination de cette date, il doit être tenu compte du délai de grâce de six mois qui devrait s'ajouter à la date effective de renouvellement[589]. Le délai de six mois imparti au titulaire du signe, privé de son droit, n'est pas assimilable à un délai de prescription[590], mais doit être tenu pour un délai préfixe insusceptible de suspension[591].

En s'inspirant de la jurisprudence française relative à l'excuse légitime qui autorise le titulaire du brevet à agir en restauration, il peut être soutenu que les circonstances indépendantes de la volonté du titulaire de la marque, qui fondent sa demande en restauration, peuvent relever de la force majeure qui suppose une cause étrangère au breveté, involontaire et non fautive[592]. Cependant, il n'y a pas d'excuses légitimes lorsque le défaut de renouvellement, par le non-paiement de la taxe, est dû à l'absence de surveillance de l'ordre de payer, ou apparaît comme la conséquence de la négligence et de la mauvaise organisation du titulaire du droit[593].

Le Directeur Général de l'OAPI, après examen de la demande de restauration, peut faire droit ou rejeter la demande, si ses motifs ne lui paraissent pas fondés[594].

Lorsque la décision de restauration est rendue, elle ne fait pas prolonger la durée maximale de protection de la marque[595]. La durée décennale est donc computée, comme si la marque avait été régulièrement renouvelée.

---

589 Art. 21 al.2 de l'Annexe III de l'ABR.

590 Paris, 4e ch., 1er juin 1994, *PIBD* 1994, 575, III, 497, (Relativement au Brevet.).

591 Paris, 4e ch., 28 sept. 1994, *PIBD* 1994, 578,III, 591, *RTDcom.* 1995, 414, obs. AZEMA (J.), relativement au Brevet.

592 Cass. com, 30 mai 2007, *PIBD* 2007, n°857, III, p. 501. Peuvent également constituer des excuses légitimes ou pour reprendre la terminologie du législateur OAPI « des circonstances indépendantes de la volonté du titulaire » de la marque : la maladie (Paris, 29 mai 1992, *PIBD* 1992, n°533, III, p. 611.), une cause extérieure de désorganisation de l'entreprise, sa mise en liquidation judiciaire (Paris, 17 mars 1970, Annales 1970, p. 24.), un retard imputable aux services postaux (Paris, 8 déc. 1970, *PIBD* 1971, n°53, III, p. 43.), la faute d'un salarié (Paris, 5 oct. 1987, *PIBD* 1987, III, p. 487.). Par contre, la faute du mandataire ne peut constituer une excuse légitime, que s'il a été convenablement choisi (Paris, 5 juill. 1996, *RDPI*, 1996, n°70, p. 29, *RTDcom*,1997, p. 426, obs. AZEMA (J.).), mais pas s'il n'était pas qualifié (Cass. com., 4 oct. 1976, Bull. civ. IV, n°241, p. 207.), ou si le mandant lui a donné de mauvaises instructions (Paris, 13 déc. 1982, *PIBD* 1983, n°318, III, p. 47.).

593 Cass. com, 26 janv. 1976, *PIBD* 1976, n°168, III, p. 178.

594 Art. 25 al.3 de l'Annexe III de l'ABR. C'est ainsi que, par décision n°0159/OAPI/DG/DPG/SSD/SCAJ du 26 octobre 2006 (Rec. décisions CSR, Session 2006-2009, p. 100.), le Directeur Général de l'OAPI a rejeté la demande de restauration de la marque « Blue Band » alors même que le titulaire de ladite marque a invoqué la faute du mandataire et la lenteur de l'OAPI dans le traitement des dossiers.

595 Art.23 al.4 de l'Annexe III de l'ABR.

Le non-renouvellement est d'autant un obstacle à la réalisation, que la décision de restauration n'a pas d'effet rétroactif, relativement aux droits acquis par les tiers, à la suite du défaut de renouvellement. Ainsi, les tiers qui ont commencé à exploiter la marque, après son expiration, ont le droit de continuer leur exploitation[596]. Les marques restaurées sont réinscrites au registre spécial des marques et publiées au Bulletin Officiel de l'OAPI[597]. La décision de rejet, consécutive à la demande de restauration, peut donner lieu à un recours auprès de la Commission Supérieure de Recours, dans un délai de trente jours, à compter de la notification de ladite décision[598]. Cette Commission peut confirmer[599] ou annuler la décision de rejet du Directeur Général[600].

Dès lors, si la possibilité de restauration est offerte au titulaire de la marque, la réalisation de son droit sur le signe peut être compromise lorsqu'il n'est pas fait droit à sa demande. Il en est de même en cas de déchéance.

2- La perte causée par la déchéance

Ordinairement, la propriété est perpétuelle en ce qu'elle n'est affectée d'aucun terme qui en provoque la disparition[601]. La conséquence en est que la propriété ne se perd pas par le non usage[602]. Ainsi, le propriétaire d'un bien peut s'abstenir de s'en servir, sans que son droit ne se perde[603]. Mais, il en va autrement en droit de marque, où le défaut d'exploitation peut entraîner la déchéance (a) du droit de propriété de la marque[604]. De même, le défaut de vigilance du propriétaire du signe peut engendrer la déchéance du droit pour dégénérescence (b). Dans l'un ou l'autre de ces cas, la réalisation du droit devient très difficile, en ce que le titulaire de la marque ne peut plus invoquer un droit privatif.

---

596 Idem.

597 Art.25 al.5 de l'Annexe III de l'ABR.

598 Art.25 al.6 de l'Annexe III de l'ABR.

599 Déc. n°0102/CSR/OAPI/ du 27 avril 2007, Rec. Déc. de la CSR, p. 100-101.

600 Ainsi dans une décision en date du 27 avril 2007, elle a confirmé la décision n° 0159/CSR/OAPI/DG/DPG/SSD/SCAJ invoquée supra, en relevant que la « faute du mandataire s'assimile à une circonstance indépendante de la volonté du titulaire lorsque celui-ci fait preuve de diligence et de suivi pour le maintien de ses droits en vigueur ». (Déc. n°0102/CSR/OAPI/ du 27 avril 2007, Rec. Déc. de la CSR, p. 100-101, préc.).

601 CORNU (G.), *Droit civil, les biens*, op.cit, p. 297.

602 DROSS (W.), *Droit civil, les choses,* op.cit, p. 850.

603 TERRE (F.), SIMLER (Ph.), op.cit, p. 745.

604 Pour le Professeur DROSS, « cette solution semble au premier abord consacrer l'existence d'une prescription extinctive du droit de propriété portant sur la marque. En réalité, ce n'est pas tant le droit qui s'éteint que son objet, c'est l'oubli du consommateur, lequel entraîne la disparition de l'image qu'a vocation à appeler la marque que cette solution rend compte. (DROSS (W.), op.cit, p. 851.).

a- La déchéance pour défaut d'exploitation

La radiation de la marque, pour défaut d'exploitation, est édictée par l'article 23 de l'annexe III de l'Accord de Bangui Révisé. En effet, et à l'abord, une obligation d'exploitation pèse sur le titulaire du signe, non pas pour des raisons d'intérêt général comme c'est, par exemple, le cas du brevet, mais parce que le droit exclusif perd sa raison d'être qui est de distinguer les produits ou les services d'un concurrent, s'il n'est mis en œuvre. Ensuite, l'on peut craindre que le dépôt serve dans certains cas seulement à gêner les concurrents, par la pratique des marques de réserve[605], de défense[606] et de barrage[607]. Enfin, parce que le maintien d'une marque inexploitée encombre les registres de l'OAPI, restreignant sans justification les choix des signes pour les autres entreprises, alors même que les signes attractifs ne sont pas inépuisables[608], la déchéance se justifie.

La décision de déchéance ne peut être prononcée que s'il y a défaut d'exploitation pendant une durée de cinq ans sans juste motif. Ainsi, l'exploitation doit être publique et non équivoque. Les modalités de cette exploitation varieront selon les cas[609]. La marque doit avoir été mise en contact avec la clientèle, et de simples actes préparatoires sont insuffisants[610]. L'usage sérieux suppose l'utilisation de la marque sur le marché[611], pour désigner les produits ou services visés au dépôt et non des produits similaires[612].

---

605 « La marque de réserve est celle qui, normalement déposée, ne sert pas immédiatement à son titulaire, car elle est gardée en réserve pour être apposée pour accompagner un produit ou un service nouveau qui sera prochainement proposé à la clientèle ». (GAUMONT-PRAT (H.), op.cit, p. 182.).

606 « La marque de défense ou associée couvre un signe similaire à celui qui est exploité réellement à titre de marque : il empêchera un concurrent de s'approcher trop près de la marque protégée ». (GAUMONT-PRAT (H.), op.cit, p. 182, préc.).

607 « La marque de barrage est déposée dans le seul but d'empêcher un concurrent de l'exploiter » ; ibidem.

608 POLLAUD-DULIAN (F.), *Propriété intellectuelle, la propriété industrielle*, op.cit, p. 854.

609 L'exploitation normale de la marque se réalise par son apposition sur les produits (AZEMA (J.), GALLOUX (J.-C.), op.cit, p. 914.), mais elle peut aussi se réaliser dans la diffusion de catalogues comportant la marque, et plus généralement de toutes sortes d'actions publicitaires dont elle est le support. (Versailles, 27 mai 1987, *PIBD* 1988, III, p. 599.).

610 Paris, 25 mais, 1989, *PIBD* 2009, III, p. 1284.

611 Cass. com, 24 oct. 1984, *Ann. Propr. Ind.* 1984, p. 219, note Reboul.

612 Paris, 27 nov. 1990, *PIBD* 1991, III, p. 348; Com. 5 juill. 1977, Bull. civ.IV, n° 194, p. 166. Ainsi, il a été également jugé qu'« un usage de signe à un titre autre que celui attaché à la fonction de la marque ne peut être retenu comme constituant un usage sérieux à titre de marque » (Paris, 15 janv. 1999, *PIBD* 1999, n° 647, III, p. 172.) ou « qu'il ne saurait y avoir exploitation d'une marque que si le signe déposé comme tel remplit sa fonction, qui est de distinguer des produits offerts en vente soit qu'il soit apposé sur eux, soit que tout au moins , il accompagne la mise à disposition du public dans des conditions ne laissant aucun doute sur ladite fonction » (Paris, 25 mai 1989, *PIBD*, n° 466, III, 599.).

L'usage doit donc être fait à titre de marque et non, par exemple, à titre de nom commercial[613]. Est assimilé à l'usage du titulaire de la marque, celui effectué par un tiers avec son consentement,[614] pour autant que ce consentement procède d'une manifestation expresse de volonté et non d'une simple tolérance[615]. De même, le titulaire de deux marques voisines ne peut invoquer l'usage de l'une, pour faire échapper l'autre à la déchéance.[616] La preuve de l'usage pèse sur le titulaire de la marque[617]. Elle est librement administrée, notamment, par des factures[618], des articles de presse[619] qui, pour être recevables, doivent attester à la fois de l'exploitation du signe mais aussi de la date des actes d'exploitation[620].

En vertu du principe de territorialité, pour échapper à la déchéance, les actes d'exploitation doivent avoir été accomplis sur le territoire du pays dans lequel l'enregistrement a été effectué[621], en l'occurrence dans l'espace OAPI.

En outre, la radiation peut être prononcée pour tout ou partie des produits ou des services pour l'exploitation desquels ladite marque a été enregistrée. Il en résulte que, lorsque la marque a été enregistrée pour plusieurs produits ou services et qu'elle n'est exploitée que pour certains d'entre eux, la déchéance n'est pas encourue pour ceux pour lesquels elle est exploitée, sans avoir à tenir compte de la similitude pouvant exister ou non entre eux[622].

Le droit OAPI[623], comme celui français[624], subordonne la déchéance à un défaut d'usage pendant une période interrompue de cinq ans. Mais, le droit OAPI se démarque du droit français, en ce que, dans l'espace OAPI, la déchéance n'est encourue que si le délai d'inexploitation continue de cinq ans, précède la demande en déchéance[625]. Or en France, la déchéance est encourue dès que la période d'inexploitation de cinq ans, ininterrompue, est acquise[626]. Le point de départ du délai de cinq ans est la date du dernier acte d'usage sérieux, ou si la marque n'a jamais été exploitée la date de son enregistrement. La date de dépôt ne peut normalement servir de date de départ du délai, parce qu'à cette date, le titulaire de la marque n'avait pas la certitude de la propriété

---

613 Cass. com., 25 avr. 2001, *PIBD* 2001, III, p. 478.

614 Paris, 26 juin 1986, *Ann. Propr. Ind.* 1987, p. 217. ; Paris, 24 mars 1988, III, p. 254.

615 Paris, 7 juill. 1988, *PIBD* 1988, III, p. 464.

616 Cass. Ass. Plén. 16 juill. 1992, Bull. civ. Ass. Plén. n° 10, p. 21; *JCP G* 1992, III, 21951 note BURST (J.J.); Paris, 20 janv. 2006, *PIBD* 2006, III, p. 217.

617 Art.23 al.2 de l'Annexe III de l'ABR.

618 Paris, 5 juin 2002, *PIBD* 2002, n° 753, III, p. 53.

619 Cass. com, 27 mai 1997, Bull.civ.IV, n°157 ; *PIBD* 1997, n°638, III, p. 464.

620 Cass. com., 24 sept. 2003, *PIBD* 2003, n° 769, III, p. 390.

621 Paris, 14 mars 2003, *PIBD* 2003, n° 769, p. 390.

622 AZEMA (J.), GALLOUX (J.-C), op.cit, p. 916.

623 Art.23 al.1er de l'Annexe III de l'ABR.

624 Art. L.714-5 du CPI.

625 Art.23 al.1er de l'Annexe III de l'ABR, préc.

626 Art. L 714-5 du CPI, Préc.

de sa marque[627]. L'écoulement du délai de cinq ans s'apprécie au jour de l'introduction de la demande et non à celui où le juge statue[628]. De même, le renouvellement ou la cession de la marque n'a aucune incidence sur la computation des délais. Il est opéré une jonction entre les deux périodes d'exploitation[629].

Enfin, la marque n'encourt pas déchéance lorsque son inexploitation est justifiée par des « *excuses légitimes* »[630]. La législation française substitue la notion d'excuses légitimes, qui était retenue[631], à celle de « *justes motifs* »[632], sans que cette modification n'entraîne de conséquences quant à l'application de la loi. « *Il s'agira toujours d'un obstacle sérieux, de fait ou de droit, extérieur à la sphère d'influence du titulaire de la marque, et ayant empêché son exploitation* »[633]. L'excuse légitime doit être un obstacle indépendant de la volonté du titulaire de la marque, rendant son usage impossible ou déraisonnable[634]. Comme obstacle, on peut retenir la difficulté d'approvisionnement en matière première pour la fabrication des produits en cause[635], l'attente de la délivrance d'autorisations administratives préalables à l'exploitation[636], l'exercice d'une action en contrefaçon ou en concurrence déloyale contre le titulaire de la marque[637].

Cependant, de simples menaces de poursuites en contrefaçon[638] ou en contestation de l'enregistrement [639] ne sont pas constitutives d'excuses légitimes. Telle est également la solution, lorsque le titulaire de la marque invoque des difficultés tenant de sa politique commerciale ou de nature économique[640]. Outre la non-exploitation, la marque encourt déchéance pour dégénérescence.

---

627 PASSA (J.), *Traité*, t.1, op.cit, p. 241.
628 Paris, 24 mars 2004, *PIBD* 2004, n°790, III, p. 416.
629 AZEMA (J.), GALLOUX (J.-C.), op.cit., p. 918.
630 Art. 23 al.1er de l'Annexe III de l'ABR.
631 Loi 64-1360 du 31 décembre 1964 portant sur les marques de fabrique, de commerce ou de service.
632 Art. L.714 al.5 du CPI.
633 AZEMA (J.), GALLOUX (J.-C), op.cit, p. 1918.
634 CJCE, 14 juin 2007, aff.C 246/05, *PIBD* 2007, III, p. 633.
635 TGI Toulouse, 8 janv. 1973, *PIBD* 1973, III, p. 77; TGI Paris, 29 juin 1987, *PIBD* 1987, III, p. 513.
636 TGI Paris, 16 nov. 1989, *PIBD* 1990, III, p. 191 ; Paris, 12 nov. 1991, *PIBD* 1992, III, p. 230.
637 Cass. Mixte, 6 juill. 1984, *JCP E* 1985, II, p. 14449, Concl. SADON.
638 Rian, 6 mai 1974, *Ann. Propr. Ind.* 19947, p. 228.
639 TGI Paris, 28 mai 1976, *PIBD* 1976, III, p. 228.
640 Cass. com., 3 mars 1981, Bull.civ.IV, n° 119.

b- La déchéance pour dégénérescence

Lorsque, de son fait, la marque est devenue usuelle ou déceptive, le titulaire du droit sur la marque peut être déchu de son droit, parce que la marque est frappée de « *dégénérescence* »[641]. Pour autant, la marque n'est pas nulle car, au moment de son enregistrement, elle était valide. Mais la dégénérescence vient sanctionner la passivité de son propriétaire, compromettant ainsi la réalisation des droits à la marque.

La déchéance pour dégénérescence n'est pas expressément prévue en droit OAPI. Mais, elle peut s'induire de la lecture combinée des articles 3 et 36 de l'Annexe III de l'Accord de Bangui Révisé. En France, elle est expressément édictée par l'article L.714.6 du code de propriété intellectuelle[642].

Tout d'abord, la marque n'encourt déchéance que si elle devient, postérieurement, à son enregistrement, usuelle ou générique, à l'égard des produits ou services qu'elle désigne, quelle que soit la durée écoulée depuis le dépôt ou l'enregistrement[643]. La sanction de la dégénérescence guette le plus souvent les marques mondialement connues comme « Frigidaire », « Bic », « Lacoste », « Fermeture Eclair ». Pour autant, la marque ne peut devenir usuelle du seul fait de sa notoriété[644], étant entendu que le titulaire de la marque ne peut être victime du succès ou de la notoriété de sa marque[645]. Le signe ne peut devenir usuel, en effet, que s'il n'est plus perçu, par le public concerné, comme l'indication d'une origine commerciale, mais comme la désignation habituelle d'un type de produit ou service[646]. Même si la marque est devenue usuelle, elle n'encourt déchéance que si le caractère générique de la marque est du « *fait* »[647] du titulaire. En d'autres termes, le titulaire du signe doit avoir contribué, de manière active ou passive, à la dégénérescence de la

---

641 BURST (J.-C.), « Une nouvelle cause de déchéance du droit sur la marque : la dégénérescence de la marque », *in Mélanges Jean FOYER*, Paris, PUF, 1997, p. 207.

642 Art L.714-6 ; « encourt la déchéance de ses droits le propriétaire d'une marque devenue de son fait :
1- La désignation usuelle dans le commerce du produit ou du service ;
2- Propre à induire en erreur, notamment sur la nature, la qualité ou la provenance géographique du produit ».

643 PASSA (J.), *Traité*, t.1, op.cit, p. 262.

644 Paris, 14 nov. 1995, *PIBD* 1996, n°604, III, p. 68 (Perfecto) ; TGI Grenoble, 21 sept. 2000, *PIBD* 2001, n° 711, III, p. 14. ; D. 2002, Somm.1133, obs. S. DURAND. En effet, les deux notions ne peuvent être confondues, même s'il faut garder à l'esprit qu'une marque ne peut devenir la désignation usuelle d'un produit, si cette marque ne jouit pas d'une certaine notoriété auprès du public pertinent. (LE BIHAN (E.), « Perte du droit sur la marque : renonciation, forclusion, déchéance, nullité », *JCP*, Fasc. 7405, mai 2009, p. 9.).

645 Nancy, 12 juin 1963, *RTDcom.* 1963, p. 85; Cass. com., 23 oct. 1990, *JCP E* 1991, II, p. 109, note CHAVANNE. (Alcotest).

646 PASSA (J.), *Traité*, t.1, op.cit, p. 265-266.

647 Art. L.714- 6 du CPI, préc.

marque. Ainsi, la déchéance peut être fondée, lorsque le propriétaire de la marque constate sans réagir l'utilisation de sa marque comme un nom commun désignant ses produits ou des produits similaires[648]. Dès lors, pour préserver sa marque de la déchéance, le titulaire doit la protéger, lorsqu'il constate son usage générique[649] en saisissant le juge pour faire cesser l'usage[650], en publiant des rectificatifs[651] ou en organisant une campagne publicitaire[652].

La marque encourt également déchéance lorsqu'en raison de l'usage qui en est fait, elle est devenue trompeuse, c'est-à-dire propre à induire en erreur, notamment, sur la qualité ou la provenance géographique du produit ou du service[653]. La raison en est que nul ne doit avoir de droit exclusif sur l'instrument d'une tromperie[654]. Aussi, a-t-il été jugé que la marque doit être et demeurer un instrument loyal d'information du consommateur, de sorte qu'il convient de prononcer la déchéance d'une marque qui, en raison d'une modification dans les conditions d'exploitation de celle-ci, du fait de son propriétaire, est devenue déceptive[655].

Lorsque la juridiction saisie fait droit à la demande de déchéance, qu'elle soit pour cause de dégénérescence ou de non exploitation, elle ordonne la radiation de la marque, qui peut être totale ou partielle[656]. La décision de radiation est rétroactive, car l'enregistrement de la marque est alors réputé n'avoir jamais eu d'effet[657]. Toutefois, en dépit de la déchéance, l'ancien titulaire du signe peut continuer à l'utiliser[658], sauf qu'il ne peut plus se prévaloir d'un droit exclusif. La décision de déchéance est inscrite au registre spécial des marques et publiée au Bulletin Officiel.

La perte, qui rend difficile la réalisation du droit à la marque, peut aussi résulter du fait de tiers.

---

648 PASSA (J.), *Traité*, t.1, op.cit, p. 262.

649 L'usage générique peut résulter de l'entrée de la marque dans un dictionnaire, sans qu'il soit précisé que le mot désigne une marque (Paris, 14 nov. 1995. Préc.) ou dans un logiciel de traduction automatique (Paris, 28 avr. 2006, *PIBD* 2006, n° 833, III, p. 476.).

650 TGI Paris, 17 sept. 1980, *Gaz. Pal.* 1981.1.133, note LE TOURNEAU, à propos de l'emploi générique de la marque « Bic » dans un roman.

651 TGI Paris, 29 oct. 1997, *PIBD* 1998, n° 648, III, p. 119.

652 Paris, 19 oct. 2001, *PIBD* 2002, n° 736, III, p. 79.

653 Art. L.714-6 al.2.

654 PASSA (J.), *Traité*, t.1, op.cit, p. 270.

655 Paris, 15 déc. 2004, « Inès de Fressange », *PIBD* 2005, n°803, III, p. 142.

656 Art. 23 al.1er de l'Annexe III de l'ABR. Solution retenue en cas de non exploitation de la marque qui peut être appliquée en l'espèce.

657 Art. 23 al.4 de l'Annexe III de l'ABR. Règle posée en cas de non exploitation de la marque qui peut être également appliquée en l'espèce.

658 PASSA (J.), *Traité*, t.1, op.cit, p. 271.

B- La perte du droit du fait de tiers

La réalisation du droit sur la marque peut être également freinée par les tiers. Les difficultés tiennent de ce que le titulaire, à l'initiative des tiers, peut être privé de ses droits, soit parce que ceux-ci ont été annulés (2), soit parce qu'il a dû les céder sous la contrainte (1).

1- La cession sous la contrainte du droit de marque

La cession sous la contrainte du droit de marque peut être réalisée par l'expropriation (a) ou la vente sur saisie (b).

a- L'expropriation du droit de marque

Le titulaire de la marque peut en être exproprié pour cause d'utilité publique[659]. Cette hypothèse, moins récurrente, n'a néanmoins pas disparu de l'arsenal législatif des Etats membres de l'OAPI. Au Bénin, c'est l'article 22[660] de la Constitution qui prévoit la possibilité pour un propriétaire, comme celui de la marque, d'être dépossédé de son bien pour cause d'utilité publique. De par le passé, notamment, au milieu des années 1970, beaucoup de pays membres de l'OAPI, sous le couvert du socialisme ou du marxisme-léninisme, comme le Bénin, le Congo ou la Guinée, ont exproprié les ressortissants européens ou occidentaux de leurs entreprises, dépossédant, par la même occasion, ceux-ci des marques qu'ils exploitaient. De même, en France, les nationalisations de 1982 ont entraîné, aussi indirectement, le transfert à l'Etat des marques appartenant aux entreprises nationalisées à travers le patrimoine de celles-ci[661]. Bien plus tôt, au début du 20e siècle, la séparation de l'Eglise et de l'Etat en 1901, notamment, par l'adoption de la loi du 1er juillet 1901 sur les associations, entraîna la spoliation des marques appartenant à divers ordres religieux au profit de l'Etat français[662]. Le cas le plus symptomatique reste celui de la marque de liqueur « Chartreuse » pour l'exploitation de laquelle un contentieux important opposa les différentes parties revendiquant la propriété[663].

---

659 POLLAUD- DULIAN (F.), *Propriété intellectuelle, propriété industrielle*, op.cit, p. 887.

660 Art. 22 de la loi n°90-32 du 11 décembre 1990 portant Constitution de la République du Bénin.

661 POLLAUD-DULIAN (F.), *Propriété intellectuelle, la propriété industrielle*, op.cit, p. 887, préc.

662 Idem.

663 Cass. 31 juill.1906 et Grenoble 19 juill.1905, D.1906, 2, 137, obs. CLARO, Annales 1907, p. 25 ; Cass. Rep., 28 avr. 1911, Annales 1911, n°1, p. 235.

Toutefois, l'expropriation est conditionnée à un juste et préalable dédommagement[664]. Ce qui revient à dire que le titulaire de la marque ne peut être dépossédé de son bien que s'il en a reçu la contrepartie sous forme d'une indemnisation convenue d'accord parties. A défaut, le juge administratif peut être amené à fixer le montant de l'indemnisation[665]. De même, la mesure d'expropriation doit être proportionnée au but recherché. Ainsi, cette mesure ne se justifie que « *si les atteintes à la propriété privée, le coût financier et, éventuellement, les inconvénients d'ordre social qu'elle comporte, ne sont pas excessifs, eu égard à l'intérêt qu'elle présente* »[666]. Dès lors, l'Etat ne peut s'approprier le droit exclusif sur la marque, que s'il parvient à justifier l'intérêt général dont la préservation est si importante que seule l'expropriation de la marque permet de sauvegarder. Plutôt qu'une expropriation, le tiers créancier du propriétaire de la marque peut procéder à la saisie pour se faire rembourser, freinant ainsi la réalisation de celle-ci.

b- La vente sur saisie du droit de marque

Le droit exclusif sur la marque, qui est un bien incorporel, peut être saisi aux fins de remboursement forcé des dettes du propriétaire de la marque. Dans la plupart des Etats-parties à l'Accord de Bangui Révisé, l'exécution forcée est prévue et organisée par l'acte uniforme du Traité de l'OHADA[667] portant organisation des procédures simplifiées de recouvrement et des voies d'exécution[668]. Le créancier peut, à l'abord, pratiquer une saisie conservatoire[669]. « *Il s'agit, comme toute saisie, d'une forme d'expropriation du débiteur à des fins d'intérêt privé puisqu'elle affecte, provisoirement ou définitivement, la propriété du débiteur*

664 Art. 22 de la Constitution béninoise du 11 décembre 1990, préc.

665 CHAPUS (R.), *Droit Administratif Général*, Paris, Montchrestien, Coll. Domat Droit public, t.1, 15e éd., 2001, p. 857.

666 CHAPUS (R.), op.cit, p. 1075.

667 L'Organisation pour l'Harmonisation en Afrique du Droit des Affaires, est créée par le Traité du 17 octobre 1993, révisé le 17 octobre 2008 au Québec. Il institue entre les Etats-parties un droit uniforme qui porte notamment sur le Droit des Sociétés Commerciales et du GIE, le droit Commercial Général, le Droit des Sûretés, le Droit Comptable, le Droit de l'Arbitrage, les Procédures Collectives d'Apurement du Passif, les Procédures Simplifiées de Recouvrement et des Voies d'Exécution, les Sociétés Coopératives et le Transport de Marchandises par Route. Tous les pays de l'OAPI, en sont membres à l'exception de la République Islamique de Mauritanie.

668 L'AU PSRVE a été adopté le 10 avril 1998 et est entré en vigueur le 1er juin 1998.

669 Art. 54 de l'AU PSRVE : « toute personne dont la créance paraît fondée en son principe peut, par requête, solliciter de la juridiction compétente du domicile ou du lieu où demeure le débiteur, l'autorisation de pratiquer une mesure conservatoire sur tous les biens mobiliers, corporels ou incorporels de son débiteur, sans commandement préalable, si elle justifie des circonstances de nature à en menacer le recouvrement. »

sur ses biens »[670]. Pour éviter que le débiteur alerté n'organise son insolvabilité, l'efficacité de la mesure est subordonnée aux exigences de rapidité, de discrétion et nécessite une certaine surprise[671]. Ensuite, pour être fondée, la saisie conservatoire doit poursuivre le recouvrement d'une créance qui paraît fondée en son principe[672], c'est-à-dire une créance dont l'existence est vraisemblable[673].

Le créancier, qui justifie d'un titre exécutoire, convertit la saisie conservatoire en saisie-vente[674]. Il peut également pratiquer directement saisie-vente sur le fondement de son titre exécutoire constatant l'existence de sa créance[675].

A l'issue de la vente, le titulaire du signe est alors dépossédé de son droit sur le signe, rendant ainsi impossible, pour lui, la réalisation de ses droits sur le signe. Toutefois, le signe ne disparaît pas. Il change simplement de main, contrairement à l'annulation de la marque qui fait disparaître le signe, compromettant ainsi définitivement sa réalisation.

---

670 POUGOUE (P.-G.), (dir.), *Encyclopédie du droit OHADA*, Lamy, 2011, p. 1745.

671 DJOGBENOU (J), *L'exécution forcée, législation béninoise et droit OHADA*, JURIS OUANILO, Coll. Droit Posé, 2006, p. 118.

672 Art.54 de l'AU-PSRVE.

673 ASSI-ESSO (A.M.), DIOUF (N.), *Recouvrement des créances*, Bruxelles, Bruylant, 2002, n°132. Ainsi, le juge judiciaire saisi d'une contestation, n'a pas pour mission de rechercher l'existence d'une créance certaine, liquide et exigible (CCJA, arrêt n°014/2007 du 29 mars, in les grandes décisions de la CCJA, l'Harmattan, 2010, p. 451, note KENFACK (P.E.), mais il s'agit pour lui de vérifier la vraisemblance de la créance, ou si elle peut être sérieusement contestée. La créance paraît fondée en son principe en présence d'une ordonnance afin d'injonction de payer (Abidjan, ch.civ. et com., arrêt n°338 du 20 mars 2001, ohadata J-02-82.). Ce qui n'est pas le cas lorsque les documents fournis par le créancier pour justifier sa créance sont unilatéralement confectionnés par lui (TPI Libreville-ordonnance, répertoire n°135/2002 du 29 juin 2001, ohadata, J-03-342). De même, la saisie conservatoire ne doit être pratiquée que si les circonstances sont telles que le recouvrement de la créance est compromise (Art.54 de l'AU PSRVE.). Aussi, lorsque le créancier poursuivant échoue à établir les circonstances qui menacent le recouvrement de sa créance, mainlevée de la saisie conservatoire pratiquée doit être ordonnée (Abidjan, arrêt n°1036 du 25 juill.2003, ohadata, J-03-342). Par suite, il n'y a aucune menace sur le recouvrement de la créance, dès lors que les sommes se trouvaient entre les mains d'un séquestre judiciaire dont la mission est de garder les fonds pour les remettre à celle des parties qui sera désignée propriétaire par le juge saisi (CCJA, arrêt n°06/2006, in *Les grandes décisions de la CCJA*, Paris, l'Harmattan, 2010, p. 451, note KENFACK (P.E.), spéc., p. 546.). En principe, la saisie ne peut être pratiquée que sur ordonnance rendue à cette fin par le juge compétent (Art.54 de l'AU PSRVE, préc.). Toutefois, l'autorisation préalable n'est pas nécessaire, lorsque le créancier se prévaut d'un titre exécutoire (Art.55 al.1er de l'AU PSRVE.). Il en est également de même, en cas de défaut de paiement dûment établi, d'une lettre de change acceptée, d'un billet à ordre, d'un chèque ou d'un loyer impayé après commandement, dès lors que celui-ci est dû en vertu d'un contrat de bail d'immeuble écrit (Art.55 al. 2 de l'AU PSRVE.).

674 POUGOUE (P-G.), op.cit, p. 1757.

675 DJOGBENOU (J.), op.cit, p. 154.

2- L'annulation du droit de marque

L'annulation du titre fait plus qu'handicaper le titulaire de la marque dans la réalisation de son droit, en ce qu'elle entraîne sa disparition.

Dans ce cas, le droit de propriété, qui naît de l'enregistrement, disparaît[676] rétroactivement. La décision d'annulation a un effet absolu. Elle a aussi un effet *erga omnes,* c'est-à-dire opposable à tous[677], et peut être invoquée par voie d'exception dans un autre procès[678]. Par suite, l'annulation de la marque provoque la nullité des licences[679] accordées par le titulaire du signe.

Au-delà, les difficultés observées au moment de la réalisation du droit sur la marque, sont assez proches de celles que provoque la réalisation des droits sur les autres signes.

SECTION II. LA DIFFICILE REALISATION DES AUTRES SIGNES

Les titulaires du nom commercial, de la dénomination sociale, de l'enseigne, du nom commercial, des indications géographiques et du nom de domaine, jouissent, sur leur titre de la propriété intellectuelle, tout comme le propriétaire de la marque, d'un droit exclusif d'exploitation. Celui-ci a pour objet de créer, au profit de leur titulaire, une exclusivité dans l'emploi du signe[680].

Dès lors, le droit exclusif qui naît du nom commercial, autorise le titulaire du signe et, lui seul, à exploiter son signe pour distinguer son établissement ou son fonds de commerce de celui de ses concurrents. Il peut exploiter le nom commercial par lui-même, en désignant son fonds de commerce ou l'ensemble de ses activités par un seul nom commercial[681] et, surtout, en permettant à la clientèle d'identifier son entreprise et de s'y attacher[682]. Les titulaires de l'enseigne, la dénomination sociale ou du nom de domaine jouissent

---

676 Art. 24 al.2 de l'Annexe III de l'ABR.

677 Cass. com., 7 mars 1995, Bull.civ.IV., n°65 ; *PIBD* 1995, n°591, III, p. 323; *RTDcom.* 1995, p. 603.obs. CHAVANNE (A.).

678 Cass. com., 1er juin 1999, D. aff., 1999, p. 1084 , *PIBD* 1999,III, p. 384, Annales 2000, p. 48, *JCP G* 1999-I-p.10147, obs. ALLEAUME (C.).

679 Cass. com., 11 mars 2003, *PIBD*, n°766-III-p. 319.

680 SCHMIDT-SZALEWSKI (J.), PIERRE (J.-L.), op.cit., p. 191.

681 Le fonds de commerce peut comporter plusieurs marques, mais il n'a qu'un seul nom commercial. (POLLAUD-DULIAN (F.), *Propriété intellectuelle, la propriété industrielle* op.cit, p. 565.).

682 POLLAUD-DULIAN (F.), *Propriété intellectuelle, la propriété industrielle*, op.cit, p. 670.

également des mêmes prérogatives. A l'instar du nom commercial, ces signes peuvent également être cédés.

Le droit, qui naît de l'enregistrement de l'indication géographique, ne procure pas à une personne physique ou morale un droit exclusif sur le signe. Ce droit appartient à tous les producteurs exerçant leurs activités dans l'ère géographique désignée dans la demande d'enregistrement, pour autant que leurs produits aient les qualités et les caractéristiques essentielles retenues dans la demande[683].

Cependant, le monopôle d'exploitation n'est pas absolu, rendant ainsi difficile sa réalisation. Les difficultés naissent de ce que les titulaires des signes ne peuvent en jouir pleinement, en raison des limites au droit exclusif d'exploitation (Paragraphe I) ou de la perte (paragraphe II) dudit droit.

Paragraphe I. Les limites au droit exclusif d'exploitation

Plus encore que le propriétaire de la marque, les titulaires des autres signes distinctifs ne jouissent pas, sur leur signe, de droit absolu. Celui-ci admet des tempéraments qui limitent la réalisation des droits sur le nom commercial, l'enseigne, la dénomination sociale ou le nom de domaine. Nonobstant cette généralité, le nom commercial connaît des limites propres édictées par le législateur OAPI (A), qui s'ajoutent à celles communes à tous les signes (B).

A- Les limites propres au nom commercial

Le nom commercial se distingue des autres signes protégés par l'action en concurrence déloyale, en ce que le droit exclusif naît de l'usage mais, surtout, de l'enregistrement. Les exceptions au droit exclusif prévues par le législateur OAPI sont donc celles qui portent sur le nom commercial enregistré. De là, le régime des exceptions audit droit tient sa proximité avec le droit de marque. Celle-ci amène à distinguer l'obstacle à la réalisation du droit constitué par l'homonymie (1) de celui constitué par un certain usage du signe (2), qui empiète sur le droit de propriété du titulaire du signe.

1- L'homonymie, un obstacle à la réalisation du nom commercial

Le titulaire du nom commercial enregistré ne peut interdire aux tiers l'usage de leur nom, de leur adresse ou même d'un pseudonyme[684]. Cette

683 Art.15 al.1er de l'Annexe V de l'ABR.

684 Art.5 al.2 de l'Annexe III de l'ABR.

exception légale vise à empêcher une injustice. Il serait en effet injuste d'interdire à une personne physique, l'exploitation de son nom à titre de nom commercial, même si ce signe est déjà approprié par le titulaire du nom commercial pour désigner des produits ou des services similaires. Tout comme à l'égard des marques, il s'agit de permettre à une personne d'exercer une activité professionnelle sous son nom patronymique, malgré l'existence d'un nom commercial homonyme[685].

Cependant, l'exception légale est encadrée. L'homonyme doit employer son nom et exercer lui-même l'activité ou diriger l'entreprise qui exploite le nom commercial[686]. Il doit être ensuite de bonne foi[687], c'est-à-dire qu'il doit prendre toutes les dispositions nécessaires pour éviter tout risque de confusion avec le nom commercial[688], en adoptant, par exemple, une présentation particulière différente du nom commercial enregistré dans ses papiers commerciaux, ou dans son conditionnement[689] ou dans la présentation graphique du nom commercial. De même, l'usage du signe doit être limité à sa vocation qui est d'identifier et d'informer[690]. Cette limite s'ajoute aux autres pour rendre encore plus ardue la réalisation du droit exclusif du titulaire du nom commercial.

2- *Les limites constituées par un certain usage du signe*

A l'instar de la marque, le droit exclusif d'exploitation du nom commercial est limité par l'usage nécessaire pour indiquer la destination d'un produit ou service (a) et l'usage à des fins génériques et descriptives (b) du signe.

a- La limite érigée par l'usage nécessaire pour l'indication de la destination d'un produit ou service

La règle est la même qu'en matière de marque. Le titulaire du droit exclusif sur le nom commercial ne peut interdire l'usage de son signe aux tiers, pour indiquer la destination de leurs produits ou services[691]. L'exception ne joue que si la référence au nom commercial est indispensable à l'indication de la destination des produits ou services[692].

---

685 POLLAUD-DULIAN (F.), *Propriété intellectuelle, la propriété industrielle,* op.cit, p. 913.
686 Paris, 11 oct. 1995, *PIBD* 1996, n° 606, III, p. 122.
687 Art.5 al.2 de l'Annexe V de l'ABR.
688 Art.5 al.3 de l'Annexe V de l'ABR.
689 Cass. com, 12 nov. 1992, *PIBD* 1993, III, p. 198.
690 Art. 5 al.2 de l'Annexe V de l'ABR, préc.
691 Idem.
692 Paris, 4e Ch., 16 juin 2004 : D.2005, Pau.506, obs. DURANDE, (relativement à la marque).

Au demeurant, la pertinence de cette exception légale est assez discutable. En effet, à l'opposé de la marque, le nom commercial n'a pas vocation à distinguer des produits ou des services, mais plutôt à distinguer un fonds de commerce de celui de la concurrence. Le tiers ne peut donc, par définition, utiliser le signe pour indiquer la destination de ses produits ou services, sauf si le nom commercial est en même temps utilisé au titre de marque.

En tout état de cause, pour bénéficier de l'exception légale, le tiers doit être de bonne foi en limitant l'« *usage à des fins de simple identification ou d'information qui ne puisse pas induire le public en erreur sur la provenance des produits ou services* »[693].

Il en est de même lorsque l'usage est fait à des fins génériques ou descriptives.

b- La limite constituée par l'usage à des fins génériques ou descriptives du nom commercial

Le législateur OAPI fait interdiction au titulaire du nom commercial d'empêcher l'usage par un tiers dans la vie des affaires « *d'indications exactes relatives à l'espèce, la qualité, la quantité (...) la valeur, le lieu d'origine ou l'époque de la production* »[694]. Aussi, la dénomination choisie ne doit-elle pas être banale, usuelle, générique ou descriptive pour le type d'entreprise considérée[695]. Elle doit avoir un caractère arbitraire ou de fantaisie pour être distinctive, c'est-à-dire, d'une part, que si le commerçant choisit des termes qui décrivent son activité, il faut qu'il y ajoute un élément de fantaisie et, d'autre part, que les éléments descriptifs ou banals du nom commercial ne sont pas protégés en eux-mêmes[696]. La solution est identique à celle du droit sur la marque.

En effet, l'appropriation d'un signe, à titre de nom commercial, ne doit pas retirer du domaine public, la désignation ordinaire du nom commercial que tous les opérateurs doivent être libres d'utiliser pour présenter leurs activités au public[697].

---

693 Art.5 al.2 de l'Annexe V de l'ABR, préc.

694 Idem.

695 Paris, 21 décembre 1978, « Le modèle réduit », Annales 1980, p. 133. ; Lyon, 21 janv. 1952, « Arts ménagers », Annales 1952, p. 43 ; Trib.com, Nanterre, 13 avr. 1995, « Télé-achat », D. 1996, Somm. Com., p. 180, obs. GAVALDA (C.) et DE LEYSSAC (C.L.).

696 POLLAUD-DULIAN (F.), *Propriété intellectuelle, la propriété industrielle,* op.cit., p. 656-657.

697 SCHMIDT-SZALEWSKI (J.), PIERRE (J.-L.), op.cit, p. 211.

La dénomination est générique lorsqu'elle désigne non pas directement l'objet en cause, mais la catégorie, l'espèce ou le genre auxquels appartient cet objet[698].

La proximité du nom commercial avec la marque n'éloigne pas pour autant le nom commercial des autres signes distinctifs protégés par l'action en concurrence déloyale, quant aux difficultés de réalisation du droit exclusif.

B- Les limites communes à tous les signes

Même si l'ABR ne prévoit pas expressément, le droit exclusif du titulaire de l'enseigne, du nom de domaine ou de la dénomination sociale, n'est pas opposable à l'homonyme, ni à l'usage nécessaire pour l'indication de la destination d'un produit ou service ou encore, l'usage à des fins génériques ou descriptives. Si ces usages s'imposent aux titulaires de signe légalement protégés, ils doivent l'être davantage aux signes qui ne reçoivent pas une protection juridique particulière. S'imposent en outre à eux, les limites induites par des règles qui ne sont pas édictées par l'ABR, de sorte que la réalisation de ces droits n'est également pas entière. Ces limites sont portées par les principes de territorialité (1) et de spécialité (2).

---

[698] Idem. Par exemple, la dénomination « crédit libre », pour désigner des services de publicité, d'affaires, d'assurance et de financement ne peut justifier un droit exclusif sur l'expression générique correspondante (Paris, 27 avr. 1988, *Ann. Propr. Ind.* 1989, p. 211.), « Salon de la mode enfantine » est la désignation générique d'un salon qui porte sur la mode enfantine (Paris, 30 juin 1978, *PIBD* 2002, 753, III, p. 545.), la « marée » n'est pas distinctif d'un restaurant servant du poisson (Paris, 26 févr. 2002, *PIBD* 2002, 741, III, p. 211.). De même, le signe ou la dénomination est descriptif, lorsqu'il se réfère à une caractéristique du produit ou service qu'il désigne dans sa composition, ses qualités, ses quantités (Art.5 al.2 de l'Annexe V de l'ABR.). Ainsi, il a été déclaré nuls car descriptifs, les signes : « Les affaires » pour une revue économique (Paris, 10 avr. 1990, *PIBD*, 478, III, p. 606 ; *RTDcom*, 1991, p. 586, obs. CHAVANNE et AZEMA ; D.1993, Somm. p. 112, obs. BURST (J.J.). « *Vert* » pour désigner des colorants (Paris, 5 juill. 1979, *PIBD* 1979, III, p. 322.), « Phytofibres » pour désigner des fibres d'origines végétales (Paris, 13 sept. 2000, *PIBD*, 170, III, p. 620.) « Grand chocolat » pour désigner du chocolat (Paris, 3 fév. 2000, *PIBD* 2000, 701, III, p. 340.) ; « Provence Aliments » pour désigner des produits alimentaires originaires de la Provence (Paris, 3 mai 1978 : *Ann. Propr. Ind.*1979, p. 190.), enfin « Spécial Auto » pour désigner des produits destinés à l'automobile (Paris, 11 janv. 1993, *PIBD* 1993, 545, III, p. 357.). En revanche, il a été jugé que les termes « Bâtir », évocateur de l'activité de construction est valable pour désigner diverses activités liées à l'immobilier (Paris, 17 juin 1987, *PIBD* 1978, 425, III, p. 15.), le terme « Papillon » pour désigner des soutiens-gorge est évocateur de légèreté mais reste valable (Paris, 19 oct. 2001, *PIBD* 2002, 753, III, p. 545.) ou que la marque « NYC » quoique évocateur de la ville de New York, est valable pour des vêtements (Paris, 6 mars 2002, *PIBD*, 753, III, p. 545.).

1- Les limites portées par le principe de territorialité

Les droits conférés par l'OAPI sont des droits nationaux [699], qui s'appliquent sur le territoire de chaque Etat membre. Le nom commercial et l'indication géographique obéissent donc au principe de territorialité.

Par suite, la réalisation de ces signes est limitée à l'espace constitué par l'ensemble des pays membres de l'OAPI. Le titulaire du nom commercial ou de l'indication géographique ne peut rechercher la protection de son droit au-delà de cet espace sauf, bien sûr, s'il accomplit les formalités de protection exigées par l'Etat étranger.

La dénomination sociale obéit aussi au principe de territorialité[700]. Cela résulte de la fonction qui est d'identifier la société[701]. Mais, l'espace de protection est nettement plus restreint. Il ne s'identifie pas au territoire constitué par l'ensemble des pays de l'OAPI, mais par le territoire de chaque pays, sans que le titulaire de la dénomination sociale ne puisse se prévaloir d'un quelconque droit dans un autre pays, même membre de l'OAPI. En effet, ainsi qu'il a été rappelé précédemment, l'OAPI ne régit pas la dénomination sociale [702]. Elle ne saurait donc constituer un espace commun pour sa protection.

Plus restrictive encore est la protection spatiale des droits qui découlent de l'enseigne. En effet, l'enseigne, qui n'a qu'un rayonnement local, dans certaines villes, est limitée à une rue[703] ou à un quartier, de sorte la protection est limitée aux usurpations qui peuvent se manifester dans cette zone[704]. Ainsi, le rayonnement géographique de l'enseigne est fonction de la clientèle que l'enseigne peut attirer, et de la zone où elle est connue du public[705]. Ce rayonnement à géométrie variable[706] est donc assez flou. En effet, nonobstant le principe de spécialité, les difficultés qu'il élève dans la réalisation du droit positif exclusif, en raison du risque de confusion, sont indéniables.

2- Les limites portées par le principe de spécialité

Au même titre que la marque, le nom commercial est soumis au principe de spécialité[707]. « *Il n'est protégé que dans le domaine d'activité spécifique*

---

699 Art.3 de l'ABR.

700 Paris, 16 juin 2000, *PIBD* 2000, III, p. 577 ; Lyon, 16 janv. 1997, *PIBD* 1997, III, p. 184. ; Paris, 21 déc. 2001, *PIBD* 2002, III, p. 165.

701 AZEMA (J.), GALLOUX (J.-C.), op.cit, p. 959.

702 SANTOS (A.-P.), op.cit, p. 37.

703 Paris, 24 oct. 1964, D.1965.jur. p. 37.

704 Paris, 11 mars 1988, D.1989, Somm. 135, obs. BURST (J.J).

705 Paris, 7 janv. 1988, Somm.com. 129, obs. BURST (J.J.).

706 POLLAUD-DULIAN (F.), *Propriété intellectuelle, la propriété industrielle,* op.cit, p. 689.

707 Cass. com., 27 mai 1986, « charles of the Ritz », Bull. civ.IV, n°106.

pour lequel l'entreprise l'utilise et les domaines voisins ou similaires aux yeux du public »[708]. Deux activités sont voisines ou similaires, lorsque la clientèle d'attention moyenne est susceptible de les attribuer à la même entreprise, en raison de leur nature, de leur caractéristique ou de leur destination[709]. Il revient au titulaire du nom commercial d'établir le risque de confusion[710].

S'applique également à l'enseigne, au nom de domaine et à l'indication géographique, le principe de spécialité[711]. La protection du droit exclusif, qui naît de l'usage ou de l'enregistrement de ces signes, est aussi limitée aux activités similaires ou identiques, c'est-à-dire au principe de spécialité. En dehors de ce principe, il n'y a pas normalement de risque de confusion[712]. En effet, il tombe sous le sens qu'on ne peut confondre un hôtel à une bonneterie[713] ou à une chocolaterie[714], même si ces différents signes sont identiques ou similaires.

La doctrine n'est pas unanime pour soumettre la dénomination sociale au principe de spécialité. Pour certains auteurs, elle doit y échapper parce qu'elle est protégée pour l'ensemble de la vie économique[715]. Pour d'autres, elle reste soumise au principe de spécialité, en raison de ce que, « *comme tout droit sur un signe distinctif, le droit sur la dénomination sociale est relatif. Il n'est protégé qu'à l'encontre des concurrents, c'est-à-dire dans le cadre du principe de spécialité. Cette règle rejoint d'ailleurs, d'une certaine manière, les principes du droit des sociétés selon lesquels la capacité de la société est, au moins en théorie, limitée par sa spécialité statutaire* »[716].

L'article 16 de l'acte uniforme sur le droit des sociétés commerciales et le groupement d'intérêts économique s'écarte, à juste titre, de cette dernière solution[717]. En effet, une fois immatriculée, la dénomination sociale devient indisponible. Elle ne peut donc plus être exploitée, même par les sociétés dont les activités ne sont ni similaires, ni identiques aux droits pour lesquels elle a été acquise.

---

708 Idem.

709 Cass. com., 9 déc. 1974, *PIBD* 1975, III, p. 204.

710 Cass. com., 11 mars 1981, *Ann. Propr. Ind.*1981, p. 237.

711 AZEMA (J.), GALLOUX (J.-C.), op.cit, p. 955.

712 Cass. com., 10 juin 1997, « MRJ » *PIBD* 1998, n°645-III-p. 25.

713 TGI Paris, 10 juill. 1981, « Hilton » *PIBD* 1981, III, p. 243.

714 Paris, 15 mai 1985, « Megresco », *RDPI*, 1985, p. 46.

715 COPPER-ROYER (J.), *Traité des sociétés anonymes*, 4e éd., t.2, 1931, pp. 324-326. ; ROUBIER (P.), *Traité*, t. 2, p. 665 ; MATHELY (P.), *Le droit français des signes distinctifs*, Paris, JNA, 2001, p. 806.

716 POLLAUD-DULIAN (F.), *Propriété intellectuelle, la propriété industrielle,* op.cit, p. 704 ; en ce sens : PASSA (J.), op.cit., n°499 ; CHAVANNE (A.), BURST (J.-J.), op.cit, n°138 ; GUYON (Y.), *Droit des Affaires, Droit commercial général et Sociétés*, Paris, Economica, 9e éd., t.1, 1999, n° 177.

717 Art.16 de l'AU S : « La société ne peut prendre la dénomination d'une autre société déjà immatriculée au registre du commerce et de crédit mobilier ».

Il s'agit là d'une difficulté supplémentaire dans la réalisation des droits exclusifs d'exploitation, laquelle difficulté n'est pas atténuée par la perte de ceux-ci.

Paragraphe II. La perte du droit exclusif d'exploitation

Les droits exclusifs qui découlent du nom commercial, du nom de domaine, des indications géographiques et de la dénomination sociale, ne peuvent être réalisés, c'est-à-dire exploités ou protégés s'ils disparaissent. La disparition ou, plus exactement, la perte de ces droits empêche non seulement leur exploitation mais, en plus, les dépouille de leur fonction première qui est de distinguer le fonds de commerce, la localisation géographique, la personne morale ou le site internet de leur titulaire, de celui des commerçants concurrents.

La perte peut être du fait des titulaires de ces signes (A). Elle peut également être suscitée par des tiers qui recherchent, pour leur propre compte ou pour le compte d'autrui, l'exploitation desdits titres (B).

A- La perte des droits du fait du titulaire du signe

Tout comme en droit de marque, certaines causes de perte de la propriété du droit des autres signes distinctifs dérogent au droit commun. En effet, la tolérance ou le non-renouvellement de l'enregistrement peut provoquer la perte du droit de propriété (1). De même, la perte peut naître de la déchéance du droit (2).

1- La perte causée par la tolérance et le non-renouvellement de l'enregistrement

La réalisation du droit du propriétaire des signes est également atténuée par la tolérance (a) et par le non-renouvellement de l'enregistrement (b). Mais, ces écueils ne peuvent être observés que relativement au nom commercial enregistré qui, en droit OAPI, a un régime qui se rapproche de celui de la marque.

a- La perte due à la forclusion par tolérance

Il découle de l'article 3 de l'annexe V de l'Accord de Bangui Révisé, que *« lorsqu'un nom commercial enregistré a été exploité publiquement d'une manière continue sur le territoire national, pendant cinq ans au moins, sans avoir donné lieu à une action judiciaire reconnue fondée, la propriété du nom commercial ne peut plus être contestée du fait de la priorité d'usage* »[718]. Il s'en suit que celui qui avait l'usage d'un nom commercial n'est plus recevable à invoquer sa priorité d'usage, lorsque, pendant cinq ans, il a toléré l'usage de son signe, sans contestation de sa part.

Il s'agit là d'une spécificité du droit OAPI. En France par exemple, la forclusion par tolérance n'est reconnue qu'au titulaire du droit de marque, à l'exclusion de tous les autres signes distinctifs. Cette règle suscitait déjà de vives critiques auxquelles on ne peut qu'adhérer. On peut déplorer cette règle, d'abord, parce qu'elle introduit une disparité avec le régime des autres droits intellectuels, ensuite, parce que la coexistence de deux signes identiques, pour désigner des produits ou des services de même nature, va à l'encontre de la fonction même des signes distinctifs, la garantie d'identité d'origine ne jouant plus en pareil cas et représente une source de confusion pour le consommateur. *« La règle est discutable enfin, lorsqu'elle est opposée aux droits antérieurs, autres que ceux qui portent sur des signes distinctifs : que la tolérance puisse réduire des droits de la personnalité ou des droits de propriété littéraire et artistique, voilà qui est inédit et malheureux* »[719]. La jurisprudence a consacré cette doctrine, en décidant que la tolérance ne fonde aucun droit sur le nom commercial et, le fait pour le titulaire du fonds de ne pas réagir contre les usurpations, ne restreint nullement son droit[720]. Mais, cette solution n'est fort malheureusement pas reçue en droit OAPI. Relativement à la tolérance, le régime de droit commun devrait être appliqué à la marque et au nom commercial. Par suite, la tolérance ne devrait avoir aucune incidence sur le droit de propriété de ces deux signes. Cette solution est d'autant fondée que ces signes ont fait l'objet d'un enregistrement, donc au-delà d'une simple occupation, d'une reconnaissance administrative et légale, qui aurait dû avoir pour conséquence, non la fragilité des droits de leur propriétaire mais, plutôt, le renforcement desdits droits.

Pour autant, dans l'espace OAPI, la forclusion n'est utilement invoquée que lorsque le nom commercial a été déposé de bonne foi, dans l'ignorance de l'atteinte portée au droit antérieur[721]. La preuve de la mauvaise foi pèse sur le demandeur à l'action, qui supporte le risque de la preuve[722], surtout qu'en droit commun, la bonne foi est toujours présumée[723]. Ensuite, il faut que le titulaire du nom commercial ait toléré l'usage du nom commercial postérieur, c'est-à-dire qu'il se soit abstenu, malgré la connaissance qu'il avait du nom

---

718 Art.3 al.2 de l'Annexe V de l'ABR.

719 POLLAUD-DULIAN (F.), *Propriété intellectuelle, la propriété industrielle,* op.cit, p. 895.

720 Cass. com., 28 avr. 1987, D. 1987, inf. rap. p. 117.

721 En ce sens, Cass. com., 15 juin 2010, n° 08-18279.

722 BINCTIN (N.), op.cit, p. 586.

723 Art.2274 du C. Civ.

commercial postérieur, de s'opposer à son usage[724]. Le titulaire du nom commercial postérieur doit lui-même avoir fait usage du nom commercial. Dans l'hypothèse inverse, il est inhabile à invoquer la forclusion par tolérance[725]. Cet usage doit être fait sur une période continue, donc ininterrompue de cinq ans[726]. Le droit OAPI n'admet l'interruption de la période de cinq ans que par « *une action judiciaire reconnue fondée* »[727].

Prendre à la lettre ce texte revient à considérer que, même une action judiciaire qui n'a pas prospéré, ne peut interrompre la prescription. Cette solution est assez fâcheuse, en ce qu'il doit être admis, en principe, que les causes interruptives ou suspensives de prescription doivent pouvoir être invoquées par le titulaire antérieur du nom commercial. Au demeurant, pour invoquer l'interruption de la tolérance, le titulaire du signe doit manifester, sans équivoque[728], sa volonté qui ne peut résulter de simples lettres ou de mise en demeure[729], mais par des exploits d'huissier[730]. Aussi, le point de départ du délai de cinq ans n'est-il pas la date du dépôt du second nom commercial, mais la date à laquelle le titulaire du premier signe a eu connaissance de son usage[731].

Cependant, l'irrecevabilité est limitée aux seules activités et aux seuls secteurs pour lesquels l'usage a été toléré[732], de sorte que le titulaire du nom commercial postérieur ne peut se prévaloir du fait que le demandeur était victime d'autres faits de contrefaçon[733], ou encore qu'il est poursuivi par les tiers en contrefaçon[734] ou, de plus, qu'il a toléré d'autres actes de même nature commis par d'autres concurrents[735].

Ainsi, le titulaire du nom commercial antérieur conserve tous ses droits, sauf à l'égard du bénéficiaire de la tolérance. Celui-ci ne peut être que le

---

724 Cass. com., 31 mai 2005, *PIBD* 2005, III, p. 549 ; solution retenue pour la marque mais qui s'applique au nom commercial.

725 Paris, 5 décembre 2001, ''Tati'', *PIBD* 2002, n° 738-III-134 ; Cass. com., 28 mars 2006, Bull.civ.IV, n°82, p. 81 ; *PIBD* 2006, n°833, III, p. 472 ; D.2006, p. 1045

726 Art.3 al.2 de l'Annexe III de l'ABR, préc.

727 Idem.

728 Cass. com., 25 fév 2003, *PIBD* 2003, n° 767, III, p. 345, D. 2003, Somm.com. 2690, obs. DURRANDE (D.) ; Paris 2002, 13 mars 2002, D.2003, Somm.com. p. 129, obs. DURRANDE (S.), (relativement à la marque), préc.

729 Paris, 13 mars 2002, D.2003, Somm.Com 129, obs. DURRANDE, (relativement à la marque).

730 Paris, 7 mars 2001, *PIBD* 2001, III, p. 334. (Relativement à la marque).

731 Cass. com., 11 fév.2003, *PIBD* 2003, n°762, III, p. 210.

732 Sur l'application de cette règle à la marque, V. Paris 3 nov. 1993, *PIBD* 1994, III, p. 63, n° 559 ; Cass. com., 2 juill.1996, *JCP* 1996, éd. G. IV, p. 2010 ;

733 Relativement à la marque, V. TGI Paris, 11 juill.1972, *PIBD* 1972, III, p. 25.

734 Paris, 1er juin 1970, Annales.1971, p. 84. (Relativement à la marque.).

735 Relativement à la marque, V. Trib. Seine, 14 avr. 1954, *RIPIA* 1955, p. 38 ; Paris, 18 fév. 1975, *PIBD* 1975, III, p. 376.

titulaire d'un nom commercial enregistré[736]. Ainsi, est exclu du bénéfice de la forclusion par tolérance, le commerçant qui n'a pas enregistré de nom commercial identique ou similaire à celui exploité par le titulaire qui a la priorité d'usage sur son signe. Dans ce dernier cas, le titulaire du droit sur le signe, peut agir en concurrence déloyale, même au-delà du délai de cinq ans, pour rechercher la protection judiciaire de son signe. Son action n'est pas enfermée dans le délai de cinq ans sauf, pour lui, à supporter les désagréments de la confusion. Cette possibilité ne lui est pas offerte, en cas de non renouvellement de l'enregistrement.

b- La perte due au non-renouvellement de l'enregistrement

Tout comme pour la marque, le titulaire du nom commercial doit procéder au renouvellement [737] de l'enregistrement, à l'expiration de la durée de protection de dix ans. Lorsqu'il ne renouvelle pas l'enregistrement dans ce délai, il lui est accordé un délai de grâce de six mois[738]. Le non-renouvellement n'est constaté qu'à l'expiration de ce délai.

La question de la portée d'une telle renonciation peut se poser. Le titulaire du droit exclusif sur le nom commercial renonce-t-il exclusivement à l'enregistrement de son signe ou au droit exclusif qu'il tient de l'enregistrement ? En droit de marque, la solution est plus évidente ; le droit de la marque ne naît pas de l'usage. Dès lors, la renonciation équivaut à la renonciation des droits sur le signe[739]. La naissance gémellaire du droit sur le nom commercial admet que quelques tempéraments soient apportés à la solution que reçoit la marque.

A lire l'article 13 précité, le titulaire d'un nom commercial peut, à tout moment, « *renoncer à ce nom commercial* »[740]. On peut donc en conclure que la déclaration adressée à l'OAPI anéantit non seulement l'enregistrement mais, également et surtout, le droit exclusif qui découle de l'enregistrement.

Mais, cette lecture paraît inexacte. En effet, si le nom commercial n'a pas été exploité par son titulaire, l'inscription de la déclaration écrite au registre spécial des noms commerciaux provoquera la disparition non seulement de l'enregistrement, mais aussi du droit exclusif. Par contre, si le nom commercial a été exploité, préalablement à son enregistrement ou même postérieurement, la déclaration écrite ne vaudra que renonciation à l'enregistrement et aux effets propres qui y sont attachés, comme la sanction de l'action pénale en cas

---

736 Art.3 al.2 de l'Annexe V de l'ABR.
737 Art.11. al. 2 de l'Annexe V de l'ABR.
738 Art.11 al.3 de l'Annexe III de l'ABR.
739 Art.22 de l'Annexe III de l'ABR.
740 Art.13 de l'Annexe V de l'ABR, préc.

d'atteintes[741] ou la forclusion par tolérance[742]. Cet usage fera persister le droit, si le titulaire du signe n'accomplit pas les actes matériels tendant à un abandon effectif[743].

Pour autant, et à l'instar de la marque, lorsque la protection conférée par un nom commercial enregistré n'a pas été renouvelée, en raison de circonstances indépendantes de la volonté du titulaire du nom commercial, celui-ci ou ses ayant-droits peut, moyennant paiement de la taxe de renouvellement requise ainsi que le paiement d'une surtaxe, en demander la restauration dans un délai de six mois à partir de la date où les circonstances susmentionnées ont cessé d'exister et, au plus tard, dans le délai de deux ans, à partir de la date où le renouvellement était dû[744]. La demande de restauration du nom commercial contient, en plus de la justification des motifs de restauration, des pièces justificatives du paiement des différentes taxes[745]. De même, la restauration n'entraîne pas une prolongation de la durée maximale de protection du nom commercial[746], de telle sorte que les tiers qui ont commencé à exploiter le nom commercial, après son expiration, ont le droit de continuer leur exploitation[747]. Les noms commerciaux restaurés sont publiés au registre spécial des noms commerciaux et au Bulletin Officiel de l'OAPI[748]. Toutefois, il n'est pas fait droit automatiquement à la demande de restauration. Celle-ci peut être rejetée. Le demandeur pourra alors saisir la Commission Supérieure de Recours, dans un délai de trente jours, à compter de la date de notification de la décision de rejet[749]. Ladite Commission peut également, à son tour, rejeter la demande de restauration. Dans ce cas, la possibilité de restauration n'atténue en rien les difficultés dans la réalisation du nom commercial. Même si le droit qui en découle n'est pas assujetti à la formalité de renouvellement, les droits sur le nom commercial non enregistré, l'enseigne, la dénomination sociale ou le nom de domaine, peuvent faire l'objet d'un abandon exprès ou tacite[750], sans qu'il soit possible d'invoquer, à leur encontre, la déchéance.

---

741 Art.4 de l'Annexe V de l'ABR.
742 Art.3 de l'Annexe V de l'ABR.
743 V. infra. p. 119.
744 Art.12 al.1er de l'Annexe V de l'ABR.
745 Art.12 al.2 de l'Annexe V de l'ABR.
746 Art.12 al.3 de l'Annexe V de l'ABR.
747 Idem.
748 Art.12 al.4 de l'Annexe V de l'ABR.
749 Art.12 al.5 de l'Annexe V de l'ABR.
750 Le nom commercial, tout comme l'enseigne, peut être abandonné de manière expresse ou tacite. En tout état de cause, la renonciation ne doit pas être équivoque, (POLLAUD-DULIAN (F.), *Propriété intellectuelle, la propriété industrielle,* op.cit., p. 668.). En effet, elle n'est pas équivoque lorsque le commerçant adopte, pour le fonds, un autre nom (AZEMA (J.), GALLOUX (J.-C.), op.cit., p. 950.), ou cesse définitivement l'usage du nom commercial (Paris, 29 oct. 1990, « darmeil », D.1993, som.com. p. 118, obs. BURST.) ;

2- *La perte due à la déchéance*

En dehors de la marque, le droit OAPI n'a pas expressément organisé la disparition d'un signe distinctif pour défaut d'exploitation [751] ou pour

Cass. com., 30 nov. 1983, *RDTcom.* 1984, p. 282; obs. CHAVANNE (A.) et AZEMA (J.). Ainsi, l'abandon doit être évident et sans ambiguïté, de sorte qu'un simple retard à poursuivre des usurpateurs (Paris, 26 nov. 1956, *Ann. Propr. Ind.* 1957, p. 201.), ou l'autorisation donnée à un tiers d'user du nom commercial (Paris, 21 déc. 1964, *Ann. Propr. Ind.* 1966, p. 67.) ne peut être appréhendé comme un abandon.
Lorsque l'abandon est établi, le signe redevient disponible. Il peut alors être approprié par les tiers, à condition toutefois de ne pas induire le public en erreur, en essayant d'établir ou en laissant croire un lien quelconque avec l'ancien nom (AZEMA (J), GALLOUX (J.-C.), op.cit, p. 950, préc.).
Le nom de domaine disparaît également avec l'abandon. En effet, le droit sur le nom de domaine procède d'une réservation qui, bien souvent, est annuelle. A défaut de renouvellement à la date d'anniversaire, le nom de domaine devient un « res nullius », donc disponible, et la règle « Premier déclarant, premier occupant » s'appliquera à nouveau (AZEMA (J.), GALLOUX (J.-C.), op.cit, p. 965.).
Par contre, le droit sur la dénomination sociale ne peut faire l'objet d'abandon, aussi longtemps que la société vit. En effet, en plus d'être un signe distinctif, la dénomination sociale est un attribut de la personne morale. Elle a donc vocation à suivre le sort de la personne morale qu'elle identifie. (POLLAUD-DULAIN (F.), *Propriété intellectuelle, la propriété industrielle,* op.cit., p. 703.). Ainsi, la dissolution ou la disparition (Cass. com., 12 nov. 1992, *RIPIA* 1993, p. 73.) de la personne morale entraîne la disparition du droit sur la dénomination sociale (Paris, 29 oct. 1990, « Dormeil », Bull. Joly, 1991, p. 46 note. Obs. DERRUPE (J.) ; *PIBD* 1991, n° 500, III, p. 314.). Même dans ce cas, le droit sur la dénomination est conservé pendant toute la période de liquidation (Cass. com., 20 mai 1974, *JCP G* 1972. IV. p. 251.).

751 Lorsqu'il ne naît que de l'usage, le nom commercial obéit au même régime que l'enseigne et le nom de domaine. Il ne saurait recevoir l'application de la règle de la déchéance, pour défaut d'exploitation. En effet, même si l'enseigne et le nom commercial non enregistré sont des signes d'occupation, les atteintes qui sont portées à ces signes ne sont sanctionnées que par l'action en concurrence déloyale. De même, le nom commercial organisé véritablement par le législateur OAPI, est le nom commercial enregistré, de sorte que les droits qui naissent de l'usage du nom commercial non enregistré, de l'enseigne et du nom de domaine sont, soit imparfaitement reconnus, soit ignorés par le législateur communautaire. Leur exploitation, qui ne fait donc pas l'objet d'un monopole organisé par l'OAPI, ne peut donc être sanctionnée, en cas de défaut, par une déchéance.
Aussi, le défaut d'exploitation est-il saisi comme un abandon. Ces signes deviennent alors des choses sans maître qui n'appartiennent à personne (POLLAUD-DULIAN (F.), *Propriété intellectuelle, la propriété industrielle,* op.cit., p. 670.). Ainsi, ils retournent au domaine public où ils peuvent être librement repris, à condition toutefois de ne pas créer d'équivoque dans l'esprit de la clientèle, en laissant croire un lien quelconque avec l'ancien signe (idem.).
De même, la dénomination sociale, à l'instar de l'enseigne, n'est pas désignée par le législateur OAPI comme un signe distinctif dont elle organise la protection. Pour autant, en droit OHADA des Sociétés Commerciales et du Groupement d'Intérêt Economique, elle est indispensable à toute société dotée de la personnalité morale. Ainsi, parce que la dénomination sociale est intimement liée à la société immatriculée, le droit sur ce signe ne

dégénérescence. Mais, on pourrait être enclin à soutenir que le défaut d'exploitation du nom commercial peut provoquer sa déchéance.

En effet, dans le dessein de justifier la déchéance de la marque pour défaut d'exploitation, la doctrine affirme que : « *le titulaire de la marque voit en effet son droit conditionné au respect de certaines obligations : il doit exploiter la marque, sinon le droit exclusif perd sa raison d'être et la sanction est la déchéance de la marque, à la différence du droit des brevets où la sanction consiste à l'octroi de licences obligatoires (...). Il s'agit de lutter contre l'affluence des signes déposés sans aucune intention d'exploitation, qui encombrent le registre national des marques et qui viennent restreindre le choix des autres déposants. Il s'agit d'une atteinte importante au droit de propriété reconnu au titulaire de la marque, qui ne peut s'expliquer que par le principe de la liberté du commerce qui vient réserver et justifier un monopole, dont la poursuite est subordonnée à l'exercice effectif du droit accordé* »[752]. « *Le droit de marque est un droit d'occupation et non un droit de création. La marque a pour but de distinguer les produits d'une entreprise de ceux offerts par d'autres. Si elle n'est pas utilisée à cette fin, le monopole conféré devient inutile* »[753].

La solution apportée au droit de marque pourrait être identique à celle que devrait recevoir le droit sur le nom commercial. Les mêmes causes ne sauraient produire des effets contraires. En effet, le législateur OAPI n'a pas tiré toutes les conséquences de l'enregistrement du nom commercial[754]. A l'instar de la marque, le nom commercial est un signe distinctif, même s'il sert à distinguer le fonds de commerce ou l'entreprise d'un commerçant de celui de ses concurrents. Cette finalité ne peut être atteinte, si le nom commercial n'est pas exploité, du fait du titulaire du signe. Ce qui est forcément le cas,

---

peut être perdu par le non-usage. En effet, « l'utilisation n'est pas une condition de conservation de droit. Ainsi, la société en sommeil, qui n'a provisoirement plus d'activités, n'encourt aucune déchéance de son droit sur sa dénomination » (POLLAUD-DULIAN (F.), *Propriété intellectuelle, la propriété industrielle,* op.cit, p. 702.).

Par ailleurs, le législateur OAPI, n'a pas non plus prévu la disparition des indications géographiques pour défaut d'exploitation. Cette solution, assez classique, trouve à se justifier. En effet, la déchéance pour défaut d'exploitation vise essentiellement à empêcher un commerçant de priver ses concurrents de l'usage des signes sur lesquels il a des droits exclusifs, alors même qu'il n'exploite pas lesdits signes. Or, les indications géographiques ne sont pas destinées à l'usage d'une seule personne physique titulaire du signe. Non seulement elles peuvent être utilisées par tous les producteurs exerçant leurs activités dans l'aire géographique indiquée au registre des indications géographiques (Art.15 al.1er de l'Annexe V de l'ABR.), mais en plus, toute personne a le droit d'utiliser l'indication géographique pour désigner ses produits, lorsque ceux-ci ont été mis en circulation par les producteurs ci-dessus indiqués (Art.15 al.2 de l'Annexe V de l'ABR.).

752 Idem.

753 GAUMONT-PRAT (H.), op.cit., p. 217.

754 Art.23 de l'Annexe III de l'ABR.

lorsque celui-ci s'en sert comme un nom commercial de réserve, de défense ou de barrage.

De même, le nom commercial aussi est un droit d'occupation, qui naît non du génie ou de l'habileté de son titulaire, mais de sa volonté de distinguer son fonds. Il doit donc peser sur lui une véritable obligation d'exploitation de son signe, qui visera, notamment, à empêcher l'engorgement du registre spécial des noms commerciaux, surtout que, dans l'espace OAPI, le nom commercial a plus de succès que la marque. L'obligation d'exploitation doit rechercher également à faire échec ou, à tout le moins, à réduire l'enregistrement du nom commercial à titre de nom commercial de barrage, de défense ou de réserve[755].

Pour atteindre le même but, certains pays comme le Japon ou les Etats-Unis d'Amérique n'attendent le renouvellement de l'enregistrement du signe, que sous la condition de son exploitation effective sur une minimale durée respective de trois et deux ans[756]. Relativement à la marque, l'Accord de Bangui du 02 mars 1977 avait retenu une solution analogue en soumettant le renouvellement de l'enregistrement de la marque à son exploitation préalable sur une durée qui n'a pas été déterminée[757]. L'Accord de Bangui Révisé n'a pas retenu cette règle.

Au demeurant, la déchéance en elle-même, quelle qu'en soit la cause, est une solution disproportionnée qui, de ce fait, ne doit plus recevoir application. Dès lors, la déchéance, qu'elle soit pour défaut d'exploitation ou pour dégénérescence, ne doit pas être étendue au nom commercial, alors même que le législateur ne l'a pas prévue.

B- La perte des droits suscitée par des tiers

Les difficultés dans la réalisation des droits peuvent aussi provenir des tiers. Ceux-ci ont la possibilité de susciter la perte du droit, donc de compromettre la réalisation des droits du titulaire du signe. Pour ce faire, ils peuvent provoquer la cession forcée des signes (1) ou l'annulation du titre (2).

---

755 CHAVANNE (A.), BURST (J.-J.), op.cit, p. 632.

756 Idem.

757 Art.19 de l'Annexe III de l'Accord Bangui relatif à la création d'une Organisation Africaine de la Propriété Intellectuelle, constituant révision de l'Accord relatif à la création d'un Office Africain et Malgache de la Propriété Industrielle du 02 mars 1977.

1- *La cession forcée des signes*

Pour répondre du passif du fonds, le nom commercial peut faire l'objet de cession forcée[758], séparément ou ensemble avec le fonds. Le titulaire du signe s'en trouve ainsi dépossédé[759].

Tout comme le nom commercial, l'enseigne est un élément du fonds de commerce[760]. Elle peut faire l'objet de cession forcée, en même temps que le fonds ou séparément. Mais, la cession séparée doit être expresse et univoque. Ainsi, « *à défaut de stipulation contraire, le droit sur l'enseigne est transféré de plein droit avec le fonds de commerce* »[761]. Elle suit alors le sort du fonds, en cas de vente forcée de celui-ci ou d'expropriation[762].

Sauf convention expresse, la dénomination sociale subit le même sort que celui de la société qu'elle identifie, si celle-ci est cédée. La cession forcée peut se traduire par la vente forcée aux enchères publiques des actions ou des parts sociales, ou la réalisation de garanties offertes au créancier. Contrairement au nom commercial et à l'enseigne, la dénomination sociale est « *incessible à titre séparé* »[763].

Toutefois, la société peut renoncer à sa dénomination au profit d'une autre société[764]. Dans ce cas de cession forcée, les formalités de publicité au Registre de Commerce et de Crédit Mobilier sont requises pour rendre opposable aux tiers la cession forcée[765]. Les mêmes formalités sont exigées, lorsque l'annulation de la société est prononcée.

---

758 Art. 28 et s. AU PSRVE.

759 Même dans ce cas, le cédant ne doit pas troubler l'acquéreur dans la jouissance paisible du fonds, en le concurrençant avec un nom commercial qui prête à confusion (Paris, 8 mars 1994, « Ducros », D.1994, p. 466. obs. COUDET.), DE SENTENAC (G.A.), car il reste toujours tenu de la garantie du vendeur (Cass.rep. 29 nov. 1926, D.P, 1926, p. 561 ; Annales 1922, p. 307.).
La décision de cession forcée du nom commercial enregistré n'attribue effectivement le droit exclusif qui naît du signe, vis-à-vis des tiers, que du jour de son inscription au registre spécial des noms commerciaux (Art.4 de l'Annexe V de l'ABR.)

760 Art.36. et 136 AU PSRVE.

761 POLLAUD-DULIAN (F.), *Propriété intellectuelle, la propriété industrielle,* op.cit., p. 681.

762 Dans l'hypothèse d'une cession séparée, le nouveau titulaire du signe acquiert le droit exclusif sur le signe, de sorte que le cédant doit se garder de tout risque de confusion avec l'enseigne cédée par l'usage d'une enseigne similaire ou identique à celle cédée (Bordeaux, 13 janv. 1852, S., 1852, III, p. 230.). De même, pour être opposable aux tiers, la décision de cession forcée doit être publiée au registre du commerce et du crédit mobilier (Art.52 AU PSRVE).

763 POLLAUD-DULIAN (F.), *Propriété intellectuelle, la propriété industrielle,* op.cit., p. 703.

764 Idem.

765 Art. 52 AU PSRVE, préc.

2- L'annulation du titre

La réalisation des droits sur les signes distinctifs autres que la marque est également limitée par l'annulation des droits sur lesdits signes. Cette mesure, qui est ordonnée par le juge judiciaire, suppose préalablement que les signes distinctifs aient reçu, pour leur validité, l'onction d'une autorité administrative, en l'occurrence, l'OAPI.

En plus des indications géographiques, les tiers peuvent poursuivre la nullité du nom commercial devant les juridictions compétentes. Ils tiennent cette prérogative de l'article 14 de l'annexe V de l'Accord de Bangui Révisé[766].

En définitive, l'assiette matérielle de l'office du juge, relativement à l'acquisition et à la réalisation des droits, dont la protection est poursuivie, est assez incertaine. L'acquisition des droits, par la procédure de l'enregistrement, est ardue. En effet, la demande d'enregistrement peut être rejetée par l'OAPI après l'examen des conditions de forme et de fond de la demande. Même lorsque l'enregistrement est effectif, les droits qui en naissent sont assez fragiles, en ce qu'ils peuvent être contestés par la voie de l'opposition, ou des actions en nullité ou encore en revendication. Aussi, ces droits doivent-ils être renforcés, en réduisant les conditions de rejet de la demande et, surtout, en exigeant de l'OAPI un examen plus approfondi qui préserve les titres de contestations justifiées. Les droits qui naissent de l'usage sont encore plus contestables que ceux qui naissent de l'enregistrement, parce qu'ils ne bénéficient d'aucune protection légale spécifique ou adaptée. Une protection juridique et judiciaire efficiente postule donc qu'ils fassent eux aussi l'objet d'une protection légale adaptée. La jouissance du droit exclusif d'exploitation par le propriétaire du signe n'est pas non plus aisée. Celle-ci est confrontée à des obstacles qui tiennent, d'une part, des règles spécifiques aux signes distinctifs, comme la déchéance du droit sur le signe, la forclusion par tolérance ou, d'autre part, de la perte du droit qui résulte de l'application des règles de droit commun. Aussi, la protection contre les atteintes ne peut-elle être optimale, en ce sens que le propriétaire du signe ne peut non seulement revendiquer un droit absolu, mais ensuite établir la certitude des atteintes.

---

766 Art.14 al.1er de l'Annexe V de l'ABR. Lorsque la décision prononçant la nullité du nom commercial est devenue définitive (Art.14 al.3 de l'Annexe V de l'ABR.), elle est communiquée à l'OAPI qui en porte mention sur le registre spécial des noms commerciaux.

TITRE II

L'INCERTITUDE QUANT AUX ATTEINTES

Le propriétaire du signe ne peut poursuivre la protection de son titre de propriété industrielle que si celui-ci a été l'objet d'atteinte. Ainsi, le juge n'intervient que pour sanctionner, soit la faute commise par le tiers, soit l'atteinte illégitime au titre.

La faute et l'atteinte sont donc les conditions et le fondement de la responsabilité civile et pénale de l'auteur de l'atteinte[767]. Elles constituent toujours un acte illicite, en ce sens qu'elles sont la méconnaissance d'un devoir ou d'une obligation imposée par l'ordre juridique [768] ou, plus exactement, la transgression d'une règle de conduite.

Il suit de là, que les atteintes sont les violations illégitimes au droit exclusif du titulaire du signe[769]. Par suite, il n'y a pas d'atteintes au droit exclusif lorsque les actes attentatoires ont été autorisés par celui-ci[770].

Cependant, en droit OAPI, les atteintes ne sont pas d'appréhension aisée. Le législateur peine à en délimiter les contours. De même, les atteintes au droit exclusif sur les signes sont identifiées selon qu'elles sont ou non susceptibles

---

767 MAZEAUD (H.), MAZEAUD (L.), MAZEAUD (J.), CHABAS (F.), *Leçons de droit civil, Obligations, théorie générale*, Paris, Montchrestien, 9e éd., t. II, vol.1, 1998, p. 436. Cette conception ne fait pas l'unanimité au sein de la doctrine. Ainsi, si pour les uns, la faute est une condition de la responsabilité civile (PLANIOL, Henri CAPITANT et Georges RIPERT), les autres nient la nécessité de la faute comme condition de la responsabilité civile (SALEILLES-JOSSERAND 1897 ; SAVATIER (R.), *Traité de responsabilité civile en droit français civil, administratif, professionnel, procédural*, 2 Vol., t.1 : *Les* sources de la responsabilité civile, Paris, 1951 ; SAVATIER (R.), *Traité de la responsabilité civile en droit français civil, administratif, professionnel, procédural*, t.2 : *Conséquences et aspects divers de la responsabilité,* Paris, LGDJ, 2e éd., 1952.).

768 BUFFELAN-LANORE (Y.), LARRIBAU-TERNEYRE (V.), *Droit civil, les obligations*, Paris, Sirey, 12e éd., 2010, p. 675.

769 POLLAUD-DULIAN (J.), *Propriété intellectuelle, la propriété industrielle,* op.cit, p. 945.

770 AZEMA (J.), GALLOUX (J.-C), op.cit, p. 869.

de risque de confusion[771]. Or, cette notion peut être fuyante, en ce qu'elle donne parfois lieu à des difficultés d'appréciation. Aussi, convient-il, dans la tentative de saisir les atteintes aux droits sur les signes distinctifs, de distinguer l'imprécision des atteintes dans les différents cas où la qualification d'atteinte au droit exclusif n'est pas subordonnée au constat d'un risque de confusion (Chapitre I) de l'indétermination des cas qui exigent un tel risque (Chapitre II).

---

771 GAUMONT-PRAT (H.), op.cit, p. 228.

CHAPITRE I

L'IMPRECISION DES ATTEINTES AUX DROITS SANS RISQUE DE CONFUSION

La finalité des signes distinctifs est de distinguer les produits, les services, les établissements, la personnalité morale ou le nom de domaine de leurs titulaires, de ceux de la concurrence[772]. Ainsi, par exemple, la fonction essentielle de la marque est de garantir au consommateur ou à l'utilisateur final, l'identité d'origine du produit ou du service désigné par la marque, en lui permettant de distinguer, sans confusion possible, ce produit ou ce service de ceux qui ont une autre provenance[773]. Il s'agit donc, pour les titulaires de la marque, du nom commercial, de l'enseigne, de l'indication géographique et du nom de domaine, d'éviter toute confusion dans l'esprit du public, qu'il soit spécialisé ou non, entre leurs produits et ceux des autres.

Dans certaines hypothèses, l'atteinte au droit exclusif sur le signe est constituée sans qu'il soit même nécessaire d'établir ou de rechercher l'existence d'un risque de confusion. Ainsi, la mise en œuvre de la protection ne suppose pas le constat de la confusion dans l'esprit du public, mais seulement celui de l'acte matériel d'exploitation[774]. La preuve du risque de confusion ne constitue pas en effet une condition de la protection[775]. « *L'existence du risque de confusion est, en quelque sorte, sous-entendue ou irréfragablement présumée* »[776]. Cette présomption laisse néanmoins survivre des imprécisions quant aux actes de contrefaçon sans risque de confusion. En effet, le législateur OAPI ne met pas à la disposition du juge les instruments juridiques appropriés lui permettant de saisir, sans appréhension, ces atteintes. Celles-ci restent donc imprécises, qu'elles soient sanctionnées par l'action en

772 PASSA (J.), *Traité*, t.1, op.cit, p. 279.
773 CJCE, 18 juin 2002, « Philips », Rec. p. I -5475, *PIBD* 2003, n°756, III, 37.
774 PASSA (J.), *Traité*, t.1, op.cit, p. 318.
775 Idem.
776 BONNARD (Ch.), op.cit, p. 43.

contrefaçon ou par l'action en concurrence déloyale. Dans l'espace OAPI, les atteintes au droit de marque sont, de loin, les plus courantes. Les imprécisions des actes de contrefaçon sans risque de confusion (Section I) seront donc distinguées de celles des autres signes distinctifs (Section II).

SECTION I. L'IMPRECISION DES ACTES DE CONTREFAÇON SANS RISQUE DE CONFUSION DE LA MARQUE

Les contours de la contrefaçon de marque ne peuvent être réellement cernés que si, à l'abord, le législateur OAPI en donne une définition claire et précise. Or, l'Accord de Bangui Révisé s'est contenté d'énumérer[777] les atteintes au droit exclusif du titulaire de la marque, sans tenter une définition. La doctrine supplée quelque peu à cette carence, en appréhendant la contrefaçon de la marque comme l'atteinte portée aux droits du titulaire du signe[778]. Ainsi, la contrefaçon recouvre les atteintes illégitimes ou non autorisées, au monopole du propriétaire de la marque[779].

De même, dans un souci de précision, la jurisprudence européenne a retenu trois conditions générales pour caractériser l'atteinte au droit exclusif sur la marque. Ainsi, le droit exclusif du titulaire est violé lorsque l'usage, du signe par un tiers, porte atteinte ou est susceptible de porter atteinte à la fonction de la marque[780]. Cette fonction consiste à garantir au consommateur ou à l'utilisateur final, l'identité d'origine du produit ou du service désigné par la marque, en lui permettant de distinguer, sans confusion possible, ce produit ou ce service de ceux qui ont une autre provenance[781]. Ensuite, il n'y a contrefaçon que si l'atteinte à la marque est « *de nature à accréditer l'existence d'un lien matériel dans la vie des affaires entre les produits du tiers et l'entreprise de provenance de ces produits* »[782]. Enfin, même dans ce cas, l'atteinte n'est effective que si le signe litigieux est exploité à titre de marque ou en tant que marque[783]. A l'inverse, le titulaire ne peut agir en contrefaçon, puisque l'usage qu'il conteste ne porte pas atteinte aux

---

777 Art. 37 et 38 de l'Annexe III de l'ABR.

778 SANTOS (P. A.), op.cit, p. 63.

779 GAUMONT-PRAT, op.cit, p. 228.

780 POLLAUD-DULIAN (F.), *Propriété intellectuelle, la propriété industrielle,* op.cit, p. 948.

781 CJCE, 18 juin 2002, « Philips », Rec. p. I, 5475 ; *PIBD* 2003, n°756, III, 37.

782 CJCE, 16 nov. 2004, « Anheuser-Bush », préc. L'acte constitutif de l'atteinte doit également avoir lieu dans la vie des affaires (AZEMA (J.), GALLOUX (J.-C), op.cit, p. 869.).

783 PASSA (J.), *Traité*, t.1, op.cit, p. 295.

prérogatives qu'il tient de son droit[784]. Les conditions générales à l'exception de l'usage exigé dans la vie des affaires[785] sont inconnues du droit OAPI. Ces insuffisances tracent, encore plus profondément, les sillons de l'imprécision des atteintes sans risque de confusion.

Même si la contrefaçon peut être sanctionnée par le juge civil[786], les atteintes expressément organisées par le législateur OAPI sont des « *fautes pénales* »[787]. Ainsi, en plus de l'imprécision de l'élément matériel (Paragraphe II), l'élément intentionnel de la contrefaçon est également imprécis (Paragraphe I).

Paragraphe 1. L'imprécision de l'élément matériel de l'atteinte

Les atteintes au droit de marque sont constituées des actes accomplis par les tiers, en violation du droit exclusif sur le signe. Mais, elles ne sont pas saisies, de manière précise, par l'ABR, de sorte qu'il demeure une certaine incertitude quant à leur matérialité ou, plus exactement, à leur manifestation. Cette imprécision donne aux atteintes principales un caractère diffus (A) et, aux atteintes accessoires, un caractère confus (B).

A- Le caractère diffus des atteintes principales

Les atteintes principales au droit exclusif du propriétaire de la marque sont la reproduction et l'usage illicites du signe. Mais, ces atteintes sont diffuses, en ce qu'elles sont saisies de façon imprécise par le législateur OAPI. Aussi, le régime des atteintes principales reste-il à préciser, de sorte que le juge est confronté au caractère diffus de la reproduction (1) et de l'usage de la marque (2).

1- Le caractère diffus de la reproduction

Le législateur OAPI, à la différence du législateur français[788], n'a pas expressément considéré l'acte de reproduction, comme une atteinte au droit du titulaire de la marque. Aussi, la reproduction de la marque, appréhendée

---

784 Idem.
785 Art.7 al.1er de l'Annexe III de l'ABR.
786 SANTOS (P.A.), op.cit, p. 61.
787 SCHMIDT-SZALEWSKI (J.), PIERRE (J.L.), op.cit.
788 Art. L.713.2 du CPI.

comme une violation du droit du titulaire du signe, est-elle saisie avec incertitude. Celle-ci rend diffuses aussi bien la reproduction à l'identique que la reproduction quasi servile.

Pour autant, l'interdiction implicite de la reproduction à l'identique s'induit de l'Accord de Bangui Révisé, qui dispose : *« l'enregistrement de la marque confère à son titulaire le droit exclusif d'utiliser la marque, ou un signe lui ressemblant, pour les produits ou services pour lesquels elle a été enregistrée »*[789]. Ainsi, et *a contrario*, *« en employant la marque d'autrui pour désigner des produits ou services appartenant au domaine de spécialité désigné au dépôt, le tiers se livre à une usurpation indiscutable : il empiète indiscutablement sur la propriété d'autrui »*[790].

Ne l'ayant pas édictée, le législateur OAPI n'a envisagé aucune des conditions de constitution de la reproduction, pas plus qu'il n'a défini la notion. Or, par reproduction, on entend, au sens strict, la copie du signe constituant la marque[791].

Au demeurant, l'appréciation de l'identité des signes n'est pas toujours aisée. En effet, empruntant une appréciation analytique, la jurisprudence française avait opté pour une méthode d'appréciation des atteintes par reproduction, qui pouvait couvrir des signes pourtant différents de la marque. Cette approche introduisait une certaine ambiguïté, quant à la frontière entre la reproduction et l'imitation[792]. Le juge, au prime abord, analysait la marque protégée en déterminant ses éléments essentiels, ceux qui exercent le pouvoir distinctif. Le même exercice est opéré à l'égard de la marque arguée de contrefaçon, pour constater s'il reproduit ou non ses éléments caractéristiques[793]. Les deux signes étaient alors confrontés pour déterminer leurs éléments intrinsèques et non les produits ou les services vendus ou leurs qualités, qui ne servent qu'à déterminer si l'on se trouve dans la même spécialité[794]. Ainsi, il n'y a contrefaçon en présence, par exemple, d'une marque complexe que si l'élément essentiel ou les éléments essentiels ou caractéristiques étaient reproduits[795]. Et, c'est au juge du fond qu'il revenait d'apprécier, souverainement, compte tenu des conditions d'exploitation de la marque, si l'élément reproduit constituait bien un élément essentiel, caractéristique et distinctif, en lui-même[796]. Dans ce cas, la reprise de cet élément caractéristique constitue une

---

789 Art.7 al.1er de l'Annexe III de l'ABR, préc.

790 POLLAUD-DULIAN (F.), *Propriété intellectuelle, la propriété industrielle,* op.cit, p. 951.

791 SCHMIT-SZALEWSKI (J.), PIERRE (J.L.), op.cit, p. 249.

792 Idem.

793 Cass. com., 3 mars 1987, « Latour », D.1988, p. 88, obs. DIENER (P.).

794 Cass. com., 23 juin 1973, Bull. civ, IV, n°224, p. 202 ; D. 1974, p. 558, obs. FOULON-PIGANIOL ; *RIPIA* 1974, p. 9.

795 Cass. com., 12 mai 1975, Bull. civ., IV, n°128 ; Cass. com., 26 janv. 1981, Bull.civ, IV, n°45, p. 34.

796 Cass. com., 15 mai 1968, D. 1968, p. 697, Annales.1969, p. 40.

contrefaçon lorsque la marque ne constitue pas un tout indivisible[797]. Par contre, si la marque représente un tout indivisible, c'est-à-dire lorsque c'est l'ensemble qui est distinctif, il n'y a contrefaçon que si l'ensemble a été reproduit[798]. Dès lors, le juge devrait rechercher si la marque complexe formait un tout indivisible ou si, au contraire, certains de ses éléments pouvaient aussi être distinctifs et, donc, protégés en eux-mêmes[799].

Dans la pratique, cette approche est critiquable en raison même de l'imprécision de l'atteinte dont l'appréciation dépendait du seul juge. En effet, « *d'une part, on pouvait lui reprocher d'engendrer une bonne part d'incertitude, voire d'arbitraire dans l'appréciation qui était largement imprévisible. D'autre part, la distinction entre la contrefaçon par reproduction d'un élément caractéristique seulement et l'imitation illicite était devenue quelque peu obscure, voire byzantine* »[800]. Cette difficulté persiste dans l'espace OAPI où, il n'est pas intervenu, contrairement au droit communautaire européen, la directive n°2008/95 du 22 octobre 2008[801] sur le fondement duquel la Cour de Justice des Communautés Européennes a affirmé sa jurisprudence, relativement à la contrefaçon par reproduction.

Ainsi, la Cour de Justice des Communautés Européennes a clarifié, dans une certaine mesure, la distinction entre les deux grands types de contrefaçon, en imposant une interprétation étroite du critère d'identité entre la marque et le signe contrefaisant. Aussi, le critère d'identité doit-il être interprété, de façon restrictive et non extensive[802], en ce que « *la protection absolue dans le cas d'un signe identique à la marque pour des produits ou services identiques ne saurait être étendue au-delà des situations pour lesquelles elle a été prévue. Dès lors, la définition même de la notion d'identité implique que les deux éléments comparés soient en tous points les mêmes (...). Il en résulte qu'il existe une identité entre le signe et la marque, lorsque le premier reproduit sans modification, ni ajout, tous les éléments constituant la seconde* »[803].

Dès lors, le signe contrefaisant est celui qui reproduit rigoureusement tous les éléments constitutifs de la marque, sans rien y ajouter[804]. Cette solution mérite d'être intégrée au droit OAPI.

---

797 TGI Paris, 25 mai 1989, « Golfer Green », *PIBD* 1989, n°468, III, 660.

798 Cass. com., 26 nov. 1996, « Studio Action », *PIBD* 1996, n°625, III, p. 63.

799 Cass. com., 13 mars 1979, Annales 1980, p. 233, obs. MATHÉLY (P.).

800 POLLAUD-DULIAN (F.), *Propriété intellectuelle, la propriété industrielle,* op.cit, p. 956.

801 Les articles 4 et 5 de la Directive du 22 octobre 2008 ont opéré une distinction entre la similitude et l'identité.

802 PASSA (J.), *Traité*, t.1, op.cit, p. 319.

803 CJCE, 20 mars 2003 « LTJ Diffusion c. SADAS Verbaudet » (« Arthur et Félicie »), aff. C.291/00, Rec. I., p. 2816, concl. JACOBS.

804 Cette nouvelle approche, qui atténue considérablement l'imprécision, a été promptement reprise par la jurisprudence française qui a décidé que la marque « Moove » n'est pas la reproduction de la marque complexe « Orangina move » (Cass. com, 26 nov. 2003,

La constatation de la contrefaçon par reproduction n'amène plus à se focaliser sur les éléments caractéristiques attractifs ou secondaires de la marque, ni à déterminer si elle constitue ou non un tout indivisible. Il faut procéder donc à une approche synthétique, consistant à confronter la marque, prise comme un tout, au signe contrefaisant, et vérifier s'ils sont identiques. Tel n'est pas le cas, lorsque la marque ne se retrouve qu'en partie dans le signe critiqué, ni lorsqu'elle s'y retrouve complétée ou noyée par d'autres.[805] Dans cette dernière hypothèse, le titulaire de la marque ne perd pas pour autant le droit de défendre sa marque. Mais, il ne peut se prévaloir de la reproduction, mais de l'imitation de son signe[806]. La reproduction de la marque consiste, par suite, à la confection matérielle du signe protégé[807].

Les modes de reproduction sont très variés[808]. Ainsi, l'acte de contrefaçon ou l'atteinte est réalisée, dès lors que la marque est matériellement reproduite à l'identique, peu importANT le support de la reproduction[809]. Il peut être question d'apposition sur des produits ou sur des supports promotionnels[810], ou même de la fabrication du matériel servant à cette apposition, si elle implique déjà une reproduction du signe[811], ou encore de la reproduction de la marque figurative, sous la forme d'un objet[812].

« Orangina move », Bull. civ. IV, n° 180, p. 199 et n°181, p. 200, D. 2004, p. 143, obs. DAZEAU (J.) ; Cass. com, 22 mars 2005, « Champagne Trouillard », *PIBD* 2005, n°810, III, 366.), faute de reproduire sans modification ni ajout tous les éléments la constituant et sans rechercher si, considérée dans son ensemble, elle recelait des différences si insignifiantes qu'elles peuvent passer inaperçue aux yeux d'un consommateur moyen (Cass. com, 26 nov. 2003, « M'Post », Bull. civ, IV, n°185, p. 205.).

805 Cass. civ. I, 4 avr. 2006, « Angelique », Bull.civ. IV, n°192, p. 168. ; Paris, 18 oct. 2000, "Atac", *PIBD* 2001, n°713, III, p. 55.

806 Idem.

807 Art. L.713.3 du CPI.

808 POLLAUD-DULIAN (F.), *Propriété intellectuelle, la propriété industrielle,* op.cit, p. 953.

809 Cass. com., 14 janv. 2003, *PIBD* 2003, 760, III, 156.

810 Paris, 22 nov. 2002, *PIBD* 2003, n°763, III, 243.

811 PASSA (J.), *Traité*, t.1, op.cit, p. 328.

812 Cass. com., 24 janv. 1995, *JCP E* 1995, Pau. p. 326. ; 15 juin 1999, *PIBD* 1999, 682, III, 349 ; Ainsi, par exemple, la marque constituée par l'emblème de la tortue est contrefaite par la dénomination « Tortue » désignant les mêmes produits (Paris, 17 avr. 1974, *PIBD* 1974, III, p. 335.). Aussi, y a-t-il de reproduction servile lorsque les montres cartier (Paris, 4e ch., 5 janv. 2000, *PIBD* 2000, 696, III, 278.), ou chanel (Paris, 4ème ch., 13 mars 1998 : JurisData n°1998-021854 ; Paris, 17 juin 1987, *Rev. Dr. Propr. Intell.*1988, n°15,100, Papillon.) sont reprises à l'identique, ou lorsque la marque est servilement reprise comme dénomination sociale (Paris, 13e ch., 26 avr.1993, JurisData n°1998-020912), à propos d'un logo (TGI Paris, 21 nov. 1997, *PIBD* 1998, 648, III, 114.). Il y a également atteinte au droit de la marque par reproduction en cas de dépôt d'une dénomination déjà occupée (Paris, 4e ch., 20 nov. 1979, *Ann. Propr. Ind.*, 1980, 185, Chaumet.). Le seul dépôt constitue un acte d'appropriation du signe, indépendamment des conditions de son exploitation (Paris, 4e ch., 25 mai 2005, Argame, *PIBD* 2005, 814, III, 509.). De même, constitue une contrefaçon, le fait de reproduire une marque en tant que titre d'article d'un journal (Cass. com., 5 nov. 2002, Assoc. AOP ; *JCP E* 2003, chron. 1468, n°8 obs. BOESPFLUG et BARTHELEMY ; *Comm. Com. Electr.* 2003, Comm.59, note Caron ; D.2003, Somm. Comm. p. 2686, obs.

La reproduction constitue donc une contrefaçon, même si aucun usage ne s'en suit[813]. Aussi, l'existence d'un risque de confusion est-elle indifférente[814]. De même, il n'y a pas à rechercher si le contrefacteur est de bonne ou de mauvaise foi[815]. De plus, le caractère distinctif de la marque n'est pas pris en compte dans l'appréciation de la reproduction. En effet, c'est la comparaison des signes en présence qui compte, peu important le degré de distinctivité de la marque contrefaite[816]. Cette règle s'applique également à la reproduction quasi-identique.

Pourtant, en raison de ce que l'identité entre les signes doit être appréciée par rapport au consommateur moyen vis-à-vis de qui chaque signe produit une impression d'ensemble, et que ce consommateur n'a que rarement la possibilité de procéder à une comparaison directe des signes, mais doit se fier à l'image qu'il a gardée en mémoire[817], il a été décidé qu'un signe est quasiment identique à la marque « *lorsque, considéré dans un ensemble, il recèle des différences si insignifiantes qu'elles peuvent passer inaperçues aux yeux d'un consommateur moyen* »[818]. La reproduction est alors quasi-identique, lorsque les différences sont presqu'imperceptibles[819]. Ainsi, par exemple, la reproduction est quasi-servile lorsqu'une lettre est changée dans une marque nominale[820] ou qu'un détail est insignifiant dans une marque figurative[821]. La marque peut également être considérée comme reproduite, quasi à l'identique, lorsqu'au signe, sont adjoints les mots tels que « imitation » « genre » ou « style »[822].

Au demeurant, la qualification de reproduction quasi-identique ne peut s'appliquer que de manière exceptionnelle, c'est-à-dire lorsque la différence est insensible[823]. Aussi, l'insertion du mot « diamant » dans une marque complexe « Cuvée Diamant Champagne Trouillard » ne peut-elle constituer la reproduction

---

Durrande.). Il en va de même si la marque est utilisée comme titre d'article dans une revue, important peu que l'article n'ait pas fait l'objet d'une vente autonome (Cass. com, 14 janv. 2003, préc.). Constitue également une contrefaçon, la reproduction de la marque sur le site d'autrui ou de sa reprise dans un nom de domaine choisi par autrui pour désigner les mêmes produits ou services (Paris, 14e ch., 13 oct. 1999, *PIBD* 2000, 704, III, 424, « Dior ».).

813 POLLAUD-DULIAN (F.), *Propriété intellectuelle, la propriété industrielle,* op.cit, p. 953.

814 Cass. com., 16 nov. 1981, Bull.civ. IV, n°395, p. 313.

815 POLLAUD DULIAN (F.), *Propriété intellectuelle, la propriété industrielle,* op.cit, p. 953, préc.

816 Cass. com., 18 mai 1993, « Levis Strauss », Bull.civ. IV, n°196, p. 140.

817 PASSA (J.), *Traité*, t.1, op.cit, p. 319.

818 CJCE, 20 mars 2003, « LTJ Diffusion c. SADAS Verbaudet », préc.

819 POLLAUD-DULIAN (F.), *Propriété intellectuelle, la propriété industrielle,* op.cit, p. 958.

820 Paris, 21 nov. 1989, *PIBD* 1990, III, 422, « Sa lèche » au lieu de « Calèche » ; Paris, 21 avr. 1988, « Kengo » au lieu de « Kenzo », *PIBD*, n°442, III, 456.

821 Aix-en-Provence, 17 mars 1978, Annales 1980, p. 65.

822 PASSA (J.), *Traité*, t.1, op.cit, p. 320.

823 Cass. com., 2 févr. 2010, *PIBD* 2010, n°914, III, 166.

de la marque de champagne « Diamant Bleu »[824]. Par ailleurs, il n'est point besoin d'établir un risque de confusion, à l'instar de l'usage.

2- Le caractère diffus de l'usage

L'usage de la marque, expressément prévu par l'ABR, ainsi que celui qui ne l'est pas, ont en commun leur imprécision. Celle-ci ne permet pas d'en appréhender les contours, pour une meilleure protection. Cette imprécision touche aussi bien la vente et l'offre de vente, qui est l'usage expressément sanctionné par l'ABR (a), ainsi que les autres formes d'usage (b).

a- L'imprécision de la vente et l'offre de vente

L'Accord de Bangui Révisé a incriminé la vente et l'offre de vente de produits ou services revêtus de la marque, aux termes de l'article 37 de l'Annexe III de l'ABR[825].

Cependant, les conditions et le régime de l'atteinte ne sont pas précisés. Ils restent donc soumis à l'appréciation souveraine des juges nationaux, qui peuvent toutefois prendre pour point de repère la doctrine française. Celle-ci définit l'usage comme « *l'emploi de la marque d'autrui pour présenter ou accompagner des produits ou des services identiques à ceux figurant dans l'enregistrement* »[826]. Bien souvent, les faits d'usage sont commis par celui qui a contrefait la marque en la reproduisant[827]. Pour autant, l'usage de la marque reproduite constitue un acte de contrefaçon, distinct de celui de la reproduction. Ainsi, l'auteur de l'usage peut être sanctionné, même s'il n'a pas entrepris des actes antérieurs de reproduction.

En plus, il subsiste une autre imprécision, quant à savoir si la vente ou l'offre en vente de marchandise, en provenance d'un Etat non membre de l'espace, placé sous le régime douanier, suspensif du transit externe ou de l'entrepôt douanier, au moment de l'offre ou de la vente, entre dans le champ de l'atteinte à la marque par l'usage. L'imprécision du législateur OAPI autorise une réponse négative.

La réponse négative est postulée, d'abord, en matière pénale, par application du principe de la légalité des délits et des peines[828]. La marchandise en transit

---

824 Cass. com., 22 mars 2005 « champagne Trouillard », *PIBD* 2005, n°810, III, 366.

825 « Ceux qui sciemment vendent ou mettent en vente un ou plusieurs produits revêtus d'une marque contrefaisante ou frauduleusement apposée ou ceux qui, sciemment, vendent ou mettent en vente, fournissent ou offrent de fournir des produits ou des services sous une telle marque (Art. 37 al.2 de l'Annexe III de l'ABR.) encourent une sanction pénale ».

826 SCHMIDT-SZALEWSKI (J.), PIERRE (J.-L), op.cit, p. 252.

827 Idem.

828 V. notamment art.16 de la constitution béninoise du 11 décembre 1990. Ce principe « signifie que nul ne peut être condamné pour un fait qui, au moment où il a été commis,

ou en dépôt n'est pas considérée comme mise en vente ou offerte à la vente dans l'espace OAPI[829]. Ainsi, le contrefacteur ne devrait encourir une sanction pénale que si celle-ci est expressément édictée par la loi.

Dans l'espace communautaire européen et ce, en toute matière, la Cour de Justice a apporté une réponse tout aussi tranchée. De telles marchandises, considérées fictivement comme non importées dans la communauté, faute d'y être en libre pratique et, comme telles, non susceptibles d'y être mises dans le commerce, peuvent faire l'objet d'offres à la vente ou de vente à destination de pays tiers, sans qu'il soit porté atteinte au droit du titulaire, peu important par conséquent que l'acte opérant transfert de propriété soit localisé sur le territoire où la marque produit ses effets[830]. Toutefois, « *si l'offre ou la vente implique nécessairement la mise dans le commerce dans la communauté des produits revêtus de la marque, il est porté atteinte au droit exclusif (...), quel que soit le lieu d'établissement du destinataire de l'offre ou de l'acquéreur et indépendamment des stipulations du contrat finalement conclu, en ce qui concerne d'éventuelles restrictions de la revente ou le statut douanier des marchandises* »[831]. La charge de la preuve de l'atteinte au droit incombe au titulaire qui l'invoque[832]. Par suite, c'est au titulaire de la marque d'établir la mise dans le commerce de marchandises supposées en transit, revêtues de sa marque, ou que leur offre en vente ou leur vente implique nécessairement, en raison des circonstances, leur mise dans le commerce[833].

En dehors de la vente et de l'offre de vente, il existe d'autres formes d'usage, que l'imprécision du législateur OAPI permet difficilement de saisir.

b- Les imprécisions des autres formes d'usage

L'Accord de Bangui Révisé est resté assez évasif sur les autres formes d'usage. Celles-ci sont-elles constitutives d'atteintes au droit de marque ? La réponse doit être nuancée, selon qu'il s'agisse de l'importation ou de

---

ne constituait pas une infraction selon le droit alors en vigueur » (DESPORTES (F.), LE GUNEHEC (F.), *Droit Pénal Général*, Paris, Economica, Coll. Corpus Droit Privé, 16e éd., 2009, p. 27.).

829 Art.105 du code des Douanes de l'UEMOA, Annexe au Règlement n°09/2001/CM/ UEMOA.

830 CJCE, 18 oct. 2005, "Class international", Rec., p. I-8735; *Propr. Intell.* 2006, n°18, p. 75, obs. BONET (G.).

831 Idem.

832 PASSA (J.), *Traité*, t.1, op.cit, p. 340.

833 CJCE, 18 oct. 2005, class international, préc; Constituent notamment des actes de contrefaçon par l'usage, l'exposition sans mise en vente (Paris, 5 juin 1971, *PIBD*, III, 328.), ou la mention dans un slogan publicitaire (Paris, 3 mars 1999, *PIBD* 1999, III, 243.), le référencement de produits contrefaits (Cass. com., 27 févr. 1996, Bull.civ. IV, n°66 ; *PIBD* 1996, 613, III, 355.), ou même l'usage de « tables de concordance » ou de « généalogie » pratiqué souvent dans le commerce de parfums (Paris, 27 nov. 1996, *PIBD* 1987, 410, III, 159.).

l'exportation de produits contrefaisants (i) ou de l'usage d'une marque authentique (ii).

i- L'importation et l'exportation de produits contrefaisants

Le législateur n'a pas expressément interdit l'importation de produits contrefaisants. Mais, en consacrant le monopole du titulaire de la marque sur son signe[834], l'ABR a certainement entendu protéger la marque de tout usage illégitime ou illicite, donc de l'importation ou de l'exportation de produits contrefaisants. Le titulaire de la marque peut ainsi, sur le fondement de l'Accord de Bangui Révisé, s'opposer devant le juge civil, à l'importation ou à l'exportation de marchandises reproduisant sa marque.

Mais, le principe de la légalité des délits et des peines interdit toute répression de cette atteinte par le juge pénal, ce qui n'est pas le cas en France, où le code de propriété intellectuelle a expressément puni au pénal. Ainsi, est-il édicté que « *le fait pour toute personne (...) d'importer ou d'exporter des marchandises présentées sous une marque contrefaisante* »[835]. Toutefois, l'importation ou l'exportation « *à laquelle le titulaire de la marque peut s'opposer, en tant qu'elle, implique un usage de la marque dans la vie des affaires, suppose une introduction des produits dans la communauté, aux fins d'une mise dans le commerce dans celle-ci* »[836]. Ainsi, l'infraction n'est pas constituée, lorsque la marque invoquée est une marque nationale et que l'importation ou l'exportation est faite d'un Etat membre de la communauté vers un autre Etat membre[837], « *car ce qui tombe sous le coup de la marque, c'est l'importation elle-même, réalisée en vue d'une commercialisation sur le territoire communautaire* »[838].

Par suite, une protection efficiente commande que les actes d'importation et d'exportation de produits contrefaisants soient expressément incriminés dans l'espace OAPI, pour qu'ils reçoivent la protection dissuasive du juge pénal.

Les hésitations, quant aux atteintes par l'usage, s'étendent également aux atteintes relatives à l'usage illicite d'une marque authentique.

ii- L'usage illicite d'une marque authentique

Le droit exclusif d'exploitation, conféré au titulaire du signe[839], ne semble pas lui permettre d'interdire l'usage d'une marque authentique ou l'usage

---

834 Art.5 de l'Annexe III de l'ABR.

835 Art. L.716-10. a, du CPI.

836 CJCE, 18 oct. 2005, « Class International », préc. (pt 34).

837 PASSA (J.), *Traité*, t.1, op.cit, p. 343.

838 Idem.

839 Art. 7 de l'Annexe III de l'ABR.

d'une marque reproduite avec son consentement[840]. Ce constat est postulé par les termes assez larges voire ambigus de l'article 7 de l'Annexe III de l'ABR. En effet, son droit exclusif ne vise qu'à protéger ses produits ou ses services de tous les usages non autorisés par les tiers[841]. Même en droit français, l'ambiguïté instaurée par l'ancien article 422.2 n'a été levée[842] que par le code de propriété intellectuelle[843] qui vise « *distinctement l'usage d'une marque reproduite et l'usage d'une marque authentique le cas échéant* »[844]. Et, encore, « *la détermination des actes d'usage illicite d'une marque authentique est souvent délicate, en raison de leur grande diversité et des divergences d'appréciation par les tribunaux, hésitant parfois entre la qualification de contrefaçon et celle de concurrence déloyale* »[845]. L'ambiguïté ne peut qu'être plus grande en droit OAPI.

Pourtant, même dans les hypothèses où la marque a été licitement apposée sur le produit vendu ou offert en vente, l'usage peut être illicite[846]. L'usage est susceptible d'être qualifié d'illicite, s'il ne peut être considéré comme ayant été autorisé par le titulaire[847] de la marque. Cependant, le revendeur de ces produits, lorsqu'il les a acquis licitement, bénéficie, en vertu des principes de liberté de commerce et de l'industrie, d'une autorisation tacite d'usage de la marque pour leur commercialisation[848]. Encore faut-il, toutefois, que l'acte puisse être effectivement réputé avoir été autorisé et qu'il ne porte pas préjudice aux intérêts du titulaire de la marque[849]. Cette hypothèse n'est pas réalisée, lorsque l'usage de la marque authentique pour désigner des produits ou des services procède d'une importation sans l'accord du titulaire, ou lorsqu'ils ont subi des modifications ou des altérations non autorisées[850].

---

840 PASSA (J.), *Traité*, t.1, op.cit, p. 360.

841 Art.7 al.1er de l'Annexe III de l'ABR.

842 PASSA (J.), *Traité*, t.1, op.cit, p. 360, préc.

843 Art. L.713.2 du CPI.

844 PASSA (J.), *Traité*, t.1, op.cit, p. 360.

845 SCHMIDT-SZALEWSKI (J.), PIERRE (J.L.), op.cit, p. 253.

846 POLLAUD-DULIAN (F.), *Propriété intellectuelle, la propriété industrielle,* op.cit, p. 966.

847 PASSA (J.), *Traité*, t.1, op.cit, p. 361.

848 SCHMID-SZALEWSKI (J.), PIERRE (J.L.), op.cit, p. 253, préc.

849 Cass. com., 11 mars 2008, *PIBD* 2008, n°875, III, 344.

850 PASSA (J.), *Traité*. t.1, op.cit, p. 361, préc. Ainsi, l'importation non autorisée de produits revêtus d'une marque authentique est une contrefaçon (SCHMIDT-SZALEWSKI (J.), PIERRE (J.L.), op.cit, p. 254.), lorsqu'elle provient d'un Etat extérieur à l'espace économique européen (Paris, 19 juin 1996, *PIBD* 1996, 619, III, 524.). Il en est de même de la revente de produits authentiques importés d'un Etat tiers sans l'autorisation du titulaire (Cass. com., 2 déc. 1997, Bull.civ, IV, n°320 ; D.1998, 604, obs. AGOSTINI.). Dans tous ces cas, le droit sur la marque n'est pas épuisé et peut donc être opposé aux tiers (SCHMIDT-SZALEWSKI (J.), PIERRE (J.L.), op.cit, p. 254, préc.). En effet, les principes de territorialité et d'indépendance des marques nationales permettent de qualifier cette commercialisation, en termes d'usage illicite de marque, donc de contrefaçon, dès lors que les produits ont été introduits sur le territoire national et sont offerts à la vente sans le consentement du titulaire (PASSA (J.), *Traité*, t.1, op.cit, p. 361, préc.). En droit OAPI, l'usage illicite ne pourrait être réalisé que si les produits sont importés des pays non

Par ailleurs, la Chambre Commerciale de la Cour de Cassation française considère que la vente d'un produit marqué, en dehors d'un réseau de distribution sélective, par un revendeur non agréé, constitue le délit de contrefaçon par usage de marque[851]. Elle a également retenu, ajoutant à l'incertitude, que le revendeur parallèle peut être responsable au titre de la concurrence déloyale[852]. La Chambre Criminelle n'a retenu aucune de ces solutions, en faisant application de la règle d'épuisement des droits, au bénéfice du distributeur poursuivi[853]. La divergence d'appréciation est manifeste et ne peut être aplanie que par l'application du principe de l'épuisement des droits. « *Ainsi, le distributeur parallèle se trouve en principe à l'abri d'une condamnation pour usage illicite de marque, si les produits qu'il vend ont été mis en circulation sur le territoire de l'UE par le titulaire ou un tiers autorisé ou, tout au moins, y ont été importés avec son consentement* »[854]. Cette règle s'impose, même si les produits n'ont franchi aucune frontière. On parle alors d'épuisement interne[855].

La règle d'épuisement des droits ne devrait être écartée qu'en présence d'un élément distinct de la seule vente hors réseau[856]. Cet élément peut prendre l'une des formes généralement admises, en matière d'épuisement du droit de marque. Dès lors, le distributeur parallèle peut, comme tout autre distributeur, se voir interdire la commercialisation des produits, si ceux-ci ont été modifiés ou altérés depuis leur première mise en circulation par le titulaire ou le tiers autorisé[857], « *car la garantie d'identité d'origine n'est plus assurée, le consommateur étant induit en erreur par la présence de la marque sur un produit dont le titulaire de la marque n'est plus responsable* »[858].

---

membres de l'espace OAPI. Ainsi, lorsque les produits à la commercialisation desquels le titulaire souhaite s'opposer, ont été mis en circulation sous la marque dans l'espace OAPI par lui ou par un tiers autorisé, ou l'ont été dans les mêmes conditions en dehors de ce territoire avant d'y être introduits avec son consentement exprès ou tacite, il n'y a pas contrefaçon. En effet, la règle de l'épuisement des droits n'autorise pas le titulaire de la marque à se prévaloir d'un usage illicite. En revanche, si les produits authentiques ont été mis en circulation, en dehors de l'espace OAPI par le titulaire de la marque ou avec son accord, et sont importés sur ce territoire sans son consentement, l'une des conditions d'application de la règle d'épuisement des droits fait défaut, le titulaire conserve, en conséquence, la possibilité de faire interdire, pour usage illicite de sa marque, les actes d'introduction et de commercialisation des produits dans l'espace OAPI.

851 Cass. com., 24 févr. 1987, Bull.civ. IV, n°52 ; D.1987, p. 558, note PARLEANI ; *JCP* 1987, II, 15015, note ROSENFELD ; Cass. com., 23 févr. 1993, D.1994, p. 398, obs. FORT-CARDON ; *RDIP*.1993, n°49, p. 81 ; *Ann. Propr. Ind.* 1994, p. 44.

852 Cass. com., 21 juin 1994, *PIBD* 1994, 574,III, p.479.

853 Cass.crim, 18 mai 1987, D.1987, p. 558, note PARLEANI. ; 5 oct. 1987, Bull. crim.1987, n°335.-18 avr. 1998, Bull. crim.1988, n°163;16 juin 1993, Bull. crim.1993, n°216.

854 PASSA (J.), *Traité*, t.1, op.cit, p. 362.

855 Idem.

856 Paris, 24 oct. 2008, *PIBD* 2008, n°886, III, 687.

857 PASSA (J.), *Traité*, t.1, op.cit, p. 364.

858 POLLAUD-DULIAN (F.), *Propriété intellectuelle, la propriété industrielle,* op.cit, p. 967. Ainsi, par exemple, la transformation de bouteilles authentiques d'eau « Perrier » en gadgets remplis d'un liquide incolore a été condamnée au titre de l'usage illicite, les

Il se voit également interdire les atteintes au droit de marque.

B- Le caractère confus des atteintes accessoires

A l'instar des atteintes principales, les atteintes accessoires ne sont pas saisies par l'ABR avec précision. Celles-ci sont appréhendées avec difficulté, de sorte que le juge peine à en cerner la portée. Les imprécisions caractérisent l'apposition (1) ainsi que les autres formes d'atteintes accessoires (2).

1- L'imprécision de l'apposition de la marque

L'Accord de Bangui Révisé a expressément édicté des sanctions pénales à l'encontre de « *ceux qui frauduleusement apposent sur leurs produits ou les objets de leur commerce, une marque appartenant à autrui* »[859]. Au demeurant, nonobstant le sens apparemment clair du texte, la formule n'est pas explicite et peut même induire en erreur. L'apposition ne consiste pas, en effet, dans l'apposition matérielle de la marque sur des produits ou d'autres supports. Au

---

conditionnements ayant été déformés (TGI Paris, 11 juin 1992 « Perrier c.Soho », *PIBD* 1992, n°530, III, p. 530.). Constituent également des usages illicites, la vente par un soldeur de produits marqués refusés par le titulaire de la marque à leur fabrication, sans avoir été autorisé à les vendre non démarqués (Cass. com., 21 juin 1994, « Matalys », Bull.civ.IV, n°229; p. 179, D.1994, inf. rap.204.) la vente de produits authentiques dont la présentation a été modifiée sans l'autorisation du titulaire du signe (Cass. com., 6 mai 1981, Bull.civ. IV, n°156, p. 112.) ou dont les codes-barres d'identification ont été supprimés (Cass. com., 24 nov. 2009, « Hennessy », *RIPIA* 2009/4, n°238, p. 21, *PIBD* 2010, n°910, III, 52.).
De même, l'usage de la marque d'autrui n'est pas loyal, lorsqu'il sert à faire la promotion d'autres produits (Cass. com., 9 févr. 1982, préc.), ou de l'activité même du distributeur (TGI Paris, 1er déc. 1994, *RDPI* 1995, n°58, p. 49.) ou lorsqu'il s'agit, par la pratique dite de la « marque d'appel », d'attirer la clientèle par la référence à une marque, alors que l'on ne détient pas de stock suffisant pour satisfaire la demande pour ensuite l'orienter sur des produits concurrents (POLLAUD-DULIAN (F.), *Propriété intellectuelle, la propriété industrielle,* op.cit, p. 970.). Il y a également usage illicite de la marque, lorsque des produits notamment de luxe sont utilisés comme lots de loteries publicitaires organisées par des sociétés de vente par correspondance, afin de promouvoir leurs activités (PASSA (J.), *Traité*, t.1, op.cit, p. 368, préc.). Même si les objets offerts en lots ont été acquis licitement, il y a là une manière de tirer profit de la renommée ou du caractère distinctif de la marque non pour vendre les produits de la marque, mais toutes sortes d'autres produits et surtout de promouvoir l'entreprise de vente par correspondance elle-même (POLLAUD-DULIAN (F.), *Propriété intellectuelle, la propriété industrielle,* op.cit, p. 970, préc.). Cela représente un usage illicite de la marque (Versailles, 19 nov. 1998, D. aff.1999, p. 381.), car il ne s'agit pas d'une revente des produits marqués, mais de l'usage publicitaire de la marque elle-même (TGI Paris, 10 avr. 1996, *PIBD,* n°615, III, 415.). Aussi, le propriétaire de la marque est-il en droit de s'opposer à ce que les produits la portant puissent être diffusés dans le public, dès lors que cette diffusion n'a pas pour objet leur commercialisation (Cass. com., 2 juill. 1996, Bull.civ. IV, n°201, p. 172. ; *PIBD* 1996, n°620, III, 563; Annales 1997, p. 1464, obs.crit. MATHELY.).

[859] Idem.

sens commun, un tel acte constitue un acte de reproduction ou d'imitation. « *L'apposition consiste à utiliser sans autorisation un support, sur lequel la marque a déjà été reproduite par le titulaire lui-même ou avec son consentement (étiquette, conditionnement, présentoir), pour la diffusion ou la promotion de produits ou services, ici identiques, mais ne provenant pas du titulaire ou du tiers autorisé* »[860]. Dès lors, l'atteinte par l'apposition ne consiste justement pas à apposer la marque, mais plutôt à son « *remplissage* »,[861] qui consiste à vendre dans un conditionnement portant une marque authentique (une bouteille, par exemple) un produit (une boisson, par exemple) ne provenant pas du titulaire de la marque[862]. Toutefois, l'apposition peut aussi résulter de la proposition d'un produit ou d'un service par l'intermédiaire d'un présentoir portant une marque à laquelle le produit ou le service n'a pas droit[863], ou à apposer une étiquette revêtue d'une marque authentique sur un produit d'une origine différente[864], ou encore à imiter un objet neuf avec des pièces usagées portant la marque authentique[865].

Le législateur OAPI devra donc veiller à édicter et à définir les contours de l'atteinte constitutive de l'apposition, comme, du reste, les autres atteintes accessoires.

2- Les imprécisions des autres atteintes accessoires

Les atteintes par suppression ou modification de la marque, détention de produits contrefaisants ou substitution de produits ou de services, ne sont pas expressément incriminées par le législateur OAPI. Le législateur français a, quant à lui, sans aucune ambiguïté, interdit la suppression ou la modification d'une marque régulièrement apposée[866], la détention sans autorisation de la marque[867] ainsi que sa suppression[868].

Cependant, le droit OAPI incrimine le fait de faire « *usage d'une marque portant des indications propres à tromper l'acheteur sur la nature du*

---

860 PASSA (J.), *Traité*, t.1, op.cit, p. 396.
861 SHMIDT-SZALEWSKI (J.), PIERRE (J.L.), op.cit, p. 255.
862 PASSA (J.), *Traité,* t.1, op.cit, p. 369.
863 Cass. com., 11 avr. 1988, *PIBD*, n°445, III, p. 556 ; Cass.crim, 23 févr. 1989, Bull.crim, n°90 (pompe à essence).
864 Cass.crim, 6 mai 1986, *PIBD* 1987, n°408, III, 117 (Vidéocassette).
865 Paris, 28 janv. 1972, *Ann.propr. Ind.* 1972, p. 177 ; Reims, 14 juin 1988, *Ann.Propr.ind.* 1988, p. 169. La contrefaçon par apposition suppose, pour sa réalisation, deux conditions. D'abord, l'atteinte doit être accomplie dans la vie des affaires, c'est-à-dire en proposant des produits ou services à la clientèle. Ensuite, les produits ou les services en cause doivent être identiques ou similaires à ceux couverts par la marque. (PASSA (J.), *Traité,* t.1, op.cit, p. 369, préc.).
866 Art.713-2-b du CPI.
867 Art.716-10. a du CPI.
868 Art.716-10. c du CPI.

produit »[869]. Ces dispositions, le moins qu'on puisse en déduire, sont assez larges et ambigües, en englobant, avec beaucoup d'incertitude, les autres atteintes accessoires. En effet, elles ne font expressément référence ni à la détention, ni à la modification, encore moins à la substitution de marque. Pour autant, le terme « usage » intègre un certain nombre d'actes d'exploitation dans la vie des affaires. Ainsi, même si ses contours restent moins précis qu'en droit français, ne pourraient-ils néanmoins englober la suppression de la marque, la détention de produits contrefaisants (a) ou la substitution de produits (b) et faire l'objet de sanction pénale ou civile dans l'espace OAPI ?

a- La suppression et la détention de la marque

La suppression ou la modification de la marque se distingue de la détention de celle-ci.

La contrefaçon par modification ou suppression est réalisée par le revendeur d'un produit authentique qui reproduit la marque sous une forme différente que celle choisie par le titulaire de la marque[870]. Pareils usages de la marque sont prohibés, en ce qu'ils empêchent la marque de remplir sa fonction d'identification des produits ou services[871].

Mais, la sanction ne peut relever que du juge civil, parce que la suppression ou la modification de la marque porte atteinte au droit exclusif du titulaire du signe.

---

869 Art.37 al.- b de l'Annexe III de l'ABR.

870 SCHMIDT-SZALEWSKI (J.), op.cit, p. 256. La suppression de la marque consiste aussi à effacer sur un emballage ou un conditionnement, voire sur le produit lui-même soit, pour la remplacer par une autre, soit pour la faire disparaître. DURRANDE (S.), « Droit pénal de la contrefaçon », *JCP*, fasc. 7517, 2013, p. 7.

871 Cass. crim., 20 juin 1967, *Ann. Propr. Ind.*, 1968, p. 203. Toutefois, il n'y a pas suppression ou modification de la marque, lorsqu'un distributeur a été contraint de supprimer la marque pour éviter d'être condamné pour usage illicite, parce que les produits modifiés ou altérés, après leur mise en circulation avec le consentement du titulaire, ne devaient plus être commercialisés sous la marque, sauf à compromettre sa fonction de garantie d'identité d'origine (Cass. com., 6 mai 1991, D. 1993, p. 116, obs. Burst ; *Ann. Propr. Ind.* 1992, p. 3.). Par suite, si un opérateur procède, sur les produits marqués d'autrui, à des transformations d'une certaine importance, il peut supprimer la marque pour apposer la sienne (Cass. com., 25 janv. 2005, pourvoi n°003-11770.). De même, la contrefaçon n'est pas encourue si la suppression de la marque se justifie par l'obligation de commercialiser les objets non revêtus de leur marque d'origine, par exemple, après transformation (Lyon, 13 juill. 1976, *Ann.Propr. Ind.*1976, 245 ; *RTDcom.*1977, 17, obs. CHAVANNE). Au demeurant, un revendeur commet un acte de contrefaçon en supprimant la marque authentique apposée sur des produits informatiques, rendus obsolètes par la diffusion par le titulaire de nouveaux produits plus performants (Paris, 20 sept. 2006, *PIBD* 2006, n°841, III, 778.).

En effet, à défaut de précisions, cette atteinte ne peut être constitutive d'une infraction pénale sanctionnée par la juridiction répressive. Cette solution est identique à celle retenue pour la détention de produits contrefaisants.

La détention de produits contrefaisants porte incontestablement atteinte au monopole d'exploitation du titulaire de la marque[872]. Cet usage « *a un large domaine, car (elle) est susceptible de s'appliquer, non seulement à celui qui n'est que simple détenteur, mais encore à celui qui a reproduit la marque sans autorisation pour l'apposer sur des produits ou supports commerciaux, puisqu'il détient ceux-ci par la suite au moins pendant un certain temps, à celui qui offre en vente les produits revêtus de la marque contrefaisante, voire encore à celui qui importe ou exporte de tels produits* »[873]. Ainsi, la détention illicite est préalable, par exemple, à la vente ou à l'offre en vente[874], ou encore à l'importation de marchandises contrefaisantes, peu importe que ces marchandises n'aient plus été entre les mains des expéditeurs dès lors que la détention illicite a commencé à l'étranger et que les faits reprochés étaient indivisibles[875].

Pour autant, en droit OAPI, les juridictions pénales ne peuvent réprimer une telle atteinte, parce qu'elle n'est pas expressément édictée par l'ABR. A l'inverse, le juge civil peut assurer la protection du signe objet de l'atteinte, car la détention de la marque est un usage qui empiète sur le droit exclusif du titulaire de la marque, tout comme la substitution de produits ou services.

b- La substitution de produits ou de services

Aux termes de l'article L.716-10 du code de propriété intellectuelle français, est puni le fait pour toute personne « *de sciemment livrer un produit ou fournir un service autre que celui qui lui est demandé sous la marque enregistrée* »[876]. Ainsi, il y a substitution de produits ou de services, lorsque le professionnel livre un produit ou fournit un service de même nature que celui qui est demandé, sous une marque par son client, mais identifié sous une autre marque, voire non marqué[877]. Dès lors, la substitution est constituée par le fait de livrer sous la marque authentique du vendeur des produits provenant d'autres fournisseurs[878], ou de remettre au client désireux d'acquérir un produit présenté comme équivalent, ou tout simplement de lui livrer des

---

872 Cass. com, 6 mai 1991, Bull.civ.IV, n°156.
873 PASSA (J.), *Traité*, t.1, op.cit, p. 372.
874 Cass. crim., 21 oct. 2003, pourvoi n°02-87156.
875 Cass. crim., 30 mars 1994, Bull. crim, n°128.
876 Art. L.716-10 du CPI.
877 PASSA (J.), *Traité*, t.1, op.cit, p. 376, préc.
878 Paris, 29 nov. 1983, *Ann. Propr. Ind.*1983, 130.

produits autres que ceux annoncés[879]. Mais, tel n'est pas le cas, lorsqu'une société poursuivie pour contrefaçon de marque prend les devants de la décision de condamnation susceptible d'intervenir contre elle et change, pour cela, la dénomination des produits qu'elle livre à un client[880].

La règle de substitution admet une exception au profit du pharmacien. Ainsi, celui-ci peut substituer, au médicament prescrit, désigné sous la marque, un médicament générique d'une marque différente[881]. Cependant, le droit de substitution accordé au pharmacien ne justifie pas que la publicité faite pour un générique fasse référence au médicament repris par le générique[882].

Tout comme l'acte de détention, celui de substitution de marque peut être aisément réprimé devant le juge civil, parce qu'il constitue une atteinte au droit exclusif du titulaire de la marque. Pour autant, l'incrimination pénale n'est pas établie. L'acte de substitution ne peut être appréhendé comme un acte d'usage, parce que le professionnel n'utilise pas, à proprement parler, la marque en cause[883], même s'il a pu être jugé que « *la substitution de produits constitue de toute évidence un fait d'usage illicite de marque* »[884].

En effet, en offrant un produit ou un service d'une marque différente, sans en avertir le client, le professionnel s'appuie certes sur l'usage que son client fait de la marque mais lui-même n'en fait pas usage[885]. Dès lors, la substitution en droit OAPI ne peut être analysée comme une incrimination sanctionnée par le juge pénal. Par suite, et en raison de l'imprécision de ses contours pénaux, elle demeure un délit civil qui, dès lors, ne nécessite pas le constat d'une intention délictuelle.

Paragraphe II. L'imprécision de l'élément intentionnel

La faute intentionnelle s'observe aussi bien devant le juge civil que le juge pénal. Au civil, elle permet de distinguer le délit du quasi-délit. Par contre, au pénal, la faute intentionnelle peut être appréhendée comme « *la volonté de commettre un acte que l'on sait interdit ou, autrement dit, comme l'intention de violer la loi pénale* »[886]. Ainsi, la faute intentionnelle est, en droit de marque celle par laquelle le contrefacteur a conscience de violer la loi ou une situation juridiquement protégée. Dès lors, c'est la constatation d'une faute

879 Paris, 4e ch., 26 mars 1999, JurisData n°1999-023252.
880 Paris, pôle 5, 2e ch., 19 mars 2010, « Lab. Maurice Mésségué », *PIBD* 2010, 920, III, 391.
881 Art. L.716-d, du CPI.
882 Paris, 4e ch., 3 mai 2006, « Sandoz », *PIBD* 2006, 833, III, 473.
883 PASSA (J.), *Traité*, t.1, op.cit, p. 377.
884 Paris, 4e ch., 27 sept. 1996, *PIBD* 1997, 623, III, 9.
885 PASSA (J.), *Traité*, t.1, op.cit, p. 377, préc.
886 DESPORTES (F.), LE GUNEHEC (F.), op.cit, p. 434.

intentionnelle qui devrait conditionner, au civil comme au pénal, la sanction des diverses atteintes au droit de marque[887]. Ainsi, la seule matérialité de l'atteinte ne devrait suffire à ouvrir droit à réparation, devant le juge civil ou devant le juge pénal.

Pourtant, le législateur OAPI n'est pas aussi précis. Il persiste ainsi une incertitude dans la prise en compte de l'élément intentionnel de l'atteinte, en ce que le législateur OAPI est tantôt indifférent à l'élément intentionnel dans la constitution de l'infraction (A), tantôt en fait l'un des éléments substantiels de l'atteinte (B).

A- L'incertitude relative à l'indifférence de l'élément intentionnel

Le législateur français a énuméré un certain nombre d'atteintes[888] qui sont constitutives de « *contrefaçon, faute civile* »[889] et, contrairement à ce que son intitulé peut laisser entendre, engage la responsabilité de son auteur, sans qu'il soit nécessaire de rechercher un quelconque élément intentionnel ou même une négligence ou une imprévoyance[890]. Cette solution n'est pas retenue en droit OAPI, où le législateur n'a ni énuméré ni défini, dans des dispositions spécifiques, les atteintes au droit du titulaire du signe susceptibles d'être portées exclusivement devant le juge civil. Il subsiste donc une incertitude quant à l'indifférence de l'élément intentionnel, surtout, au civil (1) et, dans une certaine mesure au pénal (2).

1- L'incertitude relative à l'indifférence de l'élément intentionnel devant le juge civil

Aux termes de l'article 716-1 du code de propriété intellectuelle français[891], « *l'atteinte portée au droit du propriétaire de la marque constitue une contrefaçon, engageant la responsabilité civile de son auteur. Constitue une atteinte aux droits de la marque, la violation des interdictions prévues aux articles L.713-2, L.713-3 et L.713-4* ».

La portée limitative de cette énumération est discutée. Pour certains auteurs, le législateur français « *a donné une énumération limitative des actes que le titulaire de la marque peut interdire* »[892]. Pour d'autres, l'énumération n'est pas exhaustive, la liste légale est « *purement exemplative d'actes qui*

887 BONNARD (H.), op.cit, p. 13.

888 Art. L713.2, L.713-3 et L.716-4 du CPI.

889 SCHMIDT-SZALEWSKI (J.), PIERRE (J.L.), op.cit, p. 248.

890 BONNARD (H.), op.cit, p. 28.

891 Art. L.716-1 du CPI., anc. Art. L. n°91-7, de janvier 1991.

892 SCHMIDT-SZALEWSKI (J.), PIERRE (J.L.), op.cit, p. 248, préc.

notamment constituent des atteintes au droit sur la marque »[893]. Cette dernière thèse est confortée par la jurisprudence, qui a décidé que la rédaction du texte n'exclut pas que d'autres faits puissent être jugés contrefaisants[894]. Cette interprétation assez généreuse s'écarte manifestement du texte.

Au-delà de cette considération, il reste acquis qu'il y a contrefaçon dès que les actes matériels tels, l'usage, l'importation, la substitution, prévus dans le code, sont réalisés sans qu'il soit nécessaire de rechercher un élément intentionnel[895]. En effet, « *au civil, la sanction de la contrefaçon n'est jamais subordonnée au constat d'un élément intentionnel, ni d'ailleurs d'une quelconque imprudence ou négligence* »[896], si bien que la bonne foi reste inopérante[897]. Ainsi, il n'y a pas à rechercher si le contrefacteur est de bonne ou mauvaise foi. Aussi, la contrefaçon est-elle « exclusive de la bonne foi »[898]. Elle ne requiert donc pas l'intention et, par voie de conséquence, la preuve de la bonne foi est sans objet[899]. Dès lors, c'est l'atteinte matérielle faite au droit de marque par l'acte de contrefaçon qui constitue, à elle seule, le fait générateur de la responsabilité. « *La responsabilité civile pour contrefaçon pourrait donc s'afficher désormais comme une responsabilité objective, issue d'un fait générateur distinct à la fois des faits générateurs de la responsabilité pénale et de la responsabilité civile de droit commun, justifiant a posteriori, et dans une acception radicale, la règle jusque-là prétorienne selon laquelle la bonne foi serait toujours inopérante, en ce sens même qu'aucune exonération ne serait jamais susceptible de résulter de la preuve de l'absence de faute* »[900]. Le droit des marques se rapprocherait ainsi du droit d'auteur, qui postule que c'est l'atteinte à un droit de propriété opposable à tous qui justifie que la contrefaçon soit constituée indépendamment de toute faute du contrefacteur[901].

Toutefois, à certains égards, un jugement de valeur persiste. En effet, certaines décisions exonèrent le contrefacteur de toute responsabilité, dès qu'il établit n'avoir pas recouru à la marque d'autrui, afin de désigner ses propres produits ou ses services[902].

---

893 POLLAUD-DULIAN (F.), *Propriété intellectuelle, la propriété industrielle,* op.cit, p. 950.

894 Paris, 1re ch., 27 sept. 1996, D.1996, inf.rap.249 ; *PIBD* 1997, 623, III, 9.

895 POLLAUD-DULIAN (F.), *Propriété intellectuelle, la propriété industrielle,* op.cit, p. 949.

896 PASSA (J.), *Traité,* t.1, op.cit, p. 326.

897 Cass. com., 30 janv. 1996, *PIBD* 1996, n°608, III, 187.

898 Cass. com., 30 janv. 1996, préc.

899 Paris, 4e ch., 14 nov. 1984, *PIBD* 1985, 369, III, 162 ; 29 oct. 1989; *Ann. Propr. Ind.* 1989, 126.

900 BONNARD (H.), op.cit, p. 28, préc.

901 Cass. 1ère civ., 5 mars 1991, pourvoi n°89-13.831.

902 Cass. com., 10 juill.2007, *PIBD* 2007, II, p. 562. ; *JCP G* 2007, IV, 2759 et II, 10161, note CHABERT (C.) ; *JCP* 2007, 2196 et 2269, note PASSA.) et 2008, 1000 n°18, *Chron.* CARON (C.) et 1076, n°12, obs. CLEMENT-FONTAINE (M.) ; *Propr. Ind.* 2007, et 24, obs. SCHAFFNER (M.) et GEORGES (G.) ; D.2007, p. 2112, obs. DALEAU (J.) ;

La question reste entière quant à savoir si le développement précédent, qui rend beaucoup plus compte de l'état de la question, en droit français, est transposable sans inventaire en droit OAPI. La réponse mérite d'être nuancée. En effet, si le législateur français et, à sa suite, la jurisprudence a adopté une telle démarche, c'est en raison de ce qu'il a pris le soin d'énumérer, de manière explicite, les actes qui sont expressément interdits aux tiers. Dès lors, il pèse sur le contrefacteur, « *une présomption irréfragable de faute* »[903] qui fait qu'il n'ait besoin d'établir une faute quelconque ou sa mauvaise foi pour engager sa responsabilité. Le législateur OAPI, en restant vague et imprécis pour n'avoir énuméré aucun acte de manière expressément constitutive d'une contrefaçon de ''faute civile'', ne devrait pas se contenter d'édicter le droit exclusif du titulaire de la marque sur son signe[904], pour prétendre exonérer le contrefacteur de l'intention frauduleuse. Aussi, l'Accord de Bangui Révisé ne fixe pas sur l'exigence ou l'indifférence de l'élément intentionnel. Toutefois, afin d'atteindre une protection optimale, qui est la finalité de l'Accord de Bangui Révisé, au civil, l'élément intentionnel devrait être également indifférent, comme en droit français. En effet, « *au civil, la mauvaise foi n'est jamais exigée. Il suffit qu'une atteinte ait été portée au droit à la marque* »[905].

Ainsi, en droit OAPI, une atteinte quelconque à la marque suffirait à rendre inopérante la bonne foi du contrefacteur. Dès lors, la faute intentionnelle n'a point besoin d'être expressément précisée par le législateur pour exclure la bonne foi du contrefacteur. Cependant, une interprétation aussi bienveillante ne peut être étendue au plan pénal.

2- *L'incertitude relative à l'indifférence de l'élément intentionnel devant le juge pénal*

L'Accord de Bangui Révisé réprime pénalement « *ceux qui font usage d'une marque portant des indications propres à tromper l'acheteur sur la nature du produit* »[906]. Or, toutes les autres incriminations posées par le même

Versailles, 15 nov. 2001, JurisData n°163204 ; *JCP E* 2002.345. Ainsi, par exemple, il a été décidé que des propos mettant en cause des véhicules de marque doivent être considérés comme relevant de la liberté d'expression et ne peuvent donc être sanctionnés, dès l'instant où ils s'inscrivent dans le cadre d'une émission satirique qui ne crée aucun risque de confusion (Cass., Ass. Plén., 12 juill. 2000, D. 2001, jurispr. p. 259, note EDELMAN ; TGI, réf., 2 août 2002, préc.), ou encore si, du fait de la parodie, il existe une imitation du signe déposé, il convient de rappeler que cette atteinte n'est pas réalisée contre un signe qui marque l'origine du produit dans la vie des affaires, mais est circonscrite au seul domaine de la liberté d'expression, de sorte que l'action en contrefaçon n'est pas fondée (TGI Paris, 23 mars 2010, « Sté Ed. du monde », 2010, 920, III,401.).

903 BONNARD (H.), op.cit, p. 32.

904 Art.7 de l'Annexe III de l'ABR.

905 CHAVANNE (A.), BURST (J.J.), op.cit, p. 699.

906 Art. 38 al.2-b de l'Annexe III de l'ABR.

texte exigeaient formellement un élément intentionnel par l'emprunt des formules « sciemment »[907] ou « frauduleusement »[908]. Le législateur OAPI semble donc, à l'instar du législateur français[909], renoncer à l'élément intentionnel, pour faire de l'atteinte au droit à la marque, par l'usage, susceptible de tromper l'acheteur sur la nature du produit, une infraction matérielle. En France et, certainement, par souci de renforcer la répression, l'abandon de l'élément intentionnel a été généralisé, en matière de contrefaçon de marque, sous la seule réserve du délit très accessoire de contrefaçon par substitution de produits ou services[910]. Le délit de substitution de marque est donc intentionnel, sans que cette spécificité au sein du droit de la propriété industrielle ne se justifie nécessairement.

Toutefois, en droit français, et pour lever toute ambiguïté, l'intention est sous-jacente. En effet, l'article 121-3 du code pénal français pose le principe selon lequel les crimes et les délits sont toujours des infractions intentionnelles[911]. Un tel principe avait certes inspiré les rédacteurs du code napoléonien, mais ces derniers ne lui avaient pas accordé l'importance que lui a reconnue le législateur de 1992 et n'avaient donc pas estimé utile de l'inscrire dans la loi. La justification du principe est aisée : il serait excessif d'ériger en crime ou en délit des comportements commis de façon non intentionnelle (…), qui ne révèlent pas une grande dangerosité sociale[912]. Ainsi, il n'y a point de délit, sans intention de le commettre, sauf si le texte d'incrimination prévoit que le délit est constitué en cas d'imprudence, de négligence ou de manquement à une obligation légale de sécurité. Le Bénin, à l'instar des autres Etats membres de l'OAPI, n'a pas de dispositions équivalentes à celles de l'article 121-3 du code pénal français. Il demeure donc une imprécision, quant à savoir si l'élément intentionnel ou, à tout le moins, l'imprudence ou la négligence est nécessaire à la constitution de l'infraction d'usage de la marque portant des indications propres à tromper l'acheteur sur la nature du produit, en droit OAPI. En effet, en matière pénale, il est difficile de faire fi de la lettre du texte. Dans le même temps, il convient de retenir, même dans le silence du texte, que l'atteinte considérée est une *« infraction d'imprudence ou de négligence, dont la sanction suppose le constat que le prévenu n'a pas accompli les diligences qu'on pouvait normalement attendre de lui »*[913]. Il est d'autant ainsi, que la contrefaçon n'est admise que si elle est accomplie dans le milieu des affaires. Or, lorsque le prévenu est un

---

907 Art. 38 al.1er -b- d de l'Annexe III de l'ABR.
908 Art. 38 al.1er -a- c de l'Annexe III de l'ABR.
909 Art. L.716-9 ; Art. L.716-10 du CPI.
910 PASSA (J.), *Traité*, t.1, op.cit, p. 326.
911 DESPORTES (F.), LEGUNEHEC (F.), op.cit, p. 426.
912 Idem.
913 PASSA (J.), *Traité*, t.1, op.cit, p. 327.

professionnel, la jurisprudence a tendance, soit à se satisfaire d'une simple imprudence soit à présumer cette intention[914]. Dès lors, et nonobstant l'imprécision du texte, le juge devrait prendre en compte l'intention ou, tout au moins, l'imprudence ou la négligence du contrefacteur, surtout lorsqu'il est un professionnel.

B- L'incertitude relative à l'exigence de l'élément intentionnel

A l'exclusion de l'exception ci-dessus invoquée, le législateur OAPI exige l'intention criminelle du contrefacteur pour la constitution même de l'infraction. Cette intention est plus ou moins caractérisée, selon les infractions. Elle suppose, chez l'agent, la conscience du caractère répréhensible de ses actes ou, en d'autres termes, un dol général[915]. Mais, le législateur exige, en outre, que le délinquant recherche un résultat déterminé, c'est-à-dire le dol spécial. Cette double exigence ne facilite pas toujours l'établissement de l'atteinte. Elle est source d'incertitudes, dans l'appréciation du dol général (1) ou du dol spécial (2).

1- Les incertitudes induites par le dol général

Le dol général est le plus petit dénominateur commun des infractions intentionnelles. Il consiste en la volonté de commettre un acte, en ayant conscience de violer la loi pénale[916]. Cette détermination à enfreindre la loi pénale caractérise les infractions intentionnelles et suffit, dans bien des cas, à distinguer nombre d'entre elles, sans qu'une intention plus déterminée que l'on qualifie, par opposition, de dol spécial soit exigée.

En droit de marque, le dol général consiste donc à « sciemment » ou « par fraude » porter atteinte au monopole du titulaire du signe. Ainsi, lorsque l'intention criminelle est requise, l'infraction n'est constituée que si le contrefacteur avait conscience de violer la loi, c'est-à-dire qu'il commettait une erreur de fait[917]. Ne commettrait alors aucune atteinte à une marque, le contrefacteur qui ignorait que le signe est une marque enregistrée, même s'il devait justifier qu'il n'était pas responsable de l'erreur de fait dont il se prévalait[918].

Les incertitudes naissent de l'administration de la preuve de l'intention criminelle. En effet, il revient au Ministère Public, en vertu du principe de la présomption d'innocence, de démontrer que l'infraction est non seulement

---

914 Idem.
915 DESPORTES (F.), LE GUNEHEC (F.), op.cit, p. 435.
916 Idem.
917 Cass. crim., 16 nov. 1934, D.H.1934, p. 183.
918 Cass. crim., 7 févr. 1957, *Bull. crim*, n°126.

constituée en ses éléments matériels mais, également et, surtout, en ses éléments intellectuels. « *Or, une telle preuve, parce qu'elle porte sur un élément immatériel, ne peut être apportée directement* »[919]. Aussi, est-elle déduite, souvent, avec hésitation, du comportement matériel, lorsque celui-ci n'est pas équivoque. Ainsi, et *a contrario*, lorsque le comportement matériel est univoque, le dol général est difficilement déductible. La répression de la contrefaçon en est d'autant handicapée.

En droit pénal général, la faute intentionnelle est quasiment présumée ; c'est donc à la personne poursuivie de prouver l'absence de dol, en démontrant, par exemple, qu'elle a commis une erreur de fait[920]. Dans cette logique, la Cour de Cassation française a décidé que l'élément intentionnel résulte de la nature même du délit et qu'il n'a pas besoin d'être affirmé par le juge[921]. Cette présomption est également postulée par l'application du principe « *nullum censetur ignorare legem* », c'est-à-dire « nul n'est censé ignorer la loi », lequel principe exonère le Ministère Public d'avoir à prouver la connaissance par l'agent pénal que son comportement tombe sous le coup de la loi[922].

Au demeurant, ni l'esprit, encore moins la lettre du texte, ne semblent admettre une telle présomption qui a pour principale conséquence d'inverser la charge de la preuve. Par suite, le Ministère Public doit prouver l'intention frauduleuse, en application du principe de la présomption d'innocence, principe à valeur constitutionnelle[923], qui doit pouvoir l'emporter sur celui qui postule que « nul n'est censé ignorer la loi ».

Cette solution est également applicable au dol spécial.

2- *Les incertitudes induites par le dol spécial*

Dans de nombreux cas, l'infraction suppose un élément intellectuel plus caractérisé que le simple dol général. « *Cette intention particulière, que l'on appelle le dol spécial, c'est l'intention d'atteindre un certain résultat prohibé par la loi pénale. Lorsque cette intention n'existe pas, l'infraction n'est pas constituée* »[924]. Ainsi, par exemple, le dol spécial, requis en cas de vol est l'intention de se comporter, ne serait-ce que sur une période assez courte, comme le propriétaire de la chose appartenant à autrui[925].

---

919 DESPORTES (F.), LE GUNEHEC (F.), op.cit, p. 436.
920 Idem.
921 Cass. crim., 16 janv. 1947, *Bull. crim*, n°23.
922 Cass. crim., 25 mai 1994, Bull. crim, n°203.
923 V. art 17 de la Constitution du Bénin.
924 Idem.
925 Cass. crim., 30 janv. 1862, *PIBD*, 1862, 1, p. 442 ; Cass. Com., 19 fév. 1959, Bull., n°123, D, 1949, p. 331, note ROUJOU DE BOUBEE. *JCP*. 1959. G., II, 11178, note CHAMBON ; S., 1959, p. 21, note MRMI.

En droit de marque, le dol spécial consisterait donc à se comporter comme le titulaire du signe. Mais, bien souvent, le contrefacteur ne cherche pas à s'approprier la marque. Il cherche seulement à commercialiser ses produits contrefaisants en faisant croire que ceux-ci sont les produits authentiques fabriqués par le véritable titulaire de la marque. Il ne peut alors être soutenu, dans cette hypothèse assez récurrente, que le contrefacteur ou même le simple distributeur ou revendeur cherche à s'approprier la marque ou à se faire passer pour le titulaire du signe. Dès lors, l'atteinte n'est constituée que lorsque le contrefacteur a conscience ou aurait dû avoir conscience de ce que les produits exploités sont des produits contrefaisants.

Ainsi, le dol général se confond presqu'au dol spécial pour ne laisser apparaître, au titre de l'élément intentionnel, que la volonté du contrefacteur de porter atteinte à la marque, en ayant conscience qu'il exploite des produits contrefaisants, donc des produits illicites[926].

L'exigence est la même pour les atteintes, sans risque de confusion, aux autres signes distinctifs.

---

[926] Ainsi, commettent des délits de contrefaçon, « ceux qui frauduleusement apposent sur leurs produits ou objets de leur commerce, une marque appartenant à autrui » (Art.37 al.1er-a de l'Annexe III de l'ABR.), ou encore « ceux qui sciemment vendent ou mettent en vente un ou plusieurs produits revêtus d'une marque contrefaisante ou frauduleusement apposée ou ceux qui sciemment vendent, ou mettent en vente, fournissent ou offrent de fournir des produits ou des services sous de telle marque » (Art.37 al.1er-b de l'Annexe III de l'ABR.). Aussi, a-t-il été dit et jugé que sont coupables du délit de vente et offre de produits marqués, ceux qui y ont procédé « en toute connaissance de cause » ou ceux qui, professionnels, ne pouvaient en leur qualité ignorer qu'il s'agissait de produits contrefaisants (Paris, 13e ch. Civ, 10 nov. 1998, JurisData n°1998-023497.). Il a été également jugé que sont coupables du délit de détention, ceux qui détenaient des épinglettes reproduisant des marques déposées alors qu'ils ne pouvaient ignorer le caractère contrefaisant de ces marchandises (Paris, 4e ch., 24 sept. 1999 : JurisData n°1999-106736.). De même, il a été jugé que le délit de contrefaçon est réalisé par la reproduction d'une marque « l'élément moral du délit étant caractérisé par l'apposition volontaire de la marque appartenant à autrui » (Cass. crim., 26 avr. 2000, *Rev. Lamy Dr.* Aff. 2000, n°29, p. 15, n°1814, obs. Harbèrer.) « une simple négligence ou inadvertance suffisant » (Cass. crim., 7 avr. 2010, J.F.L, *PIBD* 2010, 921, III, 439.) surtout que l'élément moral peut se déduire des faits eux-mêmes (Paris, 16 sept. 2008, « Pau ». p. 699, obs. DURRANDE.). Enfin, il a été également décidé que le délit de substitution n'exige pas, pour être constitué, que l'acquéreur ait eu connaissance de ce que le produit livré n'était pas conforme à la demande. L'élément intentionnel requis est caractérisé, dès lors qu'a été sciemment livré un produit autre que celui commandé sous une marque enregistrée (Cass. crim., 30 sept. 1992, *RDPI* 1993, n°50.70.).

SECTION II. L'IMPRECISION DES ATTEINTES SANS RISQUE DE CONFUSION DES AUTRES SIGNES DISTINCTIFS

L'action en concurrence déloyale, ou pour parasitisme est une action en responsabilité civile qui exige une faute, un préjudice et un lien de causalité entre la faute et le préjudice[927].

Traditionnellement, les atteintes au nom commercial, à l'enseigne, à la dénomination sociale et au nom de domaine, peuvent être constitutives de concurrence déloyale lorsque le commerçant fait preuve de déloyauté. Même si cette action est fondée sur le droit commun de la responsabilité du fait personnel, édictée par l'article 1382 du code civil, il n'en demeure pas moins que ces caractéristiques, en droit OAPI, sont fuyantes. Ces incertitudes sont communes aux signes[928] (Paragraphe I), ou spécifiques à l'indication géographique et au nom commercial (Paragraphe II).

Paragraphe I. Les incertitudes communes aux signes

Constitue « *un acte de concurrence déloyale, tout acte ou pratique qui, dans l'exercice d'activités industrielles ou commerciales, est contraire aux usages honnêtes* »[929]. Les actes de concurrence déloyale sont non seulement ceux commis par un commerçant au comportement fautif, contraire aux usages loyaux du commerce et de l'industrie[930] mais, en plus, ceux qui auront causé préjudice à autrui[931]. Ainsi appréhendés, les actes de concurrence déloyale, pour être aussi larges, sont nécessairement flous, leurs contours étant imprécis. En effet, les contours sont insuffisamment cernés, surtout que la

---

[927] FRISON-ROCHE (M-A.), PAYET (M.S.), *Droit de la concurrence*, Paris, Dalloz, Précis, 1re éd., 2008, p. 340.

[928] Tous les signes distinctifs, y compris la marque, ont en commun de recevoir la protection du droit exclusif par l'action en concurrence déloyale. Toutefois, pour ce qui est de la marque, l'action en concurrence déloyale, initiée en complément ou non de l'action en contrefaçon, ne peut être favorablement accueillie que si elle se fonde non pas seulement sur un fait distinct, comme il est dit traditionnellement, mais sur une faute dommageable (RODA (C.), *Les conséquences civiles de la contrefaçon des droits de propriété industrielle, Droit français, Belge, Luxembourgeois, Allemand, Anglais*, Litec, Coll. CEIPI, 2011, Strasbourg, p. 24.), distincte, par hypothèse, du comportement constitutif de contrefaçon et, dès lors, non couverte par la qualification de contrefaçon et donc non sanctionnée par elle (Cass. com., 26 févr. 2008, pourvoi n°05-13860 inédit.).

[929] Art.1er de l'Annexe VIII de l'ABR.

[930] Cass. com., 22 oct. 2002, n°00-14849, Décathlon.

[931] POLLAK (M.), op.cit, p. 209.

notion d'usage honnête n'est définie que par opposition à celui du commerçant honnête[932]. De même, elle peut varier selon les pays ou même les régions. Dès lors, il demeure des hésitations dans l'appréhension des actes de concurrence déloyale constitutifs d'atteinte à la crédibilité de l'entreprise (A) et des actes qui poursuivent l'obtention et l'exploitation d'informations confidentielles (B).

A- Les hésitations relatives aux atteintes à la crédibilité de l'entreprise

Les actes de concurrence déloyale peuvent rechercher à discréditer l'entreprise concurrente. Ce but s'écarte du comportement d'un commerçant exerçant ses activités « *normalement* »[933]. Cette forme d'atteinte à l'image et à la réputation de l'entreprise est saisie par l'ABR. Mais, il subsiste des hésitations dans les procédés utilisés, que sont la désorganisation, d'une part, (1) et, d'autre part, le dénigrement, l'atteinte à l'image et à la réputation de l'entreprise concurrente (2).

1- Les hésitations relatives à l'atteinte constituée par la désorganisation de l'entreprise concurrente

Aux termes de l'annexe VIII de l'Accord de Bangui Révisé, « *constitue un acte de concurrence déloyale, tout acte ou pratique qui, dans l'exercice d'activités industrielles ou commerciales, est de nature à désorganiser l'entreprise concurrente* »[934]. Ainsi, et à l'abord, le champ de la désorganisation se limite apparemment aux seules activités commerciales ou industrielles, sans pouvoir s'étendre, par exemple, aux activités agricoles ou artisanales qui, pourtant, jouent un rôle prépondérant dans les Etats parties à l'OAPI, ceux-ci étant tous des pays pauvres et sous-développés. Dès lors, les artisans ou les agricoles ne devraient pouvoir rechercher la protection de leurs signes, par l'action en concurrence déloyale, sur le fondement de la désorganisation de leurs entreprises, alors même qu'il est permis à celles-ci d'être titulaires de marque[935], de nom commercial[936], ou de l'indication géographique[937]. Dans

[932] DECOCQ (A.), DECOCQ (G.), *Droit de la concurrence, droit interne et droit de l'union européenne*, Paris, LGDJ, 5e éd., Manuel, 2012, p. 17.
[933] BLAISE (J.-B.), *Propriété intellectuelle et concurrence pour une (ré) conciliation*, Strasbourg, LexisNexis, IRPI, Coll. de l'IRPI, t.40. 2012, p. 275.
[934] Art.7 al.1er de l'Annexe VIII de l'ABR.
[935] Art.2 de l'Annexe III de l'ABR.
[936] Art.1er de l'Annexe V de l'ABR.
[937] Art.1er de l'Annexe VI de l'ABR.

un effort d'interprétation, le législateur OAPI étend la notion d'activités industrielles ou commerciales à celles de professions libérales[938]. Or, les entreprises agricoles ou artisanales peuvent difficilement être confondues avec professions libérales. Il persiste donc une imprécision de la loi qui doit être interprétée en faveur d'une protection plus efficiente des signes distinctifs. Ainsi, nonobstant le silence de la loi, les entreprises artisanales ou agricoles devraient pouvoir utilement invoquer les actes de concurrence déloyale nés de la désorganisation de leur entreprise. En effet, dans son acception la plus courante, le droit de la concurrence désigne les règles qui ont « *pour objet le maintien de la libre concurrence entre entreprises sur le marché* »[939], sans qu'il soit nécessaire, pour ce faire, de distinguer entre les entreprises commerciales, industrielles et celles qui sont agricoles ou artisanales.

Au-delà, le législateur OAPI identifie comme acte de désorganisation, engendrant une concurrence déloyale, « *la suppression de la publicité* »[940], sans définir la notion, ni même les modalités ou les contours de cette suppression.

Classiquement, la publicité désigne l'activité commerciale visant à faire connaître au public des produits mis en vente[941]. Les signes distinctifs et, plus spécifiquement, la marque, en plus de la fonction de communication et d'investissement, a une fonction de publicité[942]. En d'autres termes, il s'agit de l'effort commercial déployé par le titulaire de la marque pour créer et entretenir l'image de celle-ci[943]. La suppression de la publicité consisterait donc à déployer l'activité contraire à celle que mène le titulaire du signe pour faire connaître son signe. Il peut s'agir d'une véritable contre-publicité qui viserait à porter atteinte à la connaissance du public des informations inexactes sur les produits commercialisés au travers du signe[944]. Cela peut également être le cas d'une atteinte à l'image du signe. Cependant, cette atteinte n'est réprimée par le juge civil, que s'il est établi qu'elle est grave et nuit à la réputation du signe[945]. L'atteinte ne peut être invoquée que si la suppression

[938] Art.8-b de l'Annexe VIII de l'ABR.

[939] DECOCQ (A.), DECOCQ (G.), op.cit, p. 17.

[940] Art.7-a de l'Annexe VIII de l'ABR.

[941] FALLO (A.), (dir.), *Dictionnaire de la Langue française*, Maxi-livres, 2003, p. 372.

[942] POLLAK (M.), op.cit, p. 20.

[943] CJCE, 18 juin 2009, aff. n° C-487/07, L'Oréal et autres c/ Bellure et autres.

[944] Cass. com., 14 juin 2000, Bull. civ., IV, n°126. Ainsi, le fait d'annoncer, dans un document publicitaire, de manière manifestement mensongère, la cessation des activités d'une société concurrente (Paris, 21 oct. 1998, *RJDA* 1999, n°110), ou une publicité trompeuse sur les conditions d'octroi d'un crédit (Versailles, 10 avr. 1996, CCC 1996, n°81, note VOGUEL.) suffit à caractériser une manœuvre déloyale engageant la responsabilité de son auteur (RONTCHEVSKY (M.), (dir.), *Code de commerce, annotations de jurisprudence et bibliographie*, Paris, Dalloz, 105e éd. 2010, p. 2919.

[945] POLLAK (M.), op.cit, p. 12.

de la publicité, quel qu'en soit le procédé, gêne de manière substantielle de l'emploi de la marque pour acquérir ou conserver une réputation susceptible d'attirer et de fidéliser les consommateurs[946].

Le droit OAPI identifie également comme acte de désorganisation, s'analysant en une concurrence déloyale, *« le détournement de commandes »*[947]. Encore une fois, les modalités ou les conditions de ce détournement ne sont pas précisées. Il faudra donc recourir au droit français, comme précédemment, pour saisir la notion. Celui-ci appréhende le détournement de commandes comme le fait *« d'écarter »* [948] les commandes du concurrent, donc de l'empêcher d'obtenir lesdites commandes ou, au contraire, comme le fait d'une appropriation frauduleuse des commandes du concurrent alors même que celui qui les détourne en est le dépositaire[949]. En l'état de l'imprécision du législateur communautaire, l'un ou l'autre cas reste envisageable. En effet, il doit y avoir détournement de commandes, toutes les fois que le concurrent a été écarté d'une commande, qu'autrement il aurait eue, ou qu'il aurait été susceptible d'obtenir. Il en est ainsi, en cas d'exploitation abusive d'une position dominante[950], lorsqu'elle recherche l'éviction des concurrents en visant à réduire leur part de marché, à les empêcher de progresser, voire à les éliminer complètement d'un marché ou à leur en fermer l'accès[951].

De même, la neutralisation des concurrents peut se faire sur le fondement de la théorie dite de l'abus de structure. En vertu de cette théorie, le simple fait que la concurrence sur le marché en cause soit substantiellement entravée par une entreprise dominante, constitue un abus[952], donc un acte tendant à écarter le concurrent de commandes et, par suite, un acte de détournement de commandes. Aussi, l'accaparement des relations avec les clients ou les fournisseurs, procédé indirect d'éviction des concurrents, s'obtient-il de deux

---

946 POLLAUD-DULIAN (F.), *Propriété intellectuelle, la propriété industrielle,* op.cit, p. 1004.

947 Art.7-b de l'Annexe VIII de l'ABR.

948 LAROUSSE, *Le Lexis, Le dictionnaire érudit de la langue française*, Paris, Larousse, 2009, p. 535.

949 Idem.

950 PIROVANO (A.), « La concurrence déloyale en droit français », *RIDC*, Vol. 26, n°3, juillet- septembre 1974, p. 483.

951 DECOCQ (A.), DECOCQ (G.), op.cit, p. 386. Cette exploitation peut être directe ou indirecte. Elle est directe lorsqu'elle consiste à neutraliser les concurrents par le blocus du marché ou le refus de fourniture. Ainsi, «le détenteur d'une position dominante sur le marché des matières premières qui, dans le but de les réserver à sa propre production des dérivés, en refuse la fourniture à un client, lui-même producteur de ces dérivés, au risque d'éliminer toute concurrence de la part de ce client, exploite sa position dominante de façon abusive » (CJCE, 6 mars 1974, « commercial solvens », aff.6 et 7/73, R, 223. Concl. Av. gen. J.P.Narner.).

952 CJCE, 21 févr. 1973, « Europemballage corporation et continental Compagny snc. c/ Commission », aff. 6/72, R, 215.

manières[953] : d'abord, par la pratique de la clause d'exclusivité qu'une entreprise en position dominante impose à ses concurrentes[954], ou ensuite par celle de faveurs injustifiées comme les rabais de fidélité[955]. S'analyse aussi comme un détournement de commandes, la captation ou le détournement de la clientèle. Dès lors, constitue un acte de concurrence déloyale, le démarchage systématique de la clientèle d'une entreprise, suivi d'un débauchage massif et sélectif du personnel, de la création d'une confusion entre les marchandises et les services produits, et de la similitude du catalogue et des tarifs[956]. De plus, le fait de procéder à l'installation de panneaux publicitaires susceptibles de masquer ceux d'une entreprise, soit considéré comme un acte de concurrence déloyale[957].

Pour ce qui est de la seconde hypothèse, qui consiste en une appropriation frauduleuse des commandes, elle ne peut être sérieusement envisagée que si l'auteur de la soustraction frauduleuse est employé par le concurrent ou agit sous ses ordres. Elle peut être également admise, lorsqu'une confusion est sciemment entretenue entre les deux entreprises, de sorte que le consommateur est amené à se méprendre sur les entreprises concurrentes.

Le législateur OAPI appréhende également comme un acte de désorganisation de l'entreprise concurrente, donc un acte de concurrence déloyale, *« la pratique de prix anormalement bas »*[958]. Cette formule, pour être trop générale, manque également de précision. A titre illustratif, le législateur français qui a interdit les mêmes atteintes, y apporte les précisions nécessaires. Il édicte, en effet : *« sont prohibés les offres de prix ou pratiques de prix de vente aux consommateurs abusivement bas par rapport aux coûts de production, de transformation et de commercialisation, dès lors que ces offres ou pratiques ont pour objet ou peuvent avoir pour effet d'éliminer d'un marché ou*

---

953 DECOCQ (A.), DECOCQ (G.), op.cit, p. 399.

954 Cass. com., 30 mai 2000, BOCERF n°8 du 25 juill.2000.

955 CJCE, 9 nov. 1983, Michelin c/ Commission préc.

956 Cass. com, 19 nov. 1991, *RJDA* 1992, n°213.

957 Cass. com, 29 mai 1967, D.1967, Somm.110. Il a été également décidé qu'une compagnie d'assurance commet un acte de concurrence déloyale en favorisant les garagistes agréés, par l'envoi systématique à ses adhérents de courriers et de notes indiquant les noms de ces garagistes et en prenant en charge leurs factures (Paris, 29 sept. 1998, D. 1998. IR.243, CCC 1999, n°6, obs. MALAURIE-VIGNAL.). Dans le même sens, il a été dit qu'un établissement de crédit est coupable d'acte de concurrence déloyale, en incitant les clients d'un autre établissement de crédit encore tenus à l'égard de celui-ci, à se dégager par anticipation de leurs prêts et à conclure de nouveaux contrats avec lui (Cass. com., 15 févr. 1994, D.1994, Somm. 323, obs. Vasseur.). En outre, il a été dit et jugé que la foire internationale d'une grande ville, qui ne pouvait ignorer les dates de la foire d'une ville moyenne voisine, est fautive d'une concurrence déloyale en modifiant l'époque de sa manifestation pour la placer à l'intérieur des dates de la petite ville (Rennes, 14 déc. 1993, *JCP* 1994, IV, 2588.).

958 Art.7-c de l'Annexe VIII de l'ABR.

d'empêcher d'accéder à un marché une entreprise ou l'un de ses produits. Les coûts de commercialisation comportent également et impérativement tous les frais résultant des obligations légales et règlementaires liées à la sécurité des produits. Ces dispositions ne sont pas applicables en cas de revente en l'état, à l'exception des enregistrements sonores reproduits sur supports matériels »[959].

Le consommateur visé est la personne qui, sans expérience particulière dans le domaine où elle contracte, agit pour la satisfaction des besoins personnels et utilise, dans ce seul but, le produit ou les services acquis[960]. Sont donc exclus de l'application de ce texte, une collectivité locale, une centrale de référencement[961], un centre hospitalier qui dispose d'une compétence technique dans le domaine où il intervient[962]. Pour autant, nonobstant la désorganisation du marché qui en résulte nécessairement, la seule constatation de prix bas ou de prix cassés ne constitue pas un acte de concurrence déloyale[963]. Le seul fait de pratiquer un prix inférieur à celui du concurrent ne constitue pas, en soi, un acte de concurrence déloyale, dès lors qu'il n'est pas démontré que ce prix est dérisoire ou qu'il relèverait d'une pratique illicite ou excéderait les usages du commerce soumis au principe de l'économie libérale[964]. Par suite, le recours aux prix bas n'est pas en lui-même illicite. Il ne le devient que lorsque des manœuvres déloyales s'y ajoutent[965]. La manœuvre déloyale peut également être constituée par la pratique de prix d'appel, c'est-à-dire lorsque le concurrent offre des produits à des prix extraordinairement bas, sans disposer de stocks suffisants pour satisfaire la clientèle[966]. La manœuvre déloyale est aussi susceptible de s'analyser en une publicité mensongère. Il en est ainsi, par exemple, lorsque des remises sont présentées comme limitées dans le temps, pour donner l'illusion d'une offre exceptionnelle, alors qu'elles sont renouvelées en permanence[967]. La solution est identique pour les rabais fictifs calculés sur des prix artificiellement majorés[968].

---

959 Art. L.420-5 du C. Com. français.

960 Paris, 3 juill. 1998 : D.1999.249, note CHAZAL.

961 Trib.com, paris, 15 févr. 2007, CCC 2007, n°236, obs. MALAURIE-VIGNAL.

962 Cons. Conc. n°08-D-01 du 18 janv. 2008, n°459.

963 FRISON-ROCHE (M.-A.), PAYET (M.S.), op.cit, p. 423.

964 Paris, 3 juill. 1996, *RJDA* 1996, n°1422.

965 Ainsi, constituent des actes de concurrence déloyale, les pratiques d'un client détaillant qui a effectué des soldes, sans autorisation, avec des rabais importants à un endroit précis, alors que le distributeur en gros commercialisait les vêtements de la même marque à proximité et qu'une telle circonstance incitait la clientèle à se diriger de préférence vers le premier magasin, la distance séparant les deux étant assez faible (Cass. com., 18 oct. 1994, Bull. civ. IV, n°299. ; D. 1995, IR.12; *JCP*. 1994, IV, 2582.).

966 TGI Paris, 15 déc. 2006, *Gaz. Pal.* 2007, 4223, obs. STAEFFEN.

967 Cass. crim., 24 avr. 1997, Bull. crim, n°145.

968 Crim, 18 septembre 1996, *Contrat Conc. Consom.* 1997, n°37, note RAYMOND (G.).

L'Accord de Bangui Révisé appréhende aussi, comme acte de concurrence déloyale d'une entreprise concurrente, la désorganisation de son réseau de vente [969]. A l'instar des autres actes de concurrence déloyale listés, le législateur est resté imprécis sur la notion même de désorganisation de réseau de vente, ou sur les conditions de la désorganisation illicite, contrairement au législateur français[970]. Néanmoins, l'interdiction de désorganisation du réseau de vente de l'entreprise concurrente se justifie, en ce que, d'une part, le fabricant doit pouvoir garantir aux revendeurs de ses produits qu'ils ne subiront pas la concurrence de concurrents qui ne sont pas soumis aux charges imposées par le contrat de distribution et, que, d'autre part, il est nécessaire de protéger les investissements réalisés par le revendeur[971]. Toutefois, le seul fait pour un opérateur de commercialiser des produits, en dépit des droits d'exclusivité dont bénéficie un tiers, n'est pas constitutif de concurrence déloyale[972]. Ainsi, il n'y a concurrence déloyale que si l'approvisionnement procède de manœuvres déloyales, ou est irrégulier[973]. En effet, si le fait de commercialiser des produits relevant d'un réseau de distribution sélective ne constitue pas, en lui-même, un acte fautif, l'achat de marchandises, dans des conditions dont l'illicéité ou le caractère frauduleux est relevé par le refus de justifier leur provenance, constitue en lui-même un acte de concurrence déloyale[974].

Le débauchage du personnel est aussi considéré comme un acte de concurrence déloyale[975]. Le législateur OAPI est encore resté imprécis sur les contours dudit débauchage. Cependant, il peut être retenu, se référant au droit français, que la prohibition du débauchage n'induit pas qu'une entreprise n'est

---

969 Art. 7-d de l'Annexe VIII de l'ABR.

970 Art. 442-6-I. 6 du C. Com.

971 FRISON-ROCHE (M.-A.), PAYET (M.S.), op.cit, p. 376.

972 Cass. Com, 30 janv. 2001, *Contrats Conc. Consom.* 2001, n°89, obs. MALAURIE-VIGNAL (M.).

973 FRISON-ROCHE (M.-A.), PAYET (M.S.), op.cit, p. 376, préc.

974 RONTCHEVSKY (M.), (dir.), op.cit, p. 504. Par suite, commettent une faute constitutive de concurrence déloyale, les intermédiaires non agréés qui s'approvisionnent auprès de distributeurs agréés, en violation du réseau de distribution sélective (Cass. com., 27 oct. 1992, Bull. civ, IV, n°332 et 333; D. 1992. 505, obs. BENABENT.), en ce sens que la commercialisation d'un produit par un distributeur non agréé peut constituer un usage illicite de la marque (Cass. com., 23 févr. 1993, D.1994. 318, note FORT-CARDON.). De même, constitue un usage illicite de marque, le fait de mettre en vente des produits acquis auprès de revendeurs soldeurs étrangers au réseau de distribution sélective du titulaire de la marque (Cass. com., 21 juin 1994, D.1994, IR. 204 ; *RJDA* 1994, n°1276.). Pareillement, le fait pour un intermédiaire non agréé de mettre en vente des produits, dont le conditionnement portait la mention « vente exclusive par des distributeurs agréés » est constitutive d'une concurrence déloyale, parce qu'une telle mention non démentie par le revendeur non agréé, est de nature à faire croire à la clientèle que le revendeur est agréé (Paris, 7 juin 1995, *Gaz. Pal*, 1996. I, Somm.145.).

975 Art.7-e de l'Annexe VIII de l'ABR.

pas autorisée à recruter le salarié de son concurrent[976]. Ainsi, il n'y a pas de débauchage de salariés dès lors que l'employé a quitté de son plein gré l'entreprise et que les conditions salariales, largement supérieures, proposées par le concurrent ne sont pas anormalement élevées[977]. Aussi, l'existence de manœuvres déloyales ne peut-elle résulter de la seule constatation de l'embauche par un concurrent des représentants démissionnaires, de l'attribution à ce personnel de fonctions identiques et du transfert d'une partie importante de la clientèle dans les mois ayant suivi l'embauche[978]. Il n'est pas non plus interdit de discuter des clauses d'un contrat de travail, de les arrêter et de s'engager à embaucher le salarié d'une entreprise concurrente, avant même que ce salarié ait manifesté, à cette dernière, son intention de la quitter[979]. De la même façon, le départ de deux salariés occupant des postes subalternes et qui ont été embauchés depuis moins de deux ans, ne s'analyse pas comme un acte de concurrence déloyale[980]. Dès lors, il n'y a concurrence déloyale que si la faute est imputable à l'entreprise concurrente et, surtout, s'il s'en est suivi la désorganisation de l'entreprise victime[981]. Ainsi, est fautive l'embauche simultanée de plusieurs salariés d'une même entreprise par une entreprise concurrente, pour y remplir les mêmes fonctions et ce, après avoir offert des conditions de rémunération plus favorables[982]. Par ailleurs, en embauchant uniquement les salariés de son concurrent dans un moment crucial, un entrepreneur désorganise nécessairement de façon importante ledit concurrent, en le mettant dans l'obligation de recruter de nouveaux salariés qui n'ont ni la connaissance des produits ni celle du territoire ou des clients[983]. La désorganisation existe aussi, par exemple, lorsqu'un service technique ne peut plus fonctionner en l'absence des salariés[984]. De même, est assimilé au débauchage, le démarchage systématique et volontaire de la clientèle de l'entreprise rivale. Celui-ci est réalisé, lorsque les clients de l'entreprise rivale sont démarchés de manière active et systématique[985]. Constitue donc un acte de concurrence déloyale, le fait, pour une société, de détourner la clientèle d'une autre société en utilisant frauduleusement le fichier de celle-ci copié, par d'anciens employés[986], ou encore le fait pour un gérant d'une SARL de

---

976 FRISON-ROCHE (M.A), PAYET (M.S.), op.cit, p. 419.

977 Pau, 18 sept. 2008, *JCP* 2009, IV, 1276.

978 Cass. com., 9 mars 1999, D. 2000. Somm.321, obs. PICOD.

979 Paris, 17 avr. 1996, *Gaz.Pal.*, 1996, II. Somm.495.

980 Colmar, 20 févr. 2002, *JCP E* 2002, n°49, p. 1942.

981 LEFEBVRE (F.), *Mémento pratique social*, Paris, Francis Lefebvre, 2006, p. 281.

982 Paris, 17 févr. 1993, D.1994. Somm.223, obs.SERRA.

983 Douai, 29 sept. 2005, BICC.2005, n°2332 ; *RJDA* 2006, n°463.

984 Cass. com, 27 mai 1997, pourvoi n°95.13030.

985 Cass. com, 8 janv. 1979, Bull., n°6.

986 Versailles, 19 févr. 1998, *RJDA* 1998, n°811 ; Paris, 24 oct. Préc.

créer une société concurrente de celle dans laquelle il exerçait les fonctions de directeur général et d'administrateur[987].

Constitue aussi un acte de concurrence déloyale, « *l'incitation du personnel à la grève* »[988]. A ce niveau aussi, le législateur est resté imprécis, vague. Or, la définition de la grève n'est pas unanimement admise en jurisprudence. Si certaines décisions l'identifient comme la défense des intérêts professionnels[989], ou comme la cessation concertée du travail en vue d'appuyer des revendications professionnelles déjà déterminées auxquelles l'employeur refuse de donner satisfaction[990], d'autres l'appréhendent comme un arrêt de travail concerté dans le but d'obtenir une amélioration des conditions de travail[991]. Procédant à une certaine synthèse, on peut retenir que « *constitue une grève, tout arrêt collectif et concerté du travail en vue d'appuyer des revendications professionnelles* »[992].

Ainsi définie, la grève, en principe, est licite. Il s'agit même d'un droit reconnu aux salariés dans tous les Etats-parties à l'Accord de Bangui Révisé. Aussi, la grève ne dégénère-t-elle en abus constitutif de concurrence déloyale que si elle est exercée à mauvais escient ou si les circonstances sont telles que les limites légales du droit de grève ont été transgressées[993]. Ainsi, la grève est abusive si elle entraîne ou est susceptible d'entraîner la désorganisation de l'entreprise elle-même et non la désorganisation de la production[994]. Au-delà, la grève ne peut être saisie comme un acte de concurrence déloyale que si la désorganisation de l'entreprise est due aux manœuvres frauduleuses d'un concurrent. En effet, les salariés doivent avoir été « incités » [995] par le concurrent à entrer en grève contre leur employeur, l'entreprise victime.

Enfin, le législateur OAPI a également érigé le non-respect de la règlementation relative à l'exercice de l'activité concernée[996] au rang des actes de désorganisation qui procèdent d'une concurrence déloyale. Tout comme les autres actes énumérés, le droit OAPI manque de précision sur les différents contours de cette atteinte à la concurrence loyale. Il faudra encore une fois recourir au droit français, pour essayer d'en cerner quelque peu la réalité. Ainsi, il y a concurrence déloyale toutes les fois qu'une entreprise s'affranchit de la règlementation relative à l'exercice de son activité, au détriment de ses

---

987 Cass. com, 24 févr. 1998, Bull.civ. IV, n°86.
988 Art.7-f de l'Annexe VIII de l'ABR.
989 Cass. soc., 28 juin 1951, *Dr. Soc.* 1951. 532 ; *Grands arrêts*, 4e éd., 2008, n°182.
990 Cass. Soc, 21 mars 1973, Bull. civ. V, n°174; 26 mars 1980, Bull. civ, V, 297.
991 Cass. Soc, 3 oct. 1963, D. 1964. 3, note G. Lyon-Caen ; 16 mai 1989, D.1989, IR.176.
992 PELISSIER (J.), AUZERO (G.), DOCKES (E.), *Droit du travail*, Dalloz, Précis, 26e éd., Paris, 2011, p. 1379.
993 PELESSIER (J.), AUZERO (G.), DOCKES (E.), op.cit, p. 1378.
994 LEFEBVRE (F.), op.cit, p. 168.
995 Art.7-f de l'Annexe VIII de l'ABR.
996 Art.7-g de l'Annexe VIII de l'ABR.

concurrents. Une entreprise commet donc un acte de concurrence déloyale, lorsqu'elle viole la règlementation fixant le prix du livre, en causant, ce faisant, un préjudice à une autre société commercialisant des ouvrages de même nature[997]. Il en est de même d'une société qui ne respecte pas la taxe sur la valeur ajoutée en vigueur[998], le repos dominical[999], la règlementation sur l'équipement commercial[1000], l'interdiction qui est faite aux médecins de toute publicité directe ou indirecte[1001], ou encore, l'exercice, par une entreprise, de ses activités sans obtenir l'agrément légal exigé[1002].

Toutefois, seul le manque d'inobservation des lois ou des actes règlementaires est constitutif de concurrence déloyale. En effet, le seul fait de ne pas se conformer à une norme que certains professionnels ont librement décidé d'instaurer entre eux, sans qu'elle s'impose en droit à tous les opérateurs du marché, ne peut être constitutif d'un acte de concurrence déloyale[1003]. En revanche, lorsque le dénigrement ou l'atteinte à la réputation d'une entreprise concurrente est établi, la concurrence déloyale peut être valablement invoquée.

2- *Les hésitations relatives aux actes de dénigrement et d'atteinte à l'image et à la réputation de l'entreprise concurrente*

Le dénigrement peut impliquer l'atteinte à l'image et à la réputation de l'entreprise dénigrée. Mais, ses limites ne sont pas aussi nettes. Il peut, en effet, exister des atteintes à la réputation et à l'image d'une entreprise (b), sans dénigrement (a).

a- Les actes de dénigrement

Le droit OAPI définit le dénigrement comme « *toute allégation fausse ou abusive dans l'exercice d'activités industrielles ou commerciales, qui discrédite ou est de nature à discréditer l'entreprise d'autrui ou ses activités, en particulier des produits ou services offerts par cette entreprise* »[1004]. La définition proposée n'exonère pas de l'imprécision. En effet, la notion de dénigrement n'est nullement définie en elle-même. Le législateur interdit le dénigrement sans permettre de saisir le concept. Il ne précise pas non plus en

---

997 Cass. com., 1er avr.1997, Bull.civ. IV, n°87 ; *RJDA* 1997, n°862.
998 Lyon, 31 janv. 2008, *JCP* 2008, II, 10136, note Chabert.
999 Cass. com., 26 janv. 1999, *LPA* 4 nov. 1999, p. 11, obs. REBOUL ; Nîmes, 28 févr. 2002, *BICC* 2004, n°530.
1000 Cass. com., 19 juin 2001, Bull. civ. IV, n°123.
1001 Cass.civ, 1re, 5 juill.2006, *JCP* 2006,IV, 2688.
1002 Cass. com., 2 mai 2007, *JCP E* 2007, n°43-44, p. 15, obs. CARON.
1003 Cass. com., 23 avr. 2003, *RJDA* 2003, n°1137.
1004 Art.5 al.1er de l'Annexe VIII de l'ABR.

quoi consiste l'allégation abusive ou, plus exactement, quand est-ce qu'une information vraie publiée peut devenir abusive et constituer donc un dénigrement. Palliant quelque peu ces imprécisions, la doctrine appréhende le dénigrement comme l'atteinte portée à l'image de marque d'une entreprise ou d'un produit désigné ou identifiable afin de détourner la clientèle, en usant de propos et d'arguments répréhensibles ayant ou non une base exacte, diffusés ou émis de manière à toucher les clients de l'entreprise visée, concurrente ou non de celle qui en est l'auteur[1005]. Le dénigrement consiste donc à jeter de discrédit sur une entreprise, sur un produit ou sur une personne ou, même, sur l'ensemble d'une profession[1006].

Le dénigrement peut relever d'informations péjoratives. En effet, la mauvaise critique est malveillante. Elle ternit l'image de la marque du concurrent ou sa réputation commerciale[1007].

Même si elle repose sur des faits exacts, la critique des produits du concurrent peut constituer un dénigrement fautif. Ainsi, la diffusion par un laboratoire pharmaceutique d'un article paru dans la presse et critiquant un produit pharmaceutique concurrent, auprès de pharmacies distribuant ledit produit, avec un marque-page mentionnant en gros caractères « Cet article vous concerne», constitue un acte de dénigrement, dans la mesure où elle n'a

---

[1005] RONTCHEVSKY (M.), op.cit, p. 2907.

[1006] FRISON-ROCHE (M.-A), PAYET (M.-S), op.cit, p. 335.

[1007] MALAURIE-VIGNAL (M.), *Droit de la concurrence interne et européen*, Paris, Sirey, 5e éd., 2011, p. 187. Il en est ainsi, lorsqu'une entreprise fait diffuser sur sa concurrente, « En face ? C'est plus cher et moins bon ! » (Cass. com., 23 oct. 1984, Bull. n°272.). De même s'il a été jugé que le fait de qualifier un vin de « picrote » ou d'imbuvable, procède d'une concurrence déloyale dans la mesure où l'appréciation avait été portée de manière péremptoire, sans détailler les qualités et les défauts gustatifs de ce vin (Cass. com. 1re, 5 juill.2006, Bull.civ.I, n°356.). De même, se rend coupable de concurrence déloyale, le responsable d'une société qui, dans une interview publiée par une revue, dénigre un concurrent alors que ce dénigrement n'émane pas d'une personne étrangère au milieu professionnel, qui n'aurait en vue que d'informer le plus exactement possible le public des avantages et des inconvénients respectifs de chacun des modes de distribution, mais d'un concurrent qui n'émet aucune réserve sur les méthodes de sa propre société (Paris, 20 févr. 1992, D.1993. Somm.155, obs. IZORCHE.). Se rend également coupable de concurrence déloyale la société qui, dans sa publicité commerciale effectuée par lettre circulaire, donne des informations malveillantes de nature à jeter le discrédit sur un concurrent en le dénigrant et en faisant référence aux termes de sa publicité, ce qui permet d'identifier parfaitement la personne morale visée et cela d'autant plus facilement que son nom est cité dans cette même lettre (Paris, 15 déc. 1994, D.1995. Somm.261, obs. SERRA.). Il en est de même, lorsque le commerçant fait écrire et diffuser sur son concurrent « le commerçant d'en face vous vole » (FRISON-ROCHE (M-A.), PAYET (M-S.), op.cit, p. 386.) ou encore lorsqu'un salarié dénigre son employeur et conseille à un client de se fournir chez un concurrent (Cass. com., 15 nov. 1978, Bull., n°770.).

pas pour finalité l'information des consommateurs, mais qu'elle traduit une intention de dénigrer le laboratoire concurrent[1008].

Toutefois, le dénigrement doit être distingué de la diffamation. Si la diffamation vise à porter atteinte à la réputation d'une personne physique ou morale, le dénigrement porte atteinte à la réputation des produits, des services ou des prestations d'une entreprise[1009]. La difficulté de distinction naît lorsqu'à travers la personne physique ou morale diffamée, c'est plutôt

---

[1008] Cass. com., 23 mars 1999, CCC 1999, n°91, obs. MALAURIE-VIGNAL (M.). Aussi reste-elle fautive, la dénonciation faite à la clientèle d'une action judiciaire n'ayant pas donné lieu à une décision de justice (Cass. com., 12 mai 2004, Bull. civ. IV, n°87.) ou encore l'utilisation par l'un des adversaires de l'existence d'une instance judiciaire en cours, qui oppose les deux entreprises en cause pour l'obtention d'un marché à l'étranger, afin d'introduire un doute dans l'esprit d'un client dans un pays dans lequel les questions de responsabilité sont particulièrement sensibles et sont susceptibles d'engendrer des frais exorbitants (Trib.com, Paris, 2 févr. 1998, *Gaz. Pal.* 15-16 oct. 1999, p. 4.). Constitue aussi une concurrence déloyale, le fait pour un commerçant de donner des informations d'ordre privé, en précisant par exemple la race, la religion de son concurrent (Rennes, 27 déc. 1904, D.P. 1905, 2, 29.).

[1009] Au demeurant, une critique peut être licite, lorsqu'elle est mesurée dans son contenu, mais aussi dans sa forme (FRISON-ROCHE (M-A.), PAYET (M.S.), op.cit, p. 388.). Ainsi, l'emphase ou l'exagération peut être licite, surtout lorsqu'elle est faite, en vertu de la liberté d'expression. (Cass. com., Ass. Plén., 12 juill. 2000, Bull. civ., n°7.). De même, l'information sur les propriétés objectives que le consommateur peut attendre d'un produit, dont le caractère mensonger n'est pas soulevé, dès lors qu'elle est donnée en termes mesurés, fusse-t-elle destinée à remédier aux conséquences de l'usage d'un autre produit non concurrent, ne constitue pas un dénigrement (Cass. com., 15 janv. 2002, Bull. civ. IV, n°09 ; *JCP* 2002, I, 156, obs. ROILAND; *RJDA* 2002, n°709.). De même encore, en utilisant des éléments du décor de paquets de cigarettes d'une marque à titre d'illustration, sur un mode humoristique, dans les affiches et des timbres diffusés à l'occasion d'une campagne générale de prévention dénonçant les dangers de la consommation du tabac, produit nocif pour la sante, une association agissant, conformément à son objet, dans un but de santé publique, par des moyens proportionnés à ce but, n'abuse pas de son droit de libre expression (Cass. civ., 2e, 19 oct. 2006, Bull. civ. II, n°282.).
N'abuse également pas de son droit notamment celui à la promotion de ses produits, le commerçant qui se livre à une publicité comparative (…). Il n'en a pas été toujours ainsi. La jurisprudence a pendant longtemps considéré la publicité comparative comme un acte de dénigrement (Cass. com., 15 nov. 1982, Bull., n°350). Ainsi, n'est pas illicite une publicité qui se borne à la comparaison des prix auxquels des produits identiques sont vendus, dans les mêmes conditions, par des commerçants différents, contribuant ainsi à assurer la transparence d'un marché soumis à la concurrence (FRISON-ROCHE (M-A.), PAYET (M.S.), op.cit, p. 389.). Dès lors, la comparaison est licite lorsqu'elle compare des biens ou des services répondant aux mêmes besoins ou ayant le même objectif (MALAURIE-VIGNAL (M.), op.cit, p. 189.). Il en est ainsi, lorsqu'elle porte sur des éléments purement objectifs comme, par exemple, la différence de prix pour des objets identiques, vendus dans les mêmes conditions, sans émettre des jugements de valeur (POLLAUD-DULIAN (F.), *Propriété intellectuelle, la propriété industrielle,* op.cit, p. 1008.).

l'entreprise et les produits qui sont visés[1010]. De même pour être licite, l'activité commerciale ne doit pas porter atteinte à l'image et à la réputation de l'entreprise concurrente.

b- Les atteintes à l'image et à la réputation de l'entreprise concurrente

L'atteinte à l'image et à la réputation d'autrui peut déjà être réalisée par le dénigrement. En effet, l'atteinte à l'image ou à la réputation peut être l'une des conséquences du dénigrement surtout que celui-ci consiste, ainsi qu'il a été indiqué supra, à porter atteinte à l'image de la marque d'une entreprise[1011]. De même, le législateur OAPI, sans définir les notions d'atteinte à l'image ou à la réputation d'autrui, les saisit comme un acte de concurrence déloyale[1012]. La frontière est donc indéfinie entre le dénigrement et l'atteinte à l'image ou à la réputation. Pour autant, l'atteinte constitue un acte de concurrence déloyale, qu'elle crée ou non une confusion[1013].

Il faudra donc à nouveau recourir au droit français pour pallier l'imprécision. Ainsi, l'atteinte à l'image ou à la réputation peut résulter, notamment, de l'affaiblissement de l'image ou de la réputation attachée à une marque enregistrée[1014]. Ainsi, il y a atteinte à l'image ou à la réputation lorsque le produit est mal reconditionné[1015], que l'emballage a été retiré[1016], ou encore lorsque l'emballage du produit est abîmé et que le produit est commercialisé dans des conditions dégradantes[1017]. C'est le cas lorsque, des produits de prestige (cosmétiques, vêtements...) mis en vente dans un hangar situé dans une zone industrielle, sont mal présentés[1018], ou présentés dans des emballages ayant des défauts, sous des affiches médiocres[1019]. Toutes ces conditions de publicité et de vente sont incompatibles avec le caractère luxueux de ces produits et sont propres à dévaluer la marque ; elles portent atteinte à leur image ainsi qu'à leur réputation.

Même lorsqu'elle n'est pas enregistrée, la marque est protégée contre l'atteinte à son image et à sa réputation[1020]. La protection conférée par l'action en concurrence déloyale, est donc, sur ce point, plus étendue que celle de l'action en contrefaçon. Dès lors, le titulaire d'un nom commercial, d'une

[1010] MALAURIE-VIGNAL (M.), op.cit, p. 188.
[1011] FRISON-ROCHE (M-A.), PAYET (M.S.), op.cit, p. 385.
[1012] Art. 3 al.1er de l'Annexe VIII de l'ABR.
[1013] Idem.
[1014] Art.3 al.2 de l'Annexe VIII de l'ABR.
[1015] CJCE, 26 avr. 2007, aff.n°C-348/04, Boehringer.
[1016] CJCE, 12 juill. 2011, aff. n° C-324/09, L'Oréal c/ ebay.
[1017] CJCE, 4 nov. 1997, « Dior », aff. C. 337/95, Rec. I, p. 6013.
[1018] Cass. com., 23 mars 2010, « Cand c. Chanel », *PIBD* 2010, n°918.
[1019] Idem.
[1020] Art.3 al.2-a de l'Annexe VIII de l'ABR, préc.

marque ou de tout autre « *signe distinctif d'entreprise autre qu'une marque ou un nom commercial* »[1021], peut valablement poursuivre la sanction de l'atteinte portée à son image ou à sa réputation. Aussi, y a-t-il atteinte à l'image et à la réputation d'une entreprise dans le cas de comparaison par un fabricant de cigarettes, en termes de risques pour la santé, entre la consommation de biscuits, de produits fabriqués par ladite entreprise et l'inhalation passive de tabac[1022] ou lorsqu'il y a publication d'un photomontage d'un avion d'une compagnie aérienne en train de s'écraser[1023]. Cette atteinte est réalisée, sans qu'il soit nécessaire, pour son auteur, d'obtenir ou d'exploiter une information confidentielle.

B- Les hésitations relatives aux atteintes constituées par l'obtention et l'exploitation d'informations confidentielles

Constitue aussi un acte de concurrence déloyale, tout acte ou toute pratique qui, dans l'exercice d'activités industrielles ou commerciales, entraîne la divulgation, l'acquisition ou l'utilisation, par des tiers, d'une information confidentielle sans le consentement de la personne légalement habilitée à disposer de cette information et d'une manière contraire aux usages commerciaux honnêtes[1024].

Mais, des imprécisions subsistent dans l'appréhension de ces atteintes. Celles-ci portent aussi bien sur l'accès aux informations contre la volonté de son détenteur, suivi ou non d'actes d'exploitation ou de divulgation (1), que sur leur exploitation ou divulgation contre la volonté de son détenteur (2).

1- Les imprécisions relatives aux actes d'accès aux informations confidentielles contre la volonté de son détenteur

Les modalités de l'accès aux informations confidentielles contre la volonté de son auteur ne sont pas précisées. Il existe donc des hésitations dans la détermination, d'une part, de l'information confidentielle et, d'autre part, des circonstances qui permettent d'établir que la volonté de son détenteur a été surprise.

Au demeurant, est confidentielle, l'information qui est communiquée à quelqu'un sous l'interdiction pour celui-ci de la révéler à quiconque. Est également confidentielle, l'information qui est livrée sous le sceau du

---

[1021] Art.3 al.2-c de l'Annexe VIII de l'ABR.
[1022] Cass. com., 1er dec. 1998, *RJDA* 1999, n°112.
[1023] Versailles, 1er juill. 2004, D. 2004, IR, 2764.
[1024] Art. 6 al.1er de l'Annexe VIII de l'ABR.

secret[1025]. La concurrence déloyale procède donc de ce que le commerçant a eu accès à des informations qui ne lui sont pas destinées, c'est-à-dire des informations qui ne sont pas mises à la disposition du public, par des moyens déloyaux. Aussi, l'appropriation des informations confidentielles est-elle déloyale lorsque les circonstances révèlent une rupture de l'égalité des moyens de concurrence. Pour autant, les anciens salariés restent libres d'exploiter le savoir-faire ou les informations confidentielles obtenues auprès de leur ancien employeur. Toutefois, cette liberté devient abusive et se mue en concurrence déloyale lorsqu'ils violent une clause de confidentialité ou, surtout, lorsqu'ils permettent à leur nouvel employeur d'obtenir lesdites informations en violation de l'obligation de confidentialité qui pèse sur eux[1026], ou encore par des manœuvres déloyales.

En effet, en vertu de l'article 1134 du code civil, l'ancien salarié a l'obligation de ne pas révéler à des tiers des informations qu'il sait confidentielles, reçues par lui à l'occasion de l'exécution de son contrat de travail. Ainsi, la concurrence déloyale est commise du seul fait que le concurrent accède aux informations confidentielles par le biais d'un ancien salarié même, si au moment de l'embauche, il était dans l'ignorance de l'existence desdites informations ou même s'il n'en a fait aucune exploitation[1027]. Toutefois, ne constitue pas un acte de concurrence déloyale, le fait que d'anciens employés très qualifiés aient mis en pratique dans un nouvel emploi, non pas des informations confidentielles reçues de leur ancien employeur, mais leurs propres connaissances personnelles[1028]. De même, une société qui se sépare sans précaution de son personnel de haut niveau sans lui imposer une obligation de non concurrence, ne peut pas utilement se plaindre de ce qu'il ne soit pas atteint d'amnésie et qu'il utilise, hors de toute formule confidentielle, ses connaissances personnelles[1029].

Outre les anciens salariés, les salariés toujours en fonction chez leur employeur peuvent également fournir au concurrent des informations

---

1025 CORNU (G.), *Vocabulaire juridique*, op.cit, p. 228.

1026 PASSA (J.), *Traité*, t.2, op.cit, p. 1000.

1027 Art.6-2-b de l'Annexe VIII de l'ABR. ; Egalement, Paris, 4e Ch. A, 27 sept. 2000, RG n°95/12188 ; D. 2001, Somm.1309, obs. ANGUET (Y.) ; Ainsi, s'adonne à une concurrence déloyale, l'entreprise qui embauche massivement les ingénieurs de l'entreprise concurrente, en vue de détourner à son profit les informations confidentielles acquises auprès de leur ancien employeur (Paris, 29 sept. 1994, D.1995.Somm.1309 obs. ANGUET.), ou l'ancien salarié qui exploite lui-même lesdites informations (Cass. com., 8 janv. 1979, IR, 248.), ou encore, qui les révèle à son nouvel employeur (Cass. com, 24 nov. 1970, D. 1971., Somm. 58.).

1028 Paris, 17 oct. 1988, *Ann. Propr. Ind.* 1989, p. 181 (Somm.), V. aussi, Cass. com, 6 mai 1986, *Ann. Propr. Ind.* 1987, p. 87.

1029 Paris, 5e ch., 12 sept. 2012, RG n°11/05622 (Endemol).

confidentielles. La concurrence déloyale est alors constituée, que le salarié soit rémunéré ou non[1030], que l'information soit exploitée ou non.

2- *L'imprécision des actes d'exploitation ou de divulgation d'informations confidentielles*

L'Accord de Bangui Révisé n'a pas organisé, de façon précise, l'exploitation ou la divulgation d'informations confidentielles qu'il appréhende pourtant comme un acte de concurrence déloyale. Le législateur OAPI reste, donc, dans un certain flou, en ne permettant pas de saisir, avec précision, l'atteinte. Cependant, il peut être retenu que l'exploitation ou la divulgation d'informations confidentielles peut être constitutive de concurrence déloyale, même dans le cas où les informations confidentielles ont été obtenues de manière licite. La faute consiste dans la trahison d'un rapport de confiance par l'effet de cette exploitation[1031]. Ainsi, et de manière générale, l'utilisation des informations confidentielles d'autrui, après les avoir acquises par fraude, est constitutive de concurrence déloyale[1032].

La négociation d'un contrat peut, en effet, conduire l'une des parties à communiquer à son cocontractant des informations confidentielles, nécessaires à la conclusion du contrat. Si le contrat n'était plus conclu, le bénéficiaire des informations obtenues, lors des pourparlers, peut chercher à exploiter lesdites informations pour son propre compte ou à les divulguer à des tiers, en contrepartie d'une rémunération. Ainsi, la trahison de la confiance du détenteur des informations par la divulgation des informations obtenues, constitue un acte de concurrence déloyale. Aussi, a-t-il été dit et jugé que si les idées sont de libre parcours, des circonstances particulières peuvent obliger certains tiers à ne pas révéler une idée qui leur a été confiée. Il a été aussi mentionné qu'en l'espèce, il n'est pas contesté qu'après avoir eu connaissance de la chanson de B, dans l'éventualité d'un contrat d'édition, le gérant de la société A a, dans les semaines qui ont suivi les pourparlers, communiqué

[1030] Cependant, le concurrent ne peut être poursuivi pour concurrence déloyale, que s'il ne pouvait ignorer le caractère frauduleux des informations confidentielles acquises (Art.6 al.1-c de l'Annexe VIII de l'ABR.) par vol ou non. Ainsi, un employé est condamné pour vol lorsqu'il a effectué à des fins personnelles et contre le gré de son employeur, des reproductions de plans de matériels fabriqués par ce dernier (Cass.crim, 29 avr. 1986, D.1987.131, note DELEYSSAC.). Est encore considéré comme l'auteur d'un vol, l'employé qui a recopié des formules de fabrications confidentielles (Lyon, 24 fér. 1988, *PIBD* 1988, III, 225.). Pour autant, le vol ne peut être retenu que s'il est constitutif de la soustraction du support matériel (Grenoble, 4 mai 2000, *JCP E* 2001, Pau, 447.) ne serait-ce que le temps nécessaire à la reproduction des informations qu'il contient (Cass. crim., 12 janv. 1989, Bull. crim, n°14, p. 38.).

[1031] PASSA (J.), *Traité*, t.2, op.cit, p. 1007.

[1032] AZEMA (J.), GALLOUX (J-C.), op.cit, p. 587.

l'idée génératrice de cette œuvre à de L., D. et S. qui l'ont utilisée pour composer une œuvre du même genre (...), qu'en agissant ainsi, la société A a commis une faute qui a causé un préjudice à B[1033]. A également commis une concurrence déloyale, la société qui avait commandé des échantillons d'un produit pour le tester avant de faire fabriquer, sur la base de ceux-ci, des produits similaires par un façonnier chinois[1034]. De même, commet un acte de concurrence déloyale, la société qui reproduit à grande échelle des échantillons de tissus qui lui avaient été envoyés à l'occasion de pourparlers restés sans suite[1035]. En revanche, il n'y a pas de concurrence déloyale lorsqu'après la rupture des négociations, même menées jusqu'à un stade avancé et accompagnées de la communication d'une documentation complète, le bénéficiaire de cette dernière exploite seulement des éléments largement connus dans le secteur en cause[1036]. Il en va de même, *a fortiori*, lorsqu'il apparaît que les renseignements fournis, à l'occasion de négociations n'ayant pas abouti et utilisés par le défendeur après leur rupture, sont en réalité dépourvus d'un caractère confidentiel parce que « *vieux comme le monde et relevant du domaine public* »[1037].

La rupture d'un contrat d'entreprise peut également donner lieu à des actes de concurrence déloyale, lorsque, par exemple, l'entrepreneur fabrique, pour le compte de tiers, les produits identiques à celui que lui a commandé le maître d'ouvrage, suivant les plans et les informations confidentielles fournies par celui-ci[1038]. La solution vaut également pour les mêmes actes accomplis après la rupture du contrat[1039]. Le fait de continuer à utiliser le savoir-faire ou les informations confidentielles après la résiliation, l'expiration[1040] ou l'annulation[1041] d'un contrat de licence, peut constituer un acte de concurrence déloyale, si l'intention des parties n'était qu'un transfert temporaire d'informations confidentielles. Ainsi, en matière de franchise, qui a pour objet de révéler au cocontractant des informations confidentielles pour lui permettre de les exploiter, le franchisé est tenu, durant ou pendant le court du contrat, à obligation de confidentialité. Dès lors, la révélation du savoir-faire du franchiseur, en violation de cette obligation contractuelle, constitue un acte de concurrence déloyale qui, en plus d'engager sa responsabilité, engage

---

[1033] Paris, 8 juill. 1972, *JCP* 1973, II, 17509, note LELOUP (J.M.).
[1034] Paris, 15 mars 2000, *PIBD* 2000, n°702, III, 375.
[1035] Paris, 31 janv. 2007, *Propr. Intell.* 2007, n°24, p. 359, obs. PASSA (J.).
[1036] Paris, 23 mars 1989, *RDPI* 1989, n°26, p. 67.
[1037] Cass. com, 21 nov. 2000, pourvoi n°98-17783.
[1038] Cass. com., 3 juill. 1986, Bull. civ. IV, n°110.
[1039] Paris, 28 sept. 1989, *PIBD* 1990, n°473, III, 153.
[1040] Rouen, 5 janv. 1995, *PIBD* 1995, n°585, III, 198.
[1041] Paris, 7 juin 1960, Annales 1963, p. 245.

également celle du tiers complice[1042]. Même à l'expiration du contrat, le franchisé ne peut utiliser les informations confidentielles qu'à condition de ne pas commettre des manœuvres déloyales[1043].

Toutefois, cette position n'est pas unanimement admise par la doctrine. En effet, certains auteurs estiment que le bénéficiaire des informations confidentielles ne doit être soumis, à l'expiration du contrat, à une obligation de non exploitation desdites informations confidentielles, en raison de ce que le contrat a pour objet, non pas de conférer une autorisation d'exploitation, puisqu'il n'existe pas de réservation privative permettant d'autoriser ou d'interdire, mais de révéler des informations et que, dès lors que celles-ci ont été fournies, une interdiction d'exploitation ne se justifie pas[1044]. Ce raisonnement ne tient pas compte de ce que le détenteur des informations ne les communique que dans les limites de la durée du contrat. Le bénéficiaire ne peut donc les exploiter, au terme du contrat, sans surprendre la volonté du détenteur des informations confidentielles[1045]. Bien entendu, la règle est la même, relativement aux actes de concurrence déloyale commis à l'occasion de l'exploitation d'un nom commercial ou d'une indication géographique. Ces deux signes distinctifs, outre la protection par l'action en concurrence déloyale, reçoivent également, en droit OAPI, une protection particulière.

Paragraphe II. Les incertitudes propres au nom commercial et à l'indication géographique

En organisant l'enregistrement du nom commercial et de l'indication géographique, le législateur OAPI confère aux titulaires de ces signes de véritables droits privatifs, donc des monopoles d'exploitation, dont les atteintes aux droits sur le nom commercial[1046] ou sur l'indication géographique[1047], sont pénalement sanctionnées. Ces monopoles d'exploitation ont la même portée que celui du titulaire de la marque. Pour autant, les titulaires de ces signes peuvent-ils se prévaloir des mêmes atteintes, donc de la même protection, que le titulaire de la marque ? L'analyse fait ressortir des imprécisions, selon que

---

1042 RIPERT (G.), ROBLOT (R.), VOGUEL (L.), *Traité de droit des affaires : du droit commercial au droit économique*, Paris, LGDJ, t.1., 19e éd., 2010, p. 733.

1043 PASSA (J.), *Traité*, t.2, p. 1013.

1044 MOUSSERON (J.M.), op.cit, p. 27.

1045 PASSA (J.), *Traité*, t.2, op.cit,, p. 1038; V. aussi, Rouen, 5 janv. 1995, *PIBD* 1995, n°585, III, 198.

1046 Art. 16 al.3 de l'Annexe V de l'ABR.

1047 Art. 17 de l'Annexe VI de l'ABR.

l'atteinte est constitutive d'apposition et de suppression (A) ou d'usage et de reproduction (B) de ces signes.

A- Les imprécisions de l'apposition et de la suppression des signes

Si la doctrine et la jurisprudence appréhendent l'apposition et la suppression de la marque, il en va autrement de l'apposition ou la suppression du nom commercial. Le législateur OAPI ne définit pas non plus ces notions, se contentant d'édicter leur répression aussi bien au civil qu'au pénal[1048]. Dès lors, l'apposition (1) ou le retranchement de l'altération (2) du nom commercial ou de l'indication géographique recoupe-t-elle des notions différentes de celles de la marque ?

1- L'apposition des signes

L'apposition de la marque consiste à se servir d'une marque authentique pour désigner et accompagner des produits qui n'y ont pas droit[1049]. Ainsi, par exemple, il y a apposition de marque lorsque le produit d'une marque est contenu dans la bouteille où figure une autre marque. Dès lors, et *a contrario*, procéderait à une apposition de nom commercial, celui qui se sert d'un nom commercial authentique pour désigner les produits fabriqués par un autre fonds. Le contrefacteur se fait donc passer pour le fabricant du produit. L'intérêt d'une telle atteinte n'est pas évident. En effet, celui qui se rend coupable d'apposition de marque, cherche à profiter de la notoriété de la marque pour vendre des produits contrefaisants. Or, celui qui commet la contrefaçon du nom commercial recherche plutôt à vendre des produits authentiques sous un nom commercial qui, s'il n'est pas contrefaisant, n'émane pas néanmoins du véritable titulaire du nom commercial. Il subsiste donc des imprécisions dans la réalité même de l'apposition de nom commercial. Dès lors, s'agissant d'une infraction, l'apposition de nom commercial ne peut raisonnablement se justifier, c'est-à-dire que l'infraction ne peut avoir un mobile que si le contrefacteur appose sur les produits fabriqués le nom commercial d'un autre commerçant dont la renommée ou la notoriété est plus importante que celui du fabricant des produits. On assiste ainsi à une double apposition : l'apposition d'une marque à laquelle s'ajoute l'apposition d'un nom commercial. Elle différerait en cela, de l'apposition de marque.

[1048] Art. 16 de l'Annexe V de l'ABR.
[1049] AZEMA (J.), GALLOUX (J-C), op.cit, p. 387.

Pour ce qui est de l'indication géographique, l'Accord de Bangui Révisé incrimine « *l'utilisation dans la désignation ou la présentation d'un produit, de tout moyen qui indique ou suggère que le produit en question est originaire d'une région géographique autre que le véritable lieu d'origine* »[1050] du produit. Ce faisant, réprime-t-il l'apposition de l'indication géographique ?

Rien n'est moins sûr. En effet, il ne s'agit pas, à proprement parler, de l'apposition d'une indication géographique, mais le fait de laisser suggérer ou même de laisser croire que le produit provient d'une aire géographique dont les produits sont enregistrés, au titre de l'indication géographique, alors même qu'ils proviennent d'une région qui ne reçoit pas cette authentification d'origine. L'atteinte consisterait donc à présenter un produit qui ne respecte pas les caractères, ni la provenance de l'indication géographique, comme relevant de l'indication géographique. Elle s'écarte en cela de l'apposition de marque. Bien entendu, cette atteinte ne peut être confondue au retranchement ou à l'altération des signes.

2- Le retranchement et l'altération du nom commercial et de l'indication géographique

Le législateur communautaire prohibe, outre l'apposition, le fait de faire apparaître, par retranchement ou par une altération quelconque, sur les objets fabriqués, le nom d'un fabricant autre que celui qui en est le véritable auteur, ou la raison commerciale d'un établissement commercial autre que celui où les objets ont été fabriqués[1051]. L'atteinte s'analyse donc au retranchement ou à l'altération du nom commercial du véritable fabricant, pour faire apparaître sur les produits fabriqués le nom d'un fabricant qui n'en est pas le véritable auteur. Le législateur OAPI édicte ainsi des atteintes qui consistent à l'altération ou au retranchement du nom commercial, sans pour autant définir ces deux notions ni même donner des éléments suffisants pour permettre d'en cerner les contours. Cette imprécision amène à se demander si le retranchement ou l'altération du nom commercial ne s'apparente pas à la suppression ou à la modification de la marque. La réponse semble être affirmative, tant ces différentes notions paraissent être des synonymes. Ainsi, le retranchement ou l'altération du nom commercial viserait le cas où le nom commercial figurant sur un produit authentique a été effacé ou modifié, sans autorisation du titulaire du signe, pour faire apparaître le nom d'un autre fabricant.

Toutefois, contrairement à la marque, le législateur OAPI n'admet l'altération que si, après le « *grattage ou le dégriffage* »[1052], le tiers remplace

---

[1050] Art. 15 al.5 ; art. 17 de l'Annexe VI de l'ABR.
[1051] Art.16 al.3 de l'Annexe V de l'ABR.
[1052] POLLAK (M.), op.cit, p. 121.

le nom commercial authentique par le nom commercial d'un autre fabricant. Dès lors, l'atteinte est-elle constituée, lorsque le nom commercial altéré n'est pas remplacé par un autre. En droit de marque, la réponse est affirmative, sans aucune ambiguïté[1053]. Il doit en être autant en droit du nom commercial. L'altération du nom commercial doit pouvoir être constituée lorsque le nom commercial a été modifié ou supprimé. Toutefois, il n'y a pas d'atteinte si un fabricant procède, sur les produits fabriqués, à des transformations d'une certaine importance. Dans cette hypothèse, il peut supprimer le nom commercial pour apposer le sien[1054].

Le retranchement ou l'altération de l'indication géographique n'est pas prévue par le législateur OAPI. Dès lors, contrairement à la marque et au nom commercial, l'indication géographique n'est pas protégé, en cas de retranchement ou d'altération. Cependant, cette solution n'est pas absolue, parce que le juge civil peut toujours sanctionner le retranchement ou l'altération de l'indication géographique, en ce sens que ces atteintes violent le droit exclusif du titulaire du signe, tout comme l'usage ou la reproduction illicite des signes.

B- Les imprécisions des actes d'usage et de reproduction illicites du nom commercial et de l'indication géographique

L'ABR n'a pas expressément réprimé l'usage du nom commercial ou de l'indication géographique. Pour autant, cette atteinte n'est-elle pas sanctionnée ? Il subsiste des incertitudes quant à l'usage illicite du nom commercial (1) ou de l'indication géographique (2).

1- Les incertitudes relatives à l'usage illicite du nom commercial

A la différence de la marque, l'usage du nom commercial n'est pas expressément prohibé. Le législateur communautaire a néanmoins interdit la vente ou la mise en circulation « *des objets marqués ou altérés* »[1055]. L'expression est pour le moins ambiguë, sinon imprécise, surtout que le législateur fait allusion à des « objets marqués ». Cette formulation renvoie beaucoup plus à la marque qu'au nom commercial. L'ambiguïté mériterait donc d'être levée.

L'ABR semble alors indexer la vente et la mise en circulation illicite de produits revêtus du nom commercial, qui sont alors saisies comme des

---

[1053] Idem.
[1054] Cass. com., 25 janv. 2005, pourvoi n°03-11770.
[1055] Art.16 al.4 de l'Annexe V de l'ABR.

atteintes, à l'instar de la vente et de la mise en circulation de la marque, qui correspondent à l'usage illégitime de celle-ci.

Mais l'usage du nom commercial ne semble pas s'étendre aux autres formes d'usage de la marque. Au plan pénal au moins, on peut difficilement admettre, en dehors d'une incrimination spécifique, que l'usage du nom commercial a la même portée que celui de la marque. L'usage se limite donc à celui qui consiste à la vente ou à la mise en circulation de produits revêtus du nom commercial. Cependant, en matière civile, la solution inverse peut être retenue. Aussi, l'usage illicite peut-il être admis, en cette matière, comme une atteinte au droit exclusif du titulaire du signe, quelle que soit sa manifestation, pour peu que l'usage soit effectué, sans la volonté du titulaire du signe.

Toutefois, l'atteinte par la mise en vente ou la mise en circulation n'est constituée que si le tiers a « *sciemment* »[1056]voulu attenter au droit exclusif du titulaire du signe. L'atteinte, ne serait-ce qu'au pénal, exige donc l'élément intentionnel de son auteur, de sorte que sa bonne foi l'exonère de toute responsabilité. Le droit OAPI n'est pas aussi précis, en ce qui concerne la reproduction du nom commercial et de l'indication géographique.

2- Les incertitudes relatives à l'usage illicite de l'indication géographique

Le législateur OAPI réprime l'utilisation illicite de l'indication géographique[1057], d'où la première incertitude quant à savoir si l'utilisation illicite de l'indication géographique se rapproche ou non de l'usage illicite de la marque. Utilisation[1058] et usage[1059] désignent des réalités voisines, sinon identiques, qui identifient le fait que le responsable de l'atteinte se sert du signe, sans l'autorisation de son propriétaire. Pour autant, la portée de ces notions n'est pas la même. L'usage de la marque désigne l'action de se servir de celle-ci. Or, à l'inverse, l'utilisation illicite de l'indication géographique n'est saisie comme atteinte au droit exclusif du titulaire du signe, que si elle est réalisée en matière commerciale[1060], et vise à induire le public en erreur sur l'origine du produit[1061].

Même si le titulaire de l'indication géographique bénéficie d'un droit exclusif d'exploitation, comparable à celui du titulaire de la marque, la portée

---

1056 Idem.

1057 Art. 16 et 17 de l'Annexe IV de l'ABR.

1058 Utiliser quelque chose, c'est s'en servir pour son usage. L'utilisation consiste donc à utiliser la chose, (LAROUSSE, *Le LEXIS, Le dictionnaire érudit de la langue française*, op.cit, p. 1969.).

1059 Usage signifie couramment « l'action de se servir d'une chose », (LAROUSSE, *Le LEXIS, Le dictionnaire érudit de la langue française*, op.cit, p. 1966.).

1060 Art. 15 al.3 de l'Annexe V de l'ABR.

1061 Art. 15 al.5 de l'Annexe V de l'ABR.

de l'illicéité de l'utilisation de l'indication géographique ne paraît pas pouvoir être étendue à celle de la marque, ne serait-ce qu'en matière pénale, en raison du principe de la légalité des délits et des peines. Par contre, en matière civile, cette solution est envisageable, dans les cas d'atteinte avec risque de confusion.

CHAPITRE II

L'INDETERMINATION DES ATTEINTES AUX DROITS AVEC RISQUE DE CONFUSION

L'atteinte aux droits sur les signes distinctifs exige parfois, pour sa sanction, que le concurrent ait recherché à *« induire le public en erreur »*[1062] ou *à « tromper l'acheteur sur la nature du produit »*[1063]. Dans ces cas, l'atteinte n'est constituée que si les actes du concurrent visent à surprendre le consommateur ou à lui laisser croire que le produit qui lui est offert, est celui qu'il recherche.

Ainsi, lorsqu'un signe distinctif, identique à la marque, au nom commercial, à l'enseigne ou à l'indication géographique, est utilisé pour des produits ou des services similaires ou, un signe similaire pour des produits ou des services similaires ou identiques, l'atteinte aux droits sur ces signes est soumise au constat de l'existence d'un risque de confusion dans l'esprit du public[1064]. Le risque de confusion doit donc exister pour que l'acte attentatoire soit constitutif de contrefaçon ou de concurrence déloyale, chaque fois que l'on ne constate pas une identité à la fois entre les signes distinctifs et les signes litigieux et entre les produits ou les services qu'ils désignent, mais seulement une similitude sur au moins l'un des deux points[1065].

Pour caractériser les atteintes avec risque de confusion aux droits sur les signes distinctifs, le législateur OAPI ne fait pas recours à la notion de confusion. Il n'invoque pas non plus la similitude entre les signes ou même la similitude entre les produits. Pour autant, cette affirmation, pour être générale, mériterait d'être tempérée à l'égard des actes de concurrence déloyale qui prennent en compte, dans une certaine mesure, le risque de confusion[1066].

[1062] Art. 37 al.1-c et d de l'Annexe III de l'ABR.
[1063] Art. 4 al.1 de l'Annexe VIII de l'ABR.
[1064] PASSA (J.), *Traité*, t.1, op.cit, p. 378.
[1065] Idem.
[1066] Art. 2 de l'Annexe VIII de l'ABR.

Cependant, la notion est à peine effleurée de sorte que la confusion, qui est la condition essentielle de la protection est saisie, de manière imprécise, indéterminée.

L'interdiction d'induire le public en erreur ou de le tromper est-elle palliative de l'indétermination du législateur OAPI à saisir les atteintes avec risques de confusion aux droits sur les signes distinctifs ?

La réponse est nuancée, selon qu'elle établit l'indétermination des actes de contrefaçon avec risque de confusion (Section I), ou les imprécisions des actes de concurrence déloyale avec risque de confusion (Section II).

SECTION I. L'INDETERMINATION DES ACTES DE CONTREFAÇON AVEC RISQUE DE CONFUSION

Les actes attentatoires aux droits sur les signes distinctifs qui nécessitent un risque de confusion, pour leur répression, portent sur la marque. Seules les atteintes à ce signe sont expressément sanctionnées par l'action en contrefaçon, lorsque les atteintes induisent un risque de confusion, contrairement aux atteintes sans risque de confusion.

Mais, les actes de contrefaçon nécessitant le constat d'un risque de confusion sont insuffisamment déterminés par le législateur OAPI. Toutefois, l'indétermination des atteintes sans risque de confusion au droit à la marque varie, selon que les atteintes sont communes à toutes les marques (Paragraphe I) ou spécifiques à la marque notoire (Paragraphe II).

Paragraphe I. L'indétermination des atteintes communes à toutes les marques

L'Accord de Bangui Révisé réprime « *ceux qui font une imitation frauduleuse d'une marque de nature à tromper l'acheteur ou font l'usage d'une marque frauduleusement imitée* »[1067]. Il sanctionne également, au titre des atteintes avec risque de confusion, ceux qui, sciemment, vendent ou mettent en vente un ou plusieurs produits revêtus d'une marque frauduleusement imitée ou portant des indications propres à tromper l'acheteur sur la nature du produit ou ceux qui fournissent ou offrent de fournir des produits ou des services sous

[1067] Art.37 al.1er-c de l'Annexe III de l'ABR, préc.

une telle marque[1068]. Plus explicite, le législateur français interdit, sauf autorisation du propriétaire, « *s'il peut en résulter un risque de confusion dans l'esprit du public : a- la reproduction, l'usage ou l'apposition d'une marque, ainsi que l'usage d'une marque reproduite, pour des produits ou services similaires à ceux désignés dans l'enregistrement ; b-l'imitation d'une marque et l'usage d'une marque imitée pour des produits ou services identiques ou similaires à ceux désignés dans l'enregistrement* »[1069]. Ainsi, si le législateur OAPI prohibe l'imitation de la marque, il n'en détermine pas les contours, pas plus qu'il n'envisage ni la similarité des signes et des produits, ni la confusion qu'elles peuvent engendrer. Cette indétermination, qui rend encore plus difficile l'appréhension des atteintes sans risque de confusion, se focalise donc sur les actes d'imitation de la marque ou des produits (A), la similitude et le risque de confusion des produits ou services (B).

A- L'indétermination des actes d'imitation de la marque ou des produits

La contrefaçon de la marque n'est attestée que si l'atteinte remplit certaines conditions. Mais, celles-ci ne sont pas spécifiées par l'ABR. L'appréhension des actes d'imitation se fait donc avec une certaine indétermination, qui porte aussi bien sur la caractérisation (1) que sur les formes (2) de l'imitation.

1- L'indétermination de la caractérisation de l'imitation

Contrairement au législateur français qui a offert au juge un substrat légal dans l'appréhension de l'imitation[1070], le législateur OAPI est peu disert sur la notion de l'imitation, de sorte qu'il est resté muet sur sa caractérisation.

Pourtant, à s'en tenir à la formule d'un auteur, l'imitation serait une contrefaçon qui « *cherche à se déguiser* »[1071]. En effet, le contrefacteur, sans reproduire la marque d'autrui à l'identique, s'en rapproche suffisamment, dans le but de tromper le public ou de l'induire en erreur[1072]. A l'instar de toute contrefaçon, l'imitation s'apprécie par les ressemblances d'ensemble, et non par les différences[1073]. Ainsi, l'imitation sanctionnable suppose la reprise d'éléments caractéristiques de la marque imitée[1074]. L'appréciation de

[1068] Art.37 al.1er-d de l'Annexe III de l'ABR, préc.
[1069] Art. L.713-3 du CPI.
[1070] Idem.
[1071] MATHELY (P.), op.cit, p. 32.
[1072] AZEMA (J.), GALLOUX (J.C), op.cit, p. 875.
[1073] Cass. com., 23 nov. 1993, Bull. civ, n°429, p. 312.
[1074] Paris, 4e ch., 29 juin 1994, JurisData n°1994-044958.

l'imitation conduit à déterminer ce qui fait la distinctivité de la marque du demandeur, afin de déceler les caractéristiques essentielles qui parviennent à lui donner son caractère distinctif, puis de confronter ces caractéristiques à l'objet prétendument imitant [1075]. Toutefois, l'appréciation s'attache à l'existence d'une ressemblance globale, à l'impression d'ensemble que perçoit le consommateur d'attention moyenne qui n'a pas les deux marques simultanément sous les yeux [1076]. On recherchera si la marque supposée imitante imite les caractéristiques de la marque du demandeur et si elle produit la même impression d'ensemble, sans s'arrêter aux différences secondaires[1077]. L'appréciation de l'imitation doit donc se faire par rapport aux marques en conflit, prises dans leurs divers éléments, cela, en se mettant à la place d'un usager moyen de culture et d'attention moyenne, en tenant compte aussi du fait que cet usager n'a pas, simultanément, en sa possession, les deux marques[1078]. En plus de tenir compte du caractère distinctif de la marque, l'appréciation globale doit prendre en considération la notoriété de la marque imitée. Ainsi, l'appréciation en matière d'imitation est davantage synthétique qu'analytique [1079], puisque l'on s'attache à l'impression d'ensemble que produit le signe imité et au risque de confusion[1080]. Aussi, l'imitation d'une marque de vin complexe (nom, étiquette, forme de la bouteille) n'est-elle réalisée que lorsque, malgré des différences, notamment, des noms différents, la recherche des analogies avec les éléments essentiels de cette marque crée une impression d'ensemble similaire pour un client d'attention moyenne, qui n'a pas sous les yeux les deux marques[1081].

[1075] POLLAUD-DULIAN (P.), *Propriété intellectuelle, la propriété industrielle,* op.cit, p. 973.

[1076] SCHMIDT-SZALEWSKI (J.), PIERRE (J-L.), op.cit, p. 259.

[1077] Cass. com., 16 oct. 1985, « Soir de Paris », Bull.civ. IV, n°242, p. 203.

[1078] Reims, 16 janv. 1978, *Ann. Propr. Ind.*1979, 328.

[1079] ROUBIER (P.), *Traité*, t.1, op.cit, p. 80.

[1080] POLLAUD-DULIAN (F.), *Propriété intellectuelle, la propriété industrielle,* op.cit, p. 973.

[1081] POLLAUD-DULIAN (F.), *Propriété intellectuelle, la propriété industrielle,* op.cit, p. 975. Dès lors, sur le fondement de l'appréciation globale, « Schick Confort Plus » a été considéré comme une imitation illicite de Contour Plus (Paris, 17 oct. 1991, *JCP E* 1993, I, 292, n°50, obs. BURST et MOUSSERON.). De même, la marque « Marinelli » imite la marque de Spiritueux « Martini » (Cass. com., 1er avr. 1997, « Martini », *PIBD* 1997, n°634, III, 329.), les dénominations « Danelise » et « Danelyse » imitent les marques « Daniel Elise », et « Daniel Elise in square », en ce qu'elles sont phonétiquement et visuellement la contraction des noms caractérisant ces marques (Paris, 22 oct. 1999, *PIBD* 2000, n°690, III, 44.). Il peut également être retenu l'imitation d'une marque de revue dont la distinctivité tient dans une disposition des couleurs et un graphisme particulier du titre « Top Santé », lorsque la même combinaison de couleurs, le même graphisme et les mêmes proportions sont repris pour identifier un magazine traitant du même sujet, sans qu'il y ait à tenir compte de l'ajout en petites lettres d'un surtitre qui ne modifie pas l'aspect d'ensemble de la marque et n'altère pas ses caractéristiques essentielles (Paris, 9 sept. 1998, « Top Santé », *PIBD* 1998, n°664, III, 329.).

En revanche, dans le cas où les caractéristiques distinctives des marques en conflit n'ont pas des ressemblances ou si les différences, qu'elles soient visuelles, phonétiques et sémantiques, sont prépondérantes par rapport aux ressemblances des deux signes pris dans leur ensemble, il n'y a pas d'imitation[1082]. Ainsi, il a été dit et jugé que « Latitude Sud » n'imite pas « Plein Sud »[1083] ou que la marque « P'tit Cool » n'est pas la contrefaçon par imitation de la marque « Kisscool »[1084]. De même, il a été décidé que la marque « Saint John's » n'imite pas la marque « Saint-James »[1085], ni que la marque « Domaine Cheval-Blanc Syné » n'imite la marque « Château Cheval Blanc », surtout qu'en plus, cette dernière fait l'objet d'une présentation différente[1086].

Cependant, nonobstant la règle de l'appréciation globale, la comparaison des marques peut être faite sur le seul fondement d'un élément dominant, à condition que tous les autres éléments de la marque soient négligeables[1087].

Par ailleurs, même si des éléments de la marque n'ont pas un caractère banal, l'existence de radicaux identiques n'implique pas nécessairement une imitation en présence de suffixes différents, propres à écarter tous les risques de confusion. Ainsi, « Biotherm » n'est pas la contrefaçon de Bioderma[1088], ou encore le fait que les marques confrontées s'ouvrent sur l'élément de fantaisie identique « Ze » n'implique pas davantage une imitation par contrefaçon, en ce qu'elles diffèrent visuellement et phonétiquement, de sorte qu'il ne saurait y avoir un risque de confusion[1089], sans lequel la protection n'est pas acquise, quelle que soit la forme de l'atteinte.

1082 POLLAUD-DULIAN (F.), *Propriété intellectuelle, la propriété industrielle,* op.cit, p. 973.

1083 Paris, 24 mai 2002, *PIBD* 2003, n°755, III, 21.

1084 Limoges, 31 oct. 2002, *PIBD* 2003, n°755, III, 19.

1085 Paris, 4e ch., 10 oct. 1997, *PIBD* 1998, 649, III, 138.

1086 Cass. com., 24 nov. 2009, « Sté Civile Cheval Blanc », *PIBD* 2010, 911, III, 90.

1087 Cass. com., 27 janv. 2009, « Les complices », *PIBD* 2009, 893, III, 922. Par suite, ne doivent pas être pris en considération dans la comparaison des marques, des éléments banals tels que : le suffixe-elec pour désigner des appareils électriques de sorte que « Rhonelec » n'est pas l'imitation de « Radielec » (Lyon, 11 mars 1971, D.1972, 307, note CHAVANNE.), « Maillagogo » n'est pas non plus l'imitation illicite de « Lainagogo », en raison du caractère banal du suffixe « agogo » (Nancy, aud. sol., 23 mai 1991, JurisData n°1991-041568.) d'une image comme celle d'un panneau « stop », s'agissant de produit d'assurance, la déclinaison d'un tel panneau dans un pareil contexte étant particulièrement banale et insusceptible de faire l'objet d'une appropriation (Paris, 4e ch., 27 mars 2002, LABALETTE (J.P.) ; *PIBD* 2002, 749, III, 407.)

1088 Paris, 4e ch., 15 juin 2001, « SARL IPC », *JCP E* 2002, n°1164, n°6, obs. BOESPFLUG, GREFFE et BARTHELEMY.

1089 Paris, 4e ch. 11 juin 2003, « M.S ». epse V. : *PIBD* 2004, III, 778, 37.

2- *L'indétermination des formes de l'imitation*

Le législateur OAPI a expressément sanctionné l'imitation frauduleuse de la marque ainsi que l'usage d'une marque frauduleusement imitée[1090]. Pour entrer en sanction contre ces atteintes, la bonne ou la mauvaise foi du contrefacteur est indifférente, l'atteinte est réalisée dès qu'il est constaté l'imitation de la marque, ou même dès que l'usage a été fait de la marque imitée.

L'Accord de Bangui Révisé sanctionne également ceux qui mettent en vente des produits revêtus d'une marque frauduleusement imitée ou portant des indications propres à tromper le public[1091]. Mais, dans ce cas, l'atteinte exige, pour être sanctionnable, l'intention manifeste du contrefacteur. Celui-ci doit avoir « sciemment »[1092] commis les actes constitutifs de l'atteinte. A défaut, la contrefaçon ne peut être considérée comme réalisée. Mais, la démarche du législateur est doublement indéterminée, sinon contradictoire. En effet, ainsi qu'il a été développé supra[1093], la vente ou la mise en vente de produits marqués est un cas d'usage de la marque. Or, l'atteinte par l'usage de la marque peut être réalisée sans qu'il ne soit nécessaire de tenir compte de l'intention criminelle du contrefacteur, alors même que cette intention est expressément exigée pour la réalisation de la vente ou de la mise en vente de la marque contrefaisante par imitation. Cependant, on peut s'essayer à saisir la logique d'ensemble de l'Accord de Bangui Révisé, si on considère que la vente ou la mise en vente de produits imités est l'exception à la règle générale que constitue l'atteinte par usage de produits marqués. Dans cette hypothèse, qui procède par induction, le texte aurait gagné en clarté en indiquant expressément la règle générale et l'exception qu'elle admet.

Pour ce qui est des atteintes expressément identifiées par le législateur OAPI, elles ne susciteront à ce niveau aucun développement particulier. Tout comme les atteintes sans risque de confusion, l'usage de la marque imitée consiste en l'emploi d'un signe similaire à celui d'autrui pour présenter ou accompagner des produits ou des services identiques à ceux figurant dans l'enregistrement, sauf que la marque qui fait l'objet de l'emploi est l'imitation d'une marque authentique, dans le but de tromper le public. C'est ainsi qu'il a été dit et jugé que l'usage de la marque « Aura x passion » pour désigner des mèches, est la contrefaçon par imitation de la marque « X Pression » pour identifier les mêmes produits[1094].

[1090] Art. 37 al.1er-c de l'Annexe III de l'ABR, préc.
[1091] Idem.
[1092] Ibidem.
[1093] V. supra, p. 133 et s.
[1094] TGI Douala, 03 juin 1994, Rec. décisions de justice, Coll. OAPI, n°03, p. 183.

L'infraction est constituée, même lorsque des produits marqués sont seulement mis en vente. Ainsi, il y a contrefaçon lorsque, par exemple, les produits revêtus de la marque imitée sont exposés, dans une boutique ou sur internet, dans le but d'induire le public en erreur sur la nature du produit. Dès lors, la mise en vente des produits de détergent sous la marque « PRO Bleu » est l'imitation frauduleuse de la marque « Blu »[1095]. Il a été également dit que la marque « SINGAL 2 » imite la marque « SIGNAL 2 » en ce que, constitue un acte de contrefaçon par imitation, le fait pour un commerçant d'utiliser concurremment, avec sa marque, pour commercialiser ses produits, un élément figuratif, un dessin, une étiquette, un logo, gamme de couleurs ou un emballage qui présente, avec celui exploité antérieurement par un concurrent, une ressemblance suffisante, pour créer dans l'esprit du public, une confusion entre les produits[1096]. Il en va également ainsi de la marque « MARCO POLO », qui a été déclarée être l'imitation de la marque « PACO RABANNE »[1097] ou de la marque « COUSCOUSIPA » qui imite la marque « COUSCOUS SIPA »[1098]. Relativement à cette décision, la contrefaçon pourrait également être admise pour reproduction, car la marque « COUSCOUS SIPA reproduit plus à l'identique la marque COUSCOUSSIPA » qu'elle ne l'imite[1099].

L'imitation peut en outre relever d'une ressemblance intellectuelle, comme le choix d'un signe reproduisant un animal analogue à celui qui constitue la marque ou le même animal représenté différemment, sur des associations d'idées qui induiront en erreur le consommateur en confondant les produits[1100]. « Cogito » imite ainsi « Ergosum» ; « Duralex » imite « Sedlex »[1101].

1095 TGI Wouri, 11 avr. 2007, Rec. décisions de justice, p. 205.

1096 TGI Wouri, 15 juin 2007, Rec. décisions de justice, p. 200.

1097 TPI Abidjan, 10 avr. 1989, Rec. décisions de justice.

1098 TPI Lomé, 1re ch., 3 mai 2006, Rec. décisions de justice.

1099 Par ailleurs, l'imitation par l'usage ou par l'offre ou la mise en vente des produits sous une marque imité, peut relever de l'analogie phonétique et/ou visuelle, de sorte que « Sportilège » imite « Sortilège » (Paris, 17 avr. 1969, *Ann. Propr. Ind.* 1971, 70) et « 100.000 piles » imite « Aux 100.000 batteries » (Paris, 4e ch., 22 nov. 1995, *PIBD* 1996, 609, III, 219.). L'imitation peut aussi relever de la synonymie. Aussi, « Subito » imite-elle « PRONTO » (Paris, 9 mars 1955, *Ann. Propr. Ind.* 1955, 160.), « La lessive du Chirurgien » imite « La lessive du Docteur » (Bordeaux, 4 mai 1955, D.1956, Somm. 51.), « coup de Foudre » imite « coup de cœur » (Paris, 7 mars 1988, *RDPI* 1988, n°16, 81.) et « Stimulante » imite « Dynamisante » (Paris, 4e ch., 28 juin 2000, *PIBD* 2000, 708, III, 549.). L'imitation peut aussi relever de l'effet miroir qui est lié à l'inversion de l'ordre des lettres, la dénomination incriminée constituant la parfaite symétrie de la marque première, de sorte que les deux signes peuvent être pareillement vus et lus. Ainsi, « ITAT » imite « TATI » (Paris, 4e ch., 26 nov. 2008, « TatiDév », *Propr. Intell.* 2009, n°31, p. 192. obs. BENET, SABATIER et DE MADRANO (C.) ; *PIBD* 2009, 888, III, 758.)

1100 AZEMA (J.), GALLOUX (J.C.), op.cit, p. 876.

1101 TGI Paris, 16 oct. 1968, D. 1956, Somm. 31.

Nonobstant le développement précédent, il persiste une indétermination. Les atteintes par imitation se limitent-elles aux atteintes expressément énumérées dans l'Accord de Bangui Révisé ? En d'autres termes, les atteintes par imitation ne sont-elles réalisées que dans les cas d'imitation de la marque, de l'usage de la marque imitée, de l'offre ou de la mise en vente de produits revêtus de la marque frauduleusement imitée ou peuvent-elles être étendues à d'autres types d'atteinte ?

Le législateur français a répondu par l'affirmative, en étendant à la reproduction et à l'apposition, les atteintes avec risque de confusion[1102]. En droit OAPI, la réponse n'est pas aussi tranchée. Elle varie selon que l'atteinte est portée devant le juge pénal ou le juge civil. Au pénal, l'interprétation de la loi étant restrictive, la contrefaçon par imitation ne peut être constituée que dans les cas expressément énumérés par le législateur OAPI. Par contre, au civil, l'atteinte doit pouvoir être sanctionnée, qu'elle porte sur les actes attentatoires expressément énumérés ou non par l'Accord de Bangui Révisé. En effet, toute atteinte illégitime au monopole du titulaire de la marque constitue une contrefaçon qui doit recevoir la sanction du juge civil, sans même qu'il soit nécessaire de rechercher, outre le cas prévu par le législateur, l'intention fautive du contrefacteur. En tout état de cause, l'imitation ne peut être sanctionnée que si les produits revêtus de la marque imitée sont similaires à ceux désignés dans l'enregistrement et, surtout, si l'imitation est susceptible d'induire un risque de confusion dans l'esprit du public.

B- L'indétermination de la similitude et du risque de confusion des produits ou services

Le législateur OAPI incrimine la contrefaçon par imitation, à la seule condition que la marque imitée ou les produits revêtus de la marque frauduleusement imitée soient de nature à induire le public en erreur. En disposant ainsi, l'Accord de Bangui Révisé a-t-il entendu exclure des fondements de la sanction, la similarité des produits ou des services, ou le risque de confusion, qui sont pourtant les conditions déterminantes de l'atteinte, en droit français. L'indétermination du législateur OAPI sur ces deux notions qu'il n'a même pas effleurées, du moins, expressément, amène à distinguer l'imprécision de la similitude des produits ou services et des signes en conflit (1) de l'imprécision du risque de confusion (2).

[1102] Art. L.713-3 du CPI.

1- L'imprécision de la similitude des produits ou services et des signes en conflit

La confusion peut naître certainement de la similitude des produits ou des services. Mais, cette exigence de similitude ne semble pas être prise en compte par le législateur OAPI, de sorte qu'il faille s'interroger sur la portée de cette omission à l'égard de la similitude des produits ou services (a), ainsi qu'à l'égard de la similitude des signes en conflit (b).

a- La similitude des produits ou services

La notion de similitude est ignorée du législateur OAPI. Il introduit ainsi une imprécision, qui amène à se demander si la protection des signes distinctifs est cantonnée aux actes attentatoires au droit exclusif, qui portent sur la reproduction ou sur l'usage des signes quasi-identiques ou identiques.

Pour dissiper cette imprécision, et dans le dessein d'une protection efficiente, on est enclin à soutenir que la protection de la marque, nonobstant le silence du législateur communautaire, ne se limite pas aux services ou aux produits énumérés dans le Certificat d'Enregistrement. En effet, si le droit privatif dont dispose le titulaire de la marque sur son signe, peut être cantonné dans la spécialité déterminée par les produits compris dans l'enregistrement, sa protection devrait s'étendre aux produits ou aux services similaires, afin d'éviter, dans l'intérêt à la fois des titulaires et du public, des risques de confusion sur leur origine[1103].

L'appréhension de la similitude des produits ou des services relève de l'appréciation souveraine du juge du fond[1104]. Il s'agit d'une question de pur fait, qui implique même une certaine part de subjectivité. Ainsi, les produits ou les services sont similaires lorsque, nonobstant les signes qui les identifient, le public auquel ils sont destinés, doté d'une attention moyenne[1105], peut penser qu'ils peuvent avoir la même origine commerciale, notamment, s'agissant de produits, parce qu'ils sont susceptibles d'être fabriqués par la même entreprise[1106]. Dans cette appréciation, il est tenu compte de plusieurs facteurs, notamment, du caractère connu de la marque et du caractère des produits. Toutefois, contrairement à ce qu'elle pouvait suggérer, la classification internationale des produits ou services de l'Arrangement de Nice ne constitue pas un critère d'appréciation de la similitude[1107]. Par suite, des produits ou des

[1103] PASSA (J.), *Traité*, t.1, op.cit, p. 380.
[1104] Cass. com., 23 mars 1999, *Ann. Propr. Ind.* 1999, p. 212.
[1105] CJCE, 16 juill. 1998, Rec. p. I, 4657.
[1106] Paris, 19 sept. 2001, *PIBD* 2002, n°735, III, 55.
[1107] PASSA (J.), *Traité*, t.1, op.cit, p. 380, préc.

services peuvent appartenir à une même classe et ne pas être similaires, ils peuvent appartenir à des classes différentes et l'être[1108].

Des produits ou des services, de par leur nature, peuvent être considérés comme similaires, s'ils se ressemblent, c'est-à-dire s'ils comportent des ressemblances intrinsèques[1109]. Il en est ainsi, lorsque les produits satisfont les mêmes besoins[1110], ont la même destination[1111], ou encore lorsqu'ils sont vendus dans la même zone ou relèvent des mêmes circuits de distribution[1112], ou encore qu'ils sont utilisés, en complément l'un de l'autre[1113].

Ainsi, la similitude s'apprécie en tenant compte de tous les facteurs pertinents qui caractérisent le rapport entre les produits ou les services, en prenant en compte, en particulier, leur nature, leur destination, leur utilisation ainsi que leurs caractères concurrents ou complémentaires[1114].

Ainsi, qu'il apparaît, le critère des ressemblances intrinsèques n'est pas d'appréhension facile, « *car les notions de besoins, de destination, ou de complémentarité, par exemple, sont assez floues et peuvent même conduire à admettre la similitude de produits ou services en réalité très différents par nature ou, à l'inverse, l'absence de similitude entre produits ou services assez proches* »[1115]. Aussi, a-t-il été jugé que les briquets, les bougies, les allumettes et les lunettes, les sacs et les articles de maroquinerie ne sont pas similaires, parce qu'ils ne dépendent pas des mêmes circuits de distribution, n'ont pas la même clientèle et ne sont pas, intrinsèquement, complémentaires[1116] ; de même que les enzymes lactiques et les produits laitiers ont été jugés non similaires, parce qu'ils n'ont pas la même nature, la même fonction et la même destination[1117]. Aussi, a-t-il été décidé que le Rhum et la bière ne sont pas des produits similaires, parce qu'ils sont fabriqués de manière différente et,

---

1108 Colmar, 21 sept. 2004, *PIBD* 2004, n°798, III, 674.

1109 BOUVEL (A.), op.cit, 2004, p. 313.

1110 Paris, 25 nov. 1998, *PIBD* 1999, n°672, III, 112.

1111 Paris, 13 oct. 1999, *PIBD* 2000, n°687, III, 520.

1112 Paris, 19 sept. 2001, préc.

1113 Paris, 22 déc. 2000, *PIBD* 2001, n°722, III, 310.

1114 CJCE, 29 sept. 1998, « Canen », Rec. p. I., 5507, Eur. 2000, p. 100, obs. BENET (B.). Sur ce fondement, il a été décidé que les savons, les produits de parfumerie et les cosmétiques d'une part, et les produits pharmaceutiques d'autre part, sont des produits similaires en ce qu'ils sont destinés au soin et à l'entretien du corps et peuvent être vendus dans des points de vente communs (Paris, 19 sept. 2001, préc.), ou sont similaires les pneumatiques, les services rechapage de ceux-ci et les automobiles en raison de ce que le client est « fondé à attribuer la même origine aux produits concernés et aux services de réparation portant sur ces mêmes produits », surtout que les pneumatiques sont, par nature, destinés à l'équipement des véhicules ; que les uns et les autres sont nécessairement complémentaires (Paris, 7 févr. 2003, *PIBD* 2003, n°769, III, 392.).

1115 PASSA (J.), *Traité*, t.1, op.cit, p. 381.

1116 Paris, 8 mars 2002, *PIBD* 2002, n°749, III, 409.

1117 Paris, 8 sept. 2004, JurisData 2004, 2518/70.

surtout, parce que le public d'attention moyenne ne peut les percevoir comme émanant de la même origine[1118]. En revanche, sont similaires, les laits condensés et les fromages, quoiqu'ils soient distribués et fabriqués de manière différente. Ils sont similaires parce qu'ils relèvent de la catégorie des produits laitiers et sont, à ce titre, complémentaires[1119]. Sont aussi similaires, les produits de confiserie et les bonbons pour la toux[1120] ou les couches hygiéniques en coton et les produits de soin pour la peau, parce qu'ils sont dans les mêmes points de vente et sont utilisés en complément les uns des autres[1121] ou encore, sont similaires, les produits de parfumerie et des produits hygiéniques, parce que certains des premiers peuvent être utilisés à des fins d'hygiène corporelle de même que certains des seconds peuvent avoir pour fonction à la fois de nettoyer, d'embellir et de parfumer le corps[1122]. Il suit de là que le juge peine à définir la frontière entre des signes similaires et ceux qui ne le sont pas.

Pour autant, l'appréciation globale du risque de confusion amène à interpréter la notion de similitude en relation avec le risque de confusion, dont l'appréciation, quant à elle, dépend, entre autres, de la connaissance de la marque sur le marché et du degré de similitude entre la marque et le signe, et entre les produits ou les services désignés[1123]. Dès lors, un faible degré de similitude entre les produits ou services concernés peut être compensé par un degré élevé de similitude entre les marques, ou encore par la forte distinctivité de la marque[1124].

La similitude des signes en conflit est donc aussi l'un des critères d'appréciation de la similitude qui reçoit la sanction du juge.

b- La similitude des signes en conflit

Le législateur OAPI n'a pas non plus fourni au juge les outils nécessaires lui permettant de saisir la notion de similitude des signes en conflit.

Pour autant, le signe, considéré comme similaire à la marque est celui qui, sans être identique, est toutefois suffisamment ressemblant pour induire un risque de confusion dans l'esprit du public, en tenant compte de la plus ou moins grande similitude des spécialités respectives[1125]. Dès lors, le signe n'est similaire que s'il n'est pas identique en tous ses éléments ou, lorsqu'il recèle

---

[1118] Colmar, 21 sept. 2004, *PIBD* 2004, n°798, III, 674.
[1119] TPICE, 4 nov. 2003, « Castillo », Rec. p., II, 4835.
[1120] Versailles, Ch. Com. Réunies, 23 mai 2006, RG n°05/00803.
[1121] TPICE, 21 avr. 2005, « Monbébé », Rec. p. II, 1401.
[1122] TPICE, 16 nov. 2006, "Yuki", *Propr. Ind.* Janv. 2007, Comm. 4, obs. FOLLIARD-MONGUIRAL (A.).
[1123] CJCE, 29 sept. 1998, « Canon », Rec., p. I, 5507.
[1124] POLLAUD-DULIAN (F.), *Propriété intellectuelle, la propriété industrielle,* op.cit, p. 991.
[1125] PASSA (J.), *Traité*, t.1, op.cit, p. 388.

des différences si insignifiantes qu'elles peuvent passer inaperçues aux yeux du consommateur d'attention moyenne. Toutefois, le signe non identique ne peut être considéré comme similaire à la marque que s'il contient des ressemblances telles qu'elles sont susceptibles d'induire le public en erreur.

La similitude du signe litigieux avec la marque peut découler de diverses formes de ressemblances, qu'elles soient visuelles, auditives ou intellectuelles. La ressemblance est visuelle lorsque des signes verbaux, orthographiés de façon ressemblante, ont la même construction et renvoient à des contenus intellectuels voisins. Ainsi, ont été jugé voisines, les marques « Thermex » et « Thermer »[1126], « Wannago », et « Wanadoo »[1127], « Poste » et « Posteasy »[1128]. De même, des ressemblances auditives peuvent exister lorsque des signes verbaux, même orthographiés différemment, se prononcent de façon identique ou voisine. En effet, « *il ne saurait être exclu que la seule similitude auditive des marques puisse créer un risque de confusion* »[1129]. Toutefois, l'appréciation d'une telle similitude n'est que l'un des facteurs pertinents, dans le cadre de l'appréciation globale. On ne peut ainsi déduire qu'il y a nécessairement un risque de confusion lorsque seule une similitude phonétique entre deux signes est établie[1130], si cette similitude n'est pas renforcée par d'autres éléments phonétiques ou visuels ou que le mode de commercialisation des produits distribués sous la marque[1131] n'est pas le même[1132].

Affinant sa méthode d'appréciation, la Cour de Justice des Communautés Européennes précise que les similitudes phonétiques doivent être privilégiées à d'éventuelles dissemblances visuelles ou conceptuelles, si les produits ou les services concernés sont habituellement fournis après une commande verbale[1133] et, inversement, que les similitudes phonétiques ont une importance réduite par rapport à des dissemblances visuelles, lorsque les produits sont commercialisés de telle manière que, habituellement, le public pertinent perçoit visuellement la marque lors de l'acte d'achat[1134], même si la marque

---

[1126] Paris, 7 juin 2000, *PIBD* 2001, n°712, III, 37.

[1127] Versailles, 27 févr. 2003, *PIBD* 2003, n°763, III, 245.

[1128] Paris, 6 janv. 2004, *PIBD* 2004, n°783, III, 198.

[1129] CJCE, 22 juin 1999, « LPoyd », préc.

[1130] CJCE, 13 sept. 2007, « Bainbridge », Rec. p. I., 7333.

[1131] Idem.

[1132] Ainsi, « Bartfly » a été jugé similaire à « International Bar Flies » (Paris, 15 janv. 1999, *PIBD* 1999, n°674, III, 172.), ou encore la marque « Seelio » a été jugée similaire à la marque « Celio » (Cass. com., 25 avr. 2001, *PIBD* 2001, n°731, III, 593.) ou encore la marque « Berkeley » a été jugée similaire à la marque « Barclay », (Paris, 30 janv. 2002, *PIBD* 2002, n°742, III, 228.) « Thaty » à la marque « Tati » (Paris, 23 juin 2000, *PIBD* 2000, n°708, III, 555.), « e-Bird » à la marque « TBird » (Paris, 5 déc. 2001, *PIBD* 2002, n°738, III, 134.).

[1133] CJCE, 23 mars 2006, Rec. p. I,2717.

[1134] TPICE, 14 oct. 2003, Bass., Rec., p. , I, 4335.

antérieure a un caractère distinctif élevé et que les produits désignés sous les signes en conflit sont identiques[1135].

La similitude peut être enfin conceptuelle. Elle l'est lorsque les ressemblances, sans être visuelles ou phonétiques, procèdent d'une association d'idées[1136]. Ainsi, la marque « Petit déjeuner de la peau » a été considérée comme similaire à la marque « Skinbreakfast »[1137].

En définitive, même si la similitude du signe en conflit avec la marque ou la similitude des produits ou des services n'est pas une exigence autonome, il n'en demeure pas moins qu'elle est l'une des conditions pour qu'il existe le risque de confusion, c'est-à-dire le risque d'induire le public en erreur. Ainsi, l'imitation ne peut être sanctionnée au titre de la contrefaçon, sans que la similitude entre les produits ou les services, ou entre les signes ne soit établie, de même que le risque de confusion.

2- *L'imprécision du risque de confusion*

Le risque de confusion existe lorsque les manœuvres du contrefacteur visent à « tromper le public » ou à « l'induire en erreur ». Même ces deux notions n'ont pas été définies ou précisées. Il y a risque de confusion, lorsque le public est susceptible de croire, que les produits ou les services en cause proviennent de la même entreprise ou, à défaut, d'entreprises liées économiquement[1138]. Ainsi, le risque de confusion comprend aussi bien celui sur l'origine des produits ou des services, que le risque pour le public de s'égarer quant à leur origine[1139]. Aussi, ce risque, en raison de son caractère assez fuyant, est-il apprécié non seulement de manière globale mais aussi de façon abstraite. L'appréciation du risque de confusion peut se faire, de façon abstraite, en tenant compte de diverses considérations.

A l'abord, le risque de confusion est établi par la comparaison du signe litigieux avec la marque, telle qu'elle est enregistrée et non telle qu'elle est exploitée sur le marché[1140]. En effet, la comparaison qui s'opère de façon abstraite doit être en lien avec l'enregistrement, puisque c'est l'enregistrement qui détermine l'objet et la portée du droit exclusif qui, seul, reçoit la protection de l'action en contrefaçon. Ainsi, il ne faut pas prendre en considération, dans la détermination du risque de confusion, les variations ou les modifications apportées au signe, après son enregistrement. L'appréciation abstraite du

---

1135 CJCE, 13 sept. 2007, op.cit.

1136 POLLAUD-DULIAN (F.), *Propriété intellectuelle, la propriété industrielle,* op.cit, p. 991, préc.

1137 Paris, 17 déc. 2003, *PIBD* 2004, n°785, III, 268.

1138 CJCE, 29 sept. 1998, « Canon », op.cit.

1139 AZEMA (J.), GALLOUX (J.C.), op.cit, 879.

1140 PASSA (J.), *Traité*, t.1, op.cit, p. 400.

risque de confusion porte alors sur les éléments de la marque tels qu'ils sont indiqués dans la demande d'enregistrement et non sur les aspects graphiques ou stylistiques particuliers que cette marque pourrait éventuellement revêtir[1141]. De même, l'appréciation abstraite du risque de confusion prohibe qu'il soit tenu compte d'éléments extérieurs à la marque, tels que les conditions de vente, le prix des produits qu'elle couvre [1142] ou leur présentation[1143].

Cette solution est assez discutable, en ce qu'elle introduit une certaine proportion d'hésitation ou d'imprécision dans l'appréciation du risque de confusion. En effet, en ne tenant compte que de la marque telle qu'elle est enregistrée pour apprécier le risque de confusion, le juge délaisse, en vérité, la réalité de la confusion qui s'opère, de manière concrète, sur le marché, pour ne saisir le signe que tel qu'il devrait être, au lieu de saisir le signe tel qu'il est effectivement exploité. Ainsi, et plus concrètement, le consommateur d'attention moyenne ne connaît pas le signe tel qu'il est enregistré, mais est en contact avec les produits ou les services marqués tels qu'ils lui sont proposés sur le marché. C'est donc à ce niveau que la confusion doit être appréciée.

Le caractère abstrait de l'appréciation du risque de confusion apparaît également lorsqu'on s'attarde sur le public de référence. Il s'agit d'un personnage abstrait : le consommateur d'attention moyenne. Celui-ci est défini comme « *le consommateur moyen de la catégorie de produits concernée (....) censé être normalement informé et raisonnablement attentif et avisé* » [1144]. Le consommateur d'attention moyenne se distingue du spécialiste[1145]. Il lui est donc seulement demandé d'avoir des connaissances sommaires, mises à la disposition du public.

Cette solution, quoique la seule qui se justifie, n'épargne pas de l'imprécision ou des hésitations, en ce qu'elle est fondamentalement subjective. S'il revient au juge d'apprécier le consommateur d'attention moyenne, celui-ci ne peut véritablement se fonder sur des critères réellement objectifs ; les diversités de niveaux de culture, d'expertise, de savoir, de fortune, de régions du consommateur d'attention moyenne, sont telles que celui-ci se laisse difficilement enfermer dans des catégorisations. Ainsi, son niveau d'attention peut varier en fonction des services offerts. Plus les produits ou les services sont de consommation courante ou proposés à des prix bas, moins l'attention est élevée. A l'inverse, plus les produits sont de luxe, donc des produits chers ou sélectifs, plus l'attention du public, y compris celle du grand public, est

---

1141 TPICE, 13 févr. 2007, « Canon », op.cit.

1142 Paris, 15 juin 2001, *PIBD* 2002, n°733, III, 13.

1143 Paris, 20 oct. 2000, *PIBD* 2001, n°712, III, 38.

1144 CJCE, 22 juin 1999, préc.

1145 POLLAUD-DULIAN (F.), *Propriété intellectuelle, la propriété industrielle,* op.cit, p. 993.

censée être élevée[1146]. Dans les pays de l'espace OAPI, une distinction peut être introduite : plus les produits sont proposés dans les villes, plus l'attention peut être élevée. A l'inverse, plus les produits sont proposés dans les villages ou dans les villes de province, moins l'attention sera élevée, et plus sera forte la confusion. Ainsi, le consommateur d'attention moyenne est une notion volatile.

Les hésitations se notent également lorsqu'il est tenu compte, notamment, pour des raisons linguistiques ou culturelles, de la localisation géographique du public pertinent, dans l'appréciation abstraite du risque de confusion[1147]. Ainsi, des signes peuvent être considérés comme similaires au Bénin, au Togo, dans les autres pays membres de l'OAPI assez proches culturellement, sans l'être en Mauritanie ou au Tchad, en raison, notamment, de la prononciation.

Pour pallier les imprécisions induites par l'appréciation abstraite, le risque de confusion peut faire l'objet d'une appréciation globale. En vertu de cette méthode d'appréciation, le risque de confusion *« dépend de nombreux facteurs et notamment de la connaissance de la marque sur le marché, de l'association qui peut en être faite avec le signe utilisé ou enregistré, du degré de similitude entre la marque et le signe et entre les produits ou services désignés »*[1148]. Ainsi, l'appréciation globale du risque de confusion requiert qu'il soit tenu compte de tous les facteurs pertinents de la marque contrefaite[1149].

Bien évidemment, plus le titre est notoire, plus est élevé le risque de confusion.

Paragraphe II. L'indétermination des atteintes spécifiques à la marque notoire

Les marques notoirement connues, en raison même de cette particularité, sont des marques qui bénéficient d'une protection contre le risque de confusion et ce, sur le fondement de leur notoriété dans le ressort territorial en cause[1150]. Cette protection, qui déroge au droit commun de marque, leur est acquise, en raison du risque élevé de confusion qu'elles induisent. Il s'agit d'une protection renforcée qui s'ajoute à celle ordinairement offerte à toutes les marques. Les atteintes aux marques notoires doivent être donc sanctionnées pour tenir compte de cette spécificité.

[1146] PASSA (J.), *Traité*, t.1, op.cit, p. 410.
[1147] PASSA (J.), *Traité*, t.1, op.cit, p. 411.
[1148] CJCE, 11 nov. 1997, « Sabel », préc.
[1149] PASSA (J.), *Traité*, t.1, op.cit, p. 412.
[1150] TPICE, 11 juill. 2007, « Tosca », Rec. p. II, 2353.

Le législateur OAPI semble assez hésitant dans l'appréhension de ces atteintes. En effet, il a envisagé, avec une certaine indétermination, les atteintes à la marque notoire à l'intérieur du principe de spécialité (A) et saisi, avec incertitude, les atteintes hors des limites de ce principe (B).

A- Les indéterminations des atteintes perpétrées à l'intérieur du principe de spécialité

Seul le titulaire de la marque enregistrée peut agir, en principe, en contrefaçon pour obtenir la sanction des atteintes à son signe, dans les limites du principe de spécialité. Il en va autrement pour la marque notoire dont les atteintes au droit exclusif du titulaire sont sanctionnées dans le périmètre du principe de spécialité, même lorsqu'elle n'est pas enregistrée. Mais, ces atteintes sont saisies avec beaucoup d'hésitations par le législateur OAPI. Ces hésitations touchent tant la spécificité de l'atteinte (1), qui autorise une protection dérogatoire au droit commun de marque, que celles qui portent sur les conditions de l'atteinte (2).

1- Les hésitations relatives à la spécificité de l'atteinte

L'atteinte au droit du titulaire de la marque notoire se démarque des atteintes à la marque ordinaire, à un double titre. D'abord, elle porte sur une marque notoire (a), ensuite, il s'agit d'une marque non enregistrée (b).

a- La marque notoirement connue

Le législateur OAPI sanctionne les atteintes à la marque notoirement connue[1151]. Pourtant, même s'il renvoie à l'article 6 bis de la Convention d'Union de Paris et à l'article 16 de l'Accord sur les Aspects des Droits de Propriétés Intellectuelles, il ne définit pas la marque notoire. La notion reste donc indéterminée, même si la doctrine et la jurisprudence en proposent une définition.

Pour être notoire, une marque doit être connue d'une large partie du public[1152]. Ainsi, la marque notoire est celle qui est devenue si proche et familière au public qu'il l'associe systématiquement à un produit ou à un service ou à une catégorie de produits ou de services[1153]. Elle possède donc un pouvoir d'attraction particulier pour le public[1154]. Ainsi, par exemple, le public

---

[1151] Art. 6 de l'Annexe III de l'ABR.

[1152] AZEMA (J.), GALLOUX (J.C.), op.cit, p. 848.

[1153] POLLAUD-DULIAN (F.), *Propriété intellectuelle, la propriété industrielle,* op.cit, p. 841.

[1154] Angers, 7 juin 1996, Annales 1996, p. 31, obs. MATHELY (P.).

associe immédiatement « BMW » à des voitures de luxe, « BIC » à des stylos à bille, ou encore « Adidas » à des articles de sport. Aussi, la jurisprudence définit-elle la marque notoirement connue comme la *« marque connue d'une très large fraction du public et qui exerce un pouvoir d'attraction propre, indépendant des produits ou services qu'elle désigne »*[1155]. Bien souvent, la notoriété ne s'acquiert que sur la durée, de l'ampleur de la clientèle de la marque, de l'importance des efforts commerciaux et publicitaires de son titulaire[1156]. La notoriété dépend également de l'adoption par le public des produits ou services proposés sous la marque. Ainsi, la marque notoire peut être une marque de grande consommation que le public utilise ou est appelé à utiliser. Toutefois, la notoriété de la marque peut être instaurée sur une courte durée, lorsque, par exemple, une campagne médiatique intense permet de la faire connaître au public. Telle est la notoriété subite du médicament « *Viagra* »[1157].

La notoriété est une notion fluctuante qui relève de l'appréciation souveraine du juge du fond[1158]. Ainsi, il n'existe pas, à proprement parler, de critère de notoriété, de sorte que le juge, dans son analyse, n'est même pas tenu de prendre en compte une évaluation par sondage[1159]. Cependant, nonobstant la relativité de la notion, le juge, pour atténuer son imprécision ou sa volatilité, doit se fonder sur des critères objectifs tels que, l'ancienneté ou la capacité d'attraction du public par la marque, pour décider de son caractère notoire ou non.

Traditionnellement, le public de référence, qui sert à établir l'existence de la notoriété, est un « grand public », plus exactement l'ensemble de la population[1160]. Il ne s'agit donc pas d'un public de spécialistes, l'exception au principe de la protection par l'enregistrement justifiant cette exigence[1161]. Cependant, l'article 16 de l'Accord ADPIC saisit la notoriété de la marque « *dans la partie du public concernée* »[1162].

Par suite, une marque est reconnue comme notoire dès lors qu'elle est bien connue du public de sa spécialité[1163]. Ainsi, même si le caractère notoire de la marque continue à s'apprécier par rapport au public, il n'est plus nécessaire que le « grand public » connaisse la marque et associe le signe au produit désigné. Il suffit que la marque notoire soit familière au public de spécialité. Ainsi, par hypothèse, une marque peut être notoire alors même que les

---

1155 Paris, 17 janv. 1996, « Concored », *PIBD* 1996, n°607, III, 155.
1156 Paris, 11 mai 1988, *RDPI*, n°19, p. 91.
1157 POLLAUD-DULIAN (F.), *Propriété intellectuelle, la propriété industrielle,* op.cit, p. 840.
1158 Cass. com., 16 janv. 1989, Annales 1990, p. 5.
1159 Paris, 24 janv. 1997, « TOP 50 », *PIBD* 1997, n°630, III, 209.
1160 AZEMA (J.), GALLOUX (J.C.), op.cit, p. 848, préc.
1161 POLLAUD-DULIAN (F.), *Propriété intellectuelle, la propriété industrielle,* op.cit, p. 845.
1162 Art.16 al.2 de l'ADPIC.
1163 TGI Paris, 12 mars 2010, D.2010, 2496, note VIVANT (P.), PASSA (J.), n°170.

produits marqués sont distribués en très petite quantité et, qu'en raison de leur prix, ils ne sont à la portée que d'une infime partie du public. Tel est le cas de la marque « Rolls Royce » pour les voitures ou de certaines marques de vin[1164]. Une fois ces marques reconnues comme notoires, elles peuvent jouir de la protection particulière, édictée par le législateur OAPI.

b- Une marque non enregistrée

La marque notoirement connue, malgré le défaut de dépôt, bénéficie d'un droit exclusif, en ce qu'elle constitue une antériorité opposable. Aussi, le titulaire de la marque notoire peut faire opposition à l'enregistrement d'une marque similaire ou identique[1165]. Il peut également agir en annulation ou en revendication contre une telle marque[1166]. La notoriété de la marque pallie ainsi le défaut d'enregistrement, car elle assure, par elle-même, la publicité de son appropriation. Il n'est pas équitable de permettre à un tiers de tirer avantage du défaut d'enregistrement, pour s'approprier la marque[1167].

Cependant, il reste à déterminer si l'exploitant de la marque notoire est titulaire d'un droit privatif, qui l'autorise à agir en contrefaçon en cas d'atteinte à son droit. Le législateur OAPI n'apporte aucune réponse précise. Il n'autorise le titulaire de la marque notoire qu'à « *réclamer l'annulation auprès des tribunaux, des effets sur le territoire national de l'un des Etats membres, du dépôt d'une marque susceptible de créer une confusion avec la sienne* »[1168]. Or, l'action en contrefaçon n'est pas une action en annulation. En revanche, elle permet de mettre un terme aux effets de l'atteinte au droit de marque. Tout comme en droit OAPI, la doctrine est indéterminée sur la question. Pour certains auteurs, le titulaire de la marque notoire non enregistrée ne peut bénéficier de l'action en contrefaçon pour faire sanctionner les atteintes à son droit[1169]. D'autres auteurs n'envisagent pas l'action en contrefaçon dans les droits qu'ils identifient, comme ceux du titulaire de la marque notoire non enregistrée[1170]. *A contrario*, d'autres auteurs admettent clairement l'action en contrefaçon du titulaire de la marque notoire non enregistrée[1171]. Cette solution semble la plus indiquée. En effet, le titulaire de la marque notoire, même non enregistrée, doit pouvoir agir en contrefaçon pour faire sanctionner les atteintes au droit qui lui a été conféré, non seulement

1164 Angers, 7 juin 1996, préc.
1165 Art. 6 de l'Annexe III de l'ABR.
1166 Idem.
1167 POLLAUD-DULIAN (F.), *Propriété intellectuelle, la propriété industrielle,* op.cit, p. 847.
1168 Art. 6 de l'Annexe III de l'ABR, préc.
1169 AZEMA (J.), GALLOUX (J.-C.), op.cit, p. 849.
1170 POLLAUD-DULIAN (F.), *Propriété intellectuelle, la propriété industrielle,* op.cit, p. 846.
1171 PASSA (J.), *Traité*, t.1, op.cit, p. 174.

par la CUP et l'ADPIC mais, également, par l'Accord de Bangui Révisé. Ensuite, le fait pour le législateur OAPI de l'autoriser à agir contre les effets qui peuvent découler du dépôt d'une marque, devrait l'autoriser également à agir en contrefaçon, parce que l'action en contrefaçon contre les atteintes est un droit qui naît de l'enregistrement de la marque, donc des effets du dépôt de la marque.

Les atteintes ne peuvent être que des atteintes avec risque de confusion, comme la contrefaçon par imitation. Ainsi qu'il a été établi supra[1172], celle-ci peut être réalisée par l'usage, la vente ou la mise en vente de produits revêtus de la marque notoire frauduleusement imitée. Toutefois, la protection de la marque notoire est, en l'espèce, cantonnée à sa spécialité, c'est-à-dire aux produits ou aux services pour lesquels elle a été enregistrée ainsi qu'aux produits ou aux services similaires[1173], qui sont susceptibles de créer, avec la marque, un risque de confusion. De même, la dérogation au droit commun de la marque ne joue que si certaines conditions sont réunies.

2- Les hésitations relatives aux conditions de l'atteinte

Le titulaire d'une marque notoirement connue, non enregistrée, ne peut poursuivre la sanction des atteintes à son droit, que si la marque frauduleuse est « *susceptible de créer une confusion avec la sienne* »[1174].

Ainsi, le titulaire de la marque ne peut se prévaloir de son droit que lorsqu'un consommateur d'attention moyenne, n'ayant pas les deux signes simultanément sous les yeux, les confond c'est-à-dire prend la marque notoire pour la marque frauduleusement imitée, ou inversement. Dès lors, la confusion réside dans le fait que le public puisse être induit en erreur, ou même trompé, en identifiant à tort l'origine des produits ou des services[1175].

La confusion doit être appréciée globalement, en tenant compte, tout comme en droit commun de marque, de l'impression d'ensemble produite par les marques en cause, des éléments distinctifs de celles-ci[1176], le consommateur moyen percevant normalement une marque notoire comme un tout et ne se livrant pas à un examen séparé de ses différents éléments[1177].

Cependant, les droits du titulaire de la marque notoire non enregistrée doivent être exercés dans un délai de cinq ans qui, aux termes de l'Annexe III de l'ABR, court à compter du dépôt de la marque imitante[1178].

[1172] V. Supra, p. 177 et s.
[1173] PASSA (J.), *Traité*, t.1, op.cit, p. 174, préc.
[1174] Art. 6 de l'Annexe III de l'ABR, préc.
[1175] AZEMA (J.), GALLOUX (J.C.), op.cit, p. 881.
[1176] CJCE, 11 nov. 1997, aff. c. 251/95, Satel.
[1177] TPICE, 5 avr. 2006, aff. T. 344/03, Saiwa.
[1178] Art. 6 de l'Annexe III de l'ABR, op.cit.

Mais, cette règle est en réalité assez critiquable, en ce qu'elle introduit des imprécisions. En effet, alors même qu'à la date de dépôt, le déposant de la marque imitante ne peut se prévaloir d'aucun droit, il ne se justifie pas que le délai de forclusion court à compter de cette date. Certes, en cas d'enregistrement, les droits du déposant remontent à la date de dépôt, mais son droit naît de l'enregistrement. Aussi, le législateur n'a-t-il pas voulu que la computation du délai de forclusion remonte à la date de publication de l'enregistrement au Bulletin Officiel de l'OAPI, puisque c'est en principe à partir de cette date que le titulaire de la marque notoire a pu être informé du dépôt de la marque imitante. Dans cette hypothèse, le dépôt équivaudrait à la fin des formalités d'acquisition du titre.

De même, le titulaire de la marque imitante ne peut se prévaloir de la forclusion, que si la marque a été déposée de bonne foi. Or, cette notion est non seulement subjective, mais également assez insaisissable. Aussi, relève-t-elle de l'appréciation souveraine du juge du fond qui, seul, est habile à en cerner les contours, même au-delà du principe de spécialité.

B- Les incertitudes des atteintes hors des limites du principe de spécialité

La protection de la marque notoire déborde la spécialité pour envisager la sanction des atteintes, au-delà du périmètre des produits ou des services énumérés dans l'acte d'enregistrement. Cette protection particulière, parce que dérogatoire au droit commun de marque, n'exige pas toujours un risque de confusion, même si ceci doit être sous-entendu, dans les rapports conflictuels de la marque renommée avec les autres signes. Le législateur OAPI ne fait aucune référence à la marque renommée qui, seule, en droit français, reçoit cette protection[1179]. Celle-ci est définie comme la marque connue d'une fraction significative du public concerné [1180]. Ainsi, la « *définition de la marque notoirement connue coïncide aujourd'hui avec celle de la marque renommée* »[1181]. Ainsi appréhendées, les atteintes à la marque notoirement connue, édictée par le législateur OAPI bénéficie-t-elle de cette protection ?

La réponse de l'Accord de Bangui Révisé est assez imprécise. Il faudra donc envisager les conséquences (2) et les conditions (1) des atteintes, pour se convaincre de l'existence ou non de cette protection en droit OAPI contre lesdites atteintes.

[1179] Art. L.713-5 du CPI.

[1180] CJCE, 14 sept. 1999, « Général Motors », Rec. p. I, 5421 ; *RTD Eur.* 2000, p. 134, obs. BENET (G.).

[1181] PASSA (J.), *Traité*, t.1, op.cit.

1- *Les conditions de l'atteinte*

La marque notoire ne peut être protégée, hors des limites du principe de spécialité, que si l'atteinte commise par le contrefacteur porte sur un signe identique ou similaire à la marque renommée (a) et si l'atteinte est déterminée (b).

a- L'identité ou la similarité du signe litigieux avec la marque renommée

Un débat avait agité la doctrine et la jurisprudence françaises, quant à savoir si la protection particulière, par l'action en responsabilité civile, dont jouit le titulaire de la marque renommée, ne joue qu'en présence d'un signe identique ou similaire à la marque renommée[1182]. Dans un premier temps, la jurisprudence a opté pour un signe similaire. Ainsi, l'atteinte à la renommée d'une marque pouvait résulter d'un signe similaire[1183]. Mais, par un arrêt de principe, l'arrêt Olymprix, la Cour de Cassation française a restreint le champ de la protection, en exigeant l'identité entre la marque renommée avec le signe litigieux[1184]. Cette solution a été critiquée, en ce qu'elle contrevient notamment au droit communautaire européen[1185]. Aux termes de ces dispositions, les Etats de l'Union peuvent prescrire que le titulaire d'une marque renommée « *est habilité à interdire à tout tiers, en l'absence de son consentement, de faire usage dans la vie des affaires d'un signe identique ou similaire* ». La Cour de Cassation française, après quelques hésitations, est revenue sur sa jurisprudence, en retenant que l'emploi d'un signe identique ou similaire à une marque jouissant d'une renommée pour des produits ou des services non similaires à ceux désignés dans l'enregistrement, engage la responsabilité civile de son auteur, s'il est de nature à porter préjudice au propriétaire de la marque ou s'il constitue une exploitation injustifiée de cette marque[1186]. Dès lors, la faute, qui déclenche la protection dérogatoire au droit de marque, est l'identité ou la similarité du signe litigieux avec la marque renommée. Le législateur OAPI, n'ayant pas prévu cette protection particulière, n'a pas pu se prononcer sur l'identité ou la similarité ou non du signe litigieux. Mais, en admettant simplement le risque de confusion entre la marque renommée et le signe litigieux, le législateur OAPI semble se contenter de la similarité, pour ne pas exiger une identité entre les signes en cause.

[1182] PASSA (J.), *Traité*, t.1, op.cit, p. 514.

[1183] Idem.

[1184] Cass. com., 29 juin 1999, Bull. civ.IV, n°143 ; D.2000, jur. p. 185, obs. BUFFET DELMAS (X.) ; D. 2001, Somm. 449, obs. DURRANDE (S.).

[1185] Art.5-2 de la Directive du 21 décembre 1988.

[1186] Cass. com., 12 juill. 2005, Bull. civ.IV, n°173; *PIBD* 2005, n°816, III, 586.

Le degré de similitude requis pour la protection spéciale s'apprécie au regard des éléments de ressemblance visuelle, auditive ou intellectuelle[1187]. Ces éléments peuvent induire le risque de confusion entre les marques en cause. Mais, le risque de confusion n'est pas indispensable ni nécessaire. Il importe uniquement qu'il soit établi une mise à profit de la renommée de la marque ou un préjudice porté au caractère distinctif de la marque ou à sa notoriété. Ainsi, à défaut du risque de confusion, le public, du fait de la marque litigieuse, doit être amené à établir une relation entre les signes, même s'il ne risque pas de les confondre[1188]. Ce lien s'apprécie selon la méthode globale retenue pour l'appréciation du risque de confusion[1189], en tenant compte de tous les éléments pertinents[1190]. Ainsi, le constat du lien entre la marque renommée et le signe postérieur « *doit, en ce qui concerne la similitude visuelle, phonétique ou conceptuelle des signes en conflit, être fondé sur l'impression d'ensemble produite par ceux-ci, en tenant compte notamment de leurs éléments distincts dominants* »[1191]. Toutefois, même si la similitude est établie, le seul constat ne suffit pas pour conclure à l'existence d'un lien entre les signes, encore moins à une atteinte à la marque renommée. Il faut, en effet, qu'il soit également constaté une atteinte à la marque renommée sous la forme d'une faute.

b- Une atteinte déterminée

Dans le cas où le signe litigieux est identique ou similaire à la marque renommée et que ce signe est utilisé pour désigner des produits ou services identiques, similaires ou dissimilaires, le bénéfice de la protection est conditionné à un usage constitutif d'une atteinte déterminée[1192].

La protection par la responsabilité civile extracontractuelle, dérogatoire au droit de marque et prévue en France par l'article L.713-5, ne peut être mise en œuvre que si l'acte d'exploitation du signe litigieux constitue, soit une faute, soit la source d'un préjudice[1193]. Il s'agit là de la condition spécifique de la protection de la marque renommée[1194]. Les atteintes à celle-ci peuvent revêtir trois formes alternatives, la réalisation de l'une d'entre elles, suffisant au bénéfice de la protection.

1187 Idem.
1188 CJCE, 23 oct. 2003, "Adidas" I, préc.
1189 CJCE, 10 avr. 2008, « Adidas » II, Rec.p.I, 2439 ; *PIBD* 2008, n°875, III, 336.
1190 CJCE, 23 oct. 2003, "Adidas" p. I, préc.
1191 TPICE, 16 mai 2007, « La Perla ».
1192 PASSA (J.), *Traité*, t.1, op.cit, p. 525.
1193 Paris, 26 janv. 2001, *PIBD* 2001, n°722, III, 313.
1194 CJCE, 27 nov. 2008, « Intel », préc.

La première de ces formes est le préjudice porté au caractère distinctif de la marque antérieure ; la deuxième est relative au préjudice porté à la renommée de la marque ; la troisième porte sur le profit indûment tiré du caractère distinctif de la renommée de la marque[1195]. Ainsi, les deux premières atteintes constituent des préjudices causés au titulaire du signe et, la troisième, une faute qui peut s'analyser également en un manque-à-gagner pour la marque renommée, du fait du signe litigieux. L'acte matériel de reproduction ou d'imitation ne suffit donc pas à caractériser l'atteinte constitutive de la protection spécifique. Il faut en plus que cette atteinte ou que cet acte crée un préjudice ou procède d'une faute. La solution contraire aurait abouti à un monopole d'exploitation au profit de la marque renommée, pour tous les produits ou les services. Le préjudice porté au caractère distinctif de la marque renommée, encore désigné par « dilution » « grignotage » ou par « brouillage », est réalisé à partir du moment où est affaiblie l'aptitude de la marque renommée à identifier les produits ou les services pour lesquels elle est enregistrée, l'usage de la marque postérieure entraînant une dispersion de l'identité de la marque antérieure de son emprise sur le public[1196]. Ainsi, il y a préjudice au caractère distinctif de la marque, lorsque l'emploi d'un signe identique ou similaire pour des produits ou des services différents l'empêche d'étendre son activité à ceux-ci[1197]. Le préjudice porté à la renommée de la marque survient, quant à lui, lorsque la force d'attraction de la marque renommée est diminuée, du fait de la marque litigieuse[1198]. Ce préjudice n'intervient que si les produits ou les services fournis par le tiers possèdent une caractéristique ou une qualité susceptible d'exercer une influence négative sur l'image de la marque[1199].

Par suite, l'utilisation, pour désigner des boissons alcoolisées ou des produits du tabac, d'une marque distinguant des produits ou des services destinés aux enfants ou auxquels est associée une image de santé ou de vitalité, est évidemment susceptible d'engendrer un préjudice[1200]. Il en est également ainsi, lorsque le signe litigieux désigne des produits ou des services à caractère érotique ou pornographique[1201]. Toutefois, il n'y a pas atteinte à la renommée de la marque, lorsque la marque renommée désigne des cigarettes et, le signe litigieux, du café[1202].

[1195] Idem.

[1196] Ibidem.

[1197] Paris, 31 oct. 1997, *PIBD* 1998, n°650, III, 175.

[1198] Versailles, 27 avr. 2006, préc.

[1199] Paris, 23 mai 2001, *PIBD* 2001, n°731, III, 595.

[1200] TGI Valence, 2 nov. 2004, *PIBD* 2005, n°799, III, 26.

[1201] Paris, 9 janv. 2002, préc.

[1202] TPICE, 30 janv. 2008, « Canel », préc.

De même, le profit indûment tiré du caractère distinctif ou de la renommée de la marque est avéré, lorsque le lien que l'usage du signe litigieux établit avec la marque dans l'esprit du public vise à permettre à son auteur de profiter de la force attractive de la renommée de la marque et, par la même occasion, d'en tirer profit pour ses mêmes activités[1203]. Ainsi, cette atteinte, qui relève d'une faute, est réalisée lorsque le tiers tire indûment avantage de l'usage du signe identique ou similaire à la marque renommée.

Cependant, les atteintes ne sont constituées que si « *le public concerné effectue un rapprochement entre les deux marques, c'est-à-dire établit un lien entre celles-ci, alors même qu'il ne les confond pas* »[1204]. Ainsi, l'atteinte est réalisée lorsque le public, sans qu'il soit nécessaire qu'il confonde les signes, parvient néanmoins à établir entre eux un lien suffisant. Pour autant, même si le lien est nécessaire à l'atteinte, il n'en est pas moins une condition suffisante. En effet, « *l'existence d'un tel lien ne saurait suffire à elle seule, à conclure à l'existence d'une des atteintes visées* »[1205]. Toutefois, le lien entre les marques en conflit est nécessairement établi, en cas de risque de confusion. Le lien entre les marques s'apprécie de manière globale, en tenant compte de tous les facteurs pertinents des marques en cause. Parmi ces facteurs, peuvent être cités, de manière non exhaustive, le degré de similitude entre les marques en conflit, la nature des produits ou des services pour lesquels les marques en conflit sont respectivement enregistrées, y compris le degré de proximité ou de dissemblance de ces produits ou de ces services, ainsi que le public concerné, l'intensité de la renommée de la marque antérieure, le degré de caractère distinctif, intrinsèque ou acquis par l'usage, de la marque antérieure, l'existence d'un risque de confusion dans l'esprit du public[1206].

De surcroît, l'atteinte à la marque renommée n'est réalisée que lorsque l'acte litigieux est accompli dans la vie des affaires, c'est-à-dire à l'occasion de l'exercice d'une activité professionnelle[1207]. Enfin, l'usage doit également être effectué, à titre de marque, aux fins d'identifier des produits ou services ou de distinguer lesdits produits de ceux de la concurrence, exactement comme en cas de contrefaçon[1208]. Ainsi, il a été décidé que l'atteinte à la marque renommée est constituée par le dépôt d'un signe, à titre de marque, même s'il n'est pas utilisé sur le marché[1209], ou par l'utilisation d'un signe à titre de méta-tag, pour le référencement d'un site internet[1210], ou à titre de nom

---

[1203] Paris, 9 sept. 1998, D.aff.1998, p. 1960.
[1204] CJCE, 27 nov. 2008, préc.
[1205] Idem.
[1206] CJCE, 23 oct. 2003, Adidas I, préc.
[1207] POLLAUD-DULIAN (F.), *Propriété intellectuelle, la propriété industrielle,* op.cit, p. 650.
[1208] PASSA (J.), *Traité*, t.1, op.cit, p. 532.
[1209] Cass. com., 20 oct. 1998, *PIBD* 1999, n°668, III, 29.
[1210] TGI Paris, 30 nov. 2004, *PIBD* 2005, n°803, III, 150.

de domaine[1211]. La sanction des atteintes qui relèvent de l'imitation ou de la reproduction de la marque, assure à la marque notoire une protection spécifique, grâce à ses effets.

2- Les conséquences de l'atteinte

Le titulaire de la marque renommée, dont le signe a fait l'objet d'atteinte, bénéficie d'une protection dérogatoire au droit commun de marque, qui est une action en responsabilité civile. Excédant les limites du principe de spécialité, cette protection est différente de l'action en contrefaçon. Il s'agit néanmoins d'une action exercée « *en matière de marque* »[1212]. Toutefois, le titulaire de la marque renommée ne peut se voir opposer la forclusion par tolérance. De même, l'exploitant de la marque renommée ne peut faire opposition à l'enregistrement d'une marque pour des produits ou des services différents, puisque l'opposition est réservée aux titulaires d'un droit de marque, qui n'existe que dans le principe de spécialité[1213].

Aux termes de cette analyse, il se dégage que la protection particulière dérogatoire au droit commun de marque, édictée par le législateur OAPI, exige pour sa réalisation un risque de confusion. De même, les conditions d'atteinte au caractère distinctif de la marque ou d'atteinte à la renommée de la marque, sont inconnues du droit OAPI. Enfin, la troisième condition, qui tient au préjudice causé à la marque, n'est également pas prévue par le législateur OAPI, au titre de cette protection particulière. Même si ces conditions ne sont pas cumulatives, mais alternatives, l'article 6 de l'Accord de Bangui Révisé, qui est le siège de la protection particulière, ne prévoit aucune des conditions expressément prévues par le législateur français [1214]. Le silence, voire l'indétermination du législateur OAPI, conduit donc à exclure de la protection à la marque renommée l'action en responsabilité civile, qui s'étend au-delà du principe de spécialité. Ainsi, en droit OAPI, les marques renommées ne sont protégées, au titre de l'action civile qui procède de l'action en contrefaçon, que dans le périmètre des produits ou des services énumérés à l'enregistrement. Dès lors, même si la marque litigieuse est identique à la marque renommée, mais exploite des produits ou des services qui ne sont ni identiques ni similaires, donc dissimilaires aux produits ou aux services enregistrés, la marque notoire est sans protection contre les atteintes, notamment, pour la reproduction ou l'imitation dont elle pourrait être l'objet.

A l'instar de la marque, les autres signes distinctifs sont également insuffisamment protégés contre les actes de concurrence déloyale.

[1211] TGI Paris, 3e ch., 23 sept. 2005, RG n°04/13580.

[1212] PASSA (J.), *Traité*, t.1, op.cit, p. 551.

[1213] SCHMIDT-SZALEWSKI (J.), PIERRE (J.L.), op.cit, p. 219.

[1214] Art. L713-5 du CPI.

SECTION II. LES IMPRECISIONS DES ACTES DE CONCURRENCE DELOYALE AVEC RISQUE DE CONFUSION

Les titulaires de la marque, de l'enseigne, du nom commercial, de la dénomination sociale ou du nom de domaine, à défaut d'agir en contrefaçon pour obtenir la sanction de l'atteinte avec risque de confusion à leur droit, peuvent agir en concurrence déloyale.

Pour être constitutif d'une atteinte, l'acte délictueux doit induire une confusion dans l'esprit du public ou susceptible d'induire une telle confusion. Mais, la confusion nécessaire à la commission de l'acte de concurrence déloyale est appréhendée avec une certaine incertitude. Cette hésitation porte aussi bien sur les actes de concurrence déloyale (Paragraphe I) qui sont, à l'occasion distingués des actes de parasitisme (Paragraphe II).

Paragraphe I. Les hésitations relatives aux actes de concurrence déloyale

Constitue un acte de concurrence déloyale, aux termes de l'Accord de Bangui Révisé, tout acte ou toute pratique qui, à l'occasion des activités industrielles ou commerciales, crée ou est de nature à créer une confusion[1215]

[1215] La confusion exige un rapport direct et étroit de concurrence (MALAURIE-VIGNAL (M.), op.cit, p. 163.). Autrement dit, la confusion n'existe que si les deux entreprises exploitent des activités concurrentielles en s'adressant à la même clientèle. Dès lors, en l'absence de lien ou de rapport de concurrence, il n'y a pas de confusion. Ainsi, il n'y a pas de confusion entre une agence immobilière qui a pour enseigne « Au moulin vert » (Trib. civ. Seine, 29 juin 1954, D. 1954.599.) et une confiserie dont l'enseigne est « Au moulin vert ».).
La confusion suppose également que les établissements aient une activité identique, similaire ou analogue, c'est-à-dire qui relève de la même spécialité (POLLAUD-DULIAN (F.), *Propriété intellectuelle, la propriété industrielle,* op.cit, p. 689.). La confusion dépend bien aussi du rayonnement géographique des signes. Ainsi, il ne peut y avoir confusion que si les signes se situent dans le même rayonnement géographique. Au-delà, il n'y a point de confusion. Ainsi, il n'y a pas d'acte de concurrence déloyale, lorsque deux commerçants ayant la même enseigne cohabitent pour une même activité dans deux villes distinctes (Cass. com., 19 févr. 1969, *RTDcom* 1969, p. 969, obs. CHAVANNE.), ou dans deux régions différentes (Paris, 7 mai 1976, Annales 1977, p. 231.), dès lors que leur clientèle, elle-même distincte, ne risque pas de les confondre. *A contrario*, deux magasins partageant le même rayonnement géographique ne peuvent utiliser une enseigne identique dans des

avec l'entreprise d'autrui ou ses activités, notamment, avec les produits ou les services offerts par cette entreprise[1216]. En effet, une concurrence loyale contraint le concurrent à individualiser ses produits[1217]. Par suite, il ne doit pas faire usage de manœuvres déloyales, dans le dessein de provoquer, dans l'esprit du public, une confusion entre les entreprises concurrentes, leurs activités ou leurs produits[1218].

Toutefois, la formule est trop générale pour espérer rendre compte, avec précision, des actes de concurrence déloyale avec risque de confusion. En plus d'être trop large, elle est excessive, de sorte qu'elle introduit une imprécision dans l'appréhension des actes de concurrence déloyale avec risque de confusion.

En effet, tout acte de nature à induire le public en erreur ou à entraîner une confusion n'est pas constitutif d'un acte de concurrence déloyale. Tel est le cas des actes avec risque de confusion, qui ne sont pas saisis comme des actes de concurrence déloyale. Mieux, certains actes de concurrence déloyale ne nécessitent pas un risque de confusion, comme le débauchage ou le dénigrement. Cette indétermination autorise-t-elle à considérer les actes d'imitation déloyale des signes distinctifs et des produits de l'entreprise (A), de reproduction et de publicité déloyale (B), comme des actes de concurrence déloyale, au regard de l'ABR ?

A- L'indétermination des actes d'imitation déloyale des signes distinctifs et des produits de l'entreprise

Le législateur OAPI n'a pas suffisamment encadré les actes d'imitation qu'il sanctionne, au titre de la concurrence déloyale. Comment alors appréhender cette imitation ? La question se pose d'autant que l'imprécision de l'imitation des signes (1) n'est pas la même que celle des produits (2) de l'entreprise.

1- L'imprécision de l'imitation déloyale des signes distinctifs de l'entreprise

Le législateur OAPI n'a pas fourni les clés de compréhension nécessaires, qui permettent de cerner, avec précision, les contours de cette imitation, pourtant bien réelle. Toutefois, dans un effort d'appréhension des actes

---

zones voisines ou des rues concomitantes, sans créer une confusion entre les signes ou les produits (Paris, 26 mars 1986, « Aux trois fondues », Annales 1986, p. 52.).

1216 Art.2 de l'Annexe VIII de l'ABR.

1217 Paris, 22 oct. 1987, Lawlex 200201928 JBJ, D.1987, IR, 230.

1218 RIPERT (G.), RPBLOT (R.), VOGUEL (L.), op.cit, p. 711.

d'imitation constitutifs de concurrence déloyale, on peut soutenir que, pour détourner la clientèle de la concurrence, le commerçant déloyal cherche à imiter les signes distinctifs de son concurrent, de sorte à induire le public en erreur, sur l'identité des signes en cause[1219]. L'imitation déloyale peut porter sur tous les signes permettant de rallier la clientèle à l'entreprise, car la nature juridique du signe est indifférente[1220]. Toutefois, les signes qui font généralement l'objet d'actes de concurrence déloyale sont : le nom commercial, l'enseigne, la dénomination sociale, le nom de domaine et la marque.

L'imitation du nom commercial est constitutive d'un acte de concurrence déloyale, que l'imitateur soit de bonne ou de mauvaise foi[1221]. A partir du moment où la reprise du nom commercial crée un risque de confusion, elle engage la responsabilité de son auteur, même sans élément intentionnel[1222], parce que l'action en concurrence déloyale, en règle générale, se satisfait d'une faute, sans exiger un élément intentionnel[1223]. L'imitation ou l'usurpation est réalisée, lorsqu'il est fait usage du nom commercial d'autrui, sur des papiers commerciaux, des factures, des publicités, des prospectus, voire des camions de livraison[1224]. Il en est également ainsi, même lorsque l'imitateur se fait oralement passer pour l'entreprise concurrente, en récoltant, par ce biais, les commandes destinées à cette dernière[1225].

L'imitation de l'enseigne peut également être fautive[1226]. Ainsi, la reprise, par un concurrent, d'une enseigne, afin d'induire le public en erreur sur la localisation géographique de l'établissement ou du fonds de commerce des signes en cause, est constitutive de concurrence déloyale. Toutefois, il faut se placer à l'époque du choix critiqué pour apprécier la conduite du concurrent et la réalité de l'imitation[1227]. Par ailleurs, contrairement au droit de marque ou, dans une certaine mesure, au nom commercial, « *la tolérance ne fonde*

[1219] MALAURIE-VIGNAL (M.), op.cit, p. 158.

[1220] FRISON-ROCHE (M.A), PAYET (M.S.), op.cit, p. 396.

[1221] Cass. com., 18 avr. 1958 « Nicolas », D.1959, p. 87, note DERRIDA (F.) ; Annales 1959, p. 167 ; Paris, 26 févr. 1997, « Eurofente », *PIBD* 1997, n°635, III, 365.

[1222] POLLAUD-DULIAN (F.), *Propriété intellectuelle, la propriété industrielle,* op.cit, p. 673.

[1223] Cass. com., 26 avr. 1994, Bull.civ. IV, n°151.

[1224] AZEMA (J.), GALLOUX (J.C.), op.cit, 951.

[1225] Idem. De même, lorsque le nom commercial est un signe complexe, pour être composé de plusieurs éléments, il y a usurpation à reprendre l'ensemble ou l'un des éléments, si celui-ci a un caractère distinctif qui se détache de l'ensemble (Cass. com., 12 juin 1995, « Petrossiau », *RIPIA* 1996, p. 182.) Par suite, et *a contrario*, lorsque les différents éléments ne sont pas distinctifs, pris isolement, parce que le nom commercial est un tout indivisible, ce n'est que la reprise de l'ensemble qui constitue l'imitation (Paris, 26 janv. 1996, *PIBD* 1996, n°608, III, 193 ; Paris, 11 mai 1968, Annales 1968, p. 170.).

[1226] Cass. com, 21 juin 1994, Bull. civ. IV, n°230, p. 180.

[1227] Idem.

aucun droit et elle est essentiellement précaire, de sorte que l'usurpateur ne peut s'en prévaloir »[1228].

L'imitation de la dénomination sociale peut aussi être sanctionnée, au travers de l'action en concurrence, lorsque l'imitation de la dénomination crée ou est susceptible de créer un risque de confusion dans l'esprit du public. L'appréciation de la ressemblance entre les deux signes se fait comme en droit de marque[1229]. Aussi, lorsque seuls certains éléments de la dénomination sociale sont repris, il est déterminé si ces éléments ont un pouvoir attractif propre dont la reprise séparée est déloyale, dans le cas d'une dénomination complexe, ou si elle forme un tout indivisible[1230]. Dans ce cas, seule l'imitation de l'ensemble de la dénomination peut être constitutive de concurrence déloyale[1231]. Le caractère original ou distinctif d'une dénomination sociale n'est pas une condition du succès de l'action en concurrence déloyale, mais seulement un critère éventuel d'appréciation de la faute et du risque de confusion[1232]. De même, l'atteinte à la dénomination sociale découle aussi bien d'une faute caractérisée par une intention de nuire ou par une imitation consciente de la dénomination d'une autre société, que d'une négligence fautive caractérisée par un défaut de recherche d'une éventuelle antériorité[1233]. Dès lors, constitue une imitation déloyale, donc un acte de concurrence déloyale, l'utilisation, par une société de la dénomination sociale d'une autre société, comme code d'accès à son service de messagerie[1234], ou l'utilisation, par deux sociétés, de la même dénomination, à la suite de l'extension des activités de la seconde[1235], sans qu'il soit nécessaire de rechercher l'intention délictuelle de l'exploitant de la société imitatrice.

L'intention délictuelle est également indifférente dans la sanction des atteintes au nom de domaine. En effet, le titulaire de ce signe peut, par la voie de l'action en concurrence déloyale, poursuivre celui qui usurpe le nom de domaine, en faisant usage d'une dénomination trop proche de la sienne pour créer une confusion[1236]. Cependant, les actes de concurrence déloyale ne peuvent être réalisés, si le nom de domaine est dépourvu de toute

---

[1228] POLLAUD-DULIAN (F.), *Propriété intellectuelle, la propriété industrielle,* op.cit, p. 688.
[1229] Cass. com., 6 janv. 1968, D. 1969, p. 454 ; Bull. civ. IV, n°2.
[1230] Paris, 11 mars 1991, *PIBD* 1991, 11.
[1231] Aussi, une société ayant pris pour dénomination, en lui enjoignant un préfixe, un vocable de notoriété industrielle, qui constitue l'élément essentiel dominant et caractéristique du groupe de deux mots employés par une société pour sa dénomination sociale, commet-elle une imitation déloyale, dès lors que cette appellation était propre à créer une confusion préjudiciable aux intérêts de la société imitée. (Cass. com., 6 janv. 1969, préc.).
[1232] Cass. com., 10 mai 2006, *RJDA* 2006, n°1024.
[1233] TGI Strasbourg, 12 avr. 1989 : D.1993, Somm. 117, obs. BURST (J.J.).
[1234] Paris, 29 mars 2000, *LPA* 23 mars 2001, p. 5, obs. FRAUDIN.
[1235] Cass. com., 12 mai 2004, *Rev. Sociétés* 2004, 904, note PASSA (J.).
[1236] AZEMA (J.), GALLOUX (J.C), op.cit, p. 966.

distinctivité[1237]. Ainsi, l'action en concurrence déloyale ne protège contre le risque de confusion, que si le nom de domaine jouit d'une originalité suffisante [1238], c'est-à-dire si le nom de domaine n'exploite pas une dénomination générique[1239]. La seule utilisation du terme « plagne » dans le nom de domaine du site web privé, est alors insuffisante pour établir un risque de confusion avec la marque « La plagne toute la montagne en 10 stations », dès lors que de nombreux sites l'utilisent, comme un nom commun, pour désigner une petite plaine en pays de montagne ou comme un nom géographique[1240]. De même, l'utilisation de la dénomination d'un concurrent, à titre de métabolise d'un site, n'emporte pas acte de concurrence déloyale[1241]. En revanche, constitue un agissement déloyal, l'utilisation des procédés « métanome » ou « métatag », consistant à enregistrer, dans le code source d'un site, le nom d'un concurrent, de manière à ce que les moteurs de recherche orientent les internautes sur les deux sites[1242].

Le législateur OAPI admet que l'imitation déloyale, source de confusion dans l'esprit du public, puisse naître d' « *une marque enregistrée ou non* »[1243]. Toutefois, à l'opposé de la contrefaçon où le risque de confusion n'est pas toujours requis, le risque de confusion est toujours exigé pour la sanction de l'imitation déloyale de la marque. Ainsi, par exemple, il y a imitation déloyale, lorsqu'en plus de la contrefaçon, il est porté atteinte à l'image de la marque[1244], ou lorsque la victime invoque d'autres imitations non couvertes par l'action en contrefaçon[1245].

Il demeure des cas où, même si l'imitation engendre la confusion, cette imitation n'est pas constitutive de concurrence déloyale. L'imitation déloyale de la marque, du nom commercial, du nom de domaine ou de la dénomination sociale, n'est fautive que si ces signes ne sont ni banals, ni nécessaires ni génériques [1246]. Ainsi, pour prétendre agir en concurrence déloyale, le propriétaire du signe distinctif doit porter son choix sur un signe arbitraire[1247], même s'il n'est pas original[1248]. Dès lors, n'est pas constitutif de concurrence déloyale, le fait de reprendre un signe générique, banal ou descriptif, même lorsqu'il existe un risque évident de confusion. Pour autant, l'action en

[1237] Douai, 9 sept. 2002, D. 2003-62, obs. MANARA (C.).
[1238] TGI Lille, 10 juill. 2001, D.2001, AJ 2410, obs. MANARA (C.).
[1239] Cass. com., 23 janv. 2007, D.2007, AJ. 794, obs. MANARA (C.).
[1240] Paris, 28 janv. 2003, D.2003, AJ. 690, obs. MANARA (C.).
[1241] Paris, 9 mars 2005, D. 1J. 1021, obs. MANARA (C.).
[1242] Paris, 13 mars 2002, D. 2002, 1752, obs. MANARA(C.).
[1243] Art. 2 al.2-a de l'Annexe VIII de l'ABR.
[1244] Cass. com, 11 oct. 2003, "Carter" c/ Metro, CCC.2003, comm. 8.
[1245] Cass. com., 20 mars 2007, CCC 2007, comm.
[1246] Paris, 20 déc. 1989, D. 1990, inf. rap, 16.
[1247] Paris, 21 mars 1988, « l'entrecôte », D.1989, Somm. Con. 135, obs. BURST (J.J.).
[1248] Cass. com., 26 mai 2004, « De particulier à particulier », *PIBD* 2004, n°796, III, 635.

concurrence déloyale est envisageable, même dans le cas où le signe n'est pas distinctif, lorsque les circonstances établissent une volonté de fraude ou de confusion, recherchée par l'imitation[1249]. Il revient au juge d'apprécier souverainement la volonté de confusion ou le caractère distinctif du signe[1250].

De même, à l'opposé de la règle générale édictée par le législateur OAPI, tous les actes pouvant générer un risque de confusion ne sont pas constitutifs de concurrence déloyale. Aussi, l'homonyme de bonne foi peut-il utiliser son patronyme[1251], ou même son pseudonyme[1252], à titre d'enseigne, de nom commercial ou de dénomination sociale. Toute personne peut, en effet, utiliser librement son nom, comme signe distinctif dans ses activités commerciales. Cependant, cette utilisation doit être exempte de toute fraude, et ne pas créer un risque de confusion avec un homonyme notoire, qui utilise déjà le patronyme dans des activités semblables ou similaires[1253]. Ainsi, l'utilisation, par une société, du nom de son directeur commercial, auquel il a été interdit de faire usage de son nom, dans des activités commerciales, est constitutive de concurrence déloyale, car elle est manifestement destinée, en profitant de la renommée de l'homonyme, à capter, à son profit, la clientèle, en lui faisant croire qu'elle s'adresse à un magasin du même groupe[1254]. Il en va également ainsi, lorsqu'une personne morale adopte le nom de son fondateur, accolé à celui de son épouse, alors qu'un concurrent notoirement connu utilise, pour des activités similaires, une dénomination voisine[1255].

En somme, l'imitation déloyale est constitutive de concurrence déloyale, au regard de l'ABR. Mais, cette règle admet des exceptions notables, qui ne sont pas indifférentes à l'imitation des produits.

2- L'imprécision de l'imitation déloyale des produits

Aux termes de l'article 2 de l'Annexe VIII de l'ABR, la confusion peut porter sur la « *présentation de produits ou de services* »[1256]. Le législateur communautaire ne précise pas si l'imitation déloyale de produits ou de services constitue un acte de concurrence déloyale.

1249 Cass. com., 22 oct. 2002, « Decathlon c. Go sport », Bull. civ. IV, n°171, p. 137.

1250 Cass. com., 17 juill. 1967, Annales. 1968, p. 123.

1251 Paris, 6 juin 1961 « Lézanne », Annales, 1962, p. 105.

1252 Cass.civ I, 19 févr. 1975, « Lova Moor », Bull. civ. I, n°73, p. 66; D. 1975, p. 411, Annales 1978, p. 153.

1253 Cass. com., 15 juin 1993, Lawlex 20020011931 JBJ, préc.

1254 Paris, 12 juill. 1993, Lawlex 200201627 JBJ, D. IR., 192.

1255 Dijon, 28 févr. 2002, Lawlex 200200061 JBJ.

1256 Art 2 al.1er de l'Annexe VIII de l'ABR : « constitue un acte de concurrence déloyale, tout acte ou pratique qui, dans l'exercice d'activités industrielles ou commerciales crée ou est de nature à créer une confusion avec l'entreprise d'autrui ou ses activités, en particulier avec les produits ou services offerts par cette entreprise ».

Cependant, à l'instar de la contrefaçon de marque, l'imitation constitutive de concurrence déloyale s'apprécie par les ressemblances et non par les dissemblances. Ainsi, un produit est imité de manière illicite, s'il existe de fortes ressemblances entre les produits en conflit. Peu importe alors qu'il y ait des différences, sauf si celles-ci sont prédominantes, au point de supprimer l'effet produit par les similitudes[1257]. L'analyse procède d'une appréciation d'ensemble[1258].

La confusion peut aussi résulter de l'imitation des emballages, du conditionnement, de l'aspect intérieur du produit et, plus largement, de son aspect extérieur[1259]. Il n'est pas nécessaire, pour que la concurrence déloyale soit réalisée, que les produits soient copiés de manière servile ou quasi servile. Il suffit, pour ce faire, au terme de l'appréciation globale, qu'il soit établi que la confusion est réalisée en dépit de la différence d'aspects des produits en cause[1260]. Par ailleurs, la bonne foi, consistant en l'ignorance de l'origine des produits ou services imités ou, en l'ignorance de l'existence du produit ou, en l'absence d'une intention de créer la confusion, n'est pas un fait justificatif[1261]. L'élément intentionnel n'est en effet pas requis pour la commission d'actes de concurrence déloyale. Elle n'est pas subordonnée à la volonté de son auteur de créer la confusion. Ainsi, la simple négligence ou l'imprudence est sanctionnée, de sorte qu'il appartient à l'exploitant d'un produit de prendre des précautions nécessaires pour éviter qu'une confusion ne s'établisse avec d'autres produits exploités antérieurement aux siens[1262].

Le législateur OAPI semble ne pas admettre d'exception aux actes constitutifs d'imitation déloyale des produits ou des services. Mais, cette position est contraire à la nature même des actes constitutifs de concurrence déloyale. En effet, lorsque l'imitation tient de la nature du produit, elle ne s'analyse pas en une concurrence déloyale. Ainsi, la copie servile d'une publication de programme de télévision n'est pas fautive, parce que les similitudes se retrouvent, par nature, entre toutes les publications de programmes[1263]. De même, l'imitation d'un cahier de vacances n'est pas

---

1257 MALAURIE-VIGNAL (M.), op.cit, p. 157.

1258 Cass. com., 11 oct. 1988, Whisky, *JCP* 1989, II, 21297. Ainsi, l'imitation fautive peut résulter de la présentation trompeuse du produit. Il peut s'agir également de l'imitation d'une adresse professionnelle (Cass.soc, 5 mai 2004, Bull., n°124.) ou de l'architecture intérieure particulière d'un magasin ou d'un groupe de magasin (TGI Paris, 21 févr. 1996, Contrats, Conc. Consom. 1996, n°42.). Mais, pour être constitutive de concurrence déloyale, la décoration du magasin ne doit pas relever d'un effet de mode (Paris, 7 mai 1986, Lawlex 200201930 JBJ, D.1987, Somm.263, obs. SERRA) de même que la similitude doit être évidente et susceptible de créer la confusion dans l'esprit du public.

1259 Art. 2 de l'Annexe VIII de l'ABR.

1260 Paris, 15 oct. 1992, Lawlex 200201702 JBJ, *RJDA* 1993, n°289.

1261 Cass. com., 29 mai 1967, Bull. civ, III, n°209.

1262 Paris, 22 oct. 1987, D.1987, IR, 230.

1263 Trib. com. Paris, 1er mars 1988, *LPA* 25 mai 1988, p. 28.

répréhensible, en ce que « *l'âge du public auquel s'adressent tous les manuels commande l'usage de procédés identiques* »[1264].

Par ailleurs, l'imitation n'est constitutive de concurrence déloyale que si le produit imité est original[1265]. Ainsi, si le produit imité est banal, rien ne s'oppose à son imitation[1266] car, pour être protégé, le produit ou le service doit présenter une certaine spécificité qui ne va pas jusqu'à l'originalité[1267]. Par suite, la copie, même servile, d'un modèle banal, en raison de son caractère utilitaire ou, parce qu'il relève du domaine public n'est pas elle-même constitutive de concurrence déloyale[1268]. Toutefois, une reproduction à l'identique d'un produit est fautive, si elle est réalisée dans le but de tromper le public, sur l'origine du produit.

Dans la même logique, la recherche de normalisation de produits n'est pas appréhendée comme un acte de concurrence déloyale[1269]. Ainsi, le fait que des pièces fabriquées par une entreprise soient interchangeables avec celles d'autres entreprises, ne peut être analysé comme un acte de concurrence déloyale[1270]. Il en est de même, lorsque des parties substantielles d'un appareil sont copiées, en raison de ce que des normes standard d'utilisation imposent ces procédés[1271]. Ainsi, dans tous ces cas, l'imitation ou la reproduction des produits reste libre, aussi longtemps que le risque de confusion entre les différentes entreprises, même si elles fabriquent des produits identiques ou interchangeables, est évité[1272]. La jurisprudence retient alors que « *la compatibilité ou l'adaptabilité des produits ne constitue pas en soi une faute, dans la mesure où lors de leur commercialisation, il n'est fait aucune référence susceptible de créer un risque de confusion dans l'esprit de l'acheteur moyen sur l'origine des produits* respectifs»[1273].

Ainsi, et tout comme l'imitation déloyale des signes distinctifs, l'imitation déloyale des produits ou des services est constitutive, en droit OAPI, d'un acte de concurrence déloyale. Toutefois, tous les actes d'imitation, même déloyale, ne constituent pas des actes de concurrence déloyale. La solution admet, en effet, des tempéraments qui s'appliquent également aux autres actes de concurrence déloyale que sont la reproduction et la publicité déloyales.

1264 Paris, 9 nov. 1988, D.1988, IR. 294.
1265 FRISON-ROCHE (M.A.), PAYET (M.S.), op.cit, p. 401.
1266 RIPERT (G.), ROBLOT (R.), VOGUEL (L.), op.cit, p. 719, préc.
1267 MALAURIE-VIGNAL (M.), op.cit, p. 157.
1268 Cass. com., 30 juin 1998, n°96-21144, Lawlex 200201422 JBJ. ; D. 1996, Somm.285, obs. BURST.
1269 Cass. com., 7 mars 1989, Lawlex 2002201 911 JBJ, D.1990, Somm 76, obs. SERRA
1270 Paris, 27 avril 2001, Lawlex 200200647 JBJ, « Concurrence actualisée express », 21 juin 2001.
1271 Paris, 13 févr. 1984, *RTDcom.* 1985, 757.
1272 FRISON-ROCHE (M.A), PAYET (M.S.), op.cit, p. 403.
1273 Cass. com., 29 janv. 2002, pourvoi n°99-21396.

B- L'indétermination de la reproduction et de la publicité déloyales

La reproduction et la publicité déloyales sont, en droit français, considérées comme des actes de concurrence déloyale. En est-il de même en droit OAPI ? La réponse donnée est assez imprécise, qu'il s'agisse de la reproduction (1) ou de la publicité (2) déloyale.

1- Les imprécisions de l'atteinte constitutive de la reproduction déloyale

Le législateur OAPI n'a pas expressément exclu ou listé la reproduction déloyale au nombre des actes de concurrence déloyale. Nonobstant cette imprécision, la doctrine et la jurisprudence françaises admettent la reproduction déloyale comme un acte constitutif de concurrence déloyale. Ainsi, la reproduction peut se faire à l'identique ou de façon quasi servile[1274]. La reproduction peut porter sur les signes que sont : la marque, la dénomination sociale ou le nom commercial, ou sur les produits commercialisés sous ces signes distinctifs.

Pour autant, la reproduction ne peut être considérée comme un acte de concurrence déloyale, que si le signe n'est pas générique ou banal, c'est-à-dire lorsque le signe est distinctif. En outre, il ne peut être interdit à un commerçant d'identifier ses activités par son patronyme ou un pseudonyme, sauf pour lui à chercher à créer un risque de confusion ou une confusion avec un signe notoire. De même, la reproduction n'est pas prohibée, en raison de la nature du produit ou, lorsqu'elle est imposée par des exigences techniques ou par la recherche d'une compatibilité entre produits, obéissant aux mêmes standards[1275]. Enfin, la bonne foi est indifférente à la commission de l'acte de concurrence déloyale par reproduction. Celle-ci est commise ou non, quelle que soit l'intention de son auteur. L'intention frauduleuse n'est donc pas un fait justificatif qui exonère l'auteur de sa responsabilité civile.

Ainsi, et en dépit de l'imprécision du législateur, la reproduction déloyale peut être saisie en droit OAPI, comme un acte de concurrence déloyale, tout comme la publicité déloyale.

2- Les imprécisions de la publicité déloyale

Aux termes de l'article 4 de l'Annexe VIII de l'Accord de Bangui Révisé, « *constitue un acte de concurrence déloyale, tout acte ou pratique qui, dans l'exercice d'activités industrielles ou commerciales, induit ou est de nature à*

1274 MALAURIE-VIGNAL (M.), op.cit, p. 157, préc.

1275 FRISON-ROCHE (M.A), PAYET (M.S.), op.cit, p. 403, préc.

induire le public en erreur au sujet d'une entreprise ou de ses activités, en particulier des produits ou services offerts par cette entreprise »[1276]. Cette formule, assez large, se rapproche de l'article 2 du même Annexe, qui a organisé la confusion avec l'entreprise d'autrui ou ses activités. En effet, le fait de chercher à induire le public en erreur a pour conséquence de créer la confusion dans l'esprit du public, en l'amenant à se méprendre sur l'origine des produits en conflit. Le législateur OAPI appréhende donc deux notions voisines, sinon identiques, sans en déterminer les contours ni même proposer des définitions. Tout au plus, précise-t-il que *« le public peut être induit en erreur par la publicité ou la promotion* », notamment, à propos de la qualité, de l'origine ou du procédé de fabrication du produit[1277].

Pour suppléer cette indétermination, il peut être relevé, à l'abord, que la publicité participe, de manière significative, au pouvoir d'attraction de l'entreprise ou de ses produits[1278]. Ainsi, même si l'idée publicitaire ne peut être appropriée, la reprise d'un slogan publicitaire constitue un acte de concurrence déloyale, si elle procède de manœuvres frauduleuses du concurrent et engendre une confusion, ou même un risque de confusion[1279]. De même, la publicité n'est déloyale que si le slogan publicitaire n'est ni générique ni descriptif, c'est-à-dire lorsqu'il est original[1280]. Ainsi, la reprise de slogans ou d'éléments de slogans publicitaires, en raison de l'emploi des mêmes procédés promotionnels ou des formules indispensables à la promotion des produits, ne constitue pas un acte de concurrence déloyale[1281]. Aussi, la reprise d'une idée publicitaire par un concurrent ne constitue-t-elle un acte de concurrence déloyale, que s'il y a, d'une part, un risque de confusion et, d'autre part, une faute[1282]. Commet donc un acte de concurrence déloyale, celui qui exploite le même concept et le même slogan publicitaire que son concurrent[1283]. Il a été également jugé que la proximité des expressions utilisées dans un même secteur d'activité et ciblées pour une même catégorie de lecteurs engendre un risque de confusion[1284], de même que la concurrence déloyale résulte aussi de la présentation des gammes de chemisiers, selon des modalités identiques, de l'utilisation du même buste, de l'imitation de l'aménagement des magasins et de l'exposition des panneaux publicitaires du concurrent, en prenant le soin de dissimuler, à l'aide d'un crayon feutre, la dénomination de celui-ci[1285]. En revanche,

[1276] Art. 4 al.1er de l'Annexe VIII de l'ABR.
[1277] Art. 4 al.2 de l'Annexe VIII de l'ABR.
[1278] RIPERT (G.), ROBLOT (R.), VOGUEL (L.), op.cit, p. 719, préc.
[1279] Paris, 17 nov. 1992, Lawlex 200201687 JBJ, D.1995, Somm. 262, obs. SERRA.
[1280] Paris, 22 avr. 1969, *JCP* 1970, 2, 16148, note GREFFE ; D. 1970, 214, note MOUSSERON.
[1281] Paris, 9 oct. 1954, *Ann. Propr. Ind.* 1954, 220.
[1282] Paris, 17 nov. 1992, *JCP E* 1993, II, 418, note GREFFE.
[1283] Trib.com. Paris, 5 juill. 1995, *Gaz. Pal.*1995, 2, Somm. 591.
[1284] Paris, 23 juin 2006, *JCP E* 2006, n°41, p. 1735.
[1285] Cass. com., 28 nov. 2006, Bull. civ. IV, n°233.

prétendre être le numéro un dans sa branche d'activité n'est pas en soi déloyal ; il appartient à celui qui le conteste, de démontrer que ce slogan est inexact[1286].

Aussi, la concurrence déloyale peut-elle être également avérée en droit OAPI, lorsque l'une des conditions précisées supra est réalisée. Le parasitisme, en droit OAPI, emprunte également à la concurrence déloyale son imprécision.

Paragraphe II. Les imprécisions des actes de parasitisme

La théorie du parasitisme qui, originellement, était fondée sur la notion d'usurpation de marque notoire, a été inspirée par Yves SAINT-GAL[1287], pour être ensuite reprise par la doctrine[1288] et la jurisprudence[1289]. Le parasitisme, encore appelé parasitage ou parasitisme économique, consiste à se placer dans le sillage d'autrui pour tirer indûment profit de son activité, de ses investissements, de sa réputation ou de son savoir-faire[1290]. Ainsi, le parasitisme économique, à l'instar du parasitisme observé dans le règne végétal ou animal, est une prise de la substance de l'autre qui s'appauvrit ou dépérit[1291]. Dès lors, le parasitisme économique s'analyse en des comportements par lesquels un entrepreneur s'immisce dans le sillage d'un autre aux fins de tirer profit, sans bourse déliée, de ses efforts et de son savoir-faire[1292].

Traditionnellement, la notion regroupe les agissements parasitaires qui sont opposés à la concurrence parasitaire[1293].

Qu'il s'agisse de concurrence parasitaire ou d'agissement parasitaire, le parasitisme économique est-il saisi par le droit OAPI ? La réponse est

---

1286 Paris, 1er oct. 1997, préc.

1287 SAINT-GAL (Y.), « Concurrence déloyale et concurrence parasitaire », *RIPIA* 1956, p. 37.

1288 AZEMA (J.), « Les incidences des dérives du parasitisme sur le régime des droits de propriété industrielle (à propos de quelques décisions récentes) », *in Mélanges offerts à Paul DIDIER, Etudes de droit privé*, Paris, Economica, 2008, p. 1.

1289 Paris, 18 mai 1989, D.1990, p. 340, note CADIET (L.), Somm.75, obs. SERRA (Y.) ; *JCP E* 1989, II.

1290 POLLAUD-DULIAN (F.), *Propriété intellectuelle, la propriété industrielle,* op.cit, p. 46.

1291 Paris, 18 mai 1989, préc.

1292 Cass. com., 26 janv. 1999, D. 2000.87, note SERRA.

1293 Il y a eu plusieurs hésitations quant à considérer que la concurrence parasitaire, mais surtout les agissements parasitaires sont des actes de concurrence déloyale (MAINGUY (D.), RESPAUD (J.L.), DEPINCE (M.), *Droit de la Concurrence*, Manuel, Paris, Litec, 2010, p. 96.). Pourtant, cette distinction est superficielle. En effet, la concurrence déloyale revient à violer le devoir de loyauté qui s'impose à tout opérateur économique. L'agissement parasitaire n'est donc qu'un acte de concurrence déloyale, tout comme le débauchage ou le dénigrement. De même, la concurrence parasitaire n'est, quant à elle, que l'illustration d'une forme accentuée de la concurrence déloyale (RIPERT (G.), ROBLOT (R.), VOGUEL (L.), op.cit, p. 747.).

incertaine, sinon hésitante. En effet, ces deux formes de parasitisme ne nécessitent pas de rapport de concurrence, au sens étroit, ni même de risque de confusion[1294]. Or, l'article 2 de l'Annexe VIII de l'Accord de Bangui Révisé ne vise que les actes qui créent la confusion ou qui sont susceptibles de la créer. Toutefois, même si le risque de confusion n'est pas nécessaire à la commission du parasitisme, il n'est pas pour autant exclu, notamment, en ce qui concerne la concurrence parasitaire. Aussi, en raison des hésitations du droit OAPI, les signes distinctifs reçoivent-ils une protection incertaine pour l'appréhension de laquelle la concurrence parasitaire (A) se démarque des agissements parasitaires (B).

A- Les hésitations relatives à la concurrence parasitaire

La concurrence parasitaire implique une certaine proximité entre les activités des entreprises en cause[1295]. Celle-ci est réalisée, lorsque les activités voisines ou similaires concurrentes induisent une confusion dans la clientèle du parasite et du parasité[1296]. L'exigence de la confusion est-elle suffisante, pour que la concurrence parasitaire soit sanctionnée, en vertu de l'ABR ? Cette sanction ne peut advenir que si, non seulement le pirate détourne la clientèle (1), mais aussi provoque la confusion sur l'origine des produits d'autrui (2).

1- Le détournement de la clientèle

L'article 2 de l'Annexe VIII de l'ABR ne porte pas expressément sur le détournement de la clientèle, d'où l'imprécision quant à la protection judiciaire, sur le fondement de l'ABR, contre les actes constitutifs de détournement de la clientèle.

Au demeurant, le détournement de la clientèle consiste, pour le parasite, à chercher à profiter de la renommée du parasité, en se plaçant volontairement dans son sillage, pour exploiter le même type de clientèle et, subséquemment, créer une confusion qui lui permettra de détourner la clientèle à son profit[1297]. Ainsi, par exemple, il a été décidé que, procède d'une concurrence déloyale, le fait pour un ancien concessionnaire de continuer à se prévaloir de cette qualité, en utilisant l'enseigne et les documents ou les papiers commerciaux, pour attirer la clientèle attachée à la marque représentée précédemment[1298]. De

---

[1294] POLLAUD-DULIAN (F.), *Propriété intellectuelle, la propriété industrielle,* op.cit, p. 46.
[1295] RIPERT (G.), ROBLOT (R.), VOGUEL (L.), op.cit, p. 747, préc.
[1296] MAINGUY (D.), RESPAUD (J.L.), DEPINCE (M.), op.cit, p. 97.
[1297] MALAURIE-VIGNAL (M.), op.cit, p. 165.
[1298] Cass. com., 169 nov. 1981, *JCP* 1982. IV, 49.

même, constitue un acte de parasitisme, le fait pour un restaurant situé à Marseille d'adopter l'enseigne « Maxim's », tout comme le célèbre restaurant parisien, ou encore un brasseur parisien commet un acte de parasitisme en reproduisant l'enseigne et les stores de la brasserie Lipp, même si les deux établissements sont situés dans des arrondissements différents[1299]. Constitue également un acte de concurrence déloyale, la pratique des tableaux de concordance qui consiste à mettre en parallèle, sur une notice distribuée à la clientèle, des produits de qualité médiocre avec des produits de luxe[1300]. Le comportement parasite revient à détourner la clientèle des produits de luxe, vers celle des produits de moindre qualité, en faisant croire, qu'à défaut d'être de même qualité, ils sont de qualité assez semblable. De plus, la fabrication de produits ayant des caractéristiques techniques identiques et leur vente dans une représentation extérieure semblable, sans que cela ne soit justifié par aucune nécessité technique, constitue un acte de concurrence déloyale[1301]. Il a été en outre décidé que si la vente de produits adaptables sur des machines concurrentes n'est pas en soi interdite, il est toutefois nécessaire pour le commerçant, qui entend fabriquer ou distribuer de tels produits, d'informer sur leur origine différente[1302]. Par suite, le fait de reproduire le modèle d'une société concurrente n'est répréhensible que s'il est démontré que cette reproduction n'a été faite que dans le but de tromper le public sur l'origine d'une marchandise, et de détourner ainsi la clientèle d'un concurrent ou de profiter indûment des investissements des efforts de recherche ou de création de celui-ci[1303]. La concurrence parasitaire suppose donc l'emprunt d'éléments de rattachement à un produit disposant déjà d'une clientèle propre, que le parasite cherche à capter par l'acte parasitaire.

Pour autant, si le fait de copier la prestation d'autrui procure nécessairement à celui qui le pratique des économies, il ne saurait, à lui seul, être tenu pour fautif, sauf à vider de toute substance le principe selon lequel toute prestation, qui ne fait pas ou ne fait plus l'objet de droit de propriété intellectuelle, peut être librement reproduite, sur le fondement du principe de la liberté de concurrence[1304]. Par suite, n'est pas constitutif de concurrence parasitaire, le seul fait de commercialiser des produits identiques à ceux d'un concurrent[1305]. Ainsi, une entreprise qui n'a pas un positionnement prééminent sur le marché par rapport à la concurrence, qui, mieux est, n'a réalisé aucun investissement intellectuel particulier, ne peut utilement agir en concurrence déloyale, contre

---

1299 TGI Paris, 21 oct. 1978, *PIBD* 1938, III, 111.
1300 Cass. com., 17 déc. 1985, Bull. civ. IV, n°300.
1301 Cass. com., 14 déc. 1999, *Propr. Ind.* 2002, n°11, obs. SCHMIDT-SZALEWSKI.
1302 Cass. com., 16 mai 2000, Bull. civ. IV, n°28, p. 1189, note AMBROISE-COSTEROT.
1303 Cass. com., 7 mars 1989, Bull. civ.IV, n°77, D.1990. Somm. 76, obs. SERRA.
1304 Paris, 18 oct. 2000, D. 2001, 850, note PASSA (J.).
1305 Cass. com., 9 juill. 2002, CCC. 2003, n°7, obs. MALAURIE-VIGNAL (M.).

la mise au point par d'autres entreprises de modèles, somme toute, banals et standards[1306]. Cette règle avait précédemment été consacrée par le Tribunal de Paris, qui a décidé qu'un opérateur économique ne peut utilement rechercher la sanction, du simple fait pour l'un de ses concurrents de commercialiser des produits appartenant au même genre que ceux qu'il distribue, en raison de ce qu'il n'administre pas la preuve de la notoriété dont il se prévaut et qu'il n'existe pas de risque de confusion entre les produits[1307].

Le détournement de la clientèle implique donc que le parasite accomplisse un acte qui crée la confusion ou est susceptible de la créer. De là, le détournement de la clientèle peut être identifié comme un acte de concurrence déloyale, dont la répression est comprise dans le champ de l'article 2 de l'Annexe VIII de l'ABR. Le juge, sur le fondement de l'ABR, peut donc assurer la protection des signes distinctifs contre le détournement de la clientèle, ou la confusion sur l'origine des produits.

2- La confusion sur l'origine des produits

Les actes du parasite, tendant à créer une confusion sur l'origine des produits, ne sont également pas expressément appréhendés par l'ABR.

Pour autant, dans certains cas, la confusion peut naître en absence même de toute concurrence entre le parasite et le parasité. Le parasite se sert des signes distinctifs de l'entreprise notoire pour créer une confusion, à son profit. Une telle attitude est sanctionnée, au titre de concurrence déloyale, en ce que le parasite profite de la notoriété de l'entreprise parasitée, non pour un détournement de clientèle parce que les deux entreprises n'ont pas une clientèle commune, mais pour capter une clientèle sans effort particulier, en profitant de la notoriété du signe piraté pour faire croire que les produits sont de la même origine[1308]. En vertu de cette règle, monsieur Pascal Morabito a été interdit d'utiliser son nom pour la société Morabito[1309]. Il a été également déclaré que, relève d'un acte de concurrence déloyale, le fait, pour un parasite, même ayant pour patronyme « Rothschild », de tirer indûment profit de la notoriété de la célèbre famille[1310]. De même, il a été interdit à une société de vendre des réfrigérateurs sous la marque « Pontiac », qui est une marque notoire de voiture [1311]. A été également sanctionné pour concurrence parasitaire, l'éditeur d'un DVD documentaire qui s'est placé dans le sillage

[1306] Dijon, 15 sept. 2005, *JCP E* 2005, n°47, p. 2004.
[1307] Paris, 27 avril 2001, *Propr. Ind.* 2002, n°10, obs. GREFFE.
[1308] MALAURIE-VIGNAL (M.), op.cit, p. 165, préc.
[1309] Cass. com., 5 nov. 1985, D.1987.22, note BURST (J.J.).
[1310] Paris, 10 juill. 1986, "Rothschild", *JCP* 1986, II, 20712, note AGOSTINI.
[1311] Paris, 8 déc. 1962, « Pontrac », D. 1962.406.

du film « Les choristes »[1312]. De la même manière, une entreprise de verrerie, qui s'est installée à côté de la verrerie Baccara, a été condamnée pour concurrence déloyale, en raison de la volonté de parasitisme qui découle de cette installation, alors même que les étiquettes et les papiers commerciaux étaient différents[1313].

Ainsi, le parasitisme n'est constitué qu'en présence d'une confusion ou, à tout le moins, d'un risque de confusion sur l'origine du produit[1314]. Il doit exister dans l'esprit du public un doute, ou la méconnaissance de l'entreprise qui a fabriqué les produits ou même qui les distribue. En effet, le simple usage par un tiers d'un signe notoire, ou même le simple fait de se placer dans le sillage d'un signe notoire, ne constitue pas à lui seul une faute, en absence de toute confusion[1315]. Or, dans le même temps, la confusion n'est pas nécessaire à la constitution de la concurrence parasitaire. Cette contradiction apparente traduit les hésitations de cette catégorie d'atteinte à la loyauté de la concurrence. En effet, toute reproduction ou imitation induit, même implicitement, une confusion. Dès lors, la concurrence déloyale est établie, à partir du moment où le parasite se place dans le sillage du parasité, pour tirer indûment profit de son activité.

Par suite, sans être une condition indispensable, la confusion n'est pas pour autant répudiée dans la constitution de la concurrence parasitaire. L'article 2 de l'Annexe VIII de l'Accord de Bangui Révisé trouve à s'appliquer. Le titulaire de signes distinctifs peut donc, sur le fondement de cette disposition, agir en concurrence déloyale contre tout acte de concurrence parasitaire, qui procède des manœuvres du parasite, visant à faire naître une confusion sur l'origine des produits.

La solution n'est pas toujours transposable aux agissements parasitaires.

B- Les hésitations relatives aux agissements parasitaires

Les agissements parasitaires sont les actes de parasitisme constitués, en dehors de tout risque de confusion ou de toute relation de concurrence[1316]. Le parasite ne recherche donc pas la confusion avec le parasité, puisque les deux opérateurs ne sont pas concurrents. En l'absence de confusion, les agissements parasitaires peuvent-ils être considérés comme des atteintes aux signes distinctifs, en application de l'ABR ? Les imprécisions induites par la réponse

[1312] Paris, 4e ch., 28 mai 2008, JurisData n°2008-366689.
[1313] Cass. com., 17 mai 1982, Bull.civ.IV, n°180.
[1314] Paris, 8 déc. 1962, « Pontiac », préc.
[1315] Cass. com., 8 janv. 1994, « Etablissement VJV c/ Sté Puratos », *BRDA* 1994/4, p. 12.
[1316] RIPERT (G.), ROBLOT (R.), VOGUEL (L.), op.cit, p. 747, préc.

à cette question se focalisent sur le détournement de la notoriété et du travail d'autrui (1), ainsi que sur le détournement de l'investissement d'autrui (2).

1- Les imprécisions relatives au détournement de la notoriété et du travail d'autrui

Constitue aussi un agissement parasitaire, le fait d'usurper le travail d'autrui afin de réaliser indûment une économie[1317]. Le pirate cherche ainsi à profiter gratuitement de l'avantage concurrentiel que constitue le savoir-faire de l'intéressé, en s'introduisant dans son sillage[1318].

L'existence de l'usurpation doit être prouvée par le parasité[1319], qui ne peut se contenter de simples allégations ou de similitudes qui, à elles seules, n'administrent pas la preuve du détournement de son travail[1320].

Les agissements parasitaires sont, notamment, constitués, en cas d'imitation d'un dictionnaire franco-proverbial [1321] ou des dictionnaires « Le Petit Robert » et « Le petit Larousse Illustré »[1322], le plagiat d'un plan de ville[1323] ou du plan d'un chalet d'une société concurrente[1324], ou d'un planisphère[1325], de l'utilisation d'un code d'accès télématique[1326], de l'imitation d'une formule publicitaire [1327] ou de médicaments génériques. L'acte parasitaire peut également relever de la reprise d'une émission de télévision similaire à une autre émission diffusée par une télévision concurrente[1328], de la reprise de concepts pédagogiques et commerciaux d'un concurrent[1329].

Au demeurant, le parasite ne peut se plaindre de l'usurpation de son travail, que si deux conditions sont réunies. La première de ces conditions porte sur l'originalité du travail ou de l'idée[1330]. En effet, la reprise d'une idée banale, dépourvue de toute originalité ou d'une spécificité particulière, ne saurait justifier une protection par l'action en concurrence déloyale. Ainsi, il a été décidé qu'une simple idée publicitaire ne peut recevoir la protection de

---

[1317] MALAURIE-VIGNAL (M.), op.cit, p. 171.

[1318] RIPERT (G.), ROBLOT (R.), VOGUEL (L.), op.cit, p. 748.

[1319] Cass. com., 16 mai 2000, Lawlex 200200783 JBJ, Bull. civ. IV, n°103.

[1320] Idem.

[1321] Cass. com., 18 janv. 1982, Bull.civ.IV, n°19.

[1322] Trib. com, Paris, 5 janv. 1998, D. Aff. 1998, 162.

[1323] Lyon, 17 mars 1955, *Ann. Propr. Ind.* 1955, 227, note MATHÉLY (P.).

[1324] Cass. civ., 1re, 5 juill. 2006, Bull. civ. I, n°360.

[1325] Paris, 26 oct. 1987, IR, 229.

[1326] Paris, 20 sept. 1991, D. 1993, Somm. 153, obs. IZORCHE.

[1327] Paris, 30 avr. 1963, *JCP* 1963, II, 13243.

[1328] Versailles, 11 mars 1993, D. 1993, Somm.244, obs. HASSLER.

[1329] Paris, 20 nov. 1996, D. 1999, Somm. 94, obs. IZORCHE.

[1330] MALAURIE-VIGNAL (M.), op.cit, p. 171.

l'action en concurrence déloyale[1331], que si elle est originale[1332]. Par contre, certaines décisions n'exigent pas l'originalité, se contentant de l'usurpation du travail, pour sanctionner l'agissement parasitaire[1333]. Cette solution n'est pas la plus appropriée car, ce serait violer la liberté de concurrence et de commerce que de sanctionner la reprise de travail ou d'idée qui ne présente aucune originalité. En revanche, dès lors qu'un travail de conception a été réalisé, même s'il repose sur des techniques banales dans le domaine public, la protection est due[1334]. Ainsi, il a été décidé que le fait pour un organe de presse de publier des études statistiques, sans autorisation du concepteur, procède d'agissements parasitaires, parce que « *même si elles ne sont pas protégées par un droit privatif, des études statistiques sont le fruit d'un savoir-faire dans la conception des méthodes de sondage, d'importantes prestations de services pour l'exécution de ceux-ci et d'un travail intellectuel pour leur exploitation ; en publiant de telles données, un organe de presse commet un acte de concurrence déloyale* »[1335]. La deuxième condition est relative à la valeur économique de l'idée ou du travail d'autrui[1336]. Par suite, la reprise du travail ou de l'idée d'autrui ne peut être constitutive d'agissements parasitaires, donc constitutive d'acte de concurrence déloyale, que si le travail d'autrui ou son idée a une quelconque valeur patrimoniale. Le parasite doit avoir bénéficié de l'avantage concurrentiel que constitue l'expertise du parasité, ce qui suppose, de la part du parasité, des investissements intellectuels et matériels et, de la part du parasite, un trouble commercial se matérialisant par des économies injustifiées[1337]. Dès lors, s'il n'est pas possible de s'approprier ce savoir-faire en réalisant des économies, il n'y a également pas d'agissements parasitaires. Il y a, par contre, des agissements parasitaires, lorsque l'opérateur économique s'approprie l'investissement d'autrui.

En dehors de toute confusion, les actes relevant du détournement de la notoriété et du travail d'autrui ne peuvent être appréhendés comme des actes de parasitisme, au titre de l'article 2 de l'Annexe VIII de l'ABR. Dès lors, l'ABR ne les identifie pas comme des actes de détournement du travail ou de la notoriété d'autrui. Toutefois, le commerçant, auteur des actes déloyaux, peut être sanctionné, en vertu de l'article 4 de l'Annexe VIII de l'ABR. Cette affirmation doit cependant être nuancée. La disposition sus-évoquée n'appréhende que les actes déloyaux qui sont susceptibles d'induire le public en erreur. Cette

---

1331 Cass. com., 16 juin 1964, Bull. civ, III, n°309.
1332 Versailles, 16 déc. 2004, *JCP E* 2005, 1004, n°7, obs. CARON (C.).
1333 Paris, 3 mai 2000, *RJDA* 2000, n°1191.
1334 Cass. com., 30 janv. 1996, « Fleurs Eclairs », D. 1997, 123, note SERRA (Y.).
1335 Paris, 22 mars 1990, D. 1990, IR, 175.
1336 MALAURIE-VIGNAL (M.), op.cit, p. 173.
1337 RIPERT (G.), ROBLOT (R.), VOGUEL (L.), op.cit, p. 753.

condition est réalisée, lorsque les actes déloyaux poursuivent le détournement de la notoriété d'autrui. Dans cette hypothèse, l'auteur des actes cherche nécessairement à induire le public en erreur. Les actes de détournement de la notoriété d'autrui sont donc constitutifs de concurrence déloyale, en vertu de l'ABR. Mais, les actes déloyaux, qui procèdent du détournement du travail d'autrui, n'entrent dans le champ ni de l'article 2 qui impose un risque de confusion, ni dans celui de l'article 4 qui exige le fait pour l'auteur des actes déloyaux de chercher à induire le public en erreur. Ces actes ne peuvent donc être réprimés en vertu de l'ABR. Cependant, ils peuvent toujours l'être, sur le fondement des articles 1382 et suivants du code civil, si le titulaire du signe parvient à établir la faute du parasite, le préjudice subi par lui, de son fait, et le lien de causalité entre la faute et le préjudice. Cette solution palliative intéresse également le détournement des investissements d'autrui.

2- *Les imprécisions relatives au détournement des investissements d'autrui*

L'attitude déloyale, consistant au détournement des investissements d'autrui, n'est pas spécifiquement identifiée par l'ABR, comme une atteinte au droit du titulaire du signe.

Toutefois, il y a, premièrement, détournement des investissements d'autrui, lorsque la copie servile du produit évite au parasite un investissement et permet sa revente à un bas prix[1338]. L'usurpateur arrive à vendre les produits à un coût nettement inférieur à celui de l'entreprise, dont les produits sont imités, parce qu'il réalise des économies de recherche, de conception et de publicité sur l'entreprise parasitée qui a eu à engager ces dépenses. Ainsi, l'agissement parasitaire repose, non sur la reproduction ou l'imitation qui sont sanctionnées par la contrefaçon, mais sur le fait de rester dans le sillage du parasité, en réalisant des économies qui permettent au parasité de revendre ses produits à un prix nettement inférieur[1339].

Au demeurant, les solutions sont plus hésitantes qu'il n'y paraît pas. En effet, s'il y a des décisions qui admettent que la copie et la commercialisation

---

[1338] FRISON-ROCHE (M.A), PAYET (M.S.), op.cit, p. 411.

[1339] MALAURIE-VIGNAL (M.), op.cit, p. 172. Ainsi, constituent des actes de parasitisme, les agissements d'un grossiste consistant en l'importation et la commercialisation de copies serviles de produits portant son nom, dans le but de détourner la clientèle de la société concurrente qui a déjà commercialisé, avant lui les mêmes produits, tout en profitant des efforts consentis par cette dernière pour concevoir et commercialiser les produits litigieux (Rennes, 28 janv. 1998, *JCP E* 1998, n°50, p. 1252.) à un prix insignifiant. De même, a été condamnée, la société qui procède à une reproduction servile et à une commercialisation à des prix outrageusement bas, des produits d'un concurrent parce qu'elle s'est placée dans le sillage de celui-ci en profitant de ses investissements (Cass. com., 8 juill. 2003, CCC. 2003, n°161, note MALAURIE-VIGNAL (M.).

d'un produit à un prix nettement inférieur sont constitutifs de parasitisme, en ce que le copieur profite des investissements d'autrui[1340], d'autres, par contre, considèrent que *« le simple fait de copier une prestation qui ne fait pas l'objet d'un droit de propriété intellectuelle, ne constitue pas comme tel un acte de concurrence fautive , en ce qu'une telle reprise, qui procure nécessairement des économies à celui qui s'y livre, ne saurait à elle seule être tenue pour parasitaire, en application du principe de la liberté de commerce »*[1341]. Pour ajouter à l'hésitation, même la simple commercialisation d'un produit contrefaisant, à un prix inférieur à celui couvert par un droit privatif, n'a pas été considérée comme déloyale[1342]. Les incertitudes s'étendent également aux agissements parasitaires portant sur les investissements promotionnels et les réseaux de distribution.

La commercialisation d'un produit peut engendrer de lourds investissements pour sa promotion. Cet investissement promotionnel engendre des frais dont le parasite cherche à faire l'économie. Il se place donc dans le sillage du parasité, afin de profiter indûment de son investissement promotionnel. Le but recherché par lui est, certes, de faire une économie substantielle, mais il recherche surtout à éviter les risques de l'innovation[1343]. Dès lors, la concurrence est déloyale parce qu'elle se fait sur la base des coûts différents, le parasité ayant un handicap que le parasite accroît souvent en commercialisant ses produits à un prix inférieur à ceux du parasité[1344].

Le parasitisme des investissements promotionnels se note, à l'abord, lorsque le parasite vend ses produits, hors du réseau de distribution mis en place par le titulaire de la marque ou du signe distinctif. Ainsi, le parasite ne subit pas les contraintes du réseau de distribution comme, par exemple, le paiement de royalties imposé à un franchisé, et peut alors vendre ses produits avec des charges moindres. Dans cette hypothèse, il n'y a pas reproduction ou imitation de la marque, mais il y a parasitisme, en raison de ce que le parasite s'est placé dans le sillage du parasité pour réaliser des économies indues[1345]. Cette faute est distincte de celle de l'approvisionnement irrégulier qui, elle, constitue une contrefaçon.

L'usurpation parasitaire peut également porter sur des idées publicitaires[1346]. Ainsi, un commerçant de fleurs, qui a fait usage de la formule publicitaire « La note d'Azur, l'autre pays de la tulipe », a été condamné pour agissements parasitaires, au détriment de l'office néerlandais de produits laitiers, exploitant la formule publicitaire « La Hollande, l'autre pays du fromage », au motif que

---

1340 Idem.
1341 Paris, 18 oct. 2000, « Lego », D. 2001, 850, note PASSA (J.).
1342 Cass. com., 17 juin 2003, *Propr. Intell.* Oct. 2003, p. 447, obs. PASSA (J.).
1343 MAINGUY (D.), RESPAUD (J.-L.), DEPINCE (M.), op.cit, p. 102.
1344 Paris, 3 avr. 1991, *PIBD* 1991, 504, III, 625.
1345 Cass. com., 18 oct. 1994, Bull., n°310 ;
1346 V. supra, p. 212 et s.

« l'imitation de la formule publicitaire utilisée depuis plusieurs années par l'office pour les besoins d'une publicité, dans le but évident de profiter à un moindre coût de l'impact des campagnes promotionnelles de l'office, caractérise une faute au sens de l'article 1382 du code civil, même si la société fleurs éclairs et l'office n'étaient en situation de concurrence »[1347]. De même, constitue un acte de concurrence déloyale l'imitation du concept publicitaire d'un concurrent[1348], pour le compte du même annonceur[1349], ou dans le cadre de la même activité[1350].

Le parasite, en se plaçant dans le sillage du parasité, pour tirer indûment profit de son investissement ou de ses activités, cherche même implicitement à créer une confusion entre son entreprise et celle du parasité, mais aussi à induire le public en erreur. En effet, l'économie de l'innovation et les dépenses d'investissement ne sont réalisées que parce que le public confond les deux entreprises, ou croit acquérir les produits du parasité. Les actes constitutifs du détournement des investissements d'autrui relèvent donc des actes de concurrence déloyale, prohibés par le législateur OAPI, au travers des articles 2 et 4 de l'annexe VIII de l'ABR.

En définitive, les atteintes aux droits exclusifs des titulaires des signes distinctifs sont saisies avec imprécision par le législateur OAPI. Celles-ci n'épargnent ni les atteintes avec risque de confusion ni celles qui ne peuvent être réalisées qu'avec un tel risque. Aussi, l'ABR, lorsqu'il identifie les atteintes, se limite-t-il bien souvent à des énumérations qui ne permettent pas d'en saisir les contours. De même, certaines d'entre elles, comme les actes de reproduction, de détention ou d'importation de produits contrefaisants, ne sont même pas édictées par l'ABR, alors même qu'elles sont les plus courantes. Dans l'appréciation de l'atteinte, subséquente à la violation de l'ABR, le juge est donc, en grande partie, livré à lui-même, sans qu'il ne puisse s'appuyer, comme il se devait, sur l'ABR. Mais, la doctrine et la jurisprudence, d'inspiration française, pourraient quelque peu pallier les lacunes de l'ABR, surtout que celles-ci ne favorisent pas l'efficacité de l'office du juge.

[1347] Cass. com., 30 janv. 1996, Bull., n°32.

[1348] Paris, 10 mars 2000, *Gaz. Pal*, 21-22 nov. 2001, p. 40.

[1349] Paris, 30 avr. 1997, *Gaz. Pal.* 1998, 1, Somm. 320.

[1350] Versailles, 15 févr. 2001, *Gaz. Pal*, 21-22 nov., p. 38, obs. ROILAND.

SECONDE PARTIE

L'EFFICACITE RELATIVE DE L'OFFICE DU JUGE

Les lois ont perdu de leur sacralité, en ce qu'elles ne répondent plus ou pas assez à l'attente de prévisibilité des comportements qu'elles régissent[1351]. Le bon juge[1352], avec des prérogatives nouvelles, est donc invité à assurer aux signes distinctifs, une protection optimale, en ce que cette protection est la plus efficace[1353].

Mais, en droit OAPI, le juge, nonobstant l'incertitude matérielle de son office, y parvient-il ? L'efficacité de son office n'est-elle pas à relativiser tout

---

1351 La règle de droit, comme le Code civil, avait édicté un corps cohérent des règles qui filtrait les demandes sociales et s'assurait de leur adéquation. Mais les sociétés actuelles, parce qu'elles sont plus exigeantes, moins homogènes et donc plus individualistes, demandent non des prescriptions générales mais des arbitrages. Les lois se limitent ainsi à orienter, recommander et surtout fixer des objectifs à un certain nombre d'acteurs dont le juge. Celui-ci passe alors « de figure wébérienne du *paragraphen Automat* machine à produire du syllogisme à celle d'interprète de la loi puis de suppléance » (ALLAND (D.), RIALS (S.), op.cit, p. 863.).

1352 Le droit à un bon juge constitue une des garanties institutionnelles et procédurales du procès. Ainsi, le justiciable a le droit d'attendre du juge, de délivrer des décisions de qualité, dans un délai raisonnable : (GUINCHARD (S.), op.cit, p. 827.).

1353 AMRANI MEKKI (S.), « Le droit processuel et la responsabilité civile », *in Etudes offertes à Geneviève VINEY, Liber amicorum,* Paris, LGDJ, 2008, p. 12.

au long du procès[1354], qui est la phase judiciaire du litige[1355] ? Pour répondre à ces questions, il convient, d'une part, de vérifier si le déroulement de l'instance n'est pas confronté à des limites (Titre I) et, d'autre part, de s'interroger sur les limites du dénouement du procès (Titre II).

[1354] Etymologiquement, le procès découle du latin juridique « *procedere* » signifiant « avancer ». Ainsi, le procès pourra être défini d'abord, comme le litige porté devant un juge, mais également comme la façon dont ce litige sera traité par le juge saisi, c'est-à-dire la procédure. « En ce dernier sens, le procès constitue bien une solution au litige, au sens quasiment chimique du terme, une manière de résoudre le litige ». (CADIET (L.), NORMAND (J.), AMRANI MEKKI (S.), *Théorie générale du procès,* op.cit, p. 305.). Pour le Professeur CARBONNIER, le procès est le siège de deux grandes attitudes opposées : une attitude optimiste et une attitude pessimiste. L'attitude optimiste saisit le procès comme la réalisation bienfaisante du droit. Cette conception est héritée du droit romain dont, au XIXème siècle, l'un des tenants était IHERING : « le procès n'est que la projection du droit, la garantie des droits de l'homme ». Pour ce qui est de l'attitude pessimiste, si elle trouve sa source dans le nouveau testament, elle ne s'éclot véritablement qu'au XVIIe avec le jansénisme. Le procès serait alors, à l'instar des crimes et des guerres, un trouble à l'ordre social, une sorte de combat entre des chiens. (CARBONNIER (J.), *Le procès et le jugement*, Paris, Cours polycopié de sociologie juridique, Paris, Association des Etudiants en droit, 1961-1962, p. 153 et s.).

[1355] Le litige ne serait qu'un différend ou un désaccord, un conflit considéré dès le moment où il éclate comme pouvant faire l'objet d'une transaction, d'un compromis d'arbitrage ou d'autres modes de solution, indépendamment de tout recours à la justice étatique (CORNU (G.), *Vocabulaire juridique*, p. 615.). Cette définition est trop large pour servir en l'espèce le sens de litige. Ainsi préférerons-nous le sens donné au litige : « comme un conflit sur ce que requièrent, autorisent ou interdisent les règles de droit pertinentes, ce que seul peut juger un tiers impartial investi du pouvoir de dire le droit, dans un acte d'autorité qui ne peut être contesté que devant un autre juge ». (CADIET (L.), NORMAND (J.), AMRANI MEKKI (S.), *Théorie générale du procès*, op.cit, p. 312.).

TITRE I

LES LIMITES DU DEROULEMENT DE L'INSTANCE

L'instance ne peut être réduite à une préparation passablement formaliste de la décision du juge, « *elle est aussi une situation juridique originale, un dialogue rituel à trois personnages : le demandeur, le défendeur et le juge* »[1356].

Ce dialogue est quelque peu altéré, en droit OAPI. En effet, l'ABR n'a quasiment pas organisé la procédure spécifique à suivre par le juge pour exercer, au mieux, sa mission de protection des signes distinctifs. Celui-ci s'en remet donc aux lois nationales qui, dans leur majorité, ont l'avantage de l'unité originelle héritée des codes de procédures civile et pénale français. Les lois présentent ainsi une homogénéité interne, par l'application, dans la plupart des pays de l'OAPI, des mêmes principes fondamentaux, tant devant le juge civil que devant la juridiction répressive.

Toutefois, nonobstant cette assiette normative, le déroulement de l'instance connaît des spécificités propres aux signes distinctifs. Celles-ci, en plus des normes de droit commun, peuvent-elles constituer des écueils à l'introduction de l'instance (Chapitre I) ? Ne sont-elles pas autant de limites à l'instruction de la cause (Chapitre II) ?

1356 L'instance est la phase judiciaire du procès pendant laquelle les parties au litige accomplissent un certain nombre d'actes de procédure, afin que l'affaire soit jugée sur le fond de la demande (CADIET (L.), JEULAND (E.), *Droit judiciaire privé*, op.cit, *p.* 367.). Ainsi, l'instance correspond au laps de temps, au cours duquel les actes sont accomplis par les protagonistes du procès afin que l'affaire soit jugée (COUCHEZ (G.), LANGLADE (J- P.), LEBEAU (D.), *Procédure civile,* op.cit, p. 107.).

CHAPITRE I

LES ECUEILS A L'INTRODUCTION DE L'INSTANCE

En droit OAPI, les règles qui gouvernent l'introduction de l'instance sont essentiellement celles du droit commun. Mais, ces règles, de par leur régime et leurs conditions de mise en œuvre, peuvent se révéler de véritables écueils à la protection judiciaire des signes distinctifs. Même si certains de ces handicaps sont traditionnels, ils ne constituent pas moins des entraves qui sont parfois accentuées par les spécificités du droit des signes distinctifs.

Ainsi, la protection surtout judiciaire peut être paralysée, déjà, à l'entame du procès, en privant le titulaire du signe de la sanction à l'atteinte à son droit exclusif d'exploitation. Ces écueils qui, dans certains cas, peuvent être surmontés, sont érigés par les règles de déclenchement de l'action (Section I) et les règles de compétence ou de délai (Section II).

SECTION I. LES ECUEILS ERIGES PAR LES REGLES DE DECLENCHEMENT DE L'ACTION

En droit de propriété industrielle, l'action[1357] au civil ou consécutive à l'action publique, est le droit pour le titulaire du signe distinctif d'être entendu sur la violation de son droit exclusif, aux fins d'obtenir du juge, la sanction de

[1357] L'action de manière générale est le droit pour l'auteur d'une prétention d'être entendu sur le fond de celle-ci afin que le juge la dise bien ou mal fondé. (Art.2 al.1er de la loi n°99-022/ ou du 18 mai 1999 portant Code de Procédure Civile du Burkina-Faso).

cette atteinte. A l'opposé, l'action[1358] est pour le contrefacteur ou l'auteur des atteintes, le droit de combattre la violation qui lui est reprochée.

Mais, l'action ne peut être utilement et efficacement mise en mouvement que si les conditions de son existence ainsi que celles de son exercice sont réunies. La communion de ces deux catégories de conditions n'est pas toujours aisée, en droit OAPI. En effet, elles engendrent des difficultés particulières. Celles-ci peuvent-elles être un handicap au déclenchement de l'action, c'est- à-dire perturber la réalisation des conditions d'existence de l'action (Paragraphe I) ou la réunion des conditions d'exercice de l'action (Paragraphe II) ?

Paragraphe I. La perturbation des conditions d'existence de l'action

L'action du titulaire du signe ne peut exister que s'il justifie, à la fois, d'un intérêt[1359] et d'une qualité[1360]. Cette dernière est rigoureusement organisée par l'Accord de Bangui Révisé[1361] et, de manière générale, le droit de propriété industrielle relativement à la marque et au nom commercial, de sorte que ne peuvent s'en prévaloir que les personnes limitativement énumérées. Pour les autres signes, seules peuvent s'appliquer les règles de droit commun.

Cette différence de traitement constituent un obstacle ou une perturbation à la réalisation efficiente des conditions d'existence de l'action, qu'il s'agisse de l'intérêt (A) ou de la qualité pour agir (B).

A- La perturbation de l'intérêt pour agir

L'intérêt pour agir est le profit, l'utilité ou l'avantage que l'action procure ou est susceptible de procurer à la victime de contrefaçon ou, plus largement, à la victime d'atteinte aux droits exclusifs, sur les signes distinctifs. Il s'agit d'une exigence classique attestée par de vieilles maximes comme « *l'intérêt est la mesure du droit* » ou « *pas d'intérêt, pas d'action* »[1362]. En effet, les

---

1358 Pour l'adversaire, l'action, en droit commun, est le droit de discuter le bien-fondé de cette prétention. (Art. 8 al.2 du décret D/ 98/ N°100/PRG/SGG du 6 juin 1998 portant Code de Procédure Civile, Economique et Administrative (CPCEA) de la République de Guinée).

1359 VINCENT (J.), GUINCHARD (S.), op.cit, p. 133.

1360 Art.33 al. 2 du CPCCSAC du Bénin.

1361 VINCENT (J.), GUINCHARD (S.), op.cit, p. 133, préc.

1362 Il n'est nécessaire de justifier longuement une telle règle, tant sa nécessité paraît évidente : il est certain que le rôle des juridictions n'est pas de procurer aux plaideurs des satisfactions purement platoniques. Cela étant, l'intérêt pris en compte pour justifier le droit d'agir peut

« tribunaux ne sont pas faits pour donner des consultations purement théoriques ou pour délibérer sur des questions académiques »[1363]. Le titulaire du signe distinctif ne peut valablement agir en justice pour assurer la défense de son droit que si, au jour de l'exercice de l'action, il justifie d'un intérêt pour agir. Mais, en droit de propriété industrielle, l'intérêt pour agir est parfois ébranlé, confronté qu'il est à des écueils. Ceux-ci peuvent alors paralyser la protection judiciaire si, au jour de la saisine du juge, l'intérêt n'existe pas (1), ou n'obéit pas à des caractères déterminés (2).

1- L'existence de l'intérêt pour agir

L'existence du droit d'agir n'est établie que si le titulaire du droit sur le signe distinctif, victime d'une atteinte à son droit, excipe d'un intérêt né et actuel[1364]. La conséquence est qu'un intérêt passé ne permet pas d'agir utilement en justice[1365]. Il en va ainsi, lorsque la sanction de l'atteinte sollicitée par le titulaire du droit ne peut plus être jugée, en raison d'une prescription, d'une forclusion ou d'un jugement antérieur.

Ainsi, l'intérêt excipé ne peut être pris en considération que s'il existe au moment où la demande est formée, c'est-à-dire au moment du déclenchement de l'action, car le rôle du juge est de statuer sur les litiges déjà nés. Par suite, ne justifie pas d'un intérêt né et actuel le titulaire de la marque simple ou ordinaire qui agit en protection de son signe, alors même qu'il n'a aucun droit sur ledit signe. C'est dire donc qu'un intérêt éventuel ne peut être pris en considération[1366].

La difficulté première qui naît de l'actualité de l'action, en droit OAPI et, plus largement, en droit de propriété industrielle, est la forclusion par tolérance. En droit commun, le titulaire du droit est toujours libre de revenir sur une tolérance pour mettre fin aux agissements des tiers, en faisant respecter la plénitude de ses droits. C'est là un principe qui devrait aller de soi. Mais, il en va autrement, en droit de propriété industrielle. En effet, et contrairement au droit commun où la tolérance n'a aucune incidence sur la réalité du droit[1367], en droit de marque[1368] et en droit de nom commercial[1369], le fait pour

---

être d'ordre patrimonial ou extrapatrimonial. Encore faut-il que l'on puisse estimer qu'il est suffisant, étant entendu que le minimum requis n'est guère facile à préciser. COUCHEZ (G.), LANGLADE (J-P.), LEBEAU (D.), *Procédure civile*, op.cit, p. 91.

[1363] PERROT (R.), Cours de *Droit judiciaire privé,* Paris, Les cours de droit, 1981, Fasc. II, p. 75.

[1364] Cass., 3e Civ, 8 févr. 2006, *JCP G* 2006, IV, 1475.

[1365] CADIET (L.), JEULAND (E.), op.cit, p. 266.

[1366] GUINCHARD (S), (dir.), op.cit, p. 6.

[1367] TERRE (F.), SIMLER (P.), *Les biens*, Paris, Dalloz, Précis, 4e éd., 1992, p. 446.

[1368] Art.46 al.3 de l'Annexe III de l'ABR.

[1369] Art.3 al.3 de l'Annexe V de l'ABR.

le titulaire du signe d'en tolérer l'usage peut conférer à celui qui exploite le signe, sans son consentement, un droit qui lui est opposable[1370], de sorte que toute action à son encontre sera dépourvue d'intérêt. Dès lors, lorsque les titulaires d'une marque ou d'un nom commercial postérieurement enregistré, n'exploite pas son signe, son action est dépourvue d'intérêt, donc devient irrecevable, passé un délai respectif de trois ans et de cinq ans[1371].

Deuxièmement, l'intérêt pour agir peut ne plus exister, en cas de déchéance de la marque ou du nom commercial, pour défaut d'exploitation ou pour dégénérescence[1372]. Dans ces cas, les titulaires de ces signes distinctifs ne disposent plus sur leur signe d'un droit exclusif dont ils peuvent rechercher la sanction devant le juge, en cas d'atteinte. Ainsi, les titulaires du nom commercial, de la marque, en cas de déchéance de leur droit, ne *« souffrent plus d'un mal auquel l'exercice de l'action peut apporter un remède »*[1373].

Ainsi, si au moment de l'introduction de l'action, le propriétaire du signe est dépossédé de son droit exclusif, soit parce qu'il en est déchu, soit parce que le droit a été annulé, soit encore par l'effet d'une action en revendication, son action ne peut qu'être déclarée irrecevable. En effet, dans ces hypothèses qui sont propres à la propriété industrielle, l'intérêt, même s'il a pu naître, a cessé d'exister à la date de la saisine du juge. Ne pouvant plus se prévaloir du droit exclusif, le demandeur n'a donc plus un avantage à tirer de l'action qui, par conséquent, devient irrecevable. Malheureusement, lorsque la déchéance est établie ou que le titre est nul, le demandeur ne peut que succomber au moyen du contrefacteur, tiré du défaut d'intérêt. Par suite, l'inexistence de l'intérêt est un handicap majeur à la protection judiciaire.

1370 AZEMA (J.), GALLOUX (J.C.), op.cit, pp. 1017-1018.

1371 Art. 46 de l'Annexe III de l'ABR ; art. 17 de l'Annexe V de l'ABR. Toutefois, le défaut d'intérêt n'est pas irrémédiable. En effet, il ne peut être invoqué que si le contrefacteur a agi de bonne foi (Cass. com., 29 sept. 2009, « César Ritz », *PIBD* 2009 n°908-III-1541.). Ainsi, celui-ci, de mauvaise foi qui, par exemple, connaissait l'existence de la marque ou du nom commercial, ne peut utilement invoquer la tolérance (Cass. com., 28 mars 2006, Bull.civ., IV, n°82, p. 81.). De même, la tolérance ne joue que pour les produits ou pour les services tolérés, c'est-à-dire que pour les services effectivement exploités par le concurrent non titulaire du droit sur le signe. Par ailleurs, seul le commerçant qui a exploité les signes pendant la période de tolérance peut efficacement invoquer le défaut d'intérêt. Ainsi, un contrefacteur ne pourra pas se prévaloir d'actes de tolérance ou prétendus tels, dont auraient bénéficié les tiers pour prétendre s'exonérer lui-même de ses actes de contrefaçon (Cass. req., 31 oct. 1927, « La Belle Jardinière », S. 1928. I.46.). Enfin, le délai de tolérance qui est analysé par la Cour de Cassation française comme un délai de prescription de l'action en justice, est susceptible de suspension ou d'interruption dans les conditions prévues aux articles 2233 et suivants du code civil (Cass. com., 8 mars 2005, Bull.civ.IV, n°52, p. 58, *PIBD* 2005, n°808, III, 309.). Dès lors, le titulaire du signe, qui cherche à interrompre ou à suspendre les effets de la tolérance, peut le faire au travers notamment d'une assignation, d'une saisie ou d'un commandement.

1372 V. supra, p. 98-103.

1373 CADIET (L.), JEULAND (E.), op.cit, p. 266, préc.

La nécessité d'un intérêt né et actuel amène également à interdire les actions provocatoires et interrogatoires, dont l'objet est de solliciter du juge qu'il se prononce immédiatement sur l'existence, la validité ou le contenu des droits sur les signes distinctifs, indépendamment de tout intérêt né et actuel du titulaire de signes distinctifs[1374].

Toutefois, en droit français de propriété industrielle, l'irrecevabilité d'action préventive admet une exception. L'article L-615 [1375] du code de propriété intellectuelle autorise celui qui n'est pas certain que l'exploitation qu'il réalise[1376] ou qu'il s'apprête à réaliser[1377] ne contrefait pas un brevet, à demander au titulaire de prendre parti sur l'opposabilité de son titre à cette exploitation. Aussi, la loi offre-t-elle, au travers de l'action préventive qui est l'action en déclaration de non-contrefaçon, à celui qui craint un éventuel contentieux, la possibilité d'agir préventivement pour écarter le risque d'être assigné en contrefaçon[1378]. En droit de marque ou en droit de nom commercial, la possibilité d'une action préventive n'est pas ouverte à celui qui s'apprête à exploiter un signe ou des produits similaires ou identiques à ceux de la marque ou de nom commercial ou à ceux exploités sous la marque et sous le nom commercial. Cette omission est regrettable. En effet, l'action préventive qui porterait, soit sur l'action provocatoire soit sur l'action interrogatoire, permettrait, tout comme en droit de brevet, au titulaire d'un signe distinctif, de s'assurer de l'atteinte ou non portée à son droit, avant la naissance d'un litige. Ainsi, l'action préventive pourrait préciser l'intérêt à agir du titulaire du signe distinctif. Elle permettrait subséquemment, dans certaines conditions, de prévenir et, même, de dissuader l'atteinte. Le fait de ne pas étendre ce droit aux signes distinctifs est donc un handicap à la matérialisation de l'intérêt des titulaires de la marque ou du nom commercial, même s'il est surmontable devant le juge pénal.

[1374] Idem. En effet, l'action interrogatoire vise à contraindre une personne qui dispose d'une faculté d'option, soit de déclarer si elle entend ou non user de son droit, soit d'opter entre plusieurs parties qui s'offrent à elle dans l'exercice de son droit (CORNU (G), *Vocabulaire juridique*, v° action interrogatoire.). En revanche, par l'exercice de l'action provocatoire ou encore action de « jactance », le demandeur troublé par les allégations publiques du défendeur sur ses droits, cherche à mettre celui-ci en demeure d'avoir à justifier ses affirmations sous peine de se voir soumettre à un perpétuel silence. L'irrecevabilité de telles actions est postulée par le fait qu'elles tendent à contraindre le titulaire d'une option ou d'un droit d'action dans une certaine durée à en faire l'exercice immédiat. (GUINCHARD (S.), op.cit, p. 6, préc.). En effet, l'action et l'option constituent des droits impliquant pendant toute la durée de leur existence, un pouvoir aussi bien d'agir que de s'abstenir (Cass. 2e, 8 sept. 2005, n°03-18.862, Bull. civ, II, n°215.).

[1375] Art. L. 615 du CPI.

[1376] TGI Paris, 23 juin 1999, *PIBD* 2000, III, 55, *RTD com*, 2000, p. 395.

[1377] TGI Paris, 28 oct. 1998, *PIBD* 1999, n°675, III, 192.

[1378] POLLAUD-DULIAN (F.), *Propriété intellectuelle, la propriété industrielle*, op.cit, p. 414.

Le titulaire du signe distinctif peut préférer saisir le juge pénal plutôt que le juge civil, pour obtenir réparation[1379].

Pour autant, l'existence de l'intérêt pour agir est confrontée au même handicap que celui relevé devant le juge civil. En effet, la déchéance du droit du titulaire de la marque ou du nom commercial, pour défaut d'exploitation ou pour dégénérescence, prive celui-ci du droit exclusif qui l'autorise à poursuivre les atteintes devant le juge pénal.

Mais, à la différence du juge civil, le demandeur a un intérêt particulier à s'adresser au juge pénal, car celui-ci, plus que le juge civil, peut, non seulement lui assurer une meilleure réparation, en prenant en compte le ressort psychologique de la demande mais, également, assurer, au mieux, l'existence ou non de l'intérêt[1380].

Pour autant, l'intérêt pour agir, en plus d'être né et actuel, doit répondre à d'autres conditions.

2- Les caractères de l'intérêt pour agir

En plus de son actualité, l'intérêt n'est admis que si le demandeur satisfait à des conditions supplémentaires. Ces conditions, en droit des signes distinctifs, sont parfois de réalisation difficile. Le constat en est fait, tant devant le juge civil (a) que devant le juge pénal (b).

1379 Une juridiction pénale ne peut connaître d'une action civile qu'accessoirement à l'action publique (RASSAT (M.L.), *Procédure Pénale*, Paris, Ellipses, Manuel, université droit, 2e éd., 2013, p. 441.). Le demandeur doit donc justifier d'un préjudice. En effet, la partie lésée est recevable à réclamer devant la juridiction répressive, outre la réparation du préjudice corporel ou moral, celle du préjudice matériel causé par le même fait1379. Ainsi, le demandeur à « l'action pénale privée » doit pouvoir établir son intérêt à agir, qui naît du préjudice subi du fait de l'infraction.
Tout comme devant le juge civil, l'intérêt doit être certain et actuel. C'est-à-dire que le dommage doit exister effectivement lors de la mise en mouvement de l'action civile et être réparable (PRADEL (J.), *Procédure Pénale*, Paris, CUJAS, 17e éd, 2013, p. 231.). Est réparable, le préjudice qui apparait au juge comme la prolongation certaine et directe d'un état de choses actuelle et comme étant susceptible d'estimation immédiate (Cass. crim., 21 oct. 2003, Bull.crim, n°196.). En conséquence, le préjudice aléatoire, simplement éventuel, douteux dans son existence même, n'autorise pas la constitution de partie civile (PRADEL (J.), *Procédure pénale* op.cit, p. 238.).

1380 En effet, « reconnaître à la victime un pouvoir pénal, c'est d'abord lui permettre de préparer plus efficacement le succès de sa demande en réparation, de faciliter la réunion des preuves qui permettront son indemnisation. C'est aussi et surtout lui permettre de faire son deuil de l'infraction et d'assouvir un besoin de vengeance. Le caractère vindicatif de la constitution de partie civile, est une donnée essentielle dans la théorie de l'action civile ». (PRADEL (J.), *Procédure pénale*, op.cit, p. 231, préc.).

a- Le constat devant le juge civil

L'exigence de l'intérêt légitime pourtant classique est critiquée par certains auteurs, qui considèrent qu' « *apprécier la légitimité de la prétention, c'est se situer sur le fond du droit, alors que l'action étant distincte du droit litigieux, l'appréciation de la recevabilité de l'action doit se faire indépendamment de l'examen au fond de la prétention soumise au juge* »[1381].

Pour autant, la légitimité de l'intérêt est une exigence légale[1382] qui doit être satisfaite. Ainsi, l'intérêt légitime peut s'entendre de l'intérêt juridiquement protégé, même si le code de procédure civile, commerciale, sociale, administrative et des comptes béninois semble établir une distinction entre ces deux notions[1383].

Dès lors, l'intérêt dont le titulaire du signe se prévaut, ne doit pas être un intérêt illégal, illicite, contraire à la loi ou aux bonnes mœurs[1384].

Or, en droit OAPI, le nom commercial, la marque ou l'indication géographique ne doivent pas être contraires à l'ordre public ou aux bonnes mœurs[1385]. Même si cette prohibition n'est pas expressément édictée pour le nom de domaine, l'enseigne ou la dénomination sociale, il doit être entendu que ces signes non plus ne doivent pas contrevenir à l'ordre public ou aux bonnes mœurs. Il suit de là que le titulaire des signes qui, même enregistrés, sont contraires à l'ordre public ou aux bonnes mœurs, ne peut valablement prétendre disposer sur ses signes d'un intérêt légitime [1386]. Ceux-ci ne peuvent donc recevoir une protection judiciaire. Dans cette hypothèse, le défaut d'intérêt légitime peut également être sanctionné par la nullité du signe. Aussi, s'agit-il d'une véritable entrave à la protection judiciaire du signe que le propriétaire dudit signe ne peut combattre efficacement.

1381 CADIET (L.), JEULAND (E.), op.cit, p. 271.

1382 Art. 33 du CPCCSAC du Bénin.

1383 Le législateur béninois précise que « l'action n'est recevable que si le demandeur justifie d'un intérêt légitime, direct et personnel, juridiquement protégé ». (Art. 33 CPCCSAC). En effet, pour que la demande soit recevable, l'intérêt invoqué doit être un intérêt juridiquement protégé. La demande dont le juge est saisi doit pouvoir être tranchée en application d'une règle de droit (GUINCHARD (S.), op.cit, p. 9.). Le rôle du juge n'est donc pas de trancher une querelle d'historien ou une guéguerre dynastique (Cass. civ.., 1re, 30 sept. 2003, n°01-03.219, Bull.civ. I, n°195.). De même, la légitimité de l'intérêt peut relever aussi bien d'une question d'opportunité (Cass.civ. 1re, 3 juin 2003, n°00.21. 804 NP. Cet arrêt a déclaré irrecevable, faute d'intérêt légitime, une demande de changement de prénom ne faisant état que de convenances personnelles) ou de considérations d'ordre moral (Paris, 15 déc. 1988, D. 1988, IR 183, obs. Julien ; TGI Paris, 22 mai 1980, *Gaz. Pal.* 1981, Somm. 28.). Dans ces cas, les demandes sont rejetées, en raison de la turpitude du demandeur ou du blâme dont sa prétention fait l'objet.

1384 Cass.1re civ., 25 janv. 1972, n°70-12.679, Bull.civ, I, n°25 ; D. 1972, 413, note Le Tourneau.

1385 Art. 3 de l'Annexe II de l'ABR et art. 2 de l'Annexe V de l'ABR.

1386 COUCHEZ (G.), LANGLADE (J.P.), LEBEAU (D.), *Procédure civile*, op.cit, p. 91.

De même, alors que la marque était valide à son enregistrement, elle peut devenir déceptive, c'est-à-dire trompeuse, en raison de l'usage qui en est fait. Dans ce dernier cas, la marque n'est pas nulle. Son titulaire peut donc continuer à l'exploiter, mais il ne dispose plus d'un droit exclusif sur le signe[1387], car *« nul ne doit avoir de droit exclusif sur l'instrument d'une tromperie »*[1388]. En effet, la marque doit être et demeurer un instrument loyal d'information du consommateur[1389]. Par suite, l'intérêt du titulaire d'une marque déceptive est privé de toute légitimité[1390]. Le titulaire d'une marque, qui est devenue générique de par son usage, est également dépourvu d'intérêt pour assurer la protection de sa marque, en ce sens qu'il ne dispose plus sur sa marque d'un droit exclusif qui autoriserait une action en justice. Il s'agit là d'une particularité du droit des signes distinctifs, qui affaiblit considérablement la légitimité de l'intérêt pour agir.

De même, le demandeur ne peut agir utilement que s'il justifie d'un intérêt personnel et direct[1391]. Ainsi, le titulaire d'un signe distinctif ne doit saisir le juge que pour défendre ses intérêts propres, c'est-à-dire que le résultat de l'action doit personnellement lui profiter[1392]. Il ne peut donc agir ni pour défendre l'intérêt général, prérogative reconnue au Ministère Public[1393], ni pour défendre les intérêts de tierces personnes physiques ou morales[1394] : « nul ne plaide par procureur ».

La conséquence en est notamment que, à la différence du droit anglo-saxon qui reconnaît la « class action »[1395], dans l'espace OAPI comme en droit français, cette modalité d'exercice de l'action n'est pas reconnue. Il n'est pas reconnu à un particulier le droit d'exercer une action en justice pour représenter

---

1387 PASSA (J.), *Traité*, t.1, op.cit, p. 271.

1388 Idem.

1389 Paris, 15 déc. 2004, « Ines de la Fressange », *PIBD* 2005, n°803, III, 142.

1390 Cass. Com., 20 mars 2007, « Bach Flowers remedies », *PIBD* 2007, n°852-III-339.

1391 Art. 33 al.2 du CPCCSAC du Bénin.

1392 CADIET (L.), JEULAND (E.), op.cit, p. 273.

1393 Art. 428 du décret n°99/254/PIRM du 15 septembre 1999 portant Code de Procédure Civile, Commerciale, Sociale du Mali.

1394 Cass. com., 14 janv. 2003, D.2003, Somm. 2693.

1395 Encore dénommée « action de groupe », la class action est définie comme « une procédure juridique qui autorise un certain nombre de personnes ayant les mêmes griefs contre un défendeur, à les faire valoir par le biais d'une partie agissant à titre représentant ». (DEFFAINS (B.), « Les effets bénéfiques des actions de groupe : une approche économique » in *Rev. Concurrence* n°2, *vers une action de groupe à la française, Rev. Concurrences*, n°2, 2008, Tendances, p. 34.). Ainsi, l'action de groupe est un outil d'efficacité économique, en ce qu'elle permet aux auteurs de dommages, comme le contrefacteur, de prendre pleinement conscience du préjudice qu'il inflige ou qu'il pourrait infliger et modifier son comportement en conséquence . (GOFFAUX-CALLEBAUT (G.), « Le préjudice en droit de la concurrence », in *Hokkaido Journal of New Global and Policy*, vol. 05, 2013.3, p. 57.).

un groupe inorganisé de personnes placées dans la même situation[1396]. Chacun des membres de ce groupe doit donc exercer l'action individuellement ou, à tout le moins, collectivement, avec les autres.

En droit OAPI, relativement à la marque collective et à l'indication géographique, il s'agit d'un handicap d'autant que la marque collective peut être utilisée par tous ceux qui se conforment aux stipulations du cahier des charges. Ceux-ci ont aussi intérêt, en dehors de toutes les associations ou de tous les groupements, à chercher la protection de leurs droits en se faisant représenter par l'un d'eux au moyen d'une « class action ». De même, les producteurs qui exercent leurs activités dans la région indiquée dans la demande d'enregistrement de l'indication géographique, peuvent également vouloir se défendre contre les atteintes dont sont l'objet leurs droits, sans nécessairement emprunter une autre voie que celle de la « class action ». Celle-ci est, en effet, souple et ne nécessite pas un formalisme particulier comme la constitution d'une association ou la création d'une société. Cette souplesse se note également devant le juge pénal.

b- Le constat devant le juge pénal

Devant la juridiction répressive, le préjudice direct est celui directement causé par l'infraction. Dès lors, en matière pénale, le préjudice direct s'explique par la nature propre de l'infraction, qui est un comportement précis prévu par un texte. « *Par conséquent, une infraction ne peut causer un dommage direct que si celui-ci est prévu par le texte incriminateur* »[1397]. Ainsi, le préjudice résultant, pour la victime d'un vol, des frais qu'elle a engagés pour organiser un système de surveillance, n'est pas direct et, donc, pas réparable[1398]. De même, l'obligation pour le fils de la personne accidentellement décédée d'acquitter les droits de succession, ne provient pas directement du délit d'homicide involontaire, car ces droits auraient été dus un jour. Pas de réparation, par conséquent, de ce chef[1399]. Enfin, l'assureur de la victime d'un vol ne peut obtenir du prévenu le remboursement de l'indemnité qu'il a versée à l'assuré, car son obligation d'indemniser la victime a pour cause directe, non le délit, mais le contrat d'assurance antérieur[1400], ou encore, l'exercice illégal de la médecine ne porte pas directement préjudice au malade ayant eu recours au guérisseur[1401].

[1396] CADIET (L.), JEULAND (E.), op.cit, p. 272.
[1397] PRADEL (J.), *Procédure pénale*, op.cit, p. 244.
[1398] Cass. crim., 9 avril 1976, Bull.crim., n°108.
[1399] Cass. crim., 28 févr. 1996, Bull.crim., n°97.
[1400] Cass.crim., 26 déc. 1961, Bull.crim, n°552.
[1401] Limoges, 2 juillet 1964, *JCP*, 1964, III, 133.

Ces différentes illustrations de la nécessité d'un préjudice, c'est-à-dire d'un intérêt directement né de l'infraction, permettent de mieux saisir les limites qu'elle induit en droit OAPI. En effet, l'article 45 de l'Annexe III de l'Accord de Bangui Révisé, qui fixe les incriminations en matière de contrefaçon de marque, ne vise, d'une part, que l'usage d'une marque collective et, d'autre part, que ceux qui vendent ou mettent en vente illicitement des produits revêtus de la marque collective. De même, l'article 37 de la même Annexe ne réprime que ceux qui, frauduleusement, apposent sur leurs produits une marque appartenant à autrui ou ceux qui vendent ou mettent en vente sciemment une marque contrefaisante. Dès lors, les autres actes de contrefaçon, comme la détention ou la reproduction de la marque ne peuvent recevoir la sanction du juge pénal. En effet, le préjudice qui en naît ne peut être considéré comme émanant directement d'une infraction, parce que le préjudice ne serait pas né d'une infraction punissable[1402].

Or, le titulaire du nom commercial, de l'indication géographique ou de la marque a le plus grand intérêt à cette protection.

En effet, et à l'abord, il y a primauté du pénal sur le civil, exprimée par la règle de l'autorité de la chose jugée au criminel sur le civil, et par l'impossible contradiction entre le jugement pénal et le jugement civil. Ensuite, le titulaire du signe distinctif, victime d'une violation de son droit, peut espérer, devant le juge pénal, une indemnisation plus certaine, plus économique et plus rapide[1403]. Priver le titulaire du signe de la protection pénale, en cas, par exemple, de reproduction de son signe, c'est gravement amputer sa protection judiciaire. Il sied donc de remédier au plus tôt à ce qui semble être une omission plutôt qu'une volonté délibérée du législateur OAPI, car elle ne se justifie pas, contrairement à l'exigence d'un préjudice personnel.

La nécessité d'un préjudice personnellement souffert par la victime, s'infère du principe selon lequel les personnes qui peuvent se constituer partie civile sont celles qui ont reçu « *l'impact de l'infraction* »[1404]. Ainsi, ne peut se constituer partie civile que la victime même de l'infraction. C'est la personne physique ou la personne morale qui a souffert dans sa chair ou dans son patrimoine, de l'infraction. Plus exactement, il s'agit, en l'occurrence, du titulaire du signe distinctif. Cette règle constitue un frein à la protection efficiente des atteintes aux droits sur les signes distinctifs. En effet, le titulaire du signe peut se retrouver dans un état physique qui ne lui permet plus d'assurer, par lui-même, la défense de ses intérêts. Pire, il peut même décéder, lorsqu'il s'agit d'une personne physique. La jurisprudence a, pendant longtemps, rejeté l'action initiée par les ascendants, les descendants ou par d'autres ayants droit du titulaire du signe, au motif que le préjudice excipé par

[1402] PRADEL (J.), *Procédure pénale*, op.cit, p. 234.
[1403] Idem.
[1404] RASSAT (M.-L.), *Procédure pénale*, op.cit, p. 74.

ceux-ci ne leur était pas personnel[1405]. Mais, depuis lors, la chambre d'accusation française a infléchi sa position en accueillant favorablement la constitution de partie civile des ayants droit de la victime, même si celle-ci est décédée, sur le fondement du principe du dommage, par ricochet[1406].

Nonobstant les extensions de l'exigence du caractère personnel du préjudice subi par la victime, les handicaps restent substantiellement les mêmes que ceux relevés devant le juge civil. Ainsi, les titulaires ou les exploitants de marques collectives ou d'une indication géographique ne peuvent pas, par le biais d'une « class action » comme en Common Law, se constituer parties civiles pour sauvegarder les droits des autres exploitants qui, pourtant, ont qualité pour agir.

B- La perturbation de la qualité pour agir

La qualité pour agir est le « *titre qui donne à une personne, le pouvoir d'exercer en justice le droit dont elle demande la san*ction »[1407]. L'exigence de la qualité pour agir est ordinaire, de sorte que l'action du titulaire du signe est irrecevable s'il ne peut justifier de la qualité pour agir. Mais, en droit des signes distinctifs, si la qualité pour agir obéit au droit commun, elle doit également satisfaire à des conditions supplémentaires, qui accroissent les difficultés du titulaire du signe pour obtenir réparation. Ces entraves, qui s'analysent en un défaut de qualité, peuvent induire l'irrecevabilité de la demande. La qualité pour agir devant le juge civil (1) ou devant le juge pénal (2) peut donc ne pas être suffisante à la protection des signes distinctifs.

1- La qualité pour agir devant le juge civil

Devant le juge civil, les obstacles à l'action du titulaire du signe pour faire reconnaître sa qualité diffèrent, selon que l'action est exercée à titre personnel (a) ou pour un intérêt collectif (b).

a- Les obstacles à l'action exercée à titre personnel

Relativement à l'action exercée par le demandeur pour la défense d'un intérêt personnel, actuel et direct, deux hypothèses sont à distinguer. La première est celle des actions dites banales, pour la défense d'un intérêt direct du demandeur. Dans ce premier cas, la qualité pour agir n'est pas, en principe,

---

1405 Cass. crim.., 29 nov. 1966, *JCP*, 1967, I, 14979.
1406 Cass.civ., 2 juin 1964, *Gaz. Pal.* 1964, II, 259.
1407 PERROT (R.), *Droit judiciaire privé*, op.cit, p. 87.

requise[1408]. Ainsi, l'action est « *recevable...si le demandeur justifie d'un intérêt...direct et personnel* »[1409]. Dès lors, intérêt et qualité se confondent, en ce que l'intérêt constitue un titre suffisant pour agir, la qualité est absorbée par l'intérêt, la loi accordant qualité à celui qui a intérêt à agir[1410].

En droit OAPI, « *toute personne intéressée ainsi que tout groupement intéressé de producteurs ou de consommateurs peuvent intenter les actions* » prévues, en cas de violation de leur droit sur l'indication géographique[1411]. L'intérêt seul suffit donc pour agir, en cas de violation ou d'atteinte du droit sur l'indication géographique. Il se confond à la qualité. Toutefois, l'intérêt doit être personnel et direct.

La solution est la même que celle que reçoivent les actions des titulaires de signes distinctifs en concurrence déloyale. De telles actions sont réservées à « *toute personne physique ou morale* »[1412], sans qu'il soit nécessaire qu'elles excipent d'une qualité spéciale. Il suffira que leurs intérêts soient personnels et directs.

La principale difficulté du titulaire du signe est, à ce niveau, que le défaut d'intérêt équivaut automatiquement à un défaut de qualité. En effet, à défaut d'habilitation légale, si le demandeur n'arrive pas à établir son intérêt, son action est irrecevable.

La seconde relève des actions attitrées ou réservées, qui ne sont attribuées par la loi, qu'à certaines personnes intéressées, spécialement désignées[1413]. Ainsi, il ne suffit pas d'avoir intérêt pour exercer l'action, il faut avoir une habilitation spéciale prévue, le plus souvent, par la loi. La qualité pour agir se détache alors de l'intérêt pour être une condition distincte de l'existence de l'action.

En droit OAPI, les actions pour la défense des droits sur la marque et sur le nom commercial sont des actions réservées. Celle-ci, en effet, n'est ouverte qu'à certaines personnes expressément désignées par l'Accord de Bangui Révisé. Ainsi, l'action civile en contrefaçon d'une marque est engagée par le titulaire de celle-ci. Toutefois, le bénéficiaire d'un droit exclusif d'usage peut agir en contrefaçon, sauf stipulation contraire du contrat si, après mise en demeure, le titulaire n'exerce pas ce droit[1414]. Plus restrictive, seul le titulaire du nom commercial peut ester en justice pour obtenir la réparation à l'atteinte à son droit[1415]. En effet, « *une personne n'a qualité pour agir ici en*

[1408] CADIET (L.), JEULAND (E.), op.cit, p. 275.
[1409] Art. 33 du CPCCSAC du Bénin.
[1410] CROZE (H.), MOREL (C.), FRADIN (O.), *Procédure civile*, Manuel pédagogique et pratique, Paris, LexisNexis, Coll. Objectif Droit, 4e éd., 2008, p. 338.
[1411] Art. 16 al.1er de l'Annexe VI de l'ABR.
[1412] Art. 1er al.1er -b de l'Annexe VIII de l'ABR.
[1413] GUINCHARD (S.), (dir.), op.cit, p. 13.
[1414] Art. 46 al. 1er de l'Annexe III de l'ABR.
[1415] Art. 16 al.1er de l'Annexe VI de l'ABR.

contrefaçon, que si la loi lui accorde la faculté de se prévaloir du droit constituant le fondement de l'action »[1416].

Attribut du droit exclusif, le droit d'agir en contrefaçon appartient au propriétaire de la marque[1417] ou du nom commercial. Cette action a justement pour objet et pour finalité de défendre son droit privatif. Le propriétaire de la marque est celui dont le nom figure dans le registre des marques comme étant le titulaire du signe. Cependant, si le titulaire détient deux marques, l'une verbale et l'autre complexe, en agissant en première instance uniquement sur le fondement de la première, il ne peut, en appel, rechercher la sanction des atteintes à la seconde. Il s'agit là d'une demande nouvelle[1418].

Les copropriétaires de la marque peuvent également agir en contrefaçon. Mais, la question qui se pose, dans ce cas, est de savoir si chaque copropriétaire peut agir en contrefaçon, sans obtenir mandat des autres propriétaires. La jurisprudence n'est pas unanime sur la question. Pour une partie, le copropriétaire ne peut agir qu'après avoir obtenu mandat des autres[1419]. Pour une autre partie, « *l'action en contrefaçon ayant pour objet de sauvegarder les droits des indivisaires sur une marque antérieure, constitue un acte de conservation et est donc soumise aux règles édictées par l'article 815-2 du code civil qui autorise tout indivisaire à prendre les mesures nécessaires à la conservation de biens indivis ; qu'en effet, l'action (...) a pour but de mettre un terme à l'atteinte aux droits de l'indivision et à la dévalorisation de la marque en copropriété* »[1420].

En cas de transmission de droit, le cessionnaire a également qualité pour agir[1421]. En règle générale, le cessionnaire n'a qualité que pour poursuivre les faits de contrefaçon accomplis après le transfert de propriété. Avant, le cédant conserve le droit de poursuivre les faits antérieurs à la cession. Pour autant, le contrat de cession peut stipuler que, de manière rétroactive, les droits du cessionnaire remontent à la date de dépôt[1422].

Le licencié n'étant pas propriétaire de la marque, il n'a pas, en principe, qualité pour agir en contrefaçon. Toutefois, le législateur OAPI lui a accordé une habilitation spéciale, qu'il ne peut exercer qu'à une double condition. D'abord, il doit bénéficier d'un droit exclusif d'usage[1423]. Aussi, le simple revendeur fut-il exclusif, n'a pas qualité ni pour agir en contrefaçon ni pour

---

1416 PASSA (J.), *Traité*, t.1, op.cit, p. 578.

1417 POLLAUD-DULIAN (F.), *Propriété intellectuelle, la propriété industrielle*, op.cit, p. 1025. Ainsi, il a été dit et jugé que l'action appartient normalement au propriétaire de la marque (Cass. com., 27 févr. 1990, *PIBD* 1990, 483, III, 486).

1418 Cass. com., 11 mars 2003, *PIDB* 2004, n°773, III, 508.

1419 Paris, 24 mai 2000, *PIBD* 2000, III, 439.

1420 Paris, 4e ch. B, 9 sept. 2005, RG n°04/00682.

1421 AZEMA (J.), GALLOUX (J.C), op.cit, p. 1013.

1422 Idem.

1423 Art. 46 al.1er de l'Annexe III de l'ABR.

intervenir[1424]. Ensuite, il ne peut agir, sauf stipulation contraire du contrat, qu'après avoir mis en demeure vainement le propriétaire de la marque qui n'a pas cru devoir exercer son droit[1425]. De même, lorsque l'action en contrefaçon est mise en mouvement par le propriétaire de la marque, le licencié est recevable à intervenir pour obtenir la réparation d'un préjudice qui lui est propre[1426]. Ainsi, si le licencié, même exclusif, est irrecevable à agir par la voie principale, conjointement avec le propriétaire de la marque[1427], il peut former une demande en intervention, par le biais de l'intervention volontaire principale.

La qualité pour agir s'apprécie également en la personne du défendeur[1428]. Il ne peut être question d'une personne qui n'a aucun lien juridique avec le propriétaire, ou le licencié. En effet, le licencié peut être assigné en justice, lorsqu'il exploite la marque, hors des limites de la licence[1429].

Cependant, en droit OAPI, la qualité pour agir est soumise à certaines conditions qui en constituent, par là même, son handicap. En effet, le propriétaire de la marque, du nom commercial ou de l'indication géographique, ne peut agir valablement que si le signe objet de l'atteinte est enregistré. Ainsi, même si le droit naît à la date de l'enregistrement et que les effets rétroagissent à la date du dépôt de la demande, ce droit n'est opposable aux tiers qu'à la date de son inscription au registre spécial de marque, de nom commercial ou d'indication géographique[1430]. Le titulaire doit pouvoir justifier l'étendue de son droit, en produisant, au besoin, le Certificat d'Enregistrement.

1424 Cass. com, 12 juill. 1993, Bull.civ. IV, n°294.

1425 Art. 46 al.1er de l'Annexe III de l'ABR, préc.

1426 Art. 46 al.2 de l'Annexe III de l'ABR.

1427 Paris, 14 févr. 2003, *PIBD* 2003, n°766, III, 325.

1428 Celui-ci désigne toute personne attraite devant le juge parce qu'elle exploite la marque, le nom commercial ou tous autres signes distinctifs, sans l'autorisation expresse de son titulaire. En effet, l'autorisation doit être expresse, le défendeur ne pouvant se prévaloir d'une simple négligence ou d'une tolérance du titulaire de la marque, lorsque celle-ci a une durée inférieure à cinq ans. (SCHMIDT-SZALEWSKI (J.), PIERRE (J.L), op.cit, p. 266.).

1429 Toutefois, cette intervention serait irrecevable pour la première fois en cause d'appel, en ce qu'elle soumettrait à la juridiction de second degré, un nouveau litige et une demande de nature différente, qui n'a pas préalablement subi l'examen du juge de premier degré (Paris, 1er déc. 1987, *Ann. Propr. Ind.* 1988, p. 12 (brevet).). Au demeurant, lorsque le licencié ne veut pas intervenir dans l'action en contrefaçon initiée par le titulaire du signe, ou provoquer cette action lorsqu'il est un licencié exclusif, il peut toujours prendre lui-même l'initiative d'une action en concurrence déloyale, s'il établit l'existence d'un risque de confusion ou du parasitisme de ses activités (Cass. com., 22 mars 2005, *Propr. Intell.* 2005, n°16, p. 358.). Mais, il invoque alors sa qualité d'exploitant du signe et non celle de licencié. Bien entendu, il est irrecevable à réclamer, par la suite, par voie d'action ou d'intervention, la sanction des mêmes faits au titre de la contrefaçon (Paris, 6 juin 1997, *RDPI* 1997, n°77, p. 26.).

1430 Art. 27 al.1er de l'Annexe V de l'ABR.

Il en est de même pour le cessionnaire qui ne peut valablement saisir le juge, qu'à compter du jour où la cession a été rendue opposable aux tiers, par son inscription aux registres spéciaux de marque, de nom commercial ou d'indication géographique. Dès lors, le précédent propriétaire peut continuer à agir, tant que l'acte de cession n'est pas publié, puisqu'à l'égard des tiers, il reste propriétaire de la marque[1431].

La solution est identique à l'égard du licencié. Celui-ci n'a qualité pour agir que du moment où son contrat de licence a été inscrit au registre spécial des marques. Mais, à la différence de l'enregistrement de la marque, le législateur a expressément précisé que le contrat de licence n'a d'effet à l'égard des tiers que du jour de publication de sa licence au Bulletin Officiel de l'OAPI[1432]. C'est en effet à partir de cette publication que les tiers sont informés de l'existence du contrat de licence[1433].

Le défaut de production du Certificat d'Enregistrement est, par conséquent, un obstacle sérieux à la protection judiciaire, parce qu'il entraîne l'irrecevabilité de l'action pour défaut de qualité. En effet, seule l'inscription de la marque, du nom commercial ou de l'indication géographique au registre correspondant permet non seulement d'attester de l'existence du signe mais, également, du nom de son propriétaire. Or, à défaut pour le demandeur d'établir sa qualité de propriétaire ou de licencié, il n'est pas recevable en son action.

Bien entendu, cet obstacle n'est pas insurmontable. Il suffit pour le propriétaire de solliciter de l'OAPI, à ses frais, la délivrance du Certificat d'Enregistrement. Mais, bien souvent, l'OAPI met plus de temps que nécessaire pour délivrer ces documents, car en plus du certificat d'enregistrement, le demandeur doit également justifier de l'actualité de son droit en produisant une attestation de non radiation. Ainsi, l'utilité ou l'opportunité dissuasive de l'action peut avoir disparu, avant l'obtention desdits documents, lesquels doivent être également produits lorsque l'action est exercée pour défendre un intérêt collectif.

[1431] DELIQUIET (H.), « L'incidence de la publicité des contrats sur l'action en contrefaçon », *in BRUGUIERE (J-M), (dir.), Les contrats de propriété intellectuelle,* Paris, Dalloz, Coll. propriété intellectuelle, 2013, p. 19 ; V. aussi Cass. com., 24 mai 1994, Bull.civ. IV, n°118, p. 150.

[1432] Art. 29 al.4 de l'Annexe III de l'ABR.

[1433] L'action en contrefaçon n'est recevable qu'à compter du jour où le droit est opposable, c'est-à-dire à partir du moment où les tiers ont été tenu informés de son existence, par l'enregistrement et la publication du titre. (PASSA (J.), *Contrefaçon et concurrence déloyale*, Paris, Litec, 1997, n°43.).

b- Les obstacles à l'action exercée pour un intérêt collectif

Les syndicats, les associations ou les groupements titulaires de droit de marque ou de nom commercial, peuvent agir, dans les mêmes conditions que les personnes physiques, pour défendre leurs droits sur les distinctifs. Ils sont également soumis aux mêmes handicaps.

Pour ce qui est des marques collectives, la défense des droits conférés par l'enregistrement est réservée aux syndicats, aux groupements de syndicats ou aux associations propriétaires. Chacun des regroupements est autorisé à agir pour la défense du droit de marque, sans rechercher préalablement le mandat des autres associations[1434]. Cette action peut être également exercée individuellement, par les membres du groupement titulaire de la marque collective, pour autant qu'il prouve l'inaction du groupement titulaire de ladite marque et qu'il le mette vainement en demeure d'agir[1435].

Au demeurant, la qualité d'agir ou d'intervention du Ministère Public reste à préciser. En effet, la marque collective est, notamment, délivrée « *dans un but d'intérêt général et afin de faciliter le développement du commerce, de l'industrie, de l'artisanat et de l'agriculture* »[1436]. Or, le Ministère Public est habilité, dans certaines conditions, à agir dans l'intérêt général[1437]. La marque collective poursuivant cet intérêt, le Ministère Public peut-il rechercher la sanction des atteintes à ce droit?

Malheureusement, aux termes de l'article 35 de l'Accord de Bangui Révisé, l'action n'est pas ouverte au Ministère Public. Celui-ci n'a donc pas qualité pour agir devant le juge civil, afin de rechercher la sanction des atteintes à la marque. Il s'agit là également, d'un handicap qui n'est pas anecdotique à la protection de la marque collective ou obligatoire. En effet, le Ministère Public, en raison des moyens d'investigation ou des preuves à sa disposition, est plus efficace, du moins en principe, pour poursuivre les atteintes aux signes distinctifs. Ses prérogatives sont encore décuplées devant le juge pénal.

2- La qualité pour agir devant le juge pénal

La fonction de poursuite est principalement exercée par le Ministère Public. Ainsi, en cas de contrefaçon, il a qualité pour décider, d'office ou sur plainte du titulaire du signe ou, encore, sur procès-verbal de la police judiciaire, de poursuivre l'auteur des actes contrefaisants.

1434 Art.35 de l'Annexe III de l'ABR.

1435 Idem.

1436 Art.32 de l'Annexe III de l'ABR.

1437 Art.71 de la loi n°99-035 du 24 juillet 1999 portant Code de Procédure Civile, Commerciale et Administrative de la République de Mauritanie (CPCCA).

Le principal obstacle aux poursuites enclenchées par le Ministère Public reste la règle de l'opportunité des poursuites. En effet, le Ministère Public, en application de cette règle, a un pouvoir d'appréciation qui l'autorise à poursuivre ou non selon que la poursuite lui paraît socialement opportune ou pas. Ainsi, le Procureur de la République reçoit les plaintes et les dénonciations et apprécie la suite à leur donner[1438]. Ce système, qui est retenu par les pays membres de l'Accord de Bangui Révisé, a le désavantage d'autoriser le Ministère Public à ne pas poursuivre les actes de contrefaçon, même si l'infraction est avérée. En effet, seul le Ministère Public apprécie l'opportunité sociale dont les contours restent assez flous. Il y a alors le risque que ses décisions de poursuites ou non soient inspirées, soit d'un favoritisme personnel étranger à l'intérêt collectif ou à celui du titulaire du signe, soit d'un clientélisme politique ou même économique[1439]. Pour pallier cette situation, le titulaire du signe peut lui-même déclencher l'action publique[1440].

Au-delà, les handicaps spécifiques à l'exercice de l'action civile devant le juge pénal sont les mêmes que ceux auxquels est confronté le titulaire du signe

---

1438 Art. 28 al.1er de la loi n°1-63 du 13 janvier 1963 portant Code de Procédure Pénale de la République du Congo Brazzaville.

1439 RASSAT (M.L.), *Procédure pénale* op.cit, p. 379.

1440 Le propriétaire de la marque, du nom commercial et de l'indication géographique a qualité pour mettre en mouvement l'action publique (Art.1er al.4 du CPP du Bénin.). Au-delà des titulaires, cette action est étendue en droit de marque, au cessionnaire et au licencié exclusif (Art. 46 de l'Annexe III de l'ABR, préc.). Elle est encore plus élargie à l'égard de l'indication géographique où l'action est ouverte à tout intéressé (Art.16 de l'Annexe VI de l'ABR.). En effet, parce que l'action civile ne peut être exercée à titre autonome devant le juge pénal, autoriser le titulaire du signe à saisir les juridictions pénales, revient à lui accorder le droit de poursuivre ou de « faire poursuivre » (RASSAT (M.L.), *Procédure pénale,* op.cit, p. 251.), puisqu'il met l'action publique en mouvement même si le Ministère Public y était défavorable.
Toutefois, en vertu du principe « *electa una via non datur recursus alteram* », le choix du titulaire du signe de saisir les juridictions pénales, une fois opéré est irrévocable (Art. 5 al.1er du CPP du Bénin). Le fondement de ce principe est la conception humanitaire de la procédure qui postule que le délinquant puisse être fixé sur son sort judiciaire (RASSAT (M.L.), *Procédure pénale*, op.cit, p. 386.). La règle ne joue que si le changement est de nature à nuire au délinquant supposé. Ainsi, si après avoir choisi de saisir le juge pénal, la victime saisit une juridiction civile, cette modification, parce qu'elle améliore le sort de la personne poursuivie qui n'est plus exposée à une peine, n'est pas interdite (Req. 5 déc. 1933, S. 1934, 1, 63.). Le changement pénal-civil est donc totalement libre de la part du titulaire du signe, qui n'a même pas à rechercher l'acceptation du contrefacteur. De même, un changement inverse ne peut être prohibé que s'il nuit aux intérêts du délinquant. Tel n'est pas le cas lorsque la juridiction civile que la victime avait saisie était incompétente, ou encore lorsque la victime qui avait agi civilement, apprend que le Ministère Public a mis en mouvement l'action publique (Cass. crim., 22 avril 1958, *JCP* 1958, II, 10620.). Mais dans cette dernière hypothèse, le changement ne peut être opéré que si un jugement sur le fond n'a pas été rendu par la juridiction civile (Art.5 des CPP du Bénin et de la Côte d'Ivoire).

devant le juge civil. Ils portent sur l'enregistrement et, surtout, sur la publication du droit qui naît de l'enregistrement, aux fins de le rendre opposable aux tiers[1441]. Ces brides entravent également l'exercice de l'action.

Paragraphe II. La perturbation des conditions d'exercice de l'action

Il ne suffit pas, pour le titulaire du signe distinctif, de se conformer aux conditions d'existence de l'action. Il doit en plus répondre aux conditions d'exercice de l'action. Celles-ci visent à déterminer les règles selon lesquelles il peut porter ses prétentions ou celles d'autrui devant le juge. Il s'agit de solutions traditionnelles, qui encadrent, de manière générale, l'exercice de l'action. Mais, ces règles peuvent également constituer un obstacle dans la protection judiciaire, en ce qu'elles peuvent brider provsoirement ou même empêcher définitivement la saisine du juge. Ces difficultés bordent la capacité (A) ou le pouvoir (B) pour agir.

A- La capacité d'exercice

La demande en justice n'est régulière que si le titulaire du signe peut valablement invoquer sa capacité d'ester en justice[1442]. Bien entendu, la capacité nécessaire à l'exercice de l'action en contrefaçon n'est pas la capacité

[1441] Mais devant le juge pénal, il est confronté à des difficultés supplémentaires. En effet, lorsqu'il fait l'option de la voie pénale, le titulaire du signe est astreint à l'observance de certaines des règles qui gouvernent l'action publique. Ainsi, dans le cas où l'action publique est éteinte, l'exercice de l'action civile est impossible. L'action publique s'éteint par la mort du prévenu, la prescription, l'amnistie, l'abrogation de la loi et la chose jugée, (Art. 7 du CPP du Bénin). Ainsi par exemple, le décès du prévenu ou une décision politique sur laquelle le titulaire de la marque, du nom commercial ou de l'indication géographique n'a en principe aucune prise, paralyse l'action civile. La raison en est que la recevabilité de l'action publique est la condition déterminante de l'exercice de l'action civile au pénal. Dès lors, dans l'hypothèse où l'action publique n'a pu naître ou est éteinte, l'action civile ne peut plus être exercée, ou ne peut se maintenir de manière autonome devant la juridiction répressive (PRADEL (J.), *Procédure pénale*, op.cit, p. 587.). Malheureusement, ces obstacles ne peuvent être surmontés par le titulaire du signe. En effet, celui-ci ne peut vaincre la mort ou une loi d'amnistie. Toutefois, lorsque la prescription est invoquée, il peut, le cas échéant, se prévaloir de cause d'interruption ou de prescription. Au Bénin, en plus des causes classiques d'interruption ou de prescription, le fait de grève dans le milieu judiciaire interrompt la prescription. Le législateur n'a en effet pas voulu pénaliser le justiciable à cause de la suspension par ses acteurs du service public de la justice (Art. 851 du CPP.).

[1442] VINCENT (J.), GUINCHARD (S.), op.cit, p. 453.

de jouissance, mais la capacité d'exercice qui désigne l'aptitude du titulaire du signe à faire valoir les droits dont il se prétend titulaire[1443].

Cependant, la capacité d'exercice peut être un frein à l'exercice de l'action du titulaire du signe, que celui-ci soit une personne physique (1) ou une personne morale (2).

1- La capacité d'exercice d'une personne physique

Une personne physique, titulaire d'un signe distinctif, dispose, en principe, non seulement de la capacité d'exercice mais, également, de la capacité de jouissance[1444]. Mais, certaines d'entre elles, en raison de leur immaturité et, souvent, dans leur propre intérêt, sont privées de leur capacité d'exercice[1445]. Tel est le cas du mineur de dix-huit ans, du majeur sous tutelle. Ceux-ci jouissent pleinement de leurs droits, mais ne peuvent les exercer eux-mêmes[1446].

Cependant, la doctrine a contesté la pertinence de cette distinction, qu'elle considérait comme confuse et dénuée d'effet pratique[1447]. Selon ces auteurs, la notion d'incapacité de jouissance a été construite pour des raisons idéologiques dépassées. Il s'agit de justifier des dispositions privant définitivement la personne de la possibilité d'exercer certains droits ou certaines libertés et d'accueillir la personnalité morale, alors que le principe d'égalité civile renvoyait à une égalité formelle et que l'on identifiait le sujet de droit à l'être humain doté de volonté[1448]. De même, pour les tenants de cette thèse, la disparition de l'égalitarisme révolutionnaire et la prise de conscience du caractère bénéfique qui est un procédé de protection de l'intérêt privé ou de l'intérêt général rendent la construction idéologiquement dépassée. En tenant compte de cette critique, certains auteurs définissent, l'incapacité comme *« la technique juridique consistant, pour des raisons liées à l'état ou à la situation du sujet de droit, à lui retirer la liberté d'agir juridiquement que lui confère en principe la personnalité juridique »*[1449].

[1443] CADIET (L.), JEULAND (E.), op.cit, p. 336.

[1444] La capacité de jouissance désigne l'aptitude d'une personne à jouir des droits, à en devenir titulaire quelle que soit leur source légale ou contractuelle. (VINCENT (J.), GUINCHARD (S.), op.cit, p. 453, préc.).

[1445] CADIET (L.), JEULAND (E.), op.cit, p. 339.

[1446] Art 506 et 580 du Code des Personnes et de la Famille du Bénin.

[1447] HOUIN, « Les incapacités », *RTDciv.*1947.383 ; MARIA (I.), *Les incapacités de jouissance, Etude Critique d'une catégorie doctrinale*, ANCEL (P.), (Dir.), Défrénois, Thèse, soutenue en 2006 à l'université de Saint-Etienne, p. 44.

[1448] MARIA (I.), *Les incapacités de jouissance, Etude Critique d'une catégorie doctrinale,* thèse, op.cit.

[1449] TERRE (F.), FENOUILLET (D.), *Droit civil, les personnes- personnalité- incapacité- protection* , Paris, Dalloz, 8e éd., 2012, p. 280.

L'incapacité apparaît alors comme une limitation légale, qui vise, en principe, la préservation des droits de la personne qui en est l'objet. Dans bien des cas, cette règle, supposée être de protection, est paralysante. En effet, le titulaire du signe qui est âgé de seize ou de dix-sept ans, ne peut, par lui-même, rechercher la sanction des atteintes à son droit exclusif, alors même que si ce n'est la prohibition légale, il pouvait le faire valablement. Les représentants, n'ayant pas toujours un intérêt personnel et direct à défendre, ne sont pas toujours diligents pour assurer la défense des intérêts des représentés[1450]. Dans cette hypothèse, le défaut de la capacité juridique constitue un véritable handicap au titulaire du signe. Toutefois, il peut le surmonter en se mariant ou en sollicitant en justice son émancipation[1451]. Même si elles jouissent d'une personnalité juridique comparable à celle des personnes physiques, les personnes morales ne peuvent faire l'objet d'émancipation.

2- La capacité d'exercice des personnes morales

La personnalité civile des personnes morales, qui est le fondement de leur capacité juridique, a donné lieu à une importante controverse doctrinale qui a opposé, notamment, les tenants de la théorie de la réalité à ceux de la théorie de la fiction.

Pour ceux-ci, mus par une philosophie essentiellement individualiste, le seul véritable sujet de droit reste l'homme, en tant qu'individu[1452]. Par opposition aux personnes physiques, les personnes morales sont des personnes purement fictives, car elles n'ont ni corps ni âme, en dehors de la personnalité des membres qui les composent. Ainsi, il y a fiction parce que le groupement, l'association ou la société, n'est pas un être vivant distinct de ses membres, mais un être immatériel qui ne doit son existence qu'au bon vouloir du législateur[1453]. Dès lors, pour cette thèse, il n'existe pas de personne morale

[1450] Le législateur français a tenu compte de cette réalité en édictant, depuis la réforme du 4 mars 2002, l'article 371-1 al.3 du code civil qui prévoit : « Les parents associent l'enfant aux décisions le concernant, selon son âge et son degré de maturité ». Il s'agit d'une véritable démocratie parentale » (Lienhard, « Les nouvelles actions dont le juge aux affaires familiales peut être saisi en matière d'autorité parentale », AJ fam. 2002, Dossier. Spécial, p. 1283.).

[1451] Le mineur est émancipé de plein droit par le mariage. De même, lorsqu'il est âgé au moins de seize (16) ans il peut obtenir du juge son émancipation (Bordeaux, 20 mars 2012, A. fam. Juin 2012, comm. 103, Maria.).
La demande d'émancipation peut être formée par le père et la mère de l'enfant ou l'un des deux seulement. L'émancipation assimile, de façon définitive, le mineur à un majeur. Ainsi, même en cas de dissolution du mariage, si c'est par cette voie que le mineur a été émancipé, elle ne disparaît pas (TERRE (F.), FENOUILLET (D.), op.cit, p. 370.).

[1452] TERRE (F.), FENOUILLET (D.), op.cit, p. 241.

[1453] SAVIGNY (F-C.), *Traité de droit romain,* t.II, trad. GUENOUX (C.), Paris, LGDJ, 3e éd., 1932, p. 2.

en dehors des groupements auxquels la loi reconnaît et confère la personnalité civile. La personnalité morale dépend alors entièrement de l'arbitraire du législateur qui peut, à son gré, créer ou ne pas créer, supprimer, reconnaître ou ne pas reconnaître les groupements comme des personnes morales[1454].

A la théorie étatique de la fiction, s'est opposée une vision sociologique de la réalité. En effet, pour les tenants de la théorie de la réalité, la réalité de la personne morale existe en dehors de la volonté du législateur et s'impose à lui, parce que les groupements collectifs sont des êtres sociaux dont le rôle est indispensable à la vie même des Etats[1455]. Ainsi, les personnes morales sont des réalités, même si elles sont différemment conçues que les personnes physiques. Un des courants de cette théorie encore dénommée « Théorie organique ou Théorie organiciste », va jusqu'à soutenir que la personne morale a une réalité sociale comparable à la réalité biologique de la personne physique [1456]. Cette thèse véhicule une vision anthropomorphique de la personne morale, conçue comme un être vivant. La seconde déclinaison de la théorie de la réalité dite « Théorie de la réalité technique de la personnalité morale », professe que les personnes morales sont des êtres dont la réalité résulte de la défense d'intérêts collectifs qui ne deviennent une réalité de la vie sociale que si elles s'organisent[1457].

A côté de ces deux grandes théories, il y a les partisans des théories négatrices qui nient la valeur même de la personne morale[1458]. Celle-ci ne serait qu'un patrimoine d'affectation de biens attribués à un but d'intérêt général[1459].

Les deux grandes thèses de la fiction et de la réalité se rencontrent, en vérité, pour reconnaître à la personnalité morale sa nécessité, même si elles ne s'accordent pas sur le rôle dévolu au pouvoir public. La thèse de la fiction réclame une forte intervention de l'Etat, alors que la théorie de la réalité ne suggère qu'une intervention modérée des pouvoirs publics[1460].

Au-delà de cette controverse qui a amené la théorie de la réalité à prendre le pas sur la théorie de la fiction, la notion de personnalité morale a conservé son importance pratique. Il s'agit, en effet, d'une construction juridique, non

---

1454 CORNU (G.), *Droit civil, introduction, les personnes, les biens*, Paris, Montchrestien, 12e éd., 2005, p. 353.

1455 HAURIOU (M.), « De la personnalité comme élément de la réalité sociale », *Rev. Gén. Dr.*, 1898, p. 5-23 et 119-140.

1456 WORMS (R.) *Organisme et société*, Thèse, Paris, 1896.

1457 MICHOUD (C.), *La théorie de la personnalité morale et son application au droit français*, Trotobas, 2e éd., t.I, p. 107.

1458 PLANIOL (M.), *Traité de droit civil*; DUGUIT (L.), *L'Etat, le droit objectif et la loi positive*, Paris, LexisNexis, 2e éd., 2012, p. 453.

1459 GUINCHARD (S.), *Essai d'une théorie générale de l'affectation des biens en droit privé français*, Thèse Lyon, 1974, p. 72.

1460 TERRE (F.), FENOUILLET (D.), op.cit, p. 242.

seulement commode, mais qui traduit, mieux qu'aucune autre, la généralité et la permanence qui sous-tendent les intérêts collectifs.

Ainsi entendue, la personne morale n'est apte à défendre en justice ses droits, donc à se prévaloir de la capacité d'exercice, non du jour de sa création, mais de celui de l'acquisition de sa personnalité juridique. Pour ce faire, la personne morale doit satisfaire deux conditions : elle doit être normalement constituée[1461] et, en plus, accomplir certaines formalités de publicité[1462]. Or, le temps mis pour l'accomplissement de ces conditions peut être particulièrement long. Ainsi, alors que le droit OAPI n'a pas exigé expressément la personnalité juridique pour l'acquisition de la marque, du nom commercial ou de l'indication géographique, ces personnes morales ne peuvent défendre judiciairement leurs droits que si elles en sont dotées[1463]. Dès lors, dans cette hypothèse où la personne morale ne jouit pas d'une personnalité juridique au moment de l'acquisition de son droit, elle ne peut défendre son droit contre les atteintes dont elle a été l'objet, aussi longtemps que la capacité d'exercice lui fait défaut. Il va sans dire qu'il s'agit d'un handicap dans la protection judiciaire du droit de la personne morale.

Le second obstacle tient du principe de spécialité. En effet, contrairement à la personne physique qui jouit d'une plénitude de vocation, la personne

---

1461 Pour la constitution de la personne, tout groupement doit avoir un acte juridique de fondation. Il s'agit principalement des statuts qui, en plus de préciser la dénomination, le siège, l'objet et les membres du groupement, indiquent son mode de fonctionnement et les organes qui la dirigent. Les associations ou syndicats se dotent également d'un règlement intérieur en plus des statuts (art.5 al.2 de loi 1901 et art.1er à 27 de l'Acte Uniforme du Traité OHADA relatif au Droit des sociétés Commerciales et du GIE révisé.).

1462 Les groupements n'accèdent à la personnalité morale que moyennant l'accomplissement par les fondateurs de formalités légales de publicité. Ainsi, les fondateurs d'une association doivent en faire la déclaration préalable à la préfecture dans le ressort de laquelle l'association a établi son siège social, en y déposant les statuts, le règlement intérieur et le procès-verbal de l'assemblée générale constitutive en quatre exemplaires chacune contre récépissé (art.5 de la loi du 1er juillet 1901 et du Décret du 16 août 1901 sur les associations au Bénin).
L'association est ensuite rendue publique par une insertion au Journal Officiel (art.6 de la loi du 1er juillet 1901.).
Pour ce qui est des sociétés commerciales, elles n'acquièrent la personnalité juridique qu'à la date de leur immatriculation au registre du commerce et du crédit mobilier (art.98 de l'AUDSC et GIE).

1463 Tel n'est pas le cas d'une société de fait (Cass.civ 2e, 18 nov. 2003, n°02-30.756, Bull. civ, II, n°338.) d'une société en participation (Cass. com., 17 déc. 1996, n° 34-19.489, n°94-19.550, Bull.civ. IV, n°313 ; *JCP* 1997, p. 87, note BCHARTOUCHAIS.), d'un pool bancaire (Cass. com., 3 oct. 2006, n°05-12.410, Bull.civ. IV, n°205.), d'un conseil d'administration (Cass. com, 25 oct. 1983, n°82, II, 389, Bull. civ. IV, n°276.), ou d'une société non immatriculée. Il en est de même d'une société absorbée, de sorte que l'intervention en cours d'instance de la société absorbante n'opère aucune régularisation. (Cass.civ. 2e, 12 févr. 2004, n°02-13-672, Bull.civ, n°52.). La procédure d'absorbation a eu pour effet de faire disparaître la société absorbée, donc de « tuer » sa personnalité juridique.

morale a une finalité bordée, sinon bornée[1464]. En effet, « *une personne morale est créée pour l'exercice d'une activité déterminée, la personnalité lui étant reconnue dans un but particulier : elle doit se spécialiser dans son activité juridique, elle ne doit accomplir que ceux des actes juridiques qui correspondent à son objet* »[1465]. Ainsi, par exemple, une personne morale publique ne peut recevoir des libéralités pour l'exécution de missions n'entrant pas dans son objet[1466]. Par suite, le titulaire du signe n'a la capacité requise pour défendre son signe devant les juridictions que si, préalablement, cette aptitude est précisée dans les statuts de son organisation. A défaut, son action peut être déclarée irrecevable, pour défaut de capacité. C'est donc à la réalisation de l'objet de la société que doit être limitée son activité sociale[1467].

Au demeurant, cet obstacle n'est pas insurmontable. Les associés peuvent étendre l'objet social aux activités couvertes par l'exploitation de la marque, en procédant à la modification des statuts de la société[1468]. A l'occasion, ils pourront préciser, au besoin, les pouvoirs de leurs représentants.

B- Le pouvoir pour agir

Le pouvoir est l'aptitude d'une personne à exercer les droits d'autrui[1469]. Il n'est exigé que si le demandeur n'agit pas pour son compte, mais dans l'intérêt du titulaire du droit, en l'occurrence le propriétaire du signe distinctif. Mais, dans bien des cas, plutôt que de protéger le titulaire du droit, le pouvoir peut l'entraver dans la jouissance efficiente de ses droits. Ces entraves sont perceptibles, aussi bien à l'égard des personnes physiques (1) que vis-à-vis des personnes morales (2).

1- Le pouvoir des représentants des personnes physiques

De manière générale, si le titulaire du signe a la capacité d'exercice, il en a également le pouvoir. Tel est le cas de la personne physique majeure, disposant de toutes ses facultés mentales ou du mineur émancipé. Pour les autres, comme les personnes morales, qu'elles soient une société, une

---

[1464] CORNU (G.), *Droit civil, introduction, les personnes, les biens,* op.cit, p. 361.

[1465] TERRE (F.), FERNOUILLET (D.), op.cit, p. 261.

[1466] Ainsi, par exemple, une personne morale publique ne peut recevoir des libéralités pour l'exécution de missions ne rentrant pas dans son objet CHAPUT (Y.), *L'objet social*, Thèse, Ronéot. Clermont-Ferrand, 1973, p. 227.

[1467] Cass.civ. 1re, 29 nov. 1994, *Rev. Soc.* 1995.318, obs. GUYON (Y.).

[1468] Les statuts de la société ne peuvent être modifiés qu'en Assemblée Générale Extraordinaire des associés. La modification n'est acquise qu'à la majorité qualifiée des trois quarts des associés (art 358 de l'AU DSC et GIE).

[1469] CORNU (G.), *Droit civil, introduction, les personnes, les biens,* op.cit, p. 776.

association, un groupement ou des mineurs non émancipés, ils ne peuvent obtenir la sanction judiciaire de leurs droits qu'en se faisant représenter dans l'exercice de leurs actions. Le pouvoir du représentant *ad gendum*, supplée alors l'incapacité, de droit ou de fait, du représentant et constitue donc une condition d'exercice de l'action[1470].

Le raisonnement mené relativement à l'obstacle que constitue parfois la capacité d'agir pour le titulaire du signe, dans la protection de son droit devant les juridictions, est transposable au pouvoir. De plus, pour certains auteurs, le pouvoir est une contrainte, surtout lorsque les mandants sont multiples et dispersés[1471]. Pour d'autres, il s'agit d'un archaïsme procédural qui constitue un frein à la protection judiciaire, non seulement du titulaire du signe distinctif mais, également, de celle du consommateur qui, ainsi, ne peut développer les actions de masse[1472]. Ce raisonnement auquel on ne peut qu'adhérer, sans retenue, est d'autant avisé que les conséquences du défaut de pouvoir ne sont pas anodines.

En effet, le défaut de pouvoir et le défaut de capacité du demandeur, sont sanctionnés par une nullité, pour irrégularité de fond[1473]. Cette nullité peut être soulevée en tout état de cause[1474]. Toutefois, le juge peut condamner à des dommages et intérêts, s'il estime que la nullité a été invoquée de façon tardive, dans un but dilatoire[1475]. De même, la nullité pour irrégularité peut être invoquée sans que celui qui s'en prévaut ait à justifier d'un grief[1476]. Dès lors, le titulaire du signe est privé du double filet protecteur de l'obligation de soulever les exceptions de nullité *in limine litis* ainsi que de celle de justifier d'un grief. L'entrave que constitue le pouvoir en est d'autant resserrée que les nullités pour irrégularité de fond échappent au régime général des nullités de

---

[1470] CADIET (L.), op.cit, p. 339. Le pouvoir du représentant peut être d'origine légale (Art.126 du CPCCSAC du Bénin.), judiciaire ou conventionnelle. Pour autant, l'exigence d'un mandataire ne doit pas conduire à occulter le véritable titulaire du droit dont la sanction est recherchée. Cette exigence est recueillie par la maxime « Nul ne plaide par procureur ». Ainsi, et concrètement, les actes de procédure pour être réguliers, en plus de mentionner le représentant et sa qualité, doivent indiquer le représenté dans la personne duquel sont appréciées les conditions d'existence de l'action. Cependant, la règle « Nul ne plaide par procureur », ne s'applique que si le représentant tient son mandant d'une convention. Dans le cas contraire, lorsque la représentation est d'origine légale ou judiciaire, la règle ne joue pas. « Dans ces cas, en effet, la personne représentée n'a pas à figurer, en son nom, dans la procédure, il suffit que le représentant légal ou judiciaire mentionne clairement la qualité dans laquelle il agit » (CADIET (L.), op.cit, p. 339.).

[1471] CADIET (L.) JEULAND (E.), op.cit, p. 339.

[1472] CABALLERO (V.F.), « Plaidons par procureur : de l'archaïsme procédural à l'action de groupe », *RTD.civ.*1985, p. 247.

[1473] GUINCHARD (S.), *Droit et pratique de la procédure civile, droit interne droit communautaire,* op.cit, pp. 388-393

[1474] Art. 191 du CPCEA de la Guinée. (Toutefois, V. Cass., 1re civ., 31 mai 2007, préc.).

[1475] Art. 196 du CPCCSAC du Bénin.

[1476] Idem.

procédure, pour se rapprocher de la rugosité de la fin de non-recevoir[1477]. La nullité peut être encore plus dommageable lorsque, par exemple, la prescription est acquise. Toutefois, le demandeur peut surmonter cet obstacle au moyen de la régularisation de l'instance[1478], du moins si la nullité est susceptible d'être couverte[1479], lorsque la cause de la nullité a disparu au moment où le juge statue[1480]. Ainsi, la régularisation du pouvoir du représentant des personnes morales est tout aussi envisageable.

2- *Le pouvoir des représentants des personnes morales*

La théorie de la réalité des personnes morales, dans son approche sociologique, a l'avantage de mettre en lumière le rôle des organes de direction des personnes morales. Il n'y a donc pas de personne morale sans organe, pas plus qu'il n'y a d'Etat sans pouvoir exécutif[1481]. Ainsi, seuls les

---

[1477] ATIAS (C.), « L'étrange position procédurale de la personne morale, en cas de défaut de pourvoir de son représentant », préc.

[1478] Cass. 2e civ., 8 sept. 2011, n°10-18.342, *Gaz.Pal.* 16-18 oct. 2011, 17 note Deharo. La Cour a décidé que le délai de prescription de l'action est interrompu, dès lors qu'une assignation est régularisée avant que le juge ne statue.

[1479] Cass.soc., 7 nov. 2007, Procédures 2008 n°3 obs. PERROT. Il a été décidé de l'impossibilité de régulariser le défaut de signature par l'avocat d'une déclaration d'appel portant une signature non identifiée précédée de la mention « p. o », pour ordre.

[1480] Art. 121 du CPP français. ; V. aussi, Cass. 1re civ., 20 janv. 2004, Bull.civ.2004, I, n°22. Pour une nullité de fond affectant une procédure de première instance ayant donné lieu à la condamnation d'un majeur sous tutelle non représenté par son tuteur, lorsqu'en appel, son époux et tuteur intervient volontairement à l'instance et que l'intéressé recouvre l'exercice de ses droits avant la clôture de la procédure ; Cass. 2e civ., 3 nov. 2005, II, n°277, l'irrégularité d'une procédure engagée par une personne placée en liquidation judiciaire, seule, est couverte par l'intervention du liquidateur qui exerce un droit propre qu'il est seul à pouvoir exercer et dont le sort n'est pas lié à celui de l'action principale ; Cass. 2e civ., 20 mai 2010, n°06-22.024, Procédures 2010, n°306, obs. PERROT. L'irrégularité concernant la constitution d'un avocat n'appartenant pas au barreau qui relève du tribunal de grande instance compétent couverte par la constitution, avant que le juge ne statue, d'un nouvel avocat appartenant à ce barreau. ; Rapport. Cass. 2e civ., 5 mai 2011, n°10-14.066 ; D. 2011, 1357, pour une déclaration de créance.). ; Cass. soc., 31 mars 2009, Procédures 2009, n°180, précisant l'office du juge. ; Sur la régularisation, par dépôt de conclusions du syndic de la procédure introduite au nom d'un syndicat de copropriété par une personne qui ne pouvait agir comme représentant de celui-ci, (Cass. 3e civ., 4 nov. 2009 ; D. 2009, act. Jurispr. 2752, obs. Rouquet) à condition que la régularisation intervienne avant l'expiration du délai de prescription. (Cass.3e civ., 13 janv. 2010, pourvoi n°09-10.398; D.2010, act. Jurispr. 267, obs. Rouquet.).

[1481] COZIAN (M.), VIANDIER (A.), *Droit des sociétés*, Paris, Litec., 5e éd., 1992, p. 114.

dirigeants[1482] désignés par les stipulations statutaires[1483] ou, encore, par une décision des organes du groupement[1484] ont pouvoir pour agir en justice, au nom et pour le compte de la personne morale[1485] victime de contrefaçon. Mais, il ne suffit pas qu'ils soient désignés pour recevoir pouvoir. Celui-ci, pour être effectif, doit surmonter trois écueils.

Le premier est la nécessité de publication de la nomination du représentant qui a pouvoir pour agir au nom de la personne morale, propriétaire du signe[1486]. Il importe que les tiers, notamment, ceux qui sont en rapport avec la société, soient informés, non seulement de la nomination du dirigeant mais, également, de sa révocation. C'est donc seulement à l'accomplissement des formalités de publicité que le dirigeant peut se prévaloir de son pouvoir de représentation[1487], pour rechercher valablement la protection du signe distinctif. Ainsi, et *a contrario*, le défaut de publicité équivaut, ne serait-ce qu'à l'égard des tiers, à un défaut de pouvoir. Dès lors, le dirigeant dont la nomination n'a pas été exposée à la publicité requise n'a pas pouvoir pour représenter valablement, en justice, la personne morale. Il s'agit là d'un obstacle qui n'est pas isolé.

En effet, le deuxième écueil est l'obligation qui est faite au dirigeant d'agir dans les limites de l'objet social[1488]. Ainsi, et en écho au principe de spécialité, le représentant légal de la société n'a pas pouvoir pour poursuivre la sanction de la violation d'une atteinte au signe distinctif, lorsque cette activité n'est pas dans l'objet social de la société. Cette limitation est d'autant préjudiciable que, bien souvent, dans la perspective du développement de ses activités, la société, les associations ou d'autres groupements investissent des champs nouveaux

---

[1482] Il s'agit des gérants pour les SARL (art.328 AU DSC et GIE) et les sociétés en commandite (art. 298 AU DSC et GIE), du président directeur général (art. 465 AU DSC et GIE), du directeur général (art. 498 AU DSC et GIE) ou administrateur (art. 494 AU DSC et GIE) pour les sociétés anonymes. Pour les associations, la dénomination du représentant habilité à agir varie.

[1483] Le nom des dirigeants peut être prévu directement dans les statuts de la société (art. 323 AU DSC et GIE). Cette faculté légale est plus fréquemment usitée par les SARL.

[1484] Selon l'objet ou la nature de l'association, la dénomination couramment retenue par les syndicats est celle de secrétaire général et celle de président du bureau exécutif pour les autres associations.

[1485] COZIAN (M.), VIANDIER (A.), DEBOISSY (F.), *Droit des sociétés*, Paris, Litec, 17e éd., 2004, p. 123.

[1486] Idem. Pour les sociétés commerciales, la publicité est réalisée au Registre du Commerce et du Crédit Mobilier ainsi que dans un Journal d'Annonces Légales. Par ailleurs, la publicité entraîne purge des vices de désignation. (Cass. com., 8 juill. 2003, *BRDA* 19/03, n°4). Pour les associations, la publicité se fait d'abord à la préfecture mais surtout par insertion au Journal Officiel (art. 5 et 6 de la loi du 1er juillet 1901 et le Décret du 16 Aout 1901 sur les Association en République du Bénin.).

[1487] Paris, 15 sept. 1995, Bull. Joly 1996, p. 50, note p. Le Cannu.

[1488] ANOUKAHA (R.), CISSE (A.) DIOUF (N.), MGUEBOU-TOUKAM (J.), POUGOUE (G.) SAMB (M.), *OHADA, Sociétés commerciales et GIE*, Bruxelles, Bruylant, Coll. droit uniforme, 2002, p. 383.

non prévus dans les statuts, sans prendre préalablement le soin de modifier leurs statuts pour les conformer aux activités nouvelles.

Toutefois, cette règle n'est pas étanche. En effet, s'il est établi que le représentant légal doit agir dans le cadre de l'objet social[1489], il est également admis que la société est liée même par les actes du dirigeant qui ne relèvent pas de l'objet social[1490], à moins qu'elle ne prouve que le tiers savait que l'acte dépassait cet objet ou qu'il ne pouvait l'ignorer en raison des circonstances ; étant entendu que la seule publication des statuts ne peut suffire à administrer cette preuve[1491]. Par suite, la société ne peut contester au dirigeant son pouvoir pour agir, mais le tiers de bonne foi peut le faire, car la règle destinée à protéger les tiers ne peut leur nuire[1492]. Or, le contrefacteur est forcément un tiers qui pourra alors se prévaloir du dépassement de l'objet social.

Enfin, même s'il reste dans le champ du mandat social, le pouvoir de représentation du dirigeant de la personne morale, mais surtout celui des dirigeants de société peut être limité par les statuts ou par la décision d'un organe de contrôle comme l'assemblée générale des actionnaires ou le conseil d'administration[1493]. Ainsi, le représentant légal du titulaire du signe peut se voir imposer l'autorisation préalable de ces organes avant l'exercice de l'action en justice. Dans cette hypothèse, il ne jouit réellement du pouvoir d'agir qu'à la date de l'habilitation sociale.

Au demeurant, à l'instar du dépassement de l'objet social, les clauses de limitation de pouvoir ne sont pas opposables au tiers[1494]. Elles ne peuvent non plus leur nuire. Le contrefacteur peut donc, à bon droit, se prévaloir de la limitation du pouvoir du gérant, pour invoquer la nullité de l'assignation dont il a pris l'initiative, pour irrégularité de fond, si le dirigeant n'a pas préalablement obtenu l'autorisation requise. Tout comme le pouvoir d'agir des dirigeants sociaux, les règles de compétence et de délai constituent également des écueils à la protection judiciaire.

1489 MERLE (P.), *Droit commercial, sociétés commerciales*, Paris, Dalloz, Précis , 7e éd., 2000, p. 484.

1490 Paris, 21 nov. 1990, Bull. Joly 1991, p. 61, n°11. Sur les conséquences de l'utilisation du papier à en-tête de la société à des fins personnelles par le dirigeant de la société. (Com., 12 janv. 1993, Bull. Joly 1993, p. 340, n°93, Barbiéri.).

1491 Paris, 30 nov. 1976, *Rev. Soc.* 1977. 688, obs. RAUDOUX (D.).

1492 COZIAN (M.), VIANDIER (A.), DEBOISSY (F.), op.cit, p. 124.

1493 Idem.

1494 Paris, 30 nov. 1976, préc.

SECTION II. LES ECUEILS ERIGES PAR LES REGLES DE COMPETENCE ET DE DELAI

A première vue, les règles de compétence et de délai pour agir sont dissemblables, en ce qu'elles n'ont pas le même objet ou la même finalité. Mais, à y voir de près, le titulaire du signe, même s'il remplit les conditions d'existence et d'exercice de son action, ne peut voir celle-ci véritablement prospérer que s'il saisit le tribunal compétent, dans le délai prescrit. Aussi, les règles de compétence et de délai pour agir se rejoignent-elles pour être, au sein du droit processuel, celles qui organisent la compétence des juridictions ainsi que la période d'une saisine valable. Mais, de l'application de ces règles résultent des difficultés qui peuvent freiner la protection efficiente des droits sur les signes distinctifs. Ces difficultés tiennent aussi bien des règles de droit commun que des règles spécifiques aux signes distinctifs. Mais, sont-elles insurmontables ?

A la vérité, c'est seule cette question qui importe au titulaire du signe, au regard des écueils que peuvent constituer les règles de compétence (Paragraphe I) ou ceux érigés par l'inobservation des délais pour agir (Paragraphe II).

Paragraphe I. Les écueils constitués par les règles de compétence

Il est crucial pour le titulaire du signe distinctif de déterminer, parmi les juges, celui qui est le plus apte pour connaître de son litige. Aussi, a-t-il recours aux règles de compétence. La compétence est l'aptitude d'une juridiction à exercer son pouvoir de juger sur un litige de préférence à une autre[1495]. Ainsi définie, la notion de compétence ne se confond pas avec celle de pouvoir juridictionnel. Celle-ci est l'aptitude d'une juridiction, considérée en elle-même, à trancher un litige par application des règles de droit[1496]. Elle n'implique donc aucune comparaison ni aucune concurrence entre l'aptitude de plusieurs juridictions. Cependant, les règles de compétence peuvent receler des écueils à la protection judiciaire des droits du titulaire du signe. Ceux-ci épousent les sillons de la répartition traditionnelle de la compétence, entre la compétence matérielle (A) et la compétence territoriale (B).

[1495] SOLUS (H.), « Compétence d'attribution et compétence territoriale », *JCP G.*1947, I, 663.
[1496] Idem.

A- La compétence matérielle

Pour voir sanctionner les atteintes à son droit, le titulaire du signe dispose parfois d'un droit d'option : celui de saisir le juge civil ou le juge pénal. Dès lors, les difficultés qui surgissent dans la protection du signe distinctif autorisent à distinguer la compétence matérielle du juge civil (1) de celle du juge pénal (2).

1- La compétence matérielle du juge civil

Aux termes de l'article 47 de l'annexe III de l'Accord de Bangui Révisé, « *les actions civiles relatives aux marques sont portées devant les tribunaux civils et jugées comme en matières sommaires* »[1497]. Ainsi, en matière civile, le tribunal exclusivement compétent pour connaître de l'action en contrefaçon de marque est le tribunal civil. Ainsi, par exemple, au Bénin comme au Tchad, il s'agira du Tribunal de Première Instance qui statue, en premier et dernier ressort, lorsque le montant de l'intérêt du litige n'excède pas deux cent mille francs CFA[1498]. Au Burkina-Faso et au Niger, le tribunal compétent est le Tribunal de Grande Instance qui connaît, également, en premier et dernier ressort, des réclamations dont le montant du principal est supérieur à un million de francs CFA[1499]. En deçà, les actions sont portées devant le Tribunal d'instance[1500]. Au Cameroun, les compétences d'attribution sont également réparties entre le Tribunal de Grande Instance dont le taux du ressort est celui des demandes supérieures à francs CFA Dix millions[1501] et le Tribunal de Première Instance qui est, par contre, compétent pour connaître des demandes inférieures ou égales à ce montant[1502]. En Mauritanie, le Tribunal à saisir par le titulaire du signe, est le Tribunal de Moughatâa, si l'intérêt du litige ne dépasse pas 300000 UM[1503], au-delà, le tribunal compétent est le tribunal de Wilaya[1504]. De toutes les législations citées, le législateur burkinabe a été le seul à donner expressément au Tribunal de Grande Instance cette compétence exclusive[1505].

[1497] Art.47 al.1er de l'Annexe III de l'ABR.

[1498] Art. 51 de la Loi n° 2001-37 portant organisation judiciaire en République du Bénin, art 29 de la loi n° 004/PR/98 portant organisation judiciaire (Tchad).

[1499] Art 75 de la loi organique n° 2004-050 du 22 juill. 2004 fixant l'organisation et la compétence des juridictions en Républiques du Niger et l'article 21 de la loi n°010/93/ ADSP portant organisation judiciaire au Burkina-Faso.

[1500] Art. 41 de la loi n°0-10/93 /ADP portant organisation judiciaire au Burkina-Faso.

[1501] Art.18 du CPCCA de la Mauritanie.

[1502] Art. 15 du CPCCA de la Mauritanie.

[1503] Art. 22 du CPCCA de la Mauritanie.

[1504] Art. 26 du CPCCA de la Mauritanie.

[1505] Art. 21 de la loi n°010/93 portant organisation judiciaire du Burkina-Faso.

Mais, cette disposition est assez critiquable. Certes, elle se situe dans le sillage de la solution française où le litige relatif à la marque est porté devant le Tribunal de Grande Instance[1506], qui est, par excellence, le tribunal civil de droit commun[1507]. Mais, le contentieux de la marque est un contentieux spécifique qui requiert des compétences particulières. En effet, le droit de marque et, plus largement, celui des signes distinctifs est « *tenu pour complexe et technique* »[1508]. Cette technicité n'est en principe susceptible d'être obtenue dans le contexte des pays de l'espace OAPI, que devant le juge commercial. Il n'est pas rare que, dans ces pays, les juridictions civiles, surtout dans les provinces, prennent, à la fois, au cours de la même audience, des affaires sociales, mobilières, immobilières, sans aucune distinction. Un tel juge ne peut donc avoir la compétence nécessaire pour connaître des litiges de contrefaçon. En revanche, si le juge commercial était désigné, celui-ci, en raison de sa spécialité originelle, a le temps nécessaire pour affiner sa connaissance en la matière. La compétence d'attribution suggérée serait encore plus indiquée dans les pays qui disposent d'un tribunal de commerce[1509].

Cette solution s'impose d'autant que le mimétisme du législateur OAPI est partiel. En effet, lorsque le législateur français a confié au juge civil la compétence exclusive pour connaître des litiges de marque, il a pris le soin d'en limiter strictement le nombre[1510], de sorte que le but recherché de la spécialisation des juges a été atteint. Ainsi, et à défaut de limitation des juridictions civiles compétentes, la compétence d'attribution devra être dévolue au juge commercial. C'est, du reste, ce qu'a fort bien compris le législateur béninois qui a confié le contentieux de la propriété intellectuelle, donc, le contentieux de la marque, au juge commercial[1511].

Mais, même si cette compétence d'attribution se justifie, la démarche du législateur béninois n'est pas non plus sans critique. En effet, en raison du principe de la hiérarchie des normes, l'article 47 de l'annexe III de l'ABR, parce qu'édicté par un Traité, est une norme supérieure aux lois nationales de chaque Etat partie. Dès lors, en cas de contradiction entre les deux normes légales, le Traité l'emporte sur la loi nationale. Aussi, le juge béninois a-t-il retenu la compétence du juge civil, nonobstant les dispositions du code de

---

1506 Art. L.211 du COJ et L.716-3 du CPI.

1507 Même si la marque invoquée appartient à l'Etat ou à une personne publique. T.C., 27 juin 1988, *PIBD* 1988, n°442, III, 454.

1508 PASSA (J.), *Traité*, t.1, op.cit, p. 597.

1509 Les pays comme la Côte d'Ivoire, le Mali et le Tchad disposent d'un Tribunal de Commerce. Dans les autres pays comme le Bénin et le Burkina-Faso, il n'existe pas de Tribunaux de Commerce. Les affaires commerciales sont donc connues par des chambres des Tribunaux de Première Instance ou de Grande Instance.

1510 V. infra, p. 269.

1511 Art. 772 du CPCCSAC du Bénin.

procédure civile, en application du principe de la hiérarchie des normes[1512]. La réforme, pour être reçue, doit donc émaner de l'Accord de Bangui.

La deuxième difficulté occasionnée par les règles de compétence est qu'il ne suffit pas que le juge soit une juridiction civile, mais il doit statuer « *comme en matières sommaires* »[1513]. La notion est, pour le moins, assez vague. Elle n'est pas ni définie par le législateur OAPI ni par la doctrine. Cependant, la matière sommaire vient en opposition à la procédure ordinaire, pour désigner une procédure d'urgence. Le législateur OAPI chercherait alors à éviter que le contentieux de la contrefaçon[1514] ne s'enlise dans des procédures ordinaires interminables qui durent bien souvent des années, rien qu'en première instance[1515]. Mais, dans cette hypothèse, statuer « comme en matières sommaires » désigne-t-il le juge des référés, puisque celui-ci statue, par essence, en matières sommaires[1516]. La question se pose d'autant qu'en droit français, le juge des référés a des pouvoirs propres, dans le contentieux de la marque qui l'autorise, selon le cas, à prévenir une atteinte imminente aux droits conférés par le titre ou à empêcher la poursuite d'actes argués de contrefaçon[1517]. La réponse ne peut être que négative, car le juge des référés ne peut, par exemple, prononcer des condamnations à des dommages et intérêts[1518] ou ordonner la destruction des produits contrefaisants, même s'il peut, en revanche, ordonner la saisie et l'interdiction de la poursuite de la contrefaçon[1519]. Or, le contrefacteur, en saisissant le juge judiciaire, recherche d'abord la réparation du préjudice subi, au travers des dommages et intérêts et par la cessation de l'activité contrefaisante, notamment, par la destruction des produits contrefaisants et du matériel du contrefacteur.

1512 Trib. Cotonou, jugement n°085/3 CCIV.MOD, 20 déc. 2013 (affaire Société BIC SA c/IFETEC Entreprises LTD), inédit.

1513 Art.47 al.1er de l'Annexe III de l'ABR.

1514 Il s'agit donc de procédures en principe plus courtes et plus rapides que celles du droit commun. (COUVRAT (P.), « Les procédures sommaires en matière pénale », *RIDC,* Vol.46, n°2, avril-juin 1994, p. 696.

1515 Cette insécurité juridique, qui malheureusement prévaut toujours, consiste en des décisions contestables, des dossiers en délibéré depuis plusieurs années, des exécutions impossibles, des négligences diverses, la violation des règles de déontologie, la corruption, des renvois à répétition, des grèves intempestives. (TIGER (Ph.), *Le droit des affaires en Afrique. OHADA*, cité par EDOU-EDOU (P.), *Les incidences de l'Accord ADPIC sur la protection de la propriété industrielle au sein de l'Organisation Africaine de la Propriété Intellectuelle (OAPI),* op.cit, p. 118.).

1516 La décision de référé est fondamentalement une décision provisoire, le juge référant ne tranchant pas le fond du litige (Cass. 2e civ., 8 juin 1995, n°93-17.428, Bull.civ., II, n°38.). C'est pourquoi il ne peut, en principe, prononcer que des mesures provisoires ou mesures d'attente, destinées à préserver les droits des parties en attendant la décision du juge du fond (Cass.3e civ., 25 mars 1987, n°85-10.457, Bull.civ., III, n°64.).

1517 Art. L.716-6 du CPI.

1518 Cass. 2e civ., 27 janv. 1993, n°90-20.928, Bull.civ, II, n°38.

1519 TGI Paris, réf. 9 déc. 2008, *PIBD* 2009, 894, III, 981.

Il reste donc à envisager la procédure abréviative de délai. Seule celle-ci paraît répondre à la volonté du législateur OAPI. Mais, elle non plus n'est pas dépourvue d'écueils. En effet, la procédure abréviative de délai est une procédure complexe qui oblige à obtenir, préalablement du président de la juridiction civile ou du juge désigné par lui, une ordonnance, justement, à fin d'abréviation de délai[1520]. Peu de titulaires de signes distinctifs sont au fait de cette procédure. Même s'ils l'étaient, ils pourraient difficilement la mettre en œuvre par eux-mêmes sans le concours d'un avocat, en raison de sa complexité relative. La compétence du tribunal de commerce s'impose d'autant.

De même, la procédure sommaire n'offre pas toujours au titulaire du signe, l'assurance d'une sanction judiciaire efficiente. Le juge désigné pour connaître du litige est souvent le juge disponible et non le juge le mieux qualifié. Enfin, une fois la procédure mise en œuvre, le titulaire du signe n'a pas toujours le temps nécessaire pour rassembler les preuves de la contrefaçon, s'il ne l'avait pas fait auparavant.

La formule de l'article 47 de l'Annexe III de l'Accord de Bangui Révisé semble assez souple pour admettre l'arbitrage du contentieux de marque. En effet, compétence exclusive est donnée au tribunal civil. Mais, le législateur OAPI n'a pas précisé si le juge civil doit être un juge étatique, ou une juridiction arbitrale. Dès lors, l'arbitrabilité du litige doit être possible, en application des dispositions de droit commun. Ainsi, ne peuvent être soumis à l'arbitrage que les droits dont les parties ont la libre disposition[1521]. Les litiges de nature contractuelle[1522], relatifs, notamment, à l'exécution ou à l'interprétation d'un contrat de licence, ainsi que ceux concernant la titularité d'un droit[1523], peuvent être soumis à la juridiction arbitrale[1524]. De tels litiges n'intéressent que les relations entre les parties, en ce qu'ils ne portent ni sur la contrefaçon ni sur la validité de la marque mais, seulement, sur des questions d'ordre purement contractuel[1525]. En revanche, et *a contrario*, le contentieux de la contrefaçon ou de la validité de la marque n'est pas arbitrable[1526]. En effet, il serait porté atteinte à une prérogative de puissance publique si la décision d'une puissance publique d'accorder un droit exclusif, était remise en cause par un juge privé[1527]. De surcroît, les demandes relatives à la contrefaçon intéressent l'ordre public, en ce que, notamment, elles ont un

[1520] Art.758 du CPCCSAC du Bénin.
[1521] Art.2 de l'Acte Uniforme du Traité OHADA relatif au droit de l'arbitrage.
[1522] TGI Paris, 17 mars 1981 et Paris, 15 juin 1981, *Rev. Arb.* 1983, obs. FRANCON (A.).
[1523] Paris, 3 févr. 1992, *PIBD* 1992, n°525, III, 359.
[1524] Paris, 31 oct. 2001, *Propr. Ind.* 2002, Comm. 76, obs. RAYNARD (D.).
[1525] Idem.
[1526] Paris, 3 févr. 1992, préc.
[1527] PASSA, *Traité*, t.1, op.cit, p. 602.

caractère délictuel, de sorte que sa méconnaissance implique des sanctions pénales[1528].

Cependant, cette solution doit être critiquée. En effet et à l'abord, *« le contentieux civil de la contrefaçon concerne au premier chef les rapports des parties »*[1529]. Ensuite, et surtout, il importe de comprendre qu'un arbitrage sur la contrefaçon suppose que celui qui se prétend victime et le contrefacteur se mettent d'accord pour soumettre leur litige à une juridiction arbitrale. Dès lors, et pour utiliser une formule familière, « *on ne peut être plus royaliste que le roi* ». De même, la jurisprudence y a admis des tempéraments, en décidant que le tribunal arbitral peut, pour trancher la question contractuelle, avoir à apprécier la validité ou la déchéance de la marque en cause, sans pour autant prononcer ni annulation, ni déchéance de la marque, mais, seulement, les constater, le cas échéant[1530].

Nonobstant ces aménagements, la compétence de l'arbitre est sensiblement limitée. En effet, l'arbitre sera obligé de se déclarer incompétent ou, à tout le moins, de sursoir à statuer et renvoyer au juge étatique la question de la validité ou de la déchéance, dès que le contrefacteur soulève, à des fins exclusivement dilatoires, un tel moyen.

Au-delà de cette limite, le juge privé peut être compétent pour connaître du non-respect, par un licencié, des clauses limitant les effets de la licence dans le temps[1531] ou dans l'espace[1532], des actes de concurrence déloyale pour rupture abusive[1533], ou pour violation d'une convention de coexistence[1534], sans pouvoir cependant étendre sa compétence au litige pénal.

2- La compétence matérielle du juge pénal

La juridiction de jugement, c'est-à-dire le tribunal correctionnel est saisi sur ordonnance de renvoi du juge d'instruction ou sur citation directe. Il connaît des atteintes aux signes distinctifs qui sont, en principe, des délits correctionnels. Toutefois, si le contrefacteur est un mineur, la juridiction

---

1528 BRUGUIERE (J.M.), (dir.), *Les modes alternatifs de règlement des litiges de propriété industrielle*, Paris, Dalloz, 2012, p. 16.

1529 BEGUIN (J.), MENJUCQ (M.), *Droit du Commerce International*, Paris, Litec, 2005, p. 252.

1530 Paris, 20 février 2008, *PIBD* 2008, n°876, III, 382.

1531 TGI Paris, 21 déc. 2007, RG n°05/12975.

1532 TGI Paris, 4 juill. RG n°06/18224.

1533 TGI Paris, 17 mars 1981 ; Paris, 15 juin 1981, *Rev. Arb.* 1983, p. 89, obs. FRANCON (A.). Cependant, jugeant en matière de certificat d'obtention végétale, que n'est pas arbitrable un litige de nature contractuelle relatif à la détermination des certificats cédés et à l'étendue des droits et prérogatives attachées à la cession. 'Cass.civ., 1er févr. 2001, *PIBD* 2001, n°745, III, 310).

1534 Paris, 31 oct. 2001, *Propr. Ind.* 2002, Comm. 76, obs. RAYNARD (J.).

compétente est le juge des mineurs. De même, si la contrefaçon ou l'atteinte au signe a un lien de connexité ou d'indivisibilité avec un crime, la juridiction compétente est la Cour d'Assises.

Pour apprécier la commission du délit, le juge pénal a compétence pour connaître les moyens de défense soulevés par le prévenu, comme la déchéance, la contestation de validité ou la déchéance du signe.

Cependant, si ces moyens sont contestés, il est obligé de sursoir à statuer. En effet, « *en cas d'action intentée par voie correctionnelle, si le prévenu soulève, pour sa défense, des questions relatives à la propriété de la marque, le tribunal compétent statue sur l'exception* »[1535]. Les questions relatives à la propriété de la marque sont des questions préjudicielles, qui sont soumises au juge civil. Il s'agit donc de moyens qui font obstacle au jugement. En droit commun, seul le droit de propriété sur un immeuble, peut constituer une question préjudicielle qui paralyse le juge pénal dans l'appréciation de l'infraction commise[1536]. L'obstacle édicté par le législateur OAPI déroge donc au droit commun, en ce que le droit du titulaire sur son signe est une propriété mobilière et non immobilière. Cette dérogation n'est toutefois pas en mesure d'influencer la compétence territoriale des juridictions saisies.

B- La compétence territoriale

Une fois la juridiction matériellement compétente identifiée, il reste à déterminer la juridiction territorialement compétente, c'est-à-dire la juridiction dans le ressort territorial de laquelle le litige est situé[1537]. Ainsi, la détermination de la compétence territoriale ne repose plus sur la nature ni sur la valeur du litige, mais sur sa localisation géographique[1538]. La règle traditionnellement admise est celle de la compétence du for du défendeur, traduite par la maxime latine : « *actor sequitur forum rei* »[1539]. Cependant, cette règle connaît, dans son application, des limites (1) qui sont accentuées par l'absence de tribunaux spécialisés (2).

1- Les limites de l'application du principe actor sequitur forum rei

En application du principe *actor sequitur forum rei*, la juridiction territorialement compétente est le tribunal du lieu du domicile du défendeur

1535 Art. 47 al.2 de l'Annexe III de l'ABR.
1536 PRADEL (J.), *Procédure pénale*, op.cit.
1537 CADIET (L.), JEULAND (E.), op.cit, p. 126.
1538 GUINCHARD (S.) (dir.), op.cit, p. 190.
1539 GAUDEMET (E.), CEZAR-BRU (Ch.), *Traité théorique et pratique de procédure civile et commerciale*, Paris, L. Larose & L. Tenin, 3e éd., t.1,1912, n°548.

ou, plus exactement, le tribunal du lieu où il demeure[1540]. Cette règle s'applique en droit OAPI, parce que l'Accord de Bangui Révisé n'a pas attribué une compétence spéciale ou exclusive à une juridiction particulière et que les juridictions nationales renvoient à l'application de ladite règle. La justification de cette règle est fort simple : celui qui initie une demande en justice contre un adversaire, cause un trouble à ce dernier. Tant qu'une décision n'a pas été rendue, il est impossible de dire si ce trouble est justifié. Dès lors, il est naturel de minimiser le dérangement que le procès cause au défendeur et, notamment, de lui éviter de se déplacer pour assurer sa défense[1541]. Mais, la mise en œuvre du principe n'est pas aussi aisée que sa justification, de sorte que les difficultés d'application s'observent, non seulement à l'égard des personnes physiques (a), mais également à l'endroit des personnes morales (b).

a- Les difficultés d'application du principe à l'égard des personnes physiques

Le domicile est le lieu du principal établissement[1542]. Il s'agit ordinairement du lieu d'installation qui est attesté par des indices comme le paiement des impôts, l'inscription sur les listes électorales ou la réception de correspondances[1543]. A défaut de domicile, il sera pris en compte la résidence qui est le lieu où demeure le contrefacteur, d'une façon suffisamment stable ou régulière, pour l'y localiser, sans que ce lieu constitue pour autant un domicile[1544].

L'application de la règle du for du contrefacteur se heurte à une première difficulté qui est l'incertitude du lieu où il demeure. En effet, il n'est pas rare que le défendeur possède plusieurs demeures ou résidences entre lesquelles il est délicat de déterminer laquelle est la principale. Or, la juridiction, saisie à tort, parce que le domicile du contrefacteur n'aurait pas été identifié, se déclarera incompétente, si le contrefacteur le sollicite. La protection judiciaire se trouvera alors paralysée, ne serait-ce que momentanément. Mais, les conséquences peuvent être pires, si l'action est prescrite. Aussi, pour pallier cette difficulté, est-il fait recours à la règle du domicile apparent. Ainsi, celui qui, trompé par les apparences, n'a pu déterminer avec certitude le domicile réel du contrefacteur, donc, son principal établissement, peut assigner,

[1540] Art. 40 du CPCCSAC du Bénin.
[1541] CROZE (H.), MOREL (L.) FRADIN (O.), op.cit, n°714.
[1542] Art.14 du Code des Personnes et de la Famille du Bénin.
[1543] Cass. 1re civ., 12 févr. 1980, Bull.civ, 1980, I, n°50.
[1544] Une résidence épisodique ne peut être considérée comme une demeure qu'à défaut de résidence stable et, à plus forte raison, d'un domicile en un autre lieu. (Paris, 18 févr. 1994, D. 1995, Somm.351, obs. Audit.).

valablement, devant le tribunal du lieu d'un domicile apparent[1545]. Il est ainsi reconnu, à l'apparence, un effet créateur de droit. Mais, le fondement de cette théorie est discuté, en jurisprudence et en doctrine. La question ne manque pas d'intérêt, en ce que les conditions de la compétence du tribunal du domicile apparent sont tributaires du fondement retenu. Certaines décisions judiciaires retiennent comme fondement de la théorie du domicile apparent, une élection tacite de domicile[1546]. Mais cette explication n'est pas satisfaisante, parce qu'elle limite le domaine d'application de la théorie, en ce qu'elle exige l'administration de la volonté du défendeur à élire domicile, ce qui, en principe, ne peut être facilement établi que dans les relations contractuelles[1547]. Il a été ensuite proposé la notion de faute. Ainsi, le tribunal du domicile apparent serait compétent, en quelque sorte, à titre de réparation, parce que le défendeur a dissimulé son véritable domicile ou n'a rien fait pour le porter à la connaissance du demandeur[1548].

Cependant, cette conception, comme la première, est trop restrictive. En effet, l'apparence fautive n'est pas la seule génératrice d'effets juridiques. Dès lors, le pouvoir créateur de l'apparence doit être appréhendé en se plaçant, non du point de vue du défendeur mais, plutôt, de celui du demandeur[1549]. Ainsi, la première condition qui permet la mise en œuvre de la théorie d'apparence est l'existence d'une fausse apparence[1550]. Il faut ensuite que le demandeur n'ait commis aucune faute et, surtout, enfin, qu'il ait fait des efforts suffisants pour découvrir le domicile de son adversaire[1551].

La deuxième difficulté peut naître lorsque, dans l'ignorance du domicile du défendeur, le demandeur l'assigne devant le tribunal de sa résidence. Dans cette hypothèse, le défendeur peut-il décliner la compétence du tribunal saisi en relevant le lieu de son domicile ?

Certains auteurs ont répondu par l'affirmative[1552]. Mais, la plupart se prononcent contre cette solution[1553]. Cette dernière position se justifie. En

---

1545 Cass. req. 17 févr. 1862, S. 1962, I, 396- 7 juill. 1885; D.P.87, I, 12; S.86, I, 152.

1546 Trib.civ. Bordeaux, 21 févr. 1894, D.95, 2, 33 ; Trib. civ. « Périgueux », 2 avr. 1903, *Gaz. Trib.* 1903, 2, 33.

1547 TALLON-FROUIN (I.), op.cit, p. 7.

1548 Paris, 14 oct. 1958, *Gaz. Pal.* 1959, 1, 80 ; *JCP.* 59, IV, 43 ; D.1959, Somm. 12. Dans cette affaire, la cour de Paris a relevé que le demandeur de nationalité étrangère avait entretenu chez le défendeur, la croyance qu'il avait à Paris un bureau à l'endroit où il résidait avec sa famille, qu'il avait donc valablement pu y être assigné.

1549 CALAIS-AULOY (J.), *Essai sur la notion d'apparence en droit commercial*, Paris, LGDJ, 1959, p. 9.

1550 Cass. req., 4 août 1986, préc.

1551 Lyon, 10 juin 1927.

1552 GARSONNET (E.), CESAR-BRU (Ch.), op.cit, n°553.

1553 GLASSON (E.-D.), TISSER (A), MOREL (R.), op.cit, n°357; SOLUS (H.), PERROT (R.), op.cit, p. 251.

effet, l'assignation devant le tribunal de la résidence est régulière et produit toutes les conséquences d'une demande régulièrement formée[1554].

Une autre difficulté surgit, en l'absence cumulative du domicile et de la résidence connus du défendeur. Diverses réponses sont proposées. Il a été suggéré, en un premier temps, de retenir la compétence du tribunal du lieu où l'obligation a pris naissance ou doit recevoir exécution[1555]. Même si cette solution a reçu, dans certains cas, une consécration législative, notamment au Bénin[1556], il est difficile de généraliser la règle parce que toutes les actions entrant dans le champ de la compétence de la juridiction du for du défendeur n'ont pas leur source dans une obligation, au sens technique du terme. La compétence du tribunal du dernier domicile connu ou de la dernière résidence a été également proposée[1557]. Mais, cette solution est loin d'être rationnelle, car elle consisterait à faire produire des effets juridiques à une situation qui n'existe plus[1558]. D'autres auteurs ont alors soutenu la compétence du tribunal du lieu où se trouve le défendeur, même momentanément et sans y avoir une véritable résidence[1559]. Ce système est également critiquable. En effet, il n'est favorable ni au défendeur qui, en principe, devrait se trouver ailleurs au moment du procès, ni au demandeur, en ce qu'aucun lien ne rattacherait le litige au tribunal du lieu où se trouverait le défendeur, pour un laps de temps. Il reste alors à opter pour la compétence du tribunal du domicile du demandeur[1560]. Cette règle a été favorablement accueillie par la Cour de Cassation française[1561], avant d'être entérinée par le législateur[1562]. Il convient de l'approuver. En effet, on ne peut soustraire les deux parties à leur juge naturel. A défaut de celui du défendeur, il convient de donner compétence au tribunal du demandeur lorsque le défendeur n'a ni domicile ni résidence connus[1563]. Cette solution s'impose d'autant que, dans l'espace OAPI, qui est un espace composé de plusieurs Etats, l'atteinte peut être commise par un contrefacteur résidant dans un autre Etat, dont la résidence et le domicile sont inconnus. Le risque est plus que réel, parce que les contrefacteurs préfèrent évoluer dans la clandestinité et dans l'informel, en évitant d'étaler au grand

---

[1554] Toutefois, la compétence du tribunal de la résidence reste une compétence subsidiaire qui ne peut être mise en œuvre qu'à défaut de domicile connu. Si le demandeur connaît donc à la fois le domicile et la résidence du défendeur, il doit assigner devant le tribunal du domicile, sauf s'il jouit d'une option légale. (CADIET (L.), JEULAND (E.), op.cit, p. 128.
[1555] TALLON-FROUIN (I.), op.cit, p. 8.
[1556] Art. 42 du CPCCSAC.
[1557] Idem.
[1558] GLASSON (E.-D.), TISSIER (A.), MOREL (R.), op.cit, n°357.
[1559] GARSONNET (E.), CEZAR-BRU (Ch.), op.cit, n°553.
[1560] Bourges, 17 nov. 1902, S. 1903, 2, 215.
[1561] Cass. req., 1er févr. 1916 , S. 1918-19, 1, 137, note Cassin.
[1562] Art. 40 al.2 du CPCCSAC du Bénin.
[1563] VINCENT (J.), op.cit, p. 284. ; SOLUS (H.), PERROT (R.), op.cit, t.2, n°252.

jour leur résidence ou leur domicile. Cette solution subsidiaire, qui est la seule qu'il convient de retenir, a, toutefois, le principal handicap de priver le litige de la contradiction.

Au pénal, la règle *actor sequitur forum rei* joue également, même si c'est à un degré moindre. En effet, l'une des juridictions compétentes pour connaître de l'infraction reste la résidence du délinquant [1564]. Toutefois, demeure également compétente la juridiction du lieu de commission de l'atteinte au signe ou la juridiction du lieu de l'arrestation du contrefacteur[1565]. La difficulté naît de cette triple habilitation territoriale. En effet, il se peut que l'action publique soit mise en mouvement, par exemple, devant la juridiction du lieu d'arrestation, alors que le véritable lien de rattachement se trouve dans le tribunal du domicile du délinquant où il est plus facile de rassembler les éléments de preuve, pour établir l'infraction. Ces difficultés se rencontrent également, dans une certaine proportion, à l'égard des personnes morales.

b- Les difficultés d'application du principe à l'endroit des personnes morales

La règle *actor sequitur forum rei s*'applique également aux personnes morales. Ainsi, si le contrefacteur est une personne morale, la juridiction compétente territorialement est celle de son siège social qui correspond au domicile pour les personnes physiques. Celui-ci est généralement fixé dans les statuts et ne soulève pas de difficultés particulières, surtout s'il s'agit des groupements et d'autres associations.

Cependant, le choix du tribunal compétent n'est pas aisé, lorsque le siège social indiqué dans les statuts des sociétés est fictif. Dans ce cas, le siège fictif ne produit aucun effet, quant à la compétence[1566]. Par suite, le transfert du siège, décidé par les organes sociaux, ne modifie la compétence du for du défendeur que si, effectivement, le principal établissement de la société a été déplacé[1567]. *A contrario*, le siège initialement fixé ne reçoit plus d'effet

[1564] Art.45 du CPP du Bénin.

[1565] Art.48 du CPCCSAC du Bénin.

[1566] Ainsi, il a été jugé que le siège social désigné dans les statuts d'une société anonyme doit être considéré comme purement nominal et fictif, lorsqu'il ne correspond à aucun établissement réel, que la société n'y possède ni bureau ni installation d'aucune sorte, mais qu'elle a dans un autre endroit son unique établissement et que c'est dans ce dernier lieu que se concentrent ses opérations commerciales, se tient sa comptabilité, s'effectuent ses paiements et se réunit son conseil d'administration. (Cass.req. 26 nov. 1906, S. 1909, I, 393, note Perroud ; D. 1911, I, 54 ; dans le même sens, Cass. 2e civ., 23 janv. 1958, *JCP* 58, éd. G. IV, 30.).

[1567] Cass. req. 15 mai 1911, D.1914, I, 275.

relativement à la détermination de la compétence lorsque, dans les faits, le principal établissement de la société est transféré dans un autre lieu[1568].

A cette première difficulté, s'ajoute celle de l'existence de plusieurs centres principaux. En effet, la compétence peut s'avérer évasive lorsque la société dispose de plusieurs centres principaux d'activités. Il est courant que le siège principal d'exploitation soit distinct du centre administratif où sont établis les différents organes de gestion. Pour obvier à cette difficulté, il est retenu comme le domicile social, le lieu où sont effectivement exercées les fonctions de direction de la société[1569].

Il y a également la difficulté d'application de la règle de compétence du domicile du contrefacteur lorsqu'effectivement, au siège indiqué dans les statuts, se réunissent les organes sociaux mais, en revanche, n'est pas le lieu où se manifeste l'essentiel de l'activité juridique externe de la société[1570]. La solution adoptée par la jurisprudence est de faire coïncider le domicile social à l'endroit où la société entre en rapport avec les tiers[1571]. « *Ainsi, même s'il n'est pas fictif, le siège social ne constitue pas nécessairement le domicile attributif de compétence* »[1572]. Quoiqu'heureuse, cette jurisprudence introduit tout de même des éléments d'incertitude dans la détermination de la compétence territoriale, alors même que la théorie de la gare principale apporte une solution plus apprivoisée.

Cette théorie a été et continue d'être la réponse apportée par la jurisprudence aux difficultés rencontrées par le demandeur pour déterminer la juridiction territorialement compétente, lorsqu'une société dispose d'établissements multiples. Ainsi, une société peut être assignée devant le tribunal dans le ressort duquel est située une succursale, lorsque le procès se rapporte à l'activité de celle-ci[1573]. En plus d'avoir une justification pratique[1574], il a été

[1568] Cass. req. 17 juill. 1935, S. 1936, 1, 41.

[1569] Cass.civ., 26 avr. 1932, J. Soc. 1934, 299. ; Cass.req. 22 déc. 1941, S.1942, 1, 31. ; V. aussi, ESCARRA (E.), RAULT (J.), *Traité théorique et pratique de droit commercial, les sociétés commerciales, les contrats commerciaux*, Sirey, 1953, t.1, n°51.

[1570] Tel est le cas, par exemple, lorsque le siège social est à Porto-Novo (Bénin) et que le conseil d'administration et les assemblées d'actionnaires se réunissent dans cette ville, mais que les services administratifs, comptables et commerciaux se retrouvent à Cotonou (Bénin), où sont traitées la plupart des affaires avec les fournisseurs et les clients.

[1571] Ainsi, il a été décidé que si le domicile d'une société est, en principe, au lieu où est établi le siège social, il peut en être autrement, lorsqu'elle a constitué ailleurs par la concentration de ses affaires et l'intensité de la vie commerciale, son principal établissement. (Cass.req. 19 juin 1911, D. 1916, I, 230 ; *Gaz. Pal.*, 1911, 2, 373.).

[1572] TALLON- FROUIN (I.), op.cit, p. 9.

[1573] Cass.civ., 7 déc. 1886, D.P.87, I, 101; Cass.civ. 12 nov. 1957, Bull.civ, I, n°427, p. 344.

[1574] L'intérêt pratique tient de ce que la plupart des grandes sociétés qui justifient l'application de la règle ont leur siège social dans la capitale. Il n'est donc pas des plus indiqués de contraindre le demandeur qui a contracté avec elle de venir dans la capitale. En plus du coût pour lui, cette solution n'aurait pas été dans l'intérêt d'une bonne administration de la

esquissé deux justifications théoriques pour fonder la théorie de la gare principale. Ainsi, pour une certaine jurisprudence, en ouvrant une succursale, la société a nécessairement entendu y faire une élection de domicile[1575]. L'explication est bien hasardeuse, parce que, bien souvent, le désir des sociétés est de plaider devant la juridiction du siège social où se trouve l'ensemble du service administratif, dont celui du contentieux. C'est, du reste, ce qui justifie l'insertion des clauses attributives de juridiction dans les contrats passés avec la société[1576]. De même, on a tenté de justifier la règle en fournissant l'explication selon laquelle la société établit un véritable domicile, chaque fois qu'elle crée une succursale[1577]. Mais, cette explication non plus n'est pas satisfaisante, parce qu'elle « *ferait littéralement éclater la notion de domicile* »[1578]. Ainsi, les seules raisons pratiques peuvent suffire à justifier la théorie de la gare principale dont la mise en œuvre requiert la réunion de deux conditions qui sont autant de difficultés supplémentaires : l'établissement qui va déterminer la compétence du tribunal doit être une véritable succursale[1579], l'action doit se rapporter à l'activité de la succursale[1580].

Il demeure une incertitude. Lorsque, plutôt que de saisir la juridiction territorialement compétente du lieu où se situe la succursale, le titulaire du signe saisit le tribunal du siège, le défendeur peut-il décliner la compétence du tribunal du siège ? La réponse est négative. La compétence du tribunal de la succursale n'est pas impérative. Dès lors, le demandeur jouit du droit d'option qui lui permet de saisir, à son choix, soit le tribunal de la succursale, soit celui

---

justice. Les rôles de la juridiction de la capitale se trouveraient encombrés en plus de ce que les éléments de preuve se trouvent au lieu de l'établissement principal dont la juridiction est à même de mieux juger.

1575 Trib. com Alep, 20 janv. 1932 : S. 1934, 4, 8.

1576 Cass. req., 19 juin 1923: S. 1927, I, 365.

1577 GLASSON (E-D.), TISSIER (A.), op.cit, p. 362.

1578 TALLON- FROUIN (P.), op.cit, p. 10.

1579 Sont donc ainsi exclus, les établissements indépendants qui n'appartiennent pas à la société (Cass.civ., I, 12 nov. 1957, Bull.civ. I, n°427, p. 344.) ou encore les établissements qui ne disposent d'aucune autonomie (GARSONNET (E.) et CEZAR-BRU (Ch.), op.cit, p. 562). Ainsi, ne correspond pas à la notion de « gare principale », un simple local où la société dispose momentanément des colis à transporter (Trib. com. Lyon, 6 janv. 1921, D.1922, 2, 151), un simple bureau (Nîmes, 16 déc. 1949, D.1950, 196), le bureau d'une compagnie de chemin de fer destiné uniquement à délivrer des billets et renseigner les passagers (Trib. civ. Seine, 21 mai 1909, *Gaz. Trib.* 2 oct. 1909.).

1580 L'activité désigne aussi bien une activité matérielle, qu'une activité juridique (Paris, 30 janv. 1904, *Gaz. Trib.* II, 104 ; Trib.com. Lyon, 6 janv. 1921, D. 1922, 2, 151). De même, la cause de l'action doit présenter un lien étroit avec l'activité propre de la succursale, c'est-à-dire se rattacher aux opérations traitées par elle, aux actes du personnel qui lui est affecté et aux biens utilisés pour son exploitation (Cass.civ, 3 févr. 1885, D.P. 86, I, 304 ; Cass. req. 7 mars 1911, D. 1916, I, 224.).

du siège social[1581]. Ces différents aménagements n'excluent pas qu'il en soit organisé un autre, au profit des signes distinctifs.

2- L'absence de tribunaux spécialisés

Les litiges en matière de propriété intellectuelle et, plus précisément, en matière de droit sur les signes distinctifs, sont des litiges d'une particulière spécialité ou complexité[1582]. L'un des obstacles importants à une protection judiciaire efficiente est l'absence d'expertise des juges chargés de trancher le litige de propriété industrielle. Dans les pays membres de l'OAPI, ceux-ci ne reçoivent aucune formation particulière[1583] leur permettant de mieux saisir la matière. Ainsi, à l'instar du législateur français, une double spécialisation s'impose[1584]. Cette solution permettra d'éviter que, dans les provinces où, la plupart du temps, les juges ne connaissent que des affaires relatives au vol de canard ou de cabri, ils ne se prononcent pas sur des questions de propriété industrielle qui leur sont totalement étrangères. Ainsi, il peut être envisagé de réserver le contentieux de la propriété intellectuelle, seulement à trois juridictions par Etat, en fonction des cartes administrative et judiciaire du pays. A l'intérieur de chacune de ses juridictions (de préférence commerciale) à l'égard desquelles s'appliquera alors la règle « *actor sequitur forum rei* », il faudra spécialiser des chambres qui auront pour seules attributions les litiges relatifs à la propriété intellectuelle[1585]. La spécialisation des juridictions doit être étendue à la cassation. L'OAPI pourrait alors se doter, à l'instar de l'OHADA[1586], d'une juridiction supranationale qui connaît, en cassation, des

[1581] Cass.civ. I, 24 janv. 1958, Bull. civ, II, n°77, p. 49.

[1582] POLLAUD-DULIAN (F.), *Propriété intellectuelle, la propriété industrielle*, op.cit, p. 1020.

[1583] « Concernant la compétence des juridictions dans la plupart des Etats africains de l'OAPI, il n'existe pas encore de juridiction spéciale en matière de propriété intellectuelle ». (TEBILI ZEZE (O.), *Les marques de l'Organisation Africaine de Propriété Intellectuelle, (OAPI) : étude comparée des droits français, communautaire africain*, thèse, Université de Toulouse I, 2007, p. 392.).

[1584] Seuls sont compétents en France, les Tribunaux de Paris, Nanterre, Bordeaux, Lille, Lyon, Nancy, Rennes et Fort de France : Décret du 9 octobre 2009, article D. 211-6-1 du COJ.

[1585] Cette solution est celle souhaitée. Elle est déjà retenue par le législateur français (Décret du 9 octobre 2009, article D. 211-6-1 du COJ). Toutefois en attendant d'y parvenir, une solution provisoire peut consister à confier le contentieux au juge commercial.

[1586] L'OHADA a créé une Cour Commune de Justice et d'Arbitrage qui, aux termes de l'article 14 du Traité tel que révisé à Québec le 17 octobre 2008 : « assure l'interprétation et l'application communes du Traité ainsi que des règlements pris pour son application, des actes uniformes et des décisions.

La Cour peut être consultée par tout Etat Partie ou par le Conseil des Ministres sur toute question entrant dans le champ de l'alinéa précédent. La même faculté de solliciter l'avis consultatif de la Cour est reconnue aux juridictions nationales saisies en application de l'article 13.

litiges relatifs aux signes distinctifs. Cette juridiction, dont la finalité serait d'unifier l'interprétation et l'application de la règle de droit, en matière de propriété intellectuelle, pourra donc assurer aux signes distinctifs une meilleure protection[1587]. Ce faisant, elle évitera les contrariétés de décision qui peuvent advenir d'un Etat à un autre ou d'un système juridique à un autre, surtout qu'en dehors des quatorze pays francophones, l'OAPI compte également la Guinée Equatoriale et la Guinée Bissau dont les systèmes juridiques ne sont pas identiques à ceux des quatorze autres pays. Cette mission peut être dévolue à la CSR qui a le mérite d'exister déjà. Il s'agit donc d'étendre les compétences de cette institution afin qu'elle puisse jouer un rôle plus décisif dans la protection des signes distinctifs. Au demeurant, une telle extension de prérogatives n'a, en principe, aucun impact sur le délai pour agir.

Paragraphe II. Les écueils érigés par l'inobservation des délais pour agir

Pour agir utilement en justice, le titulaire du signe dispose d'un certain délai. Il s'agit, d'abord, des délais de procédure et des délais de prescription. Ces délais de droit commun constituent un véritable obstacle à l'action du propriétaire des signes distinctifs, lorsque celui-ci les méconnaît. Mais, en droit OAPI et, plus spécialement, en droit de marque ou de nom commercial, le titulaire du signe est tenu d'observer un délai spécifique qui est celui édicté par la règle de la forclusion par tolérance. Toutefois, les obstacles érigés par l'inobservation des délais de procédure (A) ou la forclusion par tolérance (B), peuvent être surmontés.

A- Les obstacles érigés par l'inobservation des délais de procédure

Le délai de procédure proprement dit, est un laps de temps accordé à une personne pour accomplir un acte, ou pendant lequel il est interdit d'agir[1588]. Il

---

Saisi par la voie du recours en cassation, la Cour se prononce sur les décisions rendues par les juridictions d'Appel des Etats Parties dans toutes les affaires soulevant des questions relatives à l'application des Actes uniformes et des règlements prévus au présent Traité à l'exception des décisions appliquant des sanctions pénales.
Elle se prononce dans les mêmes conditions sur les décisions non susceptibles d'appel rendues par toute juridiction des Etats Parties dans les mêmes contentieux ».

1587 TEBILI ZEZE (O.), op.cit, p. 395.

1588 PERROT (R.), Cours de *Droit judiciaire privé, Paris, Les cours de droit*, 1980, fasc.I, p. 152. La plupart des délais de procédure participent à stimuler les plaideurs en les obligeant à accomplir les actes de procédure rapidement.

se distingue ainsi du délai de prescription qui a pour effet de consolider une situation de fait ou d'éteindre un droit et qui est en principe susceptible de suspension et d'interruption[1589]. Ces délais peuvent être un obstacle à la protection judiciaire des signes distinctifs, en ce que leur violation peut donner lieu à des « *sanctions sévères* », [1590] qui ont pour effet de paralyser définitivement ou provisoirement la procédure judiciaire. Mais, les écueils érigés par les délais de procédure proprement dits (1) ou les délais de prescription (2) peuvent, le plus souvent, être combattus par le titulaire du signe.

1- Les écueils érigés par l'inobservation des délais de procédure proprement dits

L'inobservation des délais de procédure [1591] érige, comme premier obstacle, la déchéance ou la forclusion du droit[1592]. Il s'agit de la perte du droit d'accomplir l'acte ou la formalité qui aurait dû être effectué, dans le délai imparti par la loi, ainsi que l'inefficacité de l'acte ou de la formalité accompli hors délai[1593]. En raison de la règle de l'automatisme de la déchéance, celle-ci est encourue du seul fait de la violation du délai de procédure[1594], sans qu'il soit tenu compte d'une éventuelle erreur de fait ou de droit du titulaire du signe[1595], peu importe également que l'inaccomplissement de l'acte soit le fait du titulaire du signe lui-même ou de son représentant[1596].

Au plan procédural, la déchéance prend la forme d'une fin de non-recevoir que le contrefacteur oppose au titulaire du signe. De manière générale, la fin de non-recevoir ne peut être surmontée. Toutefois, dans des cas isolés, ces

---

1589 CADIET (L.), JEULAND (E.), op.cit, p. 419.

1590 Art. 207 du CPCCSAC du Bénin.

1591 La computation des délais varie selon le type de délai. Ainsi, le délai fixé en heure est calculé d'heure en heure, « de hora ad horam », chaque heure s'entendant d'une durée de soixante minutes. Pour les délais fixés en jour (par exemple, les délais de computation ou d'appel des ordonnances), le calcul se fait de jour à jour, chaque jour étant constitué par un espace de temps qui s'écoule de zéro heure à minuit. Ces délais libellés en mois, comme des délais d'appel, sont calculés de quantième à quantième sans tenir compte de la durée réelle de chaque mois. Enfin, il y a des délais comme les délais de péremption de l'instance qui sont fixés en année. Dans ce cas, le jour d'anniversaire de l'année ou des années suivantes, marque le terme, sans qu'il soit tenu compte de l'année bissextile ou non (GUINCHARD (S.), op.cit, p. 12.).

1592 SALLE DE LA MARNIERE (M.), « La déchéance comme mode d'extinction d'un droit, Essai de terminologie juridique », *RTD Civ.* 1933, 1037.

1593 Idem.

1594 TGI Amiens, 1er oct. 1960. D.1960, 203, note J.V.

1595 Idem.

1596 Toutefois, le plaideur peut agir contre son mandataire lorsqu'il est établi que celui-ci a commis une faute dans l'exécution de son mandat (Cass.civ., 22 oct. 1934 :s.1935, I,11.).

délais sont suspendus. C'est le cas, par exemple, des situations de grève des magistrats ou du personnel judiciaire, au Bénin[1597].

Les obstacles nés de l'inobservation des délais ne se limitent pas à la forclusion. En effet, la non-observation des délais par le titulaire du signe peut entraîner la radiation de l'affaire du rôle[1598]. La radiation de l'affaire est un obstacle, en ce qu'elle entraîne la suspension de l'instance. Toutefois, elle peut être surmontée. En effet, le titulaire du signe, s'il est toujours dans les délais, peut faire enrôler à nouveau le dossier s'il souhaite obtenir un jugement sur le fond. Cependant, l'écoulement du délai ne peut être contourné que si le délai pour agir n'a pas expiré.

La même règle s'applique à la péremption de l'instance. En effet, l'inobservation des délais de procédure peut également constituer un obstacle à la protection judiciaire, lorsqu'elle entraîne l'extinction de l'instance. Ainsi, la péremption de l'instance peut être grave de conséquences, parce qu'elle est susceptible de provoquer indirectement la perte de l'action lorsque, dans l'intervalle, le délai pour agir est, soit expiré, soit que l'on se situe en appel[1599].

L'obstacle constitué par les délais de procédure est d'autant important que le défaut du contrefacteur d'agir dans les délais peut être sans effet. C'est le cas du relevé de forclusion. Ainsi, le juge peut relever le défendeur de forclusion dans certaines conditions[1600]. Le défendeur peut bénéficier de cette mansuétude légale lorsque, d'une part, la décision est rendue par défaut ou réputée contradictoire[1601] et, d'autre part, lorsque le défendeur, sans qu'il y ait eu faute de sa part, n'a pas pu avoir connaissance de la décision pour exercer à temps son recours[1602]. Toutefois, la demande de relevé de forclusion n'est recevable que si elle est exercée dans un délai maximum d'un an[1603]. Ce délai n'est pas le même que les délais de prescription.

2- Les écueils érigés par les délais de prescription

Le législateur OAPI n'a pas prévu un délai spécial ou particulier pour saisir le juge, contrairement au droit français qui a enfermé la prescription dans un

---

1597 Art.851 du CPP du Bénin.

1598 Art.466 du CPCCSAC du Bénin.

1599 FRICERO (M.), *La caducité en droit judiciaire privé*, Thèse, Nice 1979.

1600 Art. 620 al.1 du CPCCSAC du Bénin.

1601 Versailles, 1er févr. 1978, D.S. 1978, inf.rap.365, obs. Julien.

1602 Lorsque la demande est acceptée, le délai d'opposition ou d'appel court à compter de la date de la décision. Ainsi, le relevé de forclusion donne à l'intéressé un nouveau délai pour former appel ou opposition. Même si la voie de recours avait été déjà formalisé, l'acte d'appel doit être renouvelé, le relevé de forclusion n'ayant pas pour effet de valider rétroactivement l'appel primitif (Cass. Ass. Plén. 20 nov. 1981, *JCP* 1982, II, 19731, note GIVERALIN (Cl.).

1603 Art.619 al.3 du CPCCSAC du Bénin.

délai de trois ans[1604]. Le délai pour agir est donc un délai de droit commun, qui obéit aux règles édictées en la matière par chacun des Etats membres de l'Accord de Bangui Révisé.

Devant le juge civil, la prescription de droit commun est la prescription trentenaire édictée par l'article 2262 du code civil. Cette prescription est celle retenue par la plupart des pays membres de l'OAPI, comme le Bénin, le Togo et le Niger qui, en cela, sont restés alignés sur la prescription prévue par le législateur français jusqu'à la réforme de 2008[1605]. En matière commerciale, l'article 16 de l'AUDCG révisé envisage une prescription de cinq ans, à l'instar des dispositions de l'article 18 de l'AUDCG originel.

Mais, à ce niveau, la prescription commence à courir, non du jour du fait générateur de l'obligation mais, de celui, s'il est différent, de son exigibilité[1606]. Ainsi dispose l'article 17 de l'AUDCG révisé[1607]. Au demeurant, la règle est traditionnelle, en ce qu'elle est portée par l'article 2224 du Code civil. Ainsi, le législateur OHADA a retenu une approche subjective du point de départ du délai de prescription, en ramenant ce point à la naissance du droit[1608]. L'exception semble avoir prévalu sur le principe. Le principe devrait être celui d'un point de départ objectif et « non flottant », déterminé en fonction d'éléments objectifs, dont la preuve peut être facilement rapportée. Il appartient au titulaire du signe d'administrer la preuve de la connaissance effective des faits ou des événements établissant qu'il est dans le délai pour agir. Or, cette preuve est souvent difficile à rapporter[1609]. Par suite, « *en choisissant comme point de départ du délai de prescription la survenance d'un fait psychologique abandonné à l'appréciation du juge, le législateur communautaire ouvre la voie à une casuistique à l'hétérogénéité de solutions*

1604 Art.L.716-5 du CPI.

1605 La loi du 17 juin 2008 portant réforme de la prescription en matière civile a refondu le droit de la prescription. Ainsi, la prescription extinctive de droit commun qui a été nettement distinguée de la prescription acquisitive est de cinq ans.

1606 POUGOUE (P-G.), (dir.), *Encyclopédie du droit OHADA*, op.cit, p. 1405.

1607 Aux termes de l'article 17 de l'AUDCG révisé, « le délai de prescription court à compter du jour où le titulaire du droit d'agir a connu ou aurait dû connaître les faits lui permettant d'exercer son action ».

1608 TOURE (P.A.), « La théorie générale de prescription extinctive aux pays des merveilles du droit OHADA », in *De l'esprit du droit africain, mélanges en l'honneur de Paul-Gérard POUGOUE*, Wolters Kluwer, CREDIJ, 2014, p. 748.

1609 La difficulté d'administrer la preuve du point de départ est merveilleusement illustrée par un arrêt de la Cour de Cassation française dans une espèce où un acquéreur évincé d'une exploitation agricole réclamait à son nouveau propriétaire des dommages et intérêts. Après avoir indiqué que l'action était soumise à la prescription décennale, la Cour de Cassation a décidé que la juridiction de second degré a « souverainement retenu que le point de départ de la prescription ne pouvait être reportée à la date à laquelle Mme T. aurait prétendument eu connaissance de la qualité de propriétaire de C, date impossible à établir avec certitude », TOURE (P.A.), « La théorie générale de prescription extinctive aux pays des merveilles du droit OHADA », op.cit, p. 749.

judiciaires difficilement conciliables avec l'objectif de sécurisation du mécanisme de prescription pourtant recherché »[1610].

La critique de l'approche subjective de la prescription est d'autant justifiée qu'une querelle doctrinale a été suscitée sur la portée de la prescription[1611]. Pour certains auteurs, en effet, tenants de la conception dite « processualiste »[1612], la prescription extinctive n'éteint pas, à proprement parler, l'obligation, mais uniquement le droit d'en exiger l'exécution, c'est-à-dire la possibilité d'agir en justice, l'action[1613]. Dès lors, la prescription laisserait subsister une obligation naturelle qui ne peut s'appuyer sur une action en justice, mais dont l'exécution resterait possible, sans que le débiteur puisse rechercher la répétition de ce qui aura été exécuté, nonobstant la prescription[1614]. Pour les partisans de la conception dite « substantialiste », la solution retenue par les processualistes n'est pas pertinente parce que l'extinction de l'obligation emporte extinction de l'action. Ainsi, la prescription éteint le droit, en plus de l'action. Elle éteint totalement le droit, donc l'action. Chez la plupart des Etats membres de l'espace OAPI, les substantialistes ont pris le pas sur leurs contradicteurs. En effet, ces pays saisissent la prescription comme une fin de non-recevoir « *qui tend à faire déclarer l'adversaire irrecevable en sa demande* »[1615].

Cette solution se justifie. En effet, la prescription n'a pas pour conséquence d'éteindre uniquement l'action mais aussi, l'obligation souscrite, que l'écoulement du temps doit également éteindre. En droit OAPI, l'approche subjective est retenue pour déterminer le point de départ de la forclusion par tolérance.

1610 TOURE (P.A.), « La théorie générale de prescription extinctive aux pays des merveilles du droit OHADA », op.cit, p. 749.

1611 BUFFELAN-LANORE (Y.), LARRIBAU-TERNEYRE (V.), *Droit civil, les obligations*, op.cit., p. 193.

1612 ZENATI (F.), FOURNIER (S.), « Essai d'une théorie unitaire de la prescription », *RTD civ.*1996, p. 339, préc. p. 344.

1613 L'obligation naturelle est celle qui « dans le for de l'honneur et de la conscience, oblige celui qui l'a contractée à l'accomplissement de ce qui y est contenu ». (BUFFELAN-LANORE (Y.), LARRIBAU-TERNEYRE (V.), op.cit, p. 9.). Ainsi, celui qui règle une dette prescrite, ne fait pas une donation, mais un paiement.

1614 BRANDRAC (V.M.), *La nature juridique de la prescription extinctive en matière civile* , Paris, Economica, 1986, n°44 ; MALAURIE (Ph.) AYNES (L.), STOPPEL-MUNCK (Ph.), *Les obligations* : *Le régime,* Défrénois, Paris, Sirey, 2e éd., t.2, 1989, p. 341 ; STARCK (B.), ROLAND (H.), BOYER (L.), *Les obligations, régime général*, Paris, LexisNexis, 6e éd., t.3, 1999, n°347.

1615 Art.118 du CPCCS du Mali ; art.204 du CPCCSAC du Bénin ; art.235 du CPCEA de la République de Guinée.

B- Les obstacles érigés par la forclusion par tolérance

Traditionnellement, en droit commun[1616], comme en droit de propriété intellectuelle[1617], la tolérance ne peut suffire, à elle seule, à fonder ou à faire naître un droit. Aussi, le titulaire du droit est-il toujours libre de remettre en cause une tolérance pour faire respecter la plénitude de ses droits[1618]. Il en va autrement, en droit de marque et en droit de nom commercial où la tolérance peut faire naître des droits au profit des tiers. Cette dérogation au droit commun constitue un écueil à la protection judiciaire, en ce qu'elle peut paralyser non seulement l'action en contrefaçon (1) mais, également, l'action en annulation (2) du titulaire du signe.

1- La paralysie de l'action en contrefaçon

En vertu de l'article 46 de l'annexe III de l'Accord de Bangui Révisé, « *est irrecevable, toute action en contrefaçon d'une marque postérieure enregistrée dont l'usage a été toléré pendant trois ans* »[1619]. Ainsi, l'écoulement du délai de trois ans constitue une fin de non-recevoir qui rend irrecevable l'action en contrefaçon[1620]. De même, lorsqu'un nom commercial enregistré a été exploité publiquement, d'une manière continue, sur le territoire national pendant cinq ans au moins, sans avoir donné lieu à une action judiciaire reconnue fondée, sa propriété ne peut plus être contestée, du fait de la priorité d'usage[1621]. Il s'en suit que celui qui avait l'usage du nom commercial, n'est plus recevable à invoquer sa priorité d'usage lorsque, pendant cinq ans, un nom commercial a été enregistré sans contestation de sa part[1622]. Toutefois, l'irrecevabilité ne porte que sur les produits ou sur les services tolérés[1623].

Ainsi, le titulaire de la marque ou du nom commercial antérieur conserve tous ses droits, sauf à l'égard du bénéficiaire de la tolérance[1624]. Cette solution qui, au prime abord, peut apparaître comme un moindre mal, n'est pas moins

---

1616 Art.2232 du C. Civ. : « Les actes de pure faculté et ceux de simple tolérance ne peuvent fonder ni possession ni prescription », V. aussi. TERRE (F.), SIMLER (P.), op.cit, p. 364.

1617 ROUBIER, *Traité*, t.2, op cit, p. 521 ; MATHELY (P.), *Le droit français des signes distinctifs*, op cit, p. 411.

1618 V. infra, p.

1619 Art.46 de l'Annexe III de l'ABR.

1620 POLLAUD-DULIAN (F.), *Propriété intellectuelle, la propriété industrielle,* op.cit, p. 850 ; V. aussi BARBIER (P-H.), LALOST (R.), GRISON (Ch.), « La déchéance de la marque », Communication, *BICC*, Doctr., Les éditions des journaux officiels, Cour de Cassation, n°723, 1er juin 2010, p. 5.

1621 Art. 3 al.2 de l'Annexe V de l'ABR.

1622 Il s'agit d'une spécificité du droit OAPI. Ainsi par exemple, en droit français, seule la tolérance de l'exploitation de la marque peut entraîner la forclusion.

1623 Cass. com., 28 mars 2006, Bull.civ. V, n°82, p. 81 ; *PIBD* 2006, n°833, III, 47.

1624 SCHMIDT-SZALEWSKI (J.), PIERRE (J.L.), op.cit, p. 270.

un écueil au droit du titulaire du signe, en ce qu'elle « *accentue le caractère aberrant du mécanisme de forclusion qui aboutit à fausser la fonction essentielle de la marque* »[1625]. En effet, deux marques identiques ou similaires vont coexister dans la même spécialité, alors qu'elles appartiennent à des titulaires différents. Cette situation est d'autant préjudiciable, que le risque de confusion qu'elle peut entraîner au niveau de la clientèle est indéniable[1626]. Ce risque peut être également engendré par l'irrecevabilité de l'action en contrefaçon.

2- La paralysie de l'action en nullité

La forclusion par tolérance est analysée par la Cour de Cassation française, comme une prescription de l'action en nullité[1627]. Ainsi, lorsque le délai est écoulé, l'action du titulaire du signe contre la marque postérieure contrefaisante est irrecevable. Mais, à ce niveau, la thèse processualiste semble l'avoir emporté sur celle substantialiste. En effet, la prescription n'affecte que l'action et laisse subsister l'obligation civile qu'elle transforme en obligation naturelle[1628]. La conséquence en est que la forclusion a pour effet de paralyser l'action en nullité, initiée contre la marque ou le signe contrefaisant, éteinte par prescription, et même d'empêcher de soulever la nullité, par voie d'exception[1629], mais pas de faire disparaître le droit de marque ou de nom commercial dont le titulaire a été négligent[1630]. Tout comme pour l'action en contrefaçon, l'obstacle que constitue l'impossibilité de demander l'annulation de la marque est décuplé par le fait que les signes, celui du titulaire et celui du contrefacteur, vont devoir coexister sur le marché, au mépris de la fonction de garantie d'identité d'origine attachée à la marque qui exclut, en principe, une telle coexistence[1631].

Cependant, à la différence du droit commun, la forclusion par tolérance n'est encourue que si certaines conditions sont réunies. Ainsi, et *a contrario*, lorsque les conditions exigées ne sont pas satisfaites, le titulaire du signe peut échapper à l'étreinte de la prescription. D'abord, la marque seconde doit avoir été déposée de bonne foi[1632], c'est-à-dire en ignorant l'atteinte portée à la

---

1625 POLLAUD-DULIAN (F.), *Propriété intellectuelle, la propriété industrielle,* op.cit, p. 851.
1626 V. par exemple, Cass. Com., 7 juill. 2009, « Poilànec. Poilàne », *PIBD* 2009, n°905, III, 1428 ; *Rev. Soc.* 2009, p. 87, obs. MARECHAL (C.).
1627 Cass. com., 25 févr. 2003, Bull. civ. IV, n°29; D. 2003, Som.com.129, obs. DURRANDE (S.); Paris, 7 mars 2001, *PIBD* 2001, III, 334.
1628 TOURE (P.A.), « La théorie générale de prescription extinctive aux pays des merveilles du droit OHADA », op.cit, p. 765.
1629 Paris, 4 sept. 2009, *PIBD* 2009, n°905, III, 1436.
1630 AZEMA (J.), GALLOUX (J.C.), op.cit, pp.1017-1018.
1631 PASSA (J.), op.cit, p. 232.
1632 Art. 46 al.3 de l'Annexe III de l'ABR.

marque antérieure. La difficulté pour le titulaire de la marque ou du nom commercial est réelle. En effet, il est de principe que la bonne foi se présume[1633]. Il lui appartient donc d'établir la mauvaise foi du titulaire du signe postérieur[1634]. Pis, celle-ci ne peut tenir dans le simple défaut de vérification de la disponibilité du signe lors du dépôt[1635], ni dans une simple négligence[1636], ni encore dans la seule connaissance de la marque première, surtout lorsque la seconde n'est pas identique[1637]. Il faut ensuite que le titulaire de l'antériorité ait toléré l'usage du signe litigieux[1638], c'est-à-dire qu'il l'ait connu et n'ait pas réagi contre cet usage[1639]. En effet, sa réaction interrompt le délai de tolérance. Mais, cette réaction doit être claire et non équivoque. En cela, réside l'exigence jurisprudentielle[1640]. Ainsi, la réaction ne peut prendre la forme d'une ou de plusieurs lettres, même adressées avec avis recommandé, mais revêtir la forme d'une assignation, d'un commandement ou d'une saisie[1641]. Aussi, il ne suffit pas pour le titulaire du signe de réagir, encore faut-il que sa réaction, pour être efficace, épouse les formes de l'article 2241 du code civil[1642]. A défaut, le juge ne peut y en tenir compte, au cours de l'instruction de la cause.

1633 Art. 2268 du C. Civ.

1634 Cass. com., 12 juill. 2005, *PIBD* 2005, n°816, III, 584 ; Paris, 6 juin 2003, *PIBD* 2004, n°778, III, 41.

1635 Cass. com., 12 juill. 2005, préc.

1636 Cass. com., 10 mai 2006, n°834, III, 501.

1637 Cass. com., 10 mai 2000, n°834, III, 501.

1638 PASSA (J.), *Traité*, t.1, op.cit, p. 234.

1639 Ainsi, la Cour de Cassation a jugé « que la forclusion sanctionne, non pas l'absence d'action en contrefaçon par le propriétaire de la marque première à la suite du dépôt de la marque seconde, mais la tolérance, en connaissance de cause, de l'usage de celle-ci » (Cass. com., 28 mars 2006, Bull.civ.IV, n°82, *PIBD* 2006, n°833, III, 472.).

1640 Cass. com., 25 févr. 2003, Bull.civ. IV, n°29, D.2003, Somm. 2690, obs. DURRANDE (S.); Cass. com., 8 mars 2005, Bull.civ, IV, n°52.

1641 Paris, 17 mars 2001, *PIBD* 2001, 723, III. ; *Ann. Propr. Ind.* 2001, p. 223 ; Paris, 13 mars 2002, D. 2003, Som. 129, obs. DURRANDE (S.).

1642 Art. 2241 du C. Civ : « On ne peut prescrire contre son titre, en ce sens que l'on prescrit la libération de l'obligation que l'on a contractée ».

CHAPITRE II

LES LIMITES A L'INSTRUCTION DE LA CAUSE

L'instruction de la cause est une étape déterminante du procès, puisque c'est à cette période que sont accomplies les formalités procédurales qui tendent à mettre l'affaire en état d'être jugée[1643]. Ainsi, c'est au cours de l'instruction que le titulaire du signe va affiner sa demande, en administrant, notamment, la preuve qui établit l'atteinte portée à son droit de propriété industrielle. C'est également l'époque pour le contrefacteur de résister aux demandes du titulaire du signe, en invoquant ses moyens de défense.

Nonobstant le fait que la procédure soit enclenchée par le demandeur, les parties au procès sont égales devant la justice. Cette égalité est, notamment, postulée par le Pacte International relatif aux Droits Civils et Politiques du 19 décembre 1966[1644]. En vertu de cette règle, tous les justiciables se trouvant dans la même situation doivent être jugés par les mêmes tribunaux, suivant les mêmes règles de procédure et de fond[1645]. Cette règle revient surtout à imposer aux parties, non seulement l'égalité de chance mais, également, l'égalité des armes[1646]. Mais, en droit des signes distinctifs, cette égalité semble être mise à mal. En effet, le législateur OAPI autorise le titulaire du signe à faire la preuve de l'atteinte portée à son droit, par des moyens qui dérogent parfois au droit commun. En revanche, le contrefacteur ne dispose pas de tels privilèges. En rompant ainsi l'égalité des armes, l'Accord de Bangui Révisé a

[1643] CADIET (L.), JEULAND (E.), op.cit, p. 453.

[1644] Art.2 du Pacte International relatif aux Droits Civils et Politiques du 19 décembre 1966 ; V. aussi GALLOUX (J.-C.), « Les droits fondamentaux de la procédure dans les propriétés intellectuelles : vers un syncrétisme européen », in *Etudes offertes à Jacques NORMAND, Justice et droits fondamentaux*, Paris, Litec, 2003, p. 193.

[1645] JEULAND (E.), « Le droit au juge naturel et l'organisation judiciaire », *RFAP* 2008, n°25, p. 33.

[1646] GUINCHARD (S.), MONTAGNIER (G.), VARINARD (G.), DEBARD (J.), *Institutions juridictionnelles*, Paris, Dalloz, Précis, 12e éd, 2013, p. 226.

certainement entendu assurer une meilleure protection aux signes distinctifs. Y est-il parvenu ?

La réponse à cette question admet des nuances, en ce que, même si les moyens du demandeur peuvent paraître prééminents, ils ont été en réalité assez fragilisés (Section I), alors même que les moyens mis à la disposition du défendeur pour combattre les prétentions du titulaire du signe, ont fait l'objet d'assouplissement (Section II).

SECTION I. LA FRAGILISATION DES MOYENS DU DEMANDEUR

Au cours de l'instruction, il incombe à chacune des parties de prouver les faits nécessaires au succès de sa prétention[1647]. Cette charge pèse encore plus sur le demandeur, parce que la charge de la preuve suit en principe la charge de l'allégation[1648]. En effet, la prétention que le demandeur ne peut prouver est inefficace, voire inexistante[1649], « *idem est non esse et non probari* ». La preuve peut se faire de plusieurs manières : par voie testimoniale, littérale et même sur mesure d'instruction ordonnée par le juge[1650]. Quel qu'en soit le mode, l'administration de la preuve doit obéir aux règles de licéité et du contradictoire. Ainsi, un mode de preuve n'est pas admissible lorsqu'il est prohibé par la loi ou par un principe général, telle la protection de la vie privée[1651]. Dès lors, il n'est pas admis de recourir à des moyens frauduleux ou contraires à l'ordre public pour administrer la preuve de ses prétentions[1652]. De même, en vertu du principe du contradictoire, la preuve doit être communiquée spontanément, loyalement et, en temps utile, à la partie adverse[1653].

En droit de propriété industrielle et, plus spécifiquement, en droit OAPI, le législateur, privilégiant la preuve littérale, a organisé, au profit du titulaire du signe, un mode de preuve particulier : la saisie-contrefaçon. Celle-ci est, en principe, à même de lui permettre de rapporter plus aisément la preuve de l'atteinte à son signe et, par ricochet, d'assurer une meilleure protection au

[1647] GUINCHARD (S.) (dir.), op.cit, p. 45.
[1648] CADIET (L.), JEULAND (E.), op.cit, p. 463.
[1649] CADIET (L.), JEULAND (E.), op.cit, p. 453.
[1650] GUINCHARD (S.) (dir.), op.cit, p. 45.
[1651] Idem.
[1652] MAZEAUD (H.), MAZEAUD (L.), MAZEAUD (J.), CHABAS (F.), *Introduction à l'étude du droit*, Paris, Montchrestien, 9e éd., 1989, n°371-2.
[1653] Cass., 2e civ, 20 oct. 2011, n°10-17-660, *JCP G*.690, n°13, obs. Serinet et Procédures 2011, n°361, obs. PERROT (R.).

signe distinctif. Mais, cette volonté peine à atteindre son objectif pour diverses raisons qui tiennent, les unes aux contraintes à la saisie contrefaçon (Paragraphe I) et, les autres, aux insuffisances des autres modes de preuve (Paragraphe II).

Paragraphe I. Les contraintes de la saisie-contrefaçon

La saisie-contrefaçon est une mesure probatoire propre aux divers domaines de la propriété intellectuelle. Elle permet au titulaire du signe distinctif de faire pratiquer, par un officier public, des actes de nature à établir l'étendue et l'existence des atteintes dont son droit a été l'objet[1654]. Il s'agit donc d'une preuve littérale dont le titulaire du signe prend l'initiative. Cependant, à la différence notable des autres types de preuve dont l'existence n'est pas soumise à un formalisme particulier, la saisie-contrefaçon obéit à des règles précises qui gouvernent sa mise en œuvre. Lesdites règles ne sont-elles pas autant d'obstacles à l'efficience de la saisie-contrefaçon ?

La question se pose d'autant que les modalités d'exécution de la saisie-contrefaçon (B), postulent la réunion de certaines conditions (A).

A- Les conditions de la saisie-contrefaçon

La saisie-contrefaçon ne peut être pratiquée que si le titulaire de la marque justifie d'une ordonnance judiciaire, pour l'obtention de laquelle il peut être amené à payer une caution. Ces conditions ne facilitent pas toujours l'administration de la preuve, en ce qu'elles soumettent le titulaire du signe à des contraintes qui s'analysent en des difficultés dans l'obtention de l'ordonnance à fin de saisie-contrefaçon (1) ou des handicaps engendrés par le cautionnement (2).

1- Les difficultés d'obtention de l'ordonnance à fin de *saisie-contrefaçon*

Il n'est pas illogique de subordonner l'obtention de l'ordonnance à fin de saisie-contrefaçon, à l'administration préalable de la preuve de l'existence du droit du titulaire du signe. Mais, en droit OAPI, l'administration de cette preuve est malaisée (b). Même cette condition remplie, l'obtention de

---

[1654] VERON (P.), (dir.), *Saisie-contrefaçon*, Paris, Dalloz, 3e éd., 2013-2014, p. 3.

l'ordonnance n'est pas certaine, en raison des contraintes à surmonter par le titulaire du signe déjà dans sa requête (a).

a- Les contraintes de la requête à fin de saisie-contrefaçon

Le législateur OAPI n'a pas précisé la forme de la saisine du juge pour l'obtention de l'ordonnance aux fins de saisie-contrefaçon[1655]. Tel n'est pas le cas du code de propriété intellectuelle français, qui a pris le soin de préciser que l'ordonnance est rendue sur requête[1656]. Cette solution s'impose pour deux raisons. La première est que, d'essence, la requête est « *l'acte par lequel le demandeur saisit la juridiction compétente sans que son adversaire en ait été préalablement informé* »[1657]. Ainsi, et à la différence d'une procédure contradictoire comme, par exemple, la procédure de référé, la procédure gracieuse de l'ordonnance sur requête[1658] permet au titulaire du signe, tout en étant contraint de saisir un juge, de ne point néanmoins informer le contrefacteur de son intention. Il s'agit là d'une exception notable au principe du contradictoire. En effet, ce principe postule qu'avant même que des pièces ou des arguments soient présentés au juge, le contradicteur doit au préalable être informé par la communication de l'acte introductif d'instance ou de celle des pièces.

La deuxième raison tient de la nature même de la saisie-contrefaçon. Il s'agit, pour le titulaire de la marque, de surprendre le contrefacteur, en s'aménageant ou en se constituant des preuves[1659]. Dès lors, son efficacité repose essentiellement sur l'effet de surprise. En effet, il est certain que si le contrefacteur en était informé, il dissimulerait les preuves de son forfait[1660]. La première contrainte consiste donc à saisir un juge, même si c'est au moyen d'une procédure gracieuse, pour effectuer la saisie-contrefaçon. La contrainte est d'autant significative que, contrairement à ce qu'elle peut laisser entendre, la saisie-contrefaçon ne constitue pas toujours une saisie réelle, ou une saisie avec dépossession des biens contrefaisants. Bien souvent, la saisie-contrefaçon se limite à la description détaillée desdits biens.

[1655] Art. 48 al.1er de l'Annexe III de l'ABR.

[1656] Art. 716-7 du CPI.

[1657] GUINCHARD (S.), (dir.), op.cit, p. 424.

[1658] MONTCHO AGBASSA (E.), « Le rôle du juge civil dans la lutte contre la contrefaçon de la marque dans les Etats membres de l'Organisation Africaine de la Propriété Intellectuelle (OAPI) », *in Revue Béninoise des Sciences Juridiques et Administratives*, Supplément n°29, 2013, p. 67.

[1659] Paris, 4e ch., 4 avr. 1991, *PIBD* 1991, n°507, III, 521.

[1660] TGI Paris, 3e ch. Sect.3, 20 mai 2011, RG n°04/05-05099 ; V. aussi AZEMA (J.), GALLOUX (J.C.), op.cit, p. 1030.

En droit OAPI, le juge, saisi de la requête, est le Président du Tribunal civil. Cette compétence matérielle rejoint celle de l'article 47[1661], qui donne compétence au tribunal civil pour connaître des litiges en matière, notamment, de marque. Mais, si la compétence matérielle ne soulève pas de commentaire particulier, la compétence territoriale semble inappropriée. Le juge territorialement compétent est le Président du Tribunal « *dans le ressort duquel les opérations doivent être effectuées, y compris à la frontière* »[1662]. Cette solution est, pour le moins, critiquable. En effet, et à l'abord, en droit commun, la saisie-conservatoire, puisque la saisie-contrefaçon s'apparente à la saisie-conservatoire, est ordonnée par le Président du tribunal du domicile ou du lieu de résidence du débiteur[1663]. Il s'agit d'une solution classique qui vise à permettre à celui dont les biens ont été saisis, de se défendre plus facilement et sans coût supplémentaire lié, notamment, au transport[1664]. La seule exception admise à cette règle en droit commun porte sur les immeubles[1665]. Or, les signes distinctifs restent des biens meubles, même s'ils sont incorporels. Rien ne justifie donc qu'il leur soit appliqué les règles propres aux immeubles. Ensuite, cette compétence territoriale institue deux juridictions distinctement compétentes, l'une pour connaître du contentieux de l'atteinte à la marque, la juridiction de droit commun, c'est-à-dire la juridiction de résidence ou du domicile du contrefacteur et, l'autre, pour connaître uniquement du litige relatif à la saisie-contrefaçon. Cette dualité, dans la compétence territoriale, ne peut que complexifier le procès en entraînant des contrariétés de décision. Pour une bonne administration de la justice, il est donc indiqué d'unifier les règles du contentieux en confiant au seul juge du lieu de résidence ou du domicile du contrefacteur, la compétence nécessaire pour ordonner la saisie-contrefaçon, quel que puisse être le lieu où les actes de contrefaçon sont commis[1666].

La requête à fin de saisie-contrefaçon ne peut être introduite que par le titulaire du signe, ou par un licencié jouissant d'un droit exclusif[1667]. Le cessionnaire dont les droits n'ont pas encore été publiés, est donc contraint de recourir au cédant, qui seul est reconnu comme titulaire, jusqu'à l'accomplissement des formalités de publicité. La requête doit mentionner obligatoirement le nom

---

1661 Art. 47 de l'Annexe III de l'ABR.

1662 Art. 48 al. 1er de l'Annexe III de l'ABR.

1663 Art. 54 de l'AU PSRVE « Toute personne dont la créance paraît fondée en son principe peut, par requête, solliciter de la juridiction compétente du domicile ou du lieu où demeure le débiteur, l'autorisation de pratiquer une mesure conservatoire sur les biens mobiliers corporels de son débiteur, sans commandement préalable, si elle justifie de circonstances de nature à en menacer le recouvrement ».

1664 Supra, p. 263 et s.

1665 Ainsi, en matière immobilière, la juridiction compétente reste celle du lieu de situation de l'immeuble.

1666 PASSA (J.), *Traité*, t.1, op.cit, p. 638.

1667 Art. 48 de l'Annexe III de l'ABR.

du requérant, les droits invoqués par lui, l'objet de sa demande, la motivation, le lieu de saisie, l'huissier de justice du choix du requérant et, le cas échéant, l'expert choisi par lui. Ce formalisme s'impose au requérant ; l'omission ou l'irrégularité de l'une ou l'autre de ces mentions peut entraîner le rejet de la requête ou l'annulation de l'ordonnance. Ainsi, il a été décidé que lorsque le requérant fait recours à un avocat, l'absence de signature de l'avocat postulant au pied de la requête est une irrégularité de fond qui affecte l'acte litigieux[1668]. De même, l'indication de l'objet de la demande est une formalité substantielle, dont l'inobservation constitue un vice de forme[1669]. De même encore, il ne suffit pas pour le requérant, personne morale, d'indiquer, dans la requête, le nom d'un représentant. Seul doit y être mentionné le représentant qui a pouvoir. A défaut, la validité de la requête est affectée d'une irrégularité de fond[1670]. Le requérant est donc astreint à un formalisme rigoureux, qui lui impose, en outre, de faire la preuve du droit dont il excipe.

b- La preuve malaisée du droit du titulaire du signe

La reddition de l'ordonnance à fin de saisie-conservatoire est subordonnée à l'administration, par le titulaire de la marque, de la preuve des droits qu'il invoque[1671]. De manière traditionnelle, la possession suffit à prouver un droit de propriété sur un meuble. En effet, « *en fait de meuble, possession vaut titre* »[1672]. Cette règle est cristallisée par l'article 2279 du code civil. Ainsi, la possession, en matière de meuble, fait présumer, sauf preuve contraire, une acquisition régulière de la propriété en la personne du possesseur de bonne foi[1673].

1668 Cass. civ., 2e, 24 févr. 2005, n°03-11-718, Bull.civ. II, n°49, D.2005.IR, 735.

1669 Paris, 4e ch. A, 17 mai 1995, *Ann. Propr. Ind.* 1997, 65.

1670 Paris, 4e ch. Sect. A, 21 mars 2007, RG n° 06/17919, JurisData n°2007-328377 ; *Propr. Intell.* Oct. 2007, p. 478, obs. De Hars.

1671 Art. 48 al. 1er de l'Annexe III de l'ABR, préc.

1672 Art. 2279 du C. Civ.

1673 TERRE (F.), SIMLER (P.), *Droit civil, les biens*, Paris, Dalloz, Précis, 8e éd., 2010, p. 341. Ainsi, le possesseur est propriétaire du bien mobilier du simple fait de la possession, sans qu'il soit nécessaire pour lui de rapporter des preuves supplémentaires de sa possession Cette règle n'est pas étanche. Elle admet des tempéraments. Ainsi la règle ne s'applique qu'aux meubles corporels susceptibles de tradition et non à des objets mobilisés non individualisés, ni à des installations pouvant constituer des immeubles par destination. (Cass. com., 19 janv. 1960, Bull.civ., III, n°30.). De même, seule une possession exempte de vices confère au possesseur un titre faisant obstacle à toute revendication (Cass. com., 11 mai 1993, D. 1993. IR, 145.). La raison en est qu'il faut éviter que les acquéreurs de meubles qui ne font pas toujours dresser d'écrit, soient évincés par des aliénateurs de mauvaise foi. (ATIAS (C.), *Droit civil, les biens*, Manuel, Paris, Litec, 11e éd, 2011, p. 408.).

En droit OAPI, la preuve du droit du titulaire de la marque n'est pas aussi aisée à rapporter, en ce qu'il s'agit du droit incorporel qui ne peut faire l'objet de tradition[1674]. Ainsi, même l'usage ne peut suffire à rapporter la preuve du droit de propriété sur la marque, le nom commercial ou l'indication géographique. La preuve du droit invoqué est donc administrée par la production du titre de propriété industrielle[1675]. Il s'agit du Certificat d'Enregistrement de la marque ou du nom commercial. A ce titre, doit être adjointe la preuve de la non-radiation et de la non-déchéance de la marque ou du nom commercial[1676]. En effet, il ne suffit pas que la marque soit enregistrée, il faut également qu'elle soit valide pour justifier une protection judiciaire. Ainsi, le bénéfice de la saisie-contrefaçon n'est-il ouvert qu'à celui qui justifie, non seulement de l'existence du titre sur lequel il fonde son action mais, également, de ce que ce titre est en vigueur, à la date de la présentation de la requête[1677].

La difficulté de la production du droit de propriété réside dans le fait que la preuve des droits invoqués n'est délivrée que par l'OAPI. En plus du paiement de frais, les titres sont délivrés après un certain temps, en moyenne un mois, après la demande. Ce temps est anormalement long, et ne permet plus, bien souvent, la saisie-contrefaçon. En effet, pendant le temps de délivrance, la contrefaçon peut avoir cessé. Pour pallier cette situation préjudiciable au titulaire du signe, il s'impose de déconcentrer les prestations de l'OAPI, en autorisant les administrations nationales compétentes en matière de propriété industrielle, à délivrer lesdits titres. A la difficulté de l'administration de la preuve du droit, s'ajoute celle du paiement d'une caution.

2- Les handicaps du cautionnement

L'exécution provisoire est toujours réalisée sous la responsabilité et, au risque de celui qui la poursuit. C'est pourquoi, le juge, notamment, en référé, peut subordonner l'exécution provisoire de sa décision à la constitution d'une garantie[1678]. Dès lors, la décision ne devient exécutoire que du jour où cette garantie a été fournie[1679]. En effet, la victime d'une exécution provisoire, qui se révélerait injustifiée, bénéficie d'un droit à réparation[1680]. Ainsi, pour garantir l'effectivité dudit droit, la caution est ordonnée par le juge de premier

[1674] De manière générale, l'article 2279 du code civil ne s'applique pas qu'aux meubles incorporels insusceptibles de tradition (Paris, 17 févr. 1988, D.1989. Somm. 50, obs. Colombert.).

[1675] VERON (P.), (dir.), op.cit, p. 74.

[1676] Art.4 al.2 de l'Annexe III de l'ABR.

[1677] Cass. com, 14 déc. 2010, *Propr. Ind.*, mars 2011, p. 30, obs. Raynard.

[1678] Art. 554 du CPCCSAC du Bénin.

[1679] Cass. 2e civ, 19 mai 1999, Bull.civ II, n°95 ; Procédure 1999, n°175, obs. PERROT.

[1680] TGI Seine, 11 juin 1964, *JCP A*, 1964, IV, n°4536, obs. J.A.

degré ou par le premier Président de la Cour d'Appel, au « *cas où l'exécution provisoire entraînerait des conséquences manifestement excessives* »[1681].

Pour autant, le juge, dans la fixation du montant de la caution, doit tenir compte de la situation des parties, de l'impossibilité ou non de restitution[1682]. Le montant de la caution doit donc être proportionnel à la réparation qui peut être due à la victime de la saisie-contrefaçon.

L'Accord de Bangui Révisé a prévu le paiement d'une caution pour les mêmes raisons, qu'en droit commun. En effet, il est indéniable que la saisie-contrefaçon peut avoir de lourdes conséquences, notamment, lorsqu'elle consiste dans la saisie réelle, avec placement sous scellés, des produits litigieux ou du matériel de fabrication ou de distribution[1683]. Même si cela ne se justifie pas, parce que des dommages ne peuvent en survenir, la caution peut être également exigée, en cas de description détaillée. L'étranger, c'est-à-dire celui qui n'est pas ressortissant ou qui n'exerce pas ses activités dans l'espace OAPI, est obligatoirement tenu de fournir une caution[1684]. En revanche, la caution est facultative pour le national[1685].

Le principe même du paiement de la caution est l'un des handicaps importants de la saisie-contrefaçon. En effet, en raison de sa finalité qui est d'établir la preuve de la contrefaçon ou de l'atteinte au droit du titulaire du signe, le paiement d'une caution ne saurait être exigé, surtout lorsqu'il s'agit d'une description détaillée ou seulement du prélèvement des échantillons des produits contrefaisants. Le handicap est d'autant élevé que le montant de la caution n'est pas encadré par des règles fixes et prévisibles. Ainsi, bien souvent, la caution est assez élevée et sans proportion avec le préjudice[1686] encouru par la victime de la saisie-contrefaçon. Lorsque la caution est fixée, qu'elle soit ou non proportionnée, la saisie-contrefaçon ne peut être exécutée que si, préalablement, le montant de la caution est payé au greffe du tribunal.

B- Les modalités d'exécution de la saisie-contrefaçon

Les modalités d'exécution de la saisie-contrefaçon ne sont pas expressément précisées par le législateur OAPI. Si sa finalité probatoire est affichée. L'exécution de la saisie (1) et ses suites (2), le sont moins.

1681 CADIET (L.), JEULAND (E.), op.cit, p. 637.
1682 Idem.
1683 PASSA (J.), *Traité*, t.1, op.cit, p. 652.
1684 Art. 48 al.2 de l'Annexe III de l'ABR, préc.
1685 Idem.
1686 Ainsi, par exemple, suivant ordonnance n°576/2010 du 23 août 2010, le Président du Tribunal de Cotonou a ordonné le paiement d'une caution de FCFA deux millions, pour une saisie-contrefaçon qui a porté sur deux boites de produits pharmaceutiques contrefaisants de valeur respective FCFA 7500.

1- L'exécution de la saisie-contrefaçon

La saisie-contrefaçon ne peut être exécutée que de deux façons non cumulatives : il peut s'agir d'une saisie descriptive ou d'une saisie réelle. Nonobstant cette précision, l'exécution de la saisie-contrefaçon connaît des limites, qui atteignent aussi bien la saisie descriptive (a) que la saisie-réelle (b).

a- Les limites de la saisie descriptive

La saisie descriptive[1687] n'est pas, à proprement parler, une saisie. Elle consiste, en réalité, en une simple description des objets prétendus contrefaisants, sans aucune appréhension matérielle[1688]. Ainsi, selon ROUBIER, si la saisie réelle assure la conservation des objets incriminés sous mains de justice, la saisie descriptive se traduit « *par la libre disposition des objets examinés* »[1689]. La saisie descriptive n'immobilise pas les objets décrits, en ce qu'elle ne les rend pas inaliénables ou inutilisables, même momentanément. Elle se borne à préciser la nature, le caractère, les éléments de l'objet incriminé, de façon à permettre, plus tard, au juge, de les comparer avec le produit contrefait[1690]. Dans les cas de documents, leur photocopie est assimilée à une saisie descriptive[1691].

Au-delà de ce que la saisie descriptive ne permet pas au juge de se rendre compte, par lui-même, de la contrefaçon, la force probatoire de la saisie-contrefaçon réside uniquement dans la description de la contrefaçon, que fait l'huissier instrumentaire, dans son procès-verbal. Dès lors, en cas d'annulation du procès-verbal de saisie, les constatations, les informations y contenues, ainsi que les annexes du procès-verbal ne peuvent plus être invoquées[1692]. Cette limite de la saisie descriptive la distingue fondamentalement de la saisie réelle.

b- Les limites de la saisie réelle

La saisie réelle consiste en l'appréhension matérielle, par l'huissier, d'objets argués de contrefaçon[1693].

1687 VERON (P.), (dir.), op.cit, p. 80.
1688 Art. 48 al. 1er de l'Annexe III de l'ABR, préc.
1689 ROUBIER (P.), *Traité*, t.2, op cit, pp.424-425.
1690 AZEMA (J.), GALLOUX (J.C.), op.cit, p. 1033.
1691 Aix-en-Provence, 1er déc. 1976, *PIBD* 1977, n°186, III, 63 préc.
1692 TGI Paris, 10 avr. 1986, D.1988, Somm. 352.
1693 VERON (P.) (dir.), op.cit, p. 81.

En droit commun, la saisie est la voie d'exécution forcée par laquelle un créancier fait mettre sous mains de justice, les biens de son débiteur en vue de les vendre, pour se faire payer sur le prix[1694]. Il s'agit pour le créancier de rendre, d'abord, le bien indisponible, en les plaçant sous mains de justice[1695]. La finalité de la saisie est, pour le créancier, de rechercher le remboursement de sa créance, en forçant la main au débiteur. Or, en droit de propriété industrielle, le contrefacteur n'est pas le débiteur du propriétaire de la marque. Bien souvent, il n'y a même pas encore un litige qui les oppose, au moment de la saisie-contrefaçon. Celle-ci est une dérogation substantielle au droit commun. Pour en limiter la portée, il sied, selon certains auteurs, de contenir la saisie réelle dans les proportions de sa finalité, en n'ordonnant que la saisie réelle d'un nombre restreint d'objets. En effet, « *cette finalité probatoire de la saisie réelle devrait ainsi en pratique lui interdire généralement de porter sur tout un stock, car la saisie réelle d'une multitude d'objets identiques n'apporte, du point de vue de la preuve de la contrefaçon, rien de plus que la saisie d'un seul de ces objets* »[1696] et ne se justifie donc pas[1697]. Par contre, pour un autre auteur, la saisie réelle peut porter sur un nombre important de produits contrefaisants ou, même, sur la totalité de la production[1698]. La saisie-contrefaçon ne sortirait pas pour autant de sa finalité probatoire, parce que cette saisie permet justement d'établir la preuve de l'étendue et de l'ampleur de la contrefaçon. Une telle analyse, même si elle ne manque pas de pertinence, est tout de même critiquable. En effet, la saisie réelle, lorsqu'elle est d'importance, sort de son lit originel pour embrasser, même imparfaitement, les rondeurs de la saisie-conservatoire. La saisie réelle s'écarte alors de sa finalité probatoire, pour poursuivre d'autres buts. Dès lors, la saisie-contrefaçon ne doit porter uniquement que sur un nombre limité d'exemplaires de produits contrefaisants.

Ensuite, le législateur OAPI a expressément prévu la saisie réelle de services[1699]. Une telle saisie paraît difficilement envisageable. En effet, il est impossible, en tout cas, en l'état actuel de la science, d'appréhender matériellement des services qui sont, par définition, immatériels[1700]. Une

---

1694 AISSI-ESSA (A.M.H.), DIOUF (N.), *OHADA recouvrement des créances*, op.cit, p. 31.

1695 DJOGBENOU (J.), op.cit, p. 114.

1696 VERON (P.), (dir.), op.cit, p. 82. ; V. aussi GALLOUX (J.C.), « Les mesures probatoires, provisoires et conservatoires », in dossier *La lutte contre la contrefaçon*, D. 2008.711 S., spéc. 715 ; AZEMA (J.), GALLOUX (J.C.), « La loi n°2007-1544 du 29 oct. 2007 de la lutte contre la contrefaçon, *RTD com*, 2008, 278 S., spéc. 285.

1697 Cass. com., 4 janv. 1985, n°83-14.146, Bull.civ. IV, n°9, Dossiers Brunet 1988, IV, 5 ; *Ann. Propr. Ind.*1985. 237.

1698 POLLAUD-DULIAN (F.), *Propriété intellectuelle, la propriété industrielle,* op.cit, p. 1032.

1699 Art.48 al.1er de l'Annexe III de l'ABR, préc.

1700 VERON (P.), op.cit, p. 81, préc.

saisie réelle ne peut donc porter sur des services qui engendrent, pourtant, une importante activité contrefaisante.

Toutefois, en droit commun des saisies, il est permis de saisir les droits d'associés et les valeurs mobilières du débiteur[1701]. Or, ces droits sont, d'abord, des droits incorporels, en ce qu'ils ne sont pas tangibles. Ils sont, ensuite, considérés en eux-mêmes, car ne se confondant pas avec leur objet[1702]. Cependant, classiquement, on distinguait parmi les titres émis par les sociétés, les titres au porteur, qui étaient considérés comme des meubles corporels par incorporation du droit dans le titre lui-même, et les titres nominatifs considérés alors comme des biens meubles incorporels parce que le titre ne serait que l'instrumentum du droit sur le bien[1703]. Pour autant, en passant du titre au signe, du corporel à l'incorporel, par l'effet de la dématérialisation[1704], il est de bonne logique de considérer que les valeurs mobilières sont des biens incorporels qui s'accommodent de la reconnaissance d'un droit de propriété sur ces valeurs. Ainsi, à proprement parler, la saisie conservatoire ne porte pas sur les valeurs mobilières, mais sur les titres qui en constatent seulement l'existence.

A l'inverse, le contrefacteur ne dispose, par principe, d'aucun titre sur le droit qu'il viole. Ainsi, le titulaire du signe n'a, contre le contrefacteur, aucune prise matérielle pour pratiquer efficacement une saisie-contrefaçon.

Contrairement au législateur français[1705], le législateur OAPI n'a pas élargi la saisie-contrefaçon aux matériels et aux instruments de la contrefaçon. Cette omission est bien regrettable, car l'élargissement de la saisie-contrefaçon auxdits matériels permet de saisir réellement les objets qui, même s'ils ne sont pas en eux-mêmes le siège de l'infraction, ont néanmoins servi à la commettre[1706]. Il est alors encore plus aisé de rapporter la preuve de la contrefaçon, le contrefacteur pouvant être pris pratiquement en flagrance. Toutefois, comme en matière de saisie réelle des produits argués de contrefaçon, la saisie réelle de matériels ne doit pas porter sur la totalité des matériels et des instruments[1707]. Elle doit être limitée à un nombre réduit d'objets pour ne pas perdre sa finalité probatoire. Quel que puisse être le dessein réel du saisissant, il se doit de donner à la saisie-contrefaçon une suite judiciaire.

[1701] Art. 85 de l'AUVE.

[1702] CORNU (G.), *Droit civil, introduction, les personnes, les biens*, Paris, Montchrestien, 12e éd., 2005, p. 30.

[1703] TERRE (F.) SIMLER (P.), op.cit, p. 67.

[1704] REYGROBELLET (A.), *La notion de valeur mobilière*, thèse, Paris II, 1995 ; ARCHAMBAULT (A), *La nature juridique des valeurs mobilières*, thèse, Paris I, 1998.

[1705] Loi n°2007-1544 du 29 oct. 2007, préc.

[1706] VERON (P.), op.cit, p. 82.

[1707] Cass. com., 26 oct. 1999, n°96-20.488, Bull.civ, IV, n°185.

2- *Les suites de la saisie-contrefaçon*

A la suite de la saisie-contrefaçon, le saisissant est tenu de se pourvoir en contrefaçon[1708].

A son choix, il peut initier la procédure de contrefaçon soit devant le juge civil, soit devant le juge pénal, dans le délai de dix jours ouvrables[1709]. Le législateur OAPI n'a pas précisé le point de départ de la computation du délai de dix jours. Celui-ci court-il du jour du début de la saisie ou de sa fin? De même, en cas de pluralité de saisies pratiquées, en vertu d'une même ordonnance, le point de départ du délai est-il le même pour toutes les saisies ?

Traditionnellement, le jour à partir duquel commence à courir un délai (*dies a quo*) est, selon les cas, la date de l'événement, de la décision ou de la notification[1710]. Ce délai expire normalement le dernier jour, à vingt-quatre heures (*dies ad quem*)[1711]. En application de cette règle, il peut être retenu que le délai de dix jours commence à courir, à partir du jour du lendemain de la saisie à zéro heure[1712]. Toutefois, si la saisie-contrefaçon s'est étalée sur plusieurs jours, le point de départ de la computation est le dernier jour de la saisie[1713]. Par contre, en cas de pluralité de saisies, même sur le fondement d'une même ordonnance, chaque saisie est différente des autres faisant courir distinctement le délai de saisine du juge[1714]. De même, la fin du délai est le dixième jour à vingt-quatre heures. Toutefois, si le dernier jour est un samedi,

---

[1708] Il s'agit d'éviter d'une part, les saisies pratiquées à la légère ou de laisser le saisi trop longtemps dans l'incertitude judiciaire (PIOTRAUT (J.L.), *Droit de la propriété intellectuelle*, Paris, Ellipses, 2004, p. 125.) et, d'autre part, le détournement de la saisie-contrefaçon de sa finalité, en l'utilisant à des fins d'intimidation ou d'espionnage industriel (PASSA (J.), *Traité*, t.1, op.cit, p. 643.). Dès lors, avant même de solliciter l'ordonnance afin de saisie-contrefaçon, le saisissant doit être résolu à aller au bout de la procédure. Ainsi, une fois la preuve de la contrefaçon établie, il ne peut plus se dérober. Cependant, même en poursuivant dans le délai prescrit, la saisie contrefaçon peut toujours receler une finalité autre que celle prévue par le législateur. En effet, non seulement la saisie-contrefaçon, par son ampleur, peut rechercher à nuire au contrefacteur qui, jusque-là, n'est que présumé, mais ensuite elle peut rechercher à ternir l'image d'un concurrent, voire plus grave, à déstabiliser le marché. En prescrivant la saisine du Tribunal, le législateur ne préserve donc pas pour autant le saisi, de la volonté de nuire du saisissant.

[1709] Art.49 de l'Annexe III de l'ABR.

[1710] CADIET (L.) JEULAND (E.), op.cit, p. 420. Lorsque le délai est défini en jour, celui du fait qui lui donne naissance en l'occurrence, le jour de la saisie ne compte pas. Le délai court alors à compter du lendemain zéro heure. (Cass. Soc, 9 juin 1999, Bull.civ. 1999, V, n°273.).

[1711] Cass. 1re civ., 17 mars 1998, Bull.civ.1998, I, n°118.

[1712] Cass. com., 2 mai 1978, n°76-12.414, Bull.civ, V, n°121. ; Douai, 1re ch. sect. 2, 31 janv. 2006, *PIBD* 2006, n°826, III, 231.

[1713] Paris, 30 mai 2001, *JCP* éd. E 2002, p. 1143, obs. GREFFE (F.).

[1714] Cass. com., 3 juin 2003, n°01-14-214, Bull.civ, IV, n°91.

un dimanche, un jour férié ou chômé, le délai est prorogé jusqu'au premier jour ouvrable suivant[1715].

L'obligation de saisir le juge dans le délai légal peut être une véritable entrave à la protection judiciaire, lorsque le titulaire du signe néglige de le faire. Dans cette hypothèse, la saisie ou la description est, de plein droit, nulle[1716]. La nullité est encourue, sans que le saisi ait à justifier d'un grief[1717]. Elle est donc absolue et d'ordre public. En plus de la nullité de la saisie dans son intégralité, le saisi peut réclamer au saisissant des dommages-intérêts.

La sanction encourue, en cas de défaut de saisine du juge, est excessive, sinon disproportionnée. En effet, il nous paraît idoine de distinguer la saisie réelle de la saisie descriptive. Ainsi, en cas de défaut d'assignation dans le délai, seule la nullité de la saisie réelle sera encourue[1718]. Par contre, la saisie descriptive, pratiquée par l'huissier, doit pouvoir survivre au défaut d'introduction de la procédure au fond. La saisie descriptive, tout comme les autres formes de preuve des atteintes, ne porte pas atteinte au droit du saisi sur son signe, pas plus qu'elle ne paralyse son activité[1719], à la différence de la saisie réelle.

Paragraphe II. Les insuffisances des autres modes de preuve

La preuve des atteintes au droit du titulaire du signe peut se faire par tous moyens. Elle n'est donc pas cantonnée à la saisie-contrefaçon qui, du reste, n'est expressément édictée que pour la marque. Ces formes de preuve peuvent parfois ne pas parvenir à atteindre leur finalité probatoire, en raison de leurs limites. Aussi peuvent-elles receler des insuffisances, qu'elles soient produites devant le juge pénal (B) ou le juge civil (A).

A- Les insuffisances de la production de la preuve au civil

Devant le juge civil, la preuve des atteintes au droit du titulaire du signe peut être rapportée par tout moyen. Mais, le plus souvent, la production de cette preuve se heurte à des limites qui n'épargnent ni le constat d'huissier (1) ni la saisie douanière (2), de sorte que ces deux modes de preuve n'atteignent qu'insuffisamment leur finalité.

[1715] Paris, 28 nov. 1977, *Ann. Propr. Ind.* 1978.60.
[1716] Art. 49 de l'Annexe III de l'ABR, préc.
[1717] PASSA (J.), *Traité*, t.1, op.cit, p. 643.
[1718] Cass. com., 8 févr. 2000, *PIBD* 2000, n°701, III, 338.
[1719] Rouen, 27 févr. 1997, *PIBD* 1997, n°631, III, 246.

1- Les limites du constat d'huissier

La contrefaçon ou l'atteinte au droit du titulaire du signe distinctif peut être établie par simple constat d'huissier, dès lors que celui-ci, une fois dressé, est régulièrement soumis à un débat contradictoire[1720]. En effet, le constat est un acte dressé par un huissier pour fixer les éléments de fait d'une situation[1721]. Il est, tout à la fois, un *instrumentum* et un *negotium*. Pour être un acte de procédure, le constat, en la forme, est donc un écrit qui vise à établir la preuve d'une situation juridique[1722]. Mais, au fond, il demeure une manifestation de volonté, destinée à produire des effets de droit[1723].

Les limites du constat d'huissier à établir la preuve de l'atteinte aux signes distinctifs sont au moins de deux ordres.

La première tient à la portée de la force probatoire du constat d'huissier établi à la requête d'un plaideur, sans autorisation judiciaire. Ainsi, le procès-verbal dressé par l'huissier instrumentaire, dans ces conditions, n'a pas la valeur authentique et ne vaut donc pas jusqu'à inscription de faux[1724]. *A contrario*, le constat d'huissier ne vaut jusqu'à inscription de faux, en ce qui concerne la matérialité de ce que l'huissier déclare avoir vu ou entendu, que s'il est investi d'une véritable habilitation légale ou judiciaire[1725], comme c'est le cas, par exemple, de la saisie-contrefaçon. La valeur du constat dressé, à l'initiative du particulier qu'est le titulaire du signe, est donc moindre que celle du constat établi sur ordre de la loi ou à la suite d'une décision judiciaire.

La seconde limite tient des modalités d'établissement du constat d'huissier. En effet, il n'est pas possible au titulaire du signe de commettre un huissier pour instrumenter en toute circonstance et en tout lieu. Ainsi, si l'huissier peut dresser le constat de l'atteinte dans les lieux publics ou sur la voie publique, il ne peut, sauf consentement du propriétaire ou de l'occupant, pénétrer chez un tiers pour dresser constat[1726]. Un tel constat amiable, dont la force authentique n'est attachée qu'à la date, ne peut être dressé qu'à l'occasion de l'achat d'un exemplaire du produit contrefaisant[1727]. Aussi, à défaut d'autorisation judiciaire préalable, lui permettant de s'introduire et d'opérer dans un lieu privé, l'huissier peut-il procéder au constat depuis un lieu public, et non dans un magasin ou sur le stand d'un salon dans lequel est offert à la vente le produit litigieux[1728]. Par suite, dans la pratique, l'huissier se contente de constater que

---

[1720] Cass. com., 28 sept. 2004, RG n°04/04799.
[1721] GUINCHARD (S.), (dir.), op.cit, p. 349.
[1722] VINCENT (J.), GUINCHARD (S.), op.cit, p. 575.
[1723] Idem.
[1724] GUINCHARD (S.), (dir.), op.cit, p. 351.
[1725] Idem.
[1726] Ibidem.
[1727] Paris, 4e ch. A, 20 avr. 2005, RG n°04/04799.
[1728] PASSA (J.), *Traité*, t.1, op.cit, p. 636.

la personne qui l'assiste est entrée dans le magasin ou sur le stand, mais en est ressorti avec le produit contrefaisant. A son procès-verbal, il peut annexer le ticket de caisse ou la facture délivrée à l'occasion de l'achat[1729]. Mais, ce constat est sujet à caution, parce que l'huissier ne constate pas par lui-même l'existence du produit contrefaisant ou sa mise en vente dans la boutique. Ainsi, de tels constats ont-ils parfois été déclarés nuls, parce que l'huissier n'a pas pu constater la réalité de l'achat, à l'intérieur du magasin[1730].

A la différence de l'huissier, le douanier doit constater par lui-même l'atteinte au signe distinctif, avant de procéder à une saisie douanière.

2- *Les limites de la saisie douanière*

Le procès-verbal de saisie douanière n'est pas susceptible d'utilisation, uniquement devant le juge civil. D'ordinaire, la saisie douanière est pratiquée par les agents des douanes pour constater les violations aux lois et règlements douaniers[1731]. Selon la nature de la violation, le procès-verbal est soumis au juge pénal ou au juge civil[1732].

Le législateur OAPI n'a pas expressément habilité le douanier à procéder, à son initiative, à la saisie douanière en matière de marque ou de signe distinctif. En effet, le douanier ne peut, en principe, participer à l'administration de la preuve de l'atteinte au droit du titulaire du signe que si, préalablement, celui-ci, muni d'une ordonnance du Président du Tribunal, le sollicite[1733]. La question qui se pose alors est de savoir si la mission probatoire du douanier se limite à la seule hypothèse précédemment invoquée. La réponse ne peut qu'être nuancée. La plupart des législations douanières nationales des pays membres de l'OAPI n'accordent compétence expresse à l'administration douanière pour agir de sa propre initiative contre la contrefaçon, en recourant à des saisies. Mais, ces législations prévoient la saisie douanière, en cas de violation du droit douanier, comme en matière de fraude ou de contrebande[1734]. Dès lors, si les signes distinctifs sont entrés sur le territoire de l'un des Etats de l'espace OAPI, par fraude ou par contrebande, ils peuvent faire l'objet de saisie douanière. Il demeure que la saisie n'est pas pratiquée au titre de la contrefaçon.

1729 Paris, 4e ch. A, 18 oct. 2006, RG n°05/15819.

1730 Aix-en-Provence, 10 janv. 2005, *Propr. Intell.* 2005, n°17, p. 459, obs. crit. DE HAAS (C.).

1731 Art. 197 de la loi n°66-22 du 23 déc. 1966 portant Code des Douanes de la République Togolaise.

1732 Art.230 et 231 du Code des Douanes de la République Togolaise.

1733 Art. 48 al.1er de l'Annexe III de l'ABR.

1734 Art.247et 263 de la loi n°03/92/ADP du 09 déc. 1992 portant révision du Code des Douanes du Burkina-Faso.

Ces législations ne connaissent pas non plus la retenue douanière qui, en France, permet au titulaire d'une marque enregistrée ou au titulaire d'un droit exclusif d'exploitation, de présenter à l'administration des douanes une demande écrite aux fins de retenir les marchandises qu'il prétend présenter sous une marque contrefaisante[1735].

Toutefois, les Etats membres de l'UEMOA[1736] se sont dotés du code douanier[1737] qui prohibe, à l'importation ou à l'exportation, « *une marque de fabrique ou de commerce, un nom, un signe ou une indication quelconque de nature à faire croire qu'ils ont été fabriqués dans un Etat membre de l'Union ou qu'ils sont d'origine communautaire* »[1738]. Nonobstant ces dispositions, la retenue douanière pour contrefaçon peut-elle être pratiquée au titre des dispositions communautaires ? La réponse affirmative s'impose, même en l'état de l'absence de normes communautaires expressément édictées en la matière.

Ainsi, les administrations douanières des pays membres de l'espace UEMOA peuvent invoquer utilement les dispositions communautaires pour saisir, à l'importation ou à l'exportation, les marchandises contrefaisantes, de leur propre initiative, sans invoquer, préalablement, une fraude ou une contrebande.

Cependant, la saisie, en vertu des dispositions communautaires, a une portée assez limitée, en ce qu'elle n'est admissible que si l'atteinte porte sur des produits ou services d'un des pays membres de l'Union. Cette limitation est également opposable au juge pénal.

[1735] Art. L. 716-8 et R.716-1 du CPI. Les marchandises sont bloquées à la douane pendant une durée maximale d'un an, pouvant être prorogée à la demande du titulaire des droits. Plusieurs précautions ont toutefois été prises par le législateur, pour éviter des abus. Le Procureur, le demandeur, ainsi que le déclarant ou le détenteur des marchandises, sont informés sans délai, par les services douaniers de la retenue à laquelle ces derniers ont procédée. La mesure de retenue est levée de plein droit à défaut, pour le demandeur, dans le délai de dix jours ouvrables à compter de la date de notification de la retenue, de justifier auprès des services douaniers, soit des mesures conservatoires, soit de la preuve de la saisine du juge civil ou pénal, et de celle de la constitution d'une garantie pour couvrir son éventuelle responsabilité civile comme en matière de saisie-contrefaçon (SCHMIDT-SZALEWSKI (J.), PIERRE (J.L.), op.cit, p. 173.).

[1736] L'UEMOA est l'Union Economique et Monétaire de l'Afrique de l'Ouest. Elle est composée de 8 pays dont le Bénin, le Burkina Faso, la Côte d'Ivoire, le Mali, le Sénégal, le Togo et le Niger. Ces pays sont tous membres de l'OAPI. Les règlements pris par le Conseil sont d'application directe dans chacun des Etats membres (art.6 du Traité modifié de l'UEMOA en date du 29 janvier 2003).

[1737] Annexe au règlement n°09/2001/CM/UEMOA portant adoption du Code des Douanes de l'UEMOA.

[1738] Art. 21 du Code des Douanes de l'UEMOA.

B- Les insuffisances de la production de la preuve au pénal

Au pénal, la production de la preuve est gouvernée par la règle de la liberté de preuve. Ainsi, toutes les preuves sont recevables[1739], qu'il s'agisse des preuves admises devant le juge civil ou des preuves recueillies à l'enquête préliminaire, ou des preuves administrées à l'instruction ou encore devant la juridiction de jugement. Il s'agit, d'abord, des aveux, des témoignages, des constatations directes, des indices ou des faits et des circonstances qui, sans fournir la preuve directe de la culpabilité, permettent de conclure, par raisonnement inductif, qu'elle doit être reconnue[1740]. Pour autant, ces modes de preuve peuvent receler des insuffisances, en ce qu'ils participent toujours à une répression efficiente des atteintes.

Ces limites peuvent être induites par l'application du principe de la liberté de preuve (2), ainsi que celui de la présomption d'innocence (1).

1- Les limites induites par l'application de la règle de la présomption d'innocence

La présomption d'innocence est un principe à valeur constitutionnelle[1741] qui postule que toute personne poursuivie, ou même seulement soupçonnée d'une infraction, est considérée comme innocente, aussi longtemps que sa culpabilité n'a pas été établie définitivement par une juridiction pénale[1742]. Sur le plan idéologique et sociologique, la présomption d'innocence se justifie, à l'abord, par une certaine foi qui est placée en l'humanité, qui conduit à soutenir, jusqu'à preuve du contraire, que les hommes, par nature, sont honnêtes, ne serait-ce que la majorité d'entre eux[1743]. Ensuite, il serait scandaleux de condamner un innocent par avance, avant même une décision judiciaire. Enfin, la dignité humaine ne peut se satisfaire d'une condamnation autre qu'une condamnation judiciaire[1744].

Mais, la règle de la présomption peut constituer une limite à l'administration de la preuve de l'infraction, donc de la preuve de l'atteinte au droit du titulaire

---

[1739] PRADEL (J.), *Procedure pénale*, op.cit, p. 351.

[1740] Cass. crim., 13 mars 2007, Bull. crim. n°80.

[1741] Art. 17 de la Constitution du 11 décembre 1990 du Bénin. Cette règle est également portée par la Déclaration des Droits de l'Homme et des Citoyens d'août 1789 (art.9), par la Déclaration Universelle des Droits de l'Homme du 6 décembre 1946 (art. 11-1), et par le Pacte International relatif aux Droits Civils et Politiques (art.14).

[1742] PRADEL (J.), BELEVEAU (P.), *La justice pénale dans les droits canadien et français*, Blais, CUJAS, Montréal, Paris, 1986, pp.55-56.

[1743] Idem.

[1744] TIEDEMANN (K.), « Rapport général au colloque de Tolède, avril 1992, sur les mouvements de réforme de la procédure pénale et la protection des droits de l'homme », *R.I.D.P.*, 1993, vol. 64, 824.

du signe, en cas de doute. En effet, en matière pénale, lorsque le titulaire du signe ou le Ministère Public ne parvient pas à prouver, de manière décisive, les faits, le doute doit pouvoir bénéficier au contrefacteur et le juge doit le relaxer *in dubio pro reo*. Ainsi, lorsque la culpabilité est probable, mais que les éléments présentés au juge n'entraînent pas une certitude absolue, celui-ci doit considérer qu'il demeure un doute, dont le prévenu doit bénéficier[1745]. Le doute anéantit donc les preuves produites, même si, dans la réalité des faits, l'atteinte a bel et bien été réalisée. Il s'agit donc d'un handicap à l'effectivité de la preuve, comme peuvent l'être les limites du principe de la liberté de preuve.

2- Les limites induites par l'application du principe de la liberté de preuve

Même si la preuve est libre, elle est irrecevable lorsque le poursuivant ne respecte pas les principes qui présentent surtout un caractère moral, en ce qu'ils sont l'expression d'une certaine éthique[1746].

D'abord, la preuve est irrecevable, même si les faits sont avérés, en cas d'atteinte à la dignité humaine. Il y a, par exemple, atteinte à la dignité, en cas de tortures ou de traitements humains et dégradants. Ainsi, il a été décidé « *qu'à l'égard d'une personne privée de sa liberté, l'usage de la force physique qui n'est pas rendu strictement nécessaire par le comportement de ladite personne porte atteinte à la dignité humaine* »[1747].

Ensuite, la preuve n'est recevable que si elle est en accord avec le principe de proportionnalité. En effet, il faut une nécessaire proportionnalité entre les moyens mis en œuvre et l'objectif à atteindre, de sorte que la fin ne justifie pas les moyens[1748]. Ainsi, tous les procédés ne sont pas admissibles s'ils portent atteinte, par exemple, au droit au respect de la vie privée, au droit à la liberté d'expression. Toutefois, le principe de proportionnalité n'est pas étanche. Il doit rechercher, notamment, « *un juste équilibre entre, d'une part, le droit des personnes à voir respecter leur vie privée et leur domicile et, d'autre part, les intérêts concurrents d'autrui et de la société dans son ensemble* »[1749].

1745 Cass.crim, 22 juin 1960, Bull. crim., n°339.

1746 RASSAT (M.L.), *Procédure pénale*, Ellipses, op.cit, p. 264.

1747 CEDH, 28 juill.1999, Belmouni c/France, Rec.1999, II, 101.

1748 TINÇ (M.R.), *Le contrôle de proportionnalité des mesures nationales restrictives des échanges : Un instrument de légalité au service de l'intégration*, thèse droit public., GAUTHIER (Y.), (dir.), Strasbourg, 2009.

1749 C.E.D.H, 8 juill. 2003, Hatton et A. c/ Royaume Uni ; V. aussi, 16 déc. 1992, Miemetz c/ Allemagne, *R.T.D.H.*, 1993-467.

Enfin, la violation du principe de loyauté induit l'irrecevabilité de la preuve recueillie. Elle est appréhendée comme « *une manière d'être dans la recherche des preuves, conforme au respect des droits de l'individu et de la dignité de la justice* »[1750].

La loyauté des preuves pose la récurrente question de la fin et des moyens. D'un côté, la volonté d'exclure toute forme de déloyauté contribue à donner à la justice une légitimité plus grande. Mais, de l'autre, cette légitimité n'épouse pas toujours une certaine efficacité qui, elle-même, est tributaire parfois d'une déloyauté[1751]. Ainsi, se transpose en procédure pénale l'opposition philosophique entre l'impératif moral de Kant et celle des utilitaristes qui recherchent le plus grand bien pour le plus grand nombre[1752]. Cette seconde école a toujours innervé la procédure pénale. Ainsi, dès le XVIe siècle, le criminaliste belge Damhoudère (1507-1581), soutenait que la ruse pouvait être utilisée pour arracher l'aveu, en cas de « *grosses criminalités* »[1753]. De même, dans l'arrêt « *Leathem* », le juge anglais Crampton s'exprimait ainsi « *de quelque façon que vous l'ayez obtenue, même si vous l'avez volée, la preuve sera recevable* »[1754]. Mais, une conception aussi tranchée de la recevabilité de la preuve n'a pas été retenue en droit français comme dans les droits des Etats membres de l'OAPI. Ainsi, le poursuivant doit se conformer au principe de loyauté. Toutefois, son application aurait le mérite d'être assouplie, dans l'intérêt du titulaire du signe. Aussi est-il excessif, le fait d'annuler les propos enregistrés, obtenus spontanément par un suspect dans un lieu public[1755]. En limitant le titulaire du signe dans l'administration de la preuve, le principe de loyauté conforte, ce faisant, le défendeur, en ses moyens.

SECTION II. L'ASSOUPLISSEMENT DES MOYENS DE DEFENSE

Le contrefacteur n'assiste pas, de manière passive, au procès. Il oppose au titulaire du signe, des moyens qui visent à combattre les siens. Ceux-ci atteignent bien souvent leur but, fragilisant ainsi davantage la protection judiciaire des signes distinctifs. En effet, lorsque toutes les conditions

1750 BOUZART (T.), « La loyauté dans la recherche de la preuve », in *Mélanges L. HUGUENEY*, Paris, Sirey, 1964, n°20, p. 172.

1751 VALKENEER (Ch.), *De l'usage de la tromperie dans l'administration de la preuve pénale*, Thèse dactyl, Louvain-La-Neuve, 1999, p. 3.

1752 PRADEL (J.), *Procédure pénale*, op.cit, p. 358.

1753 ALLIARD (A.), *Histoire de la justice criminelle au XVIe siècle*, Gaud, 1868, p. 225.

1754 PRADEL (J.), *Procédure pénale*, op.cit, p. 358, préc.

1755 Cass. crim., 13 juin 1989, Bull. crim., n°254.

d'acquisition ou de jouissance ne sont pas remplies, le droit exclusif qui découle des signes distinctifs peut être efficacement contesté par le contrefacteur.

Les moyens du défendeur sont donc autant d'obstacles à la protection judiciaire des signes distinctifs. Mais, les obstacles sont-ils absolus ? La réponse n'est pas identique, selon que l'obstacle procède de l'assouplissement des exceptions de procédure et des fins de non-recevoir (Paragraphe I) ou de l'assouplissement des moyens de défense au fond (Paragraphe II).

Paragraphe I. L'assouplissement des exceptions de procédure et des fins de non-recevoir

Est considéré comme une exception de procédure, « *tout moyen qui tend à faire déclarer la procédure irrégulière ou éteinte, soit à en suspendre le cours* »[1756]. Au nombre des exceptions de procédure, on peut citer les exceptions d'incompétence, de connexité, de litispendance, de nullité ou l'exception dilatoire.

Plus qu'en droit commun, le contrefacteur dispose de moyens qui lui permettent de résister à la demande du titulaire du signe. Les règles du droit des signes distinctifs ont donc, sous certains aspects, assoupli, au profit du contrefacteur, les exceptions de connexité (A), d'incompétence matérielle et de nullité pour irrégularité de fond (B).

A- L'assouplissement de l'exception de connexité

L'exception de connexité peut être utilement soulevée, lorsque deux juridictions également compétentes sont saisies de deux litiges différents entre lesquels existe, cependant, un lien tel qu'il est, dans l'intérêt d'une bonne administration de la justice, de les faire instruire et de les juger ensemble[1757]. L'exception de connexité peut également s'entendre de litiges connexes portés entre deux formations de la même juridiction[1758].

L'ABR, en prévoyant des juridictions également compétentes à l'intérieur d'un pays et, en créant un espace commun à l'intérieur duquel plusieurs juridictions nationales peuvent être concurremment compétentes, a assoupli l'invocation de l'exception de connexité, qui peut, dès lors, être plus

[1756] CADIET (L.), JEULAND (E.), op.cit, p. 226.
[1757] GUINCHARD (S.), (dir.), op.cit, p. 493.
[1758] Cass. 1re civ, 4 mars 1986, *Gaz. Pal.*1987, Somm.53, obs. GUINCHARD et MOUSSA.

facilement soulevée par le contrefacteur, devant le juge national (1) ou devant le juge étranger (2).

1- L'assouplissement de l'exception de connexité devant le juge national

En droit OAPI, le défendeur sera fondé à invoquer l'exception de connexité devant le juge du for lorsque, notamment, à la suite d'une saisie-contrefaçon, le litige qui en est né, est porté devant la juridiction du lieu de la saisie[1759], alors que l'action en contrefaçon est déférée devant le juge du lieu du domicile ou de la résidence du contrefacteur [1760]. Deux juridictions également compétentes sont ainsi saisies de deux litiges différents qui, pourtant, gagneraient à être connus par le même juge. En effet, le litige né de la saisie-contrefaçon influencera immanquablement celui de la contrefaçon, en ce que la preuve de l'existence de la contrefaçon est rapportée par la saisie-contrefaçon. Ainsi, si la saisie-contrefaçon était annulée, l'action en contrefaçon, dans le cas où sa preuve reposait exclusivement sur la saisie-contrefaçon, ne peut prospérer. Les deux instances présentent donc, entre elles, une corrélation, telle que la solution de l'une influence nécessairement le sort de l'autre, de sorte que si elles étaient jugées séparément, il risquerait d'en résulter une contrariété de décisions[1761].

Le législateur OAPI a donc, ainsi procédant, labouré, au profit du contrefacteur, un champ fertile où celui-ci peut semer, à tous vents, même pour des raisons purement dilatoires, l'exception de connexité qui a la propriété d'être un écueil au déroulement normal de la procédure.

L'exception de connexité constitue un obstacle temporaire à l'action, en ce que lorsqu'elle est reçue, la juridiction saisie en second se dessaisit de l'affaire, au profit de la juridiction saisie en premier[1762]. Toutefois, en raison de ce que la juridiction civile a une compétence exclusive, toute autre juridiction, même étrangère, en cas de connexité, doit se dessaisir, à son profit[1763].

[1759] Art.48 de l'Annexe III de l'ABR, préc.

[1760] Art.47 de l'Annexe III de l'ABR.

[1761] Paris, 30 mars 1994 : JurisData n°1994-021986 .

[1762] Par contre, lorsque les juridictions saisies ne sont pas de même degré, la connexité ne peut être invoquée que devant la juridiction inférieure. V. CADIET (L.), JEULAND (E.), op.cit, p. 226.

[1763] Cass. 2e civ, 12 oct. 1978 : Bull.civ. 1978, II, n°162.

2- *L'assouplissement de l'exception de connexité devant le juge étranger*

En plus d'être un obstacle temporaire à l'instance, à l'intérieur des frontières d'un pays, l'exception de connexité peut être invoquée devant les juridictions d'un autre Etat, surtout membre de l'Accord de Bangui Révisé[1764]. En effet, les règles de connexité doivent pouvoir jouer en matière internationale[1765], surtout que, pour la protection des droits de propriété intellectuelle, les pays membres de l'OAPI forment un même espace. Ainsi, lorsque la contrefaçon est constatée dans plusieurs pays de l'espace, l'exception de connexité peut être soulevée par le contrefacteur, devant les juridictions de l'un desdits pays, afin que le litige ne soit connu que par la juridiction d'un seul Etat. Cette demande peut être confortée par le fait que les décisions rendues sur la validité des titres, dans un des pays membres, a autorité dans les autres pays[1766].

Cependant, l'exception de connexité peut être surmontée. Elle peut l'être lorsque le lien existant entre les litiges n'est pas suffisant, pour qu'il soit craint une contrariété de décision. De même, la notion de connexité ne repose sur aucun critère précis et ressort de la seule appréciation du juge du fond[1767]. Ainsi, l'admission de l'exception de connexité n'est jamais qu'une simple faculté pour les tribunaux[1768], surtout en ce qui concerne la connexité internationale[1769].

Par suite, si l'exception de connexité est un obstacle temporaire à l'instance, cet obstacle peut être écarté par le juge qui l'apprécie, de façon souveraine. L'exception de connexité peut être soulevée, en tout état de cause, comme l'exception d'incompétence matérielle ou l'exception de nullité, pour irrégularité de fond.

B- L'assouplissement des exceptions d'incompétence matérielle et de nullité pour irrégularité de fond

Le législateur OAPI a favorisé l'invocation par le contrefacteur ou par l'auteur des atteintes aux signes distinctifs, des exceptions d'incompétence matérielle et de nullité, pour irrégularité de fond. Ce faisant, il fragilise les

---

1764 CADIET (J.), JEULAND (E.), op.cit, p. 227.

1765 Cass. 1re civ, 22 juin 1999, Bull.civ. I, n°208. Toutefois, l'exception de connexité internationale ne peut prospérer que d'une part, si les juridictions de chacun des pays sont également compétentes selon leurs propres règles de compétence internationale et que d'autre part, les décisions prononcées dans l'un des pays sont susceptibles d'être reconnues dans l'autre.

1766 Art.18 de l'ABR.

1767 Dijon, 25 janv. 1990, *Gaz. Pal.*1991, Somm.323.

1768 Cass. 1re civ., 20 oct. 1987, *Rev. Crit. DIP.*1988, 540, note Lequette.

1769 Cass. 1re civ, 22 juin 1999, Bull.civ.1999,I, n°208.

droits du propriétaire des signes, qui sont ainsi exposés à la chicane ou aux roueries procédurales du contrefacteur. Cependant, sous certains regards, ces écueils peuvent être surmontés, que le contrefacteur soulève l'exception d'incompétence matérielle (1) ou l'exception pour irrégularité de fond (2).

1- L'exception d'incompétence matérielle

L'exception d'incompétence matérielle est le moyen de contestation de la compétence d'attribution soulevée par le défendeur[1770]. Dès lors, la juridiction saisie est incompétente, lorsqu'une loi ou une convention valable désigne une autre juridiction comme compétente, à l'exclusion de celle réellement saisie.

En droit de marque, l'article 47 de l'annexe III de l'Accord de Bangui Révisé désigne les juridictions civiles statuant, en matières sommaires, pour être les seules exclusivement compétentes pour connaître du contentieux de la contrefaçon de marque. Le contrefacteur sera alors fondé à décliner la compétence matérielle de toute autre juridiction[1771]. Il s'agit d'une solution traditionnellement reçue. Mais celle-ci devient critiquable lorsque, même la juridiction civile, expressément désignée par le législateur OAPI, peut se déclarer incompétente. En effet, la juridiction doit être, non seulement civile mais, en plus, elle doit statuer en matières sommaires. Cette dernière exigence, qui ne se traduit pas toujours par une célérité accrue de la procédure, offre au contrefacteur un moyen supplémentaire pour invoquer l'exception d'incompétence matérielle.

Le terreau est encore plus fertile pour l'invocation, par le contrefacteur, de l'exception d'incompétence matérielle, lorsque c'est le cas, comme au Bénin, où l'ABR désigne le juge civil comme étant celui compétent, alors même que le code de procédure civile et commerciale désigne le juge commercial[1772]. Le contrefacteur peut s'engouffrer alors dans la brèche pour soulever, quel que soit le juge saisi, son incompétence matérielle[1773].

L'exception d'incompétence matérielle est un obstacle plus important que l'exception de connexité, en ce que si le juge y fait droit, elle provoque l'extinction de l'instance. Le juge n'a donc plus à statuer au fond[1774]. Toutefois, cette exception est surmontable.

En effet, si l'incompétence est établie, l'exception ne peut être déclarée irrecevable que dans le cas où le défendeur ne motive pas son moyen et omet

---

[1770] GUINCHARD (S.), (dir.), op.cit, p. 852.

[1771] Art.47 de l'Annexe III de l'ABR, préc.

[1772] Art.772 du CPCCSAC du Bénin.

[1773] Il soulèvera l'incompétence matérielle du juge commercial, lorsque ce juge est saisi pour désigner le juge civil, en application de l'article 47 de l'Annexe III de l'ABR. De même, de bonne ou mauvaise foi, il peut décliner la compétence du juge civil.

[1774] Paris, 3 nov. 1982, D.1983, inf. rap.154, obs. Julien.

de faire connaître la juridiction compétente[1775]. L'exception d'incompétence est également surmontable, lorsqu'elle n'est pas soulevée *in limine litis*, c'est-à-dire avant toute défense au fond ou fin de non-recevoir. Mais, si cette dernière condition est celle admise en droit malien[1776], elle ne l'est pas, par exemple, en droit béninois où l'exception d'incompétence matérielle peut être soulevée, en tout état de cause, en ce qu'elle est d'ordre public[1777]. Enfin l'exception peut être surmontée, lorsque le propriétaire du signe saisit la juridiction compétente, ou lorsque la prescription n'est pas encourue.

Cependant, même lorsque le propriétaire du signe parvient à contrecarrer l'écueil de l'exception d'incompétence d'attribution, il peut toujours être confronté à celui de l'exception de nullité pour, irrégularité de fond.

2- L'exception de nullité pour irrégularité de fond

La nullité pour vice de fond peut être soulevée, notamment, en cas de défaut de pouvoir d'une personne ou d'une partie figurant au procès, comme représentant. Le législateur béninois a en effet expressément précisé cette cause de nullité[1778]. Pour utilement l'invoquer, le défendeur n'a pas besoin de justifier d'un grief, ou de s'en prévaloir, au seuil de la procédure. Le moyen tiré de la nullité pour vice de fond peut être proposé, en tout étape de procédure[1779].

En droit OAPI, le droit d'agir en contrefaçon de la marque ou contre les atteintes du nom commercial ou de l'indication géographique n'est réservé qu'à certaines personnes, exclusivement, que sont les titulaires d'un droit exclusif d'exploitation[1780]. Si ceux-ci sont des personnes morales, elles ne peuvent être représentées en justice que par le représentant légal[1781]. A défaut, l'assignation ou la citation directe peut être annulée pour irrégularité de fond[1782].

La difficulté spécifique à la propriété industrielle tient de l'obligation pour la personne morale et, même pour la personne physique, titulaire du signe,

---

1775 Art. 80 CPCCS du Mali.
1776 Idem.
1777 Art. 165 du CPCCSAC du Bénin.
1778 Art.193 du CPCCSAC du Bénin.
1779 Art.196 du CPCCSAC du Bénin.
1780 V. supra. p. 244 et s.
1781 Cass., 3e civ, 4 mai 1995, n°93-14.442, MPT.
1782 Aussi, a-t-elle été déclarée nulle, l'action contre le directeur du personnel qui n'a aucun pouvoir de représentation (Cass., 2e civ, 23 oct. 1985, n°84-10, 511, Bull.civ.II, n°161.), l'appel formé par un employé (Cass., 2e civ, 18 nov. 1981, *Gaz. Pal.* 1982, 1, 209, note Viatte.), l'acte fait par un Président Directeur Général démissionnaire (Cass., 2e civ, 13 oct. 1976, Bull.civ. II, n°74.), ou le recours du liquidé en dehors du liquidateur (Cass. 1re civ, 9 mars 1982, n°80-16.163, Bull.civ I, n°389.).

d'accomplir les formalités de publicité nécessaires[1783]. Ainsi, si ces formalités ne sont pas accomplies, comme la mention au Registre du Commerce pour les sociétés, l'enregistrement et la publication du titre au Bulletin Officiel de l'OAPI, le représentant ne peut valablement porter la cause de son mandant.

Pour autant, la nullité pour vice de fond peut être surmontée. En effet, le titulaire du signe peut régulariser l'acte entaché de l'irrégularité de fond[1784]. Dans le cas du défaut de pouvoir, il s'agira pour celui qui a pouvoir, soit de reprendre lui-même la procédure[1785], soit de donner pouvoir à celui qui en a pris l'initiative pour la reprendre. Toutefois, la régularisation doit intervenir avant que le juge ne statue[1786] ou avant l'expiration des délais de prescription[1787].

A la différence de la nullité pour irrégularité de fond, les moyens de défense au fond ne peuvent pas faire l'objet de régularisation.

Paragraphe II. L'assouplissement des moyens de défense au fond

Constitue une défense au fond, tout moyen qui tend à faire rejeter, comme non fondée, la prétention du titulaire du signe[1788]. Il peut être présenté, en tout état de cause, même la première fois, en cassation. Il consiste donc pour le défendeur à contester les prétentions du demandeur. Tout comme les exceptions de procédure ou les fins de non-recevoir, les moyens de défense au fond peuvent constituer un obstacle à la protection judiciaire des signes distinctifs. Cet obstacle peut être d'autant décisif, que la spécificité des signes distinctifs en a assoupli le régime. Aussi, convient-il, encore une fois, de s'assurer, dans le souci de la protection des signes distinctifs, que les moyens de fond, qu'ils tiennent de la contestation du droit sur les signes distinctifs (A) ou des contestations relatives à l'atteinte (B) à ces droits, peuvent être efficacement combattus.

A- La contestation des droits sur les signes distinctifs

Le contrefacteur, pour échapper à la condamnation, peut compromettre la protection judiciaire en contestant l'existence du droit du demandeur. A cette fin, il peut invoquer la déchéance du droit, son épuisement ou la forclusion

---

1783 V. supra, p. 253 et s.

1784 Art. 199 du CPCCSAC du Bénin.

1785 Cass. 2e civ, 3 nov. 2005, n°03-20.799, Bull.civ.I, n°277.

1786 Art.199 du CPCCSAC du Bénin; V. aussi, Cass.3e civ, 9oct. 1996, n°93-10.225. MPT ; Procédures 1996, 348.

1787 Cass. com., 10 déc. 2003, n°00-19.230, Bull.civ.IV, n°204.

1788 Art.77 du CPCCS du Mali.

par tolérance. Il peut également invoquer la nullité du titre (1) ou son non-renouvellement (2).

1- La nullité du titre

Le moyen tiré de la nullité du signe est un obstacle à la protection judiciaire, en raison des effets de l'annulation. En effet, à cause de l'effet rétroactif de l'annulation, les produits ou les services concernés par l'annulation sont censés n'avoir jamais fait l'objet de droit exclusif[1789]. Le défendeur en contrefaçon, qui a obtenu la décision d'annulation, se trouve donc à l'abri de toute condamnation, en tout cas, pour ce qui concerne les produits ou les services identiques ou similaires à ceux pour lesquels il a exploité le signe et pour lesquels le signe a été annulé[1790].

Toutefois, contrairement au droit commun où la perte du droit de propriété correspond à la perte de tout droit sur le bien, la nullité du droit sur les signes distinctifs, en l'occurrence, la marque et le nom commercial, produit des effets atténués qui permettent à l'ancien titulaire du signe annulé de ne pas perdre tout droit sur le signe. L'annulation peut être seulement partielle, en ne portant que sur les produits ou sur les services qui n'épuisent pas les conditions de validité[1791]. Ensuite, la décision d'annulation a pour seul effet de faire disparaître, au détriment du demandeur, le droit exclusif que lui conférait l'enregistrement du signe[1792]. Ainsi, la décision d'annulation n'emporte pas, par elle-même, interdiction d'exploiter le signe dans le commerce[1793]. Le titulaire du signe peut donc, en principe, continuer à utiliser sa marque, même s'il ne peut plus en interdire l'exploitation à ses concurrents. Enfin, le moyen tiré de la nullité ne peut être invoqué après l'expiration du délai de prescription[1794]. Il s'agit là de véritables moyens dont dispose le demandeur pour résister, le cas échéant, à la nullité de son signe. Malheureusement, il ne peut s'en prévaloir, en cas de non renouvellement de son droit.

2- Le non-renouvellement du droit

En principe, le droit de propriété est perpétuel[1795], ce qui revient à dire qu'une fois l'acquisition faite, le propriétaire ne doit pas être contraint

---

[1789] PASSA (J.), *Traité*, t.1, op.cit, p. 229.
[1790] SCHMIDT-SZALEWSKI (J.), PIERRE (J.L.), op.cit, p. 271.
[1791] Art.24 al.2 de l'Annexe III de l'ABR.
[1792] Cass. Com, 19 nov. 2002, *PIBD* 2003, n°758, III, 100.
[1793] PASSA (J.), *Traité*, t.1, op.cit, p. 229.
[1794] Toutefois, le signe déceptif le reste toujours. Il doit donc pouvoir être contesté à tout moment. (Cass. com., 13 oct. 2009, « château Figeac », *PIBD* 2009, n°907, III, 1502.
[1795] TERRE (F.), SIMLER (Ph.), op.cit, p. 149.

d'accomplir des formalités particulières pour continuer à se prévaloir de son droit. En droit OAPI, c'est la solution inverse qui a été retenue. En effet, le droit de propriété sur le signe n'est acquis que pour une durée de dix ans, pour la marque [1796] et le nom commercial [1797]. Cette durée est indéfiniment renouvelable[1798]. Toutefois, « *à défaut de renouvellement, le droit disparaît et le signe retourne dans le domaine public* »[1799]. Ainsi, le défaut de renouvellement du droit prive le demandeur du monopole d'exploitation qui l'autorise à rechercher utilement la sanction des atteintes à son droit devant le juge. Le signe est alors dans le domaine public, à la disposition de tous.

Cependant, le moyen tiré de non-renouvellement peut être surmonté par la restauration, lorsqu'il s'agit de la marque. Ainsi, le titulaire du signe ou ses ayants droit peuvent, moyennant paiement de la taxe de renouvellement requise ainsi que le paiement d'une surtaxe, en demander la restauration, dans un délai de six mois, à partir de la date où les circonstances indépendantes de la volonté du titulaire du signe ont cessé d'exister et, au plus tard, dans le délai de deux ans, à partir de la date où le renouvellement était dû[1800].

Cependant, les effets de la restauration sont assez limités. Si le contrefacteur a commencé à utiliser le signe, après l'expiration des délais de renouvellement, il ne peut plus être condamné pour contrefaçon. Toutefois, s'il a commencé l'utilisation avant l'expiration desdits délais, la restauration replace le titulaire du signe dans ses droits. Il peut donc poursuivre la procédure de contrefaçon, même si le contrefacteur lui oppose des moyens supplémentaires qui relèvent de l'inexistence de l'atteinte à son signe.

B- Les contestations relatives à l'atteinte

Le défendeur, pour échapper à sa condamnation, peut être tenté de soutenir l'absence d'atteinte (1) ou le défaut d'imputabilité (2).

1- L'absence d'atteinte

Le défendeur peut soutenir l'absence de l'élément matériel de l'atteinte[1801], en démontrant que l'atteinte alléguée par le titulaire du signe n'est pas constitutive, par exemple, d'une reproduction, qu'elle soit servile ou quasi

---

[1796] Art.19 de l'Annexe III de l'ABR.
[1797] Art.11 de l'Annexe V de l'ABR.
[1798] POLLAUD-DULIAN (F.), *Propriété intellectuelle, la propriété industrielle,* op.cit, p. 834.
[1799] Idem.
[1800] Art. 25 de l'Annexe III de l'ABR.
[1801] SCHMIDT-SZALEWSKI (J.), PIERRE (J.-L.), op.cit, p. 172.

identique[1802]. Le défendeur peut également invoquer l'absence de risque de confusion, lorsque celui-ci est exigé[1803]. Il peut ensuite s'efforcer d'établir qu'il bénéficie d'une des hypothèses où la loi autorise l'exploitation du signe par des tiers[1804]. De même, le défendeur, sans contester l'existence de l'atteinte, peut, toutefois, soutenir qu'elle ne peut lui être imputée.

2- L'imputabilité de l'atteinte

Le défendeur ne peut être condamné si sa responsabilité n'est pas établie par le juge civil ou le juge pénal. La sanction exige donc que l'atteinte soit imputable à l'auteur des actes illégitimes. L'imputabilité de l'atteinte est exigée aussi bien devant le juge civil (a) que devant le juge pénal (b).

a- L'imputabilité de l'atteinte devant le juge civil

Il est de solution traditionnelle que la faute, donc l'atteinte, suppose une manifestation de volonté de la part d'un individu conscient de ses actes[1805]. La faute est donc un comportement volontaire, y compris dans le cas d'une imprudence ou d'une négligence. Ainsi, pour que l'atteinte puisse être imputable à son auteur, il faut que celui-ci ait eu la volonté de l'accomplir, d'une part, et la capacité de comprendre le caractère fautif de son acte, d'autre part[1806]. Ainsi, le contrefacteur peut essayer de se soustraire à sa responsabilité délictuelle, en alléguant qu'au moment de la commission de l'atteinte, il n'en était pas conscient ni capable de manifester sa volonté. Il peut le faire en invoquant son âge, son état mental ou le défaut d'intention malveillante. Le contrefacteur peut également soutenir qu'il n'y a pas eu du tout de faute, c'est-à-dire d'atteinte. Il appartient alors au demandeur d'établir l'existence de l'atteinte, notamment, par la voie de la saisie-contrefaçon.

Mais, la question est toute autre, lorsque le contrefacteur établit que l'atteinte n'était pas volontaire parce qu'il est privé de discernement, du fait qu'il est un *infans*[1807], un dément ou même un alcoolique ou un drogué, qui a commis l'acte au cours d'une crise. Or, ainsi qu'il a été précédemment indiqué, la responsabilité civile, fondée sur l'idée de faute, exige un élément volontaire, à tout le moins, dans la conception subjective de la faute[1808]. Ainsi,

---

[1802] V. supra, p. 128 et s.

[1803] V. supra, p. 175 et s.

[1804] V. supra, p. 79 et s.

[1805] BUFFELAN-LANORE (Y.), LARRIBAU-TERNEYRE (V.), op.cit, p. 642.

[1806] DELEBECQUE (P.), PANSIER (F.J.), *Droit des obligations, responsabilité civile-Délit et quasi-délit*, Paris, LexisNexis, 5e éd., 2011, p. 76.

[1807] Un enfant en bas âge (GUINCHARD (S.), DEBARD (F.), *Lexiques des termes juridiques*, Paris, Dalloz, 20e éd., 2013, p. 493.).

[1808] BUFFELAN-LANORE (Y.), LARRIBAU-TERNEYRE (V.), op.cit, p. 668.

celui qui ne pouvait pas manifester sa volonté ou faire preuve de discernement, ne pouvait pas voir engager sa responsabilité.

En France, cette règle a prévalu jusqu'à la loi du 3 janvier 1968. Cette loi a, en effet, disposé que *« celui qui cause un dommage à autrui alors qu'il était sous l'emprise d'un trouble mental, n'en est pas moins obligé à réparation »*[1809]. Il s'en est suivi une controverse doctrinale, qui opposa deux camps sur la portée de l'article 489-2. Pour les uns, ledit article devait faire l'objet d'une interprétation restrictive, parce que l'article 498-2 est une norme dérogatoire, qui ne s'applique uniquement que dans le cas de « trouble mental ». Son champ ne s'étend donc pas à *l'infans* ou aux victimes d'un malaise physique. Pour eux, donc, c'est le trouble mental, et non la faute, qui constitue le fondement de la responsabilité, car il ne peut y avoir faute là où il n'y a pas conscience[1810]. En revanche, d'autres auteurs estiment que le texte devait admettre une interprétation plus large, parce que le législateur était dans la logique d'une conception objective de la faute civile. Cette conception large avait pour résultat d'étendre le principe de la responsabilité aux différents cas d'absence de discernement, que sont ceux de *l'infans* et de la personne causant un dommage à la suite d'un malaise physique[1811]. Après quelques hésitations jurisprudentielles, la Cour de Cassation, en Assemblée plénière, a abandonné l'exigence d'imputabilité de la faute en écartant la condition du discernement. La Cour de Cassation a ainsi admis la responsabilité « objective » des enfants et des déments, en rejetant l'exigence d'imputabilité[1812]. Cette solution est plus que fondée. En effet, le contrefacteur ne peut plus se prévaloir de son manque de discernement pour échapper à sa responsabilité. Toutefois, la plupart des pays membres de l'OAPI n'ont pas intégré, dans leur arsenal juridique, la réforme de 1968[1813]. Aussi, le contrefacteur peut-il, dans ces cas-là, invoquer utilement son manque de discernement.

Le défendeur peut-il cependant éluder sa responsabilité en soutenant que sa faute n'était pas intentionnelle ? La faute intentionnelle est la faute délictuelle qui caractérise l'intention malveillante de son auteur ou, tout au moins, l'intention de causer le dommage[1814]. Ce moyen ne peut prospérer en droit de propriété industrielle, surtout en droit de marque. En effet, « *au civil,*

[1809] Art.489-2 de la loi du 3 janvier 1968.

[1810] V. DURRY (G.), « Rapport de synthèse, journée d'étude du 17 janvier 2003 sur la responsabilité pour faute », *RCA* juin 2003.

[1811] VINEY (G.), « La faute de la victime d'un accident corporel : le présent et l'avenir », *JCP* 1984. I. 3135.

[1812] HUET (J.), *RTD. civ.*1984, 508.

[1813] Plusieurs de ces pays, comme le Bénin, ont toujours en vigueur le Code civil français avant leur accession à l'indépendance. D'autres pays, comme le Niger, qui ont adopté un code civil après leur accession à l'indépendance, n'ont pas pour autant intégré la réforme de 1968.

[1814] BUFFELAN-LANORE (Y.), LARRIBAU-TERNEYRE (V.), op.cit, p. 643.

la sanction de la contrefaçon n'est jamais subordonnée au constat d'un élément intentionnel, ni d'ailleurs d'une quelconque imprudence ou négligence, même en cas de poursuite contre un simple revendeur pour usage de la marque, si bien que la bonne foi reste inopérante »[1815]. La règle est moins étendue devant le juge pénal.

b- L'imputabilité de l'atteinte devant le juge pénal

Imputer une infraction pénale à une personne déterminée, revient à mettre cette infraction au compte de cette personne[1816]. Cependant, l'imputabilité revêt deux réalités qu'il faut se garder de confondre. La première, qui est objective et matérielle, constate le lien de causalité entre la personne et l'infraction. La seconde, intellectuelle et subjective, concerne la capacité de la personne ainsi désignée à répondre de l'infraction. Ainsi, en invoquant la non imputabilité de l'infraction, le contrefacteur rechercherait à échapper à la répression de l'atteinte. Mais, le peut-il sur ces fondements, surtout que le régime de la personnalité pénale (i) diffère de celui de l'irresponsabilité pénale (ii) ?

i- La personnalité pénale du délinquant

La responsabilité pénale est une responsabilité personnelle ou individuelle[1817]. Ce principe à valeur constitutionnelle est consacré par la Cour de Cassation française, qui a jugé que « *nul n'est punissable, qu'en raison de son fait personnel* »[1818]. Cette décision fait ressortir la portée du principe qui postule « *qu'une personne ne peut pas voir sa responsabilité pénale engagée, si elle n'a pas elle-même participé à la perpétration de l'infraction* »[1819]. Alors, et contrairement au droit civil, la responsabilité pénale du fait d'autrui est exclue.

Dès lors, le contrefacteur ne peut être pénalement condamné que si sa responsabilité pénale est établie, c'est-à-dire s'il est démontré qu'il a personnellement accompli les actes de contrefaçon ou si, à tout le moins, il y a participé en tant que complice. A défaut, il ne peut être pénalement recherché. Ainsi, par exemple, le commettant n'est responsable des infractions commises par ses préposés, même s'il peut être tenu de réparer le préjudice qui en a résulté[1820]. Le titulaire du signe ou, plus largement, le poursuivant, pour contrer ce moyen, se doit donc d'établir, sans équivoque, la preuve du lien entre le contrefacteur et l'atteinte aux signes distinctifs. En d'autres

---

1815 PASSA (J.), *Traité*, t.1, op.cit, p. 326.
1816 DESPORTES (F.), LE GUNEHEC (F.), op.cit, p. 487.
1817 Idem.
1818 Cass. crim., 3 mars 1859, Bull.crim., n°69 ; Cass.crim, 3 mars 1933, Bull. crim., n°49.
1819 DESPORTES (F.), LE GUNEHEC (F.), op.cit, p. 487, préc.
1820 Cass. crim., 17 sept. 1996, Bull. crim., n°315.

termes, le demandeur, c'est-à-dire la partie civile ou le Ministère Public ne peut faire condamner le contrefacteur que s'il administre préalablement la preuve de l'infraction commise par lui[1821]. Or, dans bien de cas, cette preuve n'est pas facile à établir, le contrefacteur n'ayant pas été pris en flagrance. Ceux-ci officient, soit depuis un pays étranger, soit de manière clandestine, de sorte que, même si le commerçant qui met en vente les produits contrefaisants est identifié, son fournisseur, celui qui est à l'origine de la contrefaçon, est d'appréhension difficile.

La question de l'imputabilité se pose également à l'égard du chef d'entreprise. Celui-ci peut-il se réfugier derrière les actes de ses préposés pour s'affranchir de toute responsabilité pénale? Ce questionnement pose le débat de la responsabilité pénale des chefs d'entreprise, qui a donné lieu à de vives controverses doctrinales. Pour les uns, cette responsabilité est fortement critiquable, en ce qu'elle viole le principe de la personnalité de l'infraction. Pour eux, la responsabilité des dirigeants d'entreprise équivaut ni plus ni moins à la responsabilité pénale du fait d'autrui[1822]. D'autres auteurs y voient, par contre, l'application normale et légitime des règles de responsabilité pénale, même si, pour s'en apercevoir, il faille faire preuve de subtilité dans l'analyse[1823]. Cette interprétation se justifie. La mise en œuvre de la responsabilité pénale du chef d'entreprise suppose, non seulement la commission d'une infraction par le préposé mais, également, l'existence d'une faute personnelle imputable au dirigeant[1824]. Ainsi, le dirigeant ne peut être reconnu pénalement responsable que si une faute lui est imputable[1825]. Il ne peut donc être saisi pénalement, lorsque le préposé a désobéi à ses instructions[1826]. De même, il serait inexact de soutenir que la responsabilité pénale des dirigeants est une violation de la responsabilité des infractions. Si cette responsabilité exige la commission de l'infraction par l'employé, il suppose néanmoins chez le dirigeant la réunion sur sa tête des éléments constitutifs d'une infraction. Pour l'atteindre, donc combattre ses moyens de défense, le titulaire du signe doit pouvoir établir l'existence d'une faute personnelle imputable au dirigeant[1827].

1821 Supra, pp. 80-83.

1822 ALVAREZ (M.), « Pluralité et diversité de personnes punissables en droit pénal du travail », *Dr. Soc.,* 1986, p. 506. ; CASTIER (M-E), « Notion et fondement de la responsabilité du chef d'entreprise », in *La responsabilité pénale du fait de l'entreprise*, Masson, 1977, p. 45.

1823 DELMAS-MARTY (M.), « Le droit pénal, l'individu et l'entreprise : culpabilité du fait d'autrui ou du décideur ? » *JCP* 1985, I , 3218. ; MOWAU (P.), « Responsabilité pénale du chef d'entreprise », *in Entreprise et responsabilité pénale*, Paris, LGDJ, 1994.

1824 PRADEL (J.), *Droit pénal général*, op.cit, p. 359.

1825 Cass.crim, 20 sept. 1980, Bull. crim, n°237.

1826 Cass.crim, 14 mars 1979, Bull. crim, n°109.

1827 DESPORTES (F.), LE GUNEHEC (F.), op.cit, p. 505.

Cependant, même si la preuve de cette faute est rapportée, le contrefacteur peut toujours invoquer son irresponsabilité pénale.

ii- L'irresponsabilité pénale du délinquant

Aux termes de l'article 64 du code pénal béninois, « *il n'y a ni crime ni délit lorsque le prévenu était en état de démence au temps de l'action ou lorsqu'il a été contraint par la force à laquelle il n'a pu résister* »[1828]. Ainsi, le principe de l'irresponsabilité pénale, posé par l'article 64, a pour conséquence d'empêcher, soit la reconnaissance de la culpabilité, soit l'application des peines normalement encourues[1829]. Il s'agit donc d'une véritable forteresse légale, construite autour du contrefacteur, pour l'exonération de sa responsabilité pénale. Aussi, le titulaire du signe ne peut-il obtenir la répression de la violation de ses droits. Mais cette forteresse peut être combattue, si les conditions nécessaires à sa mise en œuvre ne sont pas réunies[1830].

[1828] Art.14 du Code Pénal du Bénin. Ce Code pénal est celui hérité de la colonisation française. Il s'agit plus précisément du code pénal français de 1810 qui a été rendu applicable, dans les colonies françaises dont faisait partie le Bénin, alors Dahomey, par le Décret du 6 mai 1877 (B.A.S.1877-143).

[1829] BOULOC (C.), *Droit pénal général*, Paris, Dalloz, Précis, 23e éd., 2013, p. 369.

[1830] Le titulaire du signe peut efficacement combattre le moyen tiré de l'irresponsabilité pénale, si celle-ci ne satisfait pas à trois conditions. La première tient de la nature du trouble mental. En effet, le trouble qui fonde l'irresponsabilité pénale doit être un trouble psychique ou neuropsychique (Il s'agit de toutes sortes d'aliénations mentales, quelles qu'en soient l'origine innée ou acquise ou les manifestations permanentes ou occasionnelles. (RASSAT (M-L.), *Droit pénal général*, op.cit, p. 365. Toutefois, dans le cas où les manifestations de la maladie mentale sont occasionnelles, l'infraction doit être commise au cours d'une crise (Orléans, 22 juin 1886, D. 1887. 2.213.) que l'article 64 du Code Pénal identifie à la démence. Il s'agit d'une forme particulière de maladie mentale caractérisée par une déchéance progressive et irrésistible de la vie psychique, qui survient aussi bien chez les personnes âgées, mais également chez de jeunes personnes (DESPORTES (F.), LE GUNEHEC (F.), op.cit, p. 607: L'altération mentale peut résulter d'une maladie provenant d'un traumatisme psychique, d'une lésion organique congénitale ou accidentelle, mais également d'un trouble non pathologique, comme le somnambulisme, l'alcool ou les stupéfiants.). Mais le trouble mental ne peut constituer une cause d'irresponsabilité pénale que s'il présente une particulière gravité (PRADEL (J.), *Droit pénal général*, op.cit, p. 400.). Deuxièmement, la gravité du trouble doit être telle qu'il a aboli le discernement du contrefacteur ou le contrôle de ses actes. Là encore, le titulaire du signe peut combattre l'irresponsabilité pénale, si le délinquant n'établit pas que son trouble mental a entraîné soit la perte de sa capacité de comprendre donc d'interpréter ses actes dans la réalité, soit la perte de sa capacité de vouloir donc de contrôler ses actes (Cass. crim., 21 mars 2012, n°12-80.178, *Dr. Pen.* 2012, Comm. 96, obs. MARON.). A défaut pour le délinquant de rapporter la preuve de la défaillance de l'un au moins de ces deux éléments, il est inhabile à invoquer son irresponsabilité pénale. En effet, il y a irresponsabilité s'il fait simplement défaut au délinquant sa capacité de comprendre ou sa capacité de vouloir, même si l'autre subsiste (DREYER (E.), op.cit, p. 509.). Troisièmement et enfin, le trouble mental doit exister au moment des faits. (Cass. crim., 7 oct. 1992, Bull. crim, n°314 ; *RSC* 1993.76.). C'est à cet instant précis que s'apprécie la responsabilité ou l'irresponsabilité pénale. En plus de présenter un aspect temporel, cette condition formule l'exigence d'un lien de causalité (RASSAT (M-L.), *Droit pénal général*, op.cit, p. 366). Cependant, lorsqu'il s'agit d'une maladie épisodique, on peut reprocher à l'agent de ne pas avoir tenté d'empêcher, alors qu'il était dans un état normal, les conséquences susceptibles d'être produites par une crise. Ainsi, un homicide par imprudence a été imputé à un épileptique qui s'entêtait à conduire malgré la connaissance de son état. (Paris, 27 mai 1970, *RSC* 1971.119, obs. Levasseur.). En effet, le demandeur peut s'opposer au moyen tiré de l'irresponsabilité pénale, si la contrefaçon n'est la conséquence directe du trouble mental. Ainsi, un individu paranoïaque, atteint d'un délire de persécution peut invoquer utilement son irresponsabilité pénale, lorsqu'il tue la personne objet de son délire. Mais le moyen tiré de l'irresponsabilité ne peut prospérer, lorsqu'il commet des actes de contrefaçon, car la paranoïa n'a aucun lien avec la contrefaçon. Ainsi, l'exigence de causalité permet au propriétaire du signe de combattre avec une certaine efficacité l'irresponsabilité pénale du contrefacteur, parce qu'il n'y a pas de troubles mentaux qui peuvent réussir à justifier la contrefaçon. Cependant, si le délinquant est atteint d'un trouble mental exclusif de tout discernement, survenu pendant ou après la commission de l'infraction, et qui pourtant n'a aucun lien avec l'infraction, il sera sursis à statuer à l'action publique. En effet, il est difficilement concevable de juger une personne qui ne peut se défendre et qui peine à comprendre la procédure dont il est l'objet. Cependant, l'action publique, reprend son cours lorsque le trouble cesse. (DESPORTES (F.), LE GUNEHEC (F.), op.cit, p. 607.). Enfin, le malade mental ne peut se prévaloir de son trouble pour soutenir son irresponsabilité pénale que s'il administre la preuve dudit trouble. L'irresponsabilité pénale ne se proclame pas, pas plus qu'elle ne se présume. Dans la pratique, le juge d'instruction ou la juridiction de jugement ordonne une expertise psychiatrique d'office ou à l'initiative du délinquant. Mais, l'expertise médicale ne s'impose pas à la victime. Celle-ci peut solliciter une contre-expertise qui visera à rapporter la preuve de l'absence de démence ou de tout trouble mental. Bien entendu, une expertise médicale n'est pas toujours nécessaire, en cas de minorité pénale.

La minorité pénale désigne l'excuse atténuante qui a pour effet d'abaisser, en faveur des mineurs, le maximum de la peine encourue (CORNU (G.), *Vocabulaire juridique*, op.cit, p. 656.). La minorité pénale peut être plus ample, en ce que, en plus de l'abaissement de la peine, le mineur peut être considéré comme pénalement irresponsable (Art.65 du CP du Bénin.).

La mansuétude du droit pénal vis-à-vis des mineurs n'a pas été de tout temps. En effet, sur le fondement du système de « l'excuse atténuante de minorité », les peines d'emprisonnement prononcées contre des mineurs furent exécutées dans des maisons de correction organisées en colonie pénitentiaire, dont le régime était devenu particulièrement sévère (RASSAT (M-L.), *Droit pénal général*, op.cit, p. 466.). Inspiré par les doctrines positivistes, le mineur de treize ans est désormais considéré comme un délinquant dépourvu de discernement, qui ne peut faire l'objet que de mesures d'éducation et non d'emprisonnement. (DESPORTES (F.), LE GUNEHEC (F.), op.cit, p. 607, préc).

Le contrefacteur de treize ans ou même de plus, pour éluder ou minimiser sa responsabilité pénale, peut donc chercher à invoquer sa minorité pénale, en soutenant son absence de discernement. En effet, ce n'est pas une vue de l'esprit que de penser que des mineurs âgés de moins de treize ans puissent être auteurs de contrefaçon, à l'heure des nouvelles technologies de l'information comme l'internet. Mais ce moyen peut être combattu par le propriétaire du signe distinctif. Seul *l'infans* est pénalement irresponsable, parce qu'incapable de discernement (MAYAUD (Y.), *Droit pénal général*, Paris, PUF droit, Coll. Droit fondamental, 4e éd., 2013, p. 503.). Or, le bas âge de *l'infans* n'autorise pas à penser qu'il peut être capable de perpétrer une contrefaçon. Dès lors, dans la pratique, le

En définitive, le déroulement de l'instance est confronté à des écueils, qui tiennent, non seulement de la spécificité du droit de propriété industrielle mais, également, du droit commun. Ainsi, l'intérêt pour agir peut ne plus exister, du fait de la forclusion par tolérance ou de la déchéance du signe. La qualité pour agir peut également faire défaut, lorsque la cession et l'acquisition du droit sur le signe ne sont pas transcrites au Bulletin Officiel de l'OAPI. De même, les règles de compétence et de délai pour agir peuvent constituer des écueils à la protection judiciaire, en ce que, d'une part, elles ne sont pas toujours de mise en œuvre facile et, d'autre part, elles offrent à l'auteur de l'atteinte la possibilité de multiplier les exceptions, surtout que les juridictions spécialisées ne sont pas prévues par l'ABR.

Pour rapporter la preuve de l'atteinte, le titulaire du signe distinctif dispose d'un certain nombre de moyens dont la saisie-contrefaçon. Mais, celle-ci, comme les autres modes de preuve, n'atteint pas toujours leur finalité. La protection judiciaire est alors plus ardue, surtout que le défendeur dispose bien souvent, en plus des exceptions de procédure, de moyens de défense au fond, comme la nullité du signe ou son non renouvellement, qui l'autorisent à contester, non seulement les droits du titulaire du signe distinctif, mais l'existence ou l'imputabilité de l'atteinte. Cependant, lorsque le titulaire du signe parvient à s'échapper de la nasse procédurale tissée par le contrefacteur, celui-ci ne peut empêcher la sanction de ses actes attentatoires au droit exclusif.

---

contrefacteur ne peut utilement invoquer une irresponsabilité pénale dans la commission de l'atteinte aux signes que sont la marque, le nom commercial ou l'indication géographique, du fait de son âge. En effet, tous les mineurs capables de discernement sont pénalement responsables, même s'ils bénéficient d'une atténuation de responsabilité dont la portée diminue, au fur et à mesure que leur âge augmente. Par suite, l'atténuation est très forte pour les mineurs jusqu'à treize ans qui ne peuvent faire l'objet de condamnation mais seulement de mesures éducatives (BOULOC (B.), op.cit, p. 395.). Elle s'affaiblit pour les mineurs âgés de treize ans qui, s'ils peuvent être condamnés à une peine, bénéficient néanmoins d'une cause de diminution des peines privatives de liberté et des peines d'amendes (RASSAT (M-L.), *Droit pénal général,* op.cit, pp.472-473.). Elle est enfin résiduelle pour le mineur âgé de seize à dix-huit ans, en ce qu'elle présente un caractère facultatif, surtout en cas de récidive (RASSAT (M-L.), *Droit pénal général,* op.cit, p. 473.). Au-delà de la contestation de la portée de l'atténuation de l'irresponsabilité pénale du mineur, le titulaire du signe peut chercher à contester l'existence même de la minorité pénale. En effet, elle ne se présume pas. Il appartient au mineur d'établir qu'au moment de la commission des faits (Cass. crim., 11 juin 1969, *Gaz. Pal.*1969, II, 140.), et non à la date du jugement qu'il bénéficiait d'une minorité pénale qui doit tenir compte même de l'heure de la commission de l'infraction (Cass. crim., 3 sept. 1985, Bull. crim., n°283.). La preuve résulte normalement de l'état civil du mineur. Mais si ce document est suspect ou même si le mineur ne dispose pas de document d'état civil, comme c'est bien le cas dans les pays membres de l'OAPI, il peut être fait recours à une expertise médicale qui permet de calculer l'âge probable d'un individu, en tenant compte de sa morphologie (Cass. crim., 13 oct. 1986, Bull. crim., n°286.) ; laquelle morphologie peut permettre également d'apprécier la contrainte, surtout physique, dont il a pu faire l'objet.

TITRE II

LES LIMITES DU DENOUEMENT DU PROCES

Le juge, au terme de l'instruction de l'instance, est appelé à sanctionner les atteintes illicites du contrefacteur au monopole du propriétaire du signe. La sanction portée par la décision du juge oblige donc le contrefacteur à répondre des conséquences de ses actes.

Pour autant, la notion de sanction n'est pas unanimement admise. En effet, pour les positivistes, il n'y a pas d'obligation juridique sans sanction organisée[1831]. Cette solution, qui mérite adhésion, est pourtant contestée par les partisans du droit naturel qui soutiennent qu'il existe des règles de droit sans sanction coercitive, de sorte qu'en insistant sur la contrainte sociale, on subordonne trop le droit à l'action des pouvoirs publics, tant en ce qui concerne sa définition que son contenu ou son effectivité[1832].

En droit OAPI, la thèse positiviste a prévalu. Ainsi, par le jeu de la mise en œuvre de sa responsabilité, le contrefacteur doit être puni pour ses actes illicites. Dès lors, le comportement socialement inapproprié est réprimé. Mais, cette répression n'atteint pas toujours en droit OAPI, sa finalité ultime qui est de protéger les signes distinctifs, en dissuadant l'auteur des atteintes ou tout autre membre de la société d'avoir à porter atteinte au droit du propriétaire du signe. Aussi les condamnations civiles sont-elles peu dissuasives (Chapitre I), alors même que l'efficacité de la sanction pénale est relative (Chapitre II).

[1831] BERGEL (J-L.), *Théorie générale du droit,* op.cit, p. 46.

[1832] VILLEY (V.M.), « Le droit naturel », *Rev. de synthèse*, III, S., 1985, n°118-119, p. 175 et s. ; SERIAUX (A.), *Le droit naturel*, Paris, Puf, Coll. « *Que sais-je* », 1999.

CHAPITRE I

LES CONDAMNATIONS CIVILES PEU DISSUASIVES

De la tradition jusnaturaliste, le code civil napoléonien de 1804 a forgé une clause générale de responsabilité pour faute[1833]. Ainsi, « *la faute quelconque d'un auteur quelconque, qui cause directement ou indirectement un dommage quelconque à une victime quelconque, oblige son auteur à le réparer intégralement* »[1834]. Dès lors, lorsque le juge constate le droit à réparation du titulaire du signe, il lui reste à prononcer la condamnation[1835], c'est-à-dire à faire réparer le préjudice subi par celui-ci.

Mais, en droit OAPI, la réparation du dommage ou du préjudice[1836] causé par le contrefacteur, ne permet pas toujours de protéger les signes distinctifs contre les atteintes. Ces condamnations sont donc insuffisantes, que le juge ait opté pour la réparation en nature (Section I) ou pour la réparation par équivalent (Section II).

1833 Sous l'impulsion de la jurisprudence, l'application de l'article 1384 du code civil a fait naître deux autres : une clause générale de responsabilité sans faute du fait des choses dont on a la garde aux tournants des XIXe et XXe siècles, et une clause générale de responsabilité sans faute du fait des personnes sur lesquelles on exerce une surveillance depuis la fin du XIXe siècle (TERRE (F.), (dir.), *Pour une réforme du droit de la responsabilité civile*, Paris, Dalloz, Coll. Thèmes et commentaires, 2011, p. 21.).

1834 Idem.

1835 MAZEAUD (H.), MAZEAUD (L.), MAZEAUD (J.), CHABAS (F.), *Traité théorique et pratique de la responsabilité civile délictuelle et contractuelle*, Paris, Montchrestien, T.III, vol.1, 6e éd., 2014, p. 614.

1836 Les termes de dommage et de préjudice sont bien souvent usités comme des synonymes (CARBONNIER (J.), *Droit civil, les obligations*, Paris, Dalloz, 2000, pp.606 et 176). Toutefois, une partie de la doctrine s'essaye à dissocier ces deux notions. Ainsi, pour les professeurs CADIET et LE TOURNEAU, le dommage « désigne, à proprement parler, la lésion, subie, qui s'apprécie au siège de cette lésion, tandis que (…) le préjudice qui est la conséquence de la lésion apparaît comme l'objet ou la suite du dommage ». (LE TOURNEAU (Ph.), CADIET (L.), *Droit de la responsabilité*, Paris, Dalloz-Sirey, Coll. Dalloz Action, 1996, p. 174.).

SECTION I : LES INSUFFISANCES DE LA REPARATION EN NATURE

Le but ultime de la réparation est de supprimer ou d'effacer le dommage causé par la faute du contrefacteur, au lieu de laisser subsister ce dommage, en procurant à la victime un simple équivalent[1837]. Si ce résultat est obtenu, la condamnation est dite « en nature »[1838]. Ainsi, la condamnation oblige le contrefacteur, soit à exécuter son obligation positive, soit à s'abstenir de l'acte qui serait contraire à son obligation négative, soit, plus courant en droit de propriété industrielle, à détruire ce qu'il a fait, en violation de cette obligation. Mais, la réparation en nature n'est pas aisée, en droit des signes distinctifs. Ainsi, si elle n'est confrontée à un domaine fluctuant (Paragraphe I), les différentes formes qu'elle revêt sont insatisfaisantes (Paragraphe II).

Paragraphe I. Un domaine fluctuant

La possibilité même d'une réparation en nature a fait l'objet de controverses doctrinales et d'hésitations jurisprudentielles (A), accentuées par les limites de la réparation en nature (B).

A- Les controverses doctrinales et les hésitations jurisprudentielles

Les controverses doctrinales (1) ont été reçues avec beaucoup de réserve par les juges, même si ceux-ci, à leur tour, ont connu des hésitations (2) quant à la détermination du domaine de la réparation en nature.

[1837] MAZEAUD (H.) MAZEAUD (L.), alii, *Traité théorique et pratique de la responsabilité civile délictuelle et contractuelle*, op. cit, p. 616.

[1838] L'expression est de la Cour de Cassation (Civ. 2e, 9 mai 1972, *JCP*.1972. IV.164). Lorsqu'elle décide, que le propre de la responsabilité est de rétablir, aussi exactement que possible, l'équilibre détruit par le dommage et de replacer la victime dans la situation où elle se serait trouvée, si l'acte dommageable n'avait pas eu lieu. Dans le même sens. (Civ. 2e, 28 oct. 1954, *JCP* 1955.II.8765).

1- Les controverses doctrinales

Les controverses se sont cristallisées autour de l'article 1142 du code civil[1839]. L'interprétation traditionnelle de ce texte, favorablement accueillie par une doctrine majoritaire, est que la réparation du dommage ne pouvait, en principe, résulter que de l'octroi de dommages et intérêts[1840]. « *Ainsi, il ne serait pas possible au juge d'imposer au débiteur la réparation en nature, par exemple, en condamnant le dépositaire qui a perdu la chose* »[1841]. Dès lors, la formule selon laquelle l'obligation de faire ou de ne pas faire se résout en dommages et intérêts, en cas d'inexécution, se traduirait par le fait qu'il est en principe impossible de sanctionner l'inexécution autrement que par des dommages et intérêts, ce qui écarterait la possibilité pour le juge d'ordonner la réparation en nature[1842]. La première objection à cette interprétation traditionnelle est portée par le code civil lui-même. En effet, les articles 1143[1843], 1148[1844] et 1228[1845] dudit code aménagent bien une condamnation en nature, en autorisant le juge à réparer le préjudice subi, autrement que par une condamnation en dommages et intérêts. Ainsi, par exemple, en application de l'article 1143, le juge peut ordonner la destruction de ce qui a été fait par contravention, ou l'exécution de l'engagement principal. Dès lors, il est apparu évident que l'interprétation traditionnelle de l'article 1142 devait admettre des tempéraments, afin qu'elle puisse être conciliée avec les

---

1839 Art. 1142 du C. Civ. : « Toute obligation de faire ou de ne pas faire se résout en dommages et intérêts, en cas d'inexécution de la part du débiteur ».

1840 RIPERT (L.), *La réparation du préjudice dans la responsabilité délictuelle*, Thèse, Paris, 1933, p. 12. ; ROBERT (J-H.), *Les sanctions prétoriennes en droit privé français*, thèse, Paris, 1973, spéc., p. 337.

1841 TERRE (F.), SIMLER (Ph.), LEQUETTE (Y.), *Droit civil, les obligations*, Paris, Dalloz, 11e éd., 2013, p. 647.

1842 GHESTIN (J.), VINEY (G.), JOURDAIN (P.), *Traité de droit civil, Les effets de la responsabilité*, Paris, LGDJ, 3e éd., 2011, p. 49.

1843 Art. 1143 du C. Civ : « Néanmoins le créancier a le droit de demander que ce qui aurait été fait par contravention à l'engagement, soit détruit ; et il peut se faire autoriser à le détruire, sans préjudice des dommages et intérêts s'il y a lieu ».

1844 Art. 1184 du C. Civ. « La condition résolutoire est toujours sous-entendue dans les contrats synallagmatiques, pour le cas où l'une des deux parties ne satisfera point à son engagement ».

Dans ce cas, le contrat n'est point résolu de plein droit. La partie envers laquelle l'engagement n'a point été exécuté, a le choix de forcer l'autre, à l'exécution de la convention lorsqu'elle est possible, ou d'en demander la résolution, avec dommages et intérêts.

La résolution doit être demandée en justice, et il peut être accordé au défendeur un délai selon les circonstances.

1845 Art.1228 du C. Civ. : « Le créancier, au lieu de demander la peine stipulée contre le débiteur qui est en demeure, peut poursuivre l'exécution de l'obligation principale ».

dispositions précitées du code civil [1846]. Les tenants de l'interprétation traditionnelle se sont donc résolus à déterminer un critère qui distingue les obligations soumises à l'article 1142, perçu comme un écueil à l'exécution en nature, et celle dont l'exécution pouvait être ordonnée par le juge [1847]. Pour dégager ce critère, il a été fait appel au principe du respect de la liberté individuelle du débiteur qui aurait son fondement historique dans l'adage latin « *Nemo praecise logi ad fatum* » [1848]. Selon eux, l'interdiction des condamnations en nature des obligations de faire ou de ne pas faire n'a été édictée et ne pouvait recevoir application, qu'à l'endroit des obligations dont l'exécution forcée risque de mettre en péril une liberté essentielle [1849]. Une telle interprétation a abouti à l'exclusion de la plupart des obligations contractuelles du domaine de l'article 1142 [1850]. Dans cette même logique, certains auteurs, tenants de la même école, ont justifié, sur la base de l'interprétation traditionnelle, la limitation de la portée de l'article 1142 du code civil. Ainsi, dépourvu de « *l'impérium dont disposait le juge romain, le juge civil aurait perdu le pouvoir d'exiger d'un particulier une exécution en nature, ce qui justifie que le législateur ne lui ait reconnu par l'article 1142, que la possibilité d'exercer sur les plaideurs des pressions indirectes, par le biais des condamnations à des dommages et intérêts* » [1851]. La doctrine traditionnelle, quoique reconnaissant la possibilité pour le juge d'ordonner des condamnations en nature, s'est néanmoins évertuée à en restreindre le domaine à quelques obligations, dont l'exécution forcée serait totalement irréaliste, comme l'obligation d'écrire un livre, d'exécuter ou d'interpréter une œuvre d'art [1852].

A cette doctrine dominante, s'est opposée l'interprétation nouvelle, proposée par Patrick WERY, dans sa thèse, publiée en 1993 [1853]. Celui-ci y soutient que l'article 1142 du code civil ne doit pas être entendu comme

---

[1846] GHESTIN (J.), VINEY (G.), JOURDAIN (P.), op.cit, p. 50.

[1847] Idem.

[1848] Cette règle signifie que « personne ne peut être contraint à accomplir un fait, parce que cela ne peut se réaliser sans violence ni pression et, pour cette raison, le paiement de la valeur de ce qui est dû remplace l'obligation de faire », in PUIG (P.), « Les techniques de préservation de l'exécution en nature », *RDC* 2005, p. 85.

[1849] GHESTIN (J.), VINEY (G.), JOURDAIN (P.), op.cit, p. 50, préc.

[1850] Idem.

[1851] LAROMBIERE (V.), *art.1142*, n°3: Accolas, p. 724.

[1852] V. JEANDIDIER (W.), « L'exécution forcée des obligations contractuelles de faire », *RTDciv.*1976.700 et s. ; CARBONNIER (J.), *Droit civil, Les obligations,* op.cit, p. 145 ; CORNU (G.), *« Regards sur le titre III, livre III du code civil », des contrats pour des obligations conventionnelles en général, essai de lecture d'un titre du code*, Paris, éditions Les Cours du droit, 1976, p. 68, n°81 et s. ; MARTY (G.), RAYMOND (P.), JESTAZ (P.), *Droit civil, les obligations, le régime,* 1989, 2e éd., t.2, n°286. ; MAZEAUD (H.), alii, *Traité théorique et pratique de la responsabilité civile*, op.cit, n°2303 et s.

[1853] WERY (P.), *L'exécution forcée en nature des obligations contractuelles non pécuniaires*, KLUWER, Coll. Scientifique de la faculté de droit de Liège, 1993.

prohibant l'exécution en nature. Ainsi, pour lui, la formule finale de l'article 1142, « en cas d'inexécution » signifie, d'abord que les dommages et intérêts ne peuvent être prononcés, qu'en cas d'inexécution de la condamnation en nature[1854]. Cet auteur asseoit les colonnes de sa construction doctrinale sur l'autorité de Robert-Joseph POTHIER[1855], un de ceux qui, parmi les premiers, ont admis une possibilité pour le juge d'ordonner l'exécution en nature. Enfin, pour lui, la règle « *Nemo praecise cogi ad factum* » n'a pas pour conséquence de limiter à certaines obligations les condamnations en nature, mais elle vise simplement à empêcher des procédés d'exécution trop brutaux, comme les exécutions *manu-militari*. Ainsi, en excluant l'exécution brutale, les condamnations en nature restent envisageables, surtout si, pour leur efficacité, elles sont assorties d'astreintes.

Cette dernière interprétation ne peut qu'être soutenue. En effet, elle épargne de la recherche du critère qui permet de déterminer si l'obligation peut ou non être soumise à une condamnation en nature. Ensuite, elle évite l'incohérence consistant à poser en principe l'exécution en nature, tout en reconnaissant que les exceptions absorbent presqu'entièrement ce principe[1856]. Toutefois, cette interprétation de l'article 1142 a le désavantage notable de n'envisager les condamnations en dommages et intérêts qu'après l'échec de l'exécution de la condamnation en nature. Mais, à la vérité, cette réserve est originelle. Elle découle de la lettre même de l'article 1142, de sorte que l'interprétation suggérée par Patrick WERY en est plus proche que celle de l'interprétation traditionnelle.

Le législateur OAPI est allé plus loin que chacune de ces deux doctrines, en restant tout de même plus proche de Patrick WERY. En effet, il a expressément reconnu, non sur le fondement de l'article 1142, le droit au titulaire du signe d'obtenir du juge des condamnations en nature[1857], en même temps que des dommages et intérêts[1858]. Toutefois, les condamnations en nature ne constituent pas un préalable à la condamnation en dommages et intérêts, de sorte que le juge a toute latitude pour accorder l'une ou l'autre, ou même les deux à la fois. La solution du législateur OAPI a succédé aux hésitations jurisprudentielles.

[1854] Idem.

[1855] Dans son *Traité sur les obligations*, Pothier a soutenu, à propos de l'exécution en nature, que « le juge, sur cette demande, prescrit un certain temps dans lequel le débiteur sera tenu de faire ce qu'il a promis ; et faute par lui de le faire dans ledit temps, il le condamnera aux dommages et intérêts ». Les dommages et intérêts ne sont donc que la conséquence de l'inexécution de la condamnation en nature. (POTHIER (R-J.), *Traité des obligations*, Paris, Dalloz, 2011, p. 146.

[1856] GHESTIN (J.), VINEY (G.), JOURDAIN (P.), op.cit, p. 53.

[1857] V. art. 42 et 43 de l'Annexe III de l'ABR.

[1858] V. art. 16 de l'Annexe V de l'ABR.

2- *Les hésitations jurisprudentielles*

Les tribunaux n'ont pas hésité à reconnaître leur compétence à ordonner des condamnations en nature, en matière extracontractuelle[1859]. En revanche, les résistances ont été tenaces en matière contractuelle où, sur le fondement de l'interprétation traditionnelle de l'article 1142, les juridictions judiciaires ont rejeté la condamnation en nature[1860]. Cette résistance a commencé par être infléchie par un arrêt de la chambre civile de la Cour de Cassation française du 20 janvier 1953[1861]. A la suite de cet arrêt, la portée de l'interprétation traditionnelle, comme un obstacle à la condamnation en nature, a été considérablement réduite[1862].

Pour autant, les tribunaux n'ont pas définitivement admis la possibilité pour le juge d'ordonner l'exécution en nature, de toutes les obligations. Ainsi, il subsiste un certain nombre de décisions qui invoquent encore l'article 1142, pour refuser la demande d'exécution en nature en condamnant au paiement de dommages et intérêts[1863]. Toutefois, en droit de propriété industrielle, le principe de la réparation en nature a été admis de façon constante, par les juridictions, qui s'appuient alors sur les règles propres à la matière[1864], tout en ne perdant pas de vue les limites de la réparation en nature.

1859 V. Civ., 15 juin 1874, S. 1874, I, p. 468 ; Req., 20 juin 1878, D.1879, I, 80 ; Lyon, 24 févr. 1909, D.1910.2 ; Req., 18 déc. 1900, D.P., 1900, I, 135.

1860 V. notamment deux arrêts de la chambre civile de la Cour de Cassation des 4 juin 1924 et 19 juin 1926 qui, à propos d'avaries causées à des objets matériels, décidèrent que le juge ne peut rejeter l'offre d'indemnité faite par le responsable et le condamner à exécuter à ses frais les réparations. (DH 1926, 115, S.1925. I.97 note HOGGENEY (L), D.1927.I.136 ; Com. 19 févr. 1954, Bull. Transports. 1954, p. 417.).

1861 La Cour de Cassation rejeta l'interprétation traditionnelle de l'article 1142, en décidant que « ce texte ne peut trouver application qu'en cas d'inexécution d'une obligation personnelle de faire ou de ne pas faire...que dès lors que le texte visé au pourvoi est sans application dans la cause et qu'en jugeant qu'une restitution par équivalent d'objets de même nature pouvant se trouver dans le commerce sera le meilleur mode de réparation du préjudice, la Cour d'appel n'a fait qu'user de son pouvoir souverain d'appréciation ». (Civ., 20 janv. 1953, *JCP* 1953, II, 7677, note ESMEIN.).

1862 Par exemple, pour l'obligation de la chose vendue. (Req., 4 août 1947, *Gaz. Pal.*1947, 2, Somm. 30), ou une obligation de respecter une clause d'exclusivité. Cass. com, 22 févr. 1965, Bull.civ. III, n°141, p. 119 ; Colmar, 18 oct. 1972, *JCP* 1973, II, 17479, note BURST (J.-J.), D. 1973, 49, note CABRILLAC (M.) et SEUBE (A.), ou une convention de non-concurrence (Cass. com, 3 déc. 1985, Bull. civ. IV, n°286, p. 244, obs. MESTRE (J.) ; *RTDciv.*1986, p. 755).

1863 Civ. 3e, 19 févr. 1970, *Gaz. Pal.* 1970. 1. 282, obs. SURRY (G.) ; *RTDciv.*1970, p. 785 ; Civ. 3e, 15 déc. 1993, Bull.civ, 1993, III, n°174 ; D. 1994, p. 507, note BEAC-SCHMIDT ; *JCP.* 1995. III.22366.

1864 Cass. com, 23 mai 1990 : *Ann. Propr. Ind.* 1990, p. 264 ; Paris, 15 déc. 1999 : *PIBD* 2000, 696, III,188.

B- Les limites de la réparation en nature

Dans certains cas, la réparation en nature est impossible. En effet, un obstacle juridique ou matériel peut rendre impossible la condamnation en nature (1). En droit commun, les exigences du principe de proportionnalité peuvent également paralyser la condamnation en nature (2). Mais, ce handicap ne semble pas être reçu en droit OAPI, comme empêchant le prononcé, par le juge, d'une condamnation en nature.

1- L'impossibilité de la réparation en nature

L'impossibilité est d'abord matérielle lorsque, matériellement, il n'est pas possible d'exécuter la condamnation en nature[1865]. Il en est ainsi, en droit des signes distinctifs, lorsque le matériel de contrefaçon, dont le juge a ordonné la destruction, a disparu ou lorsque les produits contrefaisants, dont le rappel, la destruction ou même l'interdiction de vente a été ordonné, ont été tous déjà vendus, avant la décision de condamnation.

L'impossibilité peut être également juridique, lorsqu'elle porte atteinte aux droits d'un tiers de bonne foi[1866]. Ainsi, par exemple, il y a obstacle juridique à ordonner la destruction du matériel qui a servi à fabriquer les produits contrefaisants, lorsque ce matériel appartient à un tiers de bonne foi[1867]. La bonne foi du tiers sert donc de bouclier contre une condamnation en nature.

Pour autant, cette solution, même si elle peut trouver à se justifier, est insatisfaisante. En effet, elle ne garantit pas une protection efficiente contre la violation des droits sur les signes distinctifs. Le matériel épargné peut toujours continuer à servir à la fabrication des produits contrefaisants, surtout qu'il n'appartient pas au tiers d'établir la bonne foi, celle-ci étant présumée[1868].

De même, la condamnation en nature est également, en principe, impossible, lorsqu'elle ne peut être fournie que par le seul défendeur et que celui-ci la

---

1865 LE TOURNEAU (Ph.), (dir.), *Droit de la responsabilité et des contrats, régime d'indemnisation*, Paris, Dalloz, Coll. Dalloz Action, 10e éd., 2014-2015, p. 933. Ainsi, il peut advenir que la réparation en nature ne soit pas humainement possible. C'est le cas, par exemple, du dommage corporel. En effet, la vie arrachée à la victime ne peut lui être rendue, le bras qui lui a été coupé est irrévocablement perdu. Il en est également ainsi des dommages moraux qui ne peuvent être effacés par l'effet d'une condamnation en nature. (MAZEAUD (H.), alii, *Traité théorique et pratique de la responsabilité civile*, op.cit, p. 626.).

1866 GHESTIN (J.), VINEY (G.), JOURDAIN (P.), *Traité de droit civil, les effets de la responsabilité*, op.cit, p. 69.

1867 Longtemps tenues à l'écart, à la faveur du triomphe du positivisme législatif, les considérations morales se sont progressivement réintroduites dans le droit, après la deuxième guerre mondiale, soit de leur propre chef, soit à l'invitation du législateur, les juges ont été conduits à se référer à des principes dont la bonne foi. (ALLAND (D.), RIALS (S.), (dir.), op.cit, p. 144.).

1868 Art. 2274 du C. Civ.

refuse[1869]. C'est, en matière contractuelle, l'exemple usuel d'un artiste qui s'est engagé à exécuter une prestation et qui, par la suite, refuse de s'y soumettre. C'est également le cas, en matière délictuelle, du voleur qui refuse de restituer la chose volée. Le fondement en est que l'homme est le seul à pouvoir agir sur sa volonté. Ainsi, s'il décide de ne pas exécuter une prestation, il ne peut y être contraint, notamment, par la force physique. En effet, « *nul ne peut être contraint dans sa personne à faire ou à ne pas faire quelque chose* »[1870].

Cependant, cette dernière hypothèse de l'impossibilité de condamnation en nature ne semble pas décisive. Certes, le principe du respect de la liberté individuelle empêche le juge d'ordonner des mesures de coercition sur la personne du débiteur. Une pareille contrainte, de nos jours, serait inadmissible[1871]. Cependant, il demeure que la contrainte peut être exercée sur les biens du contrefacteur, au travers de la technique des astreintes.

Ainsi, à défaut de pouvoir contraindre physiquement le contrefacteur à exécuter, en nature, ses obligations, il est possible de lui forcer la main, en recourant aux astreintes. L'astreinte[1872] consiste, dans la condamnation du contrefacteur, à payer, au titulaire du signe, à titre de peine privée, une certaine somme d'argent, fixée librement par le juge, de manière globale ou, plus fréquemment, par jour de retard, s'il s'agit d'une obligation de faire ou, par infraction constatée, s'il s'agit d'une obligation de ne pas faire[1873]. La vertu de l'astreinte réside dans sa fonction comminatoire. En effet, il est question pour le juge, de vaincre la résistance du contrefacteur, en le condamnant au paiement d'une somme d'argent[1874]. Dès lors, l'astreinte ne peut atteindre son but, que si son montant est supérieur à l'avantage que procure au débiteur

---

[1869] Civ., 4 juin 1924, S. 1927.1.97 et note HUGUENEY ; Trib.civ.Clamecy, 28 mars 1945, *Gaz. Pal.*1945.1.160 ; TPI. Paris, 30 oct. 1968, *Gaz. Pal.* 6 déc. 1968 ; Paris, 29 juin 1964, *JCP* 1965. II.14135 et note BOCCARA. (à propos du refus de la part du vendeur d'exercer une option entre deux formes de fixation du prix. Devant ce refus, la Cour déclare que le juge doit se borner à condamner à des dommages et intérêts si l'acheteur demande la résiliation et qu'il ne lui est pas possible de décider que le jugement vaudra acte de vente).

[1870] MAZEAUD, alii, op.cit, p. 627.

[1871] TERRE (F.), SIMLER (Ph.), LEQUETTE (Y.), op.cit, p. 1158. On ne peut en effet concevoir que l'artiste ou le contrefacteur, soit contraint physiquement à exécuter une obligation. (Civ., 14 mars 1900, DP.1900.1.497, note PLANIOL, S. 1900.1.489 ; Civ. 1re, 30 juin 1965, Bull. civ. I,, n°437, *Gaz. Pal.* 1965.2.329.).

[1872] La licéité et la nature de l'astreinte, qui est une création purement prétorienne, ont été longtemps discutées en doctrine. (V. à ce sujet, DENIS, *L'astreinte judiciaire, nature et évolution*, Thèse de Doctorat en Droit (Dactyl), Paris, 1973 ; ESMEIN (P.), « peine et réparation », in *Mélanges ROUBIER*, t.2, p. 37. Mais cette controverse est aujourd'hui devenue obsolète, en raison de la consécration législative. Au Bénin, le juge peut, en statuant en référé, prononcer des condamnations à des astreintes (art. 560 du CPCCSAC).

[1873] TERRE (F.), SIMLER (Ph.), LEQUETTE (Y.), op.cit, p 1165.

[1874] MAZEAUD (H.), alii, op.cit, p. 882.

l'inexécution de son obligation, sans pour autant être disproportionné, par rapport à ses facultés contributives[1875].

2- Les exigences du principe de proportionnalité

Sur la base du principe de proportionnalité, il a été proposé que le juge rejette la demande de condamnation en nature, lorsque cette condamnation serait coûteuse pour le contrevenant et que le demandeur n'a pas un véritable intérêt à obtenir l'exécution en nature[1876]. Dans cette logique, il a même été avancé que la demande d'une condamnation en nature équivaudrait à un abus de droit[1877].

Cette analyse ne peut qu'être nuancée. En effet, la doctrine n'est déjà pas unanime sur la notion de l'abus de droit. Pour la doctrine classique, il ne peut y avoir de faute, si le fait commis entre dans l'exercice d'un droit : « *Neminem laedit qui suo jure utitur* »[1878]. Dans le même sillage, pour le professeur PLANIOL, la notion d'abus de droit est même absurde, sinon antinomique, car le droit cesse où commence l'abus[1879]. A l'inverse, pour JOSSERAND, l'abus est l'acte contraire au but de l'institution, à son esprit, à sa fonction sociale, à sa finalité. Il se concrétise par l'absence d'un mobile légitime de l'acte abusif[1880].

En droit de propriété industrielle, le dépôt de la plupart des titres peut donner lieu à un abus. Le phénomène s'observe, surtout, relativement à la marque. Ainsi, le dépôt d'une marque ou même d'un nom commercial est abusif, lorsque le but recherché par le déposant n'est pas spécifiquement de distinguer et de promouvoir ses produits ou ses services, mais celui de nuire à autrui, en détournant ce faisant, la marque de sa finalité[1881]. Tel est le dessein de celui qui dépose la marque dite de barrage[1882], destinée à empêcher un tiers

---

1875 TERRE (F.), SIMLER (Ph.), LEQUETTE (Y.), op.cit, p. 1165, préc.

1876 GHESTIN (J.), VINEY (G.), JOURDAIN (P.), *Traité de droit civil, les effets de la responsabilité,* op.cit, p. 143.

1877 Idem.

1878 D'après GAIUS, ne lèse personne qui use de son droit, in LE TOURNEAU (Ph.), *Droit de la responsabilité et des contrats, régime d'indemnisation,* op.cit, p. 1800.

1879 « Le droit cesse où l'abus commence, et il ne peut y avoir usage abusif d'un droit quelconque, par la raison irréfutable qu'un seul et même acte ne peut être, tout à la fois conforme au droit et contraire au droit ». (PLANIOL, *Traité élémentaire de droit civil,* Paris, LGDJ, 5e éd, 1910, p. 871.).

1880 JOSSERAND (L.), *De l'esprit des droits et de leur relativité, Théorie de l'abus de droit,* Paris, Dalloz, 2e éd., 2006, p. 122.

1881 POLLAUD-DULIAN (F.), *Propriété intellectuelle, la propriété industrielle,* op.cit, n°1422, et s. ; TGI Paris, 3e ch., 1re Sect., 25 janv. 2011, n°09/17376, *Gaz. Pal.* 2011. 1. 1720, note BOUCHARD (L.), 1re esp. ; Com. 23 oct. 2012, n°11-4.557, M.P. *PIBD* 2012. III.783.

1882 Supra, p.

de déposer une marque qui lui est indispensable[1883] ou qu'il utilise déjà, sans accomplir la formalité de dépôt[1884]. De même, procède d'un abus de droit, le dépôt d'une marque pour des produits différents de ceux qui sont visés en premier dépôt, mais dans le but de créer une confusion dans l'esprit du public[1885].

Dans ces dernières hypothèses, l'abus de droit est manifeste, la marque ou le signe distinctif étant détourné de son objectif, dans l'intention avérée de nuire à un concurrent. La jurisprudence abondante invoquée permet de se rendre compte de ce que les tribunaux, constatant ces abus, les ont sanctionnés en annulant les dépôts qui relèvent de l'abus de droit, consacrant ainsi la thèse de JOSSERAND.

Mais, dans l'hypothèse qui nous intéresse plus particulièrement ici, qui est que l'abus de droit est appréhendé comme un obstacle à une condamnation en nature, en raison de ce qu'elle serait excessivement coûteuse pour le contrefacteur, la thèse du professeur PLANIOL doit prévaloir. En effet, en plus de rechercher la réparation du préjudice causé, la condamnation doit être dissuasive. Ainsi, la fonction préventive de la répression, encore dite « fonction prophylactique », postule qu'en punissant efficacement l'auteur d'un dommage ou en prévoyant une sanction efficace, on prévient d'autres actes du même type[1886]. Cette efficacité n'est néanmoins pas tributaire des formes de condamnations en nature.

Paragraphe II. Les formes insatisfaisantes de la réparation en nature

La réparation en nature poursuit, en principe, le même but que les dommages et intérêts. Il s'agit d'indemniser la victime[1887]. Pour ce faire, le juge recourt à des procédés de réparation différente. Ceux-ci sont-ils, pour autant, efficaces ? En d'autres termes, parviennent-ils à protéger, de manière optimale, les signes distinctifs ? La réponse est mitigée, qu'il s'agisse des

---

1883 TGI Paris, 3e ch., 1re sect., 23 nov. 2010, n°09/09267, PMU, *Gaz. Pal.* 2011.1.1720, note BOUCHARD (L.), 3e esp.

1884 Cass. com, 7 mars 1984, n°82-12. 078, Bull. civ. IV, n°97.

1885 Cass. com, 18 janv. 1994, n°91-21.178, Bull.civ, IV, n°28.

1886 GHESTIN (J.), VINEY (G.), JOURDAIN (P.), *Traité de droit civil, les effets de la responsabilité,* op.cit, p. 143,

1887 GHESTIN (J.), VINEY (G.), JOURDAIN (P.), *Traité de droit civil, les effets de la responsabilité,* op.cit, p. 86; POLLAUD-DULIAN (F.), *Propriété intellectuelle, la propriété industrielle*, op.cit, n°1422.

condamnations qui tendent à la restauration de la situation du titulaire du signe (A), que celles qui visent la cessation des atteintes (B).

A- Les condamnations tendant à restaurer la situation de la victime

Le juge peut prendre un certain nombre de mesures, qui visent à restaurer la situation de la victime, c'est-à-dire à effacer les effets de la contrefaçon. Mais, cette finalité est-elle atteinte, lorsque le juge ordonne la destruction du matériel de contrefaction (1) ou annule le titre de propriété industrielle (2) ?

1- La destruction du matériel de contrefaçon

En vertu de l'article 43 de l'annexe III de l'Accord de Bangui Révisé, le juge peut ordonner la destruction ou la confiscation des produits contrefaisants. Il peut également ordonner la confiscation ou la destruction des instruments et des ustensiles ayant spécialement servi à commettre le délit[1888]. Ces mesures sont ordonnées aux frais du contrefacteur. Il va de soi que celui-ci supporte les charges de l'exécution de la condamnation. La confiscation ou la destruction du matériel est susceptible d'être ordonnée, même si le titulaire du signe ne rapporte pas la preuve d'un préjudice avéré, puisqu'elles peuvent précisément avoir pour objet d'éviter qu'un préjudice ne survienne[1889]. Cette dérogation au droit commun de la responsabilité se justifie en ce que « *la contrefaçon constitue, en toute hypothèse, en elle-même, la source d'un trouble justifiant qu'il y soit mis un terme pour la période postérieure au jugement* »[1890]. Dès lors, ces mesures coercitives qui, en principe, doivent être proportionnées à la gravité de l'atteinte et tenir compte des intérêts des tiers, notamment, les consommateurs et les particuliers agissant de bonne foi, peuvent avoir des effets, pour l'avenir, en empêchant la continuation de la contrefaçon ou l'aggravation de ses conséquences[1891].

Mais, dans la pratique, cet objectif est loin d'être atteint. En effet, la seule confiscation des produits contrefaisants n'empêche pas le contrefacteur de continuer à produire, en quantité industrielle d'autres biens contrefaisants, en nombre même supérieur à celui fabriqué avant la confiscation. Il en est de même de la destruction ou de la confiscation du matériel ayant servi à fabriquer les produits contrefaisants. Il est indéniable que le matériel confisqué ou détruit

---

[1888] Généralement sous contrôle d'huissier. (TGI Paris, 3e ch. 3e sect., 10 déc. 2010, *PIBD.* 2011, n°938.III.293.).

[1889] POLLAUD-DULIAN (F.), *Propriété intellectuelle, la propriété industrielle*, op.cit, p. 1050.

[1890] PASSA (J.), *Traité*, t.1, op.cit, p. 616.

[1891] Idem.

n'est pas un corps certain, mais il s'agit d'une chose fongible qui est, par essence, interchangeable. Le contrefacteur peut se procurer un autre matériel et continuer, par suite, allègrement, la contrefaçon. La confiscation ou la destruction du matériel ayant servi à la confection des produits contrefaisants n'est donc pas décisive, ni dans la réparation du dommage causé par la contrefaçon, ni dans la protection de la marque, surtout qu'en droit OAPI, le législateur n'a pas posé le principe de l'interdiction de la marque.

Contrairement au titulaire de la marque, le propriétaire du nom commercial enregistré ne peut obtenir du juge la destruction ou la confiscation des produits exploités par un établissement concurrent, en violation de son droit exclusif[1892]. Cette omission est regrettable. En effet, nonobstant les critiques formulées à l'endroit de la confiscation ou de la destruction du matériel ayant servi à la contrefaçon et, même si le nom commercial ne sert pas à distinguer les produits ou les services de ceux de la concurrence, il est quand même préférable que le matériel ayant servi à la contrefaçon, quel qu'en soit le signe, soit détruit. Cette destruction, si elle n'est pas fatale dans la lutte contre la contrefaçon, constitue, tout de même, un coup porté au contrefacteur. Et, dans la lutte contre la contrefaçon, le poing ne doit pas être retenu.

Au demeurant, le propriétaire du nom commercial peut obtenir du juge, l'interdiction de l'exploitation du nom commercial qui porte atteinte à ses droits [1893]. Mais, l'interdiction ne porte que sur l'utilisation du nom commercial. Ainsi, le juge n'interdira pas l'exploitation du fonds ou de l'établissement dont le nom commercial sert à désigner les produits ou les services exploités en eux-mêmes. Le juge ne pourra pas non plus prononcer une interdiction absolue qui excèdera, par exemple, le cadre du principe de spécialité[1894].

La mesure de l'interdiction est aussi peu dissuasive que la confiscation ou la destruction, sinon, plus encore. En effet, le contrefacteur est livré à son bon vouloir. Il peut se conformer à l'interdiction d'exploitation ou non. Il peut d'autant en être ainsi, que le législateur OAPI n'a pas expressément assorti la décision d'interdiction, d'astreintes comminatoires. Cependant, nonobstant ces lacunes, le juge doit recourir au droit commun pour assortir la décision d'interdiction des actes illicites d'astreintes, tout comme le juge français[1895]. Cette astreinte peut même être prononcée, pour la première fois, en appel[1896]. Elle est indépendante de l'indemnité de contrefaçon et ne s'impute pas sur son

---

1892 Art. 16 de l'Annexe V de l'ABR.

1893 Art. 16 al.2 de l'Annexe V de l'ABR.

1894 POLLAUD-DULIAN (F.), *Propriété intellectuelle, la propriété industrielle*, op.cit, p. 1051.

1895 AZEMA (J.), GALLOUX (J.C.), op.cit, p. 1073.

1896 Paris, 16 mai 1927, *Ann. Propr. Ind.* 1928.13.

montant[1897]. L'astreinte est donc indispensable à l'efficacité de l'interdiction des actes de contrefaçon. A défaut d'astreintes, cette mesure ne serait que symbolique, sans aucune prise sur la réparation du préjudice subi par le titulaire du signe. En revanche, la décision d'annulation du signe n'a pas besoin d'une astreinte pour garantir son effectivité.

2- L'annulation du signe

Les tribunaux peuvent prononcer la nullité de la marque, du nom commercial ou de l'indication géographique, à titre de réparation en nature[1898], pour sanctionner les atteintes aux signes distinctifs. Cette décision vise, en principe, à assurer le rétablissement « *de l'assiette du droit privatif dans son état antérieur à l'atteinte, de réintégrer le titulaire dans son droit exclusif* »[1899]. Le titulaire du signe peut ainsi retrouver la plénitude de son droit exclusif, sans craindre des droits concurrents[1900]. Mais, sur le plan pratique, la portée de la décision d'annulation reste assez relative. En effet, pour reproduire des habits ou d'autres produits marqués, le contrefacteur n'a pas besoin d'être propriétaire d'un titre de propriété industrielle, comme une marque ou un nom commercial. Bien au contraire, le but visé par lui est de faire croire au consommateur que le produit contrefaisant provient du véritable titulaire du signe. L'annulation du titre ne peut donc avoir effet qu'à l'égard du signe qui, sans être identique à celui du propriétaire du signe, est néanmoins susceptible d'induire un risque de confusion dans l'esprit du consommateur moyen, qui n'a pas simultanément les deux signes à portée des yeux. L'efficacité de la décision d'annulation est donc assez relative, tout comme peut l'être la décision qui tend à faire cesser, pour l'avenir, les atteintes.

B- Les condamnations visant la cessation des atteintes

La réparation en nature peut tendre à faire cesser, pour l'avenir, les atteintes. Mais, cette finalité n'est pas toujours atteinte, en raison des insuffisances de la mesure de publicité (1) et de la relative atténuation du trouble illicite (2).

[1897] Paris, 9 mai 1979, D. 1980. IR.430, obs. MOUSSERON et SCHMIDT.

[1898] GHESTIN (J.), VINEY (G.), JOURDAIN (P.), *Traité de droit civil, les effets de la responsabilité,* op.cit, p. 96.

[1899] PASSA (J.), *Traité*, t.1, op.cit, p. 614.

[1900] A ce sujet, le TPICE a décidé qu'« une réparation intégrale du préjudice ainsi causé (par l'atteinte au droit exclusif) requiert que le rétablissement exige au minimum, indépendamment d'éventuels dommages et intérêts, la cessation immédiate de l'atteinte portée à son droit ». (TPICE, 10 mai 2006, « Galiléo », Rec.P.II.1291 (pt 71.).

1- Les insuffisances de la mesure de publicité

Il est reconnu aux juridictions, en matière de contrefaçon de marque[1901], le droit d'ordonner la publicité de la décision rendue[1902]. Il s'agit là d'une sorte de « *rétablissement moral* »[1903], qui est l'une des modalités de la réparation[1904]. La publication de la décision, qui est ordonnée aux frais de la personne condamnée, ne peut avoir lieu que si le titre n'est pas encore expiré[1905]. Plus souvent, les juridictions limitent le nombre ou la durée de la publication[1906]. En règle générale, la publication vise à conjurer les effets préjudiciables de la médisance, de la calomnie ou, tout simplement, d'un renseignement inexact ou d'une publicité trompeuse, cherchant à faire connaître à ceux que l'information a atteints que celle-ci est fausse ou insuffisamment étayée[1907]. Pour autant, la publication de la décision ou le commentaire de celle-ci, à la seule initiative de son bénéficiaire, alors que le tribunal ne l'a pas ordonnée ou une publication plus large que celle ordonnée, constitue une faute engageant la responsabilité civile de son auteur[1908].

Cette restriction ne semble pourtant pas justifiée. En effet, il est indispensable pour le propriétaire du signe de faire connaître à la communauté des consommateurs, la violation dont a été objet le droit mais, surtout, l'auteur de cette violation. Il s'agit là d'une mesure de police commerciale qui permet aux consommateurs de distinguer plus facilement les produits contrefaits des produits contrefaisants. De même, en droit OAPI, la mesure de publicité n'est pas prévue sur internet[1909]. Sa portée est donc extrêmement limitée, de nos

---

1901 Art. 42 al.2 de l'Annexe III de l'ABR.

1902 La chambre criminelle de la Cour de Cassation française a eu à affirmer que cette mesure est à la disposition du juge pénal lorsqu'il statue sur l'action civile et qu'elle doit être, dès lors, considérée non pas comme une composante de la répression, mais comme une modalité de la réparation (Cass. crim., 4 févr. 1986, Bull. crim. n°46. 107).

1903 EL KHOLY (A.), *La réparation en nature en droit français et en droit égyptien*, thèse, Paris, 1954, p. 229 et s; V. également TGI Paris, 11 juill. 1973, *JCP* 1973.II.17600, note LINDEN (R.). D'après la Cour de Paris, cette publicité « participe à la réparation » (Paris, 26 avr. 1983, D.1983, p. 376, note LINDEN).

1904 Ainsi, la publication doit toujours être ordonnée sans l'appui d'un texte, à titre de réparation, comme conséquence de l'action en responsabilité civile, quel que soit le juge qui est appelé à statuer, (V. Com., 5 déc. 1989, Bull.civ. IV, n°307. Toutefois, elle peut être aussi une composante de la répression, mais dans ce cas, elle doit être édictée par un texte, comme par exemple l'article 42 al.2 de l'Annexe III de l'ABR.).

1905 Lyon, 2 juill.1998, *RDPI* 1998, n°89, p. 24.

1906 Paris, 14 oct. 2009, *PIBD* 2009. III.1211, n°900.

1907 GHESTIN (J.), VINEY (G.), JOURDAIN (P.), *Traité de droit civil, les effets de la responsabilité,* op.cit, p. 103.

1908 Paris, 28 janv. 2005, *PIBD* 2005, n°806.III.229.

1909 Art. 42 al.2 de l'Annexe III préc. : « Le tribunal peut ordonner l'affichage du jugement dans les lieux qu'il détermine, et son insertion intégrale ou par extrait dans les journaux qu'il désigne, le tout aux frais du condamné ». L'exclusion de l'internet n'est pas absolue. En

jours, où l'internet a un impact universel et assure, de ce fait la publicité la plus efficace de la décision rendue. Ainsi, seule l'efficacité de la publicité permet d'atténuer le trouble illicite. Aussi, est-il injustifiable que la mesure de publicité n'ait été prévue comme réparation pour le propriétaire du nom commercial ou de l'indication géographique. Il urge donc de fournir au juge l'habilitation légale qui l'autorise à prononcer les mesures de publicité de la décision rendue en répression des atteintes au nom commercial ou à l'indication géographique. Cependant, avant sa consécration légale[1910], la jurisprudence française ordonnait les mesures de publicité des décisions rendues[1911]. Il reste donc envisageable, qu'en cette matière, les tribunaux de l'espace OAPI prononcent les mesures de publicité des décisions rendues. Cette lacune serait ainsi atténuée, tout comme peut l'être le trouble illicite.

2- L'atténuation relative du trouble illicite

La doctrine ne s'accorde pas pour rattacher les mesures d'atténuation du trouble à la réparation. En effet, certains auteurs soutiennent qu'elles relèvent d'une fonction particulière de la responsabilité civile, c'est-à-dire la fonction de « *rétablissement* »[1912] ou de « *cessation de l'illicite* »[1913], différente de la fonction de réparation, voire incompatible avec elle[1914]. Ainsi, pour eux, l'ordre de cessation vise non pas les dommages en eux-mêmes, mais leur source étant le fait juridique qui en est l'origine[1915]. Ce raisonnement mérite

---

effet, le juge peut ordonner la publication dans un journal, même si celui-ci paraît sur la toile.

[1910] Art. L.76-9 du CPI.

[1911] Paris, 26 févr. 1979, D. 1980, p. 528, note GREFFE (P.) ; Cass.civ. 1re, 9 mars 2004, D. 2004, p. 1727, note RIEFA, Bull.civ, I, n°80.

[1912] ROUJOU DE BOUBEE (M.-E), *Essai sur la notion de réparation*, Paris, LGDJ, Bibliothèque de droit privé, t.135, 1974, p. 134 et s.

[1913] BLOCH (C.), *La cessation de l'illicite*, Paris, Dalloz, Nouvelle Bibliothèque des thèses, Vol. 71, 2008 ; « la cessation de l'illicite se distingue de la réparation. La réparation d'un dommage est une suppression des conséquences causées par le fait illicite. Cette suppression peut intervenir, lorsque l'auteur remet lui-même en état, ou en valeur, lorsqu'il finance la victime afin qu'elle opère elle-même cette remise en état. Face à un préjudice, la réparation est une simple compensation, et non une suppression, des effets subjectifs du dommage, soit en nature par la publication d'une décision de justice par exemple, soit en valeur par l'octroi de dommages-intérêts venant compenser le préjudice causé. En revanche, la cessation de l'illicite, parfois confondue avec la réparation en nature, agit sur le fait illicite. S'opère une suppression de la cause du dommage et non une suppression du dommage lui-même. Il s'agit de faire cesser pour l'avenir les effets d'un fait illicite. Alors que la réparation est rétrospective, la cessation de l'illicite serait prospective ». MEKKI (M.), « La place du préjudice en droit de la responsabilité civile », *in Hokkaido Journal of New Global Law and Policy,* Vol.5, 2010, pp. 187-186.

[1914] BLOCH (C.), op.cit, p. 64.

[1915] Idem.

d'être atténué. En effet, la suppression de la source ne s'impose que parce que celle-ci est à l'origine du trouble. C'est donc un moyen d'agir sur le trouble et, par conséquent, sur le préjudice qui peut en résulter et dont l'endiguement est poursuivi[1916]. « *Ce qui est vrai, c'est que la cessation du trouble ne vise pas les dommages déjà réalisés au moment où le juge statue, ceux-ci justifiant généralement l'octroi d'une indemnité, mais il y a longtemps que l'objet de la réparation a dépassé le stade purement rétrospectif de la prise en compte des seules conséquences passées du fait dommageable* »[1917]. Ainsi, par leur aptitude à saisir l'avenir et à le modifier, les mesures de cessation contribuent à renforcer la fonction réparatrice de la responsabilité civile et à orienter celle-ci vers la prévention[1918].

Au demeurant, lorsque l'origine du trouble est dans un fait illicite, elle revêt en outre une fonction particulière, que l'on peut qualifier de « corrective », car elle contribue à rétablir la conformité à la légalité, ce qui, en principe, doit la rendre obligatoire et s'imposer au juge, lorsqu'elle est sollicitée par le titulaire du signe[1919]. Toutefois, la fonction spécifique de rétablissement de la légalité ne peut suffire à priver les mesures de cessation de leur fonction de réparation. Bien au contraire, ces deux fonctions, qui ne sont pas incompatibles, sont plutôt complémentaires.

Le débat sur la nature des mesures de cessation n'a de relief qu'à l'égard des signes distinctifs protégés uniquement par l'action en responsabilité civile, sur le fondement des articles 1382 et 1383 du code civil. Il s'agit du nom de domaine, de l'enseigne, de la dénomination sociale et du nom commercial non enregistré. Pour les autres, la marque, le nom commercial enregistré et l'indication géographique, les mesures de cessation sont prévues par l'Accord de Bangui Révisé[1920]. Il n'est donc point besoin de recourir à la responsabilité civile du contrefacteur, avant de prononcer les mesures de cessation ou d'atténuation du trouble illicite. En effet, la seule atteinte aux droits exclusifs suffit largement à prononcer lesdites condamnations, sans qu'il soit même nécessaire que le titulaire du signe administre la preuve du préjudice subi[1921].

Au chef des mesures d'atténuation du trouble illicite, figure la mesure de rappel des produits contrefaisants des circuits de commercialisation[1922]. Il

[1916] REBEGROL (V.), « L'affirmation d'un droit à l'environnement et la réparation des dommages environnementaux », cité par (GHESIN (J.), VINEY (G.), JOURDAIN (P.), *Traité de droit civil, les effets de la responsabilité*, op.cit, p. 108.).

[1917] GHESTIN (J.), VINEY (G.), JOURDAIN (P.), *Traité de droit civil, les effets de la responsabilité,* op.cit, p. 108.

[1918] GRAYOT (V.S.), *Essai sur le rôle des juges civils et administratifs dans la prévention des dommages*, Paris, LGDJ, Bibliothèque de droit privé, t. 804, 2009, p. 116 et s.

[1919] BLOCH (C.), op.cit. n°352 et s.

[1920] Art. 42 et s. de l'Annexe III, 16 de l'Annexe V et 16 de l'Annexe VI de l'ABR.

[1921] PASSA (J.), *Traité*, t.1, op.cit, p. 616.

[1922] TGI Paris, 3e ch. 1re sect., 14 sept. 2001, *PIBD* 2001, n°934, p. 156.

s'agit, soit d'empêcher leur introduction dans lesdits circuits soit, s'ils y sont déjà, d'atténuer le trouble illicite en les y retirant. Le juge, au-delà d'un simple rappel, peut également ordonner la saisie desdits produits[1923]. Le plus souvent, les produits rappelés ou saisis sont destinés à être détruits[1924]. Ils peuvent également être remis au propriétaire du signe[1925]. En principe, celui-ci n'a pas intérêt à les réintroduire sur le marché en les vendant. Les produits contrefaisants étant, le plus souvent, de moindre qualité que la sienne, ils risqueraient de ternir l'image de sa marque et d'écorner sa crédibilité. Il ne peut donc à son tour que les détruire, pour atténuer le trouble illicite, indépendamment de plus amples dommages et intérêts.

Mais, bien souvent, les produits saisis ou rappelés sont infimes, lorsqu'il faut les comparer à la masse contrefaisante. Dès lors, les sortir des réseaux de commercialisation ou du marché, ne permet pas toujours d'atténuer le trouble engendré par la contrefaçon ou par l'atteinte aux signes distinctifs. Lesdits produits sont en effet aussitôt remplacés sur le marché par le même contrefacteur ou par un autre commerçant. Cet écueil est accentué par les insuffisances de la réparation par équivalent.

SECTION II. LES INSUFFISANCES DE LA REPARATION PAR EQUIVALENT

La condamnation à des dommages et intérêts est la conséquence la plus usuelle de l'affirmation d'une responsabilité civile[1926]. En effet, le juge, une fois que la responsabilité du contrefacteur est établie, peut, au lieu de prononcer une condamnation en nature, poursuivre la compensation du dommage. Ainsi, il peut procurer au titulaire du signe, un avantage équivalent au préjudice subi, en lui allouant des dommages et intérêts[1927]. « *Le préjudice ne disparaîtra pas, mais il sera compensé. C'est la réparation en équivalent* »[1928].

[1923] TGI Paris, 3e ch. 3e sect., 10 déc. 2010, *PIBD* 2011, n°938.III.293.
[1924] Art. 43 al. 1er de l'Annexe II de l'ABR.
[1925] Art. 43 al.2 de l'Annexe III de l'ABR.
[1926] GHESTIN (J.), VINEY (G.), JOURDAIN (P.), *Traité de droit civil, les effets de la responsabilité,* op.cit, p. 146.
[1927] L'équivalent n'est pas toujours pécuniaire. Ainsi, il a été attribué à un mari dont la femme avait abandonné foyer et enfant, toutes les parts représentant l'appartement commun. (Trib. Seine, 2 déc. 1965, *Gaz. Pal.* 1996.1.275.).
[1928] MAZEAUD (H.), alii, op.cit, p. 632.

Cette réparation est-elle satisfaisante ? Son efficacité n'est-elle pas aussi relative que celle de la réparation en nature ? Pour répondre à ces interrogations, le régime restrictif de la responsabilité civile née de la concurrence déloyale (Paragraphe I) va être séparé de l'inadéquation du régime de la responsabilité civile née de la contrefaçon (Paragraphe II).

Paragraphe I. Le régime restrictif de la responsabilité civile née de la concurrence déloyale

La responsabilité qui naît de l'action en concurrence déloyale, est une responsabilité civile ordinaire, enfermée dans les limites des articles 1382 et suivants du code civil. Elle peut être déployée par les titulaires de la marque, qui doivent pouvoir se prévaloir d'une faute détachable des actes de contrefaçon[1929], un même fait ne pouvant, à la fois, servir d'actes de contrefaçon et d'acte de concurrence déloyale[1930]. Le titulaire du nom commercial non enregistré[1931] de l'enseigne[1932], de la dénomination sociale[1933], du nom de domaine[1934], ne peut, par contre, agir exclusivement qu'en concurrence déloyale, pour obtenir la réparation de l'atteinte à leur droit. Ainsi, parce que fondés sur la responsabilité civile, les principes généraux qui gouvernent ladite responsabilité sont limités (A), autant que leur application est confrontée à des difficultés (B).

A- Les limites des principes généraux de l'évaluation du préjudice

Le dommage causé au titulaire du signe, par la violation de son droit, ne peut être réparé par le juge qu'après son évaluation. Ainsi, le juge doit évaluer

---

[1929] SCHMIDT-SZALEWSKI (J.), PIERRE (J.L.), op.cit, p. 277. ; V. aussi, Cass. com., 18 oct. 1994, Bull.civ. IV. n°298.

[1930] Cass. com., 11 févr. 2003, *PIBD*, 762. III.213. Le risque de confusion n'est pas un acte distinct de l'acte de contrefaçon par imitation de marque, qui inclut déjà un tel risque. Il ne peut donc justifier une action en concurrence déloyale, si les mêmes fautes ont déjà fait l'objet d'une action en contrefaçon. Toutefois, le licencié est recevable à agir en concurrence déloyale, même sur la base des faits identiques à ceux invoqués par le titulaire de la marque, au titre de l'action en contrefaçon, (Cass. com., 13 déc. 2005, *PIBD* 2006, 825, III, 176.).

[1931] POLLAUD-DULIAN (F.), *Propriété intellectuelle, la propriété industrielle*, op.cit, p. 672. ; V. aussi Cass. com., 18 avr. 1958, « Nicolas », D.1959, p. 87, note DERRIDA (F.).

[1932] Cass. req., 20 et 21 févr.1888 (3 arrêts), D. 1888.I.315, Concl. LE PELLETIER

[1933] AZEMA (J.), GALLOUX (J.C.), op.cit, p. 958.

[1934] AZEMA (J.), GALLOUX (J.C.), op.cit, p. 966.

les dommages et intérêts, même s'il ne dispose pas de preuves nécessaires[1935]. En effet, il ne peut s'en dispenser en allouant une somme symbolique[1936].

Le juge, pour y parvenir, dispose du pouvoir d'appréciation souveraine que la Cour de Cassation française se refuse même de contrôler[1937]. Ce pouvoir permet-il au juge de réparer, de manière satisfaisante, le préjudice subi par le titulaire du signe ? A l'analyse, ce pouvoir d'appréciation admet, d'une part, des limites (1), qui affectent les règles de détermination du temps de l'évaluation ou de la naissance du préjudice et, d'autre part, est confronté aux insuffisances du principe de la réparation appropriée (2).

1- Les limites du pouvoir d'appréciation du juge

Le pouvoir d'appréciation du juge admet, sous certains angles, des limites qui ne favorisent pas une réparation optimale du préjudice subi par le titulaire du signe. Ces limites, qui n'épargnent pas le pouvoir souverain du juge (a), induisent des incertitudes dans la détermination par lui du moment de l'évaluation du préjudice (b).

a- Les limites du pouvoir souverain du juge

Il revient au juge, en cas d'atteinte aux signes distinctifs, d'évaluer en argent le préjudice effectivement subi[1938]. Cette évaluation est faite, de manière souveraine, par le juge du fond. Le domaine de son pouvoir souverain est assez vaste[1939]. La Cour de Cassation française n'a pas manqué de le réaffirmer, en décidant que « *le juge du fond apprécie souverainement, dans la limite des conclusions des parties tant le montant du dommage que le mode d'indemnisation le plus adéquat* »[1940] ou « *que le juge justifie l'existence du dommage par la seule évaluation qu'il en fait, sans être tenu de préciser les éléments ayant servi à en déterminer le montant* »[1941]. En outre, « *les juges du fond apprécient souverainement les divers chefs de préjudice qu'ils retiennent et les modalités propres à en assurer la réparation intégrale* »[1942]. Ainsi, le

---

[1935] Civ. 2e, 5 avr. 2007, Bull. civ.II, n°46.

[1936] Soc., 18 nov. 2009, Resp. Civ. et Assur. janv. 2010. n°3.

[1937] Cass., Ass. Plén., 26 mars 1999, n°95-20.640, Bull. Ass. Plén., n°3.

[1938] MAZEAUD (H.), alii, op.cit, p. 708.

[1939] IVAIVIER (T.), « Le pouvoir souverain des juges du fond dans l'appréciation des indemnités réparatrices », D.1972.7 ; CALFAYON, *Essais sur la notion de préjudice*, thèse, Paris I, 2007, n°148, p. 109.

[1940] Crim., 3 nov. 2009, Resp. et Assur., févr. 2010. Com.46.

[1941] Soc., 17 mars 1961, Bull.civ. 1961, IV, p. 292 ; Civ. 2e, 15 févr. 1962, Bull. civ. II,, p. 130 ; Civ. 1er, 5 juin 1962, Bull. civ., 1962, I, p. 256 ; Civ., 22 janv. 1963, Bull. civ. 11 mars 1965, Bull. civ. III.157 ; Civ. 1er, 11 oct. 1967, Bull. civ.I, p. 224.

[1942] Civ. 2e, 11 juill. 1983, Bull. civ. II, n°153 ; Civ. 3e, 4 mai 198, *JCP* 1989, IV, p. 240.

juge du fond n'est pas tenu de se conformer aux évaluations précédemment faites par un organisme[1943] ou par une juridiction[1944]. Il n'est pas davantage lié par l'évaluation du préjudice faite par l'expert[1945] ou par les parties[1946]. De même, il peut allouer plusieurs préjudices distincts[1947]. A l'inverse, si, à la suite d'un fait dommageable unique, plusieurs préjudices en ont découlé, il peut se contenter d'une évaluation globale, sans exiger le détail des sommes allouées pour chaque chef de préjudice[1948]. Enfin, dans l'évaluation du préjudice, le juge n'est tenu par aucun mode de calcul[1949].

Mais, l'évaluation par le juge du montant des dommages et intérêts ne va pas sans soulever des difficultés. La première naît lorsque, le dommage est variable. En effet, sous l'effet du temps, le dommage peut évoluer vers une aggravation, dont le juge n'a pas forcément tenu compte, au moment de l'évaluation. De même, il est difficile d'apprécier en argent un préjudice moral, une douleur. Cette difficulté est d'autant grande, qu'il lui est interdit d'allouer des dommages et intérêts punitifs. Il s'agit là d'une véritable limite qui ne favorise pas la réparation efficiente du dommage subi et, par là-même, la protection judiciaire des signes distinctifs. Le juge n'a pas non plus la maîtrise du moment de l'évaluation.

b- Les incertitudes dans la détermination du moment de l'évaluation

La détermination de la date de l'évaluation obéit à un préalable : le jugement est-il constitutif ou déclaratif de droit ?

La question est loin d'être anodine. En effet, si le jugement est constitutif de droit, la créance naît du jugement et l'évaluation doit se faire à ce jour. Par contre, si le jugement est seulement déclaratif, le droit à réparation naît dès la réalisation du dommage, et devrait donc être évalué à cette date[1950]. La

---

1943 Le juge n'est pas tenu de se conformer aux évaluations précédemment faites par une caisse de sécurité sociale : crim. 3 oct. 1962, *Gaz. Pal.* 1962.2., somm. 20).

1944 Civ. 2e, 6 janv. 1971, Bull. Cass. 1971. II. n°7.4.

1945 Civ. 2e , 31 mars 1965, D. 1965, Somm.III ; 5 déc. 1973, Bull. civ. 1973.II.n°321, p. 262 ; 15 avr. 1975, JCP.1975.IV.178.

1946 Civ., 5 avr. 1973, « Union des coopératives d'Aquitaine », *JCP* 1973, IV, p. 202 ; Civ. 2e, 21 avr. 2005, D.2005, IR.506.

1947 Civ., 19 juin 1963, Bull. civ. I .284.

1948 Civ. 2e, 30 nov. 1961, Bull. civ. II.569. ; Civ.2e, 10 avr.1964, Bull. civ. II. 201; Civ. 2e, 17 juin 1966, Bull. civ. II. 494 ; Com, 15 oct. 1969, Bull. civ.280.

1949 Ainsi, par exemple, en cas d'accidents successifs, la méthode dite de Gabrielli n'est qu'un mode de calcul indicatif qui ne s'impose pas au juge. (Civ. 2e, 1er juill. 1966, D. 1966.598 et note LE ROY ; Paris, 17 févr. 1960, *Gaz. Pal.* 1960.1.209 ; D. 1960. Somm. 61.).

1950 BUFFELAN-LANORE (Y.), LARRIBOU-TERNEYRE (V.), *Droit civil, les obligations*, op.cit, p. 658.
La jurisprudence, quant à elle, tranche la question en datant le droit à réparation du jour du dommage, mais en évaluant les dommages et intérêts à la date du jugement définitif et non

détermination de ce moment est importante, en ce que l'ampleur du préjudice, c'est-à-dire le montant des dommages et intérêts peut varier dans le temps. De même, l'évolution des conditions économiques et monétaires peut influencer l'évaluation chiffrée de la dette de réparation [1951]. Ainsi, la quotité des dommages et intérêts peut ne pas être la même, selon que la date d'évaluation retenue est la date du dommage ou celle de la décision[1952].

Pour certains auteurs, le jugement de condamnation est déclaratif[1953]. En effet, pour eux, le droit à réparation et la créance d'indemnisation ne sont pas créés par lui. Ils lui préexistaient tels qu'ils ont été reconnus. Aussi, le jugement produit-il ses effets, dès la naissance du droit qui lui est antérieur.

Cette thèse, à l'abord, n'a pas eu un écho favorable de la jurisprudence dominante qui, après quelques hésitations[1954], a posé en principe que les jugements ordonnant l'exécution d'un contrat sont déclaratifs, alors que ceux ordonnant la réparation du préjudice causé par une faute délictuelle ou contractuelle sont constitutifs [1955]. Cette interprétation est confortée par d'autres auteurs, pour qui « *c'est le jugement de condamnation qui seul conditionne la naissance de la créance au profit de la victime, jusque-là, il y*

à la date de réalisation du dommage, ce qui est plus favorable à la victime en période d'instabilité monétaire (Req. 21 mai 1928, DH 1928.366 ; Req. 23 mars 1942, *Gaz Pal.* 1942. I. 224 ; Civ. 2e, 3 mars 1982, note F.C.), et les intérêts légaux (Civ. 1re, 10 déc. 1980, *JCP* 1980. IV.18.) de l'indemnité allouée courent de plein droit du jour de la décision, sans mise en demeure (Civ. 2e, 18 oct. 1989, Bull.civ. II, n°189, p. 96 ; 8 juill. 1992, Bull.civ. II, n°102.).

1951 GHESTIN (J.), VINEY (G.), JOURDAIN (P.), *Traité de droit civil, les effets de la responsabilité,* op.cit, p. 191.

1952 Ainsi, par exemple, une personne subit un dommage causé par la faute d'un commerçant. Elle assigne en dommages et intérêts l'auteur de la faute. Puis, celui-ci fait faillite et le jugement de condamnation est rendu au cours de la procédure de liquidation des biens. Seuls font partie de la masse, les créanciers dont le titre est antérieur au jugement déclaratif. Si l'on considère la créance des dommages et intérêts comme née du jugement, la victime ne subit pas l'éventuelle réduction concordataire, elle ne peut pas non plus être payée sur les biens du failli, dont celui-ci est dépossédé, elle ne peut être indemnisée que, bien plus tard et, seulement dans le cas où le failli reviendra à meilleure fortune. En revanche, si la créance est née du dommage, elle serait née antérieurement au jugement déclaratif. La conséquence en sera que la victime fera partie de la masse et pourra alors se faire payer comme tout créancier chirographaire du failli : (MAZEAUD (H.), alii, op.cit, p. 337.).

1953 MAZEAUD (H.), alii, op.cit, p. 554.

1954 V. par exemple, Civ., 11 août 1857.D.1857.1.343.

1955 Req. 11 avr. 1907, S. 1907.1.432 et note LYON-CAEN ; Req. 28 oct. 1930, D.1930.1.148 et Rapport Cons.Pilon ; Civ. 5 nov. 1936, D.H. 1936.585 ; *Gaz. Pal* 1937.1.15 : « attendu que la créance indemnitaire de la victime d'un délit ou d'un quasi délit n'existe qu'à dater du jugement ou de l'arrêt qui la consacre ; attendu qu'une créance délictuelle ou quasi délictuelle n'existe et ne peut donc produire d'intérêts moratoires que du jour où elle est allouée judiciairement, la victime n'ayant, jusqu'à la décision de justice qui lui octroie une indemnité, ni titre de créance, ni droit reconnu dont elle puisse se prévaloir ».

avait une voie de droit ouverte, il n'y a pas de créance »[1956]. Ainsi, pour ces auteurs, rien avant le jugement n'est capable d'engendrer le droit à réparation. Avant le jugement, on ne rencontre que la faute.

L'opposition entre ces deux thèses n'est pas irréconciliable[1957]. La créance de réparation existe nécessairement avant le jugement qui ne la crée donc pas. Le jugement n'a pour objet que de la constater, ce qui en confirme le caractère déclaratif. Toutefois, le même jugement transforme profondément la portée de cette créance, en la rendant liquide, certaine et exigible, ce qui confère également au jugement une portée partiellement constitutive[1958]. Ainsi, la préexistence du droit aux dommages et intérêts au jugement, qui détermine le quantum, est établie par le fait que l'action en justice vise précisément la sanction de ce droit. Aussi « *la date de naissance de la créance coïncide-t-elle avec la manifestation ou l'apparition du dommage* »[1959]. Dès lors, le droit à réparation naît au jour de la manifestation du dommage[1960]. En d'autres termes, le jugement est déclaratif, en ce qu'il reconnaît la responsabilité du défendeur, en constatant les éléments sur lesquels repose cette responsabilité. En revanche, il est constitutif, en ce qu'il « *crée un nouvel état de droit, car il fixe l'objet jusque-là indéterminé, de la créance de la victime* »[1961].

Le moment d'évaluation du préjudice a emprunté à la date à laquelle le jugement produit effet, ses hésitations. En effet, la jurisprudence a d'abord adopté le jour de la réalisation du dommage, en raison de ce que la créance de réparation naît à cette date, et que les circonstances économiques qui

---

1956 DUGUIT (L.), *Traité de droit constitutionnel*, 3e éd., t.2, p. 486 ; MEURISSE : « Les intérêts des dommages et intérêts alloués par le juge », *Gaz. Pal.*1962.2, Doctr. 15 et note D.1969.451.

1957 GHESTIN (J.), VINEY (G.), JOURDAIN (P.), *Traité de droit civil, les effets de la responsabilité,* op.cit, p. 147. ; LE TOURNEAU (Ph.), *Droit de la responsabilité et des contrats, régime d'indemnisation*, op.cit, n°2504. ; FLOUR (J.), AUBERT (J.L.), SAVAUX (E.), *Droit civil, les obligations 2, le fait juridique*, Paris, Sirey, Coll.Sirey Université, 14e éd, 2011, n°383 et 384. La double nature du jugement de condamnation a été également attestée par la Cour de Cassation (V. Crim., 3 nov. 2004, Bull.crim., n°267 ; 24 juin 1998, Bull. civ, II, n°226 : « si le droit pour la victime d'obtenir réparation du préjudice subi existe dès que le dommage a été causé, l'évaluation de ce préjudice doit être faite par le juge, en amont, au moment où il rend sa décision, en tenant compte de tous les éléments connus à cette date ».

1958 GHESTIN (J.), VINEY (G.), JOURDAIN (P.), *Traité de droit civil, les effets de la responsabilité, op.cit, p.* 147.

1959 TERRE (F.), SIMLER (Ph.), LEQUETTE (Y.), op..cit, n°889 ; BACACHE-GIBEILI (M.), *Traité de Droit civil, les obligations, la responsabilité civile extracontractuelle*, Paris, Economica, Coll. Corpus droit privé, 2e éd., 2012, n°619, n°442 ; V. aussi Civ. 3e, 16 déc. 2009 ; Cass. com., 2 févr. 2010 : « le droit pour les victimes d'obtenir réparation du préjudice subi existe, dès que le dommage est causé ».

1960 GHESTIN (J.), VINEY (G.), JOURDAIN (P.), *Traité de droit civil, les effets de la responsabilité,* op.cit, p. 147.

1961 FLOUR (J.), AUBERT (J.-L.), SAVAUX (E.), op.cit, n°383.

modifient ultérieurement, soit la consistance, soit l'expression monétaire du dommage, ne seraient pas imputables au responsable du dommage[1962]. A ce raisonnement, certains auteurs ont objecté, en soutenant qu'il n'y a ni un premier dommage dû à la faute du responsable, ni un second dû, notamment, aux circonstances économiques, comme la chute de la monnaie mais un seul et même dommage, qui ne s'est pas modifié dans ses éléments intrinsèques, et dont la valeur seule a varié, un dommage que doit réparer intégralement le responsable, parce qu'il l'a causé tout entier[1963]. Cette objection ne peut qu'être favorablement accueillie. C'est d'ailleurs ce qu'a fait la Cour de Cassation française qui, à la faveur d'un revirement, a admis que le préjudice entraînant une responsabilité délictuelle doit être évalué au jour du jugement, s'agissant bien entendu de l'évaluation initiale[1964]. Ainsi, c'est au jour de la décision judiciaire allouant l'indemnité, qu'il convient de se placer pour procéder à cette évaluation, *« parce que la victime a droit à la réparation totale du dommage qu'elle a subi »*[1965]. Mais, la formule gagnerait en précision. En effet, plutôt qu'au jour du jugement, il est préférable de retenir que la quotité des dommages et intérêts est calculée au jour où statue le dernier juge du fond. En effet, en cas d'appel, c'est au jour de la décision de la juridiction de second degré que sont examinées les éventuelles variations intrinsèques du préjudice, mais, aussi, que ce dernier sera évalué[1966].

La règle de l'évaluation des dommages et intérêts, au jour où le juge rend sa décision, est d'application, aussi bien en matière contractuelle que

---

[1962] Crim. 4 mai 1939, *Gaz. Pal.* 1939.1.885 ; Req. 15 nov. 1939. D.H., 1940.40 ; Crim. 18 janv. 1940, D.H. 1940.102 ; *Gaz. Pal.* 1940.1.232 ; Civ. 12 nov. 1941, D.C. 1942.J.97 et note MEST.

[1963] MAZEAUD (H.), MAZEAUD (L.), MAZEAUD (J.), CHABAS (F.*), Leçon de droit civil, obligations théorie générale*, op.cit, p. 738.

[1964] Cass. req. 24 mars 1942, D.A. 1942. 118, *Gaz. Pal.* 1942. 1.224, *JCP.* 1942.II.1973 : « La Cour, sur le deuxième moyen, pris de la violation des articles 1382 et s. du code civil, en ce que l'arrêt attaqué, tout en constatant que les experts avaient fait une exacte appréciation du montant des dommages causés à l'immeuble de la dame Bosseboeuf, a considéré qu'il y avait lieu d'augmenter de 35% le chiffre de l'indemnité ainsi fixée, sous prétexte de la hausse des prix qui se serait produite depuis les opérations de l'expertise, alors que le chiffre de l'indemnité allouée pour dommages ne saurait être fixé qu'au jour de la constatation de ces dommages, d'après les conditions économiques existant à ce moment et, nonobstant les variations des prix en hausse ou en baisse qui ont pu résulter, depuis lors, de la situation économique, alors, en outre, que la propriétaire de l'immeuble endommagé n'était pas tenu d'employer l'indemnité qui lui était allouée en travaux de réfection de cet immeuble, mais pouvait en disposer à son gré ».

[1965] Civ., 12 janv. 1948, D.1948.234, note SAVATIER (R.).

[1966] MAZEAUD (H.), alii, *Leçons de droit civil, obligations, théorie générale*, op.cit, p. 751. ; V. aussi, Civ. 1re, 25 janv. 1965, Bull. civ. I, p. 45 ; Soc., 2 févr. 1962, Bull. civ. IV, p. 103 ; Civ. 1re, 24 juin 1963, Bull. civ. I, p. 289 ; Soc. 15 oct. 1981, *JCP* 1982, IV, p. 8.; Crim., 13 déc. 1983, Bull. crim., n°339, p. 876; Civ. 2e, 8 nov. 1984, Bull.civ.II, n°165, p. 116.

délictuelle. Elle est appliquée par le juge administratif[1967], le juge civil ou par le juge pénal, et concerne tous les dommages, qu'ils aient pour objet l'atteinte à la personne, au bien, un préjudice matériel ou moral, immédiat ou par ricochet[1968].

Le fondement juridique de ces solutions admises par une doctrine dominante [1969], n'est pas à rechercher dans le caractère prétendument constitutif du jugement de condamnation[1970], mais dans le fait que la dette de réparation est une dette de valeur[1971]. Ainsi, le responsable doit compenser le dommage. Dès lors, si la dette naît au moment du dommage, c'est-à-dire au moment où il apparaît, sa portée évolue en même temps que le dommage lui-même, de sorte qu'il revient au juge de tenir compte de cette évolution, à la date où il évalue le dommage[1972].

Cependant, le principe de l'évaluation au jour de la décision judiciaire est lui-même dépassé. Il est plus dans l'intérêt de la victime, donc du titulaire du signe, de le remplacer par celui de l'évaluation au jour de la réparation effective[1973]. Cette solution est plus adéquate, parce que, du jour de la décision de condamnation à celui de la réparation effective, peuvent intervenir également diverses circonstances comme, par exemple, une évaluation

---

1967 CE, 21 mars 1947, D. 1947. 225, 2e et 3e espèces, note p. L.J.

1968 GHESTIN (J.), VINEY (G.), JOURDAIN (P.), *Traité de droit civil, les effets de la responsabilité,* op.cit, p. 193.

1969 MAZEAUD (V.), alii, *Traité*, t.3, 6e éd., n°2407 à 2425 ; SAVATIER, *Traité*, T.2, n°602.622.716 ; CARBONNIER (J.), *Droit civil, Les obligations*, , t .4, 2e éd., n°289 ; MARTY (G.), RAYMOND (P.), JESTAZ (P.), *op.cit*, n°589 ; LE TOURNEAU (Ph.), *Droit de la responsabilité et des contrats, régime d'indemnisation*, op.cit., n°2652, p. 1001 ; CHARTIER (Y.), *La réparation du préjudice*, 1983, n°457 et s. ; STARK (B.), ROLAND (H.), BOYER (L.), *Les obligations, responsabilité délictuelle*, 5e ed., op.cit., n°1273 et s.

1970 FLOUR (J.), AUBERT (J.L.), *Les obligations*, 2, *le fait juridique*, op.cit., n°366.

1971 PIERRE FRANÇOIS (V.G.L.), *La notion de dette de valeur en droit civil, essai d'une théorie*, Thèse, Paris, 1974, préf. RAYMOND (P.), p. 54 et s. ; FLOUR (J.), « Pot-pourri autour d'un arrêt », Défrénois 1975, ort.30854, p. 145 ; PIDEBOUT (J.F.), « Observations pratiques sur la dette de valeur », in *Mélanges HOLEAUX (D.)*, Paris, Litec, p. 357 et s.

1972 La créance de la victime est également appréhendée comme une dette de valeur parce qu'elle n'a pas pour objet une chose, ni de l'argent, mais une valeur celle du préjudice. Dès lors, si elle naît au jour du dommage, elle est évaluée au jour du jugement, ce qui a l'avantage de la faire échapper à la dépréciation monétaire : LE TOURNEAU (Ph.), (dir.), *Droit de la responsabilité et des contrats, régime d'indemnisation*, op.cit, p. 1002 ; MAZEAUD (L.), « L'évaluation du préjudice et la hausse des prix en cours d'instance », *JCP* 1942.275.

1973 DERRIDA (V.F.), « L'évaluation du préjudice au jour de la réparation », *JCP* 1951.I.918 ; MAZEAUD (H.), « les rentes flottantes », D.1951, ch.17 ; MAZEAUD (L.), « L'évolution des prix en cours d'instance », *JCP* 1941.I.275 ; LYON-CAEN (L.), note *JCP* 1954.II.8183 ; BROUSSEAU (S.), « L'indexation des rentes indemnitaires », *JCP* 1973.I.2562. n°8 ; DOUCET (J.P.), *L'indexation*, Paris, LGDJ, 1965 ; TOULEMON (A.), « Les rentes à indice variable en paiement d'indemnité », *RTDcom.* 1950.353 ; ESMEIN (P.), « Les indemnités variables selon un indice économique », *JCP*.1949.I.781.

monétaire qui aggrave le préjudice subi. La règle a d'ailleurs déjà connu un frémissement jurisprudentiel qui, malheureusement, est resté marginal[1974]. Aussi, la règle de l'évaluation au jour du jugement est-elle restée toujours d'application. La raison avancée est qu'après avoir statué, le juge ne disposerait plus de repères sûrs pour évaluer la dette à la date de réparation effective[1975]. Cette argumentation est insatisfaisante, car les mêmes méthodes d'évaluation qui ont gouverné la détermination du préjudice au jour du jugement, peuvent être bien reconduites, pour que le préjudice ne soit évalué qu'à compter du jour où le titulaire du signe a effectivement reçu réparation. C'est dans cette seule hypothèse que le principe de la réparation appropriée peut prétendre à une certaine effectivité.

2- *Les insuffisances du principe de la réparation appropriée*

Le principe cardinal régissant la réparation des atteintes aux signes distinctifs qui engagent la responsabilité délictuelle du responsable autour duquel gravitent tous les autres, est celui de l'adéquation de la réparation au préjudice[1976]. La réparation doit être égale au préjudice et, pour ce faire, elle doit être nécessairement appropriée. Pour autant, en matière contractuelle, sauf dol, la réparation est limitée aux dommages prévisibles. Mais, ces règles ne constituent-elles pas une bride qui ne permet pas au titulaire du signe de bénéficier d'une réparation efficace ? Les deux règles, qui se dégagent du principe de la réparation appropriée, n'incitent pas à une réponse affirmative. En effet, la première, négative, qui postule la non-proportionnalité des dommages et intérêts à la culpabilité charrie autant d'insuffisances (a) que la seconde, positive, qui prime la réparation intégrale (b) du préjudice subi.

a- Les insuffisances du principe de non-proportionnalité des dommages et intérêts à la culpabilité

Ce principe postule que le juge, dans l'évaluation du montant des dommages et intérêts, n'a pas à tenir compte de la gravité de la faute pour les

---

[1974] Com, 16 févr. 1954, 3 arrêts, *JCP* 1954.II.8062., note J.G.B. ; D. 1954.534, note RODIERE (R.) ; Civ. 1re, 7 janv. 1963, Bull.civ. I. n°15, p. 14 ; Civ. 3e, 21 mars 1973, D.1973. IR. 111. ; Civ. 1re, 10 janv. 1990, Bull. civ. I .n°2 : « dès lors que l'évaluation du préjudice est faite à la date du prononcé de la décision, il ne peut être reproché aux juges du fond d'avoir fixé au jour du paiement la date de la conversion en une autre monnaie de la somme allouée en réparation du préjudice, une telle disposition ayant pour but de maintenir, eu égard à la variation des cours, l'équivalence avec le montant de la condamnation »..

[1975] GHESTIN (J.), VINEY (G.), JOURDAIN (P.), *Traité de droit civil, les effets de la responsabilité,* op.cit, p. 197.

[1976] LE TOURNEAU (Ph.), (dir.), *Droit de la responsabilité et des contrats, régime d'indemnisation,* op.cit, p. 963.

fixer[1977]. Ainsi, l'égale gravité des fautes n'induit pas la proportionnalité des préjudices, ou l'égalité des dommages [1978]. Par exemple, l'auteur d'une concurrence déloyale à grande échelle peut n'avoir causé qu'un léger préjudice, alors que l'auteur d'une concurrence déloyale légère peut avoir causé un énorme préjudice. Aussi, la faute la plus modeste oblige-t-elle son auteur à réparer tout le dommage qui en découle, si considérable qu'il puisse être[1979]. Dès lors, « *quand il s'agit de fixer l'importance de la réparation, ce n'est pas le responsable qu'il faut considérer, mais la victime, ce n'est pas la faute mais le préjudice...il n'y a pour la réparation que le résultat qui compte* »[1980]. De même, les juges ne doivent pas tenir compte de la situation personnelle du responsable ni de sa situation familiale, ni de ses ressources[1981], encore moins du profit qu'il a retiré de son acte[1982]. Autrement dit, ni la victime, ni le coupable ne sont pris en compte dans l'évaluation des dommages et intérêts. Seuls comptent, dans cet exercice, les dommages ou les préjudices subis[1983].

Dans une vue globale de la responsabilité, cette règle est regrettable[1984]. Plus exactement, elle est injuste à l'égard de tous[1985]. Elle l'est plus encore en droit OAPI. En effet, en droit OAPI, le contrefacteur, malgré le paiement de la condamnation, peut encore réaliser des profits, si le montant, auquel il a été condamné, est inférieur au bénéfice réalisé. Dans cette hypothèse, la condamnation n'étant pas dissuasive, il n'a aucun intérêt à y mettre un terme. Ensuite, la non-proportionnalité des dommages et intérêts à la culpabilité, en ne se focalisant que sur le préjudice, encourage également le contrefacteur, non seulement à ne pas arrêter les atteintes mais, surtout, à les décupler. En effet, aucun lien n'existant pour lui entre la gravité de la faute, et le montant

---

1977 Com.,3 avr. 1979, n°78-10.008, Bull.civ. IV, n°125 ; *Rev. Soc.* 1980.723, note PONTTAVICE (E.) ; Civ., 8 mai 1964, *Gaz. Pal.* 1964.2.233.

1978 Civ. 3e, 26 oct. 1988, n°87-12.406, Bull.civ. III, n°146.

1979 MAZEAUD (H.), MAZEAUD (L.), MAZEAUD (J.), *Traité théorique de la responsabilité civile délictuelle et contractuelle*, op.cit, p. 717.

1980 Idem.

1981 Civ. 2e, 21 juill. 1982, n°81-15.236, Bull.civ. I.n°109. L'évaluation du dommage doit être faite exclusivement en fonction du préjudice subi.

1982 TGI Paris, 5 mai 1999, D.2000. Somm. 269, obs. Lepage ; Toulouse. 25 mai 2004, CCE 2005, n°17, note Lepage.

1983 Cass. civ.. 1re, 21 oct. 1946, *Sem. Jur.* 1946. II. 3348 : « la réparation civile du dommage causé que la loi impose à l'auteur d'un délit ou d'un quasi délit, doit comprendre l'intégralité du préjudice subi, quelle que soit la gravité de la faute ou de la négligence commise par la personne coupable" et que les circonstances de nature à atténuer la gravité d'une faute n'exercent pas d'influence sur la réparation qui est due à la victime du délit civil ».

1984 LE TOURNEAU (Ph.), *Droit de la responsabilité et des contrats, régime d'indemnisation*, op.cit., p. 964.

1985 MAZEAUD (H.), alii, *Traité théorique et pratique de la responsabilité civile*, op.cit, p. 717.

de l'indemnisation, il a intérêt à une concurrence déloyale massive. Le principe de non proportionnalité des dommages et intérêts à la culpabilité est donc inadéquat, sinon inopportun. Cette règle, comme en matière de contrefaçon, doit donc être dépassée pour que la réparation des atteintes aux signes distinctifs soit proportionnelle à la gravité de la faute, ce d'autant que le juge, dans l'évaluation du préjudice, est également tenu en respect par le principe de la réparation intégrale.

b- Les insuffisances du principe de la réparation intégrale

C'est un principe essentiel du droit de la responsabilité[1986]. Même si elle est majoritairement admise, certains auteurs lui préfèrent l'expression « *équivalence entre dommages et réparation* »[1987] ou, encore, « réparation appropriée ou indemnisation appropriée ». En effet, les dommages servent moins à réparer qu'à compenser le préjudice, et l'intégralité de la compensation n'a aucun sens quand il est question d'un préjudice moral[1988].

Ce principe signifie que l'indemnité a pour mesure unique le préjudice subi. Ainsi, « *les dommages et intérêts alloués à une victime doivent réparer le préjudice subi, sans qu'il en résulte pour elle, ni perte, ni profit* »[1989]. Dès lors, l'évaluation du dommage, faite par le juge, doit prendre en compte tous les chefs de préjudices indemnisables, dont la réparation est sollicitée par le titulaire du signe[1990]. L'évaluation doit également, ce faisant, compenser entièrement[1991] et efficacement[1992] ces différents préjudices[1993]. Pour autant, l'indemnisation ne doit pas excéder la valeur du préjudice subi, en ce qu'elle ne doit pas procurer un enrichissement à la victime[1994]. En clair, « *la somme*

[1986] BUFFELAN-LANORE (Y.), LARRIBAU-TERNEYRE (V.), *Droit civil, les obligations*, op.cit, p. 654. ; V. aussi l'art.1149 du C.Civ. : « Les dommages et intérêts dus au créancier sont en général de la perte qu'il a faite et du profit dont il a été privé ».

[1987] LE TOURNEAU (Ph.), *Droit de la responsabilité et des contrats, régime d'indemnisation*, op.cit, p. 964.

[1988] GHESTIN (J.), VINEY (G.), JOURDAIN (P.), *Traité de droit civil, les effets de la responsabilité,* op.cit, p. 154.

[1989] Civ. 2e, 23 janv. 2003, n°01-00.200, Bull.civ.II, n°20 ; *JCP* 2003. II. 10110, note BARBIERI (J.F.); D.2003.IR.605.

[1990] Crim., 20 janv. 1987, Bull.crim. n°25. ; Civ.3e, 4 mai 1988, *JCP* 1988, IV.237 ; Crim., 11 oct. 1988, Resp. Civ. et Assur. 1988, com. n°4 et commentaire GROUTEL (H.).

[1991] Civ. 2e, 31 mars 1965. *Gaz. Pal.* 1965.2.76 ; Bull. civ. 1965.2.226 ; Crim. 19 oct. 1971, *JCP* 1973.II.17409, note LE TOUZARLIN (H.); Crim., 5 avr. 1982. GERBER, *JCP* 1982. IV.220

[1992] Civ. 2e, 31 mars 2000, Bull.civ. II, n°95 : la réparation intégrale du préjudice occasionné par la perte en France d'un véhicule immatriculé en Belgique ne peut être assurée que par son évaluation dans ce dernier pays.

[1993] GRARE (V.C.), *Recherche sur la cohérence de la responsabilité délictuelle*, Paris, Dalloz, Nouvelle Bibliothèque des thèses, Vol.45, n° 272 à 275.

[1994] TERRE (F.), SIMLER (Ph.), LEQUETTE (Y.), op.cit, p. 959.

due au titre des dommages et intérêts doit correspondre rigoureusement à la perte causée par le fait dommageable »[1995]. Le responsable doit réparer tout le dommage, mais rien que le dommage[1996]. La raison en est que l'indemnisation doit assurer à la victime le retour au *statu quo* antérieur. Par suite, le but des dommages et intérêts est de rétablir l'équilibre détruit par le dommage, afin que la victime se retrouve dans la même situation que si l'acte dommageable n'avait jamais été commis[1997]. Dès lors, tout le dommage doit être réparé, qu'il soit insignifiant ou d'une gravité particulière, qu'il soit matériel ou moral[1998]. De même, la règle s'impose aussi bien au juge pénal qu'au juge administratif.

A l'instar du principe de la non-proportionnalité des dommages et intérêts à la culpabilité, le principe de la réparation intégrale n'est pas à l'abri de critiques, surtout en matière de propriété industrielle. En ne tenant compte que de l'ampleur du dommage réellement subi, le principe de la réparation intégrale fait litière de la gravité de la faute commise, de sa nocivité et, surtout, du profit que tire le contrefacteur de son activité illicite[1999]. En conséquence, il engendre des solutions peu satisfaisantes en équité. Ce principe mérite d'être revisité, pour que, notamment, comme en matière de contrefaçon, il soit tenu compte de la faute économique qui autorise une réparation au-delà du préjudice effectivement subi, quelles que puissent être les modalités de mise en œuvre des règles d'évaluation du préjudice.

B- Les difficultés d'application des règles d'évaluation du préjudice

Dans la recherche de la réparation du préjudice subi par le titulaire du signe, le juge est appelé à mettre en œuvre les règles d'évaluation du préjudice. Y parvient-il, de manière satisfaisante ? N'y a-t-il pas des insuffisances dans l'évaluation aussi bien de la perte d'exploitation (1) que du préjudice moral (2) ?

1995 GHESTIN (J.), VINEY (G.), JOURDAIN (P.), *Traité de droit civil, les effets de la responsabilité,* op.cit, p. 156.

1996 Civ. 1re, 22 nov. 2007, *RCA* 2008.22., note HOQUETBERT (H.) ; V. aussi BUFFELAN-LANORE (Y.), LARRIBAU-TERNEYRE (V.), *Droit civil, les obligations*, op.cit, p. 654.

1997 LE TOURNEAU (Ph.), *Droit de la responsabilité et des contrats, régime d'indemnisation*, op.cit, p. 965.

1998 Civ. 2e, 7 juill. 1983, *Gaz. Pal.* 1984, 1. Pau. 64, obs. F.C.

1999 GHESTIN (J.), VINEY (G.), JOURDAIN (P.), *Traité de droit civil, les effets de la responsabilité,* op.cit, p. 160.

1- Les insuffisances dans l'évaluation de la perte d'exploitation

Le gain manqué et la perte subie sont les pertes d'exploitation [2000] engendrées par l'activité illicite du responsable de l'atteinte.

Le gain manqué identifie le profit que la victime n'a pas pu réaliser, du fait de l'atteinte à son droit. Il s'agit de la disparition, pour lui, du butin[2001] qu'il aurait dû réaliser de l'exploitation de son établissement. A la différence de la perte d'une chance[2002], le gain manqué est un manque-à-gagner certain[2003]. Ainsi, par exemple, le propriétaire du signe peut réclamer une indemnisation, au titre du manque-à-gagner, lorsqu'une atteinte a eu pour effet le détournement de sa clientèle[2004].

L'évaluation du dommage subi, au titre du préjudice économique, est particulièrement malaisée. En effet, il est ardu pour le juge de réparer intégralement le préjudice, en déterminant *a posteriori* l'entièreté du gain que le commerçant aurait dû réaliser, si les atteintes n'avaient pas été portées à son droit. Cette évaluation est tout simplement impossible[2005]. Pour la pallier, l'indemnisation est calculée sur le chiffre d'affaires non réalisé, multiplié par le taux de marge brute[2006]. Dans cette évaluation, il est tenu compte des documents comptables de l'entreprise, dont les comptes annuels[2007].

Mais, nonobstant ces palliatifs, le calcul du gain manqué, uniquement fondé sur les règles de la responsabilité civile, reste insatisfaisant. En effet, le gain manqué ne peut être saisi qu'avec approximation, les calculs effectués ne constituant que des projections ou des inductions, dont la certitude est loin d'être établie. De même, ainsi qu'il a été rappelé, il ne porte ni sur le bénéfice

---

[2000] « Le préjudice économique est le préjudice qui naît de l'atteinte portée à l'activité économique d'une personne physique ou morale, c'est-à-dire de l'activité génératrice de revenu qu'elle mène », BUFFELAN-LANORE (Y.), LARRIBAU-TERNEYRE (V.), *Droit civil, les obligations,* op.cit, p. 594 ; V. aussi EWALD (F.), GARAPON (A.), MARTIN (G. J.), WATT (H.M.), MATET (P.), MOLFESSIS (N.), NUSSEMBAUM (M.), *Les limites de la réparation du préjudice,* Paris, Dalloz, Coll. Thèmes & Commentaires Actes, 2009, p. 279.

[2001] CORNU (G.). *Vocabulaire juridique*, V° Gain : Gain dérive du vieux français guaaignier emprunté au francique qui signifie faire du butin.

[2002] LE TOURNEAU (Ph.), *Droit de la responsabilité et des contrats, régime d'indemnisation,* op.cit, p. 635 : La perte d'une chance est un manque à gagner probable.

[2003] Idem.

[2004] Paris, 25e ch., 18 juin 1999, Expertise 2000. 154, obs. Bertrand.

[2005] GHESTIN (J.), VINEY (G.), JOURDAIN (P.), *Traité de droit civil, les effets de la responsabilité,* op.cit, p. 235.

[2006] BUFFELAN-LANORE (Y.), LARRIBAU-TERNEYRE (V.), op.cit, p. 594, préc. : Le taux de marge brute est le total des frais généraux à caractère permanent et du bénéfice net d'exploitation.

[2007] Idem.

réalisé par le contrefacteur, ni sur la gravité de la faute, même si la perte subie est parfois prise en compte.

La perte éprouvée « *damnum emergens* », est la perte subie par le créancier, du fait de l'inexécution d'une obligation contractuelle ou de la perte subie par la victime d'un délit ou d'un quasi délit civil[2008]. Il peut être question d'actes de concurrence déloyale ou de parasitisme, tels la dépréciation d'un signe comme le nom commercial[2009], l'atteinte à la réputation commerciale du commerçant[2010], l'annulation de commandes à la suite d'une campagne de dénigrement[2011], la déstabilisation de la politique et de la stratégie commerciales[2012].

L'évaluation de la perte éprouvée conduit à constater la réalité des frais engagés avant le dommage et ceux nécessités par le retour à la normale[2013]. En droit de propriété intellectuelle, le mode d'évaluation de la perte subie se rapproche de celui du gain manqué. La perte subie du fait, par exemple, du détournement de la clientèle, s'apparente à un gain manqué. Les insuffisances en sont donc identiques, mais se distinguent toutefois de celles qui gouvernent l'évaluation du préjudice moral.

2- Les insuffisances de l'évaluation du préjudice moral

Le préjudice moral est celui qui ne se traduit pas par une perte en argent, parce qu'il porte atteinte à un droit extrapatrimonial[2014] ou au bien-être de la victime[2015].

La possibilité même de l'indemnisation du préjudice moral a été discutée en doctrine. En effet, des auteurs se sont demandé si une indemnité pécuniaire pouvait compenser le préjudice moral. L'objection n'est pas nouvelle. Eshine reprochait déjà à Démosthène d'avoir reçu de l'argent de Midias en réparation d'une gifle[2016]. Aussi Gaius a-t-il refusé d'admettre qu'une cicatrice puisse donner lieu à une indemnité[2017]. On ne saurait ainsi « *battre monnaie avec ses*

[2008] LE TOURNEAU (Ph.), *Droit de la responsabilité et des contrats, régime d'indemnisation*, op.cit, p. 634.

[2009] Paris, 27 sept. 2000, D.2001. Somm.1309.Obs. ANGUET (Y.).

[2010] Com., 30 mai 2000, n°97-10.575, MP. *PIBD* 2001. III.475. ; TGI Paris, 9 juill. 2004, préc.

[2011] Com., 17 juill. 2001, n°99-17.819.PM, *PIBD* 2001. III.549.

[2012] Versailles, 11 mars 1993, TF1 c/ Antenne 2, *Gaz. Pal.* 1993.141.

[2013] LE TOURNEAU (Ph.), *Droit de la responsabilité et des contrats, régime d'indemnisation*, op.cit, p. 638.

[2014] MAZEAUD (H.), MAZEAUD (J.), CHABAS (F.), *Leçons de droit civil, obligations, théorie générale*, op.cit, p. 422.

[2015] CADIET (L.), Thèse, préc.

[2016] MAZEAUD (H.), MAZEAUD (L.), TUNC (A.), *traité*, vol.1, op.cit, n°2979 ; LE TOURNEAU (Ph.), *Droit de la responsabilité et des contrats, régime d'indemnisation*, op.cit, p. 646.

[2017] In LE TOURNEAU (Ph.), *Droit de la responsabilité et des contrats, régime d'indemnisation*, op.cit, p. 646, préc.

larmes »[2018]. De même, il y a une réelle difficulté à chiffrer un tel dommage. Aussi, faudra-t-il mieux « *avouer son impuissance* »[2019].

Pour autant, l'article 1382 n'exclut, ni dans sa lettre ni dans son esprit, le préjudice moral. Cet article vise « tout fait quelconque de l'homme qui crée à autrui un dommage ». De même, le préjudice matériel est tout aussi difficile à réparer puisque celui qui a perdu son pied ne peut plus le retrouver[2020]. Il incombe à la victime qui reçoit une somme d'argent d'en faire l'usage qui lui convient, en recherchant, au besoin, des satisfactions d'ordre moral. Enfin, admettre la thèse de la non-indemnisation du préjudice moral, serait accepter que l'auteur de la mort d'une femme enceinte puisse échapper à toute condamnation civile[2021].

Aussi, au-delà de toute controverse, les juridictions civiles ou pénales ont-elles admis le préjudice moral[2022]. Celui-ci a été également admis en droit de propriété industrielle, lorsque, par exemple, des suites d'actes de concurrence déloyale, le commerçant risque de passer, aux yeux du public, pour le copieur[2023] ou, dans l'esprit de ses distributeurs, comme avoir faussé les jeux de la concurrence[2024].

En dépit de ces décisions, il reste indéniable que l'évaluation du préjudice moral est des plus aléatoires[2025]. La réparation de ce préjudice aurait dû être l'occasion pour le juge de s'émanciper du principe de la réparation intégrale mais, surtout, de celui de l'indifférence de la faute de l'auteur du dommage. Ainsi, en s'enfermant dans ces principes qui gouvernent la réparation civile, le juge ne fait qu'assurer, de manière insatisfaisante la protection judiciaire qui est recherchée devant lui par la mise en œuvre de l'action en concurrence déloyale, voire de l'action en contrefaçon.

2018 MORANGE (G.) « Battre monnaie de ses larmes, est une étrange alchimie », D.1962. *Chron.* 15.

2019 ATIAS (C.), *Philosophie du droit*, Paris, PUF, 2e éd., 2004, n°64, spéc. p. 253.

2020 MAZEAUD (H.), MAZEAUD (L.), MAZEAUD (J.), CHABAS (F.), *Leçons de droit civil, obligations, théorie générale*, op.cit, p. 423.

2021 Idem.

2022 Ch. Réunies, 15 juin 1833, S. 1833.1.458 ; Civ. 13 févr. 1923, D. 1923.1.52, note LALOU ; Civ. 2e, 28 nov. 1962, *Gaz. Pal.* 1963-1.108.

2023 Versailles, 11 mars 1993, TF1 c/Antenne 2, *Gaz. Pal.*1993.141.

2024 Paris, 27 sept. 1993, D.1994. Somm. 77, obs. IZORSCHE.

2025 CARVAL (S.), « La réparation du dommage concurrentiel dans le droit français de la responsabilité : le point de vue d'un civiliste », *Rev. Concurrences*, n°2, 2014, p. 56.

Paragraphe II. L'inadéquation du régime de la responsabilité civile née de la contrefaçon

En plus de la contrefaçon de marque, le législateur OAPI a expressément réprimé les atteintes au nom commercial enregistré, ainsi qu'à l'indication géographique. Mais, nonobstant la réparation pénale dont ils jouissent, ces différents signes, dans l'évaluation des dommages et intérêts nés de l'atteinte, sont logés à la même enseigne que le parasitisme ou la concurrence déloyale. S'appliquent en effet à eux les règles de la responsabilité civile. Pour les raisons invoquées supra, celles-ci sont inadaptées pour appréhender au mieux l'évaluation du dommage causé au titulaire du signe par le contrefacteur. Aussi, au-delà des insuffisances des dommages et intérêts compensatoires (A), est-il nécessaire de rechercher une approche renouvelée des dommages et intérêts (B) qui, non seulement assure une réparation efficiente et équitable mais, en plus, dissuadent le contrefacteur d'attenter illicitement aux signes distinctifs.

A- Les insuffisances des dommages et intérêts compensatoires

Les dommages et intérêts compensatoires sont ceux qui visent à compenser le préjudice subi par la victime, en la replaçant dans l'état qui aurait été le sien si l'événement préjudiciable ne s'était pas produit[2026]. Même s'ils sont soumis aux règles de responsabilité civile, comme les principes de la réparation intégrale et de la non proportionnalité du préjudice à la culpabilité du responsable[2027], leur calcul connaît des spécificités propres à la contrefaçon, qui n'atténuent pas pour autant leur insuffisance, qu'il s'agisse de l'évaluation *in concreto* (1), ou de l'évaluation forfaitaire (2).

1- Les insuffisances de l'évaluation in concreto des dommages et intérêts

L'évaluation *in concreto* est insuffisante malgré la prise en compte des conséquences économiques négatives causées au titulaire du signe (a). Ce mode d'évaluation peine également à assurer une réparation optimale au

---

[2026] ROCHFELD (I.), *Les grandes notions du droit privé*, Paris, PUF, Thémis droit, 2013, p. 488.

[2027] POLLAUD-DULIAN (F.), *Propriété intellectuelle, la propriété industrielle*, op.cit, p. 1052 ; V° aussi Cass.crim. 15 janv. 1959, Annales 1968, p. 191 ; Paris, 16 févr. 1976, Annales 1977, p. 33.

titulaire du signe, en raison des hésitations quant à la prise en compte par le juge du préjudice moral (b).

a- Les insuffisances de l'évaluation des conséquences économiques négatives

Les insuffisances de l'évaluation des conséquences économiques négatives, provoquées par la contrefaçon, se notent aussi bien par rapport à la perte subie (ii) qu'au gain manqué (i).

i- Les insuffisances des modes d'évaluation du gain manqué

L'évaluation du gain manqué est inspirée de l'article 1149 du code civil[2028]. Ainsi, le gain manqué, encore dénommé « préjudice commercial », désigne le gain que le titulaire du signe n'a pu réaliser de l'exploitation de la marque, du nom commercial ou de l'indication géographique, du fait de la contrefaçon[2029]. Il s'agit principalement des bénéfices qui auraient été retirés des actes d'exploitation faits par le contrefacteur, si le demandeur les avait réalisés lui-même.

L'évaluation du dommage nécessite la prise en compte de l'étendue de la contrefaçon, appelée « *masse contrefaisante* »[2030]. L'évaluation du gain manqué est alors tributaire de plusieurs facteurs que sont notamment la marge brute que le demandeur réalise sur la commercialisation de chacun de ses produits ou services, sa position sur le marché, ses capacités ou encore l'influence de la marque protégée sur le choix opéré par la clientèle[2031]. Ainsi, le gain manqué consisterait à une partie seulement du bénéfice si, à la date de la contrefaçon, le titulaire du signe n'avait pas une capacité de production telle qu'il aurait été en mesure, lui-même, d'accomplir tous les actes contrefaisants, parce qu'il avait une capacité de production inférieure à celle du contrefacteur[2032], ou parce qu'il vendait dans des circuits différents[2033] ou, encore, parce qu'il

---

[2028] MARECHAL (C.), « L'évaluation des dommages-intérêts en matière de contrefaçon », *RTDcom.* Avril juin 2012, p. 254.

[2029] POLLAUD-DULIAN (F.), *Propriété intellectuelle, la propriété industrielle,* op.cit, p. 1053.

[2030] PASSA (J.), *Traité*, t.1, op.cit, p. 619. La masse contrefaisante est composée du volume des produits ou services fabriqués ou distribués sous le signe contrefaisant.

[2031] Idem.

[2032] TGI Paris, 12 nov. 2009, *PIBD* 912.III.125. Cette décision met en cause la célèbre marque italienne Bottega Veneta. Les quantités produites par le titulaire de la marque sont nécessairement limitées, en raison de la fabrication entièrement à la main de sacs tressés avec du cuir de haute qualité.

[2033] TGI Paris, 27 janv. 2011, *PIBD* 940.III.370 : décidant que le modèle contrefaisant vendu à 160 Euros ne relève pas du même segment de marché que celui de la société Dior, qui est un article de luxe vendu environ à 600 Euros.

pratiquait des prix supérieurs[2034]. Dans certains cas, l'indemnisation, au titre du manque-à-gagner a été refusée au titulaire du signe, parce qu'il n'aurait pu réaliser aucune des ventes effectuées par le contrefacteur[2035]. La jurisprudence applique ainsi, au gain manqué, un taux de report[2036] qui peut être fixé en fonction des parts de marché du contrefacteur et du titulaire[2037].

Au demeurant, « *derrière des considérations techniques, se dissimule une démarche très empirique et parfois contestable* »[2038]. En effet, certaines décisions révèlent un décalage inexpliqué entre les dommages-intérêts fixés par le juge et le résultat de l'application de la marge du titulaire à la masse contrefaisante, sans pour autant que cela soit dû à l'application d'un taux de report[2039]. De même, il est des plus contestables que l'indemnisation du titulaire soit considérablement réduite, parce que son segment de distribution avec le contrefacteur est différent, ou parce que sa capacité de production est inférieure à celle du contrefacteur. Cette solution, portée par la règle de la réparation intégrale, est d'autant critiquable que c'est justement la contrefaçon qui empêche le titulaire de développer ses capacités de production et de subir au surplus des pertes.

ii- Les insuffisances des règles d'évaluation des pertes subies

La perte subie est encore dénommée « *atteinte au monopole* »[2040]. Elle est due par la seule atteinte au droit de propriété, même si le contrefacteur n'a pas effectué d'acte de commercialisation ou réalisé de profit et même si la marque n'était pas commercialisée[2041]. Le préjudice découle tant de l'atteinte au droit privatif que du trouble commercial[2042], que ne manque pas de créer l'atteinte[2043].

2034 Colmar, 20 sept. 2011, *PIBD* 953.III.6.

2035 Paris, 25 sept. 2009, *PIBD* 907.III.1509.

2036 MARECHAL (C.), op.cit, p. 254.

2037 Paris, 26 oct. 2007, *PIBD* 865.III.2 ; TGI Paris, 14 janv. 2009, *PIBD* 895.III.998.

2038 MARECHAL (C.), op.cit, p. 254, préc.

2039 Paris, 24 nov. 2010, *PIBD* 935.III.173 : le préjudice dû à la contrefaçon d'une marque sur les Polos et des T-shirts est évalué à 250 000 Euros, alors que la masse contrefaisante était de 6500 Polos et 6468 T-shirts et les marges étaient respectivement de 64 et 51 Euros.

2040 PASSA (J.), *Traité*, t.1, op.cit, p. 620.

2041 Cass. com., 8 mars 2005, pourvoi 02-20675 : « L'atteinte portée au droit privatif que constitue la propriété d'une marque, justifie, à elle seule, l'allocation de dommages et intérêts, peu important le préjudice commercial éventuellement subi ».

2042 Paris, 7 mars 1975, Annales 1975, p. 247.

2043 Paris, 22 janv. 1974, Annales 1974, p. 256 ; Paris, 22 avr. 1963, Annales 1963, p. 215 ; V. aussi, NUSSENBAUM (M.), « L'évaluation des préjudices économiques », *Rev. de Droit Bancaire et financier, Revue trimestrielle LexisNexis Juris-classeur*, mai-juin 2013, p. 32 ; NUSSENBAUM (M.), PERRIN (A.), « Comment évaluer un préjudice industriel et commercial, Etude des cas les plus fréquents (contrefaçon, concurrence déloyale, rupture

La perte subie réside, notamment, dans la banalisation[2044], la dévalorisation[2045], la dilution[2046] ou dans l'avilissement[2047] de la marque ou du nom commercial, qui peut résulter de l'infériorité de la qualité du produit ou service désigné, sous le produit contrefaisant[2048], ou de l'utilisation de celui-ci pour des produits de consommation courante[2049], lorsque la marque véhicule une image de luxe[2050]. Il peut résider aussi dans les frais de publicité engagés, pour enrayer auprès du public les effets de la dépréciation[2051], dans la perte de l'opportunité de concéder des licences, de céder la marque ou, même, de l'exploiter[2052] dans la diminution de l'impact d'investissement[2053] ou, encore, dans les frais engagés dans le cadre de la procédure de contrefaçon[2054]. En effet, le principe du droit à réparation des peines et des soins du procès, est désormais constant en jurisprudence[2055]. Ces frais doivent être prouvés par les notes d'honoraires des conseils, des avocats et des conseils en propriété industrielle[2056], les factures des cabinets d'étude d'enquête et de sondage[2057], des consultations[2058], des constats d'huissier[2059], mais aussi par les justificatifs des coûts engendrés par la mobilisation du personnel pour répondre, notamment, aux experts[2060].

Toutefois, si le chef de préjudice est, la plupart du temps, favorablement accueilli par les juges, la condamnation reste cependant peu importante, sinon symbolique[2061]. La perte subie, nonobstant son effectivité, est ainsi insuffisamment indemnisée. Cette situation ne peut que favoriser le contrefacteur qui peut

---

abusive de contrats, produits défectueux…), in *Option Finance,* n°690, 21 mai 2002, p. 31 ; *HOFFMAN ATTIAS (E.), «* L'évaluation du préjudice en matière de contrefaçon, approche juridique », in HOFFMAN ATTIAS (E.), (dir.), *Gazette de la propriété industrielle*, n°354 à 355, 2006, p. 16.

2044 TGI Paris, 10 sept. 2010, *PIBD* 930.III.811 ; TGI Paris, 25 juin 2010, *PIBD* 929.III.759.

2045 Paris, 12 déc. 2007, *PIBD* 868.III.113 ; TGI Paris, 22 janv. 2008, *PIBD*.873. III.285.

2046 Paris, 19 déc. 2008, *PIBD* 890.III.822 ; Paris, 12 janv. 2011, *PIBD* 936. III.212.

2047 Versailles, 4 oct. 2007, *PIBD* 865.III.21 ; Paris, 18 sept. 2009, *PIBD* 907.III.674.

2048 Paris, 6 nov. 2009, *Propr. Intell.* 2010, n°34, obs. LUCAS (H.).

2049 Cass. com., 18 déc. 2001, *PIBD* 2002, n°736.III.76.

2050 Cass. com., 3 juin 1998, *PIBD* 1998, n°662.III.484.

2051 PASSA (J.), *Traité,* t.1, op.cit, p. 620.

2052 Versailles, 10 mars 2010, *PIBD* 916.III.253.

2053 Reims, 13 nov. 2002, *PIBD* 2003, n°761. III.191.

2054 AZEMA (J), GALLOUX (J.-C), op.cit, p. 1823.

2055 TGI Seine, 7 mars 1966, *Ann. Propr. Ind.* 1968.77.

2056 Amiens, 29 nov. 2002, *RDPI* janv. 2003, n°143.17. ; Paris, 10 janv. 2007, *PIBD*. 2008, n°847.III.139.

2057 Paris, 25 févr. 2000. JurisData 2000.118637.

2058 Com. 5 déc. 1973, *JCP* 1974, IV.25.

2059 Paris, 27 sept. 2006, *PIBD* 2006, n°840.III.749.

2060 Paris, 26 oct. 2007, *PIBD* 2008, n°865.III.2.

2061 MARECHAL (C.), op.cit, p. 257. ; V. aussi Paris, 19 mars 2010, *PIBD* 920. III. 391. Condamnation à 1 Euro.

même être exempté de toute condamnation, lorsque le titulaire n'aurait pas pu exploiter le marché sur lequel se trouve le contrefacteur[2062]. Ces solutions assez regrettables sont inadéquates pour protéger les droits exclusifs des titulaires des signes de la contrefaçon ou, plus largement, des atteintes qui peuvent toutefois être indemnisées, au titre du préjudice moral.

b- Les hésitations dans la prise en compte du préjudice moral

Le préjudice moral est traditionnellement indemnisé sur le fondement de la responsabilité civile. Mais, le législateur français a spécialement imposé aux juges la réparation de ce préjudice[2063]. Les juges identifient, au titre du préjudice moral, l'altération de la réputation du titulaire[2064], l'atteinte à l'image du produit ou de la marque subie, en raison des circonstances avilissantes de l'exploitation contrefaisante[2065], de même que l'atteinte au droit privatif qui, à elle seule, justifie l'allocation d'un préjudice moral[2066].

La doctrine n'accueille pas unanimement l'indemnisation du préjudice moral. En effet, pour le professeur PASSA, le préjudice moral qui, par essence, caractérise la nature extrapatrimoniale de l'intérêt lésé, est celui qui atteint un état psychologique. Or, par hypothèse, les personnes morales qui sont, le plus souvent, les titulaires des signes distinctifs, en sont dépourvues[2067]. Ensuite, que le titulaire du signe soit une personne physique ou une personne morale, il demeure un opérateur économique qui, ès-qualité, ne peut subir, du fait de la contrefaçon, que des conséquences patrimoniales et non extrapatrimoniales, lesquelles autorisent, seules, l'indemnisation d'un préjudice moral[2068]. De même, le préjudice moral est identifié comme, notamment, la banalisation, la vulgarisation de la marque ou de l'image des produits ou services qu'elle couvre, ou comme une atteinte à la réputation de l'entreprise victime de la contrefaçon. « *Il s'agit cependant là, sans conteste, de conséquences économiques, donc patrimoniales de la contrefaçon, d'ailleurs prise en considération très classiquement, on l'a vu, au titre de la perte subie. Le risque est donc que les juges réparent deux fois le même préjudice* »[2069].

A l'opposé, pour le professeur POLLAUD-DULIAN, le préjudice moral doit être indemnisé, en ce que les conséquences patrimoniales de la contrefaçon mettent du temps pour se cristalliser. En attendant, le titulaire subit un

---

[2062] Douai, 5 sept. 2007, *PIBD* 862.III. 663 ; Paris, 18 sept. 2009, *PIBD* 907. III.1510 ; Paris, 25 sept. 2009, *PIBD* 907.III.1509.
[2063] L.716-14 du CPI.
[2064] Toulouse, 28 avr. 2010, *PIBD* 921.III.421.
[2065] Paris, 7 avr. 2010, *PIBD*.918. III.327.
[2066] Com. 25 avr. 2001, *PIBD* 726. III.451.
[2067] PASSA (J.), *Traité*, t.1, op.cit, p. 622.
[2068] PASSA (J.), *Traité*, t.1, op.cit, p. 623.
[2069] Idem.

préjudice moral. Ensuite, une entreprise commerciale n'a pas que des intérêts économiques ou patrimoniaux[2070]. Elle jouit d'une image de marque qui doit être protégée contre le discrédit ou l'avilissement. Enfin, « *on peut considérer qu'à elle seule, l'atteinte au droit privatif, même si elle n'a entraîné aucun préjudice économique, cause un préjudice moral* »[2071].

On doit admettre, avec le professeur POLLAUD-DULIAN, que les entreprises ont une image, un crédit ou même une réputation qu'elles tentent de protéger[2072] et qui existe au-delà de toute considération patrimoniale. Lorsque la contrefaçon porte atteinte à cette image ou à cette réputation, le titulaire mérite indemnisation, au titre du préjudice moral, qui se détache alors du gain manqué ou de la perte subie. Il faut néanmoins reconnaître que la distinction n'est pas aisée, car le caractère du préjudice moral « *est souvent diffus et mal évaluable* »[2073]. Ainsi, le préjudice moral ne peut être réparé, que si l'on opère une distinction entre les conséquences patrimoniales de l'atteinte et celles qui en sont extrapatrimoniales[2074]. Or, les juges n'arrivent pas toujours à apporter ces précisions et réparent l'atteinte au droit privatif indifféremment, soit comme une perte économique, soit comme un préjudice moral[2075].

La frontière entre le préjudice moral et les conséquences économiques négatives est donc assez floue, de sorte que le préjudice moral ne reçoit pas une indemnisation optimale. Cela est d'autant plus critiquable, qu'il n'en est pas tenu compte expressément dans l'évaluation forfaitaire du préjudice.

2- *Les insuffisances de l'évaluation forfaitaire du préjudice*

Lorsque l'évaluation *in concreto* s'avère difficile ou impossible, dans l'hypothèse, par exemple, où le signe n'est pas exploité, le juge peut recourir à une évaluation forfaitaire[2076]. Cette évaluation consiste à allouer au demandeur une somme forfaitaire qui ne peut être inférieure au montant des redevances ou des droits, qui auraient été dus, si l'auteur de l'atteinte avait demandé l'autorisation d'utiliser le droit auquel il a porté atteinte[2077].

2070 POLLAUD-DULIAN (F.), *Propriété intellectuelle, la propriété industrielle,* op.cit, p. 1056.

2071 Idem. Dans le même sens, STOFFEL-MUNCK (Ph.), « Le préjudice moral des personnes morales », in *Libre droit, Mélanges en l'honneur de Philippe Le Tourneau*, Paris, Dalloz, 2007, p. 964.

2072 Les entreprises entretiennent leur image, notamment, au moyen de fondations ou d'œuvres caritatives.

2073 PASSA (J.), *Traité*, t.1, op.cit, p. 623, préc.

2074 MARECHAL (C.), op.cit, p. 258.

2075 Cependant, l'atteinte portée à la valeur distinctive de la marque est une atteinte patrimoniale. TGI Paris, 10 déc. 2010, *PIBD* 938.III.293 ; TGI Paris, 25 janv. 2011, *PIBD* 939. III.321.

2076 PASSA (J.), *Traité*, t.1, op.cit, p. 623.

2077 AZEMA (J.), GALLOUX (J.-C), op.cit, pp.1071-1072.

Dans l'évaluation forfaitaire, le juge est donc tenu d'observer un plancher dans l'allocation de l'indemnisation. Cette norme est introduite en droit français[2078] par la loi du 29 octobre 2007 qui, elle-même, transposait la directive du 29 avril 2004. Elle est donc inconnue du droit OAPI qui n'impose au juge aucun plancher légal dans l'évaluation du préjudice. Elle constitue, par rapport à ce droit, une avancée certaine. Le législateur OAPI gagnerait donc à s'en inspirer expressément.

Pour autant, les règles de l'évaluation forfaitaire restent insatisfaisantes. En effet, le juge ne peut recourir à ce mode de détermination du préjudice, que si la « partie lésée » le demande expressément. Le juge ne peut donc y recourir d'office. Certes, la loi n'a fixé que le plancher et non le plafond de la sanction. Rien n'interdit donc au juge de fixer un montant supérieur au plancher[2079]. Mais, il n'est pas exclu qu'un juge se contente d'allouer la somme correspondant à ce plancher. Dans cette hypothèse, l'évaluation forfaitaire devient inadéquate parce que le contrefacteur, qui s'est abstenu de solliciter la licence, doit être découragé, à défaut, le droit d'autoriser ou d'interdire l'usage de la marque et, donc, de choisir ses licenciés, serait complètement méconnu, à l'avantage des contrefacteurs[2080]. Il est donc impérieux que le contrefacteur soit condamné à payer une somme supérieure à celle qu'il aurait dû payer au titulaire du signe, s'il avait régulièrement été son licencié[2081]. Aussi le législateur français a-t-il modifié la loi de 2007 par celle du 11 mars 2014[2082]. Cette dernière édicte expressément, que la somme forfaitaire doit être supérieure au montant des redevances. Le législateur français a entendu, ce faisant, combattre la faute lucrative[2083]. Toutefois, cette somme, pour être dissuasive, doit être au moins égale au double du montant de la redevance, pour s'inscrire dans la logique de l'approche renouvelée des dommages et intérêts.

B- La nécessité d'une approche renouvelée des dommages et intérêts

L'acuité d'une approche renouvelée des dommages et intérêts se note surtout en droit OAPI, où le législateur n'a pas pu voir plus loin que les

---

2078 Art. L. 716-14 al.2 du CPI : « Toutefois, la juridiction peut, à titre d'alternative et sur demande de la partie lésée, allouer à titre des dommages et intérêts une somme forfaitaire qui ne peut être inférieure au montant des redevances ou droits qui auraient été dus si le contrefacteur avait demandé l'autorisation d'utiliser le droit auquel il a porté atteinte ».

2079 MARECHAL (C.), op.cit, p. 259.

2080 POLLAUD-DULIAN (F.), *Propriété intellectuelle, la propriété industrielle,* op.cit, p. 1057.

2081 PASSA (J.), op.cit, p. 624.

2082 La loi n° 2014-315 du 11 mars 2014 renforçant la lutte contre la contrefaçon a été publiée au J.O du 12 mars 2014, p. 5112.

2083 OUANICHE (M.), « Renforcement du dispositif législatif dans l'évaluation du préjudice en cas de contrefaçon », *Sem. Jur. Entr. Aff.*, n°15, 10 avril 2014, p. 44.

dommages et intérêts compensatoires. Pour assurer une meilleure réparation du préjudice subi par le titulaire du signe, il est nécessaire de recourir aux dommages et intérêts restitutoires, comme en droit français (1). Mais, au-delà, il s'impose de recourir non seulement à des dommages et intérêts punitifs mais, en plus, à des dommages et intérêts prophylactiques[2084] (2).

1- La nécessité des dommages et intérêts restitutoires

Le législateur OAPI, arc-bouté sur la responsabilité civile, n'a pas prévu de dommages et intérêts restitutoires. Pourtant, une protection efficiente des signes distinctifs l'exige. C'est pourquoi le législateur français[2085] a prévu que, dans l'évaluation du montant des dommages et intérêts, le juge doit prendre en compte les bénéfices[2086] réalisés par le contrefacteur. Ainsi, celui-ci ne doit rien pouvoir conserver du bénéfice que lui a procuré l'atteinte illicite[2087]. Il faut donc lui retirer l'enrichissement illégitime qu'il a tiré de la contrefaçon, en violation des droits des propriétaires du signe[2088].

Cependant, la prise en compte des bénéfices indûment réalisés par le contrefacteur n'est pas saisie, de manière unanime, par la doctrine. Pour le Professeur PASSA, les bénéfices réalisés par le contrefacteur ne peuvent être pris en considération dans l'évaluation des dommages et intérêts que du moment où ils n'ont pas été intégrés dans le calcul du gain manqué par le demandeur[2089]. Pour lui, en effet, il faut éviter d'évaluer les dommages et

---

[2084] Il s'agit de dommages et intérêts préventifs ou dissuasifs, (ROCHFELD (J.), *Les grandes notions du droit privé*, op.cit, p. 489.).

[2085] Art. L.716-14 al. 1er : « Pour fixer les dommages et intérêts, la juridiction prend en considération les conséquences économiques négatives, dont le manque à gagner, subies par la partie lésée, les bénéfices réalisés par le contrefacteur et le préjudice moral causé au titulaire des droits du fait de l'atteinte ».

[2086] Il s'agit d'un gain pécuniaire qui accroît l'actif du patrimoine de celui qui l'a réalisé : CAPITANT (H), (dir.), *Vocabulaire juridique*, op.cit.

[2087] POLLAUD-DULIAN (F.), *Propriété intellectuelle, la propriété industrielle,* op.cit, p. 1055.

[2088] CARVAL (S.), *La responsabilité civile dans sa fonction de peine privée*, thèse, Université Paris I, 1995, n°125 et 254 ; V. aussi, VINEY (G.), « Quelques propositions de réforme du droit de la responsabilité », Rec. D., 2009, p. 2944 : « En cas de faute lucrative, c'est-à-dire d'une faute dont les conséquences profitables pour son auteur ne sont pas neutralisées par une simple réparation des dommages causés, il est clair que le maintien d'une application rigoureuse du principe dit « de la responsabilité intégrale ou d'équivalence entre dommage et réparation » enlève à la responsabilité civile, toute portée dissuasive. Bien plus, il incite l'auteur de l'activité préjudiciable à autrui à poursuivre celle-ci dont il continue de tirer avantage » ; V. aussi, COURT DE FONTMICHEL (A.), « La sanction des fautes lucratives par des dommages et intérêts punitifs et le droit français », *Rev. Dr. Unif.*, 2005-4, pp.737-758 ; V. aussi, REGIS (N.), « Le préjudice économique des entreprises », *BICC*, Les éditions des journaux officiels, Cour de Cassation, Doctr. n°781, 1er mai 2013, p. 6.

[2089] PASSA (J.), *Traité*, t.1, op.cit, p. 621.

intérêts dus, en prenant en considération deux fois le même chef de préjudice[2090]. La position de cet auteur ne s'explique que par son attachement aux principes de la responsabilité civile, notamment, celui de la réparation intégrale. La spécificité du droit de la propriété industrielle exige que ces principes évoluent vers une meilleure protection. Aussi dans cette logique et, à rebours de la position précédente, la doctrine inspirée par le Professeur POLLAUD-DULIAN a soutenu, à juste titre, que cet élément de calcul est distinct des conséquences économiques négatives, donc de la perte subie ou du gain manqué[2091]. Ainsi, si le gain obtenu par le titulaire est inférieur au bénéfice réalisé, il doit être intégré dans l'évaluation des dommages-intérêts au moins le montant des bénéfices correspondant à cette différence, de sorte que la condamnation ne laisse au contrefacteur rien de ce qu'il a indûment gagné[2092].

La jurisprudence oscille entre ces deux solutions. Certaines décisions, préférant le *statu quo*, mentionnent parfois les bénéfices réalisés par le contrefacteur sans en tenir compte dans le calcul de l'indemnisation[2093]. D'autres constatent l'impossibilité de déterminer les bénéfices[2094], l'absence de bénéfices[2095] ou le faible chiffre d'affaires du contrefacteur[2096]. Par contre, certains juges, en tenant compte des bénéfices réalisés par le contrefacteur, ont alourdi l'indemnisation au-delà d'un simple manque à gagner[2097]. Cette dernière tendance, qui se rapproche des dommages-intérêts non compensatoires, doit pouvoir l'emporter pour une protection judiciaire plus efficace.

2- Le recours à des dommages et intérêts punitifs et prophylactiques

La protection efficace des signes distinctifs contre les atteintes doit opter pour une nouvelle approche des dommages et intérêts. Méconnus par le législateur OAPI et tenus à bonne distance par son homologue français, les dommages et intérêts non compensatoires sont pourtant d'une nécessité vitale. Dès lors, la crainte d'éventuels excès ne doit pas faire perdre de vue la nécessité des dommages et intérêts punitifs (a) ou des dommages et intérêts prophylactiques (b).

2090 Idem.

2091 POLLAUD-DULIAN (F.), *Propriété intellectuelle, la propriété industrielle,* op.cit, p. 1055.

2092 Idem.

2093 Rennes, 23 mars 2010, *PIBD*.919.III.351 ; TGI Paris, 29 mars 2011, *PIBD* 942. III.447.

2094 TGI Paris, 17 mars 2010, *PIBD* 921. III.428.

2095 TGI Strasbourg, 12 janv. 2010, *PIBD* 916.III.250.

2096 TGI Créteil, 9 mars 2010, *PIBD* 917.III.281.

2097 Versailles, 10 mars 2010, *PIBD* 916.III.253 ; TGI Paris, 10 juin 2010, *PIBD*. 927. III. 707.

a- La nécessité de dommages et intérêts punitifs

Les dommages et intérêts punitifs constituent « *la voie moyenne de la peine privée* »[2098]. A l'opposé des principes de la réparation intégrale, de l'indifférence de la faute du responsable, la peine privée ne poursuit pas la réparation exclusive de la peine éprouvée. Elle ne vise pas non plus, ou à peine, le besoin de vengeance primitive et instinctive au cœur de l'homme, depuis la loi du Talion, *« œil pour œil, dent pour dent*[2099], mais cherche à procurer à la victime une indemnisation au-delà du préjudice subi, en vue, notamment, de dissuader le responsable[2100]. *« Peine parce que le but n'est pas de réparer, mais de causer un dommage à l'auteur de la faute, de le punir ; peine privée, parce que le dommage souffert par le responsable se traduit par un avantage dont profite la victime »*[2101]. Pour certains auteurs, la peine privée, c'est-à-dire les dommages et intérêts punitifs, sont indéfendables tant en droit qu'en équité. L'équité recommanderait de ne pas faire profiter la victime du dommage, surtout que la peine privée aboutit à faire réparer un dommage non causé et un préjudice non subi[2102].

Cette thèse n'a pas que des partisans. En effet, déjà, HUGUENEY exposait la nécessité des dommages et intérêts punitifs[2103]. Il a été, à la suite, relayé par plusieurs auteurs[2104], dont le professeur Boris STARK[2105]. Celui-ci, dans sa thèse, a fait ressortir la fonction de garantie et de peine privée que doit cumuler l'indemnisation. En effet, les dommages et intérêts ne doivent pas être limités à leur fonction réparatrice ou compensatrice. Ils doivent également posséder

---

2098 CARVAL (S.), *La responsabilité civile dans sa fonction de peine privée*, thèse, op.cit, n°492.

2099 LAMBERT-FAIVRE (Y.), FORCHY-SIMON (S.), *Droit du dommage corporel, système d'indemnisation*, Paris, Dalloz, 7e éd., 2011, p. 10.

2100 MAZEAUD (H.), MAZEAUD (L.), MAZEAUD (J.), CHABAS (F.), *Traité*, op.cit, p. 703.

2101 Idem.

2102 MAZEAUD (H.), MAZEAUD (L.), MAZEAUD (J.), CHABAS (F.), *Traité*, op.cit, p. 703.

2103 HUGUENEY (L), *L'idée de peine privée en droit contemporain*, thèse, Dijon, 1904 ; *Rev. crit.* 1906, p. 416.

2104 DUPICHOT (V.L.), *Des préjudices réfléchis nés de l'atteinte à la vie ou à l'intégrité corporelle*, Paris, LGDJ, 1969 ; FLOUR (J.), AUBERT (J.L.), SAVAUX (E.), *Les obligations 2, le fait juridique*, op.cit., n°140 et 388 ; CARVAL (S.), *La responsabilité civile dans sa fonction de peine privée*, op.cit ; JAULT (A.), *La notion de peine privée*, thèse, Paris XII, 2005 ; GRARE (C.), *Recherche sur la cohérence de la responsabilité délictuelle*, op.cit ; MAZEAUD (B.), *la peine privée, aspect de droit interne et international*, thèse, Paris II, 2006 ; VINEY (G.), « Quelques propositions de réforme de droit de la responsabilité civile », op.cit, p. 2944.

2105 STARK (B.), *Essai d'une théorie générale de la responsabilité civile considérée en sa double fonction de garantie et de peine privée*, thèse, Paris, 1947.

une fonction punitive, celle reconnue dans les pays de Common Law, comme les Etats-Unis, au travers des « punitives damages »[2106], ainsi qu'au Canada[2107].

Dans l'espace OAPI, cette reconnaissance s'impose, de façon dirimante. En effet, en cas de faute lucrative[2108], comme c'est le cas de la contrefaçon ou de la concurrence déloyale, il est évident que le maintien des règles d'évaluation, dégagées par la responsabilité civile, enlève à la condamnation toute portée dissuasive[2109] et punitive[2110]. Et, pour cause, lorsque le contrefacteur, tout calcul fait, préfère être condamné à payer une indemnisation qu'il sait être d'un montant moins élevé que le profit qu'il tire de son activité illicite, les règles d'évaluation du préjudice, telles que prévues par la responsabilité civile, l'incitent plutôt à continuer l'atteinte illicite[2111]. La méthode traditionnelle d'évaluation des dommages et intérêts est donc insatisfaisante, en ce qu' *elle méconnaît la nature de l'action en contrefaçon qui, destinée à défendre l'atteinte au droit privatif, ne saurait être réduite à une simple action en réparation, car le titulaire du signe doit être rétabli dans son droit exclusif* »[2112]. Dès lors, la fonction compensatrice de l'indemnité doit être suppléée par sa fonction punitive.

2106 TERRE (F.), SIMLER (Ph.), LEQUETTE (Y.), op.cit, p. 742. Les dommages et intérêts punitifs sont fréquemment alloués par les tribunaux américains. Ainsi par exemple, « les occupants d'un véhicule de Général Motors ont obtenu 4,9 milliards de dollars d'indemnité en juillet 1999. Une cliente de Mac Donald a reçu un million de dollars pour des brûlures, car elle avait reçu une taxe de café sur la jambe. Le vendeur de hamburgers a été condamné, car des expertises scientifiques ont établi que son café était plus chaud que celui de tous ses concurrents, que cette différence était significative et que la température du café était en conséquence trop chaude, pour que cette boisson soit servie aux clients. Pour des préjudices beaucoup plus graves, les fabricants américains de cigarettes ont été condamnés à verser 145 milliards de dollars de dommages et intérêts aux fumeurs du seul Etat de Floride ». SCHILLER (S.), « Hypothèse de l'américanisation du droit de responsabilité », *Arch. Phil. droit*, n°45, 2001, p. 179.

2107 Art. 1621 du code civil du Québec : « Lorsque la loi prévoit l'attribution de dommages-intérêts punitifs, ceux-ci ne peuvent excéder, en valeur, ce qui est suffisant pour assurer leur fonction préventive.
Ils s'apprécient en tenant compte de toutes les circonstances appropriées, notamment de la gravité de la faute du débiteur, de sa situation patrimoniale ou de l'étendue de la réparation à laquelle il est déjà tenu envers le créancier, ainsi que, le cas échéant, du fait que la prise en charge du paiement réparateur est, en tout ou en partie, assumée par un tiers ».

2108 La faute lucrative est celle qui laisse à son auteur une marge suffisante, une fois les dommages et intérêts payés, pour qu'il n'ait aucune raison économique de ne pas le commettre, même s'il aurait des raisons morales. (LE TOURNEAU (Ph.), (dir), *Droit de la responsabilité et des contrats, régime d'indemnisation,* op.cit, p. 43.

2109 GHESTIN (J.), VINEY (G.), JOURDAIN (P.), *Traité de droit civil, les effets de la responsabilité*, op.cit, p. 20.

2110 VIVANT (M.), « Prendre la contrefaçon au sérieux », Rec. D., n°27.

2111 GHESTIN (J.), VINEY (G.), JOURDAIN (P.), *Traité de droit civil, les effets de la responsabilité*, op.cit, p. 20, préc.

2112 POLLAUD-DULIAN (F.), op.cit, p. 1052 ;

Cependant, pour une partie de la doctrine favorable à la peine privée, les dommages et intérêts punitifs ne doivent pas être alloués au titulaire du signe parce qu'ils lui procureraient un enrichissement sans cause, tout en étant anticoncurrentiels mais, plutôt, à un fonds général d'indemnisation[2113], même si elle reconnaît que les dommages et intérêts punitifs impliquent l'existence d'un préjudice[2114]. Cette solution semble procéder d'une contradiction. En effet, si c'est une lapalissade que d'affirmer que les dommages et intérêts punitifs exigent, avant leur allocation, un préjudice, il va sans dire que le préjudice est causé à la victime, non à la société ou à un fond de garantie. Dès lors, il ne se justifie que les dommages et intérêts ne soient pas alloués à celui qui a subi le préjudice, mais à un fond de garantie qui, à tout le moins, n'existe pas dans les pays de l'espace OAPI. Au surplus, « *les fonctions compensatrices et vindicatives que remplissent les dommages et intérêts punitifs justifient pleinement leur attribution à la victime* »[2115], tout comme les dommages et intérêts prophylactiques.

b- La nécessité de dommages et intérêts prophylactiques

Une conception hypertrophiée de la réparation a orienté le droit de la responsabilité civile vers le passé[2116]. Le but par elle poursuivi, est de réparer un préjudice déjà réalisé. Or, dans certains domaines, comme la contrefaçon, il est nécessaire d'anticiper en empêchant la poursuite ou le renouvellement des dommages subis[2117]. Les dommages et intérêts punitifs, en dissuadant le responsable, y participent. Toutefois, ils ont le désavantage de rester tournés vers le passé, en évitant, le cas échéant, la poursuite des actes illicites. Mais, ils sont impuissants pour prévenir contre de simples risques de dommages.

L'obstacle, à la prise en compte de ce dommage, était traditionnellement l'exigence d'un préjudice actuel, ce qui excluait une responsabilité préventive. Mais, cet obstacle a été levé par l'assouplissement des caractères d'actualité et de certitude du dommage, pour prendre en compte la fonction préventive de la responsabilité civile[2118]. Ainsi, la Cour de Cassation française a décidé que la réparation d'un préjudice futur peut être obtenue, si sa réalisation est

2113 LE TOURNEAU (Ph.), *Droit de la responsabilité et des contrats, régime d'indemnisation,* op.cit, p. 45. Pour lui, les avocats ne doivent même pas intégrer les dommages et intérêts punitifs dans le calcul de leurs honoraires.

2114 Idem.

2115 LICARI (F.-X.), *JDI* 2010/4.1230, n°2 et n°35, in LE TOURNEAU (Ph.), *Droit de la responsabilité et des contrats, régime d'indemnisation*, op.cit, p. 39.

2116 THIBIERGE (V.-C.), « Libres propos sur l'évaluation de la responsabilité civile, vers un élargissement de la fonction de la responsabilité civile ? » *RTDciv.* 1999, p. 561 et s.

2117 GHESTIN (J.), VINEY (G.), JOURDAIN (P.), *Traité de droit civil, les effets de la responsabilité,* op.cit, p. 32.

2118 GHESTIN (J.), VINEY (G.), JOURDAIN (P.), *Traité de droit civil, les effets de la responsabilité*, op.cit, p. 33.

certaine[2119]. Les tribunaux vont encore plus loin, puisqu'ils admettent parfois un simple risque de dommages [2120], ou la perspective d'un dommage imminent[2121].

L'utilisation de la responsabilité civile, comme moyen de prévention du préjudice à venir, a une origine lointaine. Elle se retrouve dans les institutions romaines du *damnum infectum* et de *l'operis novi nuntiation,* qui autorisaient la victime potentielle d'un dommage non encore réalisé à imposer des mesures préventives[2122].

Certains pays, comme ceux de la Common Law, ont repris cette institution, comme les États-Unis, au travers des injonctions[2123]. L'Allemagne également a admis les dommages et intérêts préventifs ou dissuasifs, de sorte que les juges allemands n'exigent plus que le dommage redouté ait commencé à se réaliser. Ils se satisfont d'une menace sérieuse pour l'avenir. Ils ne conditionnent pas non plus l'exercice de l'action préventive à la preuve de la faute du défendeur[2124].

Cette solution doit être reprise en droit OAPI, pour dissuader et prévenir les atteintes aux signes distinctifs. Ainsi, en plus de la fonction compensatoire et punitive de la responsabilité civile, il doit être pris en compte une fonction préventive qui viserait uniquement, soit l'anticipation de l'atteinte, soit la cessation du fait dommageable, et qui mettrait en œuvre un principe de « *prévention proportionnelle* »[2125], en l'état de l'efficacité relative de la sanction pénale.

2119 Req., 1er fév. 1932, S. 1933.149, note MAZEAUD (H.), DP 1932.1.102, Rapport Pilon ; Civ., 19 mars 1947, D. 1947, p. 313 ; V. aussi, Civ. 1re, 30 juin 1976, Bull. Civ. I, n°239, obs. DURRY (G.), *RTDciv.* 1977, p. 140 ; Civ. 1re, 25 mars 1991, Req. Civ. et Assur. 1991, com. n°283 (Après un éboulement de roches, l'auteur des troubles du voisinage a été condamné à effectuer des travaux destinés à assurer la protection des voisins et la Cour de Cassation a précisé que ces travaux "ne sauraient constituer un enrichissement sans cause".

2120 Civ. 3e, 17 déc. 2002, *RDI* 2003, p. 322, obs. JEGOUZO (Y.) et TREBULLE (F.G.) approuvant la condamnation, sur le fondement de l'article 1382 du code civil, du propriétaire d'un étang pour avoir créé un « risque d'inondation » en construisant un barrage de fortune pour empêcher l'écoulement normal des eaux.

2121 TC Paris, 2 avr. 1990, D. 1990, p. 438, note VIANDIER.

2122 GHESTIN (J.), VINEY (G.), JOURDAIN (P.), *Traité de droit civil, les effets de la responsabilité,* op.cit, p. 30.

2123 L'injonction dans les pays de la Common Law, est adressée par le juge à un particulier, soit pour lui interdire, soit pour l'obliger à accomplir tel ou tel acte. Cette procédure qui procède de « l'equity » est sanctionnée en cas de résistance, par les peines du « contempt of court », (GHESTIN (J.), VINEY (G.), JOURDAIN (P.), *Traité de droit civil, les effets de la responsabilité,* op.cit, p. 31.).

2124 GHESTIN (J.), VINEY (G.), JOURDAIN (P.), *Traité de droit civil, les effets de la responsabilité,* op.cit, p. 30.

2125 SINTEZ (C.), *La sanction préventive en droit de la responsabilité civile : Contribution à la théorie de l'interprétation et de la mise en effet des normes*, Thèse, Montréal 2009, NOREAU (P.), THIBIERGE (C.), (dir.), soutenue publiquement en décembre 2009, n°43, 44, 93.

CHAPITRE II

L'EFFICACITE RELATIVE DE LA SANCTION PENALE

La sanction pénale peut revêtir plusieurs formes, à savoir les mesures de sûreté[2126] et, surtout, la peine[2127]. Mais, en recherchant le châtiment du responsable de l'atteinte aux signes distinctifs, le législateur OAPI n'a retenu, au titre de la sanction pénale, que la peine. La peine est le châtiment infligé à un délinquant, en l'occurrence, ici, le contrefacteur, en rétribution de l'infraction qu'il a commise.[2128] Ainsi et, dans le respect du principe de la légalité, les peines encourues correspondent à la compensation du désordre social généré par l'infraction, telle que prévue par la loi[2129].

Dès lors, le juge, une fois qu'il a reconnu la culpabilité du contrefacteur, doit lui donner la réponse de la société à la violation du monopole du propriétaire du signe, au travers d'une peine[2130].

Nonobstant leur finalité affichée, l'efficacité de ces sanctions à protéger les signes distinctifs contre les atteintes est assez relative car, si les peines encourues sont peu dissuasives (section II), leur régime est partiellement inapproprié (section I).

[2126] « Les mesures de sûreté sont des mesures individuelles coercitives, sans coloration morale, imposées à des individus dangereux pour l'ordre social afin de prévenir les infractions que leur état rend probables ». (BOULOC (B.), *Droit pénal général*, Paris, Dalloz, Précis, 23e éd., 2013, p. 424.).

[2127] RASSAT (M-L.), *Droit pénal général*, op.cit, p. 511.

[2128] VITU (A.), MERLE (R.), *Traité* de *droit criminel, Problèmes généraux de la science criminelle. Droit pénal Général,* Paris, CUJAS, 4e éd., t. 1, 1981.

[2129] MAYAUD (Y.), *Droit pénal général*, op.cit, p. 537.

[2130] DREYER (E.), *Droit pénal général*, Manuel, Paris, LexisNexis, 2e éd., 2012, p. 801.

SECTION I. UN REGIME PARTIELLEMENT INAPPROPRIE

Traversé par plusieurs courants de pensées, souvent contradictoires[2131], le régime de la peine s'est forgé, durant des siècles, de façon non linéaire. Ainsi, si ses fonctions et ses caractères ont été affirmés de façon suffisamment

[2131] Les doctrines qui se sont opposées avaient comme ligne de démarcation, le principe du libre arbitre de l'homme et, par voie de conséquence, la responsabilité morale du délinquant. (RASSAT (M-L.), *Droit pénal général*, op.cit, p. 19.). Pour les tenants de l'école de la justice absolue, incarnée par Kant et J. de Maistre, la peine est un impératif catégorique imposé par une exigence morale fondamentale, même si son intérêt pratique, du point de vue du traitement de la délinquance n'est pas établi (RASSAT (M-L.), *Droit pénal général,* op.cit, p. 20.).
En revanche, pour les tenants de l'école éclectique ou néo-classique, la justice absolue n'est utile à la société que pour autant que la peine est individualisée, en tenant compte, dans un but de justice, non seulement de la gravité de l'infraction pour la société, mais aussi des multiples circonstances propres au délinquant, qui sont de nature à influer sur le degré de sa culpabilité morale. Cette école aura sur la législation une influence importante de nature libérale, qui a conduit par exemple à adoucir la peine pénale par la suppression des châtiments corporels, l'admission de circonstances atténuantes dans la détermination et l'application des peines. Ainsi, la peine ne doit pas avoir seulement un but répressif, mais aussi permettre au délinquant de s'amender. (DESPORTES (F.), LE GUNEHEC (F.), op.cit, p. 20.).
A ces deux écoles, ont succédé les écoles criminologiques qui, à la différence des premières, affirment baser leurs propositions sur une analyse scientifique, s'affranchissant ainsi de l'idée de libre arbitre de l'homme. Ainsi, pour les tenants de l'école positiviste menée surtout par les italiens Lombroso (L'homme criminel, 1876), FERRI (Sociologie criminelle, 1881) et Garofalo (Criminologie, 1885), le droit pénal ne doit pas avoir pour finalité de punir une faute, mais au contraire, de protéger la société contre un homme objectivement dangereux, comme un corps malade doit se protéger des microbes. La réaction de la société doit donc être proportionnée à la dangerosité de l'individu, en édictant des mesures de défense ou des mesures de sûreté, au besoin d'une durée indéterminée (DESPORTES (F.), LE GUNEHEC (F.), op.cit, p. 22.).
Les positivistes vont jusqu'à proposer l'élimination du délinquant, si c'est le seul moyen de neutraliser son état dangereux. (RASSAT (M-L.), *Droit pénal général*, op.cit, p. 22).
L'école positiviste a été ardemment combattue par les tenants de l'école de la défense sociale nouvelle, d'inspiration humaniste. Pour ceux-ci, le but de la sanction ne doit pas être l'élimination, la rétribution ou l'expiation, mais la resocialisation du délinquant, c'est-à-dire sa réinsertion dans la société. (DESPORTES (F.), LE GUNEHEC (F.), op.cit, p. 22, préc.).
L'idéologie marxiste a aussi élaboré sa criminologie, même si elle n'est pas l'œuvre de Karl Marx lui-même. Pour ses partisans, le phénomène criminel n'est que le résultat des tensions inégalitaires des sociétés capitalistes. Il est donc appelé à disparaître avec la société capitaliste et l'événement d'une société égalitaire sans classes. La marche vers le socialisme étant longue et par étapes, le phénomène de la délinquance doit être maintenue jusqu'à la disparition des classes sociales (RASSAT (M-L.), *Droit pénal général*, op.cit, p. 22.).

précise et appropriée (Paragraphe I), pour châtier le délinquant et préserver le corps social, leur mise en œuvre a été édulcorée (Paragraphe II).

Paragraphe I. Les fonctions et caractères appropriés de la peine

Le juge pénal ne peut efficacement réprimer les atteintes aux signes distinctifs que si, préalablement, les peines à sa disposition visent une telle finalité. Ainsi, même si l'ABR ne l'a pas prévu expressément, les fonctions (A) et les caractères (B) de la peine recherchent-ils, en principe, une protection efficiente des signes distinctifs.

A- Les fonctions de la peine

Fort opportunément, la peine a pour fonction, non seulement d'intimider et de rétribuer le délinquant (1) mais, en plus, de le dissuader, de l'amender et de le neutraliser (2).

1- Les fonctions opportunes d'intimidation et de rétribution

La peine vise, adéquatement, l'intimidation (a) et la rétribution du délinquant (b).

a- La fonction adéquate d'intimidation

Il est un lieu commun de penser, comme le législateur, que la crainte d'un châtiment exemplaire sera de nature à faire hésiter les délinquants éventuels[2132]. L'intimidation recherchée est d'abord collective ou générale. Aussi la condamnation à une peine sévère du coupable d'atteinte au signe distinctif, surtout si ce dernier est connu, a-t-elle la vertu de dissuader un grand nombre d'individus qui auraient pu être tentés de commettre les mêmes actes. C'est pourquoi, dans l'ancien droit français, l'exemplarité du châtiment conduisait à rendre la peine, non seulement publique mais, également, la plus sévère possible[2133]. L'intimidation est également spéciale ou individuelle. Le législateur espère, en effet, que la crainte de recevoir à nouveau le même châtiment convainc le délinquant à ne plus avoir à commettre les mêmes

2132 BOULOC (B.), op.cit, p. 414.
2133 RASSAT (M-L.), *Droit pénal général,* op.cit, p. 512.

infractions[2134]. Ainsi, le châtiment porté par la loi, sous la forme d'une menace abstraite, et concrétisé par les jugements de condamnation, est pourvu d'une valeur d'exemplarité qui tient en respect les velléités criminelles d'une masse de contrefacteurs[2135].

Pour certains auteurs, ce postulat n'est pas absolu surtout sur les terrains de l'observation scientifique et psychologique. Il y a des délinquants qui bravent le risque d'une condamnation[2136]. La preuve en est que l'abaissement des pénalités attachées à certaines infractions, qui affaiblit nécessairement la puissance d'intimidation attribuée à la sanction, ne provoque généralement pas une recrudescence de ces infractions[2137]. D'autres criminologues, sans pour autant remettre en cause le principe de l'exemplarité, contestent néanmoins le pont construit entre la peine proprement dite et son effet intimidant[2138]. Pour eux, la seule perspective d'une comparution devant le juge pénal ou devant même un officier de police judiciaire suffit à jouer ce rôle. Ils en déduisent alors que la menace de la sanction punitive n'est pas une exigence inéluctable de la protection de la société. Mais, ces auteurs font mine d'ignorer ou même d'occulter que l'effet intimidant de la peine ne joue que lorsque la menace d'un châtiment concret s'abat avec certitude sur un délinquant déterminé.

Nonobstant cette constance, d'autres auteurs soutiennent que, non seulement la peine n'a pas une fonction intimidante, ne serait-ce qu'à l'égard de certains individus, mais, en plus, elle incite à la récidive, parce qu'au départ, ils sont plus abonnés au crime qu'un autre[2139]. Ainsi, dès que la sanction est exécutée, la fonction d'intimidation individuelle s'évapore, parce que « *tout se passe comme si l'application effective des sanctions répressives avait pour conséquence tragique de parachever dans de nombreux cas, le processus compliqué qui transforme un homme ou une femme en un délinquant*

2134 PRADEL (J.), *Droit pénal général*, op.cit, p. 477. A ce sujet, Montaigne enseignait : « on ne corrige pas celui qu'on prend, on corrige les autres par lui », ESSAIS, Livre II, Chapitre VII.

2135 BOULOC (B.), op.cit, p. 414.

2136 VITU (A.), MERLE (R.), op.cit, p. 742.

2137 SELLIN (P.), *Etude sociologique de la criminalité, Actes du congrès international de criminologie de 1950*, t. IV, p. 109 ; GASSIN, « Confrontation du système français de la sanction de l'homme », in *Travaux du colloque de science criminelle de Toulouse*, Paris, Dalloz, 1969, p. 132 et s.

2138 ANCEL (M.), « Défendre la défense sociale ? » *RSC*, 1964, p. 192 : « L'intimidation dont nous ne songeons pas à nier l'existence psychologique, ne résulte pas en effet de la seule précision légale de la sanction ni même du prononcé de la condamnation : dans la réalité concrète, elle dérive essentiellement de l'obligation pour le délinquant découvert de rendre compte de l'acte commis devant une autorité qualifiée (…) la réalité de la sanction prononcée par un juge importe plus que la nature juridique ou que la qualification légale de cette sanction ».

2139 ROYER (G.), *L'efficience en droit pénal économique*, Paris, LGDJ, 2009, p. 37.

authentique »[2140]. Cette observation, même si elle ne peut être totalement récusée, mérite d'être nuancée. En effet, c'est seulement chez une portion très infime de la société que la peine peut perdre sa vertu intimidante, pour être la source de la récidive[2141]. De même, pour ce qui est de l'intimidation collective, la peine est incontestablement une nécessité rigoureuse de l'hygiène sociale[2142]. Ainsi, la peine est un dissolvant symbolique de la rupture de l'équilibre social, provoquée par le crime, car elle apaise et endigue l'irrésistible et compréhensif besoin de vengeance de la victime ou de ses parents[2143].

La peine devrait donc dissuader d'autres commerçants d'avoir à attenter aux droits sur les signes distinctifs de leurs concurrents. Mais, ce résultat ne peut être obtenu que si la peine remplit également sa fonction rétributive.

b- La fonction adéquate de rétribution

C'est surtout l'école néo-classique qui a insisté sur la fonction rétributive de la peine, en soutenant que la peine est nécessaire en tant que juste sanction de la faute commise[2144]. Ainsi, « *par la peine rituelle ou juridique, le mal moral du crime est compensé, l'ordre moral rétabli, la colère des dieux apaisée, les forces religieuses déréglées sont à nouveau disciplinées, la souillure est lavée, l'impureté éliminée* »[2145]. Dès lors, au travers de la peine, le contrefacteur paie sa dette à la société, comme le débiteur règle la sienne à son créancier[2146].

L'idée de rétribution n'a jamais été absente de la pénalité moderne[2147]. Ainsi, en exigeant un élément moral pour la réalisation de l'infraction, le législateur a clairement administré la preuve de son attachement à la nécessité de la faute pour la constitution de l'infraction. La peine doit alors être proportionnée à la faute commise plutôt qu'à l'importance du trouble social causé[2148].

2140 VITU (A.), MERLE (R.), op.cit, p. 743.

2141 L'intimidation collective prospère, lorsqu'il y a une grande probabilité que les condamnations soient prononcées. Ainsi, plus la probabilité d'être arrêté et condamné est forte, plus la criminalité est basse. Aussi, quand lors de la deuxième guerre mondiale, les allemands arrêtèrent tous les policiers danois, les vols et autres infractions connexes passèrent de 10% à 100% par mois à Copenhague. (CUSSON (M.), *Le contrôle social du crime*, Paris, PUF, Coll. Sociologie, 1983, p. 162 et s.

2142 PRADEL (J.), *Droit pénal général*, op.cit, p. 479.

2143 VITU (A.), MERLE (R.), op.cit, p. 743.

2144 BOULOC (B.), op.cit, p. 416.

2145 FAUCONNET (P.), *La responsabilité, étude de sociologie*, Paris, Alcan, 1920, p. 227.

2146 Idem.

2147 CE (Assemblée), 19 juill. 2011, Christian et Orphélic A. req. n°335625, *Rev. Penit.*, 2011, obs. PECHILLON (E.) ; *RFDA*, janvier-février 2012, 119, Concl. GUYMAR (M.) : « Le prononcé d'une peine a pour but d'assurer la rétribution de la faute commise par l'auteur de l'infraction et le rétablissement de la paix sociale ».

2148 BOULOC (B.), op.cit, p. 417.

Par suite, tournée vers le passé et fondée sur la faute commise, la peine poursuit un but rétributif, en ce que, en réaction au trouble social causé par le contrefacteur, la peine lui inflige un autre mal destiné à rétablir l'équilibre social troublé par la faute, afin que « *justice soit faite* »[2149]. Dès lors, la peine, surtout en matière de propriété industrielle, doit être maintenue parce que la rétribution qui apaise le courroux du titulaire du signe est, plus encore qu'une nécessité philosophique, une nécessité sociale[2150]. Au-delà de sa fonction rétributive, la peine s'assigne également des fonctions d'amendement et de neutralisation.

2- Les fonctions opportunes d'amendement et de neutralisation de la peine

Les fonctions indispensables d'amendement (b) et de neutralisation (a) de la peine ont une portée qui a varié dans le temps. Si elles étaient vivaces avant l'émergence de la doctrine humaniste, elles le sont moins actuellement, sans pour autant perdre de leur acuité.

a- La fonction indispensable de neutralisation

La fonction de neutralisation ou d'élimination est prônée par l'école positiviste qui, pour protéger la société, cherche à imposer au délinquant, au besoin, de manière indéterminée, la peine qui neutralise les troubles probables. Ainsi, la peine doit être envisagée, non seulement par rapport au coupable mais, également, par rapport à la société. Elle aurait pour finalité de protéger la société, en limitant, autant que faire se peut les occasions de récidive ou de réitération[2151]. C'est pourquoi, les délinquants les plus dangereux sont éloignés de la société par l'emprisonnement, le bagne, la galère[2152] ou même par la mise à mort. Mais, avec l'émergence des droits de la personne humaine, ces dernières mesures ont été supprimées dans beaucoup de pays[2153]. Par suite, la peine de mort n'est plus pratiquée dans des pays comme la France, de même que le bagne, qui était légitime jusqu'au début du XXe siècle, a été interdit.

2149 PRADEL (J.), *Droit pénal général,* op.cit, p. 476.
2150 BOULOC (B.), op.cit, p. 417.
2151 DREYER (R.), op.cit, p. 812.
2152 Idem.
2153 Au Bénin, le code pénal, qui n'est que celui en vigueur en France en 1877, a maintenu la déportation (art.17) et le bannissement (art.8). Toutefois, ces peines ne sont plus prononcées par les juridictions.

Au demeurant, toute logique de neutralisation n'est pas abandonnée. Se substituant à la peine de mort, est maintenue la détention à perpétuité pour les délinquants les plus dangereux ; l'interdiction de séjour est également édictée[2154].

En droit de la propriété industrielle, la neutralisation se note par la confiscation et la destruction du matériel du contrefacteur et par l'interdiction qui peut lui être faite de participer à certaines élections[2155]. Il s'agit, pour le législateur OAPI, de défendre les titulaires de signe contre des contrefacteurs libres et conscients, qui ont choisi de rompre le contrat social[2156], surtout si ceux-ci se refusent à tout amendement.

b- La fonction indispensable d'amendement

La peine a également pour fonction, par son exécution, de faire prendre conscience au coupable de contrefaçon ou d'atteinte aux signes, de la réprobation sociale de l'acte délictueux[2157]. Elle lui permet de payer sa dette à la société mais, également, de rétablir sa dignité entachée par l'acte illicite. Le délinquant peut alors, en assumant sa responsabilité pénale, prétendre retrouver sa place dans la société, pour autant qu'il l'ait perdue. La peine a dès lors un caractère expiatoire[2158] ou libératoire[2159], qui donne au délinquant une nouvelle virginité sociale[2160].

Certes, cette fonction, à mi-chemin entre la métaphysique et la psychanalyse, ne peut donner lieu à aucune vérification[2161]. Mais, elle a le mérite d'espérer du contrefacteur que celui-ci, après avoir payé sa dette, cherche à rejoindre la communauté des hommes honnêtes[2162]. Les caractères de la peine doivent pouvoir l'y inciter.

[2154] GARÇON (E.), *Le droit pénal, origines, évolution, état actuel*, Paris, Payot, 1922, p. 116. « Ils sont sans danger à Moroni puisque cette terre est inhabitée. Qu'on songe aux délits et aux crimes qu'ils auraient commis en France, si on n'avait pas pris contre eux ces mesures éliminatoires et on sentirait quel péril courrait la sécurité publique si on y renonçait ».

[2155] Art. 43 de l'Annexe III de l'ABR.

[2156] CEDH, 15 déc. 2009, Maiorano et a. c/ Italie s. 108. Dans cette affaire, la Cour conteste la semi-liberté donnée à un condamné socialement dangereux qui en a profité pour assassiner deux personnes.

[2157] DREYER (E.), op.cit, p. 814.

[2158] Ce qui sert à expier, c'est-à-dire à réparer une faute en subissant une peine imposée (*LAROUSSE, nouveau dictionnaire de français*, Paris, Larousse, 2006, p. 581.

[2159] SALLEILLES (R.), *L'individualisation de la peine*, p. 243, repris par DREYER (R.), op.cit, p. 814 : « La peine doit opérer comme ce renouveau de l'âme, pour que la libération redevienne une consécration de l'homme restitué ».

[2160] Il s'agit pour le délinquant d'un nouveau départ comme s'il remettait son compteur social à zéro, afin de prendre des résolutions de pratiques vertueuses.

[2161] DREYER (R.), op.cit, p. 815.s

[2162] C'est une bien grande prétention, les hommes prétendument honnêtes, sont bien souvent ceux qui ont réussi grâce à leur habileté à échapper aux sanctions pénales ou qui n'ont pas eu l'occasion de les commettre, sans qu'ils soient moralement au-dessus des délinquants.

B- Les caractères de la peine

La peine a, tout à la fois un caractère afflictif (1) et infamant (2). Ces caractères, qui se justifient, se conjuguent pour lui permettre d'atteindre sa finalité sociale qui, en l'espèce, est de protéger les signes distinctifs.

1- Le caractère afflictif

Le caractère afflictif de la peine ressort essentiellement de sa fonction de rétribution[2163]. Le contrefacteur a commis une faute qu'il doit expier[2164]. En effet, la peine a pour finalité immédiate et pour effet de procurer au délinquant qui l'a subie, une souffrance plus ou moins intense, selon l'état des mœurs ou la gravité de l'infraction commise[2165]. La peine est afflictive, parce que son but est d'infliger une certaine souffrance au coupable en l'atteignant dans ses points sensibles comme le patrimoine, la liberté[2166] ou dans sa réputation, comme c'est le cas des peines édictées en sanction des atteintes aux droits exclusifs sur le signe distinctif. La peine, en rétribution de la contrefaçon, doit être pénible, douloureuse et désagréable, de sorte que plus la contrefaçon est grave, plus la peine doit être gênante[2167]. Dès lors, pour dissuader de la récidive ou discipliner le délinquant, le caractère afflictif doit être renforcé. A l'inverse, si ce caractère est atténué, la peine perd sa vertu intimidante ou dissuasive pour n'être qu'un simple épouvantail qui n'effraie pas le contrefacteur. De même, la peine offre une satisfaction à la victime qui trouve dans la peine infligée au délinquant, le châtiment qui la persuade à renoncer à se faire justice elle-même[2168]. Par conséquent, la peine permet de rassurer l'opinion publique en donnant à « *la masse des honnêtes gens la satisfaction de se sentir dégagés de toute complicité, de toute solidarité avec le criminel, de voir entre eux et lui se creuser un gouffre* »[2169].

Aussi, à l'opposé de la réparation civile qui tend seulement à un simple dédommagement, le caractère afflictif de la peine autorise-t-il celle-ci à punir le contrefacteur en lui infligeant un certain mal[2170], qui est accru par le caractère infamant de la peine.

2163 BOULOC (B.), op.cit, p. 419.

2164 RASSAT (M-L.), *Droit pénal général*, op.cit, p. 512.

2165 PRADEL (J.), *Droit pénal général*, op.cit, p. 447.

2166 VITU (A.), MERLE (R.), op.cit, p. 743.

2167 RASSAT (M-L.), *Droit pénal général*, op.cit, p. 512.

2168 DREYER (E.), op.cit, p. 812.

2169 TARDE (G.), *La philosophie pénale*, Paris, CUJAS, 1972, p. 76 et s.

2170 BOULOC, (B.), op.cit, p. 420.

2- *Le caractère infamant*

Il s'attache à la conduite du contrefacteur, une réprobation sociale que reflète la peine[2171]. Le coupable ayant violé la loi et, plus encore, l'ordre social, il n'est pas anormal que cette violation attire sur lui la réprobation publique. Ainsi et, en principe, « *la peine est une marque d'infamie pour le délinquant au regard de ses contemporains et il est souhaitable qu'elle le soit, car la crainte de cette réprobation sociale est l'un des plus puissants motifs de prévention de la commission d'infractions* »[2172]. La sanction désigne le condamné à la réprobation publique, dont la portée est proportionnelle au caractère afflictif[2173] ou à la gravité de l'infraction. Cette réprobation n'est pas la même, selon que la peine sanctionne un viol d'enfant ou une contrefaçon. Pour autant, les risques que constituent les actes de contrefaçon ou d'atteintes aux signes distinctifs, ne doivent pas être banalisés, même si la peine a également, à la fois, un caractère déterminé et définitif.

Ainsi, les caractères et les fonctions de la peine lui permettent en principe de protéger au mieux les signes distinctifs ou, à tout le moins, de châtier le contrefacteur, de sorte à prévenir d'éventuelles récidives. Mais, ce but n'est pas toujours atteint, en raison, notamment, de certaines règles d'application de la sanction.

Paragraphe II. La mise en œuvre édulcorée des fonctions et des caractères

Le juge, dans la détermination de la peine encourue, est appelé à mettre en œuvre, même s'il n'en a pas conscience, les caractères ou les fonctions de la peine[2174]. Doit-il privilégier la rétribution ou l'intimidation en sanctionnant sévèrement le délinquant, ou doit-il tenir compte de la personne du coupable en privilégiant sa réinsertion, donc en ayant la main moins lourde ? En fonction du but recherché et, surtout, de la personne du délinquant[2175], le juge peut aggraver la peine normalement encourue (B). Cette attitude, qui protège au mieux les signes distinctifs de la contrefaçon ou des atteintes, est contrebalancée par la mollesse que le juge affiche parfois dans l'application

---

[2171] VITU (A), MERLE (R.), op.cit, p. 744.
[2172] RASSAT (M-L.), *Droit pénal général*, op.cit, p. 512.
[2173] BOULOC (B.), op.cit, p. 421.
[2174] Pour autant, en application du principe de la légalité des délits et des peines, le juge ne peut, néanmoins, quelle que soit son option, prononcer que les peines prévues par la loi et selon les modalités prévues par elle.
[2175] MAYAUD (Y.), op.cit, p. 609.

des peines, en ordonnant sa suspension (A). La mise en œuvre des sanctions est ainsi édulcorée, au détriment du titulaire du signe.

A- La suspension de la peine

Le sursis est une institution d'inspiration positiviste qui, à la fin du XIXe siècle[2176], souhaite faire, au délinquant primaire, qui ne représentait pas encore un danger pour la société parce que récupérable pour et par elle, une faveur en suspendant l'exécution de la peine[2177]. Le juge accordait donc au sursitaire, la suppression de l'exécution de la condamnation prononcée à son encontre. Ainsi, le sursis vise-t-il à soustraire le contrefacteur des influences pernicieuses de la prison et est censé réduire les risques d'une récidive, en faisant planer sur lui la menace d'une révocation[2178]. C'est sur le fondement de ce postulat, qui est loin d'être avéré, que le juge, après avoir vérifié la réunion des conditions (1) et mesuré les effets (2), assortit sa décision de sursis.

1- Les conditions du sursis

Peut bénéficier du sursis tout contrefacteur qui n'a pas fait l'objet de condamnation à une peine de réclusion ou d'emprisonnement au cours des cinq années précédant les nouveaux faits[2179]ou, plus exactement, les nouveaux actes de contrefaction ou d'atteintes aux signes distinctifs. Peu importe que cette première peine ait été prononcée uniquement pour l'exécution des peines d'emprisonnement, ou de peines d'amende[2180].

Les personnes morales peuvent également bénéficier d'un sursis si, comme pour les personnes physiques, elles n'ont pas fait l'objet de condamnation, dans les cinq ans précédant la peine. Au-delà des amendes, le sursis peut être également prononcé pour les peines d'interdiction d'exercice d'une activité

2176 Le sursis est institué par la loi Béranger du 26 mars 1891. Elle porte traditionnellement le nom de son rapporteur. Celui-ci indiquait : « L'esprit de l'institution est de créer un traitement spécial pour l'homme que la justice n'a pas encore atteint et dont la moralité est restée intacte, et pour qui la société n'ait rien à redouter de sa liberté ». Rapport du 06 mars 1890, D.1891, leg. 25, 2e colonne en haut, in PRADEL (J.), *Droit pénal général*, op.cit, p. 567. Dans l'espace OAPI, le sursis est prescrit notamment par l'article 815 du code de procédure pénale du Bénin, l'article 15 du code pénal du Gabon, l'article 30 du code pénal du Togo.

2177 RASSAT (M-L.), *Droit pénal général*, op.cit, p. 618.

2178 DREYER (E.), op.cit, p. 1006.

2179 Art. 434 du CPP de la Centrafrique. Toutefois, le Code de Procédure Pénale du Bénin (art.815) et le Code Pénal du Gabon (art. 41) excluent du bénéfice du sursis, le condamné qui a fait l'objet d'une condamnation préalable, quelle que soit sa durée.

2180 BOULOC (B.), op.cit, p. 599.

professionnelle[2181]. Cependant, il ne peut être prononcé, pour les peines de dissolution, de confiscation du matériel ou encore d'affichage de la condamnation[2182].

Le but avoué par le sursis, ainsi qu'il a été rappelé, est de constituer une menace suffisante pour inciter le condamné à se conduire désormais correctement[2183], en respectant les droits des titulaires du signe. Cette mesure est censée constituer, pour le délinquant, un avertissement suffisant qui le dissuaderait de commettre une nouvelle atteinte. Mais, ce but est, la plupart du temps, un vœu pieux qui n'a pas de prise sur la réalité. En effet, les contrefacteurs perçoivent plutôt le sursis, comme une absolution ou la preuve du caractère bénin de l'infraction[2184]. Ils ont alors tendance à reprendre de plus belle l'atteinte aux droits sur les signes distinctifs.

Ce phénomène est d'autant établi dans l'espace OAPI, que les juges, bien souvent, se contentent des amendes et des dommages et intérêts, sans prononcer des peines privatives de liberté[2185].

De même, les conditions d'accès au sursis sont trop larges. Le premier contrefacteur venu peut bénéficier du sursis, pour peu qu'il n'ait pas été l'objet d'une condamnation antérieure de cinq ans. En effet, le délinquant, qui bénéficie du sursis n'est pas, à proprement parler, un délinquant primaire[2186], mais celui qui a un casier judiciaire vierge[2187]. Or, la virginité du casier judiciaire est comme la robe blanche de la mariée, elle n'est pas indice de vertu. Le pire contrefacteur qui ne s'est pas fait prendre, peut alors bénéficier de sursis. Cette solution est regrettable, surtout au regard de ses effets.

2- Les effets du sursis

La condamnation avec sursis provoque la suspension totale ou partielle de la peine prononcée pendant un certain délai[2188]. Ce délai, encore appelé délai d'épreuve, est de cinq ans et court à compter du jour où la condamnation est

---

2181 DREYER (E.), op.cit, p. 1008.

2182 Idem.

2183 SALLEILLES (R.), *L'individualisation de la peine*, op.cit. 23 : « La loi de sursis aura marqué comme un tournant nouveau dans l'orientation du droit pénal. C'est enfin l'abandon définitif des idées de justice absolue, pour accepter l'idée de politique criminelle, au meilleur sens du mot. La meilleure justice est celle qui sauve les gens, et la condamnation conditionnelle n'a pas d'autre but ».

2184 En France, de manière générale, les juridictions correctionnelles appliquent le sursis simple à environ 50% des peines d'emprisonnement qu'elles prononcent, et 10% des peines d'amendes, in BOULOC (B.), op.cit, p. 602.

2185 Trib. Cotonou, décision du 12 déc. 2011. (affaire n° 01202/MCB/SC/11), inédit.

2186 RASSAT (M-L.), *Droit pénal général*, op.cit, p. 617.

2187 BOULOC (B.), op.cit, p. 596.

2188 DESPORTES (F.), LE GUNEHEC (F.), op.cit, p. 931.

devenue définitive[2189]. Cependant, lorsqu'une peine privative de liberté est assortie d'un sursis partiel, le délai ne commence à courir qu'après l'exécution de la partie ferme d'emprisonnement[2190]. Par contre, seulement l'exécution de la peine est suspendue et non la condamnation[2191]. Ainsi, pendant la durée de l'épreuve, le condamné ne subit pas la peine. Cela s'entend. Toutefois, la suspension de la peine ne s'étend pas aux dommages et intérêts[2192].

Cependant, lorsque, pendant la période de sursis, le délinquant ne s'assagit pas et qu'il commet une autre infraction, le sursis peut être révoqué. Au demeurant, seules les infractions commises pendant le délai d'épreuve, et ayant donné lieu à une nouvelle condamnation sans sursis, peuvent entraîner la révocation du sursis. Mais, il n'est pas nécessaire que cette nouvelle condamnation soit elle-même intervenue pendant le délai d'épreuve[2193]. Plus exactement, la condamnation du contrefacteur à une autre peine d'emprisonnement, révoque le sursis. En revanche, une condamnation nouvelle à une amende, ne révoque que la peine d'amende[2194].

La révocation du sursis entraîne la levée de la suspension de l'exécution de la décision. Ainsi, la condamnation est confirmée dans tous ses effets et dans toutes ses conséquences. Le contrefacteur ou le condamné, qui a porté atteinte aux monopoles du titulaire du signe, subit la peine de prison ou est tenu de payer l'amende, sans possibilité de confusion[2195]. Ces peines, qui étaient frappées de sursis, doivent donc être exécutées successivement, sans pouvoir être confondues entre elles. Cependant, si le sursis accordé n'est que partiel, le condamné n'exécutera que la fraction de la condamnation à l'exécution de laquelle il avait été sursis, ou que les peines pour lesquelles la révocation a été prononcée[2196].

A contrario, si, au cours de la période de suspension de la peine, le contrefacteur n'a commis aucun nouvel acte de contrefaçon, qui a fait l'objet d'une condamnation, ou si, l'ayant fait, il a bénéficié d'une dispense de révocation, la condamnation prononcée avec sursis, est réputée non avenue dans tous ses éléments, même si le sursis n'a été accordé que pour une partie

---

2189 Cass. crim., 5 avr. 1954, D.1954, 331, note p. A ; V. aussi, art. 435 du CPP de Centrafrique, art. 42 du CP du Gabon, art. 816 du CPP du Bénin.

2190 Crim, 9 févr. 1988, D.1988, 335, note PRADEL ; *JCP* 1988, II, 21056, rapp. Dardel ; *RSC* 1988, obs. VITU et 856 obs. COUVRAT.

2191 BOULOC (B.), op.cit, p. 600.

2192 DESPORTES (F.), LE GUNEHEC (F.), op.cit, p. 932.

2193 Cass. crim., 10 déc. 1996, Bull. crim, n°459 ; *Dr. Pen.* 1997, comm.62, obs. VERON (M.) : « Même postérieure à l'expiration du délai d'épreuve, une nouvelle condamnation emporte révocation du sursis, dès lors qu'elle a été prononcée pour un crime ou un délit commis au cours de ce délai ».

2194 DREYER (E.), op.cit, p. 1009.

2195 DESPORTES (F.), LE GUNEHEC (F.), op.cit, p. 933.

2196 BOULOC (B.), op.cit, p. 600, préc.

seulement de la peine[2197]. La conséquence en est que le contrefacteur est considéré comme n'ayant jamais été condamné. Dès lors, la condamnation avec sursis, qui est réputée non avenue, ne fait pas obstacle à l'octroi d'un nouveau sursis. Elle ne compte même pas pour la récidive[2198]. Ainsi, les interdictions et les déchéances, prononcées par la décision, devenues non avenues, cessent d'avoir effet.

De là découle l'effet pervers du sursis. En effet, lorsque le sursis n'est pas révoqué, comme c'est souvent le cas, l'atteinte aux signes distinctifs disparaît totalement. Après le délai d'épreuve, tout se passe comme si l'infraction n'avait jamais existé. Le contrefacteur est absout alors, même qu'il n'a pas expié sa faute. Il peut même commettre les mêmes infractions et bénéficier à nouveau d'un sursis qui, à son tour, aboutira à une décision non avenue. Avec un contrefacteur de mauvaise foi, mais malin, et un juge compatissant ou laxiste, l'institution du sursis peut, à terme, aboutir à l'ineffectivité de la sanction pénale.

De même, le sursis simple, tel qu'il est pratiqué dans certains pays de l'OAPI, comme le Bénin, laisse le condamné livré à lui-même pendant tout le délai d'épreuve[2199]. Or, il est opportun de prévoir les mesures d'assistance ou de surveillance[2200], pour s'assurer que, pendant la période de sursis, le délinquant est réellement en train de s'amender. En France, par exemple, le législateur a adopté le régime de sursis probatoire, qui permet de mettre à l'épreuve le délinquant afin de s'assurer, notamment, de sa volonté de réadaptation sociale[2201]. En ce qui concerne le contrefacteur, il s'agira de s'assurer de son adaptation aux pratiques commerciales honnêtes. A défaut de cette assurance, la peine ne peut qu'être aggravée.

B- L'aggravation de la peine

Pour satisfaire ses fonctions d'intimidation et de rétribution, le législateur OAPI a prévu, dans certaines circonstances, l'aggravation de la peine. En effet et, dans la droite ligne de l'école positiviste, le délinquant apparaît alors plus dangereux pour la société, il convient de l'en éloigner en allongeant la durée pour laquelle il devra purger une peine d'emprisonnement ou, au contraire, de le frapper plus durement, dans son patrimoine, par une peine patrimoniale[2202].

[2197] DESPORTES (F.), LE GUNEHEC (F.), op.cit, p. 933, préc.
[2198] Cass. crim., 29 oct. 2003, Bull. crim, n°206.
[2199] Toutefois, dans d'autres pays comme la Centrafrique, le sursis peut être assorti d'une mise à l'épreuve (art.438 et s. du CPC).
[2200] PRADEL (J.), *Droit pénal général*, op.cit, pp. 571-572.
[2201] Art.132-40 du CP français.
[2202] RASSAT (M-L.), *Droit pénal général*, op.cit, p. 590.

L'aggravation de la peine, en droit OAPI, n'est envisagée qu'en cas de récidive (2). Mais, l'application des règles de droit commun doit permettre la nécessaire aggravation de la peine du contrefacteur, en cas de concours réel d'infractions (1).

1- L'aggravation de la peine en application des règles de concours réel d'infractions

Il y a concours réel[2203] d'infractions, lorsqu'une personne commet, comme auteur ou complice, au moins deux infractions qui ne sont pas séparées, entre elles, par un jugement de condamnation définitif[2204]. Le concours est réalisé, quel que soit le temps écoulé entre les deux infractions[2205]. Il s'agit donc d'au moins deux infractions distinctes parfaitement constituées. Ainsi, « *la pluralité de victimes d'une même infraction ne suffit pas à déclencher son application* »[2206].

Le juge peut être confronté au concours réel d'infractions, dans plusieurs hypothèses. La première est celle d'infractions commises quasi simultanément et poursuivies ensemble. La deuxième est le cas des infractions commises successivement, mais découvertes et jugées ensemble. La troisième hypothèse est celle des infractions découvertes et jugées séparément, dans l'ordre où elles ont été exécutées, mais sans condamnation définitive entre elles. Enfin, la dernière hypothèse est réalisée lorsque les infractions sont découvertes et poursuivies, dans l'ordre inverse de celui où elles ont été commises[2207].

Plusieurs solutions sont envisagées pour déterminer la peine applicable aux infractions en concours. La solution retenue par les pays de la Common Law est celle du cumul des peines[2208]. La seconde solution consiste à n'appliquer

---

2203 Il y a lieu de préciser que le cumul réel d'infractions n'est pas à confondre avec le cumul idéal d'infractions qui vise la situation du délinquant qui a commis, non plusieurs actes matériels successifs, constituant autant d'infractions, mais un acte matériel unique tombant sous le coup de plusieurs qualifications pénales. (DESPORTES (F.), LE GUNEHEC (F.), op.cit, p. 854.).
C'est le cas, par exemple, du contrefacteur qui vend des produits imités. Il y a ainsi l'infraction de vente de produits imités et de détention de produits imités. Mais, la solution retenue, dans la détermination de la peine, est celle de l'unité de qualification et de peine fondée sur la règle *non bis in idem*. Ainsi, un même fait autrement qualifié ne doit pas entraîner plusieurs déclarations de culpabilité. (Crim.25 févr. 1921, S. 1923, 1, p. 89, note ROUX ; Crim., 28 janv. 1969, Bull. crim, n°51 ; Crim., 26 mars 1974, Bull. crim, n°129, *Gaz. Pal.* 1974, Somm., p. 250.).

2204 BOULOC (B.), op.cit, p. 550.

2205 Cass. crim., 9 févr. 1994, Bull. crim. 1994, n°62 ; *Dr. Pén.* 1994, com. III, obs. ROBERT (J.).

2206 DREYER (E.), op.cit, p. 929.

2207 RASSAT (M-L.), *Droit pénal général*, op.cit, p. 590.

2208 Ce système permet de prononcer, en les accumulant sans limitation, les peines relatives à chacune des infractions en concours. Ainsi, par exemple, aux Etats-Unis, les peines peuvent

que les peines encourues pour l'infraction la plus sévèrement sanctionnée. Ce système, parfois désigné sous l'expression de « cumul juridique des peines », rapproche le concours réel d'infractions de la récidive[2209].

C'est ce dernier principe qui a été retenu par les pays membres de l'OAPI[2210], qui ont hérité, du colonisateur français[2211], leur code pénal, en application du principe de non-cumul des peines[2212]. L'application de ce principe permet d'assurer une protection plus efficace aux signes distinctifs, en aggravant la peine initiale encourue par le contrefacteur.

Dans le cas de poursuite unique, le Ministère Public n'engage contre le délinquant qu'une poursuite, pour autant de chefs que d'infractions commises. Le juge, saisi de l'ensemble des délits de contrefaçon et autres, statue par un seul jugement, prononçant une seule peine, celle la plus forte[2213]. La peine la plus forte est déterminée *in abstracto*, c'est-à-dire que le juge, après avoir analysé les infractions commises, doit appliquer la sanction de l'infraction la plus élevée, soit par sa nature[2214], soit par son degré[2215], soit par sa durée maximale, soit par son taux maximum[2216]. Ainsi, lorsque les infractions en concours sont poursuivies simultanément et sanctionnées par un jugement

---

atteindre des centaines d'années de prison. (DESPORTES (F.), LE GUNEHEC (F.), op.cit, p. 854, préc.).

2209 Idem.

2210 L'ABR a expressément interdit le cumul des peines : « Les peines établies par les articles 37 et 38 de la présente Annexe ne peuvent être cumulées ». Art. 39 al. 1er de l'Annexe III de l'ABR.

2211 Art. 5 du CP du Bénin : « En cas de conviction de plusieurs crimes ou délits, la peine la plus forte est seule prononcée ».

2212 Principe en vertu duquel un individu, convaincu de plusieurs crimes ou délits en concours, ne peut se voir infliger que la seule peine afférente à l'infraction la plus grave. (GUINCHARD (S.), (dir.), *Lexique des termes juridique*, op.cit, p. 616.). La justification en serait d'abord que la société a quelque chose à se reprocher de ne pas être intervenue plus tôt. A cette explication objective, il est adjoint une autre subjective selon laquelle, le délinquant qui n'a pas été poursuivi tout de suite a pu espérer que cela durerait et a été conforté dans ses mauvaises intentions. Enfin, pratiquement, si le délinquant avait été arrêté plus tôt, il n'aurait pas commis la seconde infraction. L'idée générale est la même : il ne se justifie pas que le délinquant supporte les conséquences des dysfonctionnements ou de la lenteur du système judiciaire (RASSAT (M-L.), *Droit pénal général*, op.cit, p. 591.).

2213 Art. 39 al.2 de l'Annexe III de l'ABR ; V. aussi, art. 7 du CP de la Guinée.

2214 Par exemple, une peine criminelle est plus forte qu'une peine correctionnelle.

2215 La peine de perpétuité est plus forte qu'une peine d'emprisonnement à temps, comme c'est le cas de la contrefaçon.

2216 Crim., 4 mars 1911, Bull. crim, n°127 ; Crim., 13 mars 1914, Bull. crim, n°147. En cas de concours d'une peine d'emprisonnement et d'une peine d'amende, c'est la peine d'emprisonnement dont le maximum est le plus élevé qui est considérée comme la plus forte et l'amende rattachée à la peine de prison la plus élevée est seule applicable, même si elle est plus faible que celle prévue pour l'infraction la moins grave : Crim., 30 mars 1960, D. 1960, 430. *JCP*, 1960, II.117. 53, note LARGUIER, obs. Légal ; *RSC*., 1960, p. 643 ; Crim., 9 juill. 1912, Bull. crim, 288.

unique, seule la peine la plus forte est prononcée[2217]. Par suite, lorsqu'une infraction d'atteinte au signe distinctif est en concours avec un délit ou un crime plus grave, sera prononcée, notamment, en répression de l'atteinte au signe la peine la plus élevée que celle qui aurait été prononcée en sanction de la contrefaçon. De même, lorsque les infractions en concours relèvent toutes de la contrefaçon, comme, par exemple, l'apposition frauduleuse de la marque d'autrui [2218] sur les produits ou services du contrefacteur et l'imitation frauduleuse de la marque[2219], le juge sera tenu de prononcer le maximum de la peine sans pouvoir faire bénéficier au contrefacteur d'éventuelles circonstances atténuantes.

En cas d'une pluralité de poursuites, qui a donné lieu à des jugements successifs, toutes les peines principales sont prononcées[2220]. Toutefois, le juge saisi de l'infraction la moins grave, doit en principe ordonner la confusion de la peine la plus faible avec celle la plus forte[2221]. Pour autant, la confusion ne signifie pas que le délinquant est dispensé de l'application des peines les plus faibles[2222]. Elles sont réputées « *s'exécuter en même temps que la peine la plus forte* »[2223], lorsqu'elles ne sont pas de la même nature et du même degré que celle-ci[2224]. Lorsqu'elles le sont, leur exécution cumulative peut être ordonnée par le juge, à condition que le total des peines ne soit pas supérieur au maximum de la peine la plus forte[2225]. Cette solution est fondée sur le fait que la peine la plus forte dont fait référence le code pénal, c'est le maximum légal de la peine qui sanctionne le délit le plus grave[2226]. Dès lors, tant que ce maximum légal n'est pas atteint, la pénalité applicable à l'ensemble des contrefaçons multiples n'est pas épuisée[2227].

2- *L'aggravation de la peine en application des règles de récidive*

La récidive est une circonstance générale d'aggravation de la peine. Elle reçoit application toutes les fois qu'une personne, après avoir été condamnée définitivement pour une première infraction, en commet une nouvelle, dans

---

2217 Cass. crim. ; 13 juin 1918, S. 1921, I.236 ; Crim., 22 sept. 1930, S. 1932. I.119 ; Crim, 4 juin 1942, D.C. 1943.34.

2218 Art. 37 de l'Annexe III de l'ABR.

2219 Idem.

2220 DESPORTES (F.), LE GUNEHEC (F.), op.cit, p. 860.

2221 Crim., 13 juill. D.1888. I. 445 ; Crim., 20 avr.1893, Bull. crim, 104; Crim., 4 mai 1957, D.1957.543; Crim., 24 juill.1968, D. 1968.257, note J.M.R.

2222 MERLE (R.), VITU (A.), op.cit, p. 931.

2223 Crim., 13 juill. 1888, préc.

2224 DESPORTES (F.), LE GUNEHEC (F.), op.cit, p. 861.

2225 Crim., 8 oct. 1824, Bull.crim, n°133.

2226 Crim., 24 févr. 1943, Bull. crim, n°27.

2227 Crim., 4 juin 1836, S., 37. I. 39 ; Crim., 24 nov. 1966, D.1967, S., 15 ; Crim., 3 oct. 1974, G.P.

les conditions édictées par le législateur[2228]. Il s'agit, pour le législateur, de renforcer les fonctions intimidatrices et rétributives de la peine et ses caractères afflictifs et infamants, en raison de la plus grande dangerosité que révèle celui qui persévère dans la voie de la délinquance, en dépit du coup de semonce judiciaire[2229].

Ainsi, aux termes de l'article 40 de l'Annexe III de l'ABR, la récidive emporte doublement de la peine d'emprisonnement ou de la peine d'amende encourue par le contrefacteur. Aussi la récidive est-elle une circonstance aggravante qui autorise le juge à dépasser le maximum légale de la peine[2230].

Cette sévérité du législateur se justifie. En effet, même si *« le libre arbitre décroît avec l'habitude criminelle et que psychologiquement, le sentiment de culpabilité est plus fort chez un délinquant primaire que chez un récidiviste »*[2231], la récidive prend de plus en plus d'ampleur[2232].

La récidive exige une condamnation antérieure, désignée par le premier terme de la récidive mais, aussi, une infraction postérieure à cette condamnation appelée le deuxième terme de la récidive[2233].

La récidive se distingue du concours réel d'infractions, en ce que la première infraction a fait l'objet d'une condamnation qui doit, toutefois, remplir certaines caractéristiques. La condamnation doit être une condamnation pénale, c'est-à-dire la condamnation à une peine pénale[2234]. Ainsi, une simple comparution en justice ne suffit pas, si elle aboutit à un non-lieu, à une relaxe ou à un acquittement[2235]. Cependant, la condamnation à une peine assortie de sursis, peut constituer le premier terme de la récidive, après l'écoulement du délai d'épreuve du sursis. Assimilant le non-avenu à la réhabilitation, la doctrine avait tendance à considérer que le non-avenu, entraînant la disparition de la condamnation, le premier terme de la récidive, n'était pas constitué si le délinquant passait avec succès le délai d'épreuve[2236]. Mais, il est intervenu en France la loi du 5 mars 2007, qui a précisé que, même en cas de non-avenu, la décision assortie de sursis pouvait être considérée comme le premier terme de la récidive[2237]. Malheureusement, cette règle, qui prend mieux en compte la

---

2228 Art. 40 al.1er de l'Annexe III de l'ABR.

2229 RASSAT (M-L.), *Droit pénal général*, op.cit, p. 599.

2230 PRADEL (J.), *Droit pénal général*, op.cit, p. 580.

2231 RASSAT (M-L.), *Droit pénal général*, op.cit, p. 601.

2232 En France, « sur 240 000 personnes condamnées en 1996, 76 000, soit un tiers, ont été de nouveau condamnées entre 1996 et 2000 », *Rev. Pénit.*, n°36, 2011, in PRADEL (J.), *Droit pénal général*, op.cit, pp.575-576.

2233 MERLE (R.), VITU (A.), op.cit, p. 909.

2234 PRADEL (J.), *Droit pénal général,* op.cit, p. 577.

2235 BOULOC (B.), op.cit, p. 553.

2236 RASSA (M-L.), *Droit pénal général*, op.cit, p. 600.

2237 Loi n°2007-297 du 5 mars 2007, art.43. Elle a été intégrée à l'article 133-16 du CP français : « La réhabilitation n'interdit pas la prise en compte de la condamnation, par les seules

nécessité de protection des signes distinctifs, n'est pas intégrée dans les codes pénaux des pays membres de l'OAPI, de sorte qu'on peut soutenir que dans ces pays, en application de l'article 5 du code pénal, le non-avenu fait disparaître la peine. Dans ce cas, la première condamnation ne peut constituer le premier terme de la récidive. La condamnation antérieure doit être également définitive, au jour où la deuxième infraction est commise[2238], ce qui suppose l'épuisement des voies de recours[2239]. En effet, toute condamnation non définitive laisse au condamné l'espoir d'être acquitté ou relaxé au terme du procès, et ne constitue donc pas un avertissement judiciaire suffisamment sérieux, pour le mettre en garde à l'avenir[2240]. De même, la condamnation doit toujours exister. En effet, elle ne peut être considérée comme premier terme de la récidive, si elle est amnistiée. Il importe, par contre, peu que la décision n'ait pas été exécutée pour des raisons de droit, comme la prescription, la grâce ou, de fait comme une évasion[2241]. En application du principe de la territorialité de la loi pénale, la condamnation pénale ne compte pour la récidive que si elle émane de la juridiction du pays dans lequel les deux infractions ont été commises[2242]. Mais, le droit OAPI admet une certaine exception à cette règle. En effet, si la décision qui a prononcé la condamnation primaire, consécutive à une question relative à la validité du titre, relève d'un Etat membre de l'OAPI, elle fait autorité dans tous les autres Etats de l'Accord de Bangui Révisé[2243]. Le juge du for doit donc en tenir compte comme le premier terme de la récidive. Enfin, la condamnation pénale antérieure ne peut constituer le premier terme de la récidive que si elle figure au casier judiciaire, au moment où la deuxième infraction est commise[2244].

Le deuxième terme de la récidive est une infraction commise postérieurement. C'est elle qui va supporter l'aggravation de la peine prévue par la loi, en sanction de la récidive[2245]. Toutefois, la nouvelle infraction, pour être constitutive du second terme de la récidive, doit être juridiquement indépendante de la première[2246]. Ensuite, la seconde infraction peut relever d'une récidive

autorités judiciaires, en cas de nouvelles poursuites, pour l'application des règles sur la récidive légale ».

2238 Crim., 12 mai 1980, Bull. crim, n°143.

2239 Crim., 4 oct. 1989, Bull. crim., n°340, le juge devant constater expressément le caractère définitif.

2240 Crim., 12 mai 1980, Bull. crim, n°143, préc.

2241 Crim., 20 févr. 1989, Bull. crim., n°81.

2242 Crim., 7 nov. 1968, D.1969.220.

2243 Art. 18 de l'ABR.

2244 BOULOC (B.), op.cit, p. 554.

2245 VITU (A.), MERLE (R.), op.cit, p. 910.

2246 Ainsi, la seconde infraction ne doit pas être une conséquence de la première condamnation ou de l'infraction à la base de cette condamnation.

générale [2247] ou spéciale. Le législateur OAPI a opté pour la récidive spéciale[2248]. Ainsi, il n'y a récidive en cas, notamment, de contrefaçon de marque que si le contrefacteur a fait l'objet d'une condamnation antérieure pour contrefaçon. La récidive spéciale suppose en effet que la nouvelle infraction soit identique à la première pour constituer l'état de récidive[2249]. Enfin, l'état de récidive peut être ou non enfermé dans un délai. La récidive est alors dite perpétuelle[2250] ou temporaire. La récidive est temporaire, lorsque la loi a limité dans le temps le délai de la rechute. Ainsi, au-delà de ce délai, l'absence de rechute anéantit à jamais la récidive par rapport à la première infraction[2251]. C'est cette voie que l'Accord de Bangui Révisé a emprunté, en limitant le délai de rechute à cinq ans[2252], qui commence à courir à compter du jour où la première décision de contrefaçon est devenue définitive.

Cette solution n'est pas entièrement satisfaisante. En effet, le contrefacteur, qui s'est sagement abstenu au cours de la période de cinq ans, peut alors reprendre son forfait sans craindre l'aggravation de sa peine, suite à une seconde infraction. Or, si la récidive était perpétuelle, le contrefacteur aurait tendance à observer une certaine rectitude[2253]. Il est donc opportun d'opter pour la récidive perpétuelle, surtout que les peines encourues sont peu dissuasives.

SECTION II. LES PEINES ENCOURUES PEU DISSUASIVES

Les peines ne peuvent remplir leur fonction rétributive et intimidatrice, que si elles parviennent à dissuader le contrefacteur de commettre l'infraction ou, à tout le moins, de récidiver. Tout en étant proportionné à la faute commise et

---

2247 La récidive générale est celle qui peut être constituée par la commission d'une nouvelle condamnation distincte, donc non identique à celle qui a abouti à la première condamnation. (DESPORTES (F.), LE GUNEHEC (F.), op.cit, p. 882.).

2248 Art. 40 al.2 de l'Annexe III de l'ABR.

2249 Idem.

2250 La récidive perpétuelle est celle qui ne tient pas compte de l'intervalle de temps qui sépare les deux infractions. Ainsi, à partir du moment où le délinquant a été condamné une première fois, il se trouve perpétuellement ou indéfiniment exposé à tomber en état de récidive, dès qu'il commet une seconde infraction. (VITU (A.), MERLE (R.), op.cit, p. 911.).

2251 DESPORTES (F.), LE GUNEHEC (F.), op.cit, p. 882.

2252 Art. 40 al.2 de l'Annexe III de l'ABR, préc.

2253 Cette attitude n'est pas toujours garantie. Mais « la peur du gendarme est le début de la sagesse ».

personnalisé au contrefacteur, le juge, dans sa détermination, doit faire preuve d'une certaine sévérité, pour protéger au mieux les signes distinctifs contre les atteintes.

Mais, en droit OAPI, le législateur semble s'écarter de cette logique de protection accrue, en ce que le contenu des peines qui, sanctionnent les atteintes aux titres de propriété industrielle sont peu dissuasives, qu'elles s'appliquent aux personnes physiques (Paragraphe I) ou aux personnes morales (Paragraphe II).

Paragraphe I. Le contenu peu dissuasif des peines applicables aux personnes physiques

Sont applicables au contrefacteur ou, plus largement, à l'auteur de l'atteinte aux droits sur les signes distinctifs, personnes physiques, des peines très diverses qui visent la sanction du trouble social perpétré par la contrefaçon. Mais, ces peines concourent-elles efficacement à la protection des signes distinctifs ? Rien n'est moins sûr, car les peines que le juge peut infliger au délinquant coupable d'atteinte aux signes distinctifs ont une portée assez limitée, qu'il s'agisse des peines extrapatrimoniales (A) ou des peines patrimoniales (B).

A- Les limites des peines extrapatrimoniales

Les peines extrapatrimoniales sont celles qui ne frappent pas le contrefacteur dans son patrimoine. Cependant, cette nature ne devrait pas être suffisante pour justifier leur efficacité relative. En effet, les peines extrapatrimoniales ne parviennent pas toujours à atteindre leur finalité qui est de protéger les signes distinctifs contre les atteintes auxquelles ils peuvent être exposés. Cette limite n'épargne ni les peines privatives de liberté (1), ni celles qui ne sont pas attentatoires à la liberté (2).

1- Les limites des peines privatives de liberté

Le juge peut sanctionner les atteintes aux signes distinctifs par des peines privatives de liberté. Les sanctions mises à sa disposition par le législateur OAPI sont des peines correctionnelles. Il s'agit d'un emprisonnement[2254].

[2254] L'emprisonnement est une peine privative de liberté de nature correctionnelle, qui consiste dans l'incarcération du condamné, pendant un temps fixé par le juge, dans le respect des limites légales. (GUINCHARD (S.), (dir.), *Lexique des termes juridiques*, op.cit, p. 379.

L'emprisonnement consiste en un enfermement qui, par son régime d'exécution, ne se distingue pas de la réclusion ou de la détention criminelle[2255]. Le contrefacteur, lorsque la décision d'emprisonnement est prononcée par le juge, est donc incarcéré dans une prison, sans la possibilité pour lui d'organiser sa vie, tant sur le plan social, professionnel, familial qu'affectif[2256]. En effet, le contrefacteur est mis en régime d'isolement, plus ou moins strict, dont le régime cellulaire.

La justification de l'emprisonnement est « *ce que Marcel PROUST appelait à propos d'autre chose, une conception un peu hindoue de la société, le législateur du XIXᵉ divise les citoyens en castes qui ne doivent pas se côtoyer : la caste des honnêtes gens qui ont le droit de vivre paisiblement entre eux, et la caste des ennemis des lois qui seront répartis dans des géhennes* »[2257]. Aussi la prison doit-t-elle remplir un but de prévention générale, sous deux aspects. D'abord, en isolant le délinquant dangereux ou en l'empêchant de nuire davantage, les honnêtes gens se sentaient rassurés, en ce que le coupable était soumis au régime sévère de l'internement pénitentiaire. Ensuite, on donnait un exemple à tous ceux qui auraient quelques velléités de l'imiter[2258]. Le législateur pensait aussi que la prison n'était pas dépourvue d'une fonction de prévention individuelle, parce qu'en privant le délinquant de sa liberté, on espérait l'amender et le remettre sur le droit chemin[2259].

Prenant appui sur cette justification, le législateur OAPI sanctionne d'une peine d'emprisonnement, dont l'échelle est de trois mois à deux ans, ceux qui, frauduleusement, apposent sur les produits ou sur les objets de leur commerce, une marque appartenant à autrui, ceux qui, sciemment, vendent ou mettent en vente un ou plusieurs produits revêtus d'une marque contrefaisante ou frauduleusement apposée ou ceux qui, sciemment vendent ou mettent en vente, fournissent ou offrent de fournir des produits ou des services sous une telle marque. Sont également punis de la même peine, ceux qui font une imitation frauduleuse d'une marque de nature à tromper l'acheteur ou font l'usage d'une marque frauduleusement imitée, ceux qui, sciemment, vendent ou mettent en vente un ou plusieurs produits revêtus d'une marque frauduleusement imitée ou portant des indications propres à tromper l'acheteur sur la nature du produit, ceux qui fournissent ou offrent de fournir des produits ou services sous une telle marque. Demeurent passibles de la peine ci-dessus citée, ceux

---

2255 DESPORTES (F.), LE GUNEHEC (F.), op.cit, p. 735. Cependant, dans certains pays comme la France, la peine d'emprisonnement tend à devenir l'exception, avec la progression des notions de réinsertion et de réadaptation sociale. DARBEDA (P.) « La prison a-t-elle encore un avenir ? », *in Mélanges en l'honneur du Professeur Jacques-Henri ROBERT*, Paris, LexisNexis, 2012, p. 155.

2256 BOULOC (B.), op.cit, p. 482.

2257 MERLE (R.), VITU (A.), op.cit, pp. 809-810.

2258 DEYER (E.), op.cit, p. 865.

2259 PRADEL (J.), *Droit pénal général*, op.cit, p. 504.

qui, sciemment, livrent un produit ou fournissent un service autre que celui qui leur a été demandé, sous une marque déposée ou ceux qui font usage d'une marque portant des indications propres à tromper l'acheteur sur la nature du produit[2260].

En revanche, le législateur est indulgent à l'endroit du contrefacteur qui viole les droits attachés aux marques obligatoires. Celui-ci n'est sanctionné que d'une peine d'emprisonnement qui va de quinze jours à six mois. Il s'agit de ceux qui n'apposent pas sur leurs produits une marque déclarée obligatoire, ceux qui vendent ou mettent en vente un ou plusieurs produits ne portant pas la marque déclarée obligatoire pour cette espèce de produits, ou ceux qui font figurer dans leurs marques des signes dont l'emploi est prohibé[2261].

Le délinquant qui viole un droit sur un nom commercial, peut également être sanctionné d'une peine d'emprisonnement d'une durée de trois mois au moins et d'un an au maximum. Ainsi, est puni celui qui appose ou fait apparaître, par retranchement ou par une altération quelconque sur des objets fabriqués, le nom d'un fabricant industriel ou artisan autre que celui où les objets ont été fabriqués ; celui qui sciemment expose en vente ou met en circulation des objets marqués de noms supposés ou altérés [2262]. Est aussi puni de la même sanction pénale avec les mêmes durées maximales et minimales, le coupable qui viole les droits des titulaires des indications géographiques, par l'utilisation intentionnelle et illicite d'une indication géographique enregistrée[2263].

La vertu rédemptrice de la prison n'est pas unanimement admise par la doctrine. En effet, il a été soutenu que l'emprisonnement manque souvent son but de resocialisation du délinquant[2264]. Ainsi, la prison apparaît comme « *une école de récidive* »[2265]. En effet, pour certains auteurs, la prison, qui est un milieu criminogène par excellence, contamine ou aiguise les délinquants primaires au lieu de les amender. De surcroît, elle confirmerait les délinquants d'habitude dans leurs mauvais penchants[2266]. Par suite, la valeur réformatrice

---

2260 Art. 37 de l'Annexe III de l'ABR.
2261 Art. 38 de l'Annexe III de l'ABR.
2262 Art. 16 de l'Annexe V de l'ABR.
2263 Art. 17 de l'Annexe VI de l'ABR.
2264 PRADEL (J.), op.cit, p. 504.
2265 Idem.
2266 V. par exemple, LEAUTE (J.), « Le nouveau doute sur la possibilité d'amender les délinquants en les privant de liberté », in *Déviance*, 1974, pp. 9 et s. ; ANCEL (M.), « La prison pour qui ? Aspects juridiques du problème, in Colloque sur le centenaire de la société générale des prisons et de législateur criminelle», *Rev. Penit.* et du *pénal. Bull. de la société générale des prisons*, 100e, 1976, pp. 702 et s.

des peines d'emprisonnement correctionnelles est médiocre, puisque la récidive était courante, à la sortie de prison[2267].

L'observation est exacte, mais elle est excessive. Il est indéniable que la prison continue de jouer un rôle de prévention collective dans la société, en même temps qu'un rôle de prévention individuelle. De même, la désocialisation dont l'effet serait aggravé par la prison, joue différemment selon les individus, mais surtout selon la durée de l'emprisonnement[2268]. Ainsi, les trop courtes peines, qui ne sont pas supérieures à quinze jours, sont trop brèves pour désadapter le délinquant, et assez longues pour provoquer l'amendement salutaire du coupable. De même, les longues peines supérieures à six mois permettent certainement la mise en œuvre d'un traitement pénal, tout en répondant aux fonctions de rétribution et de dissuasion dévolues par la peine pénale[2269]. De plus, le contrefacteur n'est pas bien souvent un alcoolique, un drogué en marge de la société, mais un commerçant qui, jusqu'à la condamnation, était perçu comme honnête et loyal. Il a, plus que le simple délinquant primaire, peur de la honte, du discrédit et même de l'opprobre que la prison peut jeter sur sa personne. La fonction dissuasive de la prison est donc réelle et accentuée, en droit de propriété industrielle. Ainsi, en cette matière et, même au-delà, la prison est indispensable comme rempart ultime contre les atteintes aux signes distinctifs[2270].

Aussi, la peine doit-elle être d'une sévérité exemplaire[2271]. Or, le législateur OAPI, ainsi qu'il a été rappelé supra, ne sanctionne la contrefaçon de marque que d'une peine d'emprisonnement dont le plancher est de trois mois. Le juge n'est donc tenu, dans la répression de la contrefaçon, que de prononcer cette peine assez légère qui n'est pas suffisamment longue pour dissuader le contrefacteur. En effet, à côté du commerçant qui a une certaine notoriété, il existe d'autres contrefacteurs qui sont de véritables criminels qui ne pourront être dissuadés que par une peine véritablement sévère dont le plafond devrait être porté au moins à cinq ans, au lieu des deux ans retenus par le législateur

---

2267 La doctrine néoclassique finira, elle aussi, par convenir de son échec : « Entré paresseux, débauché, alcoolique ou dégénéré en prison, le condamné en sort avec en plus la flétrissure de la prison qui avilit, et la honte qui l'a déclassé ». (ROUX (J-A), *Cours de droit criminel français*, Paris, Sirey, 2e éd., t.1, 1927, p. 379.

2268 PRADEL (J.), *Droit pénal général,* op.cit, p. 584.

2269 Idem.

2270 CUSSON (M.), « La délinquance, une vie choisie », *Rev. Inter. de criminologie et de Police technique et scientifique*, Genève, Vol.54, avril-ju 2005, p. 210.

2271 La criminalité décroit très sensiblement quand l'intensité des sanctions croît fortement, et elle croît à toute vitesse quand les sanctions sont en chute libre. Ainsi, par exemple, les textes aléatoires du taux d'alcoolémie réussissent à faire diminuer le pourcentage d'accident causé par l'alcool de 25%. CUSSON (M.), « L'effet intimidant des sanctions à la lumière des recherches récentes sur le calcul coûts-bénéfices des délinquants », *in Le droit pénal à l'aube du troisième millénaire, Mélanges offerts à Jean PRADEL*, Paris, Cujas, 2006, p. 742.

OAPI, pour la contrefaçon de marque ordinaire. Pour le contrefacteur de marque, obligatoire, le plancher n'est que de quinze jours, alors que le plafond est d'un an. Ces peines, peu dissuasives, ne sont, du reste, pas en harmonie avec l'article 61 de l'Accord ADPIC[2272], qui impose aux Etats membres dont les Etats parties à l'Accord de Bangui Révisé, de prendre, en matière de contrefaçon de marque, des peines suffisamment dissuasives. C'est en application de cette norme internationale qu'en France, le plancher de la peine est passé de trois mois[2273] à quatre ans, en cas de circonstances aggravantes[2274].

Les peines édictées par l'ABR sont donc trop clémentes, surtout en cas de violation des droits des titulaires du nom commercial ou de l'indication géographique. En effet, en cas d'atteinte à ces deux signes distinctifs, le juge, contrairement à la marque, n'est même pas tenu de prononcer une peine d'emprisonnement[2275], alors que le plancher de la peine pénale était déjà assez faible : seulement trois mois. Le juge peut ainsi se contenter de prononcer, à son choix uniquement une peine d'amende ou une peine d'emprisonnement. La mansuétude du législateur OAPI n'est donc pas de nature à dissuader le contrefacteur de ses activités illicites, même si celles-ci peuvent être sanctionnées par des peines non privatives de liberté.

2- Les limites des peines non attentatoires à la liberté

Les peines non privatives de liberté sont les peines privatives de droits et celles qui atteignent le contrefacteur dans sa réputation. Elles ne sont pas pour autant plus efficaces, dans la protection des signes distinctifs.

En effet, si les peines privatives de droits sont anecdotiques (a), celles qui visent à porter atteinte à la réputation du contrefacteur sont d'impact limité (b).

[2272] Art.61 de l'Accord ADPIC : « les membres prévoiront des procédures pénales et des peines applicables au moins, pour les actes délibérés de contrefaçon de marque de fabrique ou de commerce ou de piratage portant atteinte à un droit d'auteur, commis à une échelle commerciale. Les sanctions incluront l'emprisonnement et/ou des amendes suffisantes pour être dissuasives, et seront en rapport avec le niveau des peines appliquées pour des délits de gravité correspondante. Dans les cas appropriés, les sanctions possibles incluront également la saisie, la confiscation et la destruction des marchandises en cause et de tous matériaux et instruments ayant principalement servi à commettre le délit. Les membres pourront prévoir des procédures pénales et des peines applicables aux autres actes portant atteinte à des droits de propriété intellectuelle, en particulier, lorsqu'ils sont commis délibérément et à une échelle commerciale ».

[2273] Art. L.716-9 du CPI.

[2274] Art. L.716-10 du CPI.

[2275] Art. 16 de l'Annexe V et art. 17 de l'Annexe VI de l'ABR.

a- Le caractère anecdotique des peines privatives de droits

Les peines privatives de droits consistent à interdire au condamné l'exercice de certains droits, qui ne lui auraient pas été refusés normalement[2276]. Elles portent principalement atteinte à des droits civils, civiques ou de famille[2277].

Aussi le législateur OAPI, au titre de peine privative de droits, a-t-il prévu la privation du contrefacteur du droit de participer aux élections des groupements professionnels, notamment, des chambres de commerce et d'industrie et des chambres d'agriculture[2278]. L'interdiction n'est même pas perpétuelle. Le juge ne peut prononcer cette sanction que pour une durée n'excédant pas dix ans[2279]. Cette sanction, mise à la disposition du juge, le moins qu'on puisse dire, est peu dissuasive, sinon inefficace pour permettre à ce magistrat de protéger efficacement les signes distinctifs. En effet et, dans leur grande majorité, les contrefacteurs qui se savent « hors la loi » ne sont pas préoccupés par un mandat consulaire. Leur interdire toute éligibilité ne les atteint donc pas. Même s'ils étaient intéressés, les sièges dans les assemblées consulaires sont si limités[2280], que ne pas y participer ou y siéger ne peut être considéré comme un opprobre ou un désaveu de la part de leurs pairs commerçants. Ensuite, l'interdiction ne touche pas les titulaires de nom commercial enregistré ou d'indication géographique, elle ne frappe que le titulaire de la marque pour une durée relativement courte qui est de dix ans. Cette sanction, ne peut donc être efficace, en ce qu'elle ne permet pas au juge d'assurer, par la dissuasion, une protection meilleure des signes distinctifs organisés par l'ABR.

Il en aurait été autrement si le législateur OAPI avait eu une volonté plus affichée d'assurer une protection plus efficiente aux signes distinctifs. Pour ce faire, le contrefacteur aurait pu être interdit d'exercer une activité ou une profession commerciale ou industrielle[2281]. Il pouvait également lui être interdit de diriger, d'administrer, de gérer ou de contrôler, à un titre quelconque, directement ou indirectement, pour son propre compte ou pour le compte d'autrui, une entreprise commerciale, industrielle ou une société

[2276] RASSAT (M-L.), *Droit pénal général*, op.cit, p. 545.
[2277] DESPORTES (F.), LE GUNEHEC (F.), op.cit, p. 784.
[2278] Art. 42 al.1er de l'Annexe III de l'ABR.
[2279] Idem.
[2280] Les élus consulaires sont, par exemple, au nombre de 99 au Bénin et au Burkina-Faso (art.8 du Décret N°2012-486 du 06 décembre 2012 portant approbation des statuts de la Chambre de Commerce et d'Industrie du Bénin, et art. 8 du Décret N°2007-393/PRES/PM/MCPEA/MFB du 18 mai 2007 portant statut de la Chambre de Commerce et d'Industrie du Burkina-Faso (CCI-BF).
[2281] LEPAGE (P.), MAITRE DU CHAMBON (P.), SALOMON (R.), *Droit pénal des affaires*, Manuel, Paris, LexisNexis, 3e éd., 2013, pp. 86-287.

commerciale[2282]. Cette peine est déjà accueillie par le code pénal français[2283] et par le code de procédure pénale togolais[2284]. Sa finalité est de punir ceux qui, à l'occasion d'une infraction, ont établi leur nocivité pour le bon fonctionnement économique, comme le contrefacteur[2285]. Il s'agit donc de le mettre en marge de la société économique, pour le temps nécessaire à sa resocialisation, lorsque le délinquant a utilisé, en toute connaissance de cause, pour préparer ou commettre les délits, les facilités que lui procure l'exercice de l'activité professionnelle[2286]. Cette condition est amplement réunie en droit des signes distinctifs où, c'est à l'occasion de sa profession de commerçant que le contrefacteur reproduit, imite ou appose sur ses produits ou services, des marques ou autres signes distinctifs qu'il sait ne pas lui appartenir.

On a reproché à cette peine de porter atteinte à la personnalité des peines, d'éloigner le condamné de sa profession habituelle, en l'obligeant à se réfugier dans la clandestinité[2287]. Ces reproches ne sont pas décisifs. Ils démontrent plutôt la fonction intimidatrice et dissuasive de la peine. Aussi cette nouvelle mort professionnelle est-elle justifiée [2288], car elle remplit « *un but de protection sociale et a un effet dissuasif* »[2289]. Dès lors, la peine interdisant l'exercice d'une profession commerciale ou industrielle, doit être mise à la disposition du juge[2290], pour une meilleure protection des signes distinctifs, à l'instar des peines qui portent atteinte à la réputation du contrefacteur.

b- L'impact limité de la peine d'atteinte à la réputation

C'est une lapalissade de dire que toute peine a, en principe, une fonction infamante qui découle du reste de la déclaration de culpabilité[2291]. Mais, le législateur OAPI a édicté la peine de diffusion et d'affichage des décisions de condamnation[2292], qui a pour objet principal de rendre justement publique

---

2282 DREYER (E.), op.cit, p. 887.
2283 Art. 131-27 et 131-28 du CP français.
2284 Art. 33 al.2 du CP du Togo: « L'interdiction peut notamment porter sur le droit d'exercer une profession, une fonction élective publique, d'être administrateur ou gérant de société ou d'association, d'être tuteur, subrogé tuteur, curateur d'un incapable, d'obtenir ou d'utiliser un permis de chasse ou de pêche, un permis de port d'armes, de voter dans les scrutins politiques ou syndicaux, d'être entendu sous la foi du serment en justice ou devant un officier public ».
2285 DREYER (E.), op.cit, p. 887, préc.
2286 BOULOC (B.), op.cit, p. 494.
2287 PRADEL (J.), *Droit pénal général*, op.cit, p. 531. « L'avocat radié du Barreau se reconvertissant par exemple en agent d'affaires suspectes … ».
2288 Idem.
2289 BOULOC (B.), op.cit, p. 494, préc.
2290 ANCEL (M.), « Rapport de synthèse au congrès de Lecce », *RSC.*, 1967, p. 242.
2291 RASSAT (M-L.), *Droit pénal général*, op.cit, p. 548.
2292 Art. 42 al.2 de l'Annexe III de l'ABR, préc.

ladite décision au-delà des salles d'audience ou de la consultation du casier judiciaire. Le but ainsi poursuivi est « *d'informer sur l'existence des condamnations. Il s'agit de déconsidérer le délinquant, dont la réputation est ainsi entachée en mettant en garde contre lui l'ensemble de la population* »[2293]. Ainsi, en plus de sa fonction humiliante ou vexatoire, cette peine vise à dissuader de la commission de l'infraction, en faisant connaître les atteintes à la contrefaçon, ainsi que leurs conséquences[2294]. Il s'agit, en vérité, de la réminiscence des peines humiliantes[2295] édictées dans le code pénal originel de 1810, qui produit des effets afflictifs, au-delà de la personne du délinquant, car la flétrissure morale qui en découle peut rejaillir sur la famille du condamné[2296].

Deux modes de publicité sont à la disposition du juge pour assurer la divulgation de la décision de condamnation. Les juridictions peuvent, premièrement, ordonner l'affichage de la décision[2297]. Il revient au juge de déterminer les lieux d'affichage[2298], qui peuvent être l'établissement de la victime, celui du contrefacteur ou, encore, par exemple, la Chambre de Commerce et d'Industrie. Le juge peut également, alternativement ou cumulativement à l'affichage, ordonner la diffusion de la décision par son insertion dans un journal. La décision peut être affichée ou diffusée dans son intégralité ou seulement de manière partielle par la publication d'un extrait. Le coût de la publicité de la décision de condamnation est à la charge du coupable[2299].

La première limite à l'efficacité de cette sanction, en droit OAPI, est que la durée minimale de diffusion ou encore d'affichage n'a pas été fixée par le législateur. Ainsi, le contrefacteur peut se contenter d'un affichage d'une journée, en exécution de la sanction pénale. Or, la publicité ne peut atteindre son objet que si, sur une durée minimale de trois mois, la condamnation a pu être accessible à un maximum de personnes. De plus, la diffusion est limitée uniquement aux « journaux », ce qui fait plus référence à la presse écrite[2300]. Pourtant, dans les pays membres de l'OAPI, les médias comme la radio et la télévision, sont plus écoutés et regardés. Le législateur OAPI a donc considérablement restreint la portée et l'efficacité de la publicité de la décision

---

[2293] DREYER (E.), op.cit, p. 880.

[2294] DESPORTES (F.), LE GUNEHEC (F.), op.cit, p. 819.

[2295] Il s'agit notamment de la marque, du carcan, de l'exposition publique, (RASSAT (M-L.), *Droit pénal général*, op.cit, p. 548, préc.).

[2296] DREYER (E.), op.cit, p. 880, préc.

[2297] Art. 42 al.2 de l'Annexe III de l'ABR, préc.

[2298] Idem.

[2299] Ibidem.

[2300] « Publication quotidienne ou périodique qui donne des nouvelles, relate les évènements d'actualité, fait passer des annonces etc. ». LAROUSSE, *Le LEXIS, le dictionnaire érudit de la langue française*, Paris, Larousse, 2009, p. 1000.

de condamnation, en limitant son champ aux seules publications de la presse écrite ou même aux seules éditions des journaux de télévisions ou de radios. Enfin, la peine de publication de la décision n'est mise à la disposition du juge que pour sanctionner la contrefaçon de la marque. Son application échappe donc au juge, dans la répression des atteintes au nom commercial et à l'indication géographique.

La portée de la peine est alors considérablement limitée, comme du reste, celle des peines patrimoniales.

B- Les limites des peines patrimoniales

Les peines patrimoniales ont la propriété de priver le coupable d'atteinte aux signes distinctifs, de ressources ou même d'un ou de plusieurs biens. Elles s'appliquent aussi bien aux personnes physiques qu'aux personnes morales. Pour autant, nonobstant leur apparente sévérité, elles ne réussissent pas toujours à protéger efficacement les signes distinctifs, parce que leurs limites couvrent aussi bien la confiscation (1) que la destruction des biens saisis ou confisqués (2).

1- Les limites de la confiscation

La peine de confiscation est une peine complémentaire prévue par l'ABR, qui vient donc s'ajouter aux peines principales qui sont les peines privatives de liberté et d'amende[2301]. Elle peut être générale[2302] ou spéciale. En droit OAPI, la confiscation est spéciale en ce qu'elle ne porte pas sur l'universalité des biens appartenant au délinquant, mais sur un ou plusieurs biens déterminés[2303]. Ainsi, la confiscation porte d'abord sur tous les biens ayant servi à commettre l'infraction[2304]. Il s'agit du matériel de contrefaçon. La confiscation peut aussi porter sur le corps du délit, ou encore sur les produits du délit[2305]. Il s'agit là des produits contrefaisants[2306].

Au travers de la confiscation, le juge cherche à infliger au coupable une véritable sanction complémentaire ou accessoire qui, en tant que pénalité, est

2301 RASSAT (M-L.), *Droit pénal général*, op.cit, p. 543.

2302 La confiscation est générale, lorsqu'elle porte sur l'ensemble des biens du délinquant. Elle a été surtout usitée sous l'Ancien Régime, notamment en cas de crime de lèse-majesté (VITU (A.), MERLE (R.), op.cit, pp.867-868.).

2303 PRADEL (J.), *Droit pénal général*, op.cit, p. 521.

2304 DESPORTES (F.), LE GUNEHEC (F.), op.cit, p. 796 ; V. aussi, art. 43 de l'Annexe III de l'ABR.

2305 BOULOC (B.), op.cit, p. 491.

2306 V. art. 43 de l'Annexe III de l'ABR préc.

soumise au principe de légalité[2307] et de personnalité[2308], tout en demeurant cependant marquée par le but de sûreté qui la caractérise[2309].

Cependant, la peine de confiscation, telle qu'organisée par le législateur OAPI, est peu dissuasive. En effet, le champ de la confiscation est limité aux produits contrefaisants ainsi qu'au matériel ayant servi à leur fabrication. Il ne s'étend donc pas aux biens immeubles qui, lorsqu'ils appartiennent au contrefacteur et ont, dans le même temps, abrité les activités illicites, doivent également être confisqués pour accentuer le caractère afflictif de la condamnation. De même, la confiscation épargne les produits indirects de la contrefaçon. Or, par exemple, en France, le code pénal autorise la confiscation de ces produits, lorsque le délinquant n'arrive pas à rapporter la preuve de son origine[2310]. Il s'agit, pour le législateur, de lutter contre les crimes ou les délits organisés, au nombre desquels on retrouve, en bonne place, la contrefaçon. La portée dissuasive de la confiscation est également limitée par le fait qu'elle est uniquement cantonnée à la marque. Ainsi, le législateur ne l'a pas étendue à l'indication géographique ou au nom commercial enregistré. Cette restriction, surtout par rapport au nom commercial, ne se justifie pas. En effet, le législateur français n'a pas, par exemple, prévu la confiscation en matière de nom commercial, simplement parce qu'il n'a pas organisé l'enregistrement de ce signe. Sa protection ne bénéficie donc pas d'incriminations pénales. Il en va autrement en droit OAPI où, à côté du nom commercial non enregistré, l'ABR a prévu un nom commercial enregistré dont les atteintes sont réprimées par le juge pénal. Le législateur devrait donc tirer toutes les conséquences de cette spécificité, en étendant la confiscation aux produits, au matériel et aux biens meubles ou immeubles qui ont permis ou servi à l'occasion de l'atteinte portée au nom commercial enregistré.

Au-delà, la chose confisquée est, en principe, attribuée à l'Etat du pays dans lequel l'infraction a été commise[2311]. Mais, en droit OAPI, les biens confisqués peuvent être remis au propriétaire de la marque, ou détruits.

[2307] Elle ne peut être prononcée, à l'instar de toutes les peines qu'autant que la loi le prévoit expressément : Crim., 2 janv. 1925, S., 1926. 1.189; Crim., 25 mars 1922, D.P. 1922.I.214. ; Crim., 14 oct. 1958, D. 1958.765 ; Crim., 14 janv. 1949, Bull. crin., n°12; Crim., 10 janv. 1970, Bull. crim, n°194, *JCP*, 1970.IV.202.

[2308] Crim., 6 juin 1850, S. 1850.1.855.

[2309] VITU (A.), MERLE (R.), op. cit, p. 869.

[2310] Art. 131-21 al.2 du CP français : « S'il s'agit d'un crime ou d'un délit puni d'au moins cinq ans d'emprisonnement et ayant procuré un profit direct ou indirect, la confiscation porte également sur les biens meubles ou immeubles, quelle qu'en soit la nature, divis ou indivis, appartenant au condamné ou, sous réserve des droits du propriétaire de bonne foi, dont il a la libre disposition, lorsque ni le condamné, ni le propriétaire n'est en mesure de s'expliquer sur les biens dont la confiscation est envisagée, n'ont pu en justifier l'origine ».

[2311] DESPORTES (F.), LE GUNEHEC (F.), op.cit, p. 797.

2- Les limites de la destruction des biens saisis ou confisqués

Les produits confisqués peuvent être détruits sur décision du juge[2312]. Plutôt que de les affecter au titulaire du droit, le juge, le plus souvent, à la demande de la victime, peut ordonner la destruction des biens confisqués, aux frais du délinquant.

Pour autant, cette sanction qui est également limitée à la contrefaçon de marque, n'est pas des plus dissuasives. En effet, seuls les produits sur lesquels est apposée la marque frauduleuse, peuvent faire l'objet de destruction[2313]. Or, si les produits confisqués sont insignifiants, leur destruction n'aura aucun effet sur le contrefacteur. La plupart du temps, les confiscations sont effectuées chez de simples vendeurs qui ne sont pas à l'origine de la fabrication des produits contrefaisants. Ainsi, si ces stocks sont détruits, la source de fabrication n'est pas tarie, de sorte que le marché continuera à être inondé de produits contrefaisants.

Aussi, pour être efficace, la destruction doit-elle viser essentiellement le matériel de fabrication des produits contrefaisants, peu importe que la contrefaçon soit l'œuvre de personnes physiques ou de personnes morales.

Paragraphe II. Le contenu peu dissuasif des peines applicables aux personnes morales

Les peines applicables aux personnes morales, sont des sanctions patrimoniales qui, à l'exception notable de la dissolution, peuvent également être appliquées aux personnes physiques. Le juge sanctionne le contrefacteur, personne morale, par une amende. L'amende est insuffisante pour protéger les droits sur la propriété industrielle (A) appartenant aux personnes morales, surtout que le législateur n'a pas mis à la disposition du juge une gamme variée de peines complémentaires (B), nécessaires à la protection desdits signes.

A- Les insuffisances de l'amende

L'amende est la peine principale[2314] qui s'applique aux personnes morales. Elle les touche dans leur patrimoine, espérant ainsi avoir un caractère dissuasif ou intimidant. Mais, elle n'y parvient qu'assez imparfaitement, tant la portée de l'amende est limitée (1) et son taux dérisoire (2).

2312 Art. 43 al.3 de l'Annexe III de l'ABR.

2313 Art.43 al.2 de l'Annexe III de l'ABR.

2314 RASSAT (M-L.), *Droit pénal général*, op.cit, p. 541.

1- *La portée limitée de l'amende*

L'amende est l'obligation pour le condamné de payer une certaine somme d'argent au trésor public, à titre de sanction pénale[2315]. Elle se distingue en cela des dommages et intérêts qui sont alloués à la victime, en réparation du préjudice subi[2316].

Pour autant, la portée de l'amende est triplement limitée. En effet et, à l'abord, l'amende a une force intimidante diffuse, car elle n'intimide ni le riche, ni les petits contrefacteurs insolvables[2317]. Ainsi, elle ne permet pas l'amendement du délinquant puisqu'elle ne s'attaque pas aux causes de la délinquance[2318]. L'amende a ensuite pour défaut de porter atteinte au principe de l'égalité de la peine, en ce sens que l'égalité des citoyens devant la peine est violée. En effet, l'amende est supportable pour les riches et lourde pour les pauvres[2319]. Le principe de la personnalité des peines est également rompu, car en touchant le contrefacteur dans son patrimoine, c'est tous ceux qui en vivent, comme les salariés ou la famille du délinquant, personne physique, qui sont concomitamment touchés[2320].

Mais, ces objections ne doivent pas faire perdre de vue les avantages de l'amende, qui font qu'elle est la peine la plus usitée[2321]. En effet, pour certains auteurs, l'amende présente, sur l'emprisonnement, l'avantage de ne pas être corruptrice, tout en conservant une valeur intimidante, surtout qu'elle rapporte à l'Etat au lieu de lui coûter[2322].

Les limites de la portée de l'amende, qui handicapent fortement son efficacité, ne doivent pas conduire à la suppression de cette peine, mais à son renforcement au travers, notamment, de son taux qui, en droit OAPI, reste dérisoire.

2- *Le taux dérisoire de l'amende*

Le taux de l'amende est fixé par l'ABR. Ainsi, il est de francs CFA un million à six millions, en cas d'atteinte à la marque[2323], au nom commercial[2324] et à l'indication géographique[2325]. L'échelle du montant de l'amende est donc

2315 DESPORTES (F.), LE GUNEHEC (F.), op.cit, p. 791.
2316 PRADEL (J.), *Droit pénal général*, op.cit, p. 516.
2317 VITU (A.), MERLE (R.), op.cit, p. 865.
2318 PRADEL (J.), *Droit pénal général,* op.cit, p. 516, préc.
2319 BOULOC (B.), op.cit, p. 487.
2320 RASSAT (M-L.), *Droit pénal général*, op.cit, p. 541.
2321 PRADEL (J.), *Droit pénal général*, op.cit, p. 516.
2322 Idem.
2323 Art. 37 de l'ABR.
2324 Art. 17 de l'Annexe VI de l'ABR.
2325 Art. 16 al.3 de l'Annexe V de l'ABR.

la même pour tous les signes distinctifs[2326]. Les limites en sont également identiques.

En effet, le montant de l'amende, sauf pour les tous petits vendeurs de produits contrefaisants, est dérisoire. Les profits réalisés par le contrefacteur étant souvent très importants, il sera bien disposé à payer, même le maximum du montant de l'amende, surtout que, comme peine principale, l'amende peut être prononcée en lieu et place de la peine d'emprisonnement.

De même, l'amende infligée à la personne physique est la même que celle qui frappe la personne morale. Il aurait donc fallu comme il est admis dans certaines législations, que l'amende appliquée à la personne morale soit au moins le quintuple de celle des personnes physiques[2327]. Cette différenciation, dans la détermination et dans l'application de l'amende, a la vertu d'essayer un certain ajustement de la peine à la personne et à la fortune supposée du délinquant. Mais, elle se justifie, car il s'agit de sanctionner des entreprises qui, en raison de leurs moyens financiers, seraient manifestement insensibles à des amendes plus modestes. Il peut être question également de dissuader une société mafieuse comme peut l'être celle dont l'activité principale est la contrefaçon[2328]. Mais, en droit OAPI, même le quintuple de l'amende réservée aux personnes ne peut efficacement atteindre cet objectif. Il faut donc que, déjà, le montant de l'amende infligée aux personnes physiques soit considérablement élevé, pour qu'en le multipliant par cinq, il soit suffisamment dissuasif.

Par ailleurs, tout en maintenant ce système, à titre du minimum à payer par le contrefacteur, il peut être adapté à la contrefaçon le système d'amende proportionnelle. En effet, à la différence de l'amende en sa forme ordinaire, l'amende proportionnelle s'inspire de l'idée d'adapter le quantum de la peine à la gravité du trouble subi par la victime[2329]. Ainsi, l'amende proportionnelle, un peu comme les dommages et intérêts restitutoires, tient compte de l'importance du dommage causé au propriétaire du signe ou du profit réalisé par le délinquant[2330]. Elle peut être appliquée à la contrefaçon où, non seulement le coupable tire un bénéfice de l'infraction, de sorte que le gain

---

2326 Toutefois, l'atteinte à une marque obligatoire est seulement punie d'une amende obligatoire de francs CFA un million à deux millions (art.38 de l'Annexe V de l'ABR.).

2327 Art. 43-1 du CP du Togo : « L'amende doit être portée au quintuple de celle encourue par les personnes physiques ». Nonobstant ces dispositions, l'amende encourue par les personnes morales au Togo doit être la même que celle encourue par les personnes physiques, sans qu'elle puisse être portée à son quintuple, en cas d'atteinte au signe distinctifs. En effet, la loi pénale étant d'interprétation stricte, les principes de la légalité des peines et de la hiérarchie des normes postulent cette solution.

2328 DESPORTES (F.), LE GUNEHEC (F.), op.cit, p. 825.

2329 PRADEL (J.), *Droit pénal général*, op.cit, p. 519.

2330 V. par exemple, art. 321-3 du C.P.

financier retiré est le mobile de l'infraction mais, aussi, la victime souffre d'un appauvrissement corrélatif[2331].

Aussi élevée qu'elle soit, l'amende ne peut être dissuasive que si elle est effectivement recouvrée[2332]. Prononcée au profit du trésor public, l'amende ne peut donc, en principe, être recouvrée que par cette institution. Toutefois, pour vaincre la résistance éventuelle du délinquant solvable, le juge, le plus souvent, assortit sa décision de la contrainte par corps. Ainsi, le condamné peut subir une peine d'emprisonnement qui équivaut à la contrainte par corps, en cas de refus de s'exécuter[2333]. Cependant, le fait pour le condamné de subir la contrainte par corps, n'éteint pas l'amende. Il n'est donc pas libéré de sa dette[2334]. Le condamné qui subit la contrainte peut néanmoins mettre fin à l'emprisonnement en payant l'amende ou en offrant d'en consigner le montant lorsque, par exemple, la décision n'est pas encore définitive[2335]. Dans l'hypothèse inverse, la consignation ne se justifie comme, cependant, le sont les peines complémentaires à l'amende.

B- La nécessité des peines complémentaires

Les peines complémentaires sont celles qui sont proposées pour renforcer l'amende, en raison des limites de celle-ci dans la sanction de la personne morale, coupable d'atteinte aux signes distinctifs. Ces peines sont nécessaires, en ce qu'elles privent la personne morale de certains droits (2) mais, en plus, elles l'atteignent plus efficacement dans son patrimoine (1).

1- La nécessité de peines patrimoniales complémentaires

Les peines patrimoniales complémentaires ont un double point commun. D'abord, elles visent la cessation temporaire des activités de la société. Ensuite, elles sont ignorées de l'ABR. Cette omission handicape fortement la protection des signes distinctifs, de sorte qu'il est nécessaire de prévoir la fermeture de l'établissement (a) ou, plus radical, la dissolution de la personne morale (b).

a- La nécessité de la fermeture de l'établissement

La fermeture de l'établissement est l'interdiction faite à une personne morale ou une personne physique de poursuivre son exploitation[2336]. Le but

---

2331 PRADEL (J.), *Droit pénal général*, op.cit, p. 519, préc.
2332 BOULOC (B.), op.cit, p. 488.
2333 Art. 27 du C.P. du Togo ; art. 826 et s. du CPP du Bénin.
2334 DREYER (E.), op.cit, p. 871.
2335 Idem.
2336 Art. L.716-11 du CPI.

recherché est de priver le délinquant de ses revenus et, en même temps, de prévenir les infractions dont l'établissement avait permis la réalisation[2337]. En effet, la fermeture de l'établissement ne peut être prononcée par le juge que, si l'établissement a été le théâtre, l'instrument ou l'occasion de l'atteinte aux signes distinctifs[2338]. Mais, la fermeture de l'établissement ne se confond pas avec la confiscation spéciale. En effet, la confiscation spéciale est faite, au profit de l'Etat, qui devient propriétaire des biens confisqués [2339]. Or, nonobstant la décision de fermeture, les biens de l'établissement restent sa propriété, seulement qu'il ne peut les exploiter[2340].

En droit de la propriété industrielle, la fermeture de l'établissement est admise en France mais également au Togo[2341]. Elle permet de mettre fin à l'activité illicite de la personne morale, sans pour autant dissoudre la société. Ses associés peuvent alors continuer à exercer les activités commerciales, à l'exclusion de celles qui étaient menées dans l'établissement, objet de la sanction. En effet, contrairement à ce que peut laisser croire son libellé, la peine consistant en la fermeture de l'établissement n'emporte pas fermeture complète de l'établissement désigné par le juge mais, seulement, l'interdiction d'y exercer l'activité à l'occasion de laquelle l'infraction a été commise[2342].

Ainsi, il sera interdit au contrefacteur, pour une durée que le juge aura à préciser dans la décision, l'exercice de l'activité à l'occasion de laquelle la contrefaçon ou l'atteinte aux signes distinctifs a été commise[2343].

Par conséquent, si le contrefacteur est un commerçant et que c'est à l'occasion de son commerce que la contrefaçon a été commise, par exemple, en mettant en vente, sciemment, des produits revêtus d'une marque contrefaisante, l'exercice de l'activité commerciale lui sera interdit. Cette sanction cible donc uniquement l'activité qui a conduit à commettre la contrefaçon.

Cependant, il peut lui être reproché une certaine inefficacité. En effet, il suffira pour le contrefacteur de changer de local ou d'établissement pour reprendre l'activité qui a donné lieu à la fermeture de l'établissement. Cette sanction n'étant attachée qu'à l'établissement, c'est-à-dire que son exécution est cantonnée à un seul lieu : l'établissement. Ensuite, non seulement le délinquant peut reprendre son activité commerciale, industrielle, agricole ou artisanale dans un autre établissement mais, en plus, il peut reprendre la

---

2337 PRADEL (J.), *Droit pénal général*, op.cit, p. 526.

2338 VITU (A.), MERLE (R.), op.cit, p. 570.

2339 Idem.

2340 PRADEL (J.), *Droit pénal général*, op.cit, p. 528.

2341 Art. 40 du CP du Togo, préc: « La fermeture d'une entreprise ou d'un établissement peut être ordonnée pour une durée ne pouvant excéder cinq ans, dans les cas spécialement prévus par la loi ou les règlements ».

2342 DESPORTES (F.), LE GUNEHEC (F.), op.cit, p. 799.

2343 Art. 131-33 du C.P.

contrefaçon, ou plus largement, l'atteinte aux signes distinctifs, mieux qu'auparavant.

Ces critiques ne sont pas sans fondement, mais elles perdent de vue que, même relativement à une activité illicite, la localisation géographique peut avoir une importance capitale pour un commerçant. Ainsi, cette sanction peut ne pas avoir d'incidence sur le contrefacteur qui est dans la clandestinité, reproduisant la marque ou les autres signes distinctifs au noir, mais elle ne manque pas de pertinence, pour le commerçant installé dans la même rue ou dans la même zone que la victime.

La fonction dissuasive de la peine peut donc être atteinte par la fermeture de l'établissement. Le contrefacteur devant, en effet, même s'il a la possibilité de se déplacer, reprendre un investissement important, non seulement pour aménager son nouvel établissement mais, également, pour rechercher et fidéliser une nouvelle clientèle.

Il n'est pas non plus à exclure qu'il n'y parvienne pas. En effet, la fermeture de l'établissement peut avoir jeté sur lui un discrédit tel qu'il pourra être rejeté, non seulement par le monde du commerce mais, également, par sa clientèle qui aura du mal à se fier à l'origine réelle de ses produits.

La fermeture de l'établissement n'est donc pas une peine symbolique, mais une peine dont les caractères afflictifs et infamants sont indéniables. Ainsi, à l'instar du législateur français, le législateur OAPI aura le mérite de la mettre à la disposition du juge, pour une meilleure protection des signes distinctifs. Pour ce faire, la gamme de sanctions mise à la disposition du juge doit être également élargie à l'interdiction d'activité professionnelle.

b- La nécessité de la dissolution de la personne morale

Le législateur OAPI n'a pas prévu la peine de dissolution à l'encontre de la personne morale qui se livre à la contrefaçon de la marque, ou à des actes illicites sur les autres signes distinctifs, plus spécialement, ceux qui sont protégés par l'ABR. Pourtant, cette peine s'impose. Elle est accueillie dans l'arsenal juridique français, au travers de l'article 131-39 du code pénal[2344]. Elle est également prévue par le législateur togolais[2345]. Ainsi, la dissolution est encourue lorsque la personne morale a été créée spécialement pour

[2344] Art. 131-39 du C.P. « Lorsque la loi le prévoit à l'encontre d'une personne morale, un crime ou un délit peut être sanctionné d'une ou de plusieurs des peines suivantes : -la dissolution, lorsque la personne morale a été créée ou, lorsqu'il s'agit d'un crime ou d'un délit puni, en ce qui concerne les personnes physiques d'une peine d'emprisonnement supérieure « ou égale à trois ans » détournée de son objet pour commettre les faits incriminés ».

[2345] Art. 40 du CP du Togo : « La fermeture d'une entreprise ou d'un établissement peut être ordonnée pour une durée ne pouvant excéder cinq ans, dans les cas spécialement prévus par la loi ou les règlements ».

commettre le délit [2346] de contrefaçon ou d'atteinte illicite au droit du titulaire du signe.

La dissolution est, comme l'affirment dramatiquement certains auteurs, la peine de mort appliquée à la personne morale. Elle fait donc disparaître la personne morale, plus généralement, la société qui se livre à des activités contrefaisantes. La sanction touche donc la personne morale, dans son existence même. Le but serait de l'empêcher de porter à nouveau atteinte aux signes distinctifs, tout comme la peine de mort prive à jamais le criminel de toute récidive, ou de toute capacité de troubler, pour l'avenir, la société.

Il peut être reproché à cette sanction de déplacer le problème. En effet, à la dissolution d'une société, ou d'une association, par exemple, ses fondateurs peuvent aussitôt en créer une autre, dans les meilleurs délais, et reprendre de plus belle leurs activités illicites. Pour obvier à cette difficulté, en plus de ce que la dissolution n'est pas susceptible de sursis[2347], la décision qui la prononce renvoie la personne morale devant le tribunal compétent[2348] pour procéder à sa liquidation[2349]. Cette procédure permet de dresser le patrimoine de la personne morale et, surtout, de le rendre indisponible aux associés et aux dirigeants de la société. Si, après l'apurement du passif, le solde éventuel de l'actif était distribué aux associés, ceux-ci se partageraient ainsi des profits illicites[2350]. C'est pourquoi, la juridiction répressive devrait prononcer une amende conséquente contre la personne morale et à ordonner, au besoin, la confiscation, au profit du titulaire du signe, des sommes qui sont le produit de la contrefaçon[2351]. A défaut de la dissoudre, il peut être, au moins, mis fin, momentanément, aux activités de la personne morale, par la fermeture de la structure ou par l'interdiction d'exercer une activité commerciale ou industrielle.

2- *La nécessité de peine complémentaire de privation de droits*

A la différence de la fermeture de l'établissement, les interdictions professionnelles visent à interdire au délinquant l'exercice de toute activité

2346 POLLAUD-DULIAN (F.), *Propriété intellectuelle, la propriété industrielle*, op.cit, p. 1062.

2347 Art. 132-32 du C.P.

2348 Il s'agit d'un tribunal commercial pour les sociétés commerciales et d'un tribunal civil pour les autres personnes morales. Toutefois, les personnes morales de droit public, les partis ou groupements politiques, les syndicats et les institutions représentatives du personnel, ne peuvent faire objet de dissolution (art. 131-9 du C.P. français). Cette exclusion se comprend aisément en droit de propriété industrielle, puisque par principe ces personnes morales ne peuvent se livrer à des atteintes illicites.

2349 Art. 223 de l'AU DSC et du GIE.

2350 DREYER (E.), op.cit, p. 962.

2351 VERMELLE (V.G.), « La dissolution d'un groupement », in *Mélanges AUBERT*, Paris, Dalloz, 2005, p. 509.

commerciale ou industrielle. L'interdiction n'est donc pas limitée à la seule activité, à l'occasion de laquelle l'infraction, c'est-à-dire l'atteinte au signe distinctif, a été commise. Tout comme pour les personnes physiques, l'interdiction qui peut être ordonnée par le juge est une peine complémentaire, et constitue donc un substitut aux peines principales[2352].

Mais, il peut être opposé à cette peine, sa réelle efficacité, tant sa mise en œuvre n'est pas évidente. En effet, l'efficacité de cette sanction pénale suppose, tout d'abord qu'il y ait une autorité administrative ou judiciaire qui s'assure de ce que la société, dont les activités ont été interdites par le juge, a exécuté réellement sa peine, ce qui est loin d'être évident dans les pays de l'espace OAPI, où l'Etat, la plupart du temps, est encore embryonnaire, dans sa capacité de contrôle de l'efficacité des décisions de justice autres que les peines d'emprisonnement. Ensuite, les dirigeants de la personne morale, qui a fait l'objet de l'interdiction d'exercer une activité commerciale, peuvent bien créer une autre société et reprendre donc les mêmes activités commerciales ou industrielles, sous une nouvelle dénomination.

Mais, les observations faites à la fermeture de l'établissement sont transposables ici[2353]. Le discrédit et l'opprobre que charrie la décision d'exercice de l'activité professionnelle peuvent être tels que la peine d'interdiction pourra sortir son plein et entier effet, qui est de dissuader le contrefacteur, en évitant la récidive[2354].

Le législateur OAPI devra donc l'intégrer dans l'arsenal juridique offert au juge, pour une meilleure protection des signes distinctifs. Aussi peut-il ordonner une surveillance judiciaire, pour une plus grande efficacité.

La peine de surveillance judiciaire est propre aux personnes morales[2355]. Elle n'est pas prévue par le législateur OAPI. Pourtant, elle peut être d'une grande efficacité dans la lutte contre la contrefaçon, puisque son but premier est d'éviter la récidive. En effet, le placement sous surveillance judiciaire consiste à priver temporairement les organes de gestion de la personne morale, dans le domaine d'activité à l'occasion duquel l'infraction a été commise[2356].

Ainsi, les dirigeants agissent sous le contrôle d'un mandataire judiciaire qui rend compte au juge, tous les six mois au moins, de l'application des peines de sa mission[2357]. Cette peine s'analyse, pour la personne morale, en une sorte d'équivalent de la peine de sursis, avec mise à l'épreuve, applicable aux personnes physiques[2358].

2352 BOULOC (B.), op.cit, p. 495.
2353 V. supra, pp. 185-186.
2354 DESPORTES (F.), LE GUNEHEC (F.), op.cit, p. 835.
2355 DREYER (E.), op. cit, p. 963.
2356 Idem.
2357 Art.131-39 du C.P.
2358 DESPORTES (F.), LE GUNEHEC (F.), op.cit, p. 835.

Aussi, les peines de fermeture de l'établissement ou d'interdiction d'une activité commerciale ou industrielle peuvent-elles être assorties de surveillance judiciaire. Le mandataire, en vue de contrôler le comportement de la personne morale, aux fins de prévenir la récidive, peut s'assurer de ce qu'elle ne se livre plus à des actes illicites attentatoires aux droits du propriétaire du signe distinctif[2359].

De ce qui précède, on peut noter que, s'appuyant uniquement sur les règles d'évaluation du préjudice, dégagées par la responsabilité civile, les juridictions civiles réparent de manière inadéquate le dommage né de l'atteinte aux signes distinctifs. Il en est de même du juge pénal, puisque celui-ci ne peut s'affranchir, dans le cadre de l'action civile, des règles de la responsabilité civile dans l'évaluation du préjudice subi par la victime. Aussi, une protection satisfaisante impose-t-elle de recourir, dans l'évaluation du préjudice, non seulement à des dommages et intérêts restitutoires ou forfaitaires, comme en droit français mais, également, d'opter pour une approche renouvelée des dommages et intérêts, qui permet de prendre en considération les dommages et intérêts punitifs ou prophylactiques, afin de dissuader l'auteur de l'atteinte d'avoir à recommencer. Les sanctions pénales ne pallient pas l'efficacité relative du juge civil. Les peines principales, édictées par le législateur OAPI, que sont les peines privatives de liberté ou l'amende ainsi que les peines complémentaires, sont d'une efficacité relative. En effet, si elles ne sont pas anecdotiques, elles sont peu dissuasives.

2359 DREYER (E.), op.cit, p. 962.

CONCLUSION GENERALE

La protection contre les atteintes aux droits sur les signes distinctifs, dans l'espace OAPI, n'est pas efficiente, en ce qu'elle est assez relative. Cette position, qui est l'hypothèse de notre étude, est doublement vérifiée.

Premièrement, les droits sur lesdits signes s'acquièrent de manière duale, sinon inégalitaire. Si les modes d'acquisition du nom commercial, de l'indication géographique et, surtout, de la marque sont organisés par le législateur OAPI, celui-ci s'est gardé de régir l'acquisition du droit de la propriété industrielle sur l'enseigne, le nom de domaine et la dénomination commerciale.

Aussi, les premiers s'acquièrent-ils par leur enregistrement. La procédure d'enregistrement prévoit qu'à la suite d'une demande soumise à l'OAPI par le déposant, l'Organisation décide, après examen, d'accéder ou non à ladite demande. Lorsqu'elle y accède, le droit de propriété naît de manière rétroactive, à la date de dépôt de la demande[2360].

Le but avoué par cette institution est d'assurer une meilleure protection au titre. Mais, à la vérité, on en est loin. Alors même qu'un corps de règles spéciales a été édicté, les signes reçoivent, paradoxalement, une protection inférieure à celle que peut recevoir un propriétaire de bien, en droit commun de la propriété. Leur nature incorporelle ne peut seule justifier cette fragilité. Celle-ci réside essentiellement dans les lacunes même de l'ABR. En effet, déjà l'examen de la demande auquel se livre l'OAPI est assez superficiel, en ce qu'il ne porte ni sur l'antériorité, ni, le plus souvent, sur les caractères déceptif ou banal du signe. Aussi, même s'il est enregistré, le signe peut-il être valablement attaqué par la voie de l'opposition. Pis, au cas même où celle-ci ne prospère pas ou est rejetée par la Commission Supérieure de Recours, le titre n'est pas pour autant consolidé ou à l'abri des contestations. Il peut, en effet, être toujours remis en cause, soit par la voie de l'action en nullité, soit par celle de l'action en revendication.

Lorsque le monopole d'exploitation ne lui est pas valablement contesté, le titulaire du signe jouit, sur sa propriété, d'un droit absolu d'exploitation. Ce

---

2360 Art.14 al.3 de l'Annexe III de l'ABR.

droit lui confère l'absoluité de l'exploitation de son signe, à l'exclusion de toute autre personne. Il peut, par conséquent, concéder l'exploitation à un tiers. Mais, nonobstant ces caractères, ce droit reste assez fragile, en ce qu'il n'est ni véritablement absolu, ni réellement perpétuel, dérogeant ainsi au droit commun de la propriété. Aussi, malgré le droit exclusif du propriétaire du signe, celui-ci peut-il être exploité concomitamment par d'autres concurrents qui ont les mêmes homonymes que le signe, ou aux fins de publicité comparative, d'usage nécessaire, pour indiquer la destination d'un produit ou service ou, encore, l'usage, à des fins génériques ou descriptives, ainsi que par l'effet de l'épuisement des droits. De même, le droit de propriété n'est pas perpétuel, parce qu'il est subordonné à l'accomplissement d'une procédure de renouvellement décennale. Ainsi, la propriété n'est jamais définitivement acquise au titulaire du signe qui est, soit assigné à une veille administrative, soit à une veille empirique, pour éviter la dégénérescence de son signe. Les droits qui naissent de l'enregistrement sont donc incertains, voire volatiles. La protection judiciaire est ainsi rendue plus ardue.

En revanche, la propriété de l'enseigne, de la dénomination sociale, du nom de domaine, est acquise au premier usager[2361]. Ces signes ne reçoivent pas une protection spécifique de l'OAPI. Ils sont soumis, en cas d'atteinte, au droit commun de la réparation, qui prend la forme de l'action en concurrence déloyale. Toutefois, cette action peut également être initiée par les titulaires des signes qui font l'objet d'enregistrement, lorsque l'atteinte est distincte de l'action en contrefaçon ou de l'atteinte illégitime, au titre de propriété industrielle. Ainsi, les signes distinctifs qui naissent exclusivement de l'usage, ne bénéficient que d'une protection fragmentaire ou atténuée, car l'action en concurrence déloyale n'est autre que l'action en responsabilité traditionnelle, initiée sur le fondement des articles 1382 et suivants du code civil. Ils sont, dès lors, privés de la protection du juge pénal, en cas d'atteinte au droit exclusif du titulaire du signe.

La protection n'est également pas rendue efficiente par l'appréhension aisée des atteintes. Le législateur OAPI a expressément interdit et, par voie de conséquence, réprimé diverses atteintes aux signes distinctifs, en opérant une distinction fonctionnelle entre les atteintes avec risque de confusion et les atteintes sans risque de confusion. Ainsi, comme on peut le prévoir, les atteintes avec risque de confusion sont celles qui, pour être réalisées, ne nécessitent pas, de la part du consommateur une attention moyenne, n'ayant pas simultanément les deux signes sous les yeux, un risque de confusion. Il s'agit essentiellement de la reproduction et de l'usage. En revanche et, *a contrario,* les atteintes avec risque de confusion sont celles qui ne sont établies

---

2361 Toutefois, aux termes de l'article 3 al.1er de l'Annexe V de l'ABR, la propriété industrielle du nom commercial peut être également acquise par le premier qui en fait usage.

que du moment où les signes ou produits contrefaisants entraînent ou sont susceptibles d'entraîner une confusion dans l'esprit du consommateur d'attention moyenne. Ces atteintes sont constituées, au travers des actes d'imitation, de concurrence déloyale ou de parasitisme.

Les actes de contrefaçon, donc les actes d'atteintes illégitimes au titre de propriété industrielle, engagent la responsabilité de leur auteur, sans même qu'une faute lui soit reprochée. Il s'agit d'une responsabilité objective qui se détache ou, parfois, complète celle fautive, opposable à celui qui a commis un acte de concurrence déloyale ou de parasitisme, donc à celui qui, sans porter atteinte au droit exclusif du titulaire du titre de propriété intellectuelle délivré par l'OAPI, ne s'est néanmoins pas comporté en commerçant honnête.

Les diverses atteintes sont difficilement saisissables. En effet, leurs contours peinent à être cernés, parce que si certaines ont été prévues par l'ABR, le législateur OAPI s'est contenté d'énumération, sans fournir au juge les balises nécessaires à une application satisfaisante.

La protection contre les atteintes peut être assurée aussi bien par le juge pénal que par le juge civil. Toutefois, ce dernier reste seul compétent pour réprimer les atteintes constitutives de concurrence déloyale ou de parasitisme. Cette compétence matérielle, tout comme la compétence territoriale, sont déterminées conformément au droit commun mais, également et, surtout, en vertu de l'ABR, qui a complexifié les règles de procédure en assouplissant la mise en œuvre par le contrefacteur des exceptions de procédure, comme l'incompétence territoriale et l'exception de connexité, ou les règles de forclusion en édictant la déchéance par forclusion. Aussi, plus qu'en droit commun, le titulaire du signe distinctif est-il exposé aux moyens de fond ou de forme, que peut lui opposer le contrefacteur, pour combattre l'action en contrefaçon ou les actions initiées contre les atteintes au droit de nom commercial ou d'indication géographique.

Secondement, la réparation du préjudice subi par le titulaire du signe obéit, devant le juge civil ou même devant les juridictions pénales statuant sur l'action civile, à des règles régissant la responsabilité civile. Celles-ci sont inadéquates pour assurer une protection suffisante et efficace au propriétaire du signe distinctif. La réparation indemnitaire portée par la responsabilité civile est, notamment, gouvernée par les principes de la réparation intégrale et de l'indifférence de la gravité de la faute. Cette double exigence dans la réparation du préjudice n'est pas suffisamment dissuasive pour le contrefacteur qui, en raison de l'énorme profit qu'il tire de la contrefaçon, pourrait être tenté d'attenter aux droits du titulaire du signe, sachant pouvoir en tirer un profit considérable, même après le paiement des dommages et intérêts, ou l'exécution de la condamnation en nature.

Le juge pénal n'est pas plus efficace dans la protection judiciaire des signes distinctifs et, plus exactement, de la marque, du nom commercial enregistré et de l'indication géographique. En effet, en plus de ce que des atteintes aussi récurrentes et graves que la reproduction des signes distinctifs ne sont pas expressément réprimées, les peines édictées par le législateur OAPI sont insuffisantes, à plusieurs titres. A l'abord, l'assiette de ces peines est souvent inadéquate. Ainsi, par exemple, le montant maximum des amendes est assez dérisoire, surtout que, la plupart du temps, les tribunaux se contentent de condamner les contrefacteurs à de simples peines d'amende. Le montant est d'autant dérisoire que le législateur OAPI n'a pas prévu, comme en droit français, que le montant des amendes puisse être quintuplé, lorsque le contrefacteur est une personne morale. Ensuite, certaines peines, comme la privation de droits, ne sont que symboliques, alors que d'autres, qui pourraient porter sur la dissolution de la société ou la fermeture de l'établissement du contrefacteur, sont inconnues du droit OAPI. Ainsi, les peines édictées en droit des signes distinctifs, dans l'espace OAPI, peinent à atteindre leurs fonctions et leurs caractères infamant, afflictif, rétributif et dissuasif.

Aussi, la protection contre les atteintes aux droits sur les signes distinctifs est-elle insatisfaisante, c'est-à-dire passablement efficace. Une protection efficace postule donc des solutions adéquates qui garantissent l'exclusivité, dans les limites légales, des droits des titulaires des signes distinctifs.

La protection juridique et judiciaire accordée à l'enseigne, à la dénomination sociale et au nom de domaine est unijambiste. Elle doit, en conséquence pouvoir reposer sur deux pieds : celle de l'action en concurrence déloyale et celle de l'action en contrefaçon. Celle-ci doit pouvoir être étendue à ces signes distinctifs, surtout l'enseigne qui, dans la pratique, est plus usitée dans l'espace OAPI. Cette protection, qui viendrait compléter celle de l'action en concurrence déloyale, autorisera les titulaires de ces signes à bénéficier de la protection du juge pénal. En dépit de ses limites, cette protection reste la plus dissuasive, donc la plus efficace dans la lutte contre les atteintes.

Même si la procédure d'enregistrement est étendue aux signes suscités, l'enregistrement ne peut produire réellement ses effets protecteurs que si l'examen de la demande auquel se livre l'OAPI est plus complet et plus approfondi. Ainsi, l'OAPI doit se muer en organe d'assistance du déposant, en examinant, non seulement la forme de la demande mais, également, l'antériorité, la licéité, la distinctivité du signe, afin de prémunir le propriétaire de toute atteinte, de sorte que la spécialité du droit de propriété des signes distinctifs ne s'éloigne, pas plus qu'il n'en faut, du droit commun de la propriété.

De même, encore, il s'impose que le juge territorialement compétent, qui est saisi de l'action en contrefaçon, et le juge qui connaît de l'action initiée en contestation d'une saisie-contrefaçon, soient le même. Cette solution, déjà recueillie par le droit français, a l'avantage non seulement de soumettre le contentieux à un même juge mais, également et, surtout, de limiter considérablement les exceptions de procédure comme par exemple, l'exception de connexité, que peut soulever le contrefacteur pour paralyser ou retarder l'instance.

S'inspirant toujours du droit français, une spécialisation des juridictions nationales dans le contentieux de la contrefaçon ou de l'atteinte aux signes distinctifs et, plus largement, aux droits de la propriété intellectuelle, devient une exigence d'une protection judiciaire efficiente. Le juge spécialisé a la compétence et l'expérience nécessaires pour assurer une protection efficiente, que le juge qui, entre plusieurs dossiers, les uns les plus éloignés que les autres de la propriété industrielle, est appelé à statuer sur un litige ayant pour objet les signes distinctifs. Ce juge, écartelé entre plusieurs matières, ne peut approfondir les règles qui organisent les signes distinctifs pour en garantir la protection. Dans la même logique, les compétences de la Commission Supérieure de Recours doivent être étendues, pour en faire une juridiction supranationale qui connaît, en cassation, des litiges de propriété intellectuelle. En droit des affaires, cette solution est déjà approuvée par l'OHADA, qui a désigné la CCJA pour être la juridiction de Cassation. La suggestion a le mérite, tout comme en droit commun, d'obtenir d'une juridiction suprême, de surcroît, spécialisée, la garantie du respect de la loi et l'unité d'interprétation[2362] de l'ABR.

Nonobstant une spécialisation, la protection ne peut être optimale que si, au plan civil, l'ABR recourt à une approche renouvelée, dans l'évaluation des dommages et intérêts à allouer au propriétaire d'un titre de propriété industrielle. Ainsi, il doit être alloué au titulaire des produits ou services contrefaisants des dommages et intérêts restitutoires. Ce mécanisme d'évaluation a le principal avantage de priver le contrefacteur du bénéfice que pourrait lui procurer l'atteinte illicite. Au-delà, il est indispensable, dans la recherche d'une protection efficiente de faire bouger encore plus les lignes de la responsabilité civile, en prévoyant des dommages et intérêts punitifs. Ceux-ci, qui relèvent de la peine privée, visent, en effet, non pas une simple réparation du préjudice subi, mais à punir le contrefacteur en le frappant rudement dans son patrimoine, de sorte à le dissuader d'avoir à commettre les mêmes atteintes. La protection juridique et judiciaire ne peut donc qu'être plus efficace, surtout que, alternativement voire cumulativement à ces dommages et intérêts, il peut être envisagé des dommages et intérêts prophylactiques. Ces dommages et intérêts qui sont tournés vers le futur, poursuivent la prévention d'atteintes qui, sans être entièrement réalisées, sont néanmoins certaines d'advenir. Au plan pénal, les sanctions privatives de liberté doivent être élevées, afin que le maximum soit porté à cinq ans et au double de cette peine, en cas de récidive. De même, les peines d'amende doivent être considérablement augmentées en leur quantum, de sorte que le minimum de cette peine soit de FCFA dix

[2362] CORNU (G.), *Vocabulaire juridique*, op.cit. V° Cassation.

millions et le maximum de FCFA vingt millions. Pour les personnes morales, le montant de l'amende doit être porté à son quintuple.

Ces solutions ne peuvent être intégrées à l'ABR, qu'à l'occasion d'une réforme qui s'avère de plus en plus nécessaire. En effet, la réforme de 1999 est essentiellement intervenue pour intégrer dans l'ABR les nouvelles règles édictées par l'ADPIC[2363]. Depuis lors, l'environnement juridique et économique des signes distinctifs a énormément évolué, notamment, par l'accroissement et la sophistication des actes de contrefaçon. Il est donc nécessaire, à l'instar d'autres systèmes juridiques, d'adopter de nouvelles règles qui répondent aux nouveaux enjeux des signes distinctifs[2364].

Cependant, en attendant la réforme, le juge doit suppléer les carences de l'ABR par une œuvre prétorienne créatrice de droit qui, pour être intelligible, devra faire de larges emprunts au droit français de la propriété industrielle, qui a l'avantage d'être plus assis et plus éprouvé que celui de l'espace OAPI.

En plus des solutions proposées supra, l'efficacité de la protection impose une meilleure connaissance de l'œuvre prétorienne en matière de signes distinctifs des juridictions nationales de l'espace OAPI. Celle-ci, en plus de ce qu'elle est peu connue et isolée, reste fragmentaire. Cette situation ne favorise pas une interprétation harmonisée de l'ABR, surtout qu'en raison de la barrière de la langue, l'activité des juridictions des pays hispanophone et lusophone reste inconnue des pays francophones. Le constat inverse peut être également établi.

A cette fin, ne faudra-il pas chercher à saisir, au travers d'une étude, les principes de l'œuvre prétorienne des juridictions nationales de l'espace OAPI ?

[2363] SANTOS (A.P.), op.cit, p. 4.

[2364] GEIGER (C.), Avant-propos introductif, in GEIGER (C.), SCHMIDT-SZALEWSKI (J.), (dir.), *Les défis du droit des marques au XXIème siècle, Actes du Colloque en l'honneur du Professeur Yves REBOUL*, Strasbourg, LexisNexis-Litec, Coll. CEIPI, n°56, 2010, p. 9. Le droit des marques, comme l'ensemble du droit de la propriété intellectuelle, connaît une mutation sans précédent, en ce début du 21e siècle. Ce n'est pas surprenant, dans la mesure où l'avenir de l'économie et le bien-être de nos sociétés dépendent désormais de l'immatériel et que le droit de la propriété intellectuelle est censé encadrer ce mouvement. La concurrence est rude et désormais globalisée, de sorte que le droit ne peut être pensé que dans un cadre supranational, c'est-à-dire européen voire international. Ceci constitue un défi supplémentaire pour les droits historiquement liés à un certain territoire et des traditions nationales. V. aussi, GEIGER (C.), RODA (C.), préface, in *Le droit de la propriété industrielle dans un monde globalisé, mélanges en l'honneur du Professeur Joanna SCHMIDT-SZALEWSKI*, Strasbourg, LexiNexis, Coll. CEIPI, n°61, 2014.

BIBLIOGRAPHIE

I- OUVRAGES

A- Ouvrages Généraux

- AISSO-ESSO (A.M.), DIOUF (N.), *Recouvrement des créances*, Bruxelles, Bruylant, 2002, 254 p.
- ALLIARD (A.), *Histoire de la justice criminelle au XVIe siècle*, Gaud, 1868.
- ANOUKAHA (F.), CISSE (A.), DIOUF (N.), NGUEBOU TOUKAM (J.), POUGOUE (P.-G.), SAMB (M.), *OHADA, Sociétés commerciales et G.IE.*, Bruxelles, Bruylant, 2002, 589 p.
- ATIAS (C.), *Philosophie du droit*, Paris, PUF, Coll. Thémis Droit, 2e éd., 2004, 366 p.
- AUBERT (J.-L.), *Introduction au droit et thèmes fondamentaux du droit civil*, Arnaud Colin, 2000, 344 p.
- AZEMA (J.), *Droit français de la concurrence*, Paris, PUF, Thémis droit, 1989.
- BACH, *Droit civil : Introduction à l'étude du droit, les personnes physiques, la famille, les biens, les obligations, les sûretés*, Paris, Sirey, t.1, 13e éd., 1999, 671 p.
- BEGUIN (J.), MENJUCQ (M.), *Droit du commerce international,* Paris, Litec, 2005, 1119 p.
- BERGEL (J.-L.), *Théorie générale du droit*, Paris, Dalloz, Coll. Méthode du droit, 5e éd., 2012, 399 p.
- BLOCH (C.), *La cessation de l'illicite*, Paris, Dalloz, Coll. Nouvelle Bibliothèque des thèses, Vol. 71. 2008.

- BOULOC (B.), *Droit pénal général*, Paris, Dalloz, Précis, 23e éd., 2013, 742 p.
- BRANDRAC (V.M.), *La nature juridique de la prescription extinctive en matière civile*, Paris, Economica, 1986, 245 p.
- BUFFELAN-LANORE (Y.), LARRIBAU-TERNEYRE (V.), *Droit civil, les obligations,* Paris, Sirey, 12e éd., 2010, 984 p.
- BUFFELAN-LANORE (Y.), LARRIBAU-TERNEYRE (V.), *Droit civil, les obligations*, Paris, Sirey, 13e éd. 2012, 1028 p.
- CADIET (L.), JEULAND (E.), *Droit judiciaire privé*, Manuel, Paris, LexisNexis, 8e éd., 2013, 883 p.
- CADIET (L.), NORMAND (J.), AMRANI MEKKI (S.), *Théorie générale du procès*, Paris, PUF, Thémis droit, 2e éd., 2013, 997 p.
- CADIET (L.), *Code de procédure civile français*, Paris, LexisNexis, 2014, 2849 p.
- CARBONNIER (J.), *Le procès et le jugement, Cours polycopié de sociologie juridique*, Paris, Association des étudiants en droit, 1961-1962, 268 p.
- CARBONNIER (J.), *Droit civil, introduction-les personnes, la famille, l'enfant, le couple*, Paris, PUF, 2004, 1496 p.
- CARBONNIER (J.), *Droit civil, introduction,* Paris, PUF, Vol 1, 2004.
- CARBONNIER (J.), *Flexible droit, pour une sociologie du droit sans rigueur*, Paris, LGDJ, 10e éd., 2001, 493 p.
- CARRE DE MALBERG, *Contribution à la théorie générale de l'Etat*, Paris, Librairie du recueil Sirey, t.1, 1920-1921, 837 p.
- CHAPUS (R.), *Droit administratif général*, Paris, Montchrestien, t.1, 15e éd., 2001, 1427 p.
- CHARTIER (Y.), *La réparation du préjudice*, Paris, Dalloz, 1983, 1050 p.
- CORNU (G.), *Droit civil, introduction-les personnes-les biens*, Paris, Montchrestien, 12e éd., 2005, 733 p.
- CORNU (G.), *Droit civil, Introduction au droit*, Paris, Montchrestien, 13e éd., 2007, 277 p.
- CORNU (G.), *Droit civil, les biens*, Paris, Montchrestien, 13e éd., 2008, 377 p.
- CORNU (G.), « *Regards sur le titre III, livre III du Code Civil* » *des contrats pour des obligations conventionnelles en général, essai de lecture d'un titre du code*, Paris, Editions les Cours du droit, 1976, 76 p.

- COUCHEZ (G.), LANGLADE (J.-P.), LEBEAU (D.), *Procédure civile*, Paris, Dalloz, 1998, 610 p.
- COZIAN (M.), VIANDIER (A.), *Droit des sociétés*, Paris, Litec, 5e éd., 1992, 578 p.
- COZIAN (M.), VIANDIER (A.), *Droit des sociétés*, Paris, Litec, 17e éd, 2004, 656 p.
- CUSSON (M.), *Le contrôle social du crime*, Paris, PUF, Coll. Sociologie, 1983, 342 p.
- DABIN (J.), *Théorie générale du droit*, Paris, Dalloz, 1969, 425 p.
- DE LA MANIERE (E.S.), *Eléments de méthodologie juridique*, Paris, Librairie du journal des notaires et des avocats, 1976.
- DELEBECQUE (Ph.), PANSIER (F.-J.), *Droit des obligations, responsabilité civile-Délit et quasi-délit*, Paris, LexisNexis, 5e éd., 2011, 364 p.
- DEMOGUE (R.), *Les notions fondamentales du droit privé,* Mayenne, La mémoire du droit, 2001, 681 p.
- DESPORTES (F.), LE GUNEHEC (F.), *Droit pénal général*, Paris, Economica, Coll. Corpus Droit Privé, 16e éd., 2009, 1248 p.
- DJOGBENOU (J.*), L'exécution forcée, Législation béninoise et droit ohada*, Cotonou, JURIS OUANILO, Coll. Droit Posé, 2006, 301 p.
- DJOGBENOU (J.), (dir*), Code de procédure pénale du Bénin, commenté et annoté*, Cotonou, CREDIJ, 2013, 1115 p.
- DOUCET (J.-P.), *L'indexation*, Paris, LGDJ, 1965. 277 p.
- DROSS (W.), *Droit civil, les choses*, Paris, LGDJ, 2012, 982 p.
- DUPICHOT (J.), *Des préjudices réfléchis nés de l'atteinte à la vie ou à l'intégrité corporelle*, Paris, LGDJ, 1969, 311 p.
- ESPAGNO (D.), *Léon DUGUIT : de la sociologie et du droit*, Le Mans, Toulouse, L'Epitoge-Lextenso, Coll. Histoire du droit, 2013, 188 p.
- EWALD (F.), GARAPON (A.), MARTIN (G. J.), WATT (H.M.), MATET (P.), MOLFESSIS (N.), NUSSEMBAUM (M.), *Les limites de la réparation du préjudice,* Paris, Dalloz, Coll. Thèmes & Commentaires Actes, 2009, 453 p.
- FAUCONNET (P.), *La responsabilité, étude de sociologie*, Paris, Alcan, 1920, 400 p.
- FLOUR (J.), AUBERT (J.-L.), SAVAUX (E.), *Droit civil, les obligations* 2, *le fait juridique*, Paris, Sirey, Coll. Sirey Université, 14e éd., 2011.

- FRANÇON (A.), *Cours de propriété littéraire, artistique et industrielle*, Paris, Litec, les cours du droit, 1999, 303 p.
- FRISON-ROCHE (M.-A.), *Droit de la concurrence*, Paris, Dalloz, Précis, 1re éd., 2008, 451 p.
- GARÇON (E.), *Le droit pénal, origines, évolution, état actuel*, Paris, Payot, 1922.
- GAUDEMET (E.), *Théorie générale des obligations*, Paris, Dalloz, 2008, 508 p.
- GRARE (V.C.), *Recherche sur la cohérence de la responsabilité délictuelle, L'influence des fondements de la responsabilité sur la réparation*, Dalloz, Nouvelle Bibliothèque des thèses, Paris, Dalloz, Vol.45, 436 p.
- GRAYOT (V.S.), *Essai sur le rôle des juges civils et administratifs dans la prévention des dommages*, Paris, LGDJ, Coll. Bibliothèque de droit privé, t. 804, 2009, 644 p.
- GUINCHARD (S.), *Droit et pratique de la procédure civile, droit interne, droit communautaire,* Paris, Dalloz-Action, 6e éd, 2009-2010, 1577 p.
- GUINCHARD (S.), CHAINAIS (C.), DELICOSTOPOULUS (C.S.), DELICOSTOPOULUS (J.S.), DOUCHY-OUDOT (M.), FERRAND (F.), LAGARDE (X.), MAGNIER (V.), RUIZ FABRI (H.), SINOPOLI (L.), SOREL (J-M.), *Droit processuel, droits fondamentaux du procès*, Paris, Dalloz, Précis, 7e éd., 2013, 1493 p.
- GUINCHARD (S.), MONTAGNIER (G.), VARINARD (A.), DEBARD (Th.), *Institutions juridictionnelles*, Paris, Dalloz, Précis, 12e éd., 2013,1098 p.
- GUYON (Y.), *Droit des Affaires, Droit commercial général et Sociétés*, Paris, Economica, 9e éd., t.1, 1996, 1016 p.
- JOSSERAND (L.), *Cours élémentaire de droit civil*, Paris, Librairie du recueil Sirey, t.1, 1939.
- KILLEY (M.), *Leçons d'histoire de la philosophie du droit*, Paris, Dalloz, réédition, 2002.
- LAMBERT-BAIVRE (Y.), PORCHY-SIMON (S.), *Droit du dommage corporel, systèmes d'indemnisation*, Paris, Dalloz, Précis, 7e éd., 2011, 944 p.
- LE TOURNEAU (Ph.), (dir.), *Droit de la responsabilité et des contrats, régimes d'indemnisation*, Paris, Dalloz, Coll. Dalloz-Action, 10e éd., 2014-2015, 2264 p.

- LE TOURNEAU (Ph.), CADIET (L.), *Droit de la responsabilité,* Paris, Dalloz- Sirey, Coll. Dalloz-Action, 1996, 938 p.
- LEFEBVRE (F.), *Mémentos pratique Francis LEFEBVRE, Juridique, fiscal, social, comptable*, Francis Lefebvre, 2001-2002,1385 p.
- LEFEBVRE (F.), *Mémentos pratique Francis LEFEBVRE, Juridique, fiscal, social, comptable*, Francis Lefebvre, 2008-2009,1446 p.
- MAINGUY (D.), RESPAUD (J.-L.), DEPINCE (M.), *Droit de la concurrence,* Manuel, Paris, Litec, 2010, 355 p.
- MALAURIE (Ph.) AYNES (L.), STOFFEL-MUNCK (Ph.), *Les obligations* : *Le régime général,* Défrénois, Sirey, 2e éd, 2005, 1846 p.
- MALAURIE-VIGNAL (M.), *Droit de la concurrence interne et européen*, Paris, Sirey, 5e éd., 2011, 351 p.
- MALINVAUD (Ph.), *Introduction à l'étude du droit*, Paris, Litec, 11e éd., 2006, 442 p.
- MARTY (G.), RAYMOND (P.), JESTAZ (P.), *Droit civil, les obligations*, *le régime,* t.2, 2e éd., 1989.
- MAYAUD (Y.), *Droit pénal général*, Paris, PUF droit, Coll. Droit fondamental, 4e éd., 2013, 699 p.
- MAZEAUD (H.), MAZEAUD (L.), MAZEAUD (J.), CHABAS (F.), *Leçons de droit civil : Obligations, théorie générale*, Paris, Montchrestien, 9e éd., t.II, vol. 1, 1998, 1353 p.
- MAZEAUD (H.), MAZEAUD (L.), MAZEAUD (J.), CHABAS (F.), *Introduction à l'étude du droit* , Paris, Montchrestien, 9e éd., 1989, 932 p.
- MERLE (Ph.), *Droit commercial, sociétés commerciales*, Paris, Dalloz, Précis, 7e éd., 2000, 894 p.
- OPPETIT (B.), *Philosophie du droit*, Paris, Dalloz, Précis, 1re éd., 2006, 156 p.
- PELISSIER (J.), AUZERO (G.), DOCKES (E.), *Droit du travail*, Paris, Dalloz, Précis, 26e éd., 2012, 1480 p.
- PERROT (R.), *Droit judiciaire privé*, Leçons de droit, Paris, 1980, fasc.I.
- PERROT (R.), *Droit judiciaire privé*, Cours de droit, Paris, 1981.
- PERROT (R.), *Institutions judiciaires*, Paris, Montchrestien, 10e éd., 2002, 523 p.
- PICARD (J.), *Le droit pur*, Paris, Ernest Flammarion, 1908.

- POUGOUE (P.-G.), *Encyclopédie du droit OHADA*, Lamy, 2011, 2174 p.
- PRADEL (J.), BELIVEAU (P.), *La justice pénale dans les droits canadien et français*, Blais (Montréal) et CUJAS (Paris), 1986, 298 p.
- PRADEL (J.), *Procédure pénale*, Paris, CUJAS, 17e éd., 2013, 975 p.
- PRADEL (J.), *Droit pénal général*, Paris, CUJAS, 19e éd., 2012, 756 p.
- RASSAT (M.-L.), *Droit pénal général*, Paris, ellipses, Coll. Cours magistral, 3e éd., 2014, 672 p.
- REVET (Th.), *La force du travail, étude historique*, thèse, Paris, Litec, 1992, 727 p.
- RIPERT (G.), *Les forces créatrices du droit*, Paris, LGDJ, 1955.
- RIPERT (G.), *Le déclin du droit, Etude sur la législation contemporaine*, Paris, LGDJ, 1998, 225 p.
- ROCHFELD (J.), *Les grandes notions du droit privé*, Paris, PUF, Coll. Thémis droit, 2013, 562 p.
- ROUBIER (P.), *Théorie générale du droit*, Paris, Sirey, 2e éd., 1951.
- ROUJOU DE BOUUBEE (M.-E), *Essai sur la notion de réparation*, Paris, LGDJ, Coll. Bibliothèque de droit privé, t.135. 1974.
- ROYER (G.), *L'efficience en droit pénal économique*, Paris, LGDJ, 2009, 542 p.
- SALLEILLES (R.), *L'individualisation de la peine*, Paris, Alcan 1927, 288 p.
- SANTOS (A.P.), *La gestion de la propriété intellectuelle*, Cours, formation des Magistrats et Assesseurs des Tribunaux de Commerce du Burkina-Faso, ERSUMA 2010, 51 p.
- SERIAUX (A.), *Le droit naturel*, Paris, PUF, Coll. « Que sais-je », 1999, 128 p.
- SOSSA (D.C.), DJOGBENOU (J.*), Introduction à l'étude du droit, perspectives africaines,* Cotonou, Crédij, 2012, 397 p.
- STARCK (B.), ROLAND (H.), BOYER (L.), *Les obligations, régime général*, Paris, LexisNexis, Coll. Manuel, 6e éd., t.3, 1999, 514 p.
- TARDE (G.), *La philosophie pénale*, Paris, Cujas, 1972, 578 p.
- TERRE (F.), (dir.), *Pour une réforme du droit de la responsabilité civile*, Paris, Dalloz, 2011, 224 p.
- TERRE (F.), SIMLER (P.), *Les biens*, 4e éd., 1992, 800 p.

- TERRE (F.), SIMLER (Ph.), *Droit civil, les biens*, Paris, Dalloz, Précis, 8e éd., 2010, 868 p.
- TERRE (F.), FENOUILLET (D.), *Droit civil, les personnes : Personnalité-Incapacité-Protection*, Paris, Dalloz, Précis, 8e éd., 2012, 934 p.
- TERRE (F.), SIMLER (Ph.), LEQUETTE (Y.), *Droit civil, les obligations*, Paris, Dalloz, Précis, 11e éd., 2013, 1594 p.
- VINCENT (J.), GUINCHARD (S.), *Procédure civile*, Paris, Dalloz, Précis, 27e éd., 2003, 1235 p.
- VINCENT (J.), MONTAGNIER (G.), VARINARD (A.), *La justice et ses institutions*, Paris, Dalloz, Précis, 1991, 767 p.
- VINEY (G.), *Le déclin de la responsabilité individuelle*, Paris, LGDJ, Coll. Anthologie du Droit, 2014, 416 p.
- VIZIOZ (H.), *Etudes de procédure,* Paris, Dalloz, 2011, 667 p.
- WEIL (A.), TERRE (F.), *Introduction générale au droit civil*, Paris, Dalloz, Précis, 4e éd., 1979, 500 p.
- WERY (P.), *L'exécution forcée en nature des obligations contractuelles non pécuniaires*, KLUWER, Coll. Scientifique de la faculté de droit de Liège, 1993, 421 p.

B- Ouvrages spéciaux

- ABELLO (A.), *La licence, instrument de régulation des droits de propriété,* Paris, LGDJ, 2008, 379p.
- AZEMA (J.), GALLOUX (J.-C.), *Droit de propriété industrielle*, Paris, Dalloz, Précis, 7e éd., 2012, 1109 p.
- BARNU (F.), *La vraie nature de l'innovation : pourquoi elle remet en cause les fondements de l'entreprise*, Paris, Lavoisier, Tec et Doc, 2010, 158 p.
- BERTRAND (A.R.), *Droit de marque, signes distinctifs-noms de domaine,* Paris, Dalloz, Coll. Dalloz action, 2005-2006, 523 p.
- BINCTIN (N.), *Droit de la propriété intellectuelle : Droit d'auteur, brevet, droits voisins, marque, desseins et modèles*, Manuel, Paris, LGDJ, 2e éd., 2012, 968 p.
- BLAISE (J.-B.), *Propriété intellectuelle et concurrence pour une (ré) conciliation*, Strasbourg, LexisNexis, IRPI, Coll. de l'IRPI, t. 40, 2012.
- BONNARD (H.), *La contrefaçon de marque*, Paris, Litec, 2008, 210 p.

- BOUCHE (N.), *Le principe de territorialité de la propriété intellectuelle,* Paris, l'Harmattan, 2002, 617 p.
- BOUVEL (A.), *Principe de spécialité et signes distinctifs*, Strasbourg, LexisNexis Litec, IRPI droit des affaires, 2004, 403 p.
- BRUGUIERE (J.-M.), (dir.), *Les modes alternatifs de règlement des litiges de propriété intellectuelle*, Paris, Dalloz, 2012, 163 p.
- BRUGUIERE (J.-M.), (dir.), *Les contrats de la propriété intellectuelle*, Paris, Dalloz, coll. La propriété intellectuelle autrement, 2013, 132 p.
- BUYDENS (M.), *La propriété intellectuelle. Évolution historique et philosophique*, Bruxelles, Bruylant, 2012, 490 p.
- CHIARINY-DAUDET (A.-C.), *Le règlement judiciaire et arbitral des contentieux internationaux sur brevets d'invention*, Paris, Litec, Coll. Bibliothèque de droit de l'entreprise, 2006, 472 p.
- CHAVANNE (A.), BURST (J.-J.), *Droit de la propriété industrielle*, Paris, Dalloz, Précis, 5e éd., 1998, 904 p.
- CHOUAKO (J. O.), *Les marques de produits ou services dans l'espace OAPI*, Berlin, EUE, 2011, 188 p.
- COHEN (D.), *Le droit des desseins et modèles*, Paris, Economica, Coll. Pratique du droit, 3e éd., 2009, 470 p.
- GAUMONT-PRAT (H.), *Droit de la propriété industrielle*, Paris, LexisNexis, Coll. Objectif droit cours, 3e éd., 2013, 277 p.
- GEIGER (Ch.), (dir.), *La contribution de la jurisprudence à la construction de la propriété intellectuelle en Europe,* Strasbourg, Coll. CEIPI, LexisNexis, n°60, 2013, 229 p.
- GEIGER (Ch.), RODA (C.), *Le droit de la propriété intellectuelle dans un monde globalisé, Mélanges en l'honneur du Professeur* Joanna *SCHMIDT-SZALEWSKI*, Strasbourg, LexisNexis, Coll. CEIPI, 2014, 425 p.
- GEIGER (Ch.), SCHMIDT-SZALEWSKI (J.), *Les défis du droit des marques au XIXe siècle, Actes du colloque en l'honneur du Professeur Yves REBOUL,* Strasbourg, LexisNexis, 2010, 201p.
- KERN (T.), *Les marchandises contrefaisantes : identifier, réagir, lutter*, Hollande, Lamy, Coll. Lamy Axe Droit, 2010, 234 p.
- LAPIL (A.), *Création et droits fondamentaux,* Paris, LGDJ, Coll. Bibliothèque du droit privé, t.554, 2014, 382 p.
- *Le contentieux de la propriété intellectuelle dans l'espace OAPI, Guide du Magistrat et des auxiliaires de justice*, OAPI, 1re éd., 2009, 98 p.

- LEVEQUE (F.), MENIERE (Y.), *Economie de la propriété intellectuelle*, Paris, La découverte, « Repères », 2003, 108 p.
- MANARA (C.), *Le droit des noms de domaine*, Strasbourg, LexisNexis, Coll. IRPI, n°19, 2012, 477p.
- MARECHAL (C.), *Concurrence et propriété intellectuelle*, Paris, Litec, Coll. IRPI, n°36, 475 p.
- MARINO (L.), *Droit de la propriété intellectuelle*, Paris, PUF, Thémis droit, 2013, 425 p.
- MATHELY (P.), *Le droit français des signes distinctifs*, Paris, JNA, 2001.
- MATHELY (P.), *Le droit français des signes distinctifs*, Paris, JNA, 2011.
- MATHELY (P.), *Le droit français des signes distinctifs*, Paris, JNA, 1984.
- MOUSSERON (J.M.), *Droit du brevet d'invention, contribution à une analyse objective*, Paris, LGDJ, 1961, 333 p.
- OAPI, *Le droit uniforme de la propriété intellectuelle en Afrique noire francophone, Coll. droit uniforme africain,* 2010, 353 p.
- PIOTRAUT (J.-L.), *Droit de la propriété intellectuelle*, Paris, ellipses, Coll. Référence-Droit, 2004, 240 p.
- POLLAK (N.), *Droit des marques, protéger, exploiter, défendre sa marque*, StudyramaPro, 2013, 237 p.
- POLLAUD-DULIAN (F.), *Propriété intellectuelle, la propriété industrielle*, Paris, Economica, Coll. Corpus droit privé, 2010, 1449 p.
- POLLAUD-DULIAN (F.), *Le droit d'auteur*, Paris, Economica, 2004, 1052 p.
- RODA (C.), *Les conséquences civiles de la contrefaçon des droits de propriété industrielle, droit français, belge, Luxembourgeois, allemand, anglais*, Strasbourg, Litec, Coll. CEIPI, 2011, 531 p.
- SCHMIDT-SZALEWSKI (J.), *Le droit des marques*, Paris, Dalloz, Coll. Connaissance du Droit, 1997, 122 p.
- SCHMIDT-SZALEWSKI (J.), PIERRE (J.-L.), *Droit de la propriété industrielle, Manuel*, Paris, Litec, 4e éd., 2007, 696 p.
- VERON (P.), (dir), *Saisie-contrefaçon*, Paris, Dalloz, 3e éd., 2013-2014, 642 p.
- VIVANT (V.), *Le droit des brevets*, Paris, Dalloz, Connaissance du Droit, 2e éd 2005, 142 p.

- VIVANT (M.), *Droit et économie de la propriété intellectuelle*, Paris, LGDJ, Coll. Droit & Economie, 2014, 178 p.

C- Manuels et Traités

- ATIAS (C.), *Droit civil, les biens*, Manuel, Paris, Litec, 11e éd., 2011, 440 p.
- BACACHE-GIBEILI (M.), *Traité de droit civil, les obligations, la responsabilité civile extracontractuelle*, Paris, Economica, Coll. Corpus Droit Privé, 2e éd, t.5, 2012, 968 p.
- BURDEAU (G.), *Traité de science politique*, Paris, LGDJ, t.VI, 1987, 810 p.
- BRY (G.), *Traité de propriété industrielle, littéraire et artistique, droit commercial complémentaire* Paris, Sirey, 3e éd., 1914, 822 p.
- COZIAN (M.), VIANDIER (A.), DEBOISSY (F.), *Droit des sociétés*, Manuel, Paris, Litec, 17e éd., 2004, 656 p.
- CROZE (H.), MOREL (C.) et FRADIN (O.), *Procédure civile, manuel pédagogique et pratique*, Paris, LexisNexis, Coll. Objectif Droit, 4e éd., 2008, 396 p.
- DECOCQ (A.), DECOCQ (G.), *Droit de la concurrence, droit interne et droit de l'Union Européenne*, Manuel, Paris, LGDJ, 5e éd., 2012, 650 p.
- DREYER (E.), *Droit pénal général*, Manuel, Paris, LexisNexis, 2e éd., 2012, 1228 p.
- DUGUIT (L.), *Traité de droit constitutionnel : la théorie générale de l'Etat*, Paris, 3e éd., t.2, 1922, 900 p.
- ESCARRA (E.), RAULT (J.), *Traité théorique et pratique de droit commercial, les sociétés commerciales, les contrats commerciaux*, Paris, Sirey, *t.1.*,1953 .
- GAUDEMET (E.), CEZAR-BRU (Ch.), *Traité théorique de procédure civile commerciale*, Paris I, Larose et I. Tenin, 3e éd, t.1, 1912.
- GHESTIN (J.), (dir), BERGEL (J.-L.), BRUSCHI (M.), CIMAMONTI (S.), *Traité de droit civil, les biens*, LGDJ, 2010, 2e éd., 777 p.
- GHESTIN (J.), GOUBEAUX (G.), *Traité de droit civil, introduction générale*, Paris, LGDJ, 2e éd, 1983, 757 p.
- GHESTIN (J.), (dir.), VINEY (G.), JOURDAIN (P.), *Traité de droit civil, les effets de la responsabilité,* Paris, LGDJ, 3e éd., 2011, 963 p.

- LEPAGE (A.), MAISTRE DU CHAMBON (P.), SALOMON (R.), *Droit pénal des affaires,* Manuel, Paris, LexisNexis, 3e éd., 2013, 894 p.
- MAZEAUD (H.), MAZEAUD (L.), MAZEAUD (J.), CHABAS (F.), *Traité théorique et pratique de la responsabilité civile, délictuelle et contractuelle*, Paris, Lextenso, Coll. Anthologie du Droit, t. III, Vol. 1, 6e éd, 2014, 932 p.
- PASSA (J.), *Traité de droit de la propriété industrielle : Marque et autres signes distinctifs, Dessins et modèles*, Paris, LGDJ, t.1, 2e éd., 2009, 1142 p.
- PASSA (J.), *Traité de droit de propriété industrielle : Brevets d'invention, protections voisines*, Paris, LGDJ, t.2, 2013, 1059 p.
- PLANIOL (M.), *Traité élémentaire de droit civil*, Paris, LGDJ, 5e éd., vol.1, 1910, 917 p.
- POTHIER (R.-J.), *Traité des obligations*, Paris, Dalloz, 2011, 468 p.
- RASSAT (M.L.), *Procédure Pénale, Ellipses, manuel université droit*, Paris, Ellipses, 2e éd., 2013, 800 p.
- RENOUARD (A.C.), *Traité des droits d'auteur dans la littérature, les sciences et les beaux arts,* Paris, Jules Renouard édition, t.1., 1838.
- RIPERT (G.), ROBLOT (R.), VOGUEL (L.), *Traité de droit des affaires, du droit commercial au droit économique*, Paris, LGDJ, t.1, 19e éd., 2010, 1242 p.
- ROUBIER (P.*), Le droit de la propriété, Traité*, Librairie de Recueil Sirey, t.2 : Partie spéciale, 1954.
- SAVATIER (R.), *Traité de responsabilité civile en droit français civil, administratif, professionnel, procédural*, 2 Vol. t.1 : *Les sources de la responsabilité civile*, Paris, 1951.
- SAVATIER (R.), *Traité de la responsabilité civile en droit français civil, administratif, professionnel, procédural* : *Conséquences et aspects divers de la responsabilité*, t.2., 2e éd., LGDJ, Paris, 1952.
- VITU (A.), *Traité de droit criminel, droit pénal spécial*, Paris, Cujas, 1982, 1350 p.
- VITU (A.), MERLE (R.), *Traité de droit criminel, problèmes généraux de la science criminelle, droit pénal général,* Paris, Cujas, 4e éd., t.1, 1981, 996 p.

II- ARTICLES ET REVUES

- ALVAREZ (M.), « Pluralité et diversité de personnes punissables en droit pénal du travail », *Dr. Soc.* N°6, juin 1986, pp. 506-514.
- AMRANI-MEKKI (S.), « Le droit processuel de la responsabilité civile », *in Etudes offertes à Geneviève VINEY, Liber amicorum,* Paris, LGDJ, 2008, pp. 1-22.
- ANCEL (M.), « Défendre la défense sociale ? » *RSC*, 1964.
- ANCEL (M.), « La prison pour qui ? aspects juridiques du problème », in Colloques du centenaire de la société générale des prisons et de législation criminelle, *Rev. Penit.et du droit pénal.* Bull.de la société générale des prisons, 100e année, 1976, pp. 702-719.
- ANCEL (M.), « Rapport de synthèse au congrès de Lecce », *RSC.*, 1967.
- AZEMA (J.), « Réflexions sur la distribution sélective », *in Mélanges offerts à Albert CHAVANNE* (A.), Paris, Litec, 1990, pp. 195- 200.
- AZEMA (J.), « L'incidence des dérives du parasitisme sur le régime des droits de propriété industrielle (à propos de quelques décisions récentes) », *in Mélanges offerts à Paul DIDIER, Etudes de droit privé,* Paris, Economica, 2008, pp. 1-9.
- BARBIER (P-H.), LALOST (R.), GRISON (Ch.), « La déchéance de la marque », Communication, *BICC*, Doctrine, Les éditions des journaux officiels, Cour de Cassation, n°723, 1er juin 2010, pp. 5-16.
- BOUZART (T.), « La loyauté dans la recherche de la preuve », in *Mélanges HUGUENEY (L.)*, Paris, Sirey, 1964.
- BROUSSEAU (S.), « L'indexation des rentes indemnitaires », *JCP* 1973. I.
- BURST (J.-C.), « une nouvelle cause de déchéance du droit sur la marque : la dégénérescence de la marque », in *Mélanges Jean FOYER*, Paris, PUF. 1997.
- BURST (J.-C.), « La reconstitution des « monopoles » de propriété industrielle par l'action en concurrence déloyale ou en responsabilité civile : mythe ou réalité », *Mélanges dédiés à Paul MATHELY,* Litec 1990.
- CABALLERO (V.F.), « Plaidons par procureur : de l'archaïsme procédural à l'action de groupe », *RTD civ,* 1985, pp. 247-276.
- CANLORBE (J.), « Contrefaçon de marque, usage illicite de marque », LexisNexis, 2010, Fasc. 7513, pp. 1-47.

- CARRE (S.), « Le rôle de la Cour de justice dans la construction du droit d'auteur de l'Union », in GEIGER (Ch.), *La contribution de la jurisprudence à la construction de la propriété intellectuelle en Europe*, Strasbourg, LexisNexis, Coll. du CEIPI, n°60, pp. 1-58.
- CARVAL (S.), « La réparation du dommage concurrentiel dans le droit français de la responsabilité : le point de vue d'un civiliste », *Rev. Concurrences*, n°2, 2014, pp. 52-59.
- CASTIER (M.-E), « Notion et fondement de la responsabilité du chef d'entreprise », in *MASSON, association française des juristes d'entreprise*, 1977.
- CATALA (P.), « Ebauche d'une théorie juridique de l'information, D.1984, pp. 15-31.
- CATALA (P.), « La propriété de l'information », in *Mélanges offert à Pierre Raymond*, Paris, Dalloz, Sirey, 1985, pp. 97-112.
- CHAVANNE (A.), « L'opposition dans la procédure du dépôt de marque », *in Mélanges en hommage à André BRETON et Fernand DERRIDA,* Paris, Dalloz, 1991, pp. 41-48.
- COURT DE FONTMICHEL (A.), « La sanction des fautes lucratives par des dommages et intérêts punitifs et le droit français », *Rev. Dr. Unif.*, 2005-4, pp. 737-758.
- COUVRAT (P.), « Les procédures sommaires en matière pénale », *RIDC,* Vol.46, n°2, avril-juin 1994, pp. 695-702.
- CUSSON (M.), « La délinquance, une vie choisie » *Rev. Inter de Criminologie et de police technique et scientifique*, Genève, Vol. 54, avril-juin 2006, pp. 131-148.
- CUSSON (M.), « L'effet intimidant des sanctions à la lumière des recherches récentes sur le calcul coûts-bénéfices des délinquants », in *Le droit pénal à l'aube du troisième millénaire, Mélanges offerts à Jean PRADEL*, Paris, Cujas, 2006, pp. 741-752.
- DARBEDA (P.), « La prison a-t-elle encore un avenir », *in Mélanges en l'honneur du Professeur Jacques-Henri ROBERT,* Paris, LexisNexis, 2012, pp. 155-167.
- DEFFAINS (B.), « Les effets bénéfiques des actions de groupe : une approche économique », *Rev. Concurrence, vers une action de groupe à la française*, tendance n°2, 2008, pp. 34-38.
- DELIQUIET (H.), « L'incidence de la publicité des contrats sur l'action en contrefaçon », *in* BRUGUIERE (J.-M.), (dir.), *Les contrats de la*

propriété intellectuelle, Paris, Dalloz, Coll. La propriété intellectuelle autrement, 2013, pp. 19-26.

- DELMAS-MARTY (M.), « Le droit pénal, l'individu et l'entreprise : culpabilité du fait d'autrui ou du décideur ? » *JCP* 1985.
- DERRIDA (V.F.), « L'évaluation du préjudice au jour de la réparation », *JCP* 1951. I.
- DURRANDE (S.), « Droit pénal de la contrefaçon », *JCP,* 2013, fasc.7517. pp. 1-18.
- DURRY (G.), « *Rapport de synthèse, J*ournée du 17 janvier 2003 sur la responsabilité pour faute », *RCA,* Juin 2003.
- EDOU-EDOU (P.), « Le système de l'OAPI : un exemple de régime des brevets unifiés, in GEIGER (Ch.), (dir.), *quel droit des brevets pour l'union européenne*, Strasbourg, LexisNexis, Coll. CEIPI, n° 59, 2013, pp. 39-47.
- ESMEIN (P.), « peine et réparation », in *Mélanges ROUBIER (P.)*, t.2.
- ESMEIN (P.), « Les indemnités variables selon un indice économique », *JCP*.1949.I.
- FLOUR (J.), « Pot-pourri autour d'un arrêt », Défrénois 1975.
- FRANCHESCHELLI (R.), « Nature juridique des droits de l'auteur et de l'innovation », *Rev.de législ, et de jurispr., 1983.*
- GALLOUX (J.C.), « Les mesures probatoires, provisoires et conservatoires », in dossier *La lutte contre la contrefaçon*, D. 2008.
- GALLOUX (J.C.), « Qu'est-ce que la propriété intellectuelle ? » in *Droit de propriété intellectuelle, Liber amicorum Georges BONET,* Strasbourg, Litec, Coll. IRPI, n°36, pp. 199-215.
- GALLOUX (J.C.), « Les droits fondamentaux de la procédure dans les propriétés intellectuelles : vers un syncrétisme européen », *in Etudes offertes à Jacques-Henri NORMAND, Justice et droits fondamentaux,* Paris, Litec, 2003, pp. 185-198.
- GASSIN, « confrontation du système français de la sanction de l'homme », in *travaux du colloque de science criminelle de Toulouse*, 1969, Paris, Dalloz, 1969.
- GOFFAUX-CALLEBAUT (G.), « le préjudice en droit de la concurrence », Hokkaido Journal of New Global Law and Policy, vol.05, 2010.3, pp. 37-65.
- HIANCE (M.), « La propriété industrielle, un outil de développement économique », in *la propriété intellectuelle en questions : Regards*

croisés européens, Colloque Nantes, Litec, Coll. IRPI, Le droit des affaires-propriété intellectuelle, n°27.

- HOFFMAN ATTIAS (E*.), «* L'évaluation du préjudice en matière de contrefaçon, approche juridique », in HOFFMAN ATTIAS (E.), (dir.), *Gazette de la propriété industrielle*, n°354 à 355, 2006, pp. 16-21.
- HOUIN, « Les incapacités », *RTDciv* 1947.
- IVAIVIER (T.), « Le pouvoir souverain des juges du fond dans l'appréciation des indemnités réparatrices », D.1972.7.
- JEANDIDIER (W.), « L'exécution forcée des obligations contractuelles de faire », RTDciv.1976.
- JEULAND (E.), « Le droit au juge naturel et l'organisation judiciaire », *RFAP* 2008, n°125, pp. 33-42.
- JEZE (G.), « De la force de vérité légale attachée par la loi à l'acte juridictionnel, *RDP*, 1913.
- LAGARDE (X.), « Qu'est-ce qui est juste ? Propos d'un juriste », *in Mélanges Gilles GOUBEAUX*, Paris, Dalloz, LGDJ, 2009, pp. 299-317.
- LE BIHAN (E.), « Perte du droit sur la marque : renonciation, forclusion, déchéance, nullité »*,* *JCP* 2009, fasc.7405, pp. 1-60.
- LEAUTE (J.), « Le nouveau doute sur la possibilité d'amender les délinquants en les privant de liberté », in *Déviance*, 1974.
- LEROY (E.), « La transmission du droit à la valeur », *Rev. Métaphysique et de morale*, 1991.
- MARECHAL (C.), « L'évaluation des dommages-intérêts en matière de contrefaçon », *RTDcom.*, D. n°2 avril. Juin 2012, pp. 245-261.
- MAZEAUD (H.), « Les rentes flottantes », D.1951, ch.17.
- MAZEAUD (L.), « L'évolution des prix en cours d'instance », *JCP* 1941.
- MAZEAUD (L.), « L'évaluation du préjudice et la hausse des prix en cours d'instance », *JCP* 1942.
- MEKKI (M.), « La place du préjudice en droit de la responsabilité civile », *in Hokkaido Journal of New Global Law and Policy,* Vol.5, 2010, pp. 151-200.
- MIGNOT (M.), « Réforme de la prescription : le point de départ du délai », Défrénois 2009.
- MONTCHO AGBASSA (E.), « Le rôle du juge civil dans la lutte contre la contrefaçon de marque dans les Etats membres de l'Organisation Africaine de la Propriété Intellectuelle », in *Revue Béninoise des*

Sciences Juridiques et Administratives, Supplément du n°29, 2013, pp. 51-85.

- MORANGE (G.), « battre monnaie de ses larmes, est une étrange alchimie », D. 1962, Chron.15.
- MOUSSERON (J.M.), « Valeurs, biens, droits », *in Mélanges en hommage à André Breton et Fernand Derrida*, Paris, Dalloz, 1991, pp. 277-283.
- MOUSSERON (J.M.), REYNARD (J.), REVET (Th), « De la propriété comme modèle », *in Mélanges Colomer*, Paris, Litec, 1993, pp. 281-305.
- MOUSSERON (J.M.), « Responsabilité civile et droits intellectuels », *in Mélanges offerts à Albert CHAVANNE, droit pénal, propriété intellectuelle*, 1990, pp. 247-258.
- MOWAU (P.), « Responsabilité pénale du chef d'entreprise », *in Entreprise et responsabilité pénale*, LGDJ, 1994.
- NUSSENBAUM (M.), « L'évaluation des préjudices économiques », *Rev. de Droit Bancaire et financier, Revue trimestrielle LexisNexis Juris-classeur*, mai-juin 2013, pp. 32-43.
- NUSSENBAUM (M.), PERRIN (A.), « Comment évaluer un préjudice industriel et commercial, Etude des cas les plus fréquents (contrefaçon, concurrence déloyale, rupture abusive de contrats, produits défectueux...), in *Option Finance,* n°690, 21 mai 2002, pp. 31-37.
- OUANICHE (M.), « Renforcement du dispositif législatif dans l'évaluation du préjudice en cas de contrefaçon », *Sem. Jur. Entr. Aff.*, n°15, 10 avril 2014, pp. 44-46.
- PATAULT (A.M.), « Regards historiques sur l'évolution du droit des biens, histoire de l'immeuble corporel », *in L'évolution contemporaine du droit des biens, 3e journée SAVATIER*, 1990, Paris, PUF, 1991.
- PIDEBOUT (J.F.), « Observations pratiques sur la dette de valeur », *in Mélanges dédiés à Dominique HOLLEAUX (D.)*, Paris, Litec.1990.
- PIROVANO (A.), « La concurrence déloyale en droit français », *RIDC*, Vol.26 n°3, juillet-septembre 1974, pp. 467-504.
- REGIS (N.), « Le préjudice économique des entreprises », *BICC*, les éditions des journaux officiels, *Cour de Cassation, Doctrine*, n°781, 1er mai 2013, pp. 6-19.
- ROUBIER (P.), « Droits intellectuels ou droit de clientèle », *RTDciv*, 1935, pp 251.

- SAINT-GAL (Y.), « Concurrence déloyale et concurrence parasitaire », *RIPIA* 1956.
- SAINT-GAL (Y.), « La protection du nom commercial et la notion des agissements parasitaires », *in Liber amicorum Aimé de CALUWE*, Bruxelles, Bruylant, 1995.
- SALLE DE LA MARNIERE (M.), « La déchéance comme mode d'extinction d'un droit, Essai de terminologie juridique », *RTD Civ.* 1933.
- SCHILER (S.), « Hypothèse de l'américanisation du droit de la responsabilité », in archives philosophique du droit. 45, 2001, pp. 177- 198
- SOLUS (H.), « Compétence d'attribution et compétence territoriale » : *JCP G.*1947.
- STOFFEL-MUNCK (Ph.), « Le préjudice moral des personnes morales », in *Libre droit, Mélanges en l'honneur de Philippe Le Tourneau*, Paris, Dalloz, 2007, pp. 959-982.
- TALLON-FROUIN (I.), « Compétence territoriale », in PERROT (R.), GIVERDON (C.), *Jurisclasseur de procédure civile*, t.2, 1982, Fasc. 211, pp. 3-31.
- THIBIERGE (V.-C.), « Libres propos sur l'évaluation de la responsabilité civile, vers un élargissement de la fonction de la responsabilité civile ? » *RTDciv.* 1999.
- TIEDEMANN (K.), « Rapport général au colloque de Tolède, avril 1992, sur les mouvements de réforme de la procédure pénale et la protection des droits de l'homme », *RIDP.*, 1993, vol. 64, 824.
- TOULEMON (A.), « Les rentes à indice variable en paiement d'indemnité », *RTDcom.* 1950.
- TOURE (P.A.), « La théorie générale de prescription extinctive aux pays des merveilles du droit OHADA », in *De l'esprit du droit africain, mélanges en l'honneur de Paul Gérard POUGOUE*, wolters kulwer, CREDIJ, 2014, pp. 739-768.
- VILLEY (V.M.), « Le droit naturel », *Rev. synthèse*, III, S., 1985.
- VILLEY (V.M.), « Abrégé du droit naturel classique », in *archives de philosophie du droit*, 1961.
- VINEY (G.), « Quelques propositions de réforme du droit de la responsabilité civile », D. 2009, pp. 1-19.
- VINEY (G.), « La faute de la victime d'un accident corporel : le présent et l'avenir », *Jcp* 1984.

- VIVANT (M.), « Prendre la contrefaçon au sérieux », D. n°27.
- ZENATI-CASTAING (F.), FOURNIER (S.), « Essai d'une théorie unitaire de la prescription », *RTD civ.*1996.

III- REVUES ET PERIODIQUES

- Annales de la Propriété Industrielle, Artistique et Littéraire (Ann. propr. ind.) ;
- Communication, Commerce Electronique (Comm. com. électr.) ;
- Juris-Classeur Propriété Intellectuelle (vol. Brevets, Marques, Dessins et modèles) ;
- Propriété Industrielle, Bulletin Documentaire (PIBD) ;
- Propriété Industrielle (Propr. industr.) ;
- Propriété Intellectuelle (Propr. intell.) ;
- Revue Internationale de la Propriété Industrielle et Artistique (RIPIA) ;
- Revue Lamy Droit des Affaires (RLDA) ;
- Revue Lamy Droit de l'Immatériel (RLDI) ;
- Revue Trimestrielle de Droit Commercial et de Droit Economique (RTD Com) ;
- Revue Trimestrielle de Droit Européen (RTD Eur) ;
- Revue Béninoise de Sciences Juridiques et Administratives (RBSJA) ;
- Revue de Sciences Criminelles (RSC) ;
- Revue de Droit des Sociétés (Rev. Sociétés.) ;
- Revue de Droit Social (Rev. Soc.) ;
- Revue International de Droit Comparé (RIDC) ;
- Bulletin civil de la Cour de Cassation française (Bull. civ.) ;
- Bulletin criminel de la Cour de Cassation française (Bull. crim.) ;
- Bulletin Joly du Droit des Sociétés (Bull. Joly.).
- Bulletin d'Information de la Cour de Cassation française (BICC).

IV- THESES

- ARCHAMBAULT (A), *La nature juridique des valeurs mobilières,* Thèse de doctorat en droit, université Paris I, 1998, p.
- BOUCHET-LE MAPPIAN (E.), *Propriété intellectuelle et droit de propriété, en droit anglais, allemand, et français,* Thèse de doctorat en droit, Université de Nantes, 2009, 438 p.
- CALAIS-AULAY, essai d'une théorie sur la notion d'apparence en droit commercial », thèse de doctorat en droit, Université de Montpellier 1957.
- CALFAYON, *Essais sur la notion de préjudice*, Thèse de doctorat en droit Université Paris I, 2007.
- CARVAL (S.), *La responsabilité civile dans sa fonction de peine privée*, Thèse de doctorat en droit, université Paris I, 1995, 415 p.
- CHAPUT (Y.), *L'objet social des sociétés commerciales*, Thèse de doctorat en droit, Université Clermont-Ferrand, 1973, 300 p.
- CLEMENT-FONTAINE (V.M.), *Les œuvres libres*, Thèse de doctorat en droit, Université de Montpellier, 2006, 508 p.
- DENIS, *L'astreinte judiciaire, nature et évolution*, Thèse de Doctorat en Droit (Dactyl), Paris, 1973, 874 p.
- EDOU EDOU (P.), *Les incidences de l'Accord ADPIC sur la protection de la propriété industrielle au sein de l'Organisation Africaine de la Propriété Intellectuelle (OAPI*), REBOUL (Y.), (dir.), Thèse de doctorat en droit, Université Robert Schuman, soutenue le 31 mai 2005, Strasbourg III, 594 p.
- EL KHOLY (A.), *La réparation en nature en droit français et en droit égyptien,* Thèse de doctorat en droit, Paris, 1954.
- FRICERO (M.), *La caducité en droit judiciaire privé*, Thèse de doctorat en droit, Nice 1979, 540 p.
- HUGUENEY (L), *L'idée de peine privée en droit contemporain,* Thèse de doctorat en droit, Dijon, 1904, 345 p.
- JAULT (A.), *La notion de peine privée*, Thèse de doctorat en droit, Université Paris XII, 2005, 344 p.
- MARIA (I.), *Les incapacités de jouissance, Etude Critique d'une catégorie doctrinale*, ANCEL (P.), (Dir.), Thèse de doctorat en droit, Université de Saint-Etienne, 2006, 392 p.

- MAZEAUD (B.), *la peine privée, aspect de droit interne et international*, Thèse de doctorat en droit, Université Paris II, 2006.
- MOUSSERON (J.M.), *Contribution à l'analyse objective du droit de brevet, contribution de l'évolution récente*, Thèse de doctorat en droit, Université Montpelier 1960, 333 p.
- PIERRE FRANÇOIS (V.G.L.), *La notion de dette de valeur en droit civil*, essai d'une théorie, Thèse de doctorat en droit, Paris, 1974, 435 p.
- REYGROBELLET (A.), *La notion de valeur mobilière*, Thèse de doctorat en droit Paris II, 1995, 1444 p.
- RIPERT (L.), *La réparation du préjudice dans la responsabilité délictuelle*, thèse de Doctorat en Droit, Paris, 1933, 227 p.
- SINTEZ (C.), *La sanction préventive en droit de la responsabilité civile : Contribution à la théorie de l'interprétation et de la mise en effet des normes*, Thèse de doctorat en droit, Université de Montréal, 2009, 507 p.
- STARK (B.), *Essai d'une théorie générale de la responsabilité civile considérée en sa double fonction de garantie et de peine privée*, Thèse de doctorat en droit, Université Paris, 1947, 504 p.
- TEBILI ZEZE (O.), *Les marques de l'Organisation Africaine de la Propriété Intellectuelle, Etude Comparée des droits : français, communautaire, africain*, LARRIEU (J.), (dir.), Thèse de doctorat en droit, Université de Toulouse I, soutenue le 17 octobre 2007, 593 p.
- TINC (M.R*.), Le contrôle de proportionnalité des mesures nationales restrictives des échanges : Un instrument de légalité au service de l'intégration*, Thèse de doctorat en droit (dactyl.), Strasbourg, 2009.
- ZENATI (F.), *Essai sur la nature juridique de la propriété : Contribution à la théorie du droit objectif*, Thèse de doctorat en droit, Université Lyon III, 1981, 887 p.

V- DICTIONNAIRES ET LEXIQUES

- ALLAND (D.), RIALS (S.), (dir.), *Dictionnaire de la culture juridique*, Paris, LAMY-PUF, 2012, p. 1649 p.
- CORNU (G.), *Vocabulaire juridique*, 9e éd, PUF, 2011, 1095 p.
- GUINCHARD (S.), DEBARD (Th.), *Lexiques des termes juridiques*, Paris, Dalloz, 20e éd., 2013, 967 p.

- LAROUSSE, *Le dictionnaire Erudit de la langue française*, Paris, Le Lexis, 2010, 2109 p.
- LAROUSSE, *Le dictionnaire des synonymes et des contraires*, Paris, Larousse, 2011, 1144 p.

VI- TEXTES NORMATIFS

A- Les textes africains

1- Droit OAPI et CEDEAO

- Accord portant Révision de l'Accord de Bangui du 02 mars 1977 instituant une Organisation Africaine de Propriété Intellectuelle (OAPI), signé à Bangui le 24 février 1999.
- Accord relatif à la création d'un Office Africain et Malgache de la Propriété Industrielle du 2 mars 1977.
- Annexe au Règlement N°09/CM/UEMOA portant adoption du Code des Douanes de l'Union Economique et Monétaire Ouest Africaine (UEMOA).

2- En droit OHADA

- Acte Uniforme relatif au Droit des Sociétés Commerciales et du Groupement d'Intérêts Economiques, adopté le 30 janvier 2014 à Ouagadougou
- Acte Uniforme du 15 décembre 2010 portant sur le Droit Commercial Général
- Acte uniforme du 10 avril 1998 portant organisation des Procédures Simplifiées de Recouvrement et des Voies d'Exécution
- Acte Uniforme sur le droit des sûretés adopté le 15 décembre 2010.

3- Les codes et autres textes des Etats membres de l'OAPI

a- La Constitution

- La Constitution Béninoise du 11 décembre 1990

b- Les codes pénaux

- Code pénal en République du Bénin

- Loi N°98/036 du 31 décembre 1998 portant Code pénal en République de Guinée
- Loi N°2003-025 du 13 juin 2003 modifiant la loi N°61-27 du 15 juillet 1961, portant institution du Code pénal en République du Niger.
- Loi N°21/63 du 31 mai 1963 portant Code pénal en République du Gabon.
- Loi N°2007-01 et N°2007-02 du 12 février 2007 modifiant la Loi N°65-60 du 21 février 1965 portant Code pénal en République du Sénégal.
- Décret du 30 janvier 1940 modifié et complété, mis à jour au 30 novembre 2004 portant Code pénal de la République Démocratique du Congo.

c- Les codes de procédure pénale

- Loi N°2012-15 du 18 mars 2013 portant Code de procédure pénale du Bénin.
- Loi N° 2005/007 du 27 juillet 2005 portant Code de procédure pénale du Cameroun.
- Loi N°60-366 du 14 novembre 1960 portant Code de procédure pénale de la République de Côte d'Ivoire.
- Loi N°10-002 du 06 janvier 2010 portant Code de procédure pénale de la République de Centrafrique.
- Loi N°1-63 du 13 janvier 1963 portant Code de procédure pénale de la République du Congo Brazzaville.
- Loi N°10-93-ADP du 17 mai 1993 portant Code de procédure pénale du Burkina-Faso.
- Ordonnance N°83-163 du 09 juillet 1983 instituant un Code de procédure pénale en République Islamique de Mauritanie.
- Loi N°62-66 AN-RM du 06 août 1962 portant Code de procédure pénale en République du Gabon.
- Loi n°60-366 du 14 novembre 1960 portant institution d'un Code de procédure pénale en Côte d'Ivoire.
- Loi N°62-66 AN-RM du 06 août 1962 portant Code de procédure pénale en République du Mali.

d- Les codes de procédure civile

- Loi N°2008-07 du 28 février 2011 portant Code de procédure civile, commerciale, sociale, administrative et des comptes du Bénin.

- Décret D/98/N°100/PRG/SGG du 16 juin 1998 portant Code de procédure civile, économique et administrative de la République de Guinée.
- Loi N°99-022/AN du 18 mai 1999 portant Code de procédure civile en République du Burkina-Faso.
- Décret N°82-50 du 15 mars 1982 portant Code de procédure civile en République du Togo.
- Décret N°99-254/P-RM du 15 septembre 1999 portant Code de procédure civile, commerciale et sociale du Mali.
- Décret du 16 décembre 1954 portant Code de procédure civile du Cameroun.
- Loi N°99-035 du 24 juillet 1999 portant Code de procédure civile, commerciale et administrative de la République de Mauritanie.
- Code de procédure civile en vigueur en République de Guinée.
- Code de procédure civile en vigueur en République du Sénégal.

e- Les codes de douane

- Loi n°66-145 du 21 juillet 1966 instituant le Code des Douanes en République de la Mauritanie.
- Loi N°03/92/ADP du 03 décembre 1992 portant Révision du Code des douanes n°99-244/PRES du 09 juillet 1999 De la République du Burkina-Faso.

f- Lois portant organisation judiciaire

- Loi L/95/021/CNTRN du 06 Juin 1995 portant réorganisation de la Justice en République de Guinée.
- Loi N°004/PR/98 portant organisation judiciaire du Tchad.
- Loi modifiant et complétant certaines dispositions de la Loi N°2006/ 015 du 29 décembre 2006 portant Organisation Judiciaire de la République du Cameroun.
- Loi N°84-19 du 2 février 1984 fixant l'organisation judiciaire du Sénégal.
- Loi organique n°2004-050 du 22 juillet 2004 fixant l'organisation et la compétence des juridictions en République du Niger.
- Loi N°-010/93/ADP portant organisation judiciaire au Burkina Faso.
- Ordonnance N°2007/012 portant organisation judiciaire.

g- Loi organisant les Agences nationales de propriété intellectuelle

- Décret N°2010-262 du 11 juin 2010 portant Approbation des Statuts de l'Agence Nationale de la Propriété Industrielle (ANAPI) du Bénin.
- Décret N°2012-115 du 19 janvier 2012 portant Création, Organisation et Fonctionnement de l'Agence Sénégalaise pour la Propriété Industrielle et l'Innovation Technologique (APIIT).
- Loi N°14/2002 du 28 janvier 2003 portant Création et Organisation du Centre de Propriété Industrielle du Gabon.

B- Les textes internationaux

1- Les traités

- Convention de Paris pour la protection de la propriété industrielle du 20 mars 1883, révisé à Bruxelles le 14 décembre 1900, à Washington le 2 juin 1911, à la Haye le 6 novembre 1925, à Londres le 2 juin 1934, à Lisbonne le 31 octobre 1958 et à Stockholm le 14 juillet 1967, et modifié le 28 septembre 1979.
- Accord sur les Aspect des Droits de Propriété Intellectuelle qui touchent au Commerce (ADPIC).
- Arrangement de Nice concernant la classification internationale des produits et des services aux fins de l'enregistrement des marques, du 15 juin 1957, révisé à Stockholm le 14 juillet 1967 et à Genève le 13 mai 1977 et modifié le 28 septembre 1979.
- Arrangement de Madrid concernant l'enregistrement international des marques signé à Madrid le 14 décembre 1900.
- Protocole relatif à l'Arrangement de Madrid concernant l'enregistrement international des marques modifié le 03 octobre 2006 et le 12 novembre 2006.

2- Règlement

- Règlement (CE) N°510/2006 du Conseil du 20 mars 2006 relatif à la protection des indications géographiques et des appellations d'origine des produits agricoles et des denrées alimentaires.
- Classification de Nice (10e édition-Version 2014).

3- Codes français

- Code de propriété intellectuelle
- Code de procédure pénale

- Code de procédure civile
- Code de la consommation
- Code de Commerce
- Code civil

VII- WEBOGRAPHIE

- http/www.oapi.int
- http/www.google.fr
- http/www.persée.fr
- http/www.cairn.info.fr
- http://revue.ersuma.org
- http/www.ohada.com
- http/www.courdecassation.fr
- http/ www.douane.gouv.fr/page.asp

Ces sites ont été régulièrement consultés depuis 2011.

INDEX ALPHABETIQUE

Les chiffres renvoient aux numéros de pages

D

Q

R

S

U

T

V

TABLE DES MATIERES

L'HARMATTAN ITALIA
Via Degli Artisti 15; 10124 Torino
harmattan.italia@gmail.com

L'HARMATTAN HONGRIE
Könyvesbolt ; Kossuth L. u. 14-16
1053 Budapest

L'HARMATTAN KINSHASA
185, avenue Nyangwe
Commune de Lingwala
Kinshasa, R.D. Congo
(00243) 998697603 ou (00243) 999229662

L'HARMATTAN CONGO
67, av. E. P. Lumumba
Bât. – Congo Pharmacie (Bib. Nat.)
BP2874 Brazzaville
harmattan.congo@yahoo.fr

L'HARMATTAN GUINÉE
Almamya Rue KA 028, en face
du restaurant Le Cèdre
OKB agency BP 3470 Conakry
(00224) 657 20 85 08 / 664 28 91 96
harmattanguinee@yahoo.fr

L'HARMATTAN MALI
Rue 73, Porte 536, Niamakoro,
Cité Unicef, Bamako
Tél. 00 (223) 20205724 / +(223) 76378082
poudiougopaul@yahoo.fr
pp.harmattan@gmail.com

L'HARMATTAN CAMEROUN
TSINGA/FECAFOOT
BP 11486 Yaoundé
699198028/675441949
harmattancam@yahoo.com

L'HARMATTAN CÔTE D'IVOIRE
Résidence Karl / cité des arts
Abidjan-Cocody 03 BP 1588 Abidjan 03
(00225) 05 77 87 31
etien_nda@yahoo.fr

L'HARMATTAN BURKINA
Penou Achille Some
Ouagadougou
(+226) 70 26 88 27

L'HARMATTAN SÉNÉGAL
10 VDN en face Mermoz, après le pont de Fann
BP 45034 Dakar Fann
33 825 98 58 / 33 860 9858
senharmattan@gmail.com / senlibraire@gmail.com
www.harmattansenegal.com

www.ingramcontent.com/pod-product-compliance
Lightning Source LLC
LaVergne TN
LVHW021143061026
849535LV00002B/333